Coleção

Processo e Direito

Direção

Michele Taruffo
Jordi Nieva
Eduardo Oteiza
Daniel Mitidiero

CB122854

A MOTIVAÇÃO DA SENTENÇA CIVIL

MICHELE TARUFFO

A MOTIVAÇÃO DA SENTENÇA CIVIL

Tradução

DANIEL MITIDIERO

RAFAEL ABREU

VITOR DE PAULA RAMOS

Apresentação da edição brasileira por

LUIZ GUILHERME MARINONI e DANIEL MITIDIERO

Marcial Pons

MADRI | BARCELONA | BUENOS AIRES | SÃO PAULO

Coleção Processo e Direito

Direção

Michele Taruffo / Jordi Nieva / Eduardo Oteiza / Daniel Mitidiero

A motivação da sentença civil

Michele Taruffo

Título original: *La motivazione della sentenza civile*

Tradução

Daniel Mitidiero / Rafael Abreu / Vitor de Paula Ramos

Capa

Nacho Pons

Produção

Ida Gouveia / HBLYZ / Oficina das Letras®

Todos os direitos reservados.
Proibida a reprodução total ou parcial, por qualquer meio ou processo – Lei 9.610/1998.

CIP-Brasil. Catalogação na Publicação
Sindicato Nacional dos Editores de Livros, RJ

T198m

Taruffo, Michele
A motivação da sentença civil / Michele Taruffo ; tradução Daniel Mitidiero, Rafael Abreu, Vitor de Paula Ramos. - 1. ed. - São Paulo: Marcial Pons, 2015.
(Processo e Direito)

Tradução de: La motivazione della sentenza civile
Apêndice
Inclui bibliografia
ISBN 978-85-66722-24-6

1. Julgamento. 2. Sentença. 3. Processo civil. 4. Processo judicial. I. Título. II. Série

---

14-12624 CDU: 347.952

© Michele Taruffo

© MARCIAL PONS EDITORA DO BRASIL LTDA.

Av. Brigadeiro Faria Lima, 1461, conj. 64/5, Torre Sul
Jardim Paulistano CEP 01452-002 São Paulo-SP

☎ (11) 3192.3733

www.marcialpons.com.br

Impresso no Brasil

APRESENTAÇÃO DA EDIÇÃO BRASILEIRA

A Motivação da Sentença Civil, de Michele Taruffo, reconhecidamente um dos maiores processualistas da tradição ocidental, é sem dúvida um clássico da cultura processual civil. É uma grande alegria poder apresentar a sua versão em nossa língua à comunidade jurídica. Trata-se de um livro de imenso valor e que marca um momento importantíssimo da história da cultura processual civil e do seu desenvolvimento, cuja publicação em português certamente enriquece sobremaneira a bibliografia jurídica nacional.

Michele Taruffo escreveu este livro em meados da década de setenta do século passado e com ele conquistou a cátedra de direito processual civil da Università degli Studi di Pavia. Naquele momento, vivia-se o rescaldo da crise do positivismo jurídico, bem como a construção das bases das teorias da interpretação, argumentação e justificação das decisões judiciais, temas que obviamente incidem sobre a temática da motivação da sentença. Cuida-se de contexto já bem salientado pelo nosso próprio Autor em sua Introdução à Edição Brasileira. É preciso perceber, porém, que a própria cultura processual civil atravessava um momento muito rico nesse mesmo período, sendo a obra de Taruffo inquestionavelmente responsável pela incorporação de novas perspectivas de análise do processo civil.

Na Itália, o aparecimento da sistemática processual civil no início de Novecentos decorre da superação do método exegético francês, em voga nos Oitocentos, cujo principal difusor é Giuseppe Chiovenda, devidamente cercado pelo primeiro Calamandrei, por Liebman e por Francesco Carnelutti. A preocupação está na construção do sistema processual civil – de seus conceitos – com o auxílio da história, especialmente a do direito romano e das suas vicissitudes ao longo das experiências jurídicas francesas, germânicas e italianas. Esse modelo se esgotou no exato momento em que a processualística começou a perceber a necessidade de deixar o *juristischen*

Begriffshimmel e preocupar-se com a tutela do direito material e com a realidade social. Pela mão do segundo Calamandrei, já na metade de Novecentos, temas constitucionais e sociológicos começam a despertar a atenção da nova geração de processualistas. Vittorio Denti, em Pavia, e Mauro Cappelletti, em Firenze, tomam essa nova estrada. Além de empregarem a história não mais com um sentido de legitimação das construções processuais, mas como um instrumento para reforma das instituições, Denti e Cappelletti valem-se do direito comparado com o mesmo sentido de transformação e com um espectro mais amplo de alcance: a comparação deixa de ser restrita à tradição continental e projeta-se também sobre o mundo do *Common Law*.

Michele Taruffo inicia seus estudos exatamente nesse *turning point*. Tivesse batido às portas do *ufficio pavese* de Denti apenas um ano antes, teria sido enviado para a Alemanha para estudar a dogmática tradicional do processo civil. Aparecendo no momento em que apareceu, foi o primeiro aluno de Denti a ir estudar o processo civil de *Common Law* – cujo primeiro fruto acadêmico foi o seu texto seminal na doutrina processual civil italiana sobre as *class actions* estadunidenses ("I Limiti Soggettivi del Giudicato e le Class Actions", *Rivista di Diritto Processuale*, 1969). Já em seus dois primeiros livros (*Studi sulla Rilevanza della Prova*, 1970, e *La Motivazione della Sentenza Civile*, 1975), porém, é possível perceber que Taruffo não significa apenas a recolha da cultura daqueles que o precederam: nele já se pode reparar a incorporação de novos horizontes para processualística, na medida em que conceitos filosóficos e epistemológicos começam a comparecer à ciência processual pelas suas mãos. Além disso, Taruffo vale-se não só da filosofia e da epistemologia puras, mas também da teoria do direito e da filosofia do direito para as suas construções teóricas.

Eis aí um novo salto: além de refinado dogmaticamente, preocupado com a tutela dos direitos, com a realidade social e atento à história e ao direito comparado como um todo, o processo civil incorpora às suas preocupações questões filosóficas, epistemológicas, de teoria geral do direito e da sua filosofia. E a obra aqui apresentada, mais do que testemunhar esse riquíssimo momento para o processo civil, verdadeiramente o encarna. Daí a razão pela qual é um enorme prazer apresentá-la à comunidade acadêmica brasileira.

A tradução da obra foi feita a seis mãos: Vitor de Paula Ramos traduziu o primeiro capítulo e o apêndice. Rafael Abreu traduziu em parte o quinto capítulo. O restante do livro foi traduzido por Daniel Mitidiero, que também se encarregou da sua completa revisão. Maria Angélica Feijó organizou as referências bibliográficas ao final. Por expressa indicação de Michele Taruffo, a edição brasileira não conta com o último capítulo da edição original italiana, que trata do controle da adequação da motivação pela Corte di Cassazione. Por uma questão de fidelidade e para facilitar a comparação entre as edições, porém, optou-se por manter as alusões ao capítulo sétimo que existem ao longo da obra. Por fim, acrescentou-se em apêndice a tradução do ensaio *La Riforma delle Norme sulla Motivazione della Sentenza,* dado o óbvio interesse no tema.

Esperamos, de resto, que a versão brasileira deste clássico trabalho de Michele Taruffo colabore para que tenhamos uma justiça civil mais afinada com os ideais de protetividade que impregnam o direito ao processo justo, do qual a motivação é corolário inafastável. E, é claro, receba a mesma atenção que a crítica especializada no mundo a essa também justamente dedicou.

Porto Alegre, RS, Curitiba, PR, no Outono de 2014.

LUIZ GUILHERME MARINONI e DANIEL MITIDIERO

INTRODUÇÃO À EDIÇÃO BRASILEIRA

O volume que ora vem a lume no Brasil, graças à disponibilidade da Editora Marcial Pons e ao trabalho do Professor Daniel Mitidiero e dos demais amigos do *Grupo de Porto Alegre*, foi publicado em sua língua original no ano de 1975. É oportuno que o leitor – sobretudo o jovem, que não viveu no ambiente cultural dos anos 70 – tenha isso em conta, com o escopo de colocá-lo corretamente no contexto histórico-jurídico no qual foi concebido e escrito e, portanto, também com o objetivo de adotar uma perspectiva correta de leitura. Nesse sentido, desenvolverei algumas sintéticas observações, sem esconder o grande prazer e a intensa satisfação que sinto ao ver republicado um trabalho meu de quando jovem, o qual está ligado a um período importante da minha atividade de pesquisa e da minha vida acadêmica.

Uma primeira consideração, que pode parecer banal, mas o é apenas aparentemente, é que se fosse escrever hoje um livro sobre o mesmo assunto, escreveria um livro muito diferente, assim como seria muito diferente um livro escrito por qualquer outro autor sobre o mesmo tema. Como explicarei logo em seguida, não seria um livro completamente novo no conteúdo, mas teria uma base dogmática e bibliográfica bem mais ampla que aquela que aqui figura nas notas.

Isso depende da circunstância – talvez óbvia, mas importante – de que nos anos nos quais desenvolvi os estudos que confluíram no livro, a literatura disponível era muito reduzida, sob vários pontos de vista. Os processualistas falavam da motivação da sentença em uma perspectiva essencialmente exegético-normativa, analisando as normas dos códigos processuais que previam a motivação como requisito de forma-conteúdo dos provimentos do juiz. Na Itália, um problema interessante era suscitado pelo artigo 360, n.

5, do *Codice di Procedura Civile*,[1] que prevê o controle da *Corte di Cassazione* sobre os vícios de motivação – mas também essa norma era objeto de mera exegese, muito mais do que de análise sistemática. Nessa perspectiva, fazia-se referência a um conceito vago e indeterminado daquilo que seria a motivação da sentença – e tudo acabava em poucas e pouco interessantes linhas nos manuais de processo civil.

Visto que vinha de estudos de direito processual que eram voltados sobretudo ao tema das provas e do juízo sobre os fatos,[2] tinha por insuficiente essas posições e via na motivação um fenômeno mais complexo, que envolvia muitos aspectos do raciocínio do juiz sobre o fato e sobre o direito e da estrutura da decisão judicial. Também desse ponto de vista, entretanto, o panorama era bastante pobre. De um lado, ainda era dominante a ideia, que vinha dos Iluministas, segundo a qual a estrutura da decisão judicial era de caráter silogístico, com a premissa maior representada pela norma, a premissa menor representada pelo fato e a conclusão representada pela decisão final. Não se percebia nem que isso se trata de uma simplificação excessiva, no melhor dos casos, nem que a teoria silogística não era – como nunca havia sido – uma descrição verdadeira da operação executada pelo juiz, mas uma ideologia centrada na pretensa certeza dedutiva da decisão. A relativa ingenuidade dessas posições explica-se, mais do que pelo dogmatismo dominante na doutrina processualística e pela escassa familiaridade dos juristas dogmáticos com a filosofia e a teoria geral do direito, pela situação da literatura existente no início dos anos 70 sobre temas relativos ao raciocínio jurídico, em geral, e à decisão judicial, em particular.

Em 1970 foi publicado na Alemanha um pequeno livro, *Vorverständnis und Methodenwahl* de Josef Esser,[3] muito importante, porque introduzia na discussão uma perspectiva de caráter hermenêutico e concentrava a atenção justamente sobre o raciocínio do juiz e sua racionalidade. Todavia, esse livro teve uma circulação muito lenta, seja porque foi escrito em alemão (vindo a ser traduzido para outras línguas somente vários anos depois), seja porque a perspectiva hermenêutica não era ainda popular entre os juristas, tendo em conta que não muitos filósofos (e talvez nenhum jurista) haviam lido *Wahrheit und Methode* de Gadamer,[4] ainda que se trate de um clássico da filosofia do século XX, seja – enfim – pela dificuldade do texto de Esser, que não pode ser desconsiderada.

---

[1] A parte do volume relativa à análise dessa norma não é reproduzida na presente edição. Além de que estão superadas as citações doutrinárias e jurisprudenciais, trata-se de um tópico que pode interessar somente ao leitor italiano.

[2] Taruffo, *Studi sulla Rilevanza della Prova*, Padova, 1970.

[3] Esser, *Vorverständnis und Methodenwahl in der Rechtsfindung: Rationalitätsgarantien der richterlichen Entscheidungspraxis*, Frankfurt am Main, 1970.

[4] Gadamer, *Wahrheit und Methode*, Tübingen, 1960.

É de ser sublinhado que muitos dos livros mais importantes relativos ao raciocínio do juiz ainda não haviam sido publicados. Era bastante conhecido entre os filósofos do direito, mas não particularmente entre os juristas dogmáticos, o livro de Hart,[5] mas esse era substancialmente o único volume que se ocupava do raciocínio jurídico em uma perspectiva analítica. Faltavam, por outro lado, vários textos que sucessivamente se tornaram pontos de referência essenciais para qualquer um que quisesse ocupar-se, em sede de teoria geral, dos problemas relativos ao raciocínio jurídico e ao raciocínio do juiz em particular. Bastam poucos exemplos: o volume de Neil MacCormick sobre o raciocínio jurídico é de 1978,[6] o de Aleksander Peczenik sobre a justificação jurídica é de 1983[7] e o de Aulis Aarnio – também sobre a justificação jurídica – é de 1987.[8] De outra banda, o fundamental livro de Robert Alexy sobre a argumentação jurídica foi publicado em 1978.[9] Também de 1978, enfim, é o volume de Ronald Dworkin dos "direitos levados a sério".[10] Como se vê desse sintético apanhado, é essencialmente entre a segunda metade dos anos 70 e a primeira metade dos anos 80 que floresce uma ampla literatura que enfrenta os temas da racionalidade do raciocínio jurídico e da argumentação justificativa. Frequentemente esses temas vêm analisados em perspectiva muito geral, mas é claro que o respectivo tratamento é dado em grande parte referindo-se também ao raciocínio do juiz e às modalidades com as quais esse justifica (melhor: deveria justificar) as suas próprias decisões.

Vale a pena assinalar, por outro lado, que quem se propusesse agora a ocupar-se desses problemas não poderia deixar de levar em conta quer o desenvolvimento recente da teoria hermenêutica da interpretação,[11] quer as orientações analítico-realistas, como aquelas devidas especialmente a Giovanni Tarello[12] e a Ricardo Guastini.[13] De outra sorte, não poderia deixar de ocupar-se das contribuições muito importantes de Frederick Schauer[14]

---

5 Hart, *The Concept of Law*, Oxford, 1961.

6 MacCormick, *Legal Reasoning and Legal Theory*, Oxford, 1978.

7 Peczenik, *The Basis of Legal Justification*, Lund, 1983.

8 Aarnio, *The Rational as Reasonable: a Treatise on Legal Justification*, Dordrecht e.a., 1987.

9 Alexy, *Theorie der juristischen Argumentation: die Theorie des rationalen Diskurses als Theorie der juristischen Begründung*, Frankfurt am Main, 1978.

10 Dworkin, *Taking Rights Seriously*, Cambridge, Mass., 1978.

11 Na literatura italiana, em particular, Zaccaria, *Ermeneutica e Giurisprudenza*, Milano, 1984; Viola e Zaccaria, *Diritto e Interpretazione. Lineamenti di Teoria Ermeneutica del Diritto*, Bari, 1999.

12 Conforme, em particular, Tarello, *L'Interpretazione della Legge*, Milano, 1980.

13 Por exemplo, Guastini, *L'Interpretazione dei Documenti Normativi*, Milano, 2004.

14 Schauer, *Playing by the Rules. A Philosophical Examination of Rule-Based Decision-making in Law and Life*, New York, 1991.

e de Michel Rosenfeld,[15] por exemplo, como também de um vastíssimo número de artigos e livros que apareceram nos últimos anos, em toda a literatura, sobre temas relativos à interpretação do direito. Muitos desses, de fato, tratam direta ou indiretamente do raciocínio do juiz no que tange às questões de direito. O estudioso de língua espanhola teria à disposição, ainda, rica literatura, dentro da qual se sobressai especialmente a obra de Manuel Atienza sobre a dimensão argumentativa do direito.[16] No Brasil, dá conta dessa temática especialmente a monografia de Humberto Ávila sobre os princípios jurídicos.[17]

As coisas não eram muito diferentes na outra faceta do raciocínio do juiz, ou seja, naquilo que dizia respeito às provas, à sua valoração e à formulação da decisão sobre os fatos da causa. Em todos os ordenamentos abundavam tratamentos institucionais e manualísticos das regras relativas às provas, ao seu limite de admissibilidade e às modalidades da sua produção, além, às vezes, do seu valor legal. Faltava, todavia, entre os juristas, e especialmente entre os processualistas, uma sensibilidade particular acerca dos problemas que a valoração da prova cria quando o juiz deve formular – e depois justificar na motivação da sentença – sua decisão sobre os fatos. Os juristas contentavam-se normalmente com a alusão ao princípio do livre convencimento – ou da valoração segundo as regras da persuasão racional – para indicar que a valoração do juiz era discricionária ou se referiam às normas que estabeleciam valor legal a algum meio de prova.

Para além da análise normativa, os problemas de ordem lógica e teórica relativos ao raciocínio decisório não eram nem ao menos percebidos ou eram deixados aos filósofos com base na difundida opinião de que o jurista deveria se ocupar somente das normas e de nada além. Ao contrário, os filósofos do direito, e mais ainda os filósofos *tout court*, tendiam a não se ocupar desses problemas, na convicção de que esses deveriam ser afrontados e resolvidos pelos juristas. Pode-se dizer, ainda, que essa situação de recíproca desatenção aos problemas filosóficos e metodológicos da prova e de sua valoração era destinada a durar bastante. Quando me ocupei desses problemas, perto do final dos anos 80, já tinham aparecido poucas exceções do vazio que continuava até então: de um lado, algumas posições voltadas a fornecer versões probabilísticas do raciocínio probatório e, de outro, os estudos de William Twining sobre a tradição racionalista do direito angloes-

---

15 Rosenfeld, *Just Interpretations. Law between Ethics and Politics*, Berkeley-Los Angeles-London, 1998.

16 Conforme, especialmente, Atienza, *El Derecho como Argumentación*, Barcelona, 2006.

17 Humberto Ávila, *Teoria dos Princípios*, 12. ed. São Paulo: Malheiros, 2011.

tadunidense das provas.[18] Não por acaso, tive ocasião de sublinhar, ainda recentemente, essa situação, apresentando o volume de Jordi Ferrer Beltrán, que finalmente se endereçou, com sucesso, a colmatar essa lacuna.[19]

Um dos efeitos dessa situação era que a estrutura e a função do raciocínio sobre as provas e sobre os fatos permaneciam, para os juristas como para os filósofos, uma espécie de "terra de ninguém", misteriosa e desconhecida. Por consequência, difundiam-se concepções substancialmente irracionais e subjetivistas do convencimento do juiz, sob a escolta da *intime conviction* da doutrina francesa. A consequência posterior foi uma grave subavaliação do problema da motivação da decisão sobre os fatos, que acabava sendo considerada como um apêndice desnecessário e, portanto, irrelevante da sentença.

Por sorte nos últimos anos as coisas estão mudando, em particular na doutrina de língua espanhola: além do livro sobre verdade e prova, de Jordi Ferrer Beltrán, o qual me referi anteriormente, de fato, pode-se recordar o trabalho de Marina Gascón Abellán sobre os fatos e a prova[20] e aquele de Daniel Gonzáles Lagier sobre as *quaestio facti.*[21] Também na Itália o panorama vem se enriquecendo: além de algumas contribuições monográficas,[22] por mérito de Giulio Ubertis apareceram traduções das obras mais importantes em matéria de raciocínio lógico probatório.[23] A doutrina brasileira também tem se preocupado com o tema a partir dessas mesmas bases de uns tempos para cá, bastando lembrar aqui os trabalhos de Luiz Guilherme Mari-

---

18 Sobre o tema, o meu *La Prova dei Fatti Giuridici*, Milano, 1992, p.190 ss. De Twining, em particular, *Rethinking Evidence. Exploratory Essays*, II ed., Cambridge, 2006. Voltei ao tema da prova ainda no meu *La Semplice Verità – Il Giudice e la Costruzione dei Fatti*, Roma-Bari, 2009 (tradução brasileira de Vitor de Paula Ramos, São Paulo, 2012) e no trabalho por mim coordenado *La Prova nel Processo Civile*, Milano, 2012.

19 Conforme o meu Prólogo em Ferrer Beltrán, *Prueba y Verdad en el Derecho*, Madrid-Barcelona, 2002, p.9 ss.

20 Gascón Abellán, *Los Hechos en el Derecho. Bases Argumentales de la Prueba*, Madrid-Barcelona, 1999. Ultimamente v. o volume *Estudios sobre la Prueba*, México 2006, com artigos de Jordi Ferrer Beltrán, Marina Gascón Abellán, Daniel Gonzáles Lagier e Michele Taruffo.

21 Gonzáles Lagier, *Quaestio Facti. Ensayos sobre Prueba, Causalidad y Actión*, Lima-Bogotà, 2005.

22 Por exemplo, Frosini, *Le Prove Statistiche nel Processo Civile e nel Processo Penale*, Milano, 2002. Ou também, mas em uma perspectiva metodológica da qual não se pode compartilhar, Lombardo, *La Prova Giudiziale. Contributo alla Teoria del Giudizio di Fatto nel Processo*, Milano, 1999.

23 V. a coletânea *Epistemologia Giudiziaria*, publicada pela Editora Giuffrè sob a direção de Giulio Ubertis, que já inclui várias obras de notável interesse.

noni e Sérgio Cruz Arenhart,[24] Danilo Knijnik,[25] Artur Carpes[26] e Eduardo Cambi[27] sobre o assunto. Portanto, a atenção dos juristas, de um lado, e dos filósofos, de outro, vai convergindo sobre os temas relativos à estrutura e à função do raciocínio do juiz sobre as provas. Pode-se esperar que também os correspondentes problemas relativos à motivação do juízo de fato sejam repensados com adequada profundidade.

Se trago à memória os anos de estudos que me levaram a escrever este livro sobre a motivação, sinto uma espécie de *mixed feeling*. De um lado uma sensação de alívio: se tivesse que ler tudo aquilo que li nos últimos trinta anos, nunca conseguiria escrever este livro. De outro lado, uma sensação de ligeira desilusão: se pudesse ter lido ao menos uma parte daqueles livros, também teria cansado muito menos. Todavia, se releio este livro à luz daquilo que conheço hoje, dou-me conta do quão limitada era a base sobre a qual trabalhava, ainda que então me parecesse muito ampla e talvez até excessiva, mas dou-me conta também de outra coisa, que provavelmente justifica a republicação do livro tantos anos depois: trata-se da constatação de que, malgrado o tempo passado, sigo convencido das coisas que escrevi à época, ao menos daquelas mais importantes. São vários os aspectos pelos quais ainda considero atual o livro em questão e vários os temas que hoje trataria de forma muito mais rica e talvez mais analítica, ainda que não de forma diversa. Não sou um autor que se afeiçoa particularmente ao próprio produto: de muitas coisas que escrevi não conservo qualquer memória e tenho amigos que se recordam melhor do que eu. Penso ser razoavelmente objetivo em dizer que ainda hoje colocaria minha assinatura sob as coisas mais importantes que então escrevi.

Cabe-me, portanto, indicar ao atual leitor sumariamente quais são essas coisas.

Um ponto importante na minha exposição do problema da motivação era a distinção entre raciocínio decisório e raciocínio justificativo, que me servia para individualizar na motivação da sentença um raciocínio com estrutura e função justificativas e para distingui-lo de outras concepções – mais ou menos respeitáveis – da motivação. Nesse escopo me fundei em um livro então bem conhecido (e hoje injustamente quase esquecido) de Richard A. Wasserstrom,[28] no qual o autor distinguia a decisão da justificação fazendo coro à distinção, conhecida entre os epistemólogos, entre *context of disco-*

[24] *Prova*. São Paulo: Revista dos Tribunais, 2009.

[25] *A Prova nos Juízos Cível, Penal e Tributário*. Rio de Janeiro: Forense, 2007.

[26] *Ônus Dinâmico da Prova*. Porto Alegre: Livraria do Advogado, 2010.

[27] *A Prova Civil – Admissibilidade e Relevância*. São Paulo: Revista dos Tribunais, 2006.

[28] Wasserstrom, *The Judicial Decision. Toward a Theory of Legal Justification*, Stanford, 1961.

very e *context of justification*. A mim, como a Wasserstrom, essa distinção parecia esclarecedora, se referida à atividade do juiz. Essa consentia em introduzir, no fenômeno vago e indistinto que então parecia ser o raciocínio do juiz, uma distinção fundamental: um é o procedimento com o qual o juiz formula a decisão final, mediante uma concatenação de escolhas, de hipóteses afastadas ou confirmadas, de mudanças que intervêm no curso do processo,[29] de elaboração e valoração que desencadeiam na decisão final; outro é o raciocínio com o qual o juiz, depois de ter formulado a decisão final, organiza um raciocínio justificativo no qual expõe as "boas razões" em função das quais sua decisão deve ser aceita como válida e compartilhável.

A mim parecia, e penso assim até hoje, que o equivalente judiciário do *context of discovery* tem características estruturais próprias: articula-se no tempo, implica síntese de diversos fatores, procede por abduções e por *trial and error*, percorre caminhos que depois são abandonados, inclui a influência de fatores psicológicos e ideológicos, implica juízos de valor e pode, ainda, compreender a participação de várias pessoas, como ocorre em todas hipóteses nas quais a decisão é dada por um colégio de juízes.

De outra banda, o equivalente judiciário do *context of justification*, ou seja, a motivação da sentença, tem características diferentes: ocorre quando a fase decisória já está de toda sorte exaurida, com a decisão final já formulada; pode ser obra de pessoas diferentes daquelas que formularam a decisão e – normalmente – de uma só dessas; não tem o escopo de formular escolhas, mas de mostrar que as escolhas feitas eram "boas"; tem estrutura argumentativa e não heurística; tem função justificativa; é um "discurso" – e, portanto, uma entidade linguística – e não um *iter* psicológico; funda-se em argumentos com validade tendencialmente intersubjetivos; é logicamente estruturada; pode incluir inferências dedutivas e indutivas, mas não abdutivas, e assim por diante.

Essa distinção foi criticada sob vários pontos de vista. De um lado foi dito que, do ponto de vista da epistemologia geral, a distinção entre os dois *contexts* já havia sido posta em discussão e, portanto, não poderia mais ser considerada como válida. De outro, afirmou-se que entre raciocínio decisório e motivação da sentença não existem diferenças substanciais e que, portanto, a distinção em exame não poderia ser mantida.[30] O primeiro argumento, porém, pode ser colocado de lado de modo relativamente fácil: qualquer que seja a validade da distinção em exame para analisar o modo como se formam e justificam-se as teorias científicas ou as descobertas da

---

[29] Para uma tentativa de aplicação da teoria dos fluxos de consciência ao juízo de fato no curso do processo, o meu escrito *Elementi per un'Analisi del Giudizio di Fatto*, publicado na coletânea *Sui Confini – Scritti sulla Giustizia Civile*. Bologna, 2002.

[30] Para uma eficaz síntese do problema, em particular, Atienza, Op. cit., p. 99 ss.

ciência, permanece verdadeiro que – ao menos para o jurista e ao menos em um nível macro de aproximação – a distinção é útil como instrumento de análise. O segundo argumento merece certa consideração mais específica, ainda que a sua reação mais imediata seja a de imaginar que quem o sustenta não tenha nunca lido verdadeiramente a motivação de uma sentença, nem tenha feito parte de um processo (muito menos como juiz).

Por um lado, se a negação da distinção entre os dois contextos leva a considerar que a motivação da sentença seja uma espécie de registro, ou de prestação de contas, do procedimento mental com o qual o juiz chega à sua decisão, essa se trata de uma opinião que luta contra a realidade dos fatos. Para dar-se conta basta pensar na eventualidade, frequente, de que a motivação seja escrita distante meses ou anos do momento no qual essa foi formulada, ou no caso no qual essa seja redigida somente por um membro do órgão colegiado que a formulou.

Talvez se pense que mesmo com a distância de tempo o juiz esteja apto a descrever os próprios procedimentos mentais, incluídos aqueles inconscientes? Ou pensa-se que para motivar uma sentença colegiada o juiz que escreve a motivação deva descrever o procedimento mental de todos aqueles que participaram da deliberação? A quem tem ao menos uma mínima experiência processual isso parece manifestamente absurdo. Para quem tem um mínimo de familiaridade com a teoria da argumentação deve ficar claro que os instrumentos que se usam para decidir não são os mesmos que se usam para justificar, como bem sabem os teóricos da decisão.[31]

Por outro lado, afirmar que o raciocínio decisório e o raciocínio justificativo constituem fases diferentes do raciocínio do juiz – e não são concebíveis um como a fotocópia do outro – não significa afirmar que sejam, sob o ponto de vista da estrutura e do conteúdo, diferentes em todos os seus aspectos. Posta a premissa de que aqui se adentra o campo das ilações, já que em realidade a única parte do raciocínio do juiz que se pode concretamente analisar é a motivação da sentença (enquanto nada daquilo que ocorre na mente do juiz é diretamente cognoscível), pode-se admitir, sem dificuldades, que entre as duas fases do raciocínio do juiz possam existir pontos de contato ou de correspondência.

Pelo contrário, pode-se bem admitir e esperar (mas aqui estamos no plano do *wishful thinking*, ou da ideologia do "bom juiz") que aquele juiz que sabe ter o dever de motivar suas próprias decisões, apresentando argu-

---

[31] Conforme, por exemplo, BERTHOZ, *La Décision*, Paris 2003; MARCH, *A Primer on Decision Making. How Decision Happen*, New York 1994; RUMIATI-BONINI, *Psicologia della Decisione*, Bologna, 2001; RUMIATI, *Giudizio e Decisione. Teorie e Applicazioni della Psicologia della Decisione*, Bologna, 1990.

mentos justificativos racionalmente válidos, procure racionalizar *ex ante* as próprias escolhas. Esse juiz procurará, por exemplo, interpretar as normas servindo-se de precedentes, materiais doutrinários, argumentos hermenêuticos, que depois poderá utilizar no momento no qual deverá redigir a motivação da sentença. Naquilo que diz respeito à decisão sobre os fatos, ele procurará valorar as provas segundo critérios consideráveis e formular inferências fundadas sob critérios compartilháveis que depois poderá enunciar e justificar na motivação da sentença. Nessa perspectiva – em verdade de certa forma otimista – pode-se ser induzido a pensar que a previsão da futura motivação induza o juiz a comportar-se de modo racional já *ex ante*, ou seja, no momento em que dá forma à sua *discovery* da decisão final.

Mas nem ao menos nessa hipótese otimista pode-se defender que o mesmo "bom juiz", no momento no qual redige a motivação da sentença, empenhe-se a "reproduzir" as razões que o determinaram num sentido ou noutro no curso do *iter* decisório. Por exemplo, ele não falará – e não deve fazê-lo – das hipóteses de escolha que formulou e depois descartou, porque a um controle racional essas pareceram erradas ou insustentáveis. Do mesmo modo, omitirá aqueles argumentos interpretativos que levou em consideração, mas que depois pareceram sem validade jurídica. Pelo contrário, não "explicará" como chegou à decisão também porque – para dizer de maneira muito breve – os mecanismos psicológicos que tiveram lugar na mente do juiz não interessam a ninguém. O que se pede ao juiz não é a sua psicanálise ou de autoanalisar-se: pede-se, porém, que exponha argumentos em função dos quais o observador externo (as partes, os advogados, os outros juízes, a opinião pública) possa verificar que aquela decisão é lógica e juridicamente fundada.

Pode ocorrer, ainda, que o juiz redija a motivação utilizando argumentos, materiais cognoscitivos, informações, valorações que efetivamente tenha considerado no curso do seu raciocínio decisório. Pode-se esperar também – como já se disse – que o juiz se comporte desse modo, já que assim se pressupõe que ele tenha formulado racionalmente a decisão ao invés de jogar os dados ou abandonar-se a motes interiores e imperscrutáveis da sua alma. Não se pode, todavia, esquecer que, na realidade, não sabemos e não podemos saber nada sobre quais foram as efetivas "razões reais" que determinaram a decisão e até onde uma decisão pode ser bem justificada independentemente do modo pelo qual o juiz veio a formulá-la. Pelo contrário, uma decisão pode ser mal justificada, ou nem mesmo motivada, independentemente do modo pelo qual o juiz a formulou e, portanto, também no caso em que o juiz chegue à decisão com um raciocínio racionalmente fundado se esse raciocínio não é expresso na motivação, ninguém saberá nada e a sentença imotivada ou mal motivada não terá, de qualquer forma, uma justificação digna de consideração.

No período em que trabalhei o tema do dever de motivação, um ponto de referência importante era representado pelo artigo 111, primeira parte, da Constituição italiana, segundo o qual todos os provimentos jurisdicionais devem ser motivados. Naquele tempo a Constituição italiana era uma entre as poucas cartas constitucionais que continha formulação expressa desse dever. Em alguns outros ordenamentos, como, por exemplo, na Grécia, existiam princípios constitucionais análogos, enquanto em outros sistemas, como, por exemplo, na Alemanha, semelhante dever advinha da interpretação de outras garantias fundamentais do processo civil. Somente posteriormente ele veio a ser incluído em uma pluralidade de cartas constitucionais, em particular nas constituições democráticas da Espanha, de Portugal e também do Brasil.

A constitucionalização do dever de motivação é um fenômeno cuja amplitude – como já me parecera então – não pode ser de modo algum subvalorizada. Existem vários elementos que sustentam essa opinião. Por um lado, a história: é verdade que normas relativas ao dever de motivação existiram, lá e cá, nos séculos precedentes, mas somente com a filosofia iluminista do século XVIII e com as reformas revolucionárias que deram origem ao conceito moderno de Estado, que o dever de motivação virou a regra geral. Ademais, como mostram os exemplos da Itália, da Espanha, de Portugal e do Brasil, é com as constituições democráticas adotadas depois da queda dos regimes autoritários que se afirma o valor de garantia fundamental do dever de motivação.

Por outro: as fontes normativas. Quase todos os códigos processuais de *civil law*, já a partir do século XIX, continham o dever de motivação da sentença civil no âmbito da disciplina ordinária dos provimentos do juiz. Não existiria, portanto, qualquer razão para inserir esse dever em normas de corte constitucional, se o seu significado era somente aquele de prever um requisito técnico relativo ao conteúdo do provimento. Mais ainda, a conhecida explicação segundo a qual a motivação serviria às partes para valorar acerca da oportunidade de recorrer da sentença e ao juízo recursal para analisar o fundamento da sentença impugnada, em realidade não chegava a explicar por quais razões também a sentença das cortes supremas – como tais, não sujeitas à impugnação – deveriam ser motivadas e porque deveriam sê-lo também as sentenças das cortes constitucionais.[32]

Por razões desse gênero formulei uma distinção entre a função *endoprocessual* da motivação, conexa ao problema da impugnação, no sentido

[32] Para uma justificação na perspectiva do papel das Cortes, Taruffo, *Il Vertice Ambiguo – Saggi sulla Cassazione Civile*, Bologna, 1991; Marinoni, O STJ como Corte de Precedentes, São Paulo, 2013; Mitidiero, Cortes Superiores e Cortes Supremas, São Paulo, 2013.

acima destacado, e a função *extraprocessual* da motivação, que pode ser compreendida somente no contexto das garantias fundamentais da administração da justiça, típicas do Estado democrático moderno. Essa segunda função é estreitamente conexa com o conceito democrático do exercício de poder, segundo o qual quem exercita um poder deve justificar o modo pelo qual o faz, submetendo-se, portanto, a um *controle externo difuso* das razões pelas quais o exercitou daquele determinado modo. Nesse sentido, o dever de motivação constitucionalmente garantido assume um *valor político fundamental*: é o instrumento por meio do qual a sociedade se coloca em condições de conhecer e de analisar as razões pelas quais o poder jurisdicional é exercitado, de modo determinado, no caso concreto. Trata-se de um valor político *em si*, já que o controle do exercício do poder é a base da soberania da sociedade, que assim é posta em condições de exercê-lo. Trata-se também de um valor político *instrumental*, já que através do controle sobre a motivação é possível verificar se outros princípios fundamentais foram realizados, como o da legalidade e o da imparcialidade na administração da justiça, típicos do moderno Estado de Direito.

A exigência dessa função eminentemente política do dever de motivação foi, certas vezes, negada ou desconhecida, sob a base de conceitos estritamente dogmáticos dos fenômenos processuais, segundo os quais nenhum aspecto da disciplina do processo teria conotação política. Diz-se, às vezes, que a sociedade, como tal, não lê as sentenças, e, portanto, não faria sentido falar de um controle social difuso da sua motivação. Não é o caso de entrar aqui nos detalhes dessa discussão, mas qualquer observação geral pode ser feita.

O argumento segundo o qual os fenômenos processuais não teriam nem poderiam ter alguma implicação extraprocessual, e menos ainda implicações políticas, exprime uma posição tecnicista e substancialmente empobrecida da administração da justiça, segundo a qual o processo seria constituído de uma massa de detalhes técnicos e mecanismos, ao qual seria estranha qualquer conotação valorativa. Não é por acaso que essas perspectivas são opostas ao pleno reconhecimento das garantias constitucionais do processo em toda a sua efetiva extensão e continuam a constituir a base de propostas metodológicas segundo as quais a doutrina processual deveria ocupar-se somente da exegese das normas codificadas. Resultam evidentes a limitação e a parcialidade dessas perspectivas: essas não colhem o sentido profundo do fenômeno representado pela constitucionalização dos direitos na sua totalidade. Esse mesmo fenômeno traz à luz as profundas implicações políticas presentes em muitíssimas áreas do ordenamento jurídico: naquilo que diz respeito às garantias constitucionais do processo, basta pensar, por exemplo, na garantia de defesa, no princípio da igualdade das partes e naquele da submissão do juiz à lei para dar-se conta de que o processo se encontra em um plano bem diverso daquele do tecnicismo dogmático caro aos exegetas das regras processuais ordinárias.

O argumento segundo o qual não faria sentido falar de função extraprocessual da motivação, porque a sociedade e a opinião pública não leem – e nem poderiam ler – milhões de sentenças, funda-se em um equívoco evidente. As garantias que operam para fins de controle do exercício do poder não têm sentido somente quando o controle vem efetivamente exercitado, mas na medida em que o controle *possa* ser exercido: não a efetividade empírica, mas a possibilidade de controle, constitui o fundamento e a função da garantia. Essa justifica os seus efeitos, na verdade, quando impõe ao juiz que se comporte – ao redigir a sentença – *como se* essa fosse, verdadeiramente, submetida a um controle externo. Para se dizer de outra forma, ao redigir a motivação o juiz deve se colocar na condição daquele que se volta àquilo que Perelman define como auditório universal, não somente às partes, seus advogados e aos juízes de eventual impugnação.

A propósito, poder-se-ia eventualmente colocar um problema diferente, considerando o fato de que dificilmente o *quivis de populo* lê diretamente uma sentença e que, ao invés, a motivação é lida somente em dois contextos: pelos juristas (não somente aqueles envolvidos diretamente como advogados ou como juízes da própria causa, mas também os acadêmicos) e pelos que operam na *mass media*. No primeiro caso, sublinhe-se que a classe dos juristas se investe em uma espécie de função de representação social: o profissional do direito possui os instrumentos culturais que lhe consentem ler e compreender as sentenças e, portanto, também criticá-las. A crítica pode fundar-se em razões de caráter técnico-jurídico, mas pode ainda mirar quaisquer perspectivas de valoração das razões com as quais o juiz justificou sua própria decisão. Nesse sentido, o jurista desenvolve uma importante função de controle social do exercício de poder jurisdicional: quanto mais extenso e aprofundado for esse trabalho do jurista profissional, mais efetiva será a função extraprocessual da motivação. Permanece como plano de fundo o problema de saber se o jurista estará sempre apto a desenvolver essa função, e se a sociedade no seu todo auferirá verdadeira vantagem com essa "delegação de fato" ao jurista de uma importante função política de controle sobre o exercício do poder. Trata-se, porém, de um problema eminentemente sociológico-político que não pode ser discutido adequadamente nesta sede.

Quanto ao controle desenvolvido pela mídia, todo ceticismo parece, de todo modo, justificado. Ao público das televisões e dos jornais interessam somente as questões espetaculares de cada processo – quase exclusivamente penais – no momento no qual ocorrem e interessam muito menos as razões com as quais os juízes justificam as suas decisões. Ainda, frequentemente os jornalistas que se ocupam da administração da justiça não estão nem ao menos em condições de compreender corretamente aquilo com o que se ocupam e menos ainda de fazer entender ao grande público quais são as razões adotadas para justificar as decisões. Isso tudo, de qualquer forma, diz respeito ao nível de informação que a mídia dá ao público a respeito das questões jurídicas, que pode ser mais ou menos baixo dependendo do caso. A qualidade insuficiente das informações que dizem respeito à administração da justiça não implica, todavia, que não haja sentido em falar-se de uma função extraprocessual da motivação da sentença: se de fato uma garantia é concretizada de modo inadequado, o remédio não consiste na sua eliminação ou no seu desconhecimento, mas em fazer com que essa seja efetivada em níveis qualitativos e quantitativos mais elevados.

De qualquer forma, e malgrado as dificuldades, parece evidente que existe uma conexão direta entre o dever de motivação e o caráter democrático do sistema político e do sistema jurisdicional. Todavia, isso cria um problema que não pode ser desconsiderado concernente, especificamente, àqueles ordenamentos – especialmente de *common law* – nos quais não existe um verdadeiro dever de motivação da sentença. O problema é menos relevante na Inglaterra, onde os juízes não têm qualquer dever de motivação, mas tradicionalmente justificam as suas decisões, não raro com motivação ampla e elegante. O mesmo problema é, ao contrário, muito mais relevante nos Estados Unidos, onde a garantia processual do *due process of law* não inclui – segundo a opinião geralmente acolhida – o dever de motivação do juiz em motivar suas sentenças e onde, em regra, as sentenças de primeiro grau não são motivadas. Da mesma forma, nunca são motivados os vereditos do júri, ao passo que o são normalmente as sentenças das cortes de apelação e das cortes supremas, estaduais ou federais.[33] Não é caso, aqui, de discutir se o sistema estadunidense é ou não é democrático: é necessário, entretanto, evidenciar que o sistema é caracterizado pela ausência sistemática de uma

---

[33] Assinala-se que nessa perspectiva a função da motivação é diversa daquelas sobre as quais tratamos no texto. As cortes estadunidenses de segunda e de última instância decidem essencialmente questões de direito: a motivação das sentenças é finalizada sob aquilo que se poderia chamar de "governo dos precedentes", ou seja, na enunciação das razões jurídicas que confirmam o precedente, resolvem conflitos entre precedentes das cortes inferiores ou ainda fixam um novo precedente. Uma função desse gênero pode ser reconhecida também em outros ordenamentos, mesmo de *civil law*, nos quais vem se afirmando a praxe do precedente judicial como critério de formulação da decisão em direito (conforme os ensaios relativos a vários ordenamentos, recolhidos no volume *Interpreting Precedents. A Comparative Study*, ed. por D. N. MacCormick and R. S. Summers, Aldershot-Brookfield USA-Singapore--Sidney 1997, e em 6 *Ragion Pratica*, 1996). Deve ser, todavia, sublinhado, que tal função não diz respeito às sentenças de todos os órgãos jurisdicionais mas somente daqueles que tem função criativa do direito sob a forma de fixação de regras de decisão para os juízes dos casos sucessivos; ainda, essa não é conexa com a função de garantia expressa pelas normas constitucionais que preveem a obrigatoriedade da motivação.

garantia que na maior parte dos ordenamentos modernos é considerada um fator importante de democracia.

Evidenciar o significado específico da garantia constitucional da motivação não tem simplesmente um valor conceitual ou abstratamente teórico. A atuação dessa garantia tem, pelo contrário, algumas implicações muito importantes que é oportuno sublinhar.

Uma primeira implicação é de que o legislador ordinário, ao disciplinar as modalidades de forma e de conteúdo com as quais deve ser redigida a sentença, não pode deixar de prever um dever geral de motivação. Isso significa que a motivação deve ser redigida sempre, e em qualquer caso, por todos os juízes do ordenamento. São, ainda, excluídas normas como aquelas que existiam em alguns ordenamentos processuais do passado, que são por vezes repropostas com o escopo de poupar tempo aos juízes, que preveem a redação somente eventual da motivação da sentença, por exemplo, quando essa for impugnada ou quando for assim requerido pela parte que tem intenção de impugná-la. Normas desse gênero poderiam se justificar se fosse levada em consideração apenas a função endoprocessual da motivação, mas seriam evidentemente inadmissíveis do ponto de vista da garantia constitucional.

Uma segunda ordem de implicações é que se – como já dissemos – a motivação da sentença deve assegurar a possibilidade de um controle externo das razões que justificam a decisão, então é necessário que a motivação inclua argumentos justificativos referentes a todos os aspectos relevantes da decisão. Pode-se, ainda, falar de um *princípio de completude da motivação,* segundo o qual a motivação deve incluir argumentações justificativas que digam respeito à decisão como um todo, em todos os seus elementos determinantes. Somente se a justificação da decisão é completa, de fato, há possibilidade de um adequado controle externo sobre o fundamento da própria decisão.

O princípio da completude da motivação inclui vários *standards* que o juiz deve aplicar.

Um *standard* muito importante diz respeito ao conteúdo global da motivação e à necessária presença, seja da justificação *interna* da decisão, seja da justificação *externa.* É sabido, e não é necessário insistir nesse ponto, que a justificação interna da decisão é aquela que resulta da conexão (que frequentemente assume estrutura subsuntiva) entre premissa de direito e premissa de fato, da qual surge logicamente a decisão final. Essa se justifica se as duas premissas conectam-se de modo coerente e se a sua combinação – que normalmente tem forma dedutiva – efetivamente conduz àquela decisão. Essa, portanto, se configura como uma consequência racional da combinação das premissas, que por aí se justifica.

É também sabido que a justificação externa diz respeito às razões pelas quais a premissa de direito e a premissa de fato foram formuladas de determinado modo. Em outros termos, trata-se, de um lado, dos argumentos com base nos quais o juiz justifica a escolha de uma norma e de uma determinada interpretação dessa, como regra jurídica da decisão do caso, e de outro lado, dos argumentos com base nos quais o juiz apresenta como justificada uma adequada reconstrução dos fatos relevantes da controvérsia.

Não é possível aprofundar aqui a análise de todas as condições que devem ocorrer – ou seja, de todos os *standards* que o juiz deve aplicar – para que se tenha uma justificação externa completa. É, todavia, útil sublinhar alguns que normalmente são malcuidados ou negligenciados na praxe judiciária de inúmeros ordenamentos.

Antes de qualquer coisa, entram em evidência os juízos de valor do juiz, que condicionam de vários modos a decisão. Ninguém duvida de que o juiz formule numerosas valorações, seja quando interpreta as normas, seja quando reconstrói os fatos da causa – e é também difícil negar que essas valorações condicionem e enderecem a escolha e a determinação das premissas de direito e de fato da decisão e, portanto, condicionem também a decisão final. Se isso é verdade, ou seja, se se admite que a decisão dependa da valoração do juiz, então é necessário que essas valorações sejam justificadas na motivação da sentença. Não é o caso de entrar aqui no problema da natureza dos valores e dos juízos a esses pertinentes: parece de fato que existe suficiente consenso no sentido de que também os juízos de valor podem ser justificados por meio de argumentação racional. É exatamente isso que o juiz deve fazer, enunciando os critérios de valor que adotou (e eventualmente justificando a escolha desses critérios) e argumentando sobre as razões pelas quais esses critérios fundam a valoração que formulou no caso específico.

Outro aspecto extremamente relevante da motivação refere-se à justificação do juízo relativo à veracidade ou falsidade dos fatos da causa. Por um lado, é obvio que, se a decisão se funda sobre uma determinada reconstrução dos fatos relevantes, essa reconstrução deve ser justificada. Por outro lado, todos os ordenamentos processuais contêm normas que vinculam o juiz a decidir sobre os fatos com base nas provas constantes dos autos. Tudo isso implica que a "motivação de fato" deve existir como discurso justificativo completo e articulado e, portanto, não pode ser reduzida à simples e apodítica enunciação daquilo que o juiz teve por verdadeiro ou falso. Tal discurso justificativo deve, ainda, fundar-se nas provas que o juiz utilizou para chegar à conclusão que assume como fundada de acordo com os fatos da causa. Por outro lado, "fundar-se nas provas" significa que o juiz deve indicar quais provas entendeu confiáveis como instrumentos de conhecimento dos fatos em questão. Mais: que o juiz deve indicar de que modo, e por quais razões, valorou a credibilidade das provas de que dispunha.

Sobre isso, é oportuno tornar ainda mais preciso o discurso: não é suficiente, como, ao contrário, frequentemente se verifica, que o juiz indique quais são as provas que justificam a versão dos fatos que adotou como verdadeira. Isso é necessário, mas não é suficiente para fornecer uma motivação adequada da decisão sobre os fatos. Se existiam provas contrárias à versão dos fatos que o juiz adota, ele deve explicar por quais razões entendeu desnecessário levar em consideração essas provas ao formular seu juízo. As razões pelas quais não é levada em consideração a prova contrária são, de fato, uma confirmação indispensável da validade da solução diversa que é adotada e da credibilidade das provas que a sustentam. Por outro lado, o juiz deve evitar cair no *confirmation bias*, ou seja, no erro típico daquele que, devendo justificar uma determinada escolha, seleciona todos os fatores que confirmam a sua correção, mas sistematicamente não leva em consideração os fatores contrários, introduzindo, assim, uma distorção substancial no seu próprio raciocínio.

***

Escrevi este livro durante o verão de minha vida, quando os dias eram longos e o horizonte do futuro longínquo. Escrevo estas páginas, agora, no tardio outono de minha vida, com os dias que ficam sempre mais curtos e o horizonte do futuro já muito mais próximo. Há, entretanto, uma coerência considerável entre os dois textos: talvez se trate simplesmente da comum dificuldade em modificar as próprias ideias, mas me agrada pensar que algo de bom já havia naquilo que escrevi e, mais ainda, que o leitor de hoje possa aproveitá-lo.

Milão, 15 de janeiro de 2014.

MICHELE TARUFFO

SUMÁRIO

CAPÍTULO II

A MOTIVAÇÃO COMO FONTE DE INDÍCIOS

CAPÍTULO III

A MOTIVAÇÃO COMO DISCURSO JUSTIFICATIVO

CAPÍTULO IV

SOBRE ALGUMAS TEORIAS DO JUÍZO E DA MOTIVAÇÃO

CAPÍTULO V

A ESTRUTURA RACIONAL DO JUÍZO E DA MOTIVAÇÃO

CAPÍTULO VI

O DEVER DE MOTIVAÇÃO DA SENTENÇA CIVIL

CAPÍTULO I
O PROBLEMA DA MOTIVAÇÃO DA SENTENÇA CIVIL

1. A) Incertezas nas formulações doutrinárias dominantes do problema; B) A motivação e a crise da doutrina do silogismo do Juízo; C) A motivação e a aproximação sociológico-política do Juízo; 2. Natureza da motivação e problemas definidores; 3. A) A motivação como discurso; B) A motivação como conjunto ordenado de proposições; 4. Perfis de análise semiológica da motivação; A) As situações interpretativas; B) A motivação como signo linguístico em sentido próprio; C) A motivação como fonte de indícios; D) Situações interpretativas e significados da motivação; 5. Natureza da motivação e métodos de pesquisa.

1. A) INCERTEZAS NAS FORMULAÇÕES DOUTRINÁRIAS DOMINANTES DO PROBLEMA

Quem se propõe a estudar o problema da motivação nos modos e nos termos em que esse se colocou nas últimas décadas encontra-se diante de um panorama dotado de características peculiares e por muitos aspectos bastante diferente daquele que o processualista está acostumado a encontrar quando considera a maior parte dos temas pertencentes ao seu campo de pesquisa. Essas peculiaridades devem-se, entretanto, somente em parte à natureza intrínseca do problema, descendendo principalmente da concorrência de dois fatores contingentes: de um lado, o modo com que o tema da motivação foi geralmente enfrentado (seria provavelmente mais exato dizer: não foi enfrentado) no plano do direito processual civil;[1] de outro, o fato de que sobre esse repercutem (nem seria razoavelmente possível uma situação diferente) os contrastes e as incertezas que foram aos poucos se manifestando sobre o tema da natureza e da estrutura da decisão judicial (não só e não tanto por parte dos estudiosos do direito processual, quanto na perspectiva filosófica, sociológica e política).

A confusão que à primeira vista parece constituir a característica mais evidente do estado do problema que para o presente estudo interessa pode ser definida de modo mais evidente, e em parte explicada, mediante o exame mais detido dos dois principais fatores que contribuem para trazê-la à tona. Do primeiro ponto de vista constata-se, acima de tudo, que a presença na Constituição de uma norma nova,[2] tal qual a primeira parte do artigo 111, não atraiu a atenção que se poderia esperar dos estudiosos, de modo que se pode dizer que a extensão do princípio constitucional da obrigatoriedade da motivação permanece até hoje amplamente indeterminada.[3] De seu turno, também esse fato não é, de resto, carente de explicação: ao artigo 111, primeira parte, compreendido como "norma sobre normas" (ou seja, como

---

[1] A única tentativa relevante de enfrentar organicamente o tema, feita no âmbito de nossa doutrina processualista civil, foi aquela, recentíssima, de Colesanti, *Die Entscheidungsbegründung im italienischen Verfahrensrecht,* no volume *Entscheidungsbegründung*, coordenado por R. Sprung, Wien-New York, 1974, p. 355 ss. A situação parece em grande parte análoga também para a doutrina do processo penal, com a única exceção de Amodio, *La motivazione della sentenza penale e il suo controllo in Cassazione*, ed. prov., Milano, 1967.

[2] O caráter de novidade do preceito constitucional inerente ao dever de motivação deve ser compreendido de forma relativa, visto que, mesmo na ausência de normas expressas sobre o tema nos estatutos italianos do século XIX e, em particular, no Estatuto Albertino, não faltam precedentes interessantes. Recorde-se, de fato, que o princípio de obrigatoriedade da motivação era expresso nas constituições das repúblicas jacobinas surgidas na Itália nos últimos anos do século XVIII, na linha da Constituição francesa de 1795; mais amplamente sobre o tema vide *infra*, Capítulo VI, § 1, *sub b)*, e Taruffo, *L'obligo di motivazione della sentenza civile tra diritto comune e illuminismo*, in *Riv. dir. proc.*, 1974, p. 290 e ss.

[3] Oportuno notar a ausência em nosso país, de fato, de estudos dirigidos a precisar as linhas essenciais do preceito constitucional em questão, do qual geralmente se limita a sublinhar genericamente o aspecto garantista (conforme, p. ex., Calamandrei, *Processo e democrazia,* Padova, 1954, p. 95 e ss; Lucifredi, *La nuova Costituzione italiana*, Milano, 1952, p. 239; Biscaretti di Ruffia, *Diritto costituzionale*, VIII Ed., Nápoles, 1969, p. 551; Virga, *Diritto costituzionale*, VII Ed., Milano, 1971, p. 664). Ao que consta, a situação não é diferente nos outros países; é exceção a Alemanha Federal, onde, na ausência de uma norma constitucional expressa, colocou-se o problema de elaborar o relativo princípio em via de interpretação das outras normas constitucionais atinentes à função do juiz: sobre o tema, conforme, por último, Brüggemann, *Die richterliche Begründungspflicht. Verfassungrechtliche Minderstanforderungen an die Begründung gerichtlicher Entscheidungen*, Berlin, 1971, especialmente p. 109 e ss.; Schlüter, *Das Obiter Dictum*, München, 1973, p. 9 e ss., e, ainda, Ule, *Verfassungrecht und Verwaltungsprozessrecht*, in *Deut, Verwaltungsvlatt*, 1959, p. 542; Arndt, *Das rechtliche Gehör*, in *N.J.W.*, 1959, p. 7; Hamann, *Rechtliches Gehör*, in *Answaltsblatt*, 1958, p. 148. Mais amplamente sobre o tema ver, ainda, *infra*, Capítulo VI, *passim.*

critério de compatibilidade constitucional da legislação infraconstitucional), é fácil atribuir uma amplitude quase que nula no campo do processo civil, uma vez que o preceito constitucional parece poder ser considerado substancialmente cumprido pela lei ordinária no momento em que essa prescreve que a sentença deva conter os "motivos de fato e de direito da decisão" (conforme artigo 132, n. 4, *Codice di Procedura Civile*, e artigo 118, *Disposizioni per l'Attuazione del Codice di Procedura Civile*).[4]

Uma perspectiva mais fecunda poderia ser, por outro lado, partir do pressuposto de que a norma em questão representa não só o paradigma de compatibilidade constitucional da legislação infraconstitucional, mas também uma "norma para o juiz". E isso não tanto no sentido formal de impor-lhe que motive as próprias decisões (visto que a legislação infraconstitucional já contém pontuais preceitos com essa finalidade), quanto no sentido mais substancial de fixação dos requisitos mínimos necessários para que se possa dizer que uma sentença está efetivamente motivada.[5] É claro, de resto, que seria necessária, sob o plano dos outros princípios constitucionais inerentes à atividade jurisdicional,[6] além de sob o plano político mais geral, uma "concretização" do conteúdo da norma constitucional, até o momento ausente tanto na doutrina quanto na jurisprudência. O fato de que, via de regra, tenha-se preferido a mencionada abordagem formalista, considerando-a suficiente para escapar ou para exaurir o problema em sua dimensão substancial, pode ser interpretada de diversas formas, sobre as quais não é o caso de se deter nesta sede.[7] É certo, de qualquer modo, que isso explica sob o plano histórico a falta de contribuições com o fim de evidenciar a efetiva dimensão do princípio constitucional sobre a obrigatoriedade da motivação.

No campo mais específico do direito processual civil a situação é em parte diferente, visto que, obviamente, sendo a motivação da sentença um fenômeno inevitavelmente "processual", os estudiosos viram-se na necessidade de ocupar-se do mesmo. Sobre o tema, deve-se, entretanto, notar imediatamente que esse foi enfrentado, via de regra, segundo uma linha

---

4 Conforme nesse sentido LESSONA S., *La funzione giurisdizionale*, in *Commentario sistematico alla Costituzione Italiana*, dirigido por P. CALAMANDREI e A. LEVI, Firenze, 1950, vol. II, p. 211, e, analogamente, BRÜGGEMANN, *op. cit.*, p. 123 (PROVINCIALI, *Norme di diritto processuale nella Costituzione*, Milano, 1959, p. 66 acaba por compartilhar da mesma orientação, visto que em concreto as hipóteses a que limita a capacidade do princípio constitucional são aquelas já reguladas pela lei ordinária). Substancialmente, o único problema que emerge nessa perspectiva é o da aplicabilidade do princípio em questão ao decreto (v. *infra*, Capítulo VI).

5 Nesse sentido conforme COLESANTI, *op. cit.*, p. 379 e ss., e v. *infra*, Capítulo VI.

6 Conforme sobre o tema BRÜGGEMANN, *op. cit.*, pp. 125 e ss., 152 e ss.

7 V. *infra*, Capítulo VI.

totalmente particular: isto é, a motivação foi estudada exclusivamente com referência aos pontos de emersão do fenômeno no âmbito estritamente normativo. Isso significou concentrar a atenção, mesmo que com diversa amplitude e intensidade, essencialmente em três pontos: a definição da natureza do requisito da motivação e do vício constituído por sua ausência, a possibilidade de serem relevados vícios da motivação e a possibilidade do respectivo controle na *Cassazione* e o problema sobre se a autoridade da coisa julgada estende-se ou não à motivação ou a parte dessa.

Esses argumentos serão tratados mais analiticamente na sequência e, portanto, não é o caso de se alongar em uma exposição mais ampla sobre esses. De um ponto de vista muito geral interessa, entretanto, sublinhar desde logo que sua solução deveria pressupor, pelo menos como hipótese de trabalho, uma definição suficientemente clara daquilo que a motivação da sentença é, se não por outra razão, porque parece logicamente incongruente debater sobre os vícios ou sobre os efeitos de um fenômeno jurídico sem partir de uma adequada compreensão das suas características.

Pois bem, semelhante incongruência constitui, ao invés disso, a nota mais peculiar do modo com que os problemas atinentes à motivação foram geralmente enfrentados: seu tratamento vale-se dos habituais instrumentos de caráter dogmático para propor soluções juridicamente sustentáveis sobre os temas específicos, mas prescinde do problema fundamental – que constitui logicamente o *prius* de toda e qualquer possibilidade de desenvolvimento sobre a matéria – inerente à determinação dos elementos e das propriedades essenciais que definem a motivação. De resto, nem se pode dizer que uma adequada solução deste problema, ou mesmo sua definição satisfatória, ressaia conscientemente, se bem que implicitamente pressuposta, do momento que, partindo das teses propostas diante das questões supramencionadas, resulta impossível se chegar à reconstrução clara e suficientemente articulada do conceito de motivação sobre o qual as próprias teses deveriam ter-se fundado.

Substancialmente, isso equivale a dizer que, segundo aquilo que se pode constatar, nunca se colocou de modo adequado o problema de definir de modo exauriente a natureza da motivação, com o que naturalmente não se pode do mesmo modo chegar a uma conclusão satisfatória. Com efeito, a partir de um rápido levantamento das noções comumente empregadas seja pela doutrina, seja pela jurisprudência, o conceito de motivação aparece amplamente indeterminado, sendo, aliás, frequentemente tratado como se tivesse um conteúdo "móvel".[8] De fato, toda vez que as tentativas

8 Se a "mobilidade" de conteúdo do conceito em questão fosse devida, como geralmente ocorre, à presença de diversas definições rivais, encontrar-se-ia na situação típica das chamadas

de definição resolvem-se – como ocorre de regra, com poucas variações de linguagem – dizendo-se que a motivação consiste na expressão dos "motivos" ou das "razões de decidir" ou do "*iter* lógico seguido pelo juiz para chegar à decisão" move-se no restrito campo da tautologia (ou no bem mais amplo, mas não menos estéril, campo da indeterminação): expressões desse tipo, no contexto em que normalmente são usadas, não exprimem qualquer noção precisa de "motivo", de "razão" ou de "*iter* lógico" e, portanto, longe de definir qualquer coisa, remetem ao plano das noções intuitivas, sob o errôneo pressuposto de que se trata, ao invés disso, de conceitos determinados no patrimônio dos conhecimentos comuns.

O caráter de "mobilidade" da noção de motivação aparece, pois, com particular clareza quando a doutrina coloca o conhecido e controverso problema de estabelecer aquilo que, na sentença, é coberto pela coisa julgada. Nesse contexto, a motivação é definida, por exclusão, como aquilo que não transita em julgado. Entretanto, visto que na esfera objetiva da coisa julgada são vez por outra assinaladas fronteiras mais ou menos amplas, varia em medida inversa o âmbito que se reserva à noção de motivação, de modo que, por exemplo, a decisão de uma questão prejudicial ou a apuração dos fatos constitutivos do direito deduzido em juízo sejam excluídos ou incluídos no campo da motivação (ou, reciprocamente, no da "decisão") dependendo do fato de se admitir ou de se excluir sua idoneidade à formação da coisa julgada.

À parte disso, deve-se notar também que desse modo o conceito de motivação acaba por ser uma espécie de recipiente vazio, em que se faz comodamente entrar aquilo que se pretende excluir do âmbito do julgado. Tudo isso não deve, de resto, surpreender, visto que se trata da consequência normal do emprego de noções indefinidas ou definidas somente por exclusão, de modo puramente negativo. Ao final do discurso desenvolvido nestas páginas deve-se, de resto, observar que o emprego de noções desse gênero, se pode ser útil para outros efeitos, é, de qualquer modo, certamente o modo

---

ciências do espírito ou do homem, nas quais a irredutível pluralidade de definições do próprio conceito é um dado ineliminável e positivo, devido em parte à evolução das perspectivas culturais e, em parte, à impossibilidade da verificação empírica. Vice-versa, no nosso caso, a mobilidade da noção de motivação é devida à presença da situação exatamente oposta, ou seja, à ausência de definições adequadas. Ocorre geralmente, por conseguinte, que não se parta de uma das possíveis definições do fenômeno, mas somente de uma noção sumária e intuitiva desse, de modo que, quando se coloca a ligação com outros conceitos jurídicos que conseguiram uma diversa precisação pelo menos no âmbito definitório (e, portanto, uma maior "solidez"), a consequência é que os conceitos ligados não são analisados em função recíproca, mas sim um (motivação) exclusivamente em função do outro (coisa julgada etc.). O conceito de motivação parece, por conseguinte, móvel porque é geralmente tratado como uma variável dependente, enquanto as variáveis independentes são representadas pelos outros conceitos jurídicos.

mais seguro para precluir a possibilidade de apontar-se o significado efetivo dos fenômenos que se estudam.

Em uma situação como essa, e talvez o quadro aqui traçado não seja demasiadamente pessimista, consegue-se também compreender a singular sorte da bem conhecida consideração de Calamandrei, segundo a qual a motivação não é a fiel descrição do processo lógico-psicológico que levou o juiz à decisão, mas sim a apologia, que o juiz elabora *a posteriori*, da própria decisão.[9] Essa assertiva tinha provavelmente um objetivo duplo: por um lado, desfazer a difundida convicção da identidade entre motivação e *iter* decisório;[10] por outro, indicar a via metodologicamente correta para o estudo de ambos os fenômenos, em sua essencial diversidade e em suas inevitáveis ligações.

Portanto, se era isso o que Calamandrei pretendia exprimir, suas palavras encontraram a mais radical incompreensão: de uma parte, a jurisprudência é firme ao sustentar a identidade entre processo decisório e motivação, visto que para julgar a congruência da motivação continua a requerer que essa exprima de modo bastante claro "o *iter* lógico seguido pelo juiz para chegar à decisão".[11] De outra parte, a doutrina não só não aceitou o implícito

---

[9] Conforme Calamandrei, *op. cit.*, p. 101.

[10] Na Itália, além da citada opinião de Calamandrei, pode-se recordar a clara menção de Carnelutti, por último in *Diritto e processo*, Nápoles, 1958, p. 212, sobre a distinção entre "como é feita" e "como se faz" a sentença. Trata-se, de resto, de tentativas ocasionais e isoladas, que não tiveram adequado desenvolvimento. A questão recebeu, por outro lado, orgânica elaboração e, aliás, serviu de pressuposto para diversas teorias da decisão na doutrina alemã e norte-americana. Na Alemanha, a distinção em exame constituiu, p. ex., um dos componentes das correntes antipositivistas, do direito livre à jurisprudência dos interesses (conforme Edelmann, *Die Entwicklung der Interessenjurisprudenz. Eine historich-kritische Studie über die Deutsche Rechtmethodologievom 18. Jahrhundert bis zur Gegenwart,* Bad Homburg v. d. Höhe-Berlin-Zurich, 1967, pp. 53 e ss., 92 e ss. e *passim*; Kriele, *Theorie der Rechtgewinnung entwickelt am Problem der Verfassungsinterpretation,* Berlin, 1967, pp. 63 e ss., 205 e ss; Isay, *Rechtsnorm und Entscheidung,* Berlin, 1929, pp. 25 e ss., 177 e ss., 248 e ss., 335 e ss.; Schwinge, *Irrationalismus und Ganzheitsbetrachtung in der deutschen Rechtwissenschaft,* Bonn, 1938, p. 29 e ss.; Ohlmer, *Richterfreiheit und Begründungspflicht,* diss. Mainz, 1953, p. 91; Br¨ggemann, *op. cit.*, p. 57. Conforme, ainda, *infra*, Capítulo III). Nos EUA a mesma distinção, também largamente acolhida, constituiu a nota distintiva de uma das correntes ensartadas no âmbito do realismo jurídico e pela qual foi proposto o nome do *opinion-skepticism* (conforme Rumble, *American Legal Realism,* New York, 1968, p. 79 e ss.; Reich, *Sociological Jurisprudence und Legal Realism im Rechtsdenken Amerikas,* Heidelberg, 1967, p. 92 e ss.; Llewellyn, *Jurisprudence: Realism in Theory and Practise,* Chicago, 1962, p. 56 e ss.; Cohen F. S., *The Problems of a Functional Jurisprudence,* in *Modern L. R.,* 1937, p. 9 e ss.; Frank, *Law and the Modern Mind,* New York, 1949, p. 140 e ss.; Green, *Judge and Jury,* Kansas City, 1930, p. 152 e ss.) e permaneceu, de qualquer modo, como ponto firme também nas mais recentes pesquisas de caráter empírico-sociológico sobre a decisão judicial (conforme *infra*, n. 32).

[11] Para referências sobre o tema conforme cap. VII. Evidentemente, a posição dominante na jurisprudência não descende de uma consciente e articulada tomada de posição sobre

convite a estudar motivação e processo decisório nas respectivas e corretas dimensões, mas parece ter entendido que com as palavras de Calamandrei o problema da motivação poderia ser tido por liquidado definitivamente como insignificante, já que essas são frequentemente utilizadas para indicar o limite abaixo do qual é razoável deter a pesquisa.[12]

Se o estado do problema pudesse ser satisfatoriamente inserido nas posições tradicionalmente assumidas pela doutrina e pela jurisprudência ter-se-ia uma situação não excessivamente negativa, visto que a insuficiente elaboração de um conceito pode sempre ser o estímulo para uma pesquisa ulterior. A situação é, entretanto, bem mais complexa, visto que a reforçar a já difusa desvalorização do papel da motivação como instituto jurídico, implícita nas abordagens até agora descritas, intervieram as repercussões (de resto inevitáveis e potencialmente salutares) das pesquisas conduzidas, em diversas perspectivas e com diversas metodologias, em torno da natureza da decisão judicial. Tais repercussões, na medida e no modo em que influíram na maneira de conceber a motivação, acabaram por produzir um estado de radical confusão entre os diversos pontos de vista possíveis sobre o tema. Além disso, visto que o centro das atenções parece ser a decisão, tende-se a deixar na sombra as possibilidades, que também existem e poderiam ser analiticamente valoradas, de considerar a motivação como fenômeno

---

o problema das relações entre motivação e processo de decisão, mas somente da adesão conforme à tradicional doutrina do silogismo judicial, que tem entre os seus pressupostos, como oportunamente sublinha Carnelutti, *op. cit., loc. cit.*, justamente a confusão entre os dois aspectos distintos no texto.

[12] A reação ao positivismo jurídico, que alhures (v. n. 10) levou ao primeiro plano o problema da decisão judicial e, portanto, também aquele das suas relações com a motivação, na Itália manifestou-se com a difusão de doutrinas inspiradas no neokantismo e no idealismo (conforme em geral Fassò, *Storia della filosofia del diritto,* vol. III: *Ottocento e Novecento,* Bolonha, 1970, p. 275 e ss.), e tiveram repercussões não relevantes as diversas teses que na mesma época debatiam-se, por exemplo, na Alemanha. O problema da natureza da decisão jurisdicional não recebeu, por conseguinte, uma particular atenção (pelo menos sob o prisma que aqui interessa), nem por parte dos filósofos do direito, nem por parte dos processualistas. Esses últimos, ainda, particularmente pouco sensíveis às mudanças gerais de perspectiva cultural, continuaram a mover-se no sentido das linhas tradicionais, utilizando as soluções que dessas haviam retirado Alfredo Rocco, *La sentenza civile. Studi* (1906), rist., Milano, 1962, p. 29 e ss., e Calamandrei, *La genesi logica della sentenza civile* (1914), in *Studi sul processo civile,* vol. I, Padova, 1930, p. 4 e ss. De resto, nem mesmo o claro e pontual ataque que à doutrina do silogismo judicial era feito por Calogero, *La logica del giudice e il suo controllo in Cassazione* (1937), rist., Padova, 1964, p. 33 e ss., que também teve e tem ainda grande repercussão, tinha o fim de fazer emergir o problema da decisão judicial em si e em suas ligações com a natureza da motivação. Calogero não se afastava, de fato, da ótica típica da própria doutrina tradicional de enfrentar o tema da motivação exclusivamente sob o prisma do controle "lógico" na *Cassazione* e, aliás, justamente afirmando a impossibilidade de um controle que não fosse contra o conteúdo das valorações feitas pelo juiz de mérito, acabava implicitamente por endossar a tese da indissociabilidade da motivação do procedimento que o juiz segue para chegar à decisão.

dotado de características em grande parte autônomas com relação àquelas que se atribuem à decisão.

B) A motivação e a crise da doutrina do silogismo do Juízo

Tal confusão não conseguiu manifestar-se em seus principais efeitos negativos até que ganhou vigor a imagem claramente oitocentista do silogismo judicial, compreendido contemporaneamente como estrutura fundamental tanto do procedimento de decisão como da motivação.[13] De tal modo, de fato, pressupondo que a motivação fosse, ou devesse ser, a fiel e orgânica demonstração da via seguida pelo juiz para chegar à decisão, os problemas da natureza da decisão e aqueles inerentes à motivação coincidiam perfeitamente, e o recurso ao esquema silogístico parecia idôneo a resolver ambos de modo unívoco. Quando, pelo contrário, começou-se a colocar em evidência o excessivo simplismo do modelo silogístico, ou até mesmo sua falsidade como representativo do trabalho do juiz,[14] o ponto de partida dessas linhas críticas foi essencialmente o modo de reconstruir a estrutura da decisão, tendo sido deixado na sombra o aspecto inerente à motivação. Isso constituiu substancialmente o ponto de separação entre as duas ordens de problemas, se não por outra razão porque, de fato, esses não foram mais tratados no mesmo contexto, e as teses formadas em relação à natureza da decisão não foram mais compreendidas como automaticamente válidas também para a definição das características essenciais da motivação.[15]

Aliás, pode-se salientar, pelo menos em uma primeira aproximação, que a abordagem que visa a fazer coincidir as estruturas dos dois fenômenos (e a considerá-los, portanto, como aspectos do mesmo fenômeno ou um como mera exteriorização do outro) no modo peculiar à concepção silogística acolhida por um tempo, permaneceu, e ainda permanece, onde, como na jurisprudência dominante, é maior a insensibilidade às críticas radicais que de diferentes perspectivas foram dirigidas à construção silogística do juízo. Onde, ao invés disso, tal construção foi colocada em crise com referência à

---

[13] Sobre a doutrina do silogismo judicial conforme, para um exame mais amplo e para referências bibliográficas, Capítulo IV, § 1.

[14] Sobre o tema v. *infra*, ponto c) e, mais adiante, Capítulo IV, § 1.

[15] Não faltam, de resto, exceções: p. ex., um dos maiores expoentes do realismo norte-americano, FRANK, *op. cit.*, pp. 123 e ss., 159 e ss., depois de ter levado ao primeiro plano as componentes psicológicas e subjetivas do juízo, deduziu disso, todavia, a necessidade de que a motivação seja a fiel prestação de contas do modo psicológico com que se chegou à decisão. À parte a fragilidade intrínseca dessa tese (sobre a qual vide Capítulo II, n. 55), essa representa de qualquer modo um exemplo das distorções que se podem verificar quando se transpõe *tout court* para o plano da motivação a conclusão a que se chegou sobre a natureza da decisão.

natureza do juízo, a determinação das características da motivação foi posta como problema autônomo, postulando soluções autônomas. De qualquer forma, o dado fático que é necessário que se leve em conta é que, uma vez que o problema da motivação visto por si só não parece ter recebido respostas satisfatórias, é sabido que nenhuma tentativa nesse sentido poderia ser exitosa sem levar em adequada consideração a problemática inerente à estrutura do juízo, se não por outro motivo, para fixar os limites dentro dos quais tal problemática, ou as soluções que se buscam dar a essa, podem influir no modo com que é reconstruída a estrutura da motivação.

O esquema conceitualista e abstrato do juízo como silogismo é, antes de qualquer coisa, posto em crise por aquelas correntes de pensamento que combatem o emprego exclusivo de instrumentos desse gênero, típico da abordagem positivista, na interpretação da lei: assim, apesar dos elementos de distinção existentes sob outros aspectos, tanto, em geral, a chamada escola do direito livre[16] quanto a jurisprudência dos interesses[17] convergem quanto a sublinhar a impropriedade da figura do silogismo judicial como esquema do juízo. De resto, essa conclusão resulta não tanto da constatação de que o esquema silogístico não possa ser assumido como representação descritiva da realidade do juízo, quanto da proposta de critérios de decisão que requerem, para ser aplicados, modalidades de interpretação e integração

---

16 É sabido que sob essa denominação se inserem, comumente, como precursores ou como "adeptos", estudiosos que não aderiram expressamente à tese da *Freirechtslehre*, mas que, de qualquer modo, assumiram posições anticonceitualistas e antipositivistas, em geral em tema de interpretação "criativa" (como, p. ex., Bülow, Rümelin e Rumpf), ou sobre o específico problema das lacunas no ordenamento jurídico (como, p. ex., Ehrlich de *Lücken im Recht*). As linhas fundamentais da teoria do direito livre, antecipadas pelo próprio Ehrlich, in *Freie Rechtfindung und Freie Rechtslehre,* Leipzig, 1903, encontraram, então, seu "manifesto" no famoso escrito de Kantorowicz, *Der Kampf um die Rechtwissenschaft* (reimpresso em Kantorowicz, *Rechtwissenschaft und Soziologie,* Karlsruhe, 1962, p. 18 e ss.). Sobre a difusão que essas tiveram na doutrina alemã conforme a exauriente exposição de Lombardi, *Saggio sul diritto giurisprudenziale*, Milano, 1967, p. 201 e ss. (especialmente 278 e ss. sobre a abordagem antilogicista dos jusliberalistas) e, por sua incidência sobre a teoria do juízo, conforme Kriele, *op. cit.*, p. 63 e ss.; Brüggemann,, *op. cit.*, p. 35. Sobre a relativamente escassa influência do jusliberalismo na Itália conforme Bobbio, *Giusnaturalismo e positivismo giuridico,* Milano, 1965, p. 33.

17 Sobre a qualificação da *Interessenjurisprudenz* como corrente interna ao "movimento do direito livre" conforme Fassò, *op. cit.*, vol. III, p. 240, além da opinião expressa por um dos representantes de tal corrente: Reichel, *Gesetz und Richterspruch*, Zürich, 1915, p. 37. Sobre as teses fundamentais expressas pela jurisprudência dos interesses conforme Heck, *Gesetzesauslegung und Interessenjurisprudenz* (1914), *Das Problem der Rechtgewinnung* (1912), *Begriffsbildung und Interessenjurisprudenz* (1932), ora reimpressos no volume organizado por R. Dubischar, Bad Homburg v.d. Höhe-Berlin-Zürich, 1968, especialmente pp. 46 e ss., 150 e ss., 172 e ss., 198 e ss. Conforme, ainda, Edelmann, *op. cit.*, pp. 53 e ss., 92 e ss.; Canaris, *Systemdenken und Systembegriff in der Jurisprudenz,* Berlin, 1969, p. 35 e ss.; Kriele, *op. cit.*, p. 205 e ss.

da norma que a renderiam idônea a constituir a premissa maior de um silogismo. Além disso, as escolhas que esse tipo de interpretação comporta não seriam formalizáveis segundo um modelo rigorosamente lógico-dedutivo.[18] Trata-se, substancialmente, não da demonstração da falsidade da representação silogística do juízo, mas da negação de que seja oportuno que o juiz opere mediante silogismos, uma vez que isso tornaria impossível a realização concreta dos valores em que a interpretação da lei e, em geral a decisão, deveriam se inspirar.

A crítica radical à doutrina do silogismo judicial – não mais no plano deontológico, mas no ontológico[19] – conduzida de tal modo a envolver toda e qualquer possível configuração lógica do juízo, provém, por outro lado, daquelas doutrinas que – mesmo que diversíssimas entre si por origens culturais, metodologia e objetivos perseguidos – têm em comum a negação da racionalidade do juízo e, portanto, da possibilidade de determinação de um esquema lógico que se possa assumir como paradigma geral do próprio juízo. Assim, partindo de premissas de caráter pragmatista, os maiores expoentes do realismo jurídico, tanto norte-americano como escandinavo, negam decididamente que o juízo resulte de um procedimento lógico em que seja possível determinar de modo unívoco as regras que ligam as premissas à conclusão, colocando em primeiro plano os elementos extralógicos que

---

[18] O ponto de partida comum às correntes antipositivistas que se difundem a galope entre o século XIX e o século XX é a negação do dogma fundamental de que partia a tradicional doutrina positivista, sobre a ausência de lacunas no ordenamento (sobre a qual conforme o amplo estudo de A. G. Conte, *Saggio sulla completezza degli ordinamenti giuridici,* Turim, 1962, especialmente pp. 35 e ss., 143 e ss.), por pressupor que sempre o critério de decisão da lide pudesse determinar-se na norma geral e abstrata (com a consequência de que a decisão deveria ter sido formulada segundo o mecanismo silogístico). Afirmando, vice-versa, a liberdade do juiz na escolha do critério de decisão da lide (critério que, por não ser necessariamente "normativo" não deveria consistir necessariamente em uma regra "geral"), as correntes em questão visavam a propor um esquema de juízo não fundado em premissas normativas gerais, e, portanto, não efetuáveis segundo a estrutura da dedução silogística. Daí ser a abordagem orientada não tanto no sentido de afirmar que o juízo não é um silogismo, mas sim no de sustentar que esse, por desenvolver-se segundo as exigências a que responde, não *deveria ser* um silogismo.

[19] Diferentemente daquilo que tendiam a afirmar as correntes recordadas nas notas precedentes, a negação do esquema silogístico no plano ontológico (ao invés do deontológico) implica não a negação da *validade* do silogismo como método de juízo, mas sim a negação da *verdade* da representação silogística do juízo: isso é, assere-se não que o juízo "não deva" ser um silogismo, mas que o juízo "não é" (ou "não pode ser") um silogismo. Nesse sentido, conforme, p. ex., Cook, *Legal Logic*, 31 *Col. L. R.*, 1931, p. 108 e ss.; Levi, *An Introduction to Legal Reasoning*, 15 *U. Chi L. R.*, 1948, p. 501 e ss.; Cossio, *Phenomenology of the Decision,* in *Latin-American Legal Philosophy,* Cambridge, Mass., 1948, p. 381 e ss.; Bellussi, *La justification en droit*, in *Le raisonnement juridique. Actes du Congrès Mondial de Philosophie Sociale*, Bruxelles, 1971, p. 230; Baumann, *Wahrheit der Urteilsgründe*, in *N.J.W.*, 1957, p. 1017. Para ulteriores menções, e sobre a crítica à validade metodológica do modelo silogístico, conforme cap. IV, §1.

incidem na formação da decisão e que desempenham um papel essencial na determinação da "realidade" do juízo.[20]

Na cultura jurídica europeia, ao invés disso, o ataque às construções logicistas do juízo não parte tanto da exigência de descobrir sua realidade empírica por baixo das formas lógicas,[21] mas sim de premissas de caráter filosófico e político que representam a nota dominante a partir do final do século XIX.[22] Na Alemanha, o surgimento da premissa irracionalista – que tem uma explicação filosófica que pode ser encontrada na reação ao hegelia-

---

[20] Por parte dos realistas norte-americanos, por realidade do juízo entende-se prevalentemente realidade psicológica: nesse sentido conforme especialmente FRANK, *op. cit.*, p. 100 e ss.; ID., *What Courts Do in Fact*, in 26 *Ill. L. E.*, 1932, p. 645 e ss.; ID., *Words and Music*, in 47 *Col. I. R.*, 1947, p. 1259 e ss. (sobre as teorias de FRANK conforme CAHN, *Jerome Frank's Fact Skepticism and Our Future*, in 66 *Yale L. J.*, 1957, p. 824 e ss; PAUL, *The Legal Realism of Jerome N. Frank*, The Hague, 1959, p. 51 e ss.; VOLKOMER, *The Passionate Liberal: The Political and Legal Ideas of Jerome Frank*, The Hague, 1970, p. 47 e ss.). Sobre a concepção do juízo nos realistas conforme ainda LLEWELLYN, *The Common Law Tradition. Deciding Appeals*, Boston-Toronto, 1960, pp. 57 e ss., 201 e ss. e *passim*; ID., *Jurisprudence*, cit., pp. 101 e ss., 128 e ss., 167 e ss.; ID., *A Realistic Jurisprudence – The Next Step*, in *30 Col. L.R.*, 1930, p. 431 e ss.; ID., *Some Realism about Realism*, in 44 *Harv. L.R.*, 1931, p. 1222 e ss.; DICKINSON, *Legal Rules: Their Function in the Process of Decision*, in 79 *U. Penn. L.R.*, 1931, p. 833; OLIPHANT, *A Return to Stare Decisis*, in 14 *A.B.A.J.*, 1928, pp. 71 e ss,m 159 e ss,; FRANK, *Courts on Trial. Myth and Reality in American Justice*, Princeton, 1949, p. 123 e ss.; COHEN, *op. cit.*, p. 5 e ss.; RADIN, *Legal Realism*, in 31 *Col. L.R.*, 1931, p. 824 e ss.; TARELLO, *Il realismo giuridico americano*, Milano, 1962, pp. 151 e ss., 165 e ss.; RUMBLE, *op. cit.*, pp. 48 e ss., 107 e ss.; REICH,*op. cit.*, p. 82 e ss.; COING, *Neue Strömungen in der Nordamerikanischen Rechtsphilosophie*, in 38 *A.R.S.P.*, 1949, p. 536 e ss., WEISS, *Die Theorie der richterlichen Entscheidungstätigkeit in den Vereinigten Staaten von Amerika*, Frankfurt a.M., 1971, p. 62 e ss. Sobre as matrizes filosóficas do realismo jurídico conforme LÖFFENHOLZ, *Die Rechtsphilosophie des Pragmatismus*, Meisenheim-Glan, 1961; RUMBLE, *op. cit.*, p. 4 e ss.; TARELLO, *op. cit.*, p. 26 e ss.; WEISS, *op. cit.*, pp. 28 e ss., 41 e ss. Em particular sobre a concepção intuicionista do juízo conforme HUTCHESON, *The Judgment Intuitive: The Function of the "Hunch" in Judicial Decision*, in 14 *Corn. L.Q.*, 1929, p. 274 e ss. Para as teses enunciadas sobre os realistas escandinavos conforme, p. ex., ROSS, *Diritto e giustizia*, tr. it. de G. Gavazzi, Turim, 1965, p. 128 e ss.

[21] Foi recentemente sublinhado (conforme WEIMAR, *Psychologische Strukturen richterlicher Entscheidung*, Basel-Stuttgart, 1969, pp. 16, 27) que também no sentido em que apareceram mais frequentemente as críticas ao esquema silogístico, ou seja, aquele de evidenciar os componentes psicológicos do juízo, faltaram tentativas sérias e orgânicas de pesquisa, de modo que tais criticas se limitam a ser meras sugestões sem se traduzir em soluções alternativas. Trata-se de uma valoração inerente à doutrina germânica, que, entretanto, pode ser estendida à situação geral (conforme WROBLEWSKI, *Il modello teorico dell'applicazione della legge*, tr. it. in *Riv. int. fil. dir.*, 1967, p. 22): as únicas exceções consideráveis, na Europa, são representadas pelo próprio estudo de WEIMAR recém citado, e pelo de BOHNE, *Zur Psychologie der richterlicher Übrtzeugungsbildung*, Köln, 1948 (especialmente p. 50 e ss.).

[22] Para a colocação das correntes antipositivistas em seu contexto filosófico e cultural conforme FASSÒ, *op. cit.*, vol. III, pp. 231 e ss, 261 e ss.; BRÜGGEMANN, *op. cit.*., p. 49 e ss.; em particular para a escola do direito livre conforme LOMBARDI, *op. cit.*, pp. 278 e ss., 356 e ss., n. 495.

nismo, ao neokantismo e ao positivismo, mas que entra com frequência em singular consonância com a orientação política dominante[23] – pressiona por um lado diversos autores a colocarem o acento nos momentos irracionais presentes na decisão, fora das formas racionalizantes com que essa é motivada[24] e, por outro lado, produz, em um âmbito mais geral, uma difundida postura de repulsão quanto às configurações logicistas do juízo.[25]

Na Itália, o impulso irracionalista é menos evidente,[26] mas o papel dominante assumido em nosso panorama cultural pelo neoidealismo e pelo

---

23 Sobre as tendências do irracionalismo alemão nas primeiras décadas do século XX, como nota dominante da cultura na Alemanha imperial e nazista, conforme LUKACKS, *La distruzione della ragione,* tr. it., II Ed., Torino, 1964, pp. 403 e ss., 532 e ss.; sobre o tema conforme, ainda, COLOTTI, *La Germânia nazista,* II Ed., Turim, 1962, p. 19 e ss. Sobre a conexão entre as doutrinas jurídicas antipositivistas e a ideologia do nazismo conforme GIANNINI, *L'interpretazione dell'atto amministrativo e La teoria giuridica generale dell'interpretazione,* Milano, 1939, p. 33; ALLORIO, *La vita del diritto in Itália,* in *Jus,* 1950, p. 39; MANIGK, *Neubau dês Privatrechts,* Leipzig, 1938, p. 70 e ss.; SCHWINGE, *Der Methodenstreit in der heutigen Rechtwissenschaft,* Bonn, 1930, p. 14 e ss.

24 Para sugestões mais ou menos amplas nesse sentido conforme, p. ex., HECK, *Gesetzesauslegung und Interessenjurisprudenz* cit., p. 46 e ss.; STAMMLER, *Rechtsphilosophie,* 3 Aufl., Berlin, 1928, p. 293 e ss.; ISAY, *op. cit.*, pp. 25 e ss., 85 e ss., 120 e ss., 177 e ss. e *passim*; RUMPF, *Gesetz und Richter,* Berlin, 1906, pp. 90 e ss., 193 e ss.; HELLWIG, *Zur Psychologie der richterlichen Urteilstätigkeit,* Stuttgart, 1914, *passim*; ALSBERG, *Das Weltbild des Strafrichters,* Mannheim-Berlin-Leipzig, 1930, p. 2 e ss.; SCHMITT, *Gesetz und Urteil,* 2 Aufl., München, 1969, p. 1 e ss. O autor que mais profundamente advertiu sobre o peso dos fatores irracionais da decisão foi BENDIX (conforme os diversos ensaios ora recolhidos no volume *Zur Psychologie der Urteilstätigkeit dês Berufsrichters und andere Schriften,* organizado por M. Weiss, Neuwied-Berlin, 1968, sobre o qual a minha resenha in *Riv. dir. proc.,* 1969, p. 650 e s.); ele destaca-se, todavia, das abordagens correntes porque põe em relevo tais fatores não para lhes exaltar, mas para individuar a realidade concreta, frequentemente desoladora, que se colhia detrás das ficções legalistas e logicistas de que se valia o nascente regime totalitário.

25 Em época mais recente, um exemplo significativo de semelhante abordagem é dado peo pensamento de SCHEUERLE, *Rechtsanwendung,* Nurnberg-Düsseldorf, 1952, p. 63 e ss. e *passim*, que estuda a atividade do juiz, utilizando amplamente os instrumentos da psicologia de um ponto de vista introspectivo, e individuando a categoria dos "atos de fantasia cognoscitiva". Conforme, ainda, RIEZLER, *Das Rechtsgefühl. Rechtspsychologische Betrachtungen,* 2 Aufl., München, 1946, p. 26 e ss.

26 Essa circunstância parece devida essencialmente a duas ordens de fatores, nenhum dos quais, de resto, implica uma consciente tomada de posição contra as doutrinas irracionalistas. O primeiro é dado pelo fato de que o provincianismo da cultura italiana na primeira metade do século XX, ao passo que impede a importação das doutrinas filosóficas dos países anglo-saxônicos (empirismo, pragmatismo), além daquela dos estudos epistemológicos gerais, impede, ou ao pelo menos limita de modo relevante, também a difusão do irracionalismo de matriz alemã, de modo que sua influência na Itália segue escassa, e passa através da mediação da cultura alemã, em que os pontos de partida convivem, de resto, com um positivismo residual e com tendências de derivação idealista. O segundo fator, talvez mais ocasional, mas não menos importante, é dado pelo prevalecimento entre os juristas italianos de uma abordagem antifilosófica (conforme CAIANI, *La filosofia dei giuristi italiani,* Padova,

espiritualismo induz os juristas, muito relutantes em abandonar o tradicional agnosticismo filosófico, a ainda afrontar o problema do juízo com os já envelhecidos instrumentos de racionalização fornecidos pela silogística ou, uma vez refutados tais instrumentos, com uma impressionante pobreza e confusão de premissas metodológicas.[27] Disso resulta, como consequência, que a doutrina do silogismo judicial, enquanto é em grande parte conservada de modo puramente dogmático, aparece por vezes criticada não no sentido de construir modelos racionais do juízo mais articulados e evoluídos, mas em uma perspectiva de genérica e superficial dissolução da racionalidade do juízo.[28]

1955, pp. 1-64, e, entre os processualistas, a opinião expressa por CARNELUTTI, *I giuristi e la filosofia,* in *Riv. int. fil. dir.,* 1923, II, p. 183 e ss.), o qual, ao passo que constitui o ponto de força da continuação, na dogmática, do positivismo clássico, representa um forte obstáculo à penetração das tendências filosóficas em questão. Substancialmente, se e na medida em que os juristas italianos não aderiram abertamente aos postulados irracionalistas difundidos na cultura europeia do tempo, isso ocorreu porque não tiveram de modo imediato a ocasião cultural para fazê-lo; tratou-se, portanto, de uma manifestação de conformismo em relação às ideias tradicionais, mais do que a consciência critica (sobre o momento e as razões por que os juristas tendem a romper o *impasse* antifilosófico, conforme CAIANI, *op. cit.*, pp. 8 e ss., 68 e ss.).

27 Isso vale, em particular, para o único processualista que enfrentou com empenho o problema da estrutura do juízo, ou seja, CARNELUTTI (entre cujas obras, sobre o problema do juízo conforme especialmente: *Teoria generale del diritto,* III Ed., Roma, 1951, p. 364; *Arte del diritto,* Padova, 1949, p. 63 e ss.; *Diritto e processo,* cit., p. 212 e ss., além de muitos ensaios recolhidos no vol. II dos *Discorsi intorno al diritto,* Padova, 1953). Ele colhe, de fato, com clareza o ponto da distinção entre juízo e silogismo, mas, excluída a possibilidade de reduzir o primeiro ao segundo, deve enfrentar o problema de determinar a influência do juízo com bases diversas daquelas tradicionais, e é justamente nesse ponto que se torna cristalina a ausência de instrumentos conceituais adequados. Onde teria sido oportuna a análise tipológica dos juízos conhecidos à lógica e à epistemologia (nesse sentido, a propósito da doutrina carneluttiana, conforme CAIANI, *op. cit.*, p. 103 e ss., que, de resto, acompanha as suas críticas a uma genérica apreciação excessivamente favorável), e onde a análise lógico-estrutural teria tido que colher as características essenciais de tais juízos e seu modo de concatenar-se na atividade do juiz, Carnelutti posta-se diante do juízo jurídico como se estivesse diante de uma entidade simples, mônada, imóvel e absoluta, na tentativa de colher-lhe a essência somente com a intensidade da observação. Esse tipo de exame, carente de suportes metodológicos adequados, produz alguma fragmentária intuição significativa, mas acaba geralmente oscilando entre a mera divagação etimológica e uma espécie de misticismo em que o juízo não é objeto de análises, mas de postulações do transcendente.

28 A perspectiva em que mais claramente é operada a completa dissolução do problema é delineada por CAPOGRASSI nas reflexões sobre o conceito de experiência jurídica (conforme *Intorno al processo,* in *Riv. int. fil. dir.*, 1938, p. 252 e ss.; *Il quid ius e Il quid iuris in una recente sentenza,* agora em *Opere*, Milano, 1959m vol. V, p. 19, vol. V, p. 19 e ss.; *Giudizio processo scienza verità,* agora *ibidem*, vol. V, p. 51 e ss.; *Prefazione* a Lopes de Oñate, *La certezza del diritto,* rist., Roma, 1950, agora *ibidem,* vol. V, p. 77 e ss.; *Il diritto dopo la catastrofe,* agora *ibidem,* vol. V, p. 151 e ss.; *Il problema della scienza del diritto,* agora *ibidem*, vol. II, p. 503 e ss.,), em que se pretende individuar a estrutura do juízo mediante referencias genéricas às noções indefinidas de certeza, verdade e justiça, colocadas

Sobre o ponto, vale a pena sublinhar que a doutrina do silogismo judicial, com todas as suas características de resíduo histórico e cultural de cunho claramente oitocentista, era claramente exposta a críticas radicalmente destrutivas[29] e destinada, não obstante a conhecida viscosidade dos esquemas mentais do jurista, a ver negado o próprio valor de representação da realidade do juízo, se não por outra razão com base na necessária distinção entre estrutura do juízo e estrutura da motivação. Vice-versa, muitas das críticas dirigidas à semelhante doutrina também em tempos recentes obliteram essa distinção: dirigem-se contra o falso objetivo constituído pela configuração silogística do juízo,[30] não só por negar que a realidade do juízo

---

como objeto do próprio juízo. Semelhante configuração pode aparecer como a enésima redescoberta de um lugar-comum ou como um modo de distorcer o problema (visto que o juízo não cessa de ser tal, do ponto de vista da estrutura, quando, por hipótese, seja ambíguo, falso ou injusto). Em todo caso, opera-se a troca entre o momento da forma lógica do juízo e o da apreciação ética-ideológica de seu resultado. De resto, indicações úteis sobre a estrutura do juízo não provêm nem mesmo daquela parte do pensamento de Capograssi em que o juízo jurídico é visto mais claramente como momento da experiência jurídica, e, portanto, como uma fase da experiência ética do homem (conforme *Analisi dell'esperienza comune,* agora in *Opere,* cit., vol. II, pp. 114 e ss., 154 e ss.; *Studi sull'esperienza giuridica, ibidem,* vol. II, p. 211 e ss.; *Il problema della scienza,* cit., pp. 415 e ss., 500 e ss.; *L'esperienza giuridica nella storia, ibidem,* vol. III, p. 267 e ss.; *Incompiutezza dell'esperienza giuridica, ibidem,* vol. III, p. 297 e ss.; *Appunti sull'esperienza giuridica, ibidem,* vol. III, p. 399 e ss.; conforme, ainda, Opocher, *Concetto di "Sperienza giuridica" e idealismo,* in *Riv. int. fil. dir.,* 1950, p. 101 e ss.). Provavelmente a efetiva influência das doutrinas de Capograssi sobre os juristas italianos foi assaz menos intensa daquilo que se acredita comumente, e daquilo que possa parecer pelo grande número de citações de suas óperas que orna também os escritos dos processualistas (e teria um importante valor de esclarecimento um estudo específico em tal sentido); levando em conta isso, suas opiniões sobre o juízo jurídico poderiam ser consideradas escassamente relevantes se, por um lado, o próprio Capograssi não tivesse sublinhado o ponto de contato entre as próprias opiniões e aquelas de Carnelutti (conforme Capograssi, resenha à *Metodologia del diritto* de Carnelutti, in *Riv. int. fil. dir.*, 1940 p. 25) e se, de outro lado, tais opiniões não tivessem passado recentemente por uma espécie de *revival* por parte de alguns autores que, colocados diante do problema dos juízos de valor na decisão, acreditaram individuar nessas uma solução satisfatória, colocando-se no sentido de um irracionalismo quase que irremediável. Nesse sentido conforme, p. ex., Massa, *Contributo all'analisi del giudizio penale di primo grado,* Milano, 1965, pp. 7 e ss., 14 e ss., 157, 176, 207; Nasi, *Disposizione del diritto e azione dispositiva,* Milano, 1965, pp. 124, 134; Id., *Giudizio di fatto (dir. proc. civ.),* in *Enc. dir.,* XVI, Milano, 1967, p. 967 e ss.

29 O ponto focal de tais críticas deveria ter sido (e não foi) o atraso que se verifica quando o jurista emprega o esquema silogístico para definir o mecanismo do juízo, enquanto as outras ciências, além da própria lógica, há tempos redimensionaram o valor lógico e cognoscitivo da silogística. O problema seria, por conseguinte, historiado na dimensão constituída pela evolução das formas conceituais empregadas para a análise da realidade (para acenos nesse sentido conforme Taruffo, *Studi sulla rilevanza della prova,* Padova, 1970, p. 192 e ss., com respeito exclusivo ao juízo de fato).

30 Trata-se de um falso objetivo, não no sentido de que a doutrina do silogismo judicial não se apresente como uma teoria do juízo, mas no sentido de que a eficácia das críticas a essa comumente dirigidas é geralmente desviada por não levar em conta o fato de que se trata de

seja sintetizável em um silogismo, sobre o que não parece que se possam nutrir sérias dúvidas, mas, ainda, para negar a possibilidade de toda e qualquer configuração racional do próprio juízo.[31]

C) A motivação e a aproximação sociológico-política do Juízo

Às incertezas derivadas de uma situação complexa como essa, em que convivem teorias velhas mantidas por mera inércia cultural e teorias novas não passadas pelo crivo de uma crítica rigorosa, nos últimos anos somaram-se outras ainda mais graves, provenientes da colocação do problema da atividade do juiz em uma pluralidade de perspectivas, não sempre rigorosamente jurídicas, mas ainda tendo em mira a determinação das características essenciais do juízo.

Em parte, tais perspectivas representam um nível ulterior de evolução de doutrinas não novas e em parte descendem de importantes mudanças que intervieram no modo de configurar a função do juiz e a natureza da decisão. De um primeiro ponto de vista, as exigências a que respondia um certo realismo grosseiro (especialmente no âmbito cultural norte-americano), são hoje interpretadas com consciência científica bem maior e com o uso de instrumentos de investigação bem mais sofisticados por diversas vertentes

---

uma teoria da sentença (ou mesmo da motivação) apoditicamente aplicada ao juízo (sobre o tema v. mais amplas menções *infra*, cap. IV, §1). Disso resulta que toda vez que se critica a doutrina em questão sem individuar essa circunstância (e isso torna comum as teses mais diversas, de Calogero aos realistas americanos e aos antipositivistas em geral), acaba-se por atingir exclusivamente semelhante transposição, sem, de resto, compreendê-la ou explicá-la, mas deixando-se fora do campo de pesquisa os dois aspectos essenciais do problema, ou seja, o da estrutura do juízo (visto que, em realidade, critica-se uma teoria da sentença e não do juízo), e o da estrutura da motivação (visto que se critica uma teoria da sentença como se fosse uma teoria do juízo).

[31] Precise-se que se inserem nesse âmbito, substancialmente irracionalista, todas as concepções que recusam o emprego dos instrumentos conceituais elaborados pela lógica para confiar na "lógica das coisas" ou "do conceito" (conforme, p. ex., por último, Massa, *op. cit.*, p. 43 e *passim*). Tendo tais expressões não como meros expedientes metafóricos empregados para dar uma pátina de racionalidade a um discurso que racional não é, observe-se que não parece possível atribuir às "coisas" ou ao "concreto" uma lógica intrínseca e autoevidente, senão a custo de descontar pesadíssimas hipotecas metafísicas. De resto, na medida em que, como via regra acontece, não se enunciam as regras de semelhante lógica (porque seriam... abstratas), nem se mostra de que modo as "coisas" são "lógicas", daí que a lógica não pode fazer outra coisa senão coincidir com a realidade. Visto que, entretanto, nessa perspectiva (agudamente não marxista e não materialista) a realidade não pode ser outra coisa senão a opinião do intérprete sobre o mundo e os seus fenômenos, realiza-se, na realidade com pouca fadiga, o ambicioso projeto de fazer das próprias opiniões o quadro absoluto do real, tendo excluído *a priori* o risco de uma verificação intersubjetiva. Sobre isso não é oportuno se alongar; no fundo, pelo menos do ponto de vista da coerência interna, o irracionalismo que quer e sabe sê-lo é preferível ao irracionalismo que pretende apresentar-se como uma forma superior de racionalismo.

de pesquisa que vão assumindo uma importância sempre crescente. A título de mera exemplificação, podem-se recordar as já numerosas pesquisas dirigidas a determinar e analisar os fatores psicológicos, sociais e políticos que em concreto influenciam a decisão, seja no sentido de uma determinação qualitativa e quantitativa de tais fatores no quadro das correlações em que a decisão entra como fenômeno social,[32] seja no sentido da construção de modelos cada vez mais elaborados, capazes de descrever com boa aproximação o processo que leva à decisão compreendida como fenômeno empírico.[33]

Sobre a segunda vertente, e particularmente na Europa, o elemento novo que derrubou o modo tradicional de compreender a atividade do juiz é indubitavelmente constituído pelo surgimento em termos cada vez mais claros e dramáticos (obviamente antes na realidade político-social e posteriormente entre os juristas) do problema dos valores na jurisprudência: no momento em que o juiz para de ser visto como pura "função" abstrata ou "máquina" neutra, aparecendo, ao invés disso, como portador de valores ético-políticos e como protagonista dos conflitos sociais, surge a exigência de superar as meras afirmações de princípio sobre o papel dos valores

---

32 A bibliografia das pesquisas conduzidas nesse sentido nos últimos anos, especialmente nos Estados Unidos, já se tornou imponente a ponto de tornarem-se impossíveis assinalações exaurientes. Recorda-se, todavia, a série de estudos feitos por Glendon SCHUBERT, que pode ser considerado o pioneiro e a maior personalidade neste campo (de SCHUBERT conforme especialmente *Quantitative Analysis of Judicial Behavior,* Glencoe, Ill., 1959; *The Judicial Mind, Attitudes and Ideologies of Supreme Court Justices 1946-1963,* Evanston, Ill., 1965; *Judicial Policy Making,* Glenview, 1965; conforme, ainda, os escritos publicados nos volumes *Judicial Decision Making,* New York, 1963, p. 55 e ss., e *Judicial Behavior. A Reader in Theory and Research,* Chicago, 1964, pp. 1 e ss., 548 e ss.). Vale, ainda, a pena assinalar, como fontes para um quadro bastante amplo da situação, algumas das coletâneas de ensaios recentemente surgidas: NAGEL, *The Legal Process from a Behavioral Perspective,* Homewood, Ill., 1969; SCHUBERT, *Judicial Behavior,* cit.; GROSSMANN-TANENHAUS, *Frontiers of Judicial Research,* New York, 1969; SIMON, *The Sociology of Law,* S. Francisco, 1968; FRIEDMAN-MACAULAY, *Law and the Behavioral Sciences,* Indianapolis-Kansas City-New York. Para o prisma mais estritamente metodológico de tais pesquisas conforme KORT, *Analysis of Judicial Opinions and Rules of Law,* in SCHUBERT, *Judicial Decision Making,* cit., p. 133 e ss; ID., *Quantitative Analysis of Fact-Pattern in Cases and their Implications on Judicial Decisions,* in *79 Harv. L.R.,* 1966, p. 1595 e ss.; PRITCHETT, *Division of Opinions among Supreme Court Justices of the U.S. Supreme Court, 1939-1941,* in SCHUBERT,*Judicial Behavior,* cit., p. 319 e ss. Conforme, ainda, para uma visão sintetizadora e para ulteriores indicações, WEISS, *op. cit.*, p. 86 e ss.

33 A construção de modelos desse tipo é o primeiro passo para a configuração de toda e qualquer pesquisa empírica sobre a decisão: conforme sobre o tema LAWLOR, *Axioms of Fact Polarization and Fact-Ranking. Their Role in Stare Decisis,* in *14 Villanova L.R.,* 1969, p. 703 e ss.; ID., *Analysis and Prediction of Judicial Decision. Informal Progress Report,* in *M.U.L.L.,* 1965, p. 132 e ss.; ID., *Fact Content Analysis of Judicial Opinions,* in *Jurimetrics J.,* 1968, p. 107 e ss.; KAPLAN, *Decision Theory and the Fact-finding Process,* in *20 Stanf. L.R.,* 1968, p. 1065 e ss.

na interpretação e na aplicação da lei, típicas da abordagem estritamente jurídica, para afrontar o tema com instrumentos metodológicos adequados. Nasce, em outros termos, o impulso de estudar-se a atividade e a função do juiz em duas novas direções essenciais: a sociológica e a política. Daí a determinação de linhas de pesquisa que refutam o recorrente enquadramento dogmático abstrato, colocando em evidência os componentes metajurídicos que intervêm na determinação da decisão e as características *lato sensu* ideológicas da própria decisão.

À primeira direção podem ser reconduzidos estudos diferentes pelo método e pelo objeto, mas assemelhados pelo fato de saírem das tradicionais perspectivas "jurídicas" para estudar a decisão como fenômeno determinado pelo contexto de inter-relações culturais, políticas e sociais em que essa necessariamente está inserida: por um lado, então, é a figura do juiz, com os seus valores e as suas ideologias, que se torna objeto da pesquisa sociológica,[34] enquanto, por outro lado, objeto de tais pesquisas são as decisões como concreta expressão, para além das coberturas dogmáticas axiologicamente "neutras", dos valores e das ideologias de que o juiz é portador.[35] A segunda direção, qual seja, a do estudo da função e da atividade do juiz em termos políticos, foi indicada por alguns estudiosos surgidos recentemente em diversos países[36] – no nosso, não foram ainda alcançados nesse sentido

---

[34] No que diz respeito às pesquisas feitas nos Estais Unidos, v. n. 32. Em nosso país, os estudos sociológicos sobre os juízes começaram nos últimos anos a assumir uma consistência considerável: conforme Pagani, *La professione del giudice,* Milano-Varese, 1969; Di Federico, *Il reclutamento dei magistrati,* Bari, 1968; Moriondo, *L'ideologia della magistratura italiana,* Bari, 1967; conforme, ainda, sobre esses estudos as observações de Renato Treves, *Giustizia e giudici nella società italiana,* Bari, 1972, p. 39 e ss.; Id., *L'amministrazione della giustizia in Itália. Bilancio di una indagine,* in *Riv. dir. proc.,* 1972, p. 87 e ss. Para as pesquisas sociológicas conduzidas sobre os juízes na Alemanha conforme Dahrendorf, *Deutsche Richter. Ein Beitrag zur Soziologie der Oberschicht,* in *Gesellschaft und Freiheit,* München, 1961, p. 176 e ss.; Id, *Zur Soziologie des Richters,* in *Deut. Richterzeit.,* 1965, p. 41 e ss; Feest, *Die Bundesrichter. Herkunft, Karriere und Auswahl der juristischen Elite,* in *Beiträge zur Analyse der deutschen Oberschicht,* organizado por W. Zapf, 2 Aufl., München, 1965, p. 95 e ss.; Kaupen, *Die Hüter von Recht und Ordnung. Die soziale Herkunft, Erziehung und Ausbildung der deutschen Juristen. Eine soziologische Analyse,* Newied, 1969; Rasehorn, *Wege zu einer Soziologie dês Richters,* in Köln. Zeitschr. *Für Soziologie und Sozialpsychologie,* 1968, p. 103 e ss.; Richter, *Zur soziologischen Struktur der deutscen Richterschaft,* Stuttgart, 1968; Zwingman, *Zur Soziologie dês Richters in der Bundesrepublik Deutschland,* Berlin, 1966.

[35] Conferir nesse sentido Neppi Modona, *Sciopero, potere politico e magistratura: 1870-1922,* Bari, 1969; Governatori, *Stato e cittadino in tribunale. Valutazioni politiche nelle sentenze,* Bari, 1970; Bianchi D'Espinosa-Celoria-Greco-Odorisio-Petrella-Pulitanò, *Valori socio-culturali della giurisprudenza,* Bari, 1970; conforme, ainda, as observações de Treves, *Giustizia e giudici,* cit., p. 59 e ss.

[36] A obra já clássica sobre o tema é aquela de Kirchheimer, *Political Justice. The Use of Legal Procedure for Political Ends,* Priceton, N.J., 1961, (sobre o papel do juiz conforme em particular pp. 175 e ss., 209 e ss., 300, 346 e ss., 423 e ss.). Sobre a função política

progressos de relevo, mesmo advertindo-se de modo cada vez mais evidente para exigência de proceder-se dessa forma. Pode-se, aliás, observar que o debate segue sendo centrado no ponto preliminar inerente à "legitimidade científica" da abordagem política do problema em questão.[37] À parte toda e qualquer avaliação do escasso valor dos argumentos com que se tenta negar a cientificidade e, portanto, a legitimidade dos estudos políticos sobre a justiça (valor que tende a zero quando avaliações desse tipo são usadas com função terrorista), segue certo, de qualquer modo, que uma abordagem desse tipo tem condições de determinar na atividade do juiz elementos que, não por acaso, escapam ao filtro jurídico-dogmático e que, não obstante, desempenham um papel essencial tanto na formação da decisão como na sua expressão e justificação.

A abertura das linhas de pesquisa até agora brevemente indicadas tem contribuído para evidenciar três fatores que representam as características principais do modo com que hoje pode ser posto o problema da motivação.

A primeira dessas é que, ao lado da tradicional visão do problema na ótica rigorosamente jurídica (em sentido dogmático), emerge uma multiplicidade de possíveis pontos de vista que variam com a alteração da linha metodológica adotada para estudar a atividade do juiz. Daí o já assinalado estado de confusão existente no ponto entre os juristas em gênero e entre os processualistas em espécie, derivante das dificuldades que surgem no momento em que cai a exclusividade das perspectivas tradicionais.

A segunda característica é dada pelo fato de que as definições da motivação fornecidas em sede estritamente jurídica manifestam-se total-

---

do juiz na estrutura estatal conforme por último o amplo estudo de Becker, *Comparative Judicial Politics. The Political Functionings of Courts,* Chicago, 1970, especialmente pp. 64 e ss., 99 e ss., 140 e ss. Conforme ainda Laufer, *Verfassungsgerichtsbarkeit und politischer Prozess. Studien zum Bundesverfassungsgericht der Bundesrepublik Deutschland,* Tübingen, 1968; Kühne, *Die Richter und die Politisiezung der Rechtsprechung,* in *Deut. Richterzeit.,* 1971, p. 113 e ss; Brack, *Richter als Mitglieder politischer Partei, ibid.,* 1966, p. 254 e ss.; Litten, *Politisierung der Justiz,* Hamburg, 1971; Wassermann, *Richter Reform Gesellschaft. Beitrüge zur Erneuerung der Rechtspflege,* Karlsruge, 1970, especialmente pp. 9 e ss., 21 e ss., 35 e ss.; Id, *Der politische Richter,* München, 1972, pp. 17 e ss., 58 e ss., 103 e ss.; Rasehorn, *Von der Klassenjustiz zum Ende der Justiz?,* in *Kritische Justiz,* 1969, p. 203.

[37] Em nosso país, o tema do papel e da responsabilidade política do juiz surgiu com dificuldades recentemente, provocando o rompimento da tradicional asserção sobre a apoliticidade institucional do juiz mediante a observação de como de fato o juiz "faz" política. É sabido, de resto, que se trata de um debate apenas iniciado, em que a polêmica disputa não deixa ainda espaço suficiente para um balanço crítico e no qual as posições jurídico-dogmáticas têm, como é óbvio, um peso que pode ser desconsiderado. Por essas razões, apesar da importância decisiva do tema, omitem-se as referências bibliográficas, destinadas a serem superadas dia após dia pela crônica. Para um retrato da situação a partir "do exterior" conforme Schmink, *Zur Zerstörung der Rechtsortodoxie in Italien,* in *Kritische Justiz,* 1973, p. 20 e ss.

mente inidôneas não só para resolver, mas também para fornecer elementos consideráveis de enquadramento dos problemas mencionados. Isso parece muito óbvio se se observa que tais definições foram de regra elaboradas, além de com escasso aprofundamento no plano dos fenômenos jurídicos, com atenção ainda mais escassa para as inevitáveis implicações de natureza metajurídica presentes na motivação. De qualquer modo, seu raio de alcance e validade científica parece limitadíssimo e essas resultam adequadas a descrever somente uma mínima parte do fenômeno que, pelo contrário, pretendiam exaurir.

A terceira característica essencial do estado do problema é uma consequência direta da segunda, ou seja, da insuficiência das soluções propostas no plano rigorosamente jurídico: trata-se, de fato, da progressiva e cada vez mais difundida, mesmo que não claramente expressa, desvalorização tanto da função institucional que o ordenamento confere à motivação da sentença, especialmente do ponto de vista constitucional, quanto da possibilidade e da utilidade de uma solução do problema em questão do ponto de vista da natureza jurídica da motivação. Substancialmente, verifica-se também sobre o tema da motivação uma situação frequente, mas não por isso menos negativa: o acentuado desinteresse do jurista quanto às componentes não jurídicas dos problemas que ele enfrenta acaba por reduzir consideravelmente, bem mais do que aquilo que tem origem na intrínseca complexidade dos próprios problemas, o peso das soluções propostas no plano da pesquisa jurídica.

2. NATUREZA DA MOTIVAÇÃO E PROBLEMAS DEFINIDORES

Diante de uma situação como esta rapidamente descrita, emergem duas indicações de fundo a respeito do método de que é necessário valer-se ao afrontar o tema da motivação da sentença.

A primeira indicação é que, mesmo devendo-se conduzir a pesquisa no sentido de considerar a motivação como fenômeno essencialmente jurídico, é necessário integrar as definições tradicionalmente propostas nessa perspectiva, reconstruindo a estrutura da motivação de modo mais amplo e articulado e de modo a nela abarcar também aqueles aspectos do fenômeno que foram geralmente excluídos da pesquisa jurídica (a qual, justamente por conta de semelhante exclusão, acabou por ter um relevo bastante escasso). Tais aspectos podem ser remontados, em extrema síntese, a dois filões principais: aquele que respeita à particular estrutura lógica que um determinado complexo de asserções feitas pelo juiz deve ter para poder desempenhar o papel de motivação da sentença e aquele da colocação funcional que no interior de tal estrutura é atribuída ao momento axiológico (ou mesmo ao papel desempenhado pelos juízos de valor que o juiz necessariamente faz no caminho que o conduz à decisão – e que devem ser expressos e, por sua vez, justificados no momento em que a própria decisão é justificada).

Também a segunda indicação de ordem metodológica nasce da constatação da pluralidade dos pontos de vista dos quais é possível partir para analisar a atividade do juiz e, portanto, também a natureza da motivação. Essa diz respeito à impossibilidade de determinar uma só definição "verdadeira" e, portanto, necessariamente livre de qualquer definição diferente, do fenômeno constituído pela motivação. Tal impossibilidade é ao mesmo tempo a consequência inevitável da assunção de uma determinada perspectiva metodológica em termos gerais e a premissa com base em que pode ser escolhido um modo de trabalhar com a análise jurídica da motivação. A perspectiva geral em questão é caracterizada pela recusa de toda e qualquer definição baseada na *Natur der Sache*[38] que pretenda exaurir as características do fenômeno definido. Tal recusa justifica-se uma vez que, particularmente a propósito de fenômenos jurídicos, não se pode ter como correto o procedimento que pretende deduzir as propriedades particulares do fenômeno da "natureza" do próprio fenômeno: de fato, ou essa é compreendida como algo diverso e autonomamente existente com relação às propriedades em questão e, então, opera-se uma espécie de postulação metafísica do fenômeno jurídico, colocando-se sua essência para além do descritível e do definível,[39]

---

[38] É sabido que geralmente a *Natur der Sache* coloca-se no repertório das categorias interpretativas (conforme, p. ex., Bobbio, *op. cit.*, pp. 197 e ss., 225 e ss.; Id., Über den Begriff der "Natur der Sache", in 44 *ARSP,* 1958, p. 305 e ss.; Morra, *Natura delle cose,* in *Noviss. Dig. It.*, XI; Di Robilant, *Sui principi di Giustizia,* Milano, 1961, pp. 139 e ss., 224 e ss.; Baratta, *Natura del fatto e diritto naturale,* in *Riv. int. fil. dir.*, 1959, p. 177 e ss.; Conte, *op. cit.*, p. 102 e ss.; Fassò, *Il giudice e l'adeguamento del diritto alla realtà storico-sociale,* in *Riv. trim. dir. proc. civ.*, 1972, p. 938 e ss.; Mathofer, *Die Natur der Sache,* in *44 ARSP,* 1958, p. 145 e ss.; Ballweg, *Zu einer Lehre von der Natur der Sache,* Basel, 1960; Engisch, *Zur "Natur der Sache" im Strafrecht. Ein Diskussionsbeitrag,* in *Festschr. für E. Schmidt,* Gottingen, 1961, p. 90 e ss.; Stratenwert, *Das Rechtstheoretische Problem der "Natur der Sache",* Tübingen, 1957; Poulantzas, *Nature dês choses et droit. Essai sur La dialectique du fait et de la valeur,* Paris, 1965; Villey, *La nature des choses,* in *Seize essais de philosophie du droit,* Paris, 1969, p. 38 e ss.; Tammelo, *La natura dei fatti come "tòpos" giuridico,* tr. it. in *Riv. int. fil. dir.*, 1963, p. 683 e ss.). No texto, todavia, refere-se a um fenômeno mais geral e em parte diferente, consistente não em uma modalidade de interpretação da lei, mas sim em uma modalidade de justificação e explicação de um enunciado qualquer. Trata-se dos argumentos definidores do tipo "*a* é atribuível a *b* porque tal é a natureza de *b*" (ou "*a* é atribuível a *b* porque não pode ser diversamente", ou "*a* é atribuível a *b* porque, caso contrário, *b* não seria *b*", e semelhantes). Tendo-se a variável "*a*"como substituível por uma ou todas as características que se entendem relevantes para a definição de *b* (que é o fenômeno a ser definido), resulta que se trata de um esquema argumentativo de emprego bastante comum, mesmo que sejam evidentes as incongruências lógicas que o viciam, reduzindo-o a uma mera tautologia ou a um convite a "acreditar" que *b* seja definível mediante *a.*

[39] Assim, ademais, obtém o pressuposto indispensável para conseguir a dedução do *Sollen* do *Sein,* ou seja, a derivação do valor do fato. Sobre tal "ilusão recorrente e antiga" e sobre a impossibilidade de concretizá-la conforme, por todos, Conte, *op. cit.*, p. 103 e ss.

ou a "natureza" do fenômeno é compreendida, mais rigorosamente, como o conjunto de suas características definíveis, mas então se cai em um círculo vicioso quando se pretende deduzir as propriedades do fenômeno da sua *Natur*.

No caso da motivação, resulta clara a inadequação de métodos definidores como esses. As definições correntes na doutrina, que buscam determinar a "natureza" da motivação sem – ou antes de – analisar suas características essenciais, resolvem-se de regra, conforme já mencionado, em meras tautologias. De resto, nem mesmo a definição da motivação mediante a determinação de suas características teve até o momento bom êxito, visto que tal determinação foi incompleta, seja dentro da própria perspectiva estritamente jurídica, seja porque não se levou adequadamente em conta a necessidade de considerar o fenômeno também sob perspectivas diversas.

De tudo isso ressai a seguinte consequência: descartadas as definições de tipo tautológico, a definição unívoca e exaustiva da "natureza" da motivação poderia resultar somente da soma de todas as suas características determinadas sob todos os possíveis pontos de vista. Trata-se de um objetivo que é impossível atingir em concreto. Então, é necessário reconhecer a possibilidade de que para a motivação sejam dadas diferentes definições em correlação às diversas perspectivas em que essa pode ser estudada – todas igualmente válidas, já que derivadas singularmente de modo logicamente correto de premissas adequadas. Nenhuma dessas pode ser privilegiada como definição total do fenômeno, porque cada uma dessas é necessariamente parcial e condicionada pelas premissas de que ressai.

Portanto, visto que o dado consistente na pluralidade das possíveis abordagens e na consequente pluralidade dos modos de configurar o fenômeno da motivação parece irredutível, surge em via preliminar, com relação à escolha de um ponto de vista determinado, a exigência de introduzir uma ordem entre os diversos modos de enfrentar o problema, senão por outro motivo, com o fim de esclarecer quais desses não serão empregados, determinando com isso os limites da pesquisa que será conduzida. Sendo, ademais, supérflua a tentativa de estabelecer um critério ordenador que compreenda todas as possíveis abordagens do problema, bastará determinar um critério idôneo a basear uma sistematização dos já numerosos tipos de abordagem que até agora foram empregados.

3. A) A MOTIVAÇÃO COMO "DISCURSO"

Para tornar menos arbitrária possível a escolha do critério ordenador de que recém se assinalou a necessidade, resulta oportuno fundar essa escolha no único dado empírico que é possível apontar imediatamente na motivação, antes e independentemente da adoção de uma particular perspectiva metodológica. Tal dado consiste no fato de que toda a sentença e, portanto, também toda a motivação, é um "discurso".[40] Tratando-se de uma expressão que no uso corrente pode ter conotações ambíguas, é necessário indicar de maneira mais precisa o significado segundo o qual essa é assumida nesta sede: com o termo "discurso" pretende-se designar um conjunto de proposições entre si ligadas e inseridas em um mesmo contexto autonomamente identificável.

De resto, ainda no plano da constatação empírica, resulta possível indicar de modo mais analítico as propriedades das noções empregadas nessa definição muito genérica, articulando melhor o significado da própria definição:

1) Trata-se de um discurso "finito", no sentido de que é finito o número das proposições que o compõem e que, consequentemente, são identificáveis os limites materiais de sua extensão. Isso não implica que seja determinável *a priori* a amplitude de tal extensão – é evidente que as sentenças são em concreto constituídas por um número de proposições que varia de acordo com os casos singulares. Os limites dessa variação, seja mínimo ou máximo, não são rígidos, mas estabelecidos em via de máxima, largamente derrogável e, de fato, derrogada pela praxe e pelo estilo.[41] A extensão material da sentença depende, pois, de modo decisivo do número de questões decididas e da amplitude com que tais decisões são justificadas, que são, por sua vez, variáveis dependente de outros fatores, cuja natureza e cujo reflexo sobre

---

40 A rigor, o que é empiricamente percebido na sentença não é a entidade "discurso", mas seu componente material, ou seja, a existência de um conjunto de palavras escritas. O signo gráfico pode ser visto como "palavra" somente através de um primeiro nível elementar de atividade interpretativa, e o conjunto de palavras pode ser visto como "discurso" somente se o observador der vida a uma ulterior atividade interpretativa. No texto, o termo "discurso" será empregado não no sentido mais elementar, de "conjunto de palavras", mas no sentido mais complexo, de "conjunto ordenado de palavras"; correlativamente, a noção de constatação empírica da motivação como discurso não compreende somente a percepção de certas entidades materiais (os signos gráficos), mas também o momento logicamente sucessivo de "compreensão" dos signos como entidades linguísticas e de determinação da estrutura lógico-sintática que os organiza. É evidente que já nessas elementares precisações, exigências de brevidade e linearidade da exposição tornam inevitável o emprego acrítico de uma série de termos e de conceitos de que não se fornece uma definição analítica.

41 Sobre o tema conforme Mimin, *Le style des jugements,* IV, Ed., Paris, 1970; Wetter, *The Styles of Appellate Judicial Opinions,* Leyden, 1960; Gorla, *La struttura della decisione giudiziale in diritto italiano e nella common law: riflessi di tale struttura sull'interpretazione della sentenza, sui "Reports" e sul "Dissenting"*, in *Giur. It.*, 1965, I, 1, 1239 e ss.; Id., *I "Grandi Tribunali" italiani fra i secoli XVI e XIX, un capitolo incompiuto della storia politico-giuridica d'Italia,* in *Quaderni del Foro It.*, 1969, 651 e ss.; Id., *Il cosiddetto "dottrinarismo giuridico" della giurisprudenza napoletana nel 1700*, in *Foro It.*, 1970, V, 1 e ss.; Id., *Giurisprudenza,* in *Enc. Dir.*, XIX, Milano, 1970, p. 507.

tais variáveis não é quantitativamente identificável.[42] O número de proposições que compõem a sentença é, portanto, finito, mas indefinido.

2) A segunda característica relevante do discurso que constitui a sentença é dada por essa ter uma estrutura "fechada". Tal expressão tem um duplo significado: de um primeiro ponto de vista, essa refere-se ao fato de que as linhas essenciais do conteúdo da sentença são fixadas em geral pelo artigo 132 do CPC, que determina não só aquilo que a sentença deve "conter", mas indica, mediante as correlações implícitas dos conteúdos elencados, o modelo estrutural que constitui o paradigma da sentença. De um segundo ponto de vista, o "fechamento" do discurso-sentença descende do fato de que esse, uma vez expresso e objetivado na forma escrita, resulta fixado de maneira definitiva, restando preclusa em linha de princípio toda e qualquer possibilidade de sucessiva modificação ou integração. Essa segunda característica da sentença, cujo destaque é em si bastante banal, assume certa importância se colocada na perspectiva da determinação do significado do discurso em questão: o fato de que esse assuma uma fixação definitiva e imodificável no exato momento da sua expressão em uma forma determinada implica uma cisão entre o próprio discurso e o sujeito que o faz, ou seja, uma despersonalização do discurso posterior à sua objetivação por escrito. Em termos específicos, isso significa que, em sede de determinação daquilo que o discurso significa, não é possível valer-se de ulteriores integrações ou clarificações provenientes do sujeito que a esse deu vida[43] e que se tornam totalmente irrelevantes para tal fim as circunstâncias subjetivas e objetivas existentes no momento em que o discurso foi elaborado e expresso.[44]

---

[42] Entre as principais variáveis que influem na amplitude do material da motivação podem-se recordar, além das características mais estritamente "literárias" do estilo judiciário, a presença de *obiter dicta* mais ou menos numerosos (sobre a noção de *obiter dicta* conforme por último CROSS, *Precedent in English Law,* II Ed., Oxford, 1968, p. 80 e ss.; SCHLÜTER, *op. cit.*, pp. 77 e ss.), e o costume de motivar a decisão segundo mais de uma linha justificativa concorrente (sobre isso conforme LUPOI, *Pluralità di "rationes decidendi" e precedente giudiziale,* in *Quaderni del Foro It.*, 1967, 203 e ss.).

[43] Sobre o conceito de "fechamento do discurso" como cisão desse daquele que lhe deu vida, e sobre sua relevância em sede de determinação do significado, conforme GREIMAS, *Modelli semiologici,* Urbino, 1967, p. 120; sobre o tema conforme, ainda, SEGRE, *I segni e la critica. Fra strutturalismo e semiologia,* Turim, 1969, p. 71.

[44] O fechamento do discurso não implica somente a sua cisão do emitente (v. n. Precedente), mas também da situação existente no momento em que o discurso foi elaborado. Geralmente, ou pelo menos muito frequentemente, tal situação influi – por vezes de modo determinante – na determinação daquilo que o discurso significa (sobre o tema, e para exemplificações, conforme ALSTON, *Filosofia del linguaggio,* tr. it., Bolonha, 1971, p. 49 e ss.), mas para que isso seja possível é necessário que o intérprete esteja presente na emissão do discurso, ou mesmo que conheça a situação em que a esse se deu vida, e tenha condições de estabelecer quais fatores de tal situação, e de que modo, influíram no significado do discurso. No caso

Sob outro aspecto, isso implica que os critérios de determinação de tal significado podem ser somente de dois tipos: a) aqueles que podem ser retirados do interior do próprio discurso objetivado (considerando seu conteúdo específico, a linguagem empregada e todas as outras modalidades que podem ser relevadas com a observação direta); b) aqueles que podem ser aplicados do exterior, segundo a livre escolha do observador,[45] cujos limites são constituídos somente pela eficácia hermenêutica do critério empregado e pela correção metodológica da sua aplicação ao objeto-discurso considerado. Dentro desses únicos limites, qualquer critério de interpretação é evidentemente legítimo e poder-se-á, por conseguinte, falar de interpretação jurídica quando aplicados critérios jurídicos, de interpretação histórica, política, psicológica e assim por diante, ou quando aplicados critérios históricos, políticos, psicológicos etc. Semelhante pluralidade tendencialmente indeterminada dos possíveis modos de interpretação da sentença é assumida como característica essencial de todo e qualquer fenômeno linguístico. Dentro de tal pluralidade não existe modo algum de privilegiar um ou outro dos pontos de vista, a não ser a livre escolha de método feita pelo observador e, pelo contrário, no caso da sentença, o único modo de análise que resulta de fato excluído é a referência à interpretação "autêntica" do discurso-sentença por parte daquele que deu vida a esse.[46]

---

da motivação, a possibilidades desse gênero não se verificam; quando quem lê a motivação conhecer circunstâncias atinentes ou ao sujeito que lhe dá vida (como, p. ex., a colegialidade da motivação para as sentenças da *Corte Costituzionale*, sobre a qual conforme Denti, *La Corte Costituzionale e La collegialità della motivazione,* in *Riv. dir. proc.*, 1961, p. 434 e ss.), ou ao objeto a que essa se refere (como, p. ex., a existência de certa situação político-social em um determinado momento), isso pode lhe servir para explicar porque a decisão foi feita de certo modo ou porque a motivação diz certas coisas e não outras, mas não possui qualquer incidência na determinação daquilo que a motivação, em sua objetiva realidade linguística, significa.

45 Também os critérios internos dependem, quanto à sua possibilidade de ser relevados, do ponto de vista em que se coloca o observador; não diversamente, também os critérios externos estão destinados a operar, de qualquer modo, sobre as características observáveis do discurso. O caráter peculiar dos critérios externos é o de não serem constituídos, por sua vez, por características observáveis do discurso, mas sim por regras, princípios, teorias, conceitos ou valores escolhidos pelo observador com o fim da atribuição de significado àquilo que no discurso existe de diretamente observável, ou de determinável com base em critérios internos. Em síntese, a peculiaridade dos critérios chamados externos é a de existirem (= serem formulados) antes ou independentemente da observação do discurso, portanto, logicamente "fora" desse, e de não serem, por conseguinte, deduzidos do próprio discurso a que são aplicados.

46 De interpretação autêntica da sentença fala Betti, *Interpretazione dela legge e degli atti giuridici (Teoria generale e dogmatica),* II ed., Milano, 1971, pp. 214 e ss., 373, com referência à correção da motivação por parte da *Corte di Cassazione* (*ex* artigo 384 *comma* 2 do CPC), e às chamadas sentenças interpretativas, retirando o caráter de autenticidade da interpretação do fato de que o órgão que a efetua pertence à mesma ordem a que pertence o órgão que emanou a sentença. De resto, fenômenos desse gênero não possuem relevo quanto

B) A motivação como conjunto ordenado de proposições

Viu-se já que indicar no discurso a realidade empírica da sentença significa dizer que essa é constituída por um conjunto de proposições. Se bem que a proposição não seja de fato a menor entidade linguística significante[47] (podendo, aliás, ser por sua vez considerada como um conjunto assaz amplo de entidades significantes), é possível, todavia, para os fins que aqui interessam, assumir a proposição como elemento "atômico" que constitui o contexto-discurso que é oportuno analisar.[48] Trata-se, como é óbvio, de uma mera hipótese convencional, com base em que se propõe que não se proceda com a análise (como progressiva cisão) dos elementos do discurso considerado, para além do nível constituído pelas proposições, seja porque isso comportaria complicações excessivas, seja porque significaria entrar no campo da semântica geral, abandonando aquele constituído pelo exame de um particular tipo de discurso.

Assumida a proposição como elemento atômico do conjunto considerado, trata-se ora de determinar as características entendidas como relevantes para definir esse elemento à vista da análise da motivação. 1) São totalmente irrelevantes as características puramente gramaticais, que do ponto de vista aqui adotado não têm qualquer valor discriminante. Para efeitos definidores são também irrelevantes as características sintáticas,[49] visto que não interessa distinguir os tipos de proposições com base em sua estrutura sintática. As proposições em questão são, pois, passíveis de análise com os instrumentos fornecidos pela teoria lógica das proposições, mas

---

aos problemas delineados no texto, que não dizem respeito à eventualidade de que a um outro juiz seja atribuído o poder de fazer uma interpretação vinculante da sentença, mas a impossibilidade de que o mesmo juiz que proferiu a sentença possa em um segundo momento esclarecer o significado do próprio discurso.

[47] Sobre as diversas individuações das unidades significantes elementares ou mínimas conforme, p. ex., BLOOMFIELD, *Language*, rist. London, 1957, pp. 79, 136 e ss., 264 e ss.; SAPIR, *Il linguaggio, Introduzione alla linguistica*, tr. it., Turim, 1969, pp. 23 e ss., 33 e ss.; LEPSCHY, *La linguistica strutturale*, Turim, 1966, pp. 111 e ss., 132 e ss., 157, 164 e *passim*; GREIMAS, *Semantica strutturale*, tr. it., Milano, 1968, pp. 21 e ss., 40 e ss., 49 e ss.; HJELMSLEV, *Il linguaggio*, tr. it., Turim, 1970, p. 101.

[48] Nesse sentido conforme, p. ex., SCARPELLI, *Semantica giuridica*, in *Noviss. Dig. It.*, XVI, Turim, 1969, pp. 19, 31 do extrato da publicação; SCHAFF, *Introduzione alla semantica*, tr. It., II ed., Roma, 1969, p. 258.

[49] As características gramaticais e sintáticas da proposição, que não são relevantes para o fim de individuar a proposição em si no conjunto do discurso (visto que nesse sentido operam essencialmente os critérios representados pela estrutura lógica e pelo "conteúdo"), adquirem, por outro lado, relevância em sede de individuação do significado, a partir de pelo menos três pontos de vista: 1) podem influir na determinação do significado adequado da proposição; 2) podem influir na fruição da proposição como indício ou representar elas mesmas alguns indícios; 3) podem influir na clareza da mensagem constituída pela proposição, facilitando ou obstaculizando sua decodificação.

esses não servem para determinar um "tipo" de proposição característico do discurso em exame, que apresenta, ao invés disso, a mesma variedade de formas presente no discurso comum.[50] 2) Disso resulta que o critério mais oportunamente aplicável para determinar a proposição do ponto de vista que aqui interessa é aquele que se refere ao "conteúdo" ou "objeto" da proposição: nesse sentido, define-se proposição como o conjunto de entidades linguísticas que exprime um "juízo"[51] sobre uma coisa, um estado de coisas, uma pessoa ou em geral um objeto material ou imaterial. Do ponto de vista lógico, esse constitui o sujeito a que é atribuído um predicado (no sentido lógico, amplíssimo, do termo), visto que a estrutura fundamental da proposição consiste na instauração de uma ligação entre um sujeito e um predicado.[52] Assim definida a proposição, resulta utilizável uma ampla série de sinônimos (enunciado, asserção, afirmação, juízo etc.), cujo uso

---

[50] O discurso que constitui a motivação tem o caráter de metalinguagem somente naquelas partes em que seu objeto é constituído de fragmentos de outro discurso (normas, declarações das partes, das testemunhas ou de outros sujeitos, documentos etc.), ao passo que, para o resto, quando disser respeito a "fatos" ou "coisas" (em geral toda e qualquer outra entidade de natureza não linguística), tem a estrutura de uma linguagem em sentido próprio. De qualquer forma, em ambos os casos tal discurso não é jamais formalizado, e se vale, via de regra, dos instrumentos de expressão da linguagem "natural", e, aliás, não é outra coisa senão uma *fatia* de tal linguagem. Isso implica que sejam aplicáveis à motivação todas as observações inerentes a esse (com a única diferença representada pelo uso prevalente de uma terminologia técnica), como a ausência de estruturação externa, a incoerência, a mobilidade semântica etc. Sobre as noções de linguagem comum, de metalinguagem e de linguagem formalizada, conforme, por todos, a exauriente exposição de Scarpelli, *op. cit.*, p. 6 e ss., e de Pasquinelli, *Introduzione alla logica simbolica,* Turim, 1957, p. 16 e ss.

[51] Para a definição da proposição como entidade linguística que significa ou exprime um juízo (um enunciado, um conceito etc.) conforme Schaff, *op. cit., loc. cit.*; Scarpelli, *op. cit.*, p. 19; Tarski, *La concezione semantica della verità e i fondamenti della semantica,* agora em *Semantica e filosofia del linguaggio,* organizado por L. Linsky, tr. it., Milano, 1969, p. 28 e ss.; Mahrenke, *Il criterio di significanza, ibidem*, p. 191 e ss.; Carnap, *Empirismo, semantica e ontologia, ibidem,* p. 261 e ss.; Id., *Meaning and Necessity,* Chicago, 1947, p. 27 e ss.; Waismann, *I principi della filosofia linguistica,* tr. it., Roma, 1969, p. 292 e ss.; Hospers, *An Introduction to Philosophical Analysis,* London, 1965, p. 64 e ss. No texto utiliza-se de maneira proposital o termo "proposição" em um sentido tecnicamente não rigoroso, próprio da linguagem comum, seja para indicar determinada entidade linguística, seja para indicar sua estrutura lógica, seja para indicar seu conteúdo.

[52] O estudo lógico da proposição é um dos grandes temas da lógica e da epistemologia modernas, e não pode ser aqui delineado nem mesmo do ponto de vista meramente bibliográfico. Para um enquadramento das noções gerais, conforme, de resto, Pasquinelli, *op. cit.*, pp. 43 e ss., 86 e ss.; Strawson, *Introduzione alla teoria logica,* tr. it., Turim, 1961, pp. 53 e ss., 84 e ss., 160 e ss., 195 e ss.; Dewey, *Logica, teoria dell'indagine*, tr. it., II ed., Turim, 1965, pp. 176 e ss., 353 e ss.; Waismann, *op. cit.*, pp. 292 e ss., 374 e ss.; Skyrms, *Choice and Chance. An introduction to Inductive Logic,* Belmont, Cal., 1966, p. 70 e ss.; Tammelo, *Outlines of Modern Legal Logic,* Wiesbaden, 1969, pp. 49 e ss., 64 e ss.; Weinberger, *Rechtslogik. Versuch einer Anwendung moderner Logik auf das juristische Denken,* Wien-New York, 1970, pp. 82 e ss., 118 e ss. Sobre a história do argumento conforme Kneale-Kneale,*Storia della logica,* tr. it., Turim, 1972, *passim.*

é legítimo somente se identificado com suficiente precisão seu significado e se esclarecido dependendo das circunstâncias se com tais expressões pretende-se designar a entidade linguística que exprime o juízo, ou o juízo expresso. É útil, além disso, precisar que a definição proposta, em sua extrema generalidade, prescinde de qualquer tipificação possível com base na natureza do sujeito, do predicado ou do juízo de que se trata, do que resulta o correto emprego do termo "proposição" e de seus sinônimos para indicar juízos abstratos e concretos, particulares e universais, de realidade e de valor, verdadeiros e falsos etc. Isso implica, por um lado, a possibilidade de falar em proposições de diversos tipos desembocando na natureza do juízo que essas exprimem e, por outro lado, a impossibilidade de vincular o correto uso do termo somente a um ou a alguns de tais tipos. De modo também óbvio, disso resulta a irrelevância das peculiaridades expressivas ou estilísticas da proposição.

Para concluir as considerações gerais até agora desenvolvidas sobre as características fundamentais da sentença compreendida como discurso, falta sublinhar que a reconstrução da sua estrutura implica dois perfis complementares entre si: de um lado, é oportuno proceder com a determinação dos tipos de proposição, ou de juízo, que constituem o discurso, com base no conteúdo que ao próprio discurso pode ser atribuído. Visto que o conteúdo da sentença segue um modelo identificável em linha de máxima, que pode ser delineado com base nos arts. 132 e 277 do CPC, essa tipificação pode ser compreendida analisando-se a natureza dos juízos que o juiz exprime ao enunciar tanto a decisão quanto as razões que a justificam. Por outro lado, visto que uma análise desse gênero bastaria somente para fornecer uma espécie de catálogo classificatório dos elementos que compõem a sentença como conjunto de entidades lógico-linguísticas, é oportuno proceder também com uma análise estrutural de tal conjunto, com o fim de evidenciar as correlações intercorrentes entre as proposições dos diversos tipos, o que implica desembocar na função peculiar que se atribui ao discurso em seu conjunto, além de nas diversas partes em que esse pode ser subdividido.

Isso significa conceber a sentença como conjunto *ordenado* de proposições, ou seja, como contexto estruturado, em que o critério de ordem ou de estruturação descende justamente da função que o discurso pretende desempenhar.[53] Então, é claro que a abordagem analítica e a abordagem estrutural

---

[53] A função do discurso é o paradigma geral que define os requisitos do modelo a que em concreto os discursos devem adequar-se, representando, portanto, o termo de referência necessário para determinar tanto os tipos de proposição que esse deve conter, quanto a estrutura do sistema de inferências que devem ligar entre si tais proposições. Como se verá (conforme *infra*, cap. V), a função da motivação é a de justificar a decisão, e isso determina a reconstrução dos requisitos estruturais necessários da própria motivação. Sobre a noção de

interagem entre si, visto que, enquanto na determinação da natureza das proposições que entram no contexto em exame influi necessariamente sua colocação e função lógica em tal contexto, por outro lado, a determinação da estrutura típica do próprio contexto depende necessariamente da natureza das proposições que o compõem.

Os diversos problemas que surgem dentro de uma perspectiva desse gênero serão examinados de forma mais detida em seguida, quando se tratará de identificar em concreto a estrutura lógica da motivação.[54] Neste ponto é oportuno evidenciar o fato de que, enquanto a direção de pesquisa supramencionada parece (por razões que serão também abordadas mais adiante) mais vantajosa para a reconstrução do fenômeno jurídico da motivação, essa não é, por outro lado, nem a única possível nem a única útil. Daqui a necessidade de levar em conta também alguns outros pontos de vista possíveis, uma vez esclarecido o quadro dos diversos aspectos sob os quais a motivação pode ser estudada.

4. PERFIS DE ANÁLISE SEMIOLÓGICA DA MOTIVAÇÃO

A determinação do ponto de partida na motivação como um conjunto de entidades linguísticas representadas por proposições consente a aplicação de um grupo de conceitos que a semiologia elaborou, mesmo que de modo não completamente orgânico, em sede de análise geral dos fenômenos linguísticos. O emprego de tais conceitos é legitimado por ser a motivação um fenômeno que se situa no âmbito dos sistemas de comunicação que utilizam instrumentos verbais (do que resulta a já proposta qualificação de "discurso"), com o que, portanto, pode ser examinada do ponto de vista semiológico na condição de instrumento de comunicação e, mais especificamente, do ponto de vista linguístico, visto que a comunicação advém necessariamente mediante a "linguagem das palavras". O emprego dos conceitos em questão responde ao escopo de fazer emergir determinados aspectos do fenômeno que em parte escapam e em parte colocam em crise os métodos de pesquisa habituais do jurista, mas que parecem, como dever-se-ia concluir, essenciais para a própria reconstrução dos aspectos jurídicos da motivação.

Ademais, tem-se como premissa que, sendo a motivação um "conjunto" de elementos linguísticos, e inclusive por elementares razões de clareza da exposição, convém conduzir a pesquisa no âmbito do elemento componente, voltando ao conjunto somente quando isso forneça elementos de relevo para a análise do elemento singular. O discurso global sobre a estrutura do

---

função como "direção no sentido de um escopo", que se adapta ao caso em exame, conforme Scarpelli, *op. cit.*, p. 32 e ss.

[54] V. *infra*, cap. V.

conjunto será desenvolvido mais adiante.[55] Isso significa, antes de qualquer coisa, considerar sob o perfil semiológico a proposição assumida como elemento atômico da motivação, de que resulta apropriada a definição de "signo" como trâmite essencial do processo de comunicação. Em todas as suas implicações, tal noção é mais do que nunca problemática.[56] Aqui não é oportuno, porém, aprofundar as diversas questões que surgem a respeito. Parece conveniente, por outro lado, adotar uma definição de "signo" que seja ao mesmo tempo simples e útil para a análise da motivação.

Apresenta tais requisitos a definição a seu tempo proposta por Saussure,[57] que além de tudo representa o ponto de referência da maior parte das teorias semiológicas desenvolvidas na Europa:[58] segundo essa definição, "signo" é uma noção de caráter relacional, uma vez que consiste na união de um significante e de um significado. Para limitar o discurso aos signos verbais, que são os únicos que aqui interessam, resulta que por significante entende-se a entidade linguística (palavra, série de palavras, frases, série de frases, discurso) que constitui o instrumento material do processo de comunicação ou, mais propriamente, de significação. Vice-versa, por significado entende-se o conteúdo da significação: é dizer o pensamento, o conceito, a asserção ou, ainda, a informação que se pretende comunicar mediante a expressão linguística que constitui o significante. O fato de o signo ser a

---

[55] Conforme cap. V.

[56] Para uma parcial classificação das principais opiniões sobre o tema conforme BARTHES, *Elementi di semiologia. Linguistica e scienza delle significazioni,* tr. it., III ed., Turim, 1967, p. 34 e ss. Para outros importantes pontos de vista ali não considerados conforme SCHAFF, *op. cit.,* p. 147 e ss.; MORRIS, *Lineamenti di uma teoria dei segni,* tr. it., Turim, 1963, II ed., p. 10 e ss.; ID., *Segni, linguaggio e comportamento,* tr. it., II ed., Milano, 1964, pp. 77 e ss., 96 e ss.; ID., *Signification and Significance. A Study of the Relations of Signs and Values,* Cambridge, Mass., 1964; BLACK, *Linguaggio e filosofia,* tr. it., Milano, 1953. Para ulteriores indicações conforme SCARPELLI, *op. cit.,* pp. 6 e ss., 13 e ss.; ALSTON, *op. cit.,* p. 85 e ss.; ROSIELLO, *Struttura, uso e funzioni della lingua,* Florença, 1965, p. 70 e ss.; GUIRAUD, *La semantica,* tr. it., Milano, 1966, p. 13 e ss.; SERGE, *op. cit.,* p. 61 e ss.; JAKOBSON, *Essais de linguistique générale,* Paris, 1963, pp. 40 e ss., 178 e *passim.* Por último, conforme o exauriente enfrentamento sintético de ECO, *Il segno,* Milano, 1973, especialmente pp. 32 e ss., 66 e ss., 140 e ss.

[57] Conforme DE SAUSSURE, *Cours de linguistique générale,* IV ed., Paris, 1949, p. 98 e ss.

[58] Nos Estados Unidos, a manifestação mais característica dos estudos semiológicos foi dada pela corrente comportamental que remonta a MORRIS (v. n. 56), ao passo que na Europa a corrente estruturalista (sobre a qual v., p. ex., BARTHES, *op. cit.;* LEPSCHY, *op. cit.*; ROSIELLO, *op. cit.,* e especialmente ECO, *La struttura assente. Introduzione alla ricerca semiologica,* Milano, 1968, p. 253 e ss.) parte, com importantes desenvolvimentos devidos a estudiosos como BLOOMFIELD, HJELMSLEV, e JAKOBSON, das teses de SAUSSURE. Uma corrente relativamente autônoma, mas que apresenta relevantes conexões com a estruturalista, tende a colocar o problema da semiologia no âmbito da filosofia marxista: a propósito, conforme SCHAFF, *op. cit.*, e os ensaios do mesmo autor recolhidos no volume *Filosofia del linguaggio,* tr. it., Roma, 1969.

união de significante e significado implica, entre outras coisas, que nenhum desses dois termos possa exaurir sozinho a definição de "signo": de um lado, visto que o signo é o meio através do qual realiza-se o processo de significação, não é possível reduzir o conceito de signo àquele de significante, rompendo a correlação entre esse último e o significado, uma vez que nesse caso o significante seria dissociado da função que o define como tal. Por outro lado, não é nem mesmo possível reduzir o conceito de signo àquele de significado, visto que, fora da correlação significante-significado esse último não poderia nem mesmo colocar-se como tal.

Evidentemente, o fato de o signo ser constituído pela correlação entre duas entidades, abre o caminho para a possibilidade de analisar de preferência uma ou outra[59] e, desse modo, explica-se a existência de teorias que pretendem definir os critérios de determinação do significado (semântica) ou determinar as características essenciais do significante (semiologia em sentido estrito). Isso não implica, entretanto, o rompimento da ligação que reúne, no âmbito da teoria geral, ambas as noções no conceito de signo.

A) As situações interpretativas

Definido, portanto, o signo como a relação que realiza o processo de significação,[60] é fácil determinar a estrutura da sua proposição, assumida como elemento atômico do discurso-motivação. Antes de qualquer coisa, é evidente que a própria motivação e, portanto, também as proposições

---

[59] A cisão das pesquisas no sentido das diretrizes constituídas pelo significante e pelo significado, em si metodologicamente correta, não raro degenera até transformar-se em mera unilateralidade ao afrontar o problema do signo. Assim, p. ex., muitas das concepções mais tipicamente filosóficas do significado (sobre isso conforme a exauriente exposição de SCHAFF, *Introduzione alla semantica,* cit., p. 125 e ss., e, ainda, ASTON, *op. cit.,* p. 29 e ss.; OGDEN-RICHARDS, *Il significato del significato,* tr. it., VIII ed., Milano, 1966, p. 211 e ss.) devem sua incongruência ao fato de terem sido elaboradas sem (ou com inadequada) análise do significante. Por outro lado, algumas correntes no campo da semiologia linguística (sobre as quais conforme LEPSCHY, *op. cit.*, p. 152 e ss.) tendem a concentrar a atenção na estrutura do significante, deixando de lado frequentemente a conexa análise do significado. Disso resulta a persistente incerteza sobre a definição linguística do significado em si.

[60] Tal definição é compreendida no sentido de que o signo não existe, e não se verifica, portanto, qualquer significação, se não se instaura a relação significante-significado. Isso não implica, de resto, que em tal relação se exauram os fatores do processo de significação. De diversos pontos de vista sublinhou-se, de fato, que, para que esse tenha lugar, deve verificar-se uma situação em que um sujeito, aplicando adequados critérios de interpretação, atribua certo significado a uma determinada entidade (p. ex. linguística), sem o que essa não pode ser "significante", e, portanto, não assume a função de signo (conforme, p. ex., MORRIS, *op. ult. cit.,* pp. 10 e ss., 115 e ss.; GREIMAS, *Semantica strutturale,* cit., p. 11). Sobre aspectos do processo de comunicação, ou significação, como situação social, insistem particularmente os semiólogos de inspiração marxista: conforme, p. ex., SCHAFF, *Introduzione alla semantica,* cit., p. 118 e ss.

(singularmente consideradas) que a constituem, desempenham uma função de comunicação – ou seja, representam o meio mediante o qual se realiza um procedimento de significação – que, aliás, pode ser considerada, por sua vez, desempenhada pela sentença globalmente compreendida. Tendo-se como possível atribuir a uma entidade qualquer a função de signo somente quando se verificar uma situação em que subsistem todos os pressupostos para que tal função seja desempenhada (de que resulta a definição de "situação quanto ao signo", que indica o conjunto das condições necessárias e suficientes para a existência de uma função-signo), é fácil identificar a existência de situações desse gênero inerentes à sentença.

Mesmo com uma análise bastante superficial (suficiente, de resto, nesta sede) é possível determinar uma série de situações signaléticas diversas, as quais a sentença ou um ou mais de seus elementos são assumidos em função do signo. Os fatores determinantes de uma situação signalética são essencialmente dados, além de pelo próprio signo, pela presença de um sujeito que "interpreta" ou "frui" de um determinado objeto com qualidade de significante, atribuindo-lhe um significado, e por critérios de interpretação que semelhante sujeito emprega para "decodificar"[61] o signo, ou seja, para determinar o significado a ser atribuído a esse.

Resulta, por conseguinte, que a sentença (e, portanto, também a motivação e as proposições que a compõem) pode ser interpretada como signo, principalmente quando se realizar uma das seguintes situações:[62]

---

[61] Tal termo, retirado da linguagem da teoria da informação, mas utilizável em sentido lato na análise do processo comunicativo, indica o procedimento com que quem recebe a mensagem, utilizando-se de regras predeterminadas, determina aquilo que o emitente pretende comunicar mediante a mensagem. O termo em questão tem, portanto, um significado mais rico do que "interpretar", visto que significa interpretar com base em um "código" determinado, sendo o código um conjunto de regras para a determinação do conteúdo da mensagem, convencionadas entre emitente e receptor ou, igualmente, usadas pelo emitente para estruturar a mensagem e com o fim de "carregá-lo" de certo significado; ou usadas pelo receptor para determinar um significado entre os diversos eventualmente possíveis. Sobre as noções de código, de código convencional, de codificação e decodificação da mensagem, conforme Eco, *La struttura assente,* cit., pp. 38 e ss., 72 e ss., 93 e ss., 121 e ss., 141 e ss.; Id., *Il segno,* cit., pp. 72 e ss. 143 e ss., 158 e ss.

[62] Observe-se aqui que a mais ampla tentativa feita por nossa doutrina no sentido de fornecer uma teoria geral da interpretação da sentença (conforme Betti, *Interpretazione della legge,* cit., p. 357 e ss.), ao passo em que evidencia diversos aspectos essenciais do problema, resulta carente sob pelo menos três prismas: 1) no sentido de que tende a definir em absoluto o procedimento de interpretação da sentença, descuidando que esse pode ser diverso nas diversas situações (distintas *infra* no texto); 2) no sentido de que compreende como absoluto o cânone hermenêutico da totalidade (conforme p. 361), que vige somente quando haja a exigência de determinar o significado global do discurso, mas não vige necessariamente naquelas situações em que quem frui, pelas mais diversas razões, não pode ou não pretende estabelecer tal significado em sua globalidade (um ex. indicativo disso é a hipótese, sobre a qual v. *infra* no texto, em que a sentença seja fruída pelo público, que tende a colher *alguns*

1) As partes do processo (e analogamente todos os outros sujeitos diretamente interessados no desfecho da lide) interpretam a sentença como signo que comunica a decisão, e a motivação como signo que comunica as razões da decisão. Os critérios que as partes empregam para determinar esses significados são, antes de qualquer coisa, os cânones de interpretação da linguagem ordinária integrados pelos cânones de interpretação da linguagem jurídica técnica. No âmbito da verdadeira e própria "interpretação" da sentença desenvolve-se todo o complexo de operações hermenêuticas cujo fim é identificar o conteúdo objetivo da decisão, tendo como principal marco de confronto as alegações formuladas pelas próprias partes, e decifrar as ligações que intercorrem entre decisão e motivos.[63]

2) O juiz de segunda instância considera, de seu turno, como signo a sentença impugnada, empregando no âmbito de leitura os mesmos cânones de interpretação da linguagem ordinária e da linguagem técnico-jurídica de que se valem as partes. Análogo é também o nível que diz respeito à determinação do conteúdo da decisão, com a diferença de que o termo principal de confronto é representado pelas alegações formuladas como motivos de impugnação, sobre cuja admissibilidade e fundamento o próprio juiz deverá decidir.

3) Também o público em geral pode considerar a sentença como signo e também nesse caso o nível de leitura é condicionado pelo emprego de adequados cânones de compreensão da linguagem em que a sentença

---

significados, sem aplicar cânones totais); 3) no sentido de não ter levado em conta o fato de que, ocorrendo a interpretação com base em códigos de diversa natureza e amplitude, abre-se em concreto a possibilidade de uma pluralidade de interpretações, determinada pela pluralidade dos modos de uso de tais códigos, bem como da prevalência que o intérprete pode dar a um desses em relação aos outros.

[63] A parte interpreta a sentença não de acordo com "um" código, mas segundo um conjunto estratificado de códigos diversos. Em síntese, os principais níveis de estratificação de tal conjunto podem ser assim individuados: I) código lexical de decifração da linguagem comum ou natural; II) código lexical de decifração da linguagem do jargão judiciário e técnico-jurídica; III) código de decifração conceitual, constituído pelo conjunto de normas, dogmas, noções e conceitos jurídicos utilizados na sentença; IV) código de decifração factual, constituído pelas alegações de fato, pelas produções probatórias, pelos resultados probatórios; V) código de decifração jurídica, constituído por demandas, exceções arguidas pelas partes ou de ofício, pelos nexos de prejudicialidade ou conexão entre as questões, pela *causa petendi* e pelo *petitum*; VI) código misto parcial, constituído por uma parte da sentença empregada para decodificar outra (ex.: motivação como critério de interpretação do dispositivo). É intuitivo que o número dos níveis pode ser multiplicado, definindo de modo mais analítico os códigos individuais; é da mesma forma claro que a ordem aqui indicada é conveniente (e vai somente do geral ao particular), e não indica a ordem lógica em que as operações de decodificação são, ou devem ser, feitas (a hipótese mais realista é, de fato, que essas se desenvolvam percorrendo "saltadamente" e de modo variável a estratificação dos códigos; parece, por outro lado, referir-se a um procedimento ordenado Betti, *Interpretazione della legge,* cit., p. 360.

é expressa.[64] Esse tipo de situação distancia-se profundamente daquelas tipicamente geradas pelas partes ou pelo juiz de segunda instância quanto à natureza da interpretação da sentença. Sobre isso, enquanto partes e juiz empregam critérios que são ainda prevalentemente técnico-jurídicos (confronto com as alegações, com o objeto do processo e assim por diante), o público emprega prevalentemente critérios de natureza diversa, na medida em que tende a ver na sentença não tanto a mera solução jurídica da lide, mas sim a escolha ético-política (ou seja, a tomada de posição sob o prisma da "justiça substancial" ou da equidade ou da solução do conflito de interesses concreto de que surge a lide) que está no fundo da decisão. Desse ponto de vista, os critérios de interpretação da sentença e, portanto, de controle e juízo sobre a escolha feita pelo juiz são evidentemente representados por valores dominantes no público no momento e no lugar em que a interpretação ocorre. Em termos menos genéricos, e reduzindo a abstração implícita na ideia de "público", isso significa que a sentença é interpretada e julgada com base em valores assumidos como próprios, em uma dada situação histórica e sociopolítica, da classe ou do grupo social dentro do qual a sentença é considerada "significativa" sob o plano das escolhas de valor.

4) Uma consideração específica merece também a situação signalética criada quando a sentença é interpretada pelo estudioso, não tanto porque o ponto de vista que esse adota tenha características de particular originalidade com relação às três situações ora delineadas, mas mais porque, pelo contrário, esse é em linha de princípio ambíguo e polivalente. De fato, a abordagem interpretativa do estudioso pode por vezes assumir caracterís-

---

64 A leitura da sentença por parte do *quisque de populo* deveria seguir, em linha de princípio, os mesmos critérios comuns às partes e ao juiz. Sobre o assunto assinalam-se, entretanto, possíveis inferências e variações, que podem, de fato, impedir esse tipo de decodificação. As hipóteses essenciais são duas: a primeira é devida à eventualidade de que a sentença seja levada ao conhecimento do público de forma resumida, incompleta, distorcida, falsificada ou já decodificada com manipulações de efeito, com o fim de induzir uma leitura equivocada, de provocar reações emotivas etc. Isso é o que ocorre, pode-se dizer diariamente, através dos *mass media,* na medida em que esses não desempenham um trabalho de "transmissão", mas sim de "manipulação" das mensagens (sobre o problema, estudado a partir de um ponto de vista empírico sociológico, das reações provocadas mediante a distorção de notícias concernentes a algumas sentenças da Corte Suprema dos EUA, conforme as iluminadas considerações expostas em Johnson, *The Dynamics of Compliance. Supreme Court Decision-Making from a New Perspective,* Evanston, Ill., 1967, p. 68 e ss.) A segunda hipótese é dada pela impossibilidade de que de fato o público empregue os códigos em questão, o que ocorre na medida em que esses implicam noções técnico-científicas que não estão contidas nos conhecimentos comuns: é claro que ao passo que tais códigos não possam ser empregados, o significado da sentença não pode ser decifrado. De resto, é claro que o uso intenso, por parte do juiz, de cânones estranhos aos critérios de decodificação de que o público dispõe torna-se facilmente um instrumento para impedir a leitura, ou pelo menos para operar uma espécie de seleção sociocultural entre os possíveis fatores da sentença.

ticas análogas àquela das partes ou do juiz ou, ao invés disso, àquela típica do público, dependendo da escolha de método, implícita ou explícita, que o estudioso necessariamente faz no momento em que se propõe a estabelecer o significado da sentença. Assim, por exemplo, pode ser feita a opção por uma abordagem rigorosamente "jurídica" (na acepção estrita e mais limitativa do termo) e, então, a abordagem do estudioso mostrará fortes analogias com aquela da parte ou com aquela do juiz de segunda instância. O momento que distingue a abordagem do jurista (e que o coloca em relação somente de analogia, mas não de identidade, com aquela da parte ou do juiz) é provavelmente a inserção de cada sentença em uma teoria geral (como confirmação ou como exceção) ou, ainda, a atenção para os elementos de importância teórica geral presentes na sentença. Isso, entretanto, se por um lado indica o emprego de um critério a mais de interpretação jurídica da sentença, transcende, de qualquer modo, o problema da determinação do significado próprio da decisão singular.

Na medida em que, pois, o estudioso não pretende assumir uma abordagem jurídica "pura", ou que sustenta que essa seja infrutífera se não integrada por outros elementos, ou mesmo assuma deliberadamente uma abordagem de análise ético-política da sentença, cria-se então uma situação fortemente análoga àquela delineada no ponto 3), em que assume função predominante, como critério de interpretação e valoração da sentença, o sistema dos valores que o observador entende válidos no momento em que trabalha ou aquele dos valores que ele entende que devem ser considerados como regras de juízo e de comportamento. Também aqui a relação entre a abordagem do estudioso e aquela referida como "do público" é somente de analogia e não de identidade, seja porque no primeiro pode-se realizar uma convergência e uma síntese entre critérios jurídicos e metajurídicos de interpretação e valoração, enquanto no segundo o uso de critérios estritamente jurídicos tem um papel bastante limitado, seja porque entre os critérios metajurídicos que o estudioso pode empregar podem ser incluídos critérios de caráter histórico, sociológico, psicológico e científico, enquanto a valoração do público tende a basear-se essencialmente na perspectiva ético-política.

B) A motivação como signo linguístico em sentido próprio

A sintética tipologia ora esboçada das situações em que a sentença realiza uma função de significação impõe uma constatação que faz emergir um aspecto muito relevante do problema que aqui interessa. Os tipos de situação supra delineados, correspondentes a diversos modos de leitura e interpretação da sentença, encontram seu principal elemento de diferenciação na realização de reconstruções do conteúdo, ou seja, do "significado" do discurso em que a sentença consiste. Varia, em outros termos, "aquilo que a sentença significa", dependendo de que essa seja lida sob o ponto de vista da parte, do juiz, do público em geral ou do estudioso, tendo sempre presente que nesse último caso especialmente, mas de modo mais limitado também nos outros, pode haver uma pluralidade de leituras e, portanto, de significados possíveis. Tal possibilidade de variação do significado da sentença não implica que essa mude a própria natureza com a mudança das situações, mas é uma consequência do fato de que, diante de um significante determinado, desse se possam retirar significados diversos mediante o emprego de regras de interpretação diversas. Disso resulta que os diversos significados constituem o conjunto das potencialidades da entidade linguística e estão, por conseguinte, nessa implícitos – um ou outro desses é determinado e, portanto, explicitado (e, substancialmente, privilegiado em relação aos outros, que permanecem indeterminados), em consequência da aplicação de um ou de outro critério interpretativo.

Uma situação desse gênero remete, por um lado, ao discurso já mencionado sobre a impossibilidade teórica de uma definição global e exaustiva da "natureza" da motivação, especialmente se por aquilo que a motivação "é" entende-se aquilo que a motivação "significa". Por outro lado, a situação assim delineada faz novamente emergir o problema essencial, preliminar a todo e qualquer estudo sobre a motivação, inerente à racionalização da escolha sobre o critério de análise e de interpretação que se pretende adotar.

Uma primeira indicação nesse sentido é fornecida pelo fato de que a constatada pluralidade dos critérios de interpretação da sentença e dos significados que a essa podem ser correlativamente atribuídos, parece poder-se organizar em torno de uma distinção entre dois diversos modos de configurar a sentença como signo, por cuja identificação torna útil retornar-se a um ponto da teoria geral do signo.

Esse diz respeito à determinação, dentro do conceito geral de signo, de duas noções mais específicas, que requerem uma definição mais analítica sobre a base dos respectivos elementos de discriminação. Trata-se das noções de "signo em sentido próprio" e de "indício" (ou "sintoma").[65] A respectiva diferenciação remonta precisamente à analítica distinção entre

---

[65] Sobre a distinção em exame, e sobre sua equivalência com a distinção entre "signos artificiais" e "signos naturais" conforme SCHAFF, *Introduzione alla semantica,* cit., p. 156 e ss., 166 e ss.; ID., *Filosofia del linguaggio,* cit., p. 33 e ss.; ALSTON, *op. cit.*, p. 92 e ss.; WAISMANN, *op. cit.*, p. 136; HOSPERS, *op. cit.*, p. 1 e ss.; BARTHES, *op. cit.*, p. 36; GUIRAUD, *op. cit.*, p. 15 e ss.; SEGRE, *op. cit.*, p. 69; ECO, *Il segno,* cit., pp. 38 e 57 (para a distinção entre os signos naturais em sintomas e indícios e entre esses últimos em pistas e indícios).

signum ad placitum e *signum naturale*[66-67] e verte essencialmente sobre a presença, nos "signos próprios", de uma característica que, por outro lado, falta nos "indícios", representada pela "vontade de significar algo", que constitui a um só tempo a condição peculiar daquele que dá vida a um signo próprio e o critério-guia a que se apega – ou a que se deveria apegar – o intérprete.[68] Ao passo que uma "vontade" como essa representa o critério ordenador e o critério interpretativo do discurso, emerge um caráter essencial dos significados que esse exprime se compreendido como conjunto de signos próprios, ou seja, a "convencionalidade".[69] Essa, substancialmente, consiste no fato de que o intérprete, se quer determinar o significado próprio do discurso, deve fazer referência àqueles cânones presumivelmente empregados por quem deu vida ao próprio.

No caso da sentença, isso implica que o intérprete valha-se das regras inerentes ao uso da linguagem comum ou técnico-jurídica, além da referência a outros fatores (como, por exemplo, as alegações das partes) relevantes para a determinação do significado das asserções do juiz.

É óbvio, de resto, que o princípio de convencionalidade não opere de modo absoluto, mas em sentido funcional, ou seja, como condição a fim de que o intérprete possa atribuir à sentença aquele particular significado que o juiz pretendera conferir a essa. Disso resulta que a interpretação própria

---

66 Sobre a teoria dos signos na lógica antiga conforme KNEALE-KNEALE, *op. cit.*, p. 166 e ss.; GIULIANI, *Il concetto di prova,* Milano, 1961, p. 31 e ss.; PRETI, *Sulla dottrina logica del "semeion" nella logica stoica,* in *Riv. Crit. st. fil.* 1956, p. 1 e ss.; sobre o pensamento de Guilherme de Ockam sobre o tema conforme BRÉHIER, *La filosofia del Medioevo,* tr. it., II ed., Turim, 1966, p. 429 e ss.

67 A distinção delineada *infra* no texto está presente também no filão idealista italiano, sob a forma de distinção entre interpretação do ato espiritual interno através dos fatos expressivos externos, mais do que através de fatos externos não expressivos (conforme, p. ex., GORLA, *L'interpretazione del diritto,* Milano, 1941, pp. 1 e ss., 103 e ss.). Essa não teve, de resto, um desenvolvimento no plano semântico, seja porque partia de uma concepção do significado como "conteúdo espiritual" do ato expressivo, seja porque não analisou o procedimento de comunicação em seus componentes estruturais; trata-se, por conseguinte, de uma analogia que resulta do acolhimento da distinção geral entre tipos de interpretação, mas que não diz respeito à tipologia dos signos, nem à concepção semiológica do significado (para uma tentativa de aplicar à interpretação dos signos linguísticos em geral os princípios da estética crociana conforme GORLA, *ibidem,* p. 107 e ss.).

68 Conforme SEGRE, *op. cit.,* p. 69. A finalidade de "significar" guia o emitente na criação do signo próprio, que, portanto, nasce com a função específica de realizar tal vontade (daí o caráter de artificialidade). No signo próprio a função significante é, portanto, estabelecida *ex ante*, ao passo que no indício é estabelecida *ex post* pelo observador (conforme especialmente SCHAFF, *Introduzione,* cit., p. 156 e s.).

69 Sobre o problema da arbitrariedade e da convencionalidade da relação significante-significado no signo linguístico conforme por último SCHAFF, *Filosofia del linguaggio,* cit., p. 32 e ss.; BARTHES, *op. cit.*, pp. 31 e ss., 46 e ss.; LEPSCHY, *op. cit.*, p. 47; ECO, *op. ult. cit.*, p. 142.

da sentença resulta impossível ou desviada quando o juiz, ao dar vida ao próprio "discurso", não tiver seguido os cânones convencionais do uso da linguagem comum ou jurídica, ou quando o intérprete não se tiver valido corretamente desses mesmos cânones ou, ainda, se prescindir da "vontade" que guiou a aplicação concreta desses por parte do juiz.[70]

Em todo caso, entretanto, não se deve supervalorizar o peso que a referência à "vontade de significar" do juiz assume em sede de interpretação da sentença. Por um lado, de fato, pode não haver coincidência absoluta entre significado "pretendido" e significado efetivamente expresso e isso acontece na medida em que a vontade não for introduzida em um dado semântico objetivamente determinável a partir do exterior[71] por causa do mau uso das regras linguísticas convencionais ou de sua intrínseca ambiguidade e polivalência. Em tal caso, ausente qualquer possibilidade de verificar *a posteriori* a real vontade do juiz, o significado próprio da sentença é dado exclusivamente pelo significado expresso. Por outro lado, pode haver ainda discrepância entre o significado expresso e o significado individuado por um particular intérprete, dado que os cânones convencionais de interpretação implicam margens também assaz amplas de ambiguidade e de indeterminação.

De resto, apesar de tudo isso a intencionalidade marcada na criação e no uso de um signo linguístico próprio, e a convencionalidade dos cânones interpretativos a que essa remete, seguem como trâmite indispensável de ligação entre os dois polos do processo de comunicação que ocorre mediante o discurso em que se consubstancia a sentença, mesmo se não garantem em absoluto a unitariedade dos significados pretendidos, expressos e determinados pelo intérprete.

C) A motivação como fonte de indícios

Delineadas as características gerais do conceito de signo próprio e das suas condições de aplicabilidade à sentença, tem-se ora de definir o conceito

---

70 A primeira hipótese verifica-se quando o emprego dos cânones de interpretação não consente a decifração, em parte ou no todo, do discurso, que, portanto, em tal medida permanece "mudo", e reduz-se àquilo que a teoria da informação chama de "rumor" (sobre o qual conforme Eko, *La struttura assente,* cit., p. 19 e ss.). A segunda hipótese, que pode de formas variadas combinar-se com a primeira, tem como efeito que o significado determinado é no todo ou em parte diferente daquele que o emitente pretendia comunicar (sobre as situações desse tipo, e sobre as circunstâncias que influem na escolha dos cânones interpretativos, conforme Eko, *ibidem,* p. 51 e ss.).

71 Ao significado "objetivo" da sentença, distinguindo-o da *mens iudicis,* faz referência Betti, *Interpretazione della legge,* cit., p. 358; em sentido diverso, conforme Denti, *L'interpretazione della sentenza civile,* Pavia, 1946, p. 20 e ss.

semiológico de "indício" ou "sintoma"[72] e de estabelecer se e de que modo esse é utilizável para uma diferente definição semiológica da sentença.

As características distintivas do conceito de indício, relevantes para distingui-lo do signo em sentido próprio inserido na noção geral de signo, consistem essencialmente na inexistência de uma intenção de comunicar um certo significado por parte de um sujeito e na consequente não convencionalidade dos critérios de interpretação mediante os quais o intérprete determina o significado desse particular tipo de signo.

Como se vê, a natureza de características como essas, definidas por via de exclusão, esclarece-se melhor recordando que o principal tipo de indício ou sintoma é determinado, no âmbito da semiologia geral, por um evento natural ou mesmo material a que um observador atribui um significado atribuindo *ex post* adequados critérios de interpretação[73] e transformando, pois, em signo um objeto ou um evento que, considerado *ex ante*, não tem em si qualquer função significante. A interpretação do indício, por conseguinte, parece desvinculada de qualquer critério voluntário e convencional e depende exclusivamente da aplicação de cânones que o intérprete escolhe de maneira substancialmente livre, situação em que uma eventual qualificação de tais cânones depende somente da eficácia heurística que esses demonstram *a posteriori*.[74] No máximo, aliás, uma escolha preventiva entre

---

[72] Para a definição geral de tal conceito conforme as indicações contidas na n. 65.

[73] O significado que pode ser atribuído a um evento material qualquer interpretado como indício é tipicamente a existência, passada, contemporânea ou sucessiva (com relação ao indício), de um evento *diverso* daquele que constitui o indício, mas que se pressupõe conexo a esse de modo que a existência do indício possa "remeter", "fazer pensar", ou "deduzir" a existência de evento diverso. Sob esse prisma, a noção semiológica de indício corresponde à noção jurídica indicada com o próprio termo (ou àquela de "sintoma" utilizada na terminologia médica), e isso exime do ônus de fornecer adequadas exemplificações. Atribuir um significado a um indício significa, então, determinar o evento cuja existência é indicada, revelada ou pressuposta pela existência do indício, o que, ao mesmo tempo em que cria uma série de graves problemas para efeito de uma teoria geral do significado (sobre os quais conforme por último ALSTON, *op. cit.*, p. 29; SCHAFF, *Introduzione alla semantica,* cit., p. 211 e ss.), equivale a colocar o problema filosófico do conhecimento indireto ou histórico; a consequência é que até agora, ao que tudo indica, a doutrina semiológica do indício não conseguiu conquistar uma autonomia considerável com relação às teorias gnosiológicas propostas no campo filosófico, tendo permanecido em um nível de elaboração muito mais atrasado do que aquele que caracteriza a doutrina do signo em sentido próprio. De resto, sobre o problema do significado do indício repercutem-se inevitavelmente todas as implicações das doutrinas filosóficas do conhecimento (como ocorre, p. ex., no caso de Husserl, sobre cuja concepção de indício v. as críticas de SCHAFF, *op. ult. cit.*, p. 158 e ss.).

[74] O problema semiológico da individuação dos cânones de decodificação do indício e de sua eficácia (sobre a qual conforme especialmente cap. II) constitui o homólogo, no âmbito da teoria dos signos, de problemas que se colocam tanto no campo da retórica como no da gnosiologia (e em particular da epistemologia). Do ponto de vista da retórica, trata-se do problema da natureza da argumentação que, partindo de dado evento, visa a convencer o

diversos critérios interpretativos pode até não ser indispensável, visto que em linha de princípio um mesmo evento pode ser utilmente interpretado segundo cânones diversos e, portanto, como fonte de diversos significados.

Definido o indício assim sinteticamente sob o prisma semiológico, tem-se de estabelecer se semelhante noção é aplicável, e com qual êxito, à sentença e aos seus componentes.

Sobre o tema, a doutrina semiológica não oferece elementos de relevo, visto que tem geralmente concentrado a definição do conceito de indício na referência aos signos chamados naturais, tendo em conta ter estudado os signos linguísticos à luz do conceito de signo em sentido próprio. Todavia, parece bastante evidente que também a sentença, sem nenhuma diferença de qualquer outro signo linguístico complexo, possa ser interpretada, diante de uma situação signalética adequada, como fonte de indícios. Substancialmente, é o que ocorre todas as vezes que um sujeito interpreta um discurso não só e não tanto com o fim de estabelecer aquilo que o autor pretende comunicar, mas também com o fim de determinar outros fatos (não diretamente expressos) como, por exemplo, o estado psicológico, o nível cultural, as opiniões, o estado social do autor, ou juízos, valorações e posturas que influem no discurso, mesmo que permanecendo "atrás" de seu significado próprio e imediato. Trata-se, como é fácil ver, de um modo de uso do discurso tão comum e difundido a ponto de tornar supérflua qualquer ulterior demonstração.

Nesta sede interessa somente esclarecer que esse tipo de interpretação de uma entidade linguística qualquer e, portanto, também da sentença, ocorre essencialmente de dois modos, a que se ligam situações signaléticas diferentes.

O primeiro desses pressupõe que o significado próprio do discurso tenha sido determinado, de acordo com aquilo que foi dito acima *sub* b), e que seja exatamente esse significado a ser considerado como indício. Isso ocorre toda vez que se formula uma ilação sobre uma circunstância qualquer, com base em uma asserção – que não tenha como objeto a própria circunstância – proveniente de um sujeito determinado.

---

interlocutor da existência de um evento diverso (daí a importância da teoria dos signos naturais na retórica antiga, como base para a construção das regras de correção da argumentação: conforme GIULIANI, *op. cit.*, p. 37 e ss.; PLEBE, *Breve storia della retorica antica,* Bari, 1968, pp. 54 e ss., 62 e ss.). Do ponto de vista da gnosiologia racionalista, trata-se do problema de estabelecer a estrutura lógica da inferência que consente induzir a existência de um fato não percebido, ou não conhecido, a partir daquela de um fato percebido (ou conhecido) (para um exame das principais teses a propósito, sob o prisma do procedimento de conhecimento indireto que faz o juiz, conforme TARUFFO, *Studi sulla rilevanza della prova,* cit., p. 159 e ss.).

O segundo modo de interpretação de um indício linguístico caracteriza-se na medida em que, mesmo podendo ou devendo ser determinado o significado próprio da expressão linguística em questão, aquilo que em realidade é assumido como indício idôneo a basear ilações sobre outras circunstâncias são as peculiaridades estilísticas, lógicas, sintáticas etc. do discurso.

Deve-se, de qualquer modo, precisar que, enquanto as duas situações são autonomamente definíveis como hipóteses "puras", em concreto podem-se verificar casos de mistura ou superposição dos dois módulos interpretativos do discurso como fonte de indícios. Assim, se por um lado o significado próprio do discurso pode fazer emergir algumas peculiaridades estruturais relevantes, por outro lado essas últimas podem fazer com que o significado próprio do discurso seja utilizável em função de um indício.

D) Situações interpretativas e significados da motivação

Estabelecida em linha geral a possibilidade de interpretação do signo linguístico, seja como signo em sentido próprio, seja como indício, é necessário ora determinar de que modo e com quais consequências semelhante distinção pode operar no caso específico em que o signo em questão seja a sentença ou, mais particularmente, a motivação ou uma ou mais proposições nessa compreendida.

A distinção em exame importa no sentido de favorecer uma melhor identificação e uma classificação geral das "leituras típicas" a que a sentença pode ser submetida com base no ponto de vista característico dos diversos observadores. Assim, a leitura correspondente ao ponto de vista da parte e, analogamente, aquela correspondente ao ponto de vista do juiz de segunda instância, podem ser remontadas ao esquema das situações em que o discurso do juiz é fruído como signo em sentido próprio. Isso porque nesses dois casos o "conteúdo" da sentença é identificado essencialmente com referência à "vontade de significar" do juiz que proferiu a sentença e com base em cânones interpretativos de natureza convencional (como as regras de uso da linguagem comum e técnico-jurídica, o sistema de conceitos jurídicos referíveis ao caso, as alegações das partes etc.).

Vice-versa, a situação que se verifica quando a sentença é "lida" por aquele que se convencionou chamar de "público" parece passível de ser remontada ao esquema do signo linguístico interpretado como indício, uma vez que a partir da identificação do significado da sentença colhe-se a ocasião para determinar outros "fatos", como as escolhas ideológicas, éticas ou políticas que estão por trás da decisão, mas que não foram expressas como razões da decisão. Aliás, desse ponto de vista pode-se observar que a valoração crítica da sentença não consiste em um simples juízo a respeito da coerência ou o contraste entre a sentença em si e os valores próprios do intérprete, mas passa por um momento em que, com base no conteúdo da sentença entendido como indício, reconstroem-se as escolhas não expressas que o juiz fez, de modo que a valoração crítica acaba por verter sobre o confronto entre essas escolhas e os valores que as inspiraram e as escolhas que o observador teria feito no lugar do juiz segundo os valores-guia do grupo social a que ele pertence ou mesmo que assume como regras de valoração.[75]

Na ulterior hipótese, em que o observador não incorpore o ponto de vista do público, mas sim o do estudioso, abre-se uma série de possíveis leituras da sentença, contextuais ou alternativas, na qual estão compreendidas situações correspondentes a todos os tipos examinados: a sentença pode, portanto, ser interpretada como signo em sentido próprio, se o estudioso pretende determinar seu significado com base em cânones convencionais adequados (e, nesse caso, ter-se-á a interpretação jurídica em sentido estrito da sentença), ou essa pode ser interpretada como indício, segundo o primeiro dos esquemas examinados acima, se o estudioso pretende retirar do conteúdo da sentença inferências sobre outros fatos (como a personalidade do juiz, as escolhas implícitas feitas por ele, as condicionantes que influíram na decisão etc.), ou, finalmente, essa pode ser interpretada como indício com base no segundo daqueles esquemas, se as inferências forem retiradas não tanto do conteúdo específico da sentença, mas sim das características estruturais que essa apresente como entidade lógico-linguística.

Se, pois, o signo linguístico que é levado em consideração não é constituído pela sentença em sua totalidade, mas somente pela parte do discurso que se convém chamar de motivação, a dupla de conceitos signo próprio-indício não serve somente para introduzir uma certa classificação dos possíveis pontos de vista, mas faz emergir uma característica muito importante que está presente em alguns desses pontos de vista, podendo, entretanto, faltar nos outros. Compreender a motivação como signo em sentido próprio implica, com base naquilo que se salientou diversas vezes, colocar-se na perspectiva de determinar-lhe o significado com base em determinados cânones de caráter convencional, que realizam a ligação entre a "vontade de significar" do juiz e o intérprete. No caso da motivação, além dos cânones linguísticos e conceituais já recordados diversas vezes, assume importância fundamental o cânone representado pela *função* do discurso,[76] ou seja, pelo fato de que o escopo da motivação é dado pelo fornecimento de uma justificação racional da decisão.

---

[75] Sobre as características peculiares da interpretação da sentença por parte do "público" v. *ante*, n. 64.

[76] Sobre a função do discurso como critério de determinação do significado, conforme, por todos, SCARPELLI, *op. cit.*, pp. 31, 33 e ss.

Não é o caso de alongar-se muito em exemplificações para demonstrar que o significado (em sentido próprio e global) de um discurso depende do contexto em que esse está inserido e da função que esse desempenha em tal contexto, seja porque a função influi nas modalidades estilísticas e na estrutura lógica do discurso, seja porque o respectivo conteúdo parece diversamente "direcionado" dependendo da função ou da finalidade que o discurso persegue em um contexto determinado.[77] Por conseguinte, enquanto a interpretação da motivação como signo em sentido próprio encontra sua característica dominante na referência à função justificativa da motivação, o que caracteriza a interpretação da motivação como indício é justamente o fato de que esse critério funcional não assume um papel particularmente relevante e, aliás, pode ser, em alguns casos, até mesmo deixado de lado. Por exemplo, se se pretende assumir como indício o fato de que o juiz tenha fundado a decisão em certos motivos e não em outros que também poderia ter utilizado a ligação motivação-decisão entra em jogo, mas como critério subsequente e subsidiário de análise, enquanto o critério essencial, não convencional, é aquele que consente a reconstrução das razões do comportamento do juiz. Se, por outro lado, assume-se a motivação como indício de que ressaem as escolhas ético-políticas implicitamente feitas pelo juiz, ou a determinação dos fatores metajurídicos que influíram na decisão, o nexo funcional entre motivação e decisão acaba por não ser outra coisa senão um simples dado de fato, que pode ser valorado em várias medidas, mas que não desempenha um papel relevante na determinação do significado que o observador pretende ligar ao indício. Se, finalmente, o que se assume como indício não é tanto aquilo que o juiz diz na motivação, mas sim uma determinada característica do modo com que o diz (como, por exemplo, o uso de certas formas lógicas ou certo modo de estruturar a argumentação etc.), a operação com fim de estabelecer o significado de um indício desse gênero pode até mesmo prescindir completamente da consideração de que aquele discurso determinado visava a tornar explícitas as razões de certa decisão sobre uma determinada controvérsia.

Então, a partir dessas considerações resulta confirmada uma conclusão de ordem geral: a motivação é entendida como signo em sentido próprio

---

[77] Via de regra, o "contexto" em que a função do discurso assume valor determinante, com o fim de determinação do significado, compreende também o "ambiente" (isso é, as características espaciais, temporais, subjetivos, materiais etc.) em que o discurso é formulado e expresso (conforme SCHAFF, *Introduzione alla semantica,* cit., pp. 115 e ss., 200 e ss.). Nas hipóteses em exame, por outro lado, a já sublinhada característica de fechamento do discurso constituído pela sentença elimina a relevância do ambiente externo ao discurso, e faz com que o contexto relevante seja representado somente pelo contexto linguístico constituído pela sentença *dentro da qual* é determinado o significado funcional – em sentido próprio – da motivação.

quando seu significado é estabelecido com base em cânones convencionais e, principalmente, com base na relação funcional de justificação existente entre essa e a decisão. Quando a motivação é entendida como indício, a determinação de seu significado não ocorre com base na função que essa desempenha no contexto da sentença (negligenciando-se com tal fim a ligação motivação-decisão), mas segundo critérios diversos, extrínsecos, não convencionais e escolhidos *ad hoc*, a cada vez, pelo observador. É claro, então, que, dependendo de que se verifique uma ou outra situação, varia também o êxito da operação de "leitura" da motivação, ou seja, o significado que a essa é atribuído: se a motivação é entendida como signo próprio, o respectivo significado é constituído pelas razões que o juiz enunciou para sustentar a decisão; se essa é entendida como indício, o respectivo significado é constituído pelas conclusões que o observador extrai sobre fatos diversos das razões expressas na decisão.

5. NATUREZA DA MOTIVAÇÃO E MÉTODOS DE PESQUISA

Na exposição precedente, a dupla de conceitos de signo em sentido próprio e de indício, sendo aplicáveis ao discurso que constitui a motivação, demonstrou-se útil tanto por proporcionar uma análise sobre a motivação partindo da premissa de que essa é uma entidade linguística, quanto como critério para introduzir uma ordem de máxima no conjunto dos possíveis pontos de vista sob os quais a motivação pode ser analisada. Seu emprego com função heurística consente, ainda, superar o nível puramente descritivo, em que se corre o risco de dever-se mover uma percepção empírica do fenômeno motivação, e assinalar a passagem a uma fase de análise e de reconstrução de sua estrutura na perspectiva da pluralidade de funções lógico-semânticas que esse pode explicar.

O problema que diz respeito à natureza da motivação tende, assim, a perder as conotações de unilateralidade e de postulação ontológica que frequentemente apresenta, evitando-se com isso o perigo de reduzir-se a um jogo de tautologias. Se aquilo que foi dito acima tem alguma utilidade, essa consiste em confirmar que não existe o problema de definir "a" natureza da motivação, mas sim o de determinar as características que o fenômeno apresenta nos diversos significados funcionais que lhe podem ser atribuídos – disso resulta justamente que da motivação emergem características diversas, dependendo de essa ser interpretada como signo em sentido próprio ou como indício. De resto, cada um desses conceitos abre uma perspectiva, relativamente autônoma, de reconstruir alguns componentes estruturais do fenômeno, de modo que se pode dizer que a sua "natureza", não exaurível mediante simples definições, pode ser reconstruída pelo menos em linhas gerais com base em perspectivas como essas.

Acrescente-se que a distinção em exame incide, sobre o problema da motivação, também de outro modo: no momento em que seu emprego conduz por um lado a identificar as orientações metodológicas utilizáveis, distinguindo-as, e, de outro, a constatar que nenhum desses é por si só idôneo a fornecer uma definição global do fenômeno, põe-se o problema da escolha da linha de pesquisa mais oportuna. É necessário nesse ponto, entretanto, considerar uma grave objeção que poderia ser feita com relação ao modo com que a motivação foi até agora levada em consideração. Essa poderia substancialmente fundar-se no fato de que a motivação da sentença, que constitui um fenômeno essencialmente jurídico (e "processual"), foi enfrentada somente com base em sua natureza de entidade linguística, mais do que como fenômeno jurídico, com a consequência de que às perspectivas delineadas ficaria de fora o essencial caráter de "juridicidade" do fenômeno em si.

Diga-se prontamente que, dentro de certos limites, a objeção tem fundamento. É verdade, de fato, que em tais perspectivas ao elemento especificamente jurídico da motivação resulta atribuído um papel pouco relevante, decorrendo daí a exigência de integrar nessa vertente a configuração do problema. A objeção em questão seria, por outro lado, de todo desatendida em seu significado "forte", ou seja, se essa visasse a configurar a perspectiva estritamente jurídica como única legítima, excluindo as outras. Não é oportuno, nem seria frutífero, enfrentar aqui o vetusto e demasiadamente supervalorizado problema da autonomia da ciência jurídica com relação às outras ciências, ou da legitimidade do emprego, por parte do jurista, de instrumentos metajurídicos. Certo é que em tema de motivação os métodos jurídicos tradicionais não forneceram boa experiência quanto a perspicuidade e abundância de resultados e, de resto, o sucessivo desenvolvimento da presente pesquisa deveria, senão demonstrar, pelo menos confirmar a impressão de que a própria natureza jurídica da motivação não pode ser identificada fora de uma abordagem global ao fenômeno.

De qualquer modo, a *pars construens* da objeção ora discutida fornece uma indicação de importância essencial. A consideração da motivação como entidade linguística, se é indispensável para evidenciar determinadas características de que não seria cientificamente correto descuidar, não é, entretanto, suficiente, na medida em que não explica os aspectos mais especificamente jurídicos do fenômeno. Daí a necessidade de introduzir, além das linhas assinaladas pelo enquadramento da motivação no conceito de signo em sentido próprio e no conceito de indício, uma outra perspectiva, heterônoma com relação às duas primeiras, porque de natureza não semiológica, atinente às características de relevância jurídica da motivação. Isso significa, substancialmente, atribuir um relevo decisivo ao fato de que o discurso que constitui a motivação provém do juiz (é, portanto, um "ato" do juiz), inserindo-se com um papel preciso no sistema da atividade que a esse compete e, em particular, naquele subsistema de atividades que dizem respeito à decisão da lide e à pronúncia da sentença.

A consideração da motivação como ato do juiz não implica, entretanto, somente a atribuição de uma maior relevância ao papel que o juiz desempenha como "emitente" do signo linguístico em que a motivação consiste. Implica também a inserção do fenômeno em um quadro de conceitos diverso daquele supra delineado a partir de um ponto de vista essencialmente semiológico, cujas linhas-mestras são constituídas pelas normas e pelos princípios jurídicos que regulam as características da motivação relevantes na esfera do processo.

Precise-se, de resto, que a existência dessa terceira possível qualificação da motivação, em função da referência ao sujeito que a essa dá vida e ao procedimento em que se insere, não significa somente uma ampliação do conjunto de pontos de vista a partir dos quais a motivação pode ser estudada. Essa influi de modo determinante na solução do problema, antes deixado em aberto, que diz respeito à escolha da perspectiva mais idônea de pesquisa. De fato, é claro que, na medida em que nos propomos a determinar a natureza jurídica da motivação, semelhante escolha se oriente não no sentido de refutar todas as perspectivas não rigorosamente jurídicas, mas no sentido de seguir, entre essas, aquelas que manifestem utilidade com o fim de resolver o problema jurídico. A necessidade de integração desse gênero, de resto, não resulta somente da pluralidade de pontos de vista válidos já diversas vezes sublinhada, mas especialmente do fato de que o conjunto das normas e dos princípios jurídicos atinentes à motivação não parece fornecer elementos suficientes para uma definição aceitável do fenômeno. Também as normas nas quais resulta traçada a finalidade definitória (como o artigo 132, n. 4, *Codice di Procedura Civile*, e o artigo 118 *Disposizioni per l'Attuazione del Codice di Procedura Civile*), de fato, limitam-se a fornecer indicações gerais, não carentes de algumas imprecisões que não podem ser deixadas de lado. Essas postulam, por sua vez, uma integração que os outros elementos do quadro jurídico do problema não conseguem fornecer.[78] Acima de tudo, o que dentro desse quadro resulta impossível estabelecer de maneira satisfatória consiste em duas ordens de fatores: o conteúdo mínimo necessário para que se possa dizer que uma sentença está adequadamente motivada

---

[78] Para tal escopo é pouco útil a referência à outra norma principal sobre a motivação, qual seja, o artigo 360 n. 5 do CPC, da qual pode-se somente retirar que a motivação deve existir e deve ser suficiente e não contraditória. Também essa norma, de fato, pressupõe, mas não fornece uma definição adequada da motivação; de resto, os critérios de que essa se vale requerem, por sua vez, para poder operar, uma integração interpretativa de amplitude bastante ampla, que deve ir largamente além das escassíssimas indicações fornecidas pelas normas positivas.

e a estrutura lógica segundo a qual tal conteúdo deve ser organizado para que se possa falar de justificação racional da sentença. A definição desses elementos é, por outro lado, essencial para a aplicabilidade de determinados cânones jurídicos: é suficiente recordar, sobre isso, do critério da "suficiência" (atinente prevalentemente ao conteúdo da motivação) e aquele da "não contradição" (atinente prevalentemente à sua estrutura lógica), empregados pelo artigo 360 n. 5, *Codice di Procedura Civile*, que postulam diretamente a remessa a noções que não podem ser definidas dentro dos conceitos estritamente jurídicos inerentes à motivação.

Além disso, de um ponto de vista mais geral, a realidade da motivação no conjunto de suas concretas manifestações é algo bem mais amplo, conforme se verá, do que as características que podem ser determinadas do ponto de vista puramente jurídico. Trata-se de uma realidade que até quem pretenda adotar exclusivamente esse ponto de vista não pode deixar de lado, sob pena de falsear de modo redutivo o objeto da própria pesquisa.

Em síntese, as considerações precedentes induzem a resolver o problema da escolha metodológica no sentido de uma necessária integração da abordagem estritamente jurídica ao tema da motivação, ainda que se entenda a formulação em termos jurídicos como objetivo final e principal da pesquisa. Isso implica, de resto, a necessidade de evidenciar, senão todos os aspectos não jurídicos do fenômeno que podem parecer interessantes, pelo menos aqueles que se inserem no contexto de elementos metajurídicos necessários para a solução do problema sob o prisma jurídico. Como parecerá mais claramente em seguida, tal integração é destinada a mover-se na direção de duas principais diretrizes: a primeira, que tem suas raízes na consideração da motivação como indício, verte essencialmente sobre o papel que na decisão (e, consequentemente, na motivação) é desempenhado pelas escolhas de valor feitas pelo juiz e pelos condicionamentos que ele sofre; a segunda, que parte da interpretação da motivação como signo em sentido próprio, diz respeito essencialmente à determinação da estrutura lógica da motivação com relação à função que essa desempenha no contexto da sentença e tem, portanto, prevalente relação com a "forma" que a motivação deve assumir para tal fim.

CAPÍTULO II

A MOTIVAÇÃO COMO FONTE DE INDÍCIOS

1. A motivação como conjunto de fatos significantes; 2. A interpretação indiciária do significado da motivação; A) Tipos de situações interpretativas; B) Exemplos de pesquisas sobre a motivação como fonte de indícios; 3. A interpretação indiciária das características estruturais da motivação; 4. A motivação como fato não-significante; A) A aproximação realista; B) A aproximação psicológica; C) A aproximação irracional; 5. Êxito e relevância geral da interpretação da motivação como fonte de indícios.

1. A MOTIVAÇÃO COMO CONJUNTO DE FATOS SIGNIFICANTES

No capítulo precedente esclareceu-se, em linhas gerais, como a motivação da sentença pode ser interpretada não apenas do ponto de vista do que essa "quer" ou "tem a função de" exprimir, mas como pode igualmente constituir objeto de uma análise de outro tipo, que, assumindo a motivação ou uma parte dessa como indício, proceda à individualização de um ou mais significados "impróprios", representados por asserções a respeito de eventos não compreendidos no significado próprio da motivação – porque não expressos diretamente pelo juiz. Trata-se ora de examinar mais de perto as hipóteses em que a motivação é tomada em consideração não como um complexo de signos linguísticos dotados de significado próprio, mas como um "fato" (um comportamento, ou melhor, o resultado de um comportamento do juiz) apto a fornecer o ponto de partida para um procedimento que leve à descoberta de outros fatos concernentes ao juiz, o procedimento empreendido para chegar à decisão, os fatores que a influenciaram e assim por diante.

Qualquer consideração destina-se antes de tudo dedicada a esclarecer as implicações ínsitas em uma perspectiva dessa ordem. A primeira dessas concerne à não-globalidade de uma aproximação em semelhante direção: quem se coloca do ponto de vista da motivação como discurso para individualização de seu próprio significado, move-se logicamente da determinação do significado de cada um dos elementos atômicos do discurso (as proposições), mas tende a superar esse nível para alcançar o que a motivação em sua totalidade significa. E isso essencialmente porque, tratando-se de um discurso com uma estrutura funcional global, o seu próprio significado não pode ser adequadamente decifrado se não (tendencialmente) no quadro dessa estrutura. Vice-versa, dificilmente poderá constituir a motivação como um todo um indício (ou mesmo um "fato significativo"). Parece, ao invés, mais fácil ver a motivação como um possível conjunto de dados de fatos (geralmente entre eles heterogêneos), cujo valor indiciário muda a cada vez que os critérios de interpretação são alterados.

De outro lado, precise-se que o dato de fato do qual aqui se cuida não é constituído pela mera existência física de um determinado discurso objetivado por escrito ou de alguma das suas partes: trata-se, ao invés, de um fato que tem estrutura complexa, apenas em parte individualizável mediante a percepção empírica. Em geral, esse pode definir-se como um comportamento do juiz, constituído por afirmar determinadas coisas na motivação: trata-se, pois, de um fato individualizável somente mediante uma reconstrução que o intérprete realiza (indutiva e hipoteticamente) sobre a base daquilo que tal comportamento produziu, isto é, as asserções e os juízos expressos pelo juiz na motivação.

A principal consequência que daí decorre está, além do relevo que assume a atividade do intérprete já em sede de construção do objeto da interpretação, na indeterminação objetiva do fato que pode ser considerado como indício dentro da motivação, isto é, o comportamento do juiz. Em outros termos, aquilo que a motivação concretamente contém (isto é, uma série de enunciações) pode dar lugar à reconstrução de uma pluralidade de comportamentos do juiz utilizáveis como indícios. Semelhante pluralidade deve ser entendida também no sentido de variabilidade, tendo em conta as diferentes aproximações que o intérprete pode realizar para determinar os "dados de fato" em questão. Rigorosamente, portanto, a expressão "motivação como fato" é imprópria por várias razões: pode-se mantê-la, porém, para indicar a característica dominante daqueles modos de considerar o fenômeno que levam à individualização, nessa, dos indícios utilizáveis para indicar fenômenos de outra natureza.

O elemento essencial que caracteriza esse tipo de situação interpretativa concernente à motivação é a função decisiva que acaba sendo atribuída às escolhas metodológicas realizadas caso a caso pelo intérprete: é o cânone ou o sistema de cânones interpretativos que esses livremente escolhem, o qual representa o princípio da individualização daquilo que na motivação pode ser assumido como indício significante. Igualmente, esse é o mesmo cânone que define o conteúdo das ilações que de semelhante indício podem ser retiradas[1] e que também é capaz de atestar a atendibilidade das conclusões atingidas (e que constituem o significado atribuído ao indício).

Evidentemente, refletem-se sobre esse ponto todas as dificuldades que em geral incidem sobre o plano lógico e cognitivo a respeito dos procedimentos de conhecimento ou interpretação indutiva, restando ainda mais graves, bem vistas as coisas, tendo em conta exatamente o caráter indeterminado do "fato" que constitui o ponto de partida da análise indiciária daquilo que a motivação contém. De outro lado, tudo isso permite precisar que, enquanto a interpretação de semelhantes indícios é uma variável dependente das escolhas interpretativas do observador, a motivação pode ser considerada como uma fonte de indícios a que é atribuível uma pluralidade teoricamente indeterminada de significados.[2]

Emerge novamente de forma clara, portanto, a principal peculiaridade desta espécie de aproximação à motivação, constituída pela ausência de "um" significado próprio a essa concernente, que, ao invés, é em linha de princípio determinável na situação na qual a motivação é interpretada como um signo linguístico em sentido próprio. Porque, de outro lado, o "valor de verdade" do significado referível ao indício ocorre, por sua vez, em função do tipo de inferência interpretativa em que o indício colhido na motivação é submetido, daí decorre que não tem sentido nem mesmo perguntar-se qual o verdadeiro significado do indício, senão internamente aos cânones que a essa resultam aplicáveis.

---

1 A estrutura lógica do procedimento de interpretação dos indícios delineado no texto não é diferente daquela concernente ao procedimento geral de interpretação dos indícios, não sendo aqui relevante o fato de nesse caso o indício manifestar-se essencialmente como entidade de natureza linguística. Isso quer dizer que esse procedimento pode ser reconduzido ao campo mais geral dos métodos de conhecimento indutivo ou inferencial, sobre os quais, em geral, Taruffo, *Studi sulla rilevanza della prova*, cit., p. 159 ss.; sobre o problema semiológico da inferência como estrutura de decodificação do signo, conforme, por último, Eco, *Il segno*, cit., p. 33 ss.

2 O conjunto dos possíveis significados que derivam de um mesmo elemento significante contido na motivação aparece posteriormente ainda mais amplo, ao menos teoricamente, se se considera que esse pode não apenas ser, tomado em si mesmo, indícios de coisas diferentes, mas pode igualmente fazer parte de diversos indícios constituídos por construções complexas, unitariamente assumidas como indício, mas consistente na verdade de uma pluralidade organizada de fatores considerados na motivação.

2. A INTERPRETAÇÃO INDICIÁRIA DO SIGNIFICADO DA MOTIVAÇÃO

Delineadas as características gerais do procedimento em que consiste a interpretação indiciária dos elementos contidos na motivação, cumpre definir aquilo que na motivação pode ser assumido como indício, relacionando-o ao tipo de situação signalética instaurada pelo intérprete. Trata-se de estabelecer, sempre considerando a motivação como entidade linguística complexa, quais são as características que essa, ou alguma de suas partes, assumem na situação em que o discurso do juiz não é interpretado como signo em sentido próprio, mas como fonte de indícios.

Disse-se mais acima que, em princípio, o indício é constituído pelo comportamento do juiz que realizou determinadas asserções na motivação: tratava-se então de uma definição propositadamente genérica, que agora deve ser precisada. Antes de tudo, tal comportamento do juiz não é um indício em si, mas o é somente na medida e na forma em que seja traduzido em uma ou mais asserções expressas no contexto da motivação. A observação é banal, mas serve para excluir do campo dos indícios que aqui interessam aqueles comportamentos do juiz que, por não estarem concretizados e objetivados no discurso em que se consubstancia a motivação, podem somente ser postulados, imaginados ou reconstruídos pelo intérprete.[3] A referência ao indício como "comportamento expressivo" do juiz serve, portanto, não para colocar o indício para além da motivação, mas para sublinhar que esse não é considerado de entidades linguísticas em si consideradas, mas pelo fato que esses foram realizados em uma situação particular e para uma finalidade específica (ou seja, a justificação de uma determinada decisão). Tal referência assume relevância também porque, como se verá, os fatos que tendencialmente são individualizados mediante os indícios retirados da motivação concernem especificamente à função do juiz, à sua personalidade ou à natureza das atividades que em concreto ele desempenha.

A propósito, e para maior clareza, interessa novamente convocar a já acenada distinção entre as duas principais situações interpretativas dos indícios encontráveis na motivação, a primeira sendo caracterizada como o significado próprio da motivação, ou de uma parte dessa, um componente

---

[3] Sob esse perfil, os comportamentos do juiz que não encontraram uma exteriorização direta ou indireta no contexto linguístico da motivação podem ser classificados em duas categorias: a) comportamentos indutivamente cognoscíveis mediante a análise de indícios fornecidos pela motivação; b) comportamentos não cognoscíveis de qualquer modo por esse meio. Os primeiros podem eventualmente ser individualizados em razão do significado dos indícios em questão; os segundos podem talvez ser conhecidos com outros meios, mas permanecem irrelevantes do ponto de vista da análise da motivação.

daquilo que é assumido como indício, e a segunda pelo fato que o indício não compreenda necessariamente tal significado.

A) Tipos de situações interpretativas

À primeira dessas situações podem ser reconduzidos diversos tipos de utilização indiciária dos elementos contidos na motivação.

1) A análise do discurso do juiz que constitui a motivação permite individualizar, entre os diversos tipos de juízo que ele exprime, juízos que podem ser qualificados como "de valores", na medida em que consistem em apreciação dos fatos, coisas ou situações realizada conforme critérios metajurídicos – de natureza ética, política, estética etc.[4] De lado o problema de estabelecer-se quando, de que modo e sobre o que o juiz pode ou deve realizar valorações desse gênero (problema que atine, por um lado, à teoria da interpretação, e, por outro, à teoria da atividade do juiz, segundo as normas que a regulam), o dado de fato que emerge do exame do conteúdo da motivação é constituído pela presença frequente de semelhantes valorações no discurso justificativo que o juiz realiza. A individualização desse dado decorre tipicamente da interpretação da motivação como signo linguístico em sentido próprio, porque a individualização do significado próprio de semelhante discurso conduz à determinação do conteúdo e da natureza dos juízos formulados pelo juiz.[5] Aqui se encontra, em essência, em uma situação em que o intérprete constrói o indício empregando os cânones convencionais, linguísticos, conceituais e contenuísticos, típicos da interpretação da motivação segundo aquilo que se chamou "vontade de significar" do juiz. Individualizado o resultado em que semelhante "vontade" foi exteriorizada, a aplicação da usual tipologia das expressões linguísticas e dos juízos permite isolar os juízos de valor formulados pelo juiz, seja no

---

4 Para referências aos componentes linguísticos das asserções como critério de individualização do seu "significado valorativo", conforme, por exemplo, Edwards, *The Logic of Moral Discourse*, II ed., New York, 1965, p. 19 ss.; Hall, *What is Value? An Essay in Philosophical Analysis,* II ed., New York, 1961, p. 162 ss.; Hare, *Libertà e ragione*, tr. it., Milano, 1971, pp. 53 ss., 251 ss.

5 Hare, op. ult. cit., p. 50 ss., analisa alguns exemplos de vocabulários que podem ter função descritiva ou valorativa, conforme o modo em que vêm utilizados, isto é, segundo o significado próprio da proposição de qual fazem parte. Provavelmente, análoga consideração vale para todos, ou quase, os vocábulos para os quais se reconhece normalmente uma conotação tipicamente valorativa. De outro lado, não é difícil pensar em exemplos em que um juízo de valor seja expresso com termos tipicamente descritivos. Nesses casos de dissonância entre a natureza do juízo expressado e a conotação típica dos termos utilizados para exprimi-lo, o significado próprio da proposição deve ser determinado para estabelecer de qual tipo de juízo se trata, mas isso não veda que o indício possa ser constituído somente pela peculiaridade lógica ou linguística da proposição que o exprime e não do significado próprio da proposição em si.

caso em que esses foram integral e diretamente expressos, seja no caso de a sua presença poder ser de qualquer maneira percebida dentro do significado da motivação.[6]

Desse modo identifica-se o dado "significante", constituído pelo fato de o juiz ter formulado certo juízo de valor sobre certo objeto ou evento, daí obtendo certo resultado. Tal juízo pode ter, para além do seu próprio significado, um significado não linguístico identificável à vista do simples fato de o juiz tê-lo formulado, dando azo à sua compreensão como um indício. O primeiro passo nesse sentido consiste na determinação do valor que o juiz assume como critério na formulação desse juízo.[7] Trata-se de um problema que do ponto de vista estritamente lógico-formal não apresenta particulares dificuldades, na medida em que, uma vez tornada explícita certa conexão entre um sujeito e o predicado, deveria ser em regra fácil identificar essa conexão. No entanto, a determinação em concreto do valor em que o juiz se inspirou pode implicar notáveis perplexidades e reclamar uma delicada operação reconstrutiva, seja porque os mesmos termos em que o juízo foi

---

6 Para que um juízo de valor possa ser entendido como integralmente ou diretamente expressado na motivação, não é necessário que o juiz tenha abertamente declarado sua adesão a um valor-guia para posteriormente deduzir a valoração de um determinado objeto específico. Ao invés, é suficiente que semelhante valoração venha enunciada *apertis verbis*, isto é, mediante o uso de um predicado que tenha um significado claramente valorativo. Nesse caso, para individualização do juízo de valor basta a simples compreensão linguística das asserções do juiz. O segundo caso referido no texto é, ao invés, aquele em que a valoração axiológica não é diretamente enunciada, mas transparece e da mesma forma é identificável no contexto daquilo que o juiz afirmou. Nessa categoria entram, por exemplo, situações em que: a) o juiz tenha empregado predicados descritivos com função valorativa (v. n. 5); b) a conotação axiológica não seja expressa mediante o predicado, mas por outros caracteres linguísticos ou semânticos do discurso; c) a valoração não seja expressa, mas seja lógica e necessariamente implicada nas asserções do juiz. Nesses casos, a pura e simples decodificação linguística do discurso do juiz não é suficiente para individualizar o juízo de valor, podendo ocorrer atividades de outra natureza, que vão desde uma específica análise lógico-semântica no caso a) a uma verdadeira e própria inferência no caso c).

7 Sobre a função dos valores como critérios de escolha para o juiz, conforme, por exemplo, F. S. Cohen, *Field Theory and Judicial Logic*, *in* 59 *Yale L. J.*, 1950, p. 238 ss.; Dias, *The Value of a Value Study of Law*, *in* 28 *Mod. L. R.*, 1965, p. 401 ss.; Clark-Trubek, *The Creative Role of Judge: Restraint and Freedom in the Common Law Tradition*, *in* 71 *Yale L. J.*, 1961, p. 255 ss.; Miller, *On the Choice of Major Premises in Supreme Court Opinions*, *in* 14 *J. Publ. Law*, 1965, pp. 265 ss., 271 ss.; Weiler, *Legal Values and Judicial Decision-Making*, *in* 48 *Can. Bar. Rev.*, 1970, p. 1 ss.; Carpenter, *The Problem of Value Judgments as Norms of Law*, *in* 7 *J. Leg. Ed.*, 1954, p. 163 ss.; Mueller, *The Problem of Value Judgments as Norms of Law: The Answer of a Positivist*, *ibid.*, 1955, p. 567 ss.; Danelski, *Values as Variables in Judicial Decision-Making: Notes towards a Theory*, *in* 19 *Vand. L. R.*, 1966, p. 721 ss.; Doyle, *Principles and Policies in the Justification of Legal Decision*, *in Le raisonnement juridique*, cit., p. 257 ss; Cassese, *Problemi delle Ideologie dei Giudici*, *in Riv. trim. dir. proc. civ.*, 1969, p. 413 ss. Para um amplo desenvolvimento do tema e para ulteriores indicações v. *infra*, cap. III, § 3, e).

expresso podem ser ambíguos e polivalentes, seja porque, em realidade, foi um juízo de valor formulado como se fosse um juízo de fato ou uma aplicação "objetiva e neutra" da norma,[8] seja porque o juiz pode exprimir o juízo de valor não como próprio, mas como fruto da revelação objetiva daquilo que existe no "sentimento comum".[9] De qualquer forma, na medida em que resulta possível individualizar o valor que o juiz assumiu como efetivo critério de juízo, tem-se uma inferência que vai da formulação que o juízo mesmo encontrou na motivação para individualizar um significado constituído à adesão do juiz ao valor empregado como critério de valoração.

O resultado desse processo de decodificação do indício pode ser relevante por si só porque já diz qualquer coisa a respeito do juiz, tornando explícitos a presença e o conteúdo do critério metajurídico de valoração que ele empregou. Contudo, a sua importância como fonte de conhecimento não se restringe necessariamente dentro desses limites e pode igualmente ser ampliada em duas direções. Antes de qualquer coisa, a assunção, por parte

---

8 Pode-se aventar a hipótese que no caso em que a expressão do juízo de valor constitui o núcleo da escolha do juiz venha de questões omitidas, distorcidas ou difusamente dissimulada no contexto da motivação, essa resulte do emprego de um mecanismo de exclusão e de seleção (com raízes em parte psicológicas, em parte ideológicas) que provê a eliminação do discurso do juiz de tudo aquilo que não se entende apropriado em um determinado momento histórico e cultural. A hipótese que a corrente ideológica do discurso do juiz tenda a excluir os juízos de valores da motivação tem de ser verificada e aqui é aventada apenas como uma pista para possíveis explicações de fenômenos a que se acena no texto. Para um tratamento geral dos mecanismos sociais de exclusão que operam sobre o discurso, vide FOUCAULT, *L'ordine nel discorso*, tr. it., Torino, 1972, pp. 9 ss., 16 ss., 39.

9 O juiz assume institucionalmente o papel de porta-voz do "sentimento comum" no campo dos valores quando é o caso de preencher "normas em branco" ou os "conceitos-válvulas" empregados pelo legislador, mas o mesmo fenômeno ocorre em geral mesmo fora dessas hipóteses (sobre o fenômeno da recepção por parte do juiz das "normas sociais" por conta da integração de norma jurídica "aberta" ou "delegante" e sobre suas modalidades, por último, TEUBNER, *Standards und Direktiven in Generalklauseln: Möglichkeiten und Grenzen der empirischen Sozialforschung beider Präzisierung der Gutte-Sitten-Klauseln im Privatrecht*, Frankfurt am Main, 1971, pp. 29 ss., 65 ss., 91 ss.). De qualquer forma, quando isso ocorre, o intérprete que visa à individualização das escolhas valorativas realizadas pelo juiz em primeira pessoa, deve ter presente diversas possibilidades, como, por exemplo: a) que o juiz não tenha realizado qualquer revelação dos valores-guias presentes na sociedade e tenha simplesmente os substituídos por suas próprias orientações; b) que a própria revelação tenha sido condicionada *ab initio* pelos valores do juiz, com o que essa resulta distorcida ou falseada (sobre a intervenção das valorações do juiz na revelação dos *standards* de comportamento presentes na sociedade, inclusive no sentido de sua influência sobre esses, TEUBNER, op. cit., pp. 43 ss., 61 ss.); c) que a revelação tenha sido limitada a um setor ou a uma classe social, por ausência de sensibilidade sócio-política do juiz, ou porque semelhante setor ou classe foi por ele escolhido como modelo daqueles que deveriam ser os valores de toda a sociedade. Discrepâncias dessa ordem impõem ao intérprete de não considerar o juiz como portador impessoal dos valores dominantes e o difícil trabalho de distinção e reconstrução, internamente ou por baixo do reenvio que o juiz faz ao "sentimento comum", da escolha individual que o juiz mesmo realizou.

do juiz, de um determinado valor é uma premissa da qual podemos retirar seja a exclusão de outros valores contraditórios e incompatíveis,[10] seja a probabilidade de assunção de valores com ele coerentes do ponto de vista geral.[11] De um segundo ponto de vista, a revelação da presença, dentro da mesma motivação, de diversos juízos de valor torna possível uma valoração crítica seja da coerência interna de semelhante conjunto, seja da respectiva referibilidade aos valores codificados no ordenamento, aos valores assumidos como próprios da sociedade ou de uma classe social em determinado momento histórico ou aos valores assumidos como próprios do intérprete.[12]

---

[10] Pressupondo-se que a própria adoção de um valor como regra de juízo implique, de seu turno, escolha entre valores diversos, alternativos ou contrastantes (conforme MILLER, op. cit., p. 259 ss.; HOPKINS, *The Formalism of Rules: A Preliminary Theory of Decision*, *in* 35 *Brooklyn L. R.*, 1969, pp. 165 ss., 183 ss.), a adoção de um determinado critério valorativo e a exclusão de outros critérios possíveis constitui por si só já um conhecimento a respeito da orientação do juiz, em particular a respeito da orientação de refutação de valores que a sua escolha excluiu. No que concerne a cada decisão, esse dado pode fundar hipóteses a respeito outros eventuais escolhas valorativas que o juiz pode ter realizado. De outro lado, entendida como sintoma de uma orientação geral, cada escolha pode fundar hipóteses também sobre outras decisões referíveis ao mesmo juiz.

[11] A possibilidade de formulação de hipóteses do tipo acenado no texto está condicionada à assunção de dois pressupostos de ordem geral: a) o primeiro concerne à configuração de diversos valores reconduzíveis a um indivíduo ou a um grupo social em um quadro orgânico governado por relações de hierarquia, de coerência e de ordem lógica (nessa perspectiva, conforme HARTMAN, *The Logic of Value*, *in* 41 *Ver. Methaph.*, 1961, p. 889 ss.; ID., *Value Theory as a Formal System*, *in* 50 *Kant Studien*, 1958-59, p. 287 ss.); b) o segundo atine à afirmação, a propósito de cada escolha de valor, de uma característica de coerência no âmbito de um certo sistema de valores (o que permite de ter como provável a adesão a outros valores do sistema e a recusa dos valores com esse incompatíveis) e de uma característica de continuidade ou repetibilidade no tempo (o que permite que o mesmo sujeito seja levado a escolher o mesmo valor ou o mesmo sistema de valores em outras ocasiões futuras).

[12] O confronto entre valores ou entre sistemas de valores que desse modo está delineado tem uma indubitável importância como fonte de conhecimento intrínseca, mas permite igualmente operações ulteriores, como a verificação da adesão do juiz ao "sentimento comum", ao "espírito da lei", o controle do grau de coincidência entre os valores do juiz e aqueles da sociedade ou de um determinado grupo ou classe social e, enfim, a crítica intrínseca – de "mérito" – dos valores do juiz. Ao realizarem-se essas operações, tem-se que ter em conta a possibilidade de discrepância entre as orientações professadas e as orientações reais (sobre o que vide CASSESE, op. cit., p. 245), mas isso constitui apenas uma dificuldade a mais e não um obstáculo intransponível. De outro lado, a perspectiva do confronto entre sistemas de valores parece poder ser iluminante ao fim de colocar finalmente em termos corretos o problema da criatividade do juiz, ao qual as soluções ofertadas não passam de considerações obscuras e superficiais (por exemplo, GIULIANO, *Considerazioni sul metodo del giudizio, Foro pad.*, 1959, III, p. 49 ss.; CARNELUTTI, *Arte del Diritto*, cit., p. 72 ss.). Sobre o problema do espaço criativo dentro do qual se move o juiz na escolha da *ratio decidendi* nos sistemas dominados pelo princípio do *stare decisis*, conforme as amplas análises de STONE, *The Province and Function of Law*, rist., Sidney, 1950, pp. 166 ss., 192 ss.; ID., *Legal System and Lawyer's Reasonings*, Stanford, Calif., 1964, pp. 281 ss., 304 ss., 323 ss.; ID., *The Ratio of the Ratio Decidendi*, *in* 22 *Mod. L. R.*, 1959, p. 610 ss.; ESSER, *Grundsatz und Norm*, cit., *passim*, mas especialmente p. 183 e ss.

De outro lado, não se pode esquecer que, ampliando o campo dos indícios (= juízos de valor) a uma pluralidade de motivações (e, pois, a uma pluralidade de juízes), amplia-se correspectivamente o campo dos significados que podem ser individualizados mediante os procedimentos interpretativos até agora descritos. Nessa perspectiva, trata-se de significados que não dizem respeito mais aos valores de cada juiz, mas sim ao quadro dos valores da magistratura em torno de determinados eventos ou problemas em determinados períodos histórico-políticos.

Operações dessa ordem foram recentemente reconduzidas ao campo da sociologia do direito[13] e provavelmente se trata de uma alocação exata, inclusive porque permite colocar em evidência especialmente o aspecto metodológico de algumas das pesquisas até agora efetuadas. Mais que as classificações, porém, importa o valor que "conhecimentos" dessa espécie ora descrita assume não só para o filósofo e para o sociólogo, mas também e especialmente para o jurista. Esses verificam empiricamente (nos limites e nos modos em que se pode falar de verificação empírica nas ciências sociais ou "do espírito") a falsidade da tradicional pressuposição consubstanciada na "não-valoratividade" da atividade de cada juiz e da jurisprudência em geral, colocando a função desenvolvida pela própria jurisprudência dentro das coordenadas histórico-políticas indispensáveis para a sua compreensão.

Delineado em suas linhas gerais o procedimento de compreensão dos juízos de valores formulados pelo juiz na motivação como indícios, permanece apenas por constatar o quanto concretamente se realizou em termos de pesquisa nesse sentido em nosso país. Evidentemente, não é o caso de tentar aqui uma *summa* de recensões das poucas contribuições até agora realizadas e já largamente conhecidas:[14] vale a pena, no entanto, observar como o estudo aqui se encontra ainda no nível das primeiras tentativas, que permitem somente entrever alguns aspectos de uma problemática extremamente ampla e complexa. Aquilo do que ainda se adverte a ausência é de um enquadramento geral dos problemas que as pesquisas em questão afrontam e dos métodos para resolvê-los, nos quais os resultados empíricos possam encontrar adequada sistematização e ao mesmo tempo um critério

---

13 Conforme TREVES, *Giustizia e giudici nella società italiana*, cit., p. 59 ss. e *passim*; ID., *L'amministrazione della giustizia in Italia*, cit., p. 94 ss.

14 No grupo de pesquisas de sociologia do direito das quais se conhecem até agora os resultados, o método de pesquisa em torno aos valores utilizados pelo juiz como critério de juízo, fundado na análise dos elementos significativos ofertados nesse sentido nas motivações das sentenças foi utilizado, com diferentes graus de intensidade, conforme as sentenças fossem mais ou menos objetos exclusivos da pesquisa, por NEPPI MODONA, op. cit.; GOVERNATORI, op. cit.; ODORISO, *Il lavoro*; CELORIA-PETRELLA, *L'etica familiare*; PULITANÒ, *Il buon costume*, todos em BIANCHI D'ESPINOSA e outros, *I valori socio-culturali*, cit., pp. 57 ss., 127 ss., 167 ss.

de controle e de valoração. A propósito, escassas indicações provêm mesmo das doutrinas jurídicas que chamam a atenção para a função dos juízos de valor na estrutura da decisão.[15] Na mesma linha, acenos de modesta importância acompanham a exposição dos resultados das pesquisas até agora conduzidas.[16] Na ausência disso, os dados isolados coligidos e propostos por cada pesquisa têm um valor exemplificativo que pode ser carregado facilmente de colorações ideológicas a respeito da função da jurisprudência em um dado contexto histórico-político, mas o respectivo valor como fonte de conhecimento permanece restrito dentro de apertados limites, deixando um espaço excessivo a mal entendidos e a fáceis negações apodíticas.[17]

2) No tipo de interpretação descrito, o significado do indício é constituído por uma hipótese que tende a transcender o campo de cada decisão e projetar-se em termos de comportamentos e orientações gerais. Diferentemente, é possível individualizar um tipo de interpretação dos indícios contidos na motivação no qual o significado que é a esses atribuídos concerne apenas a cada decisão. É evidente que não se trata de um procedimento incompatível com aquele já descrito. O procedimento ora em exame distingue-se, porém, pela natureza dos resultados a que tende e pelo fato de utilizar um pressuposto peculiar.

Quanto à natureza do significado que é atribuído ao indício, esse consiste em uma asserção sobre cada decisão ou sobre o comportamento do juiz como algo relevante para determinação dessa decisão. Em outros termos, trata-se de inferir, dos elementos ofertados pela motivação, o conhecimento de determinados aspectos da decisão que não encontram direta expressão no discurso que a constitui. Com isso, coloca-se em evidência o pressuposto que caracteriza a aproximação em exame, consistente na postulação da não coincidência (absoluta ou parcial) entre as razões que o juiz exprimiu na motivação e aquelas que são consideradas como os "motivos reais" da decisão. Semelhante pressuposto é indispensável do ponto de vista aqui considerado, porque não se pode pretender derivar da motivação conclusões nela não expressas e inerentes ao processo lógico que levou o juiz à decisão, senão supondo em larga medida a heterogeneidade entre tal processo e aquele que constitui a estrutura da motivação. Do mesmo modo,

---

15 No nosso país, a única tratativa orgânica do tema permanece na já conhecidíssima e não tão recente obra de CAIANI, *I giudizi di valore nell'interpretazione*, Padova, 1954, a qual, porém, além de colocar-se em uma perspectiva filosófica não aceitável integralmente, apanha tão-somente o momento da interpretação da norma, deixando de lado completamente a perspectiva histórico-sociológica do problema dos valores.

16 Conforme, por exemplo, a Introdução de BIANCHI D'ESPINOSA e a Premissa de GRECO na obra coletiva citada, pp. 3 e ss., 25 ss.

17 Conforme, por exemplo, a recensão de SATTA de NEPPI MODONA, op. cit., em *Quaderni del diritto e del processo civile*, V, 1972, p. 124 ss.

uma hipótese dessa ordem não é necessária quando as conclusões que se pretende alcançar dizem respeito ao comportamento do juiz em geral, porque nesse caso, de qualquer modo, a inferência é mais imediata e mais "segura" se parte do pressuposto que o indício oferecido pela motivação constitui a expressão de uma atividade valorativa que o juiz realmente efetuou na decisão.

Sobre o papel que a distinção entre "motivos reais" e "motivos expressos" tem na reconstrução da estrutura da motivação, serão desenvolvidas mais além as necessárias considerações.[18] Aqui interessa acentuar apenas como essa representa o inevitável ponto de partida do tipo de pesquisa que se pretende inferir dos motivos expressos (considerados como indícios) e aqueles *diferentes* motivos, não expressos, da decisão.

Esse modo particular de utilização do conteúdo da motivação pode articular-se ao longo de duas direções principais, cada qual capaz de levar à formulação de diferentes conclusões a respeito dos fatores que determinaram a decisão ou que influíram na sua prolação. A primeira direção concerne à individualização das escolhas práticas ou ético-políticas que o juiz realizou no *iter* que o levou a formular uma determinada decisão, mas que não enunciou na motivação. A segunda direção atine, ao invés, à individualização dos fatores de ordem psicológica, social e cultural que, enquanto componentes da personalidade do juiz, influenciaram as escolhas que ele realizou, tendo desse modo determinado a respectiva decisão.

Na primeira perspectiva, o significado que é atribuído ao indício é constituído por uma asserção a respeito de uma valoração efetuada pelo juiz e não enunciada no contexto da motivação. A propósito, não importa que se trate de uma escolha consciente e racionalizada (inclusive se, nesse caso, se coloca o problema ulterior das razões pelas quais essa não restou explicitada na motivação): pode-se dizer preliminarmente que a característica peculiar das escolhas que o intérprete tende a reconstruir não é aquela das escolhas realizadas efetivamente de modo consciente e racionalizado, mas sim daquelas que *podem* (ou *devem*) ser assim realizadas.[19] Da mesma forma, o objetivo que o intérprete propõe-se é o de individualizar, na sequência de juízos e de escolhas que em realidade conduziram o juiz à decisão, uma

---

[18] Conforme *infra*, Cap. III.

[19] Nessa característica está a razão pela qual se distinguiu no texto entre as "escolhas" das "condicionantes". A determinação de uma orientação preferencial que avance sobre o plano instintivo, psicologicamente coacto ou mesmo inconsciente, não pode qualificar-se como uma escolha, na medida em que não implica confronto consciente (e, portanto, em certo sentido livre) entre alternativas possíveis. De outra parte, isso implica que os termos e as razões do confronto e da respectiva decisão são conscientes e racionalizados pelo sujeito ou ao menos que sejam potencialmente conscientes e racionalizáveis. Para além desse contexto, o termo "escolha" não parece poder ser corretamente utilizado.

escolha que, mesmo não sendo explicitada, tenha determinado, todavia, no todo ou em parte a própria decisão.

A exemplificação não coloca problemas: o campo mais amplo é, sem dúvida, representado pelas valorações metajurídicas, seja porque se trata de valorações que o juiz tende a não manifestar,[20] seja pela respectiva variedade. O campo de semelhantes variações estende-se, de fato, dos juízos de valor em sentido estrito (que podem ser desenvolver um papel na escolha não declarada seja em sede de interpretação, seja em sede de verificação dos fatos)[21] ao das decisões de caráter puramente prático (inclusive no sentido de escolha entre as consequências práticas de uma alternativa jurídica).[22] De outra parte, diante da extrema variedade dessas valorações, está o fato que o seu próprio caráter metajurídico tende a fazer com que essas permaneçam na sombra, mais ou menos habilmente ocultada em meio a argumentações de "pura lógica" ou de "puro direito" e, por essa razão, o procedimento de análise indiciária da motivação aparece particularmente idôneo para revelá-lo. Todavia, ainda que o campo das escolhas metajurídicas permaneça o campo privilegiado de semelhantes análises, não se pode excluir que essa ocorra igualmente para individualizar, para além dos motivos jurídicos expressos na decisão, a escolha real não expressa, mas igualmente jurídica, que constitui o pressuposto efetivo da decisão.[23] Isso não somente nos casos de motivação elíptica ou implícita, mas também quando o juiz tenha motivado sua decisão baseando-se em razões jurídicas em todo ou em parte diferentes daquelas mediante as quais tenha declarado ao formular a decisão.

Na segunda perspectiva, o significado que é atribuído ao indício ofertado pela motivação é constituído por uma asserção inerente não a uma escolha realizada pelo juiz, mas sim à presença de fatores de várias ordens que condicionam o comportamento do juiz na formulação da decisão. Desse ponto de vista, essa é considerada como o resultado causal da influência de semelhantes fatores: nesse sentido, a sua presença e a sua operatividade podem ser inferidas diretamente do conteúdo da decisão com o emprego de

---

20 Para uma hipótese de explicação a respeito de semelhante comportamento, vide *ante*, n. 8.

21 Conforme *infra*, capítulo V.

22 Sobre a incidência que a previsão dos efeitos da decisão tem como critério valorativo da norma aplicável ao caso concreto, conforme MILLER, op. cit., p. 271 ss.; WELLER, op. cit., p. 1 ss.; HOPKINS, op. cit., pp. 176 ss., 185 ss.; ID., *Fictions and the Law: A Preliminary Theory of Decision*, *in* 38 *Brooklyn L. R.*, 1966, p. 1 ss.

23 Sobre o papel que no tema da decisão possuem as escolhas metodológicas, inclusive as puramente técnicas, conforme, por último, CASSESE, op. cit., p. 416; sobre as respectivas implicações ideológicas, ESSER, *Grundsatz und Norm*, cit., p. 107, n. 76. Importância não menor pode ser atribuída às escolhas "cognitivas" realizadas pelo juiz em tema de verificação dos fatos: conforme, sobre o assunto, COOK, *"Facts" and "Statements of fact"*, *in* 4 *Un. Chi. L. R.*, 1937, p. 233 e ss.

adequados cânones interpretativos,[24] mas a premissa de um procedimento dessa ordem pode também ser constituída por elementos da motivação, constituídos pela expressão de valorações metajurídicas ou por conotações particulares de expressão presentes na linguagem empregada pelo juiz.[25] A natureza dos cânones que podem ser aplicados para interpretação indiciária desses elementos é aquela da relação causa-efeito: enquanto o efeito é constituído daquilo que é assumido como indício, uma regra desse tipo permite reconduzir à causa, isto é, ao fator determinante, que representa o significado do indício.

Sumariamente descritos os dois principais modelos de individualização das "razões reais" da decisão mediante a consideração dos "motivos expressos" em função dos indícios, vale a pena observar que esses não são mutuamente excludentes e podem combinar-se em um modelo mais complexo. Antes de qualquer coisa, pode-se pensar na hipótese de as escolhas não expressas do juiz constituírem fruto de condicionamentos psicológicos, culturais etc., que incidem sobre o próprio juiz, de modo que os dois procedimentos já descritos de interpretação dos indícios podem ser unificados em um esquema dessa ordem: assumido como indício significativo um determinado elemento da motivação, perquire-se a determinação da "escolha real" realizada pelo juiz. Em um momento posterior, assumida a escolha assim individualizada em função do indício, pode-se perquirir a individualização dos condicionamentos que determinaram a escolha do juiz.

Observe-se, porém, que, de um lado, o condicionamento social ou cultural que opera sobre o juiz pode ser consciente, aceito e racionalizado. Nesse caso, o fator condicionante deixa de atuar sobre o plano inconsciente e é assumido como um valor, isto é, como cânone de valoração, cuja individualização sob o perfil do emprego que o juiz dele faz na decisão pode ser

---

24 Em certa medida, os resultados alcançados com as pesquisas conduzidas sobre o comportamento dos juízes podem ser considerados como uma série de regras com significados muito amplos e atinentes ao modo com que fatores condicionantes internos ou externos atuam sobre a atividade decisória do juiz (nesse sentido, por último, Nagel Stuart, *The Legal Proces from a Behavioral Perspective*, Homewood, Ill, 1969, pp. 39 ss., 81 ss., 177 ss.). Esses dados, que globalmente considerados constituem um quadro de possíveis explicações do comportamento do juiz, podem ser usados também em função de regras de inferência, sempre que seja precisado o seu significado e seja verificável, sob o perfil histórico e sociológico, a aplicabilidade às sentenças a serem analisadas.

25 A respeito das conotações emotivas ou valorativas presentes nas expressões do discurso, capazes de modificar o seu significado próprio ou de revelar (constituindo assim um indício) um significado diverso, conforme Sapir, op. cit., p. 39 ss.; Rosiello, op. cit., p. 70 ss. e *passim*; Greimas, *Semantica strutturale*, cit., p. 87 ss. No texto supõe-se a possibilidade de empregar elementos desse tipo, cuja função não se exaure necessariamente na correlação significante-significado próprio, como indício (ou pontos de emersão nos interstícios do discurso descritivo ou justificativo) das inclinações emotivas ou valorativas do juiz.

mais bem compreendido de acordo com o primeiro dos esquemas descritos. De outro lado, um valor ou mesmo uma regra de escolha, metajurídica ou inclusive jurídica, originariamente assumida deliberadamente pelo juiz como critério de valoração, pode perder o caráter de consciência e voluntariedade, para assim ser aplicado de modo automático,[26] não deliberado e não crítico. Nesse caso, a regra em questão pode continuar a determinar a inclinação do juiz, não mais, contudo, como critério de escolha consciente e racional, mas como condicionamento inconsciente e não racionalizado: eis aí, pois, um elemento teoricamente catalogável no primeiro dos esquemas escritos que acaba por acomodar-se posteriormente no âmbito do segundo.

B) Exemplos de pesquisas sobre a motivação como fonte de indícios

Deixando-se de lado posteriores considerações teóricas sobre os temas ora brevemente acenados, cumpre considerar mais de perto as modalidades com que os esquemas em questão podem ser empregados na análise da motivação. A propósito, observe-se preliminarmente, porém, que a frequência com que essa abordagem é empregada concretamente anda *pari passu* com a confusão que caracteriza o seu uso. De um lado, semelhante está normalmente presente, em medida mais ou menos ampla, nas pesquisas sociológicas, psicológicas e também propriamente jurídicas que têm por objeto a sentença. De outro, semelhante reconstrução não é, como regra, realizada ou apresentada como um momento interpretativo caracterizado pela peculiaridade do processo lógico do qual se serve, tendendo mais a confundir-se com aproximações de outra natureza, que vão da análise do significado própria da sentença à análise da decisão realizada sem levar em conta aquilo que foi expresso na motivação. Donde a consequência que a individualização das "razões reais" não expressas da motivação aparecem em regra de modo fragmentário, episódico e, sobretudo, sem uma precisa colocação no campo dos diversos modos possíveis de análise da sentença.

Para além dessas hipóteses, que justamente por não terem sido submetidas a uma adequada clarificação metodológica não podem ter senão um valor meramente exemplificativo, as orientações fundadas sobre essas tomadas de posição formam um elenco muito breve, ao menos até o presente momento. Ainda mais breve, porém, é o elenco das indicações que superaram o estágio da simples sugestão e traduziram-se em análises concretas.

No plano da sugestão, as poucas contribuições provêm principalmente do filão doutrinário ligado à análise psicológica da decisão: em larga medida, semelhante orientação tende a fundar sua análise sobre bases que abstraem

---

[26] Sobre o mecanismo psicológico da decisão automática, ou de *routine*, conforme WEIMAR, op. cit., p. 145 s.

do estudo específico da motivação, ainda que de maneira esporádica aflore o convite para considerar a motivação como um elemento relevante para individualização do mecanismo psicológico que conduziu o juiz à decisão. Nesse sentido são as várias indicações esparsas nos já lembrados escritos de Bendix,[27] o qual, com o objetivo de colocar em evidência o quanto de irracional existe dentro de uma decisão, ainda que por baixo de uma motivação "racionalizada", visava a individualizar os fatores psicológicos da decisão.

Em um ambiente cultural totalmente diferente, em seguida, um autor que, por certos aspectos, pode ser colocado como um dos precursores do realismo jurídico estadunidense, indicava justamente na motivação da sentença o local em que possível recuperar o material para a análise psicológica da decisão.[28] Semelhante indicação não foi, contudo, totalmente aproveitada pelos "realistas", que preferiram considerar a motivação como não significante nesse sentido.[29] De outro lado, o estudo psicológico da decisão judicial conseguiu até agora, ao que consta, somente produzir algumas tipologias algo aproximativas da estrutura psicológica da decisão, levando em consideração em larga medida as várias características presentes na "forma" em que o juiz enuncia a decisão mesmo e as razões que a sustentam.[30]

No plano da realização de concretas pesquisas direcionadas a inferir dos elementos contidos na motivação as diversas "razões reais" da decisão, as indicações são essencialmente três. Antes de tudo, malgrado o seu número limitado, aparecem como particularmente significativos (e isso também pelo momento cultural e político do qual descendem) os exemplos de análise dos motivos irracionais da decisão mediante o exame da motivação fornecidos por Bendix em alguns dos estudos já recordados.[31] Em segundo lugar, devem ser lembrados os diversos momentos dos estudos sociológicos em torno aos "valores" na jurisprudência, realizados na Itália, nos quais o ponto de passagem da análise da motivação à individualização dos valores ético-políticos dominantes na jurisprudência de determinados períodos é representado justamente pela reconstrução, à base dos elementos fornecidos nesse sentido pela motivação, das "escolhas reais" de caráter prevalentemente metajurídico realizadas pelo juiz.[32]

---

[27] Conforme, por exemplo, *Zur Psychologie der Urteilstätigkeit des Berufsrichters, unter besonderer Berücksichtigung der deutschen Verhältnisse, in Zur Psychologie,* cit., p. 94 ss., 127 ss., 140 ss., e nos outros escritos recolhidos em *ibidem*, pp. 328 ss., 350 ss., 365 ss.

28 Conforme Schroeder, *The Psycologic Study of Judicial Opinions, in* 6 *Calif. L. R.*, 1918, p. 89 ss.

[29] Sobre o assunto, conforme *infra*, neste capítulo, § 4.

[30] Conforme, por último, Weimar, op. cit., p. 141 ss.

[31] Conforme Bendix, *Die irrationalen Kräfte der zivilrichterlichen und strafrichterlichen Urteilsfähigkeit, in Zur Psychologie*, cit., pp. 268 ss., 304 ss.

[32] Conforme *passim* nas obras citadas *ante* na n. 14.

Em terceiro lugar, vale a pena recordar enfim um filão de pesquisa que, se não recebeu até agora uma completa elaboração, pelo menos já se manifestou em um número bastante amplo de contribuições: trata-se das pesquisas conduzidas por Gorla ou sob sua orientação que tem por objeto o estudo do precedente judicial na Itália.[33] Nessa sede não interessa comentar os resultados oriundos dessa pesquisa, mas sim evidenciar o método interpretativo do qual se valeu, especialmente com o fim de clarificar a sua alocação dentro dos modos de fruição da motivação como indício significante. Os aspectos metodológicos relevantes das pesquisas são essencialmente dois: a) o fato de o ponto de partida da pesquisa ser constituído da interpretação da sentença à luz daquilo que o juiz asseverou na motivação, não com o fim de estabelecer "aquilo que o juiz julgou", mas sim com o fim de estabelecer, clarificando eventuais ambiguidades, que coisa o juiz efetivamente disse para bem individualizar a *ratio decidendi* e distingui-la dos *obiter dicta*; b) o fato de esse tipo de interpretação da sentença, e em particular da motivação, não constituir um fim em si mesmo, mas servir como premissa para uma inferência destinada a individualizar "aquilo que está à frente da motivação", isto é, na espécie, estabelecer se e em que medida o juiz de fato assumiu como regra de juízo as decisões tomadas por si ou por outros juízes em relação a casos idênticos ou análogos.[34]

Do ponto de vista metodológico, essa pesquisa representa um exemplo particularmente significativo da fruição da motivação como indício. De fato, o momento da interpretação da sentença equivale àquela operação que foi acima indicada como de construção do indício (ou de individualização da

---

[33] Conforme Gorla, *Raccolta di saggi sull'interpretazione e sul valore del precedente giudiziale in Italia, in Quaderni del Foro it.*, 1966, col. 5 ss.; Id., *Note sull'interpretazione integrativa (in diritto e in fatto) della ratio decidendi e sul precedente giudiziale implícito, in Giur. it.*, 1966, I, 2, col. 569 ss.; Id., *Lo studio interno e comparativo della giurisprudenza e i suoi pressupposti: le raccolte e le tecniche per la interpretazione delle sentenze, in Foro it.*, 1964, V, col. 73 ss.; Id., *'Ratio Decidendi', principio di diritto (e 'obiter dictum'). A proposito di alcune sentenze in tema di revoca dell'offerta contrattuale, ibid.*, 1964, V, col. 89 ss.; Id., *Offerta 'ad incertam personam' (Saggi per un nuovo tipo di nota a sentenza), ibid.*, 1965, I, col. 433 ss.; Id., *La struttura della decisione giudiziale nel diritto italiano e nella 'common law'*, cit.; Id., *Precedenti giudiziali sulla trasmissibilità e sul termine dell'obbligazione pattizia di prelazione e su alcune questioni connesse, in Quaderni del Foro it.*, 1967, col. 97 ss., 161 ss.; Id., *Lo stile delle sentenze – Ricerca storico-comparativa, ibid.*, col. 315 ss.;Id., *Lo stile delle sentenze – Testi, commentati, ibid.*, 1968, col. 375 ss.; Id., *Giurisprudenza, in Encicl. Dir.*, vol. XIX, Milano, 1970, p. 507 ss.; Lupoi, *op. cit.*, col. 203 ss.; Roberti Rubinacci, *Un esperimento di ricerca di giurisprudenza: la posizione patrimoniale della donna nella convivenza 'more uxorio', in Quaderni del Foro it.*, 1967, col. 175 ss.

[34] Sobre ambos os aspectos metodológicos dessas pesquisas, conforme, particularmente, Gorla, *Raccolta di saggi*, cit., coll. 10, 25 ss.; Id., *Note sull'interpretazione integrativa*, cit., col. 577; Id., *Lo studio interno e comparativo*, cit., col. 81 ss.; Id., *Offerta 'ad incertam personam'*, cit., coll. 434 ss., 443 ss.; Id., *Precedenti giudiziali*, cit., coll. 97 ss., 107 ss., 110 ss., 122 ss.

premissa inferencial a partir da motivação), sendo esse último constituído daquilo que se convencionou chamar "significado próprio" da motivação. De outra parte, o momento de individualização da *ratio decidendi* "real" (que pode vez ou outra diferenciar-se daquela expressa), e em particular da determinação da efetiva eficácia oriunda do precedente, consta essencialmente de uma inferência (ou de um conjunto de inferências), em que a *ratio* real da decisão e o papel que nessa teve a adesão do juiz ao precedente representam a conclusão inerente ao significado que é atribuído ao indício encontrado no âmbito da motivação.

Das indicações ora sinteticamente delineadas, aquilo que se impõe à atenção com particular evidência é, além da ausência de impostações metodológicas satisfatórias,[35] a notável escassez quantitativa (e por vezes igualmente qualitativa) de contribuições e de sugestões direcionadas à interpretação da motivação nos moldes delineados *sub* 1) e 2). A propósito, um início de explicação pode ser individualizado nas características essenciais das principais espécies de aproximação à relação entre motivação e razões reais da decisão: a orientação tradicional, que toma como hipótese a coincidência entre razões reais e motivos expressos, resolve evidentemente o problema da individualização das primeiras como um problema de compreensão dos segundos (excluindo, portanto, a possibilidade teórica de uma inferência dos motivos expressos às diferentes razões reais).[36] A orientação contrária, que parte da distinção entre razões reais e motivos expressos, tende, ao invés, como se verá, a radicalizar semelhante distinção com o fim de negar (ou mesmo deixar de lado) a possibilidade que a própria

---

[35] Essa consideração vale em larga medida também para o filão que teve até agora uma mais ampla elaboração sobre o tema do precedente judicial (sobre o qual vide indicações na n. 33). Essa vale particularmente com relação à definição dos cânones interpretativos aplicáveis aos indícios encontrados na motivação. De um lado, de fato, é apontado o chamado cânone da completude (conforme Gorla, *Lo studio interno e comparativo,* cit., col. 75; Id., *'Ratio decidendi',* cit., col. 89 s.; Id., *Offerta 'ad incertam personam'*, cit., col. 443 ss.), que é teoricamente irrepreensível, mas, exigindo do intérprete o conhecimento dos atos da causa, corre o risco de ser, na prática, inaplicável. Permanece na sombra, porém, o tema dos critérios cognitivos que fundam as conclusões a respeito do real comportamento do juiz, retirados dos elementos fornecidos pela motivação. De outro lado, análoga insuficiência vicia igualmente o aspecto metodológico que concerne à individualização do significado próprio da sentença. A única indicação que se encontra a respeito (Gorla, *Precedenti giudiziali*, cit., col. 100), de fato, atine ao emprego analógico de algumas normas do Código Civil referentes à interpretação do contrato (especificamente os artigos 1.362, 1.363 e 1.369).

[36] De outro lado, uma vez tomada como hipótese a coincidência entre razões reais de decidir e motivos expressos, o ponto de vista em questão não se põe como problema de análise das razões da decisão mediante a decodificação do discurso empregado pelo juiz, donde a ausente racionalização dos respectivos critérios linguísticos, lógicos e conceituais. Daí, inclusive, a explicação de certas ingenuidades metodológicas, mesmo entre os autores mais atentos, como aquela mencionada na nota precedente.

motivação possa servir como premissa para um procedimento inferencial que leve à identificação das razões reais da decisão ou, em geral, do comportamento do juiz.[37] Vice-versa, o tipo de aproximação lembrada coloca-se em uma espécie de local intermediário entre esses dois pontos de vista, porque, enquanto parte a princípio da distinção entre motivos expressos e razões reais para decisão, admite, todavia, a possibilidade de inferir as segundas tendo por base os primeiros.

Trata-se, evidentemente, de uma posição suscetível de desenvolvimentos assaz mais amplos do que aqueles indicados pelos exemplos lembrados: teoricamente, abre-se a partir daí uma gama indeterminada de possíveis significados (inerentes à realidade da decisão) reconduzíveis aos indícios contidos na motivação. De outro lado, é igualmente evidente que semelhantes desenvolvimentos não podem prescindir da solução de uma série de graves problemas que vão desde a escolha do sistema de regras de inferência à determinação da relação pressuposta entre "decisão real" e motivação. O estado geral de insatisfação das pesquisas realizadas utilizando-se como indícios os elementos ofertados pela motivação encontra provavelmente a sua explicação cabal no fato de que esses problemas permanecem não resolvidos em larga medida.

3. A INTERPRETAÇÃO INDICIÁRIA DAS CARACTERÍSTICAS ESTRUTURAIS DA MOTIVAÇÃO

Para complementação do quadro de hipóteses nas quais pode realizar-se a interpretação da motivação como fonte de indícios, tem-se que considerar ainda o caso em que aquilo que é assumido como indício não está representado necessariamente no significado próprio da motivação, ou de uma parte sua ou de um fragmento seu, mas sim por determinadas características estruturais presentes no discurso em que se consubstancia a motivação. A expressão "características estruturais" é aqui compreendida em sentido amplo, porque o indício do qual o intérprete pode se valer pode não ser constituído somente pelo esquema lógico-formal que o juiz deu à motivação, mas também por outras peculiaridades do discurso, como, por exemplo, o emprego de determinadas expressões linguísticas, de determinados esquemas ou dogmas conceituais, de particulares instrumentos lógicos ou *tòpoi* argumentativos.[38] A peculiaridade da espécie de abordagem ora examinada, portanto, não é definível à base da natureza lógica ou linguística ordinária dos elementos da motivação que são assumidos como indícios,

---

[37] Sobre o assunto, vide *infra*, neste capítulo, § 4.

[38] Em geral, sobre as implicações ideológico-políticas ínsitas ao uso de determinados *tòpoi* argumentativos e sobre o modo com que o seu emprego revela tais implicações concernentes ao juiz, conforme STRUCK, *Topische Jurisprudenz*, Frankfurt am Main, 1971, p. 107 ss.

mas sim pelo fato de que tais elementos podem ser interpretados de modo relativamente independente da identificação do significado próprio que as expressões linguísticas que o constituem têm no contexto específico da motivação de uma determinada decisão. Relativa independência significa nesse sentido: a) que ocorre um primeiro nível de identificação do significado do discurso; b) que não é necessária, nada obstante em certos casos possa ser útil, a completa individualização do significado próprio da motivação sob o perfil jurídico funcional; c) consequentemente, o significado próprio do discurso dentro do qual o indício vem individualizado pode ter uma função acessória, mas não é um componente típico do próprio indício.

Então, tem-se que precisar ulteriormente o ponto que atine à individualização, no contexto da motivação, de um elemento destinado a ser interpretado como indício segundo a espécie de aproximação que aqui importa examinar. Sobre o assunto, mais que uma tentativa de formulação abstrata, pode servir a indicação de alguns exemplos de possíveis indícios que não contenham necessariamente o elemento constituído pelo significado próprio de uma parte da motivação. Infelizmente, ao que consta, tão-somente um desses exemplos foi até agora posto concretamente como objeto de pesquisa na perspectiva em exame, de modo que, mais do que verdadeiros e próprios exemplos, pode-se tratar de propostas ou indicações a respeito de possíveis modos de fruição de elementos contidos na motivação relativamente independentes de seu próprio significado.

Uma primeira possibilidade provavelmente pode dizer respeito às peculiares características da linguagem empregada pelo juiz.

Por um lado, por exemplo, sob o pressuposto de que a linguagem não constitui um dado absoluto e neutro, mas um produto cultural que deve ser estudado em uma perspectiva histórico-social,[39] a revelação de determinadas características (de forma, de estilo, de léxico, de conotações ético-valorativas etc.) pode fornecer indícios sobre o juiz como participante de determinada cultura ou sobre uma determinada situação histórico-social influente sobre a própria cultura. A presença ou a ausência de certas peculiaridades na linguagem do juiz pode, ainda, revelar determinados "bloqueios" ou "tabus" de ordem psicológica, cultural ou política. Por outro, por exemplo, o emprego de uma determinada linguagem (caracterizada pela utilização contínua de jargões e termos técnicos ou pela frequência com que estereótipos ou cláusulas que reproduzam o "estilo judiciário"), que a tradição consagrou como "linguagem da sentença",[40] pode revelar a própria

---

[39] Nesse sentido, conforme especialmente Lefebvre, *Le langage et la société*, Paris, 1966, pp. 153 ss., 175 ss.

[40] Sobre o conceito de "estereótipo" linguístico e suas relações com a noção lógico-psicológica de prejuízo, conforme Schaff, *Filosofia del linguaggio*, cit., p. 121 ss.

função de diafragma semântico ou de mascaramento do discurso real que o juiz realiza ou mesmo a própria função de seleção sócio-cultural dos possíveis destinatários do próprio discurso.[41] A concreta individualização dos momentos em que a linguagem utilizada pelo juiz opera em um desses modos abre um campo de possíveis inferências a respeito do juiz, a respeito dos juízes e a respeito do modo com que o discurso judicial pode ou deve ser manifestado para desenvolver realmente o próprio papel justificativo da decisão.

Uma segunda possibilidade de análise pode apontar para o uso que o juiz faz de dogmas e conceitos da ciência jurídica, da ciência não jurídica e do conhecimento do homem comum, porque esses – especialmente quando não são indispensáveis à qualificação jurídica do suporte fático ou ao conhecimento dos fatos – podem constituir indícios significativos da ideologia do juiz, da ideologia a respeito da sua função, do ordenamento jurídico, da sociedade e de seus valores e assim por diante. Por exemplo, é fácil entender como a alusão ao dogma da completude do ordenamento jurídico pode, concorrendo determinadas condições, subentender uma ideologia do ordenamento e da função do juiz de natureza nitidamente positivista ou mesmo uma orientação contrária à função criativa da jurisprudência ou à natureza valorativa da decisão judicial.[42] Do mesmo modo, a alusão a dogmas da ciência jurídica (inerentes a determinados setores ou institutos) pode indicar

---

[41] A possibilidade de que a motivação da sentença sirva como meio de controle externo sobre o trabalho do juiz depende da eficácia que essa apresenta como instrumento de comunicação, no sentido de que o controle só pode ser efetuado por quem, e na medida em que, tenha condições de individualizar o seu significado. Então, é evidente que a linguagem em que essa vem expressada opera como instrumento de seleção de possíveis intérpretes (e, pois, dos possíveis "controladores"), porque nos limites em que, por motivos técnicos ou culturais, o significado próprio da motivação não pode ser individualizado por um determinado sujeito, e o processo de comunicação não se realiza ou realiza-se apenas em parte, resulta concretamente impossível a operação de controle por parte de tal sujeito sobre a consistência da própria motivação. O acentuado emprego de uma linguagem técnica ou do jargão forense na sentença, por exemplo, acaba por impedir a sua compreensão e, portanto, também o seu controle crítico por parte de quem não se encontra em condições de entender, porque não a usa, tal linguagem. Então, tendencialmente, a função política de controle sobre o trabalho do juiz acaba por ser realizada somente pela classe dos juristas ou, dependendo da matéria decidida, pelos respectivos especialistas. Note-se, porém, que essa redução da opinião pública à opinião dos letrados descende igualmente da ausência de instrumentos idôneos para difusão daquele que a opinião pública deveria controlar (ausência que constitui outro e ulterior problema político). De outro lado, também nas hipóteses em que o público possa conhecer a sentença (de lado as possíveis distorções no momento da sua difusão) seria suficiente o lembrado descarte de características linguísticas que bloqueiam como um todo o processo de compreensão e de controle.

[42] Sobre as implicações axiológicas do dogma da completude, conforme claramente Conte, op. cit., p. 143 ss.; sobre as múltiplas conexões entre a alegação de completude e as correlatas concepções de direito, do ordenamento e da interpretação, ibidem, pp. 75 ss., 94 ss., 119 ss.

a adesão a uma ou a outra teoria ou mesmo a rejeição de determinadas abordagens do problema jurídico em questão etc.[43] Analogamente pode operar a alusão a conceitos das ciências não jurídicas, da arte, da filosofia ou da ética. Um campo de pesquisa de particular interesse é ofertado logo em seguida pelos casos em que o juiz endossa os "óculos" do homem comum, quando tem, por exemplo, de concretizar o significado dos chamados conceitos-válvulas como ordem pública, bom costume, o comportamento do *bonus pater familias*, a boa-fé etc. O modo com que o juiz delineia em cada um dos casos concretos o conteúdo de semelhantes conceitos pode ser significativo sob muitos perfis. Em particular, esse modo pode revelar, de um lado, qual a imagem que ele tem (ou prefere ter) do chamado homem-médio, aí encarado como microcosmo típico em que sintetizadas as características peculiares da ideologia social de um determinado momento histórico e cultural; de outro, pode revelar as eventuais distorções que viciam a percepção do juiz a respeito de tais conotações.

Uma terceira possibilidade de análise que pode ser indicada concerne principalmente à assunção como indício do fato de o juiz valer-se, na organização do discurso em que se consubstancia a motivação, de determinados instrumentos lógicos ou argumentativos. Nesse âmbito, os traços essenciais que valem ser assinalados são dois: o primeiro concerne às características da estrutura lógica da motivação em geral; o segundo atine à utilização de determinados *topos* argumentativos por parte do juiz.

Do primeiro ponto de vista, parece possível delinear inferências destinadas a produzir conclusões a respeito do raciocínio realizado pelo juiz e da estruturação de suas escolhas, movendo-se da premissa consistente, por exemplo, na proporção em que esse se vale de módulos estritamente dedutivos e do peso que esses assumem na estrutura formal da sentença. Pode-se partir, ainda, do modo e da proporção com que o juiz emprega o raciocínio analógico, tópico, indutivo-probabilístico ou do mecanismo hipótese de trabalho-confirmação. Pode-se assumir como indício, finalmente, o modo e a proporção com que o juiz não se serve de modelos lógicos específicos

---

[43] Para quem admite que, ao menos em determinados casos, à base de determinadas opções doutrinárias ou teóricas encontram-se opções ideológicas (e, a propósito, conforme os esclarecedores exemplos em Tarello, *Teorie e Ideologie nel Diritto Sindacale*, Milano, 1967, pp. 29 ss., 57 ss., 101 ss., e *passim*), resulta evidente a impossibilidade de conceber como "puras" ou "a-valorativas" as mesmas escolhas técnico-jurídicas das quais o juiz depreende suas decisões (nesse sentido, por último, Cassese, op. cit., p. 146; em geral sobre os perfis ideológicos da interpretação jurídica, conforme Tarello, *Orientamenti analítico-linguistici e teorie dell'interpretazione giuridica*, in *Riv. trim. dir. proc. civ.*, 1971, p. 8 ss.); por outro lado, semelhante conexão entre escolha técnica ou dogmática e escolha ideológica permite configurar a possibilidade de inferir a segunda da expressão que a primeira encontra no contexto da motivação.

e individualizáveis conforme as categorias gerais da lógica discursiva, mas se vale de argumentações não racionais, de juízos de valores expressos, mas não motivados, de artifícios retóricos ou igualmente da "moção dos afetos" e das reações emocionais do público.

Do segundo ponto de vista, parece possível partir da identificação dos *tòpoi* argumentativos que o juiz empregou a fim de evidenciar a cisão entre o modo com que o juiz argumenta para justificar as escolhas que o levaram à decisão e a verdadeira natureza de semelhantes escolhas – e, ainda, a identificação dessas últimas. A análise dos principais modelos argumentativos empregados pelos juízes em suas motivações é objeto de uma pesquisa em curso há alguns anos e os poucos resultados já apresentados até o presente momento são ricos de interesse.[44] Todavia, o que aqui interessa sublinhar não é a variedade, nem cada uma das características dos *tòpoi* argumentativos mais frequentes nas sentenças, mas sim a evidência com que emergem carregados de ambiguidade, fungibilidade e de instrumentalidade. Em síntese, esses aspectos convergem para demonstrar a desnecessidade do expediente argumentativo adotado pelo juiz, seja porque as conclusões que esses produzem não seriam as únicas possíveis (e, pois, não são necessariamente "verdadeiras" ou "válidas"), seja porque determinado meio argumentativo poderia ser substituído por um meio diferente, mas igualmente eficaz, para fundamentar as mesmas conclusões, ou poderia ser igualmente usado para justificar, sobre o mesmo problema, uma solução diferente ou contrária.[45] A desnecessidade implica instrumentalidade do meio argumentativo, isso porque o juiz dele se vale para um determinado fim persuasivo e justificativo escolhendo o meio que lhe parece mais idôneo para semelhante finalidade, e não porque exista alguma necessidade lógica que o vincule a estruturar o próprio discurso naquele determinado modo.[46] Esses fatores, que emergem com extrema clareza, convergem para colocar em evidência dois elementos essenciais a respeito da orientação do juiz que constrói a motivação. O primeiro atine à ulterior confirmação da várias vezes recordada distinção entre razões efetivas e razões expressas da decisão.[47] O segundo concerne ao fato que, no momento em que o juiz, ao invés de exprimir diretamente as razões efetivas da decisão, se vale de módulos correntes a fim de torná-la aceitável, realiza uma escolha não só entre a expressão dos motivos reais da decisão e a adoção de um *topos* argumentativo estereotipado, mas também concernente à individualização do tipo de argumentação mais idôneo ao

---

[44] Conforme LAZZARO, *Argomenti dei giudici. Estratto dai lavori della ricerca sulla "argomentazione giuridica" patrocinata dal C.N.R.*, Torino, 1970.

[45] A propósito, conforme LAZZARO, op. cit., pp. 4 ss., 31 ss., 75, 82 ss., 95 ss.; ID., *La funzioni dei giudici, in Riv. dir. proc.*, 1971, p. 4 ss. e *passim*.

[46] Conforme LAZZARO, *La funzione*, cit., p. 5.

[47] Conforme LAZZARO, *La funzione*, cit., p. 2.

escopo que entende perseguir. Isso pressuposto, a presença de um determinado modelo argumentativo no contexto da motivação pode ser significativa também sob ulteriores pontos de vista, no sentido de que a respectiva escolha, vista à luz das razões e dos fins pelos quais o juiz a realiza, pode ser a premissa para inferência a respeito da orientação do juiz a respeito do tema sobre o qual verte a decisão ou a respeito das tendências do próprio juiz quanto ao modo de compreender o direito, os princípios do ordenamento, a função jurisdicional e assim por diante.[48]

Entre as diversas possibilidades de assumir como indício determinadas características da motivação, vale a pena recordar, enfim, que inferências em torno à ideologia que o juiz tem da própria função podem ser percebidas a partir de outros elementos, não reconduzíveis às características puramente linguísticas do discurso, nem aos conceitos das ciências ou do conhecimento comum, nem às estruturas lógicas ou argumentativas. Esses são elementos menos claramente definíveis ou analisáveis, mas que, todavia, estão normalmente presentes na motivação, e a que é difícil negar certa importância "significativa".

Sem tentar classificações abstratas, alguns exemplos podem bastar: a) pode ser que o tipo de decisão, a respeito do fato ou do direito, envolva apreciações de caráter ético, político ou de algum modo valorativo. A leitura da sentença pode tornar evidente a presença de semelhantes valorações, mas pode deixar à vista igualmente que o juiz não as expressou, ou ao menos buscou evitar exprimi-las, e que ainda não as motivou. Nesse caso, a ausência de enunciação da escolha valorativa, ou a ausência da sua respectiva justificação, podem ser eficientemente entendidas como indícios da orientação do juiz diante da escolha que ele próprio realizou. b) Outro exemplo pode ser constituído pela desproporção que normalmente existe, no contexto da motivação, entre o espaço que o juiz dedica à solução e à justificação das questões ditas de mero fato e o amplo e em geral excessivo espaço que normalmente atribui às questões ditas de puro direito. A preferência em regra manifestada pelos juízes pelo segundo tipo de questões, ao lado da total fuga às questões do primeiro tipo, é conhecidíssima, e já se tornou uma das características peculiares da nossa jurisprudência.[49] Todavia, a difusão

---

48 Conforme LAZZARO, *Argomenti*, cit., p. 26 e *passim*.

49 Uma possível, conquanto parcial, explicação do fenômeno pode ser individualizada no fato de que o juiz, entendendo os conceitos jurídicos como "fechados" (malgrado as ambiguidades há pouco assinaladas a respeito das argumentações a esses atinentes), encontra-se mais à vontade para manobrá-los de modo formal (ou formalístico) e sistemático, com uma orientação apaixonada pelo "exato" e pelo "científico" (sobre a característica de "abertura" desses mesmos conceitos, contudo, com a conseguinte ambiguidade de semelhante orientação, conforme ESSER, *Grundsatz und Norm*, cit., pp. 47 ss., 56 ss., 107 ss., 141 ss.). Vice-versa, a característica de "abertura" ou indeterminação das questões de fato,

do fenômeno não o torna por isso menos significativo e o aparecimento de tendências de certo modo diversas coloca em crise o próprio fenômeno e induz a vê-lo não como um mero acidente, mas como uma manifestação da ideologia que o juiz tem de si próprio e de sua função. Levada a certo nível, a prevalência dada à pura questão de direito remete à imagem de um juiz que concebe a si mesmo como o instrumento para restauração da ordem jurídica violada, para defesa da certeza em abstrato da relação jurídica e, substancialmente, para tutela de uma justiça formal (ou formalisticamente entendida). Vice-versa, a prevalência outorgada às questões de fato levam à imagem de um juiz concebe a si mesmo como mediador dos conflitos econômico-sociais concretos, como instrumento para tutela de interesses reais e, substancialmente, como criador de uma justiça substancial.

4. A MOTIVAÇÃO COMO FATO NÃO-SIGNIFICANTE

Os acenos realizados nos parágrafos precedentes deveriam ter delineado um quadro bastante amplo, ainda que necessariamente incompleto e aproximativo, das perspectivas em que algumas características da motivação podem ser interpretadas como indícios idôneos para fundamentar inferências a respeito do juiz ou em torno das ditas razões reais da decisão. Como já observado acima, os vários modos de fruição da motivação como fonte de indícios entram no ponto de vista mais geral que entende a motivação como "fato" (ponto de vista unitário sob esse aspecto, malgrado os diferentes acentos sociológicos, psicológicos e culturais que de tempos em tempos são atribuídos ao fato-motivação), sendo fácil afirmar que esses representam a explicação mais importante dessa maneira de colocar-se diante do fenômeno. A explicação mais importante, disse-se, mas não a única possível: de fato, o fato-motivação pode ser visto como relevante do ponto de vista cognitivo, sendo aí interpretado como indício, mas pode igualmente ser considerado de todo irrelevante em relação a esse ou a outros fins. Formulada a hipótese dessa segunda possibilidade, sublinhe-se de imediato que não constitui um mero complemento teórico do esquema de alternativas em exame, mas sim uma espécie de não fruição (que também pressupõe sempre a motivação

---

com o inevitável largo espaço que essa deixa à valoração discricionária, é pouco consonante com uma orientação desse gênero e cria problemas não resolvíveis com os costumeiros instrumentos da lógica e da dogmática jurídica. Segue-se daí que o juiz, educado para usar esses instrumentos mais do que aqueles da valoração psicológica, econômica e social, tende a ampliar a parte mais dogmatizável de seu discurso, isto é, exatamente aquela ligada às soluções das questões de direito, sem considerar que, de regra, a própria solução da questão de direito depende daquela da *quaestio facti*. Em particular, sobre a "abertura" ou indeterminação das questões de fato, conforme HENKE, *Die Tatfrage. Der unbestimmte Begriff und seine Revisibilität*, Berlin, 1966, p. 54 ss.

entendida como mero fato) bastante difundida no campo das aproximações ao fenômeno da decisão judicial.

A) A aproximação realista

O exemplo mais claro nesse sentido é oferecido pela tese traçada por alguns autores entre os mais representativos do movimento que se convencionou chamar como realismo jurídico estadunidense, os quais, aliás, foram portadores de opiniões muito extremadas, e por vezes mesmo paradoxais, entre todos aqueles inseridos no âmbito do movimento que fizeram propostas a respeito da natureza da decisão e da motivação. É notório que um dos principais alvos críticos propostos pelos realistas, e sobre o qual atiraram com maior energia, foi o tradicional modelo silogístico da decisão, a partir do qual foi colocado em crise seja o ponto concernente à natureza subsuntiva da aplicação da norma ao fato (*rule-skepticism*),[50] seja aquele atinente à natureza racional da verificação dos fatos (*fact-skepticism*).[51]

É igualmente notório que um dos pressupostos de fundo do ataque nessas duas direções estava em uma acentuação particularmente forte dos componentes psicológicos e irracionais de que se sublinhavam a presença na "real natureza" da decisão.[52] Prosseguindo ao longo dessa linha, alguns autores começam a investir também sobre o problema da motivação, nas suas relações com a decisão, agora concebida como um contexto de eventos psíquicos largamente não conhecíveis e da mesma forma não reduzíveis a um esquema racional. A conclusão que a respeito do assunto é formulada pode ser resumida nesses termos: a partir do momento que a realidade da decisão não é aquela que aparece na motivação, porque o juiz chega à decisão mediante um *iter* psicológico que não tem nada a ver com o esquema lógico nela retratado, segue-se: 1) que os motivos da decisão enunciados na *opinion* não podem ser considerados como os motivos reais da decisão;[53] 2) que a leitura da motivação declinada não fornece qualquer elemento útil

---

50 Conforme, a propósito, Rumble, op. cit., p. 48; Tarello, *Il realismo giuridico*, cit., loc. cit.; Llewellyn, *Jurisprudence*, cit., p. 56 ss. Para as principais críticas realizadas contra as formulações extremas do *rule-skepticism*, conforme Rumble, op. cit., p. 88 ss. Para as críticas contemporâneas à semelhante orientação, Pound, *The Call for Realistic Jurisprudence*, *in* 44 *Harv. L. R.*, 1931; Id., *Fifty Years of Jurisprudence*, ibid., 51, 1938, p. 795 ss.

51 Conforme Rumble, op. cit., p. 107 ss.; Tarello, op. ult. cit., loc. cit. O principal e mais radical expoente do *facto-skepticism* foi Frank, do qual, especialmente, *Law and the Modern Mind*, cit., *passim*, e *Courts on Trial. Myth and Reality in American Justice*, Princeton, 1950, pp. 168 ss., 326 ss.; sobre o assunto, ainda, Paul, op. cit., p. 13 ss.; Volkomer, op. cit., p. 57 ss.

52 Nesse sentido, por exemplo, Frank, *Courts on Trial*, cit., pp. 159 ss., 170 ss., 326 ss.; Paul, op. cit., p. 51 ss.; Reich, op. cit., p. 86 ss.

53 Conforme, por exemplo, Frank, *Law and the Modern Mind*, cit., p. 140 ss.; Id., *Courts on Trial*, cit., p. 165 ss.; F. S. Cohen, *The Problems*, cit., p. 9; Llewellyn, *Jurisprudence*, cit.,

para o conhecimento das razões pelas quais efetivamente o juiz decidiu a lide naquele determinado modo, porque a motivação serve antes para dissimular do que para revelar as razões reais da decisão.[54] A isso, alguns autores acrescentam: 3) que a motivação não deveria ser uma tentativa de justificação racional da decisão irracionalmente obtida, mas sim a fiel prestação de contas, ofertada pelo juiz, do *iter* psicológico mediante o qual o próprio juiz obteve a decisão.[55]

Aqui não interessa tomar posição sobre a validade das conclusões ora resumidas, ainda que, ao menos a última, pareça claramente absurda, mas apenas sublinhar as duas características principais que semelhante orientação (posteriormente batizada *opinion-skepticism*)[56] apresenta a respeito do problema da motivação: antes de qualquer coisa, trata-se da decidida tomada de posição sobre a distinção entre os motivos expressos e as razões efetivas de decidir (que, todavia, como já acenado, é comum a todas as orientações críticas a respeito da relação entre decisão e motivação), sendo o ponto que o ponto que aqui reveste maior importância, todavia, o de que semelhante distinção é de tal modo acentuada e levada ao limite que provoca a ruptura de qualquer nexo entre decisão e motivação. Daí emerge nitidamente, portanto, a orientação segundo a qual não só a motivação não exprime os motivos pelos quais o juiz decidiu, mas também se encontra tão

---

p. 56 ss.; Green, op. cit., p. 53; Reich, op. cit., p. 92. Em sentido crítico, conforme Robinson, *Law and the Lawyers*, New York, 1935, p. 139 ss.

[54] Sobre o segundo ponto, especialmente Frank, *Courts on Trial*, cit., p. 170 ss. A tese da inutilidade da análise da motivação para o conhecimento das razões reais da decisão não resulta normalmente formulada com clareza. Todavia, essa está presente, especialmente entre os *fact-skeptics*, seja porque nenhum desses se encontra orientado à tese contrária, seja porque essa última é logicamente excluída pelo modo com que normalmente é enunciada a distinção entre motivos reais e motivos expressos.

[55] Nesse sentido, especialmente Frank, *Law and the Modern Mind*, cit., pp. 123 ss., 159 ss. Uma sugestão especial desse tipo resulta, todavia, de todo incongruente, seja na ordem de ideias propostas pelo Autor, seja em linha de princípio e para além desse. Do primeiro ponto de vista, é absurdo exigir que a motivação espelhe os processos psíquicos do juiz depois de sublinhar-se de forma decidida exatamente os múltiplos elementos de irracionalidade, ambiguidade e de incontrolabilidade de semelhantes processos, bem como o fato de semelhantes processos operarem na esfera do inconsciente, situando-se para além de qualquer possibilidade de análise racional. As atenuações que se encontram nas obras mais recentes do mesmo Autor (conforme *Courts on Trial*, cit., pp. 165 ss., 183) não chegam de qualquer modo a eliminá-la. Do segundo ponto de vista, a sugestão é igualmente absurda, porque a sua concretização é impossível: o juiz não pode (e ainda que pudesse seria provavelmente inoportuno) voltar a percorrer ao inverso todas as etapas de um processo psíquico que, como tal, permanece em boa medida ignorado nos seus componentes decisivos; de outro lado, uma hipotética motivação desse gênero seria inútil, porque não faz sentido falar de controle de validade e correção *do processo psíquico* mediante o qual o juiz chegou à decisão (nesse sentido, conforme Wróblewski, *Legal Decision and Its Justification*, in *Le raisonnement juridique*, cit., p. 410, e já Adler, *Legal Certainty*, in 31 *Col. L. R.*, 1931, p. 91 ss.).

[56] A expressão é devida a Rumble, op. cit., p. 79.

afastada, e constitui algo tão "diferente", que não se encontra em condições de revelar sequer indiretamente ao observador quais podem ser semelhantes motivos.[57] A motivação, portanto, é vista como um mero fato, que pode ter consequências sobre outros planos (por exemplo, para fixar um precedente dentro do sistema do *stare decisis*), mas que permanece "muda" em relação às causas efetivas que determinaram a decisão.

B) A aproximação psicológica

Essas teses extremas, cujo radicalismo deriva ao menos em parte do fato de terem sido formuladas no curso de uma viva polêmica, parecem, se consideradas em um momento cultural diferente, um tanto discutíveis. Isso não impede, contudo, de reconhecer nessas uma decidida, nada obstante nem sempre clara, formulação de uma orientação que desvaloriza a motivação como instrumento para o conhecimento da gênese real da decisão.

Trata-se, porém, de uma orientação muito difundida igualmente para além do movimento realista, ainda que assaz pouco claramente enunciada e analisada nas suas implicações. Para permanecer no plano das meras constatações, a área de difusão da orientação em questão pode delinear-se ao longo de outras duas direções, que têm em comum a ausência de explícitas tomadas de posição (o que obriga a falar apenas de orientações e não de teorias).

A primeira é constituída da série sempre mais ampla de opiniões críticas a respeito da tradicional identificação entre motivos expressos e razões efetivas da decisão. Na medida em que, como de regra ocorre, tais opiniões são expressas com acenos vagos e confusos, e não oferecem uma análise direta do problema, permanece aberta a hipótese que diante de tais acenos exista, ou possa existir, o convencimento de que a leitura da motivação constitua uma operação de qualquer modo irrelevante para o conhecimento da gênese da decisão. Seja como for, tratando-se de meras ilações, não vale a pena aprofundar a análise e basta apontar a difusão de semelhante genérica orientação.

A segunda direção em que essa tipicamente se manifesta, de maneira um pouco mais clara, consta essencialmente de dois endereços presentes no campo das teorias ligadas à natureza da decisão judicial: de um lado, existe a orientação centrada em uma análise puramente psicológica da decisão;

---

[57] A propósito, chega-se mesmo a afirmar (Frank, *Courts on Trial*, cit., p. 170) que quando o juiz começa a analisar, na motivação, os atos de percepção e intuição que se encontram à base da decisão, o resultado que daí deriva não é outro que uma falsificação. Em sentido crítico a respeito, conforme, por último, Halper, *Logic in Judicial Reasoning*, in 44 *Ind. L. R.*, 1968, p. 38 ss.

de outro, existe uma orientação centrada em uma análise prevalentemente filosófica, fundada, porém, sobre premissas de fundo de caráter irracional. Do primeiro ponto de vista, pode-se observar que em geral a reconstrução da estrutura psicológica do procedimento com que o juiz chega à decisão não incide sobre o problema – igualmente psicológico – da relação entre a situação do juiz que decide e aquela do juiz que motiva a decisão. Permanece da mesma forma não tratado igualmente o problema conseguinte consistente em saber se a motivação pode ou não fornecer elementos de qualquer modo úteis para análise psicológica da decisão.[58] Provavelmente, isso deriva do fato que não se estudou a estrutura psicológica de determinadas decisões para as quais a motivação teria constituído um trâmite indispensável, mas tentou-se delinear as características psicológicas salientes na decisão judicial em geral, partindo-se das noções gerais fornecidas pela psicologia a respeito do tema da solução individual de conflitos entre escolhas alternativas, sem se corroborar a pesquisa com análises experimentais.

C) A aproximação irracional

Na perspectiva das doutrinas irracionais da decisão judicial, o ponto que se encontra posto em maior evidência é normalmente aquele ligado à distinção entre motivos expressos e razões efetivas da decisão – e nem poderia ser diferente, tendo em conta que quem parte do pressuposto da irredutibilidade das escolhas que estão à base da decisão a qualquer forma lógica, não pode senão negar a correspondência entre a natureza de tais escolhas e a genérica característica de racionalidade que a motivação tende a assumir. Entende-se que a distinção em exame não implica sempre uma concepção irracionalística da decisão, nem remete particularmente de forma inevitável a premissas metafísicas de tipo irracional (ver-se-á adiante como essa poderá conciliar-se bem, e inclusive favorecer, com uma visão racional da decisão e da motivação). Parece impossível, ao invés, uma concepção irracionalística da decisão que não parta de semelhante distinção e, de fato, é fácil perceber que toda vez que aflora um componente antirracionalista na teoria da decisão, ao mesmo tempo é colocado em crise o tradicional nexo de correspondência entre motivação e gênese real da decisão. De outro lado, importa ter presente que tomadas de posição dessa ordem aparecem não em sede de análise daquilo que é ou deveria ser a motivação, mas sim no âmbito da formulação de teorias inerentes à natureza do juízo ou à natureza da decisão judicial.

---

[58] O exemplo mais recente e indicativo é o estudo de WEIMAR, várias vezes citado, no qual é realizada uma análise assaz penetrante da estrutura psicológica da decisão judicial (conforme, especialmente, as pp. 29 ss., 69 ss., 112 ss., 193 ss.), mas nele falta qualquer aceno ao tema que aqui interessa.

Evidentemente, porque sob a genérica etiqueta de teorias irracionalistas da decisão agrupam-se diferentes tendências (amalgamadas tão-somente pela polêmica antirracionalista), diversas foram as vias pelas quais se afrontou o problema da motivação.

Uma primeira orientação, que se poderia chamar de "irracionalismo psicológico", tende a colocar em evidência como por debaixo dos esquemas lógicos com que tradicionalmente descreve-se a decisão, existe, em verdade, uma realidade psicológica que não se deixa reduzir em qualquer forma lógica. Consequentemente, nega a possibilidade de construir modelos racionais confiáveis da decisão, concebendo a motivação como um acréscimo falsamente racionalizante ou como uma mera tentativa, nada obstante de impossível realização, de calar em formas lógicas o processo irracional de decisão.[59]

Uma segunda orientação, que se poderia chamar de "irracionalismo filosófico-axiológico", tende a delinear a atividade do juiz à base de categorias filosóficas estranhas e contrastantes com aquelas sobre as quais se funda a construção de modelos lógicos e racionais do juízo, colocando como pano de fundo do juízo jurídico uma escolha de natureza intuitiva,[60] negando-se a sua possibilidade de redução a esquemas racionais discursivos. O acento axiológico desse tipo de doutrina irracionalista do juízo jurídico está em que a natureza fundamental das escolhas realizadas pelo juiz é individualizada no juízo de valor, dele excluindo, porém, qualquer possibilidade de análise mediante categorias racionais, empregando noções absolutas, naturalistas ou imanentistas do conceito de "valor".[61] Também aí, substancialmente, a tipologia das atividades intelectuais do juiz reduz-se ao monotipo da intuição, distinguindo-se pelo fato de o objeto da intuição do juiz constituir-se essencialmente em um valor. Colocando-se de tal modo o ato decisório no plano

---

59 Como já visto, a formulação mais clara e também mais extrema dessa orientação remonta a alguns expoentes do realismo estadunidense. Todavia, essa encontrou manifestações não desconsideráveis também na Europa, malgrado as profundas diferenças existentes sob os pontos de vista cultural e científico. De lado a corrente do realismo escandinavo, em larga medida ligada à orientação homônima estadunidense (e sobre as teses sobre o problema em exame, conforme Ross, op. cit., pp. 128 ss., 137 ss., 143 ss.), a ordem de ideias descrita no texto apresenta uma difusão mais ou menos relevante e relativamente desvinculada de tendências doutrinárias, jurídicas ou filosóficas específicas. A propósito, conforme capítulo I.

60 Nessa ordem de ideias insere-se principalmente a teoria do juízo de Carnelutti, que teve grande relevo no pensamento jurídico italiano, seja porque foi ampla e repetidamente elaborada pelo seu autor, seja por ter sido, em substância, a única tentativa considerável – ao menos entre os processualistas – de aprofundamento do problema. Sobre o tema, conforme as referências na nota 27 do capítulo I.

61 No nosso país, essa orientação encontrou sua principal expressão no pensamento de Capograssi e naqueles que recentemente receberam suas linhas fundamentais (vide referências *ante*, capítulo I, nota 28).

do não racional ou do não racionalizável – como aquele do absoluto ou do valor transcendente ou imanente como objeto da intuição – é claro que a motivação, com os seus inevitáveis traços de logicidade e de discursividade, não pode ser senão concebida como qualquer coisa de estranha, de fictícia e, no fundo, como algo irrelevante do ponto de vista da teoria do juízo.[62]

A terceira orientação diferencia-se das outras duas pela ausência de premissas científicas ou filosóficas que possam ser consideradas seriamente e pelo fato de ver no antirracionalismo uma cômoda via de fuga dos vários problemas que as mais difundidas concepções do juízo deixam em aberto. Semelhante orientação merece o nome de "irracionalismo ingênuo" ou mesmo "tosco". Não valeria analisá-lo de forma específica não fosse muito difundido, especialmente entre aqueles que rejeitam as tradicionais teorias silogísticas sem entrever teorias alternativas. De certo modo, porém, essa orientação não é outra coisa senão a versão superficial e simplista das mais sofisticadas teorias psicológicas ou axiológicas do juízo.

A conotação mais característica de semelhante orientação consiste em entender que a decisão não é deduzida, construída ou de qualquer modo logicamente derivada pelo juiz de determinadas premissas, mas que essa é intuída e criada pelo juiz mediante qualquer coisa que normalmente é indi-

---

62 Dessa perspectiva, destaca-se nitidamente um dos mais convictos epígonos da doutrina capograssiana, o qual chega a afirmar que a motivação não é outra coisa que a expressão direta das valorações que o juiz efetivamente realizou para formar a decisão (conforme Massa, op. cit., p. 244 s.). A consistência dessa afirmação deve ser medida, porém, à luz dos seus pressupostos, entre os quais é essencial a negação da separação filosófica entre fato e valor e a afirmação da objetividade metafísica do juízo de valor ("a análise do procedimento mental do juiz mostra que esse se desenvolve mediante uma série de juízos de valor que não dependem da subjetividade do intérprete e são, pelo contrário, impostos pelas estruturas ontológicas da realidade", ibid., p. 244). Tendo em conta que o raciocínio do juiz seria composto exclusivamente de juízos desse tipo, e diante da necessidade de salvar o princípio da controlabilidade do trabalho do juiz mediante a análise da motivação, o Autor encontra-se na contingência de concluir no sentido já indicado, afirmando que o controle da motivação implica diretamente controle sobre a decisão (vide ibid., p. 245). A propósito, seria possível propor um grande número de considerações críticas, mas nessa sede vale a pena limitar-se, por brevidade, ao aceno somente a algumas: 1) sobre a unidade de fato e valor e a tese da objetividade ontológica do juízo de valor encontram-se pesadíssimas hipotecas filosóficas (idealismo, espiritualismo, metafísicas de vários gêneros), que devem ser desde logo rejeitadas; 2) esse modo de impostar a questão ignora completamente toda a problemática que sobre a natureza dos juízos de valor vem sendo desenvolvida há tempo, isso para não remontarmos a Hume, sobre o plano lógico e epistemológico; 3) a perspectiva em exame não leva em consideração a natureza linguística da motivação e, portanto, nela não individualiza nem a estrutura, nem o significado – e não menos relevante resulta a consideração da natureza lógica da motivação; 4) a superação da doutrina tradicional, que propunha a coincidência entre a estrutura da motivação e a estrutura da decisão, acabava propondo a coincidência entre motivação e decisão: a superação, assim, é somente aparente e revela toda a sua característica de pseudossolução meramente verbalística.

cada com expressões do tipo "senso jurídico", "senso de justiça", "intuição jurídica"[63] e outras análogas (como *judicial hunch*,[64] *Rechtsgefühl*[65] etc.). Pois bem, nada impediria de empregar legitimamente locuções desse gênero, acaso fosso possível estabelecer com um mínimo de confiabilidade e precisão os seus respectivos significados. Vice-versa, o implícito reenvio a noções do senso comum que essas parecem conter não servem a semelhante escopo. O resultado é que temos aí, evidentemente, pseudoconceitos empregados com a tentativa de dissimular a ausência de uma concepção articulada do juízo e que permanecem no âmbito de um genérico subjetivismo – de um tipo mais impressionístico do que científico.

5. ÊXITO E RELEVÂNCIA GERAL DA INTERPRETAÇÃO DA MOTIVAÇÃO COMO FONTE DE INDÍCIOS

A descrição dos modos pelos quais a motivação pode ser considerada como "fato", seja como indício, seja como fato não significativo, não tem, como se disse inicialmente, apenas um fim de completude expositiva, mas é derivada da constatação de que alguns pontos problemáticos muito importantes para o estudo da motivação foram focados exatamente quando se pode abandonar a tradicional concepção da motivação como pura e simples prestação de contas do *iter* lógico que o juiz deveria ter seguido para chegar à decisão. Importa agora referir-se àqueles aspectos relevantes que foram colocados em evidência na perspectiva da motivação considerada como fato e, especialmente, como indício, não só pela intrínseca importância que esses revestem em linha geral, mas especialmente porque considerá-los é indispensável para a própria individualização daquilo que é e daquilo que deve ser a função da motivação.

Nesse sentido, o primeiro ponto que deve ser sublinhado é que a fruição de elementos contidos na motivação como indícios e, especialmente, a pluralidade de modos com que semelhante fruição pode ser articulada, representa uma relevante comprovação da distinção entre motivos expressos

---

63 Conforme, por exemplo, GIULIANO, op. cit., p. 52 ss.; HÉBRAUD, in *Logique judiciaire, 5º Colloque des Istituts d'Etudes Judiciaires*, Paris, 1969, p. 46 ss.; SOULEAU, ibidem, p. 61 ss. Para negação do "senso de justiça" intuitivo como critério de decisão, conforme, por exemplo, STONE, *Human Law and Human Justice*, Stanford, Calif., 1965, p. 314 ss.

64 Conforme FRANK, *Courts on Trial*, cit., p. 170; GUEST, *Logic in the Law*, in *Oxford Essays in Jurisprudence*, Guest ed., Oxford, 1961, p. 187; HUTCHESON, op. cit. Sobre a teoria do *judicial hunch* e para a exclusão de sua utilidade como critério de decisão, conforme, por último, SINCLAIR, *Legal Reasoning: In Search of an Adequate Theory of Argument*, in 59 *Calif. L. R.*, 1971, p. 825 ss.

65 Para uma tentativa de definição da noção psicológica de *Rechtsgefühl*, conforme WEIMAR, op. cit., p. 103 ss. Sobre o assunto, conforme, de outro lado, RIEZLER, *Das Rechtsgefühl. Rechtspsychologische Betrachtungen*, II Aufl., München, 1946, p. 26 ss.

e razões reais da decisão. Semelhante distinção está implícita em uma série de diversos pontos de vista sobre a motivação e de fato essa, restringindo cada vez mais o campo de adesões à concepção tradicional, acabou tendo, especialmente em termos doutrinários, uma ampla difusão. Todavia, à difusão de semelhante concepção não se seguiu uma análise das implicações que logicamente dela descendem: de um lado, essa acabou se exaurindo rapidamente em um lugar comum, isto é, em um genérico e superficial ceticismo a respeito da possibilidade de instaurar-se uma relação lógica entre motivação e decisão; de outro, no âmbito das teorias do juízo, a distinção em exame acabou levando quase que exclusivamente à legitimação do desacoplamento da problemática relativa à motivação daquela concernente à decisão.

Pois bem, a análise da motivação como fonte de indícios significativos concernentes à decisão ou atinente à orientação do juiz, enquanto por um lado recupera a distinção entre razões reais e motivos expressos em uma perspectiva operativa (porque não elimina um dos termos da distinção, mas instaura entre esses uma conexão lógica inferencial), leva a própria distinção do plano das asserções apriorísticas inarticuladas àquele das hipóteses de trabalho empregadas com função heurística. Substancialmente, as pesquisas até agora conduzidas nesse sentido não só produziram uma série de conclusões interessantes a respeito do modo como a decisão é obtida pelo juiz, mas, em um plano mais amplo, demonstraram concretamente a insustentabilidade da posição que, implícita ou explicitamente, afirma a coincidência entre a estrutura da motivação e aquela da decisão. Se se tem em conta tudo isso, resulta claramente que a distinção em exame não constitui somente um aspecto de algumas teorias do juízo ou uma hipótese de trabalho utilizável somente nas pesquisas de caráter sociológico, mas sim um pressuposto de ordem geral que deve ser levado em consideração qualquer que seja o ponto de vista que se adote para análise da motivação. Em consequência, essa tem relevo não somente dentro das perspectivas que consideram a motivação como indício ou como mero fato não significativo, mas também, e especialmente, quando se analisa a motivação como um signo em sentido próprio e como ato do juiz submetido a um determinado regime normativo.

O segundo ponto que deve ser sublinhado, e que dá lugar a considerações em boa parte análogas, atine à presença e ao papel que no âmbito da decisão desenvolvem os juízos de valor formulados pelo juiz, bem como as consequências daí acarretadas para a estrutura da motivação. A função dos juízos de valor na interpretação jurídica e na estrutura da decisão representou, como é notório, o objeto de penetrantes estudos teóricos, bem como o centro dos debates realizados a respeito dos componentes ético-ideológicos das escolhas que o juiz realiza. Essa perspectiva traduziu-se mais em um movimento de opinião que em uma teoria do juízo – de qualquer modo, porém, obteve uma difusão tal que logrou colocar profundamente em crise o tradicional modelo puramente lógico-formal da decisão, enquanto, nada obstante de forma normalmente superficial e episódica, assumiu relevância decisiva o perfil valorativo da atividade do juiz. Todavia, o aparecimento dessa ordem de problemas acabou por provocar não tanto o aprofundamento da distinção entre motivação e decisão real, mas sim a renúncia à análise do primeiro fenômeno e a concentração da atenção sobre o segundo, bem como uma profunda ruptura da sua respectiva coligação lógica. Acrescente-se a isso que o problema da atividade valorativa do juiz foi prevalentemente considerado do ponto de vista geral da teoria da interpretação ou do juízo[66] mais do que na perspectiva da análise das valorações concretamente realizadas em cada um dos casos, orientação que evidentemente influenciou na relegação do problema da motivação a um segundo plano. Vice-versa, as tentativas de utilizar a motivação como indício para reconstrução das escolhas de valor efetuadas pelo juiz colocam-se em uma perspectiva orientada para dois objetivos: de um lado, a pesquisa concreta que identifica em cada um dos casos concretos a existência e as características peculiares de semelhantes escolhas constitui uma comprovação significativa da tese, normalmente enunciada apenas em linha de princípio, sobre a existência e o papel dos juízos de valor no contexto da decisão; de outro, recupera-se em uma perspectiva particular a relação entre decisão e motivação, ao menos sob o ponto de vista específico da escolha valorativa. Semelhante perspectiva não é, evidentemente, aquela da coincidência ou da perfeita sobreposição entre os dois fenômenos, mas articula-se em dois diferentes significados: primeiramente, afirma-se a possibilidade de a motivação oferecer elementos idôneos para identificação das escolhas valorativas realizadas pelo juiz em sede decisória; ainda, rejeitando a imagem da motivação como simples prestação de contas do *iter* lógico e psicológico realizado pelo juiz, admite-se que os juízos de valor encontram uma expressão no nível expresso da motivação. No limite, aliás, parece subsistir uma implícita tendência a entender que exatamente aonde a motivação exprime ou deixa transparecer juízos de valor existe um ponto de contato, ou de particular proximidade, entre a motivação e as razões reais da decisão.

De outra parte, é fácil compreender que o problema dos juízos de valor é uma espécie de banco de provas das possíveis teorias da motivação: se se adota uma concepção que tende a coincidir a motivação com a estrutura da decisão, surge o problema de conciliar a existência de juízos de valor na decisão com a sua respectiva ausência ou inadequada expressão no contexto da motivação. Se, pelo contrário, parte-se da distinção entre motivação e razões reais da decisão, importa resolver logo em seguida a questão de se

---

66 Conforme, essencialmente, Caiani, *I giudizi di valore*, cit., p. 133 ss.; Id., *Formalismo e empirismo nella scienza del diritto*, in *Riv. trim. dir. proc. civ.*, 1953, p. 107 ss.

e como de fato a escolha de valor realizada pelo juiz possa ou deva encontrar adequada expressão no âmbito do discurso justificativo que constitui a motivação. Evidentemente, a solução de problemas dessa ordem influencia de modo determinante, de seu turno, a definição do papel que a motivação pode desenvolver como fenômeno de relevância social e política – além de jurídica.

Reenviando a fases ulteriores da pesquisa um tratamento mais adequado desses temas, parece suficiente sublinhar, como conclusão do quadro delineado até agora, de que modo os dois pontos já examinados podem condicionar o estudo da motivação.

Em síntese, semelhante condicionamento opera desse modo: enquanto os dois pontos em questão colocam-se exclusivamente no quadro de uma teoria ou de uma ideologia do juízo ou da função do juiz, permanece sempre possível rejeitar as consequências que desses mesmos pontos descende – sejam teóricas ou práticas – mediante a adoção explícita ou implícita de uma diferente teoria ou ideologia do juízo, que não envolva assertivas desse tipo. Substancialmente, isso é que ocorre toda vez que a doutrina, e mais correntemente a jurisprudência, persiste na afirmação de que a motivação não é e não pode ser outra coisa que a fiel prestação de contas da atividade intelectual realizada do juiz para chegar à decisão – e, por consequência, nega que na própria decisão possa existir alguma coisa a mais ou diferente da concatenação de passagens lógicas expostas pelo juiz na motivação.

Todavia, quando os pontos em questão deixam de ser meras hipóteses teóricas e, valendo-se de um adequado *corpus* de confirmações empíricas, tornam-se dados cognitivos objetivos, não podem mais ser colocados entre parênteses por uma diferente escolha teórica ou ideológica – e a própria capacidade de uma teoria da motivação de compreender e explicar organicamente tais dados torna-se um dos critérios para aferir a validade e a confiabilidade dessa própria teoria.

CAPÍTULO III

A MOTIVAÇÃO COMO DISCURSO JUSTIFICATIVO

1. A interpretação da motivação como signo em sentido próprio; A) Significado e estrutura do discurso; B) Fatores lógicos e retóricos no contexto da motivação; 2. Motivação e razões reais da decisão; A) A motivação como discurso de significado mais amplo; B) A motivação como discurso de significado menos amplo; C) O raciocínio justificativo como significado próprio da motivação; 3. Logicidade do Juízo e da motivação; A) Logicismo e antilogicismo nas concepções do Juízo; B) Sobre os sofismas logicistas e antilogicistas; C) O papel da lógica no raciocínio do Juiz; D) A distinção entre lógica do Juízo e lógica da motivação; E) Logicidade e valoratividade do raciocínio do Juiz.

1. A INTERPRETAÇÃO DA MOTIVAÇÃO COMO SIGNO EM SENTIDO PRÓPRIO

No capítulo precedente realizou-se uma tentativa de arrolamento e classificação, necessariamente não taxativa, dos modos de configuração da motivação que têm em comum o fato de deixarem de lado a função justificativa que essa tipicamente desenvolve no âmbito da sentença, bem como o seu papel de signo em sentido próprio. Evidentemente, o fato de semelhantes aproximações não tomarem em consideração a motivação como signo em sentido próprio não implica que essa abordagem seja totalmente estranha a essas. De outro lado, a presença de um ou mais momentos de individualização do significado próprio do discurso que constitui a motivação não basta para transformar as aproximações examinadas em modos de interpretação da motivação como signo em sentido próprio – e isso por duas razões, além de motivos ligados à natureza do procedimento de análise que esses requerem (entre os quais é essencial a livre escolha de cânones de interpretação não convencionais). A primeira é que no âmbito de semelhantes aproximações, a individualização do significado próprio da motivação não é um objetivo típico da interpretação, mas tem somente um papel instrumental, que serve para recortar o quanto da motivação deve ser assumido como indício. A segunda é que no âmbito dessas mesmas aproximações, tendo a conta a respectiva pluralidade e a diversidade dos cânones interpretativos empregáveis, aquilo que normalmente é assumido como indício não é a motivação como um todo, mas uma ou mais de suas partes, mais ou menos amplas e escolhidas segundo critérios de oportunidade variáveis. A perspectiva da motivação como signo em sentido próprio, que ora importa enfrentar como premissa à análise da motivação como ato do juiz, diferencia-se das aproximações anteriormente descritas especialmente com relação a essas questões agora recordadas.

Antes de qualquer coisa, como deriva da própria noção geral de signo linguístico em sentido próprio,[1] semelhante perspectiva propõe-se a individualizar, entre todos os possíveis significados que podem ser reconduzidos à motivação em consonância com os diversos tipos de interpretação, o seu significado próprio. Isso pressupõe que a motivação seja compreendida como discurso elaborado pelo juiz com o objetivo de tornar expresso certo conjunto de significados – e isso determina a configuração da motivação como instrumento de comunicação, inserido dentro de um procedimento comunicativo que tem origem no juiz e encontra-se direcionado a informar as partes – e também o público em geral – a respeito daquilo que o juiz quer exprimir. Já se observou[2] que a voluntariedade presente nesse processo não deve ser entendida para além dos limites que lhe são próprios: o "fechamento" do discurso em que se consubstancia a motivação e a sua conseguinte despersonalização fazem com que essa não exprima necessariamente tudo que o juiz teve vontade de exprimir, mas somente aquilo que o intérprete está em condições de "compreender". Porém, a voluntariedade assume um relevo determinante na medida em que reclama a condição peculiar da interpretação do signo em sentido próprio, que está no emprego, por parte do intérprete, de cânones convencionais. Observe-se que justamente a convencionalidade de semelhantes cânones (ausente no critério livremente escolhido por quem se coloca a interpretar um indício) constitui o nexo estrutural que liga a "vontade de significar" de quem cria o discurso e a "capacidade de interpretar" de quem o recebe, representando o quadro semântico de leitura da motivação como signo em sentido próprio. O segundo aspecto

---

1 Sobre as características gerais de tal conceito, vide *supra*, cap. I, § 4, b).

2 Conforme cap. I, § 3.

sob o qual esse tipo de interpretação distingue-se daqueles examinados precedentemente concerne à identificação daquilo que constitui o objeto da interpretação. Enquanto uma das características comuns aos pontos de vista que consideram a motivação como fonte de indícios consiste no fato de que, em regra, se consideram significantes uma ou mais partes ou aspectos da motivação, a determinação do seu significado próprio pressupõe que na qualidade de signo essa venha assumida na sua totalidade. A necessidade e a utilidade de considerar o significado global da motivação no âmbito da sentença poderiam ser largamente justificadas, mas não parece ser o caso de aprofundar muito o tema, dada a banalidade da sua constatação, não tendo sentido perguntar-se que coisa o juiz expressou mediante a motivação senão pressupondo uma interpretação completa do discurso que materialmente a constitui.

A referência à motivação na sua totalidade contém, no entanto, algumas implicações que devem ser brevemente desenvolvidas.

A primeira é que apenas por convenção e por comodidade de linguagem pode-se referir à motivação como "um" signo linguístico dotado de "um" significado próprio. Em realidade, como já se observou inúmeras vezes, o fato de a motivação ser um discurso implica sua cindibilidade em partes, cada qual dotada de certa autonomia estrutural, lógica e semântica. Daí decorre que a motivação não deve ser vista como um todo unitário e homogêneo, mas como um conjunto de entidades que se diferenciam entre si por determinados aspectos heterogêneos: tratando-se de um discurso, entendido como conjunto de proposições, pode-se definir a motivação como um conjunto de signos linguísticos, ou mesmo como um signo complexo, conforme se pretenda evidenciar a variedade dos seus componentes ou a respectiva colocação desses nesse mesmo conjunto. Significado próprio da motivação, então, é o conjunto dos significados expressos pelos seus componentes – devendo-se ter presente, contudo, que o significado global do discurso é qualquer coisa a mais e diferente da simples soma dos significados que podem ser conferidos a cada uma das proposições particulares, seja porque esses devem ser vistos em função do objeto do próprio discurso, seja em virtude de fenômenos de integração, delimitação e transposição que investem sobre os significados das proposições específicas.[3]

De outro lado, importa relevar que a motivação não é um conjunto casual ou caótico, mas uma série de proposições que, nada obstante não serem particular e totalmente ligadas por um vínculo de rígida e convincente concatenação lógica, tendem, todavia, a ser articuladas de acordo um prin-

---

[3] Para uma análise rigorosa das modalidades de determinação do significado em função do contexto do discurso, conforme Greimas, *Semantica strutturale*, cit., pp. 136 ss., 158 ss.

cípio ordenador, cuja eficácia estruturante pode ser mais ou menos intensa conforme cada um dos casos.

A) Significado e estrutura do discurso

Para ilustrar de forma mais apropriada a importância de semelhante princípio, é oportuno partir da noção lógico-semântica de "contexto", que indica o sistema de correlações em que o signo particular que se pretende interpretar vem, ou vem a ser, inserido. No plano da teoria semiológica já se explicitou suficientemente o papel determinante que o contexto assim entendido desenvolve sobre o significado de cada signo linguístico[4] – e isso autoriza a não insistir mais sobre o ponto.

A propósito, e sempre sob o perfil da motivação entendida como signo linguístico complexo, observe-se que a noção de contexto desempenha um papel operativo em dois níveis distintos. Em um primeiro e mais geral, o contexto em que a motivação se insere é aquele da sentença: em verdade, trata-se de um contexto estruturalmente assaz simples, porque consta essencialmente da correlação entre motivação e decisão – todavia, é no âmbito dessa correlação que se determina a função instrumental que a motivação desempenha na sentença. A instrumentalidade da motivação com relação à decisão pode ser vista sob diversos aspectos (entre os quais reveste particular interesse aquele da motivação como base para a determinação do exato conteúdo da decisão),[5] mas aquele que aqui tem maior importância atine à função justificativa que a motivação é tipicamente destinada a desempenhar concernente à decisão.

A incidência de semelhante contexto-função em um nível global está em que uma indispensável chave de leitura do significado da motivação é aquele centrado sobre o fato de a motivação tender a fornecer uma justificação da decisão. Em substância, tal incidência manifesta-se na medida em que a motivação tem de ser lida preferencialmente como um discurso que visa a justificar (convalidar, racionalizar, tornar aceitável) a decisão –

---

[4] Sobre o assunto, URBAN, *Language and Reality*, London, 1951, p. 232; SCHAFF, *Introduzione alla semantica*, cit., pp. 124, 258, 281. Sobre a noção de contexto como situação significante, OGDEN-RICHARDS, op. cit., p. 83 ss.

[5] As principais manifestações desse tipo de instrumentalidade são duas: a primeira, típica, mas não exclusiva, dos sistemas de *civil law*, atine ao uso da motivação para interpretação do *decisum* (conforme, por todos, DENTI, *L'Interpretazione della Sentenza Civile*, cit., p. 43 ss.); a segunda, típica, mas não exclusiva dos sistemas de *common law*, concerne ao uso da motivação para determinação da *ratio decidendi* como princípio vinculante do *stare decisis*. Trata-se, porém, de modalidades de utilização que não investem diretamente sobre o problema da motivação e, mais propriamente, pressupõem-no resolvido.

deixando-se de lado leituras orientadas para diferentes direções[6] – e com uma implícita determinação dos cânones de interpretação adequados à estrutura justificativa do discurso.

O segundo nível de incidência do fator contextual não concerne às relações que implicadas na motivação, mas à própria estrutura interna da motivação. O fato de que essa é destinada a desempenhar no âmbito da sentença uma função justificativa implica que se deve ser sob essa luz o princípio ordenador interno a que se acenou *supra* em linhas gerais. Isso quer dizer que as proposições e os grupos de proposições que compõem a motivação tendem a nela se articular segundo uma ordem lógico-justificativa, constituindo semelhante ordem o modelo estrutural de todo o discurso. A incidência do fator contextual-funcional sobre a interpretação dos signos compreendidos na motivação resulta evidente se se consideram mais de perto os papéis lógico-semânticos que esses desempenham em semelhante âmbito.

Como será visto mais amplamente em seguida, o ser do esquema da motivação modelado conforme uma estrutura justificativa implica proeminência de dois perfis: um atine à presença de um conjunto ordenado de correlações lógicas entre as proposições ou grupos de proposições, o outro atine à presença de componentes não estritamente lógicos, mas de natureza retórico-argumentativa.

B) Fatores lógicos e retóricos no contexto da motivação

O aspecto concernente à presença de um sistema de nexos lógicos (cujas características peculiares serão individualizadas mais adiante) é aquele que reveste maior relevo quanto à determinação da estrutura da motivação. Antes de qualquer coisa, o esquema lógico do discurso, consistente em articulações e concatenações principalmente inferenciais realizadas com função justificativa, constitui por si só um critério geral de determinação do significado global do discurso, na medida em que representa uma regra de escolha entre os eventuais significados possíveis. Em outros termos, isso quer dizer que o significado próprio da motivação não é individualizável senão tendo presente a estrutura lógico-justificativa que lhe é própria e que semelhante significado é determinado de modo necessário por essa

---

6 O relevo do elemento funcional intrínseco à motivação atua como elemento de discriminação entre as possíveis direções de leitura, excluindo da interpretação da motivação como signo em sentido próprio aqueles que não cuidam ou deixam na sombra semelhante função. Em particular, semelhante critério de exclusão alcança: a) o uso da motivação como fonte de indícios (sobre o qual vide *supra*, cap. II, § 2); b) o uso da motivação como critério determinativo da decisão (sobre o qual vide *supra*, n. 5); c) a concepção da motivação como prestação de contas ou descrição do *iter* decisório (sobre o qual *infra* nesse capítulo, § 2).

estrutura. De outro lado, essa constitui o ponto de referência que viabiliza estabelecer se a motivação, lida no seu significado próprio, é ou não idônea para desempenhar a função de justificação da decisão que lhe é institucionalmente atribuída.

De outra parte, a estrutura lógica da motivação é determinante também quanto ao significado próprio de cada uma das proposições. De fato, a colocação de uma proposição no âmbito de um discurso estruturado segundo um esquema lógico representa o critério de individualização da função que essa desempenha nesse esquema: por exemplo, sob esse perfil é possível estabelecer se a proposição representa uma premissa (demonstrada ou empregada como hipótese de trabalho) ou uma consequência (indutiva, dedutiva, unívoca, equívoca etc.) ou mesmo ainda se se trata de uma regra ou critério de inferência (cogente, probabilístico etc.). Em segundo lugar, é claro que a individualização da função lógica que a proposição desempenha no contexto não é um fim em si mesmo, mas atine também ao significado próprio dessa mesma proposição. De um lado, tal significado é ao mesmo tempo delimitado, integrado e da mesma forma estabelecido também em relação ao significado de outras proposições. Por exemplo, o campo de significados a que se pode reconduzir certa proposição é mais ou menos amplo (ou diferente) conforme essa figure como premissa (geral ou particular) de determinado tipo de inferência ou como conclusão: no primeiro caso, existe um significado assumido de modo original (ao menos no discurso em particular) que tende a comunicar-se à conclusão da inferência com modo e intensidade diferentes de acordo com a natureza lógica da própria inferência; no segundo caso, tem-se ao invés um significado induzido (sempre em conformidade com o tipo de inferência empregada) que encontra a sua fonte na área semântica definida pelas premissas.[7] Por fim, tem-se que

[7] Conforme Wittgenstein, *Tractatus logico-philosophicus,* tr. it. de G. A. Conte, Torino, 1964, prop. 4.466: "A um determinado nexo lógico de signos corresponde um determinado nexo lógico dos respectivos significados". Quanto aos influxos da estrutura lógica da inferência sobre o significado das proposições nessa compreendidas, valham os seguintes exemplos: a) a característica tautológica que se reconhece à dedução pura implica que a conclusão dedutiva não possa ter um significado diferente ou mais amplo que o da premissa maior (sobre o perfil semântico da dedução tautológica, Weinberg, *Introduzione al positivismo logico*, tr. it., rist., Torino, 1967, p. 100 ss.); b) na inferência indutiva generalizante, em que uma série de premissas particulares funda uma conclusão geral, a área semântica dessa última é mais ampla do que aquela das premissas e das suas respectivas somas, porque, uma vez formulada a inferência, as premissas tornam-se casos particulares da conclusão; c) na inferência entre proposições particulares (correspondente ao esquema da *praesumptio hominis*, sobre o qual vide por último Taruffo, *Certezza e probabilità nelle presunzioni,* in *Foro It.*, 1974, V, 83 ss.), a passagem de uma proposição à outra integra o respectivo significado (da premissa enquanto funda a conclusão, da conclusão enquanto correlata à premissa: na presunção, fato notório e fato ignorado não são entidades semânticas independentes): quando posteriormente isso ocorre mediante uma máxima de experiência, essa é que integra ulteriormente o

considerar outro fenômeno, consistente no fato de que a própria proposição pode assumir significados ao menos em parte diferentes, quando for mais de uma vez utilizada no mesmo contexto, conforme a função lógica que essa desempenha cada vez: a determinação dos seus diferentes significados depende, pois, do tipo de relação lógica em que essa se encontra em cada caso inserida.

Considerações em parte análogas valem a respeito do relevo que no plano semântico assume o segundo principal componente de semelhante discurso, cujo caráter instrumental em relação à finalidade justificativa que a motivação persegue é igualmente evidente. Trata-se do elemento não puramente lógico estrutural, mas sim retórico – melhor: argumentativo – que está presente na motivação. Da função que semelhante elemento desempenha, e da sua distinção do nível estritamente lógico do discurso do juiz, far-se-á aceno mais adiante[8]. Aqui interessa em particular o ponto que concerne à impossibilidade de distinguir-se topograficamente no âmbito da motivação uma parte lógica e uma parte retórico-argumentativa, dado o estado de frequente comistão e intersecção em que esses dois fatores concretamente se encontram.

Essa situação, de fato, apresenta já em suas linhas gerais um relevo de caráter semântico. Por um lado, assim como influencia sobre o significado próprio de uma proposição o fato de encontrar-se inserida em uma determinada estrutura lógica, é igualmente influente o fato de não se encontrar inserida em semelhante estrutura, mas sim colocada em um plano meramente argumentativo. Em substância, a colocação da proposição define igualmente a sua posição na motivação e, portanto, opera também aqui a incidência do contexto sobre o significado próprio de cada proposição. Por outro, a presença, na motivação, de fatores retórico-argumentativos tende a influir também sobre o significado das proposições dotadas de função lógica, seja porque pode ocorrer que uma mesma proposição tenha ao mesmo tempo valor lógico e retórico, seja porque o elemento retórico pode operar no sentido de ulteriormente integrar, modificar ou delimitar o significado próprio da proposição.[9]

---

significado das proposições particulares. Sobre os modelos lógicos dos tipos de inferência ora lembrados, TARUFFO, *Studi*, cit., pp. 192 ss., 221 ss., 231 ss.; sobre a tipologia das relações entre os campos (também) semânticos de proposições, e sobre as consequências relativas à estrutura lógica da inferência, conforme WEINBERG, op. cit., p. 374 ss.; WITTGENSTEIN, op. cit., prop. 4.463 ss.; WAISMANN, op. cit., p. 374 ss.; sobra a semântica lógica, conforme por último as indicações de SCARPELLI, *Semantica giuridica*, cit., p. 6 ss.

[8] Vide *infra* cap. IV, § 2, e cap. V, § 3.

[9] As eventualidades acenadas no texto colocam em evidência como no âmbito da motivação (e analogamente dentro de quaisquer discursos não formalizados) a distinção entre elemento lógico e elemento retórico-argumentativo, indispensável no plano teórico, não se reproduz

Passando posteriormente a considerar de modo autônomo o perfil retórico-argumentativo, é possível colocar em evidência a sua importância com relação à determinação seja do significado global do discurso, seja de cada um de seus componentes.

Sob o primeiro perfil, o elemento argumentativo determina o significado global da motivação na medida em que, de um lado, é coessencial à estrutura justificativa que essa possui (genericamente falando, pode-se dizer que a presença do fator argumentativo acentua a distinção da motivação como discurso justificativo do modelo lógico da demonstração),[10] e, de outro, introduz na motivação um componente ulterior, que se realiza na capacidade de persuasão que a motivação pode manifestar.

Isso implica ampliação dos cânones de interpretação do significado global da motivação, exatamente porque comporta uma integração das suas finalidades e das suas potencialidades e, consequentemente, termina por influir, tanto no sentido da extensão como naquele da diversificação em relação ao emprego de critérios puramente lógicos, também no campo dos "conteúdos" que a motivação tem condições de exprimir. De outro lado, emerge também aqui uma influência do fator argumentativo no sentido de relativizar (em função do ambiente social e cultural) e de historicizar (diferenciando-se conforme a época ou o momento histórico-político) o significado geral que a motivação exprime.

Sob o segundo perfil, atinente ao significado de cada um dos elementos (proposições ou grupos de proposições) que compõem o discurso argumentativo, a estrutura argumentativa do discurso tem igualmente uma incidência relevante, partindo-se sempre do pressuposto geral de que o contexto determina o significado de cada um dos signos nele inseridos. Antes de qualquer coisa, também dentro de um contexto de natureza argumentativa o significado de cada proposição determina-se em correlação ao significado de outras proposições do contexto. Verificam-se também aqui aqueles fenômenos de recíproca delimitação e integração dos significados a que se acenou a propósito do contexto logicamente estruturado.

A esses devem ser acrescentados outros fenômenos análogos, mas típicos do discurso argumentativo (ainda que não se possa excluí-los eventualmente também no plano do discurso lógico) e de seu turno influentes sob

rigorosamente na realidade concreta do discurso. Daí descende, por outro lado, a necessidade de admitir a coexistência de um contexto lógico e de um contexto retórico dentro da motivação (a propósito, vide mais amplamente *infra*, cap. IV, §§ 2 e 3; cap. V, §§ 1 e 3), que podem ser parcialmente sobrepostos ou totalmente autônomos. Na hipótese de autonomia dos dois contextos, o significado de cada proposição é determinado pelo contexto em que essa se encontra: há hipótese de sobreposição, esse depende de ambos e igualmente do contexto que o intérprete privilegia em cada uma das leituras que realiza da motivação.

[10] Sobre o assunto, mais amplamente, conforme *infra*, cap. IV, §§ 2 e 3; cap. V, § 3.

o perfil semântico, como a repetição, a acumulação, a redundância ou a recíproca ampliação dos significados das proposições inseridas em semelhante discurso.[11] O significado de cada uma das proposições varia, portanto, em face de essa ser usada como uma premissa (para exprimir o lugar-comum a partir do qual se articular a argumentação) ou como conclusão (isto é, para exprimir o ponto para o qual se pretende induzir o consentimento do interlocutor) ou mesmo como passagem intermediária na sequência argumentativa que vai da primeira à segunda. A analogia com a situação das proposições colocadas em um contexto logicamente estruturado cessa, porém, no ponto em que se reconhece a ambiguidade e a variabilidade do significado das proposições. Enquanto a estrutura lógica, já se disse, opera como critério de resolução da ambiguidade e de determinação dos significados da proposição nas diversas fases do discurso em que essa comparece, a estrutura argumentativa não opera do mesmo modo. Uma certa medida, em verdade assaz ampla, de ambiguidade e de variabilidade semântica é intrínseca ao discurso argumentativo,[12] porque semelhantes características revelam-se substancialmente instrumentais aos fins de persuasão, sendo mais fácil obter o consentimento dos interlocutores quanto menos precisamente são definidos o objeto desse consentimento e os motivos pelos quais se o persegue.[13]

Concluindo-se as considerações até aqui expostas, vale a pena relevar que concretamente a determinação do significado próprio da motivação é extremamente mais complexa do que pode resultar dos acenos esquemáticos

---

[11] Conforme uma notória metáfora, as argumentações retóricas tendem a disporem-se não como os anéis de uma cadeia (o que é típico, do contrário, de um raciocínio demonstrativo), mas como as pernas de uma cadeira (conforme WISDOM, *"Gods", in* ID., *Philosophy and Psychoanalysis*, 1953, p. 149 ss.; STONE, *Legal System and Lawyer's Reasoning*, Stanford, Cal., 1964, p. 327): isto é, existem aí várias linhas argumentativas convergentes em direção à justificação de uma mesma conclusão. Nesse esquema explicam-se os fenômenos semânticos acenados no texto, que dependem em parte das características peculiares do discurso retórico em si considerado e em parte da situação de simultaneidade em que cada um dos argumentos se encontra no contexto: no plano semântico, as "pernas de uma cadeira" são coligadas por nexos que incidem sobre o significado próprio dos signos linguísticos pelos quais são constituídas. Para uma análise das relações entre argumentos retóricos, não conduzida em uma perspectiva semântica, mas igualmente útil para clarificar as causas dos fenômenos em exame, vide PERELMAN e OLBRECHTS-TYTECA, *Trattato dell'argomentazione. La nuova retorica,* tr. it., Torino, 1966, p. 482 ss.

[12] Sobre o assunto, PERELMAN e OLBRECHTS-TYTECA, op. cit., pp. 130 ss., 474, 537.

[13] Sob esse perfil a ambiguidade do discurso retórico não é apenas uma característica inevitável, mas também algo não necessariamente negativo (nesse sentido a observação de PERELMAN nos locais citados na nota 12), mas pode tornar-se essa mesma um expediente retórico, voluntariamente empregado para evitar as dificuldades argumentativas que surgiriam acaso o discurso não fosse ambíguo. Trata-se de um aspecto pouco relevante em um discurso que tem fins meramente persuasivos. Esse suscita, ao invés, reservas não ignoráveis se concernente a um discurso, como a motivação, que tem essencialmente fins de justificação racional e de controle de validade da decisão.

precedentes, se não por outra razão porque a distinção entre contexto logicamente estruturado e contexto argumentativo não é nítida. Em realidade, são frequentíssimas as hipóteses intermediárias em que no contexto lógico estão presentes fatores argumentativos e que no contexto argumentativo flagra-se uma estrutura mais ou menos rígida do ponto de vista lógico. A análise de semelhantes hipóteses coloca-se, porém, muito além da problemática geral da motivação, a qual postula, todavia, um ulterior aprofundamento, seja no sentido de colocar em evidência as características essenciais daquilo que se pode considerar como o significado da motivação, seja de modo mais específico no sentido de clarificar os componentes estruturais mais relevantes do discurso do juiz.

2. MOTIVAÇÃO E RAZÕES REAIS DA DECISÃO

Uma vez colocados em evidência os vários perfis segundo os quais as características estruturais do contexto da motivação incidem sobre o significado, importa agora, reenviando para mais além um exame específico de semelhantes características, definir de modo mais rigoroso que coisa deve ser entendida por "significado da motivação". Porém, não parece que o problema possa ser resolvido com a adoção de qualquer que se queira definição geral: de um lado, já se acenou várias vezes que o significado da motivação é substancialmente uma variável dependente da estrutura e da função do discurso, bem como dos critérios de interpretação que são empregados. Daí decorre, em suma, que o significado da motivação é definível somente mediante a definição das características do discurso e dos instrumentos mediante os quais esse pode ser interpretado.

De outra parte, a infinita variabilidade das situações possíveis é tamanha que torna teoricamente irrelevante qualquer constatação de cada um dos "conteúdos". Da mesma forma, uma respectiva sistematização unificante deveria necessariamente se valer dos critérios estruturais e operativos já lembrados.

Não tem sentido, portanto, propor-se de perquirir uma definição geral, positiva, absoluta do significado da motivação: faz sentido, porém, aproximar-se do fenômeno mediante definições negativas. Substancialmente, isso implica solução orgânica da questão, já várias vezes episodicamente acenada, se o significado da motivação é ou não constituído pelas "razões reais" da decisão. Anteriormente se fez referência largamente às perspectivas em que surgiu a distinção entre razões reais e motivos expressos da decisão (como, por exemplo, aquela que assume a motivação como fonte de indícios a respeito do raciocínio do juiz);[14] ora se trata de considerar as

14 Vide *supra*, cap. II, §§ 2 e 3.

razões de ordem geral que sustentam semelhante distinção, porque a sua respectiva consistência induz a excluir que o significado próprio da motivação seja representado pelos fatores que em concreto conduziram o juiz a formular a decisão.

A) A motivação como discurso de significado mais amplo

Desde um primeiro ponto de vista, pode-se afirmar que o significado da motivação não é propriamente representado pelo raciocínio do juiz, porque a motivação não exprime apenas o raciocínio mediante o qual o juiz é levado a decidir. A propósito, importa antecipar aqui a distinção, que será aprofundada adiante,[15] entre a estrutura do raciocínio (heurístico, hipotético, valorativo) que conduz à escolha da solução mais correta e a estrutura do raciocínio que, dada a solução escolhida pelo juiz, tende a fornecer uma justificação racional. A asserção da construção da motivação *a posteriori* em relação à decisão constitui atualmente um lugar comum, com o que não exige específicas demonstrações. Do presente ponto de vista, essa releva na medida em que consente negar a homogeneidade, de forma e de conteúdo, entre o raciocínio do juiz e a motivação expressa.

Em particular, semelhante heterogeneidade pode ser colocada em evidência a partir de vários aspectos: inicialmente, o raciocínio do juiz, que atua também por intuições, assunções de hipóteses de trabalho, escolhas valorativas imediatas, pode ser assaz menos articulado do que deve ser na motivação, na qual a intuição deve desenvolver-se na forma de argumentação, as hipóteses de trabalho devem ser confirmadas ou verificadas e as escolhas de valor devem ser racionalmente convalidadas. Sob esses perfis, tem-se não só uma diferente e mais complexa estrutura lógica, mas também uma mais extensa tratativa de conteúdos – fatuais, jurídicos, etc. – em relação àqueles que forneceram o material para o real raciocínio do juiz.

Do ponto de vista da estrutura lógica, a acentuação das formas dedutivas na motivação – que apresenta diferentes intensidades, do rígido sistema francês das *attendus*[16] às formas mais liberais das *opinions* nos ordenamentos de *common law*,[17] com um amplo campo intermediário das estruturas parcial-

---

[15] Vide *supra*, cap. V, §§ 1 e ss.

[16] Sobre a recente alteração do estilo tradicional de motivação na França, conforme Touffait-Mallet, *La morte des attendus*, *in Foro it.*, 1968, V, 102 s. Em geral, conforme Mimin, *op. cit.*, p. 185 ss. Sobre o estilo sueco, análogo ao francês, conforme amplamente Wetter, *The Styles of Appellate Judicial Opinions*, cit., pp. 16 ss., 79 ss.

[17] Sobre as principais características do estilo das *opinions* na Inglaterra e nos Estados Unidos, e suas respectivas diferenças, conforme Wetter, op. cit., pp. 32 ss., 146 ss., 263 ss. Sobre distinção entre *"Grand Style"* e *"Formal Style"* na praxe estadunidense, conforme Llewellyn, *The Common Law Tradition: Deciding Appeals*, Boston, 1960, p. 35 ss. e

mente dedutivas da praxe, por exemplo, italiana e alemã – constitui, em diferente medida, um *quid pluris* em relação às formas lógicas prevalentes na atividade intelectual do juiz.[18] A isso se deve acrescentar outra categoria de componentes que, nada obstante frequentemente presentes no contexto da motivação, não figuram – ao menos não figuram do mesmo modo – no âmbito do raciocínio do juiz: trata-se das argumentações retóricas, que têm tipicamente função justificativa *a posteriori* de uma escolha já realizada, mas não uma função heurística diante de uma escolha ainda realizável (um papel considerável no âmbito do raciocínio com que o juiz busca e constrói a decisão correta do caso é atribuível não tanto à argumentação retórica, mas sim ao raciocínio tópico).[19] Enfim, devem ser recordados fenômenos recorrentes na praxe das motivações, como, por exemplo, a frequência dos *obiter dicta* e o cúmulo de *rationes decidendi* concorrentes.[20]

B) A motivação como discurso de significado menos amplo

Desde um segundo ponto de vista, o significado da motivação não é propriamente representado pelo raciocínio do juiz, porque a motivação não exprime todo o *iter* mediante o qual o juiz chegou à decisão. Antes de qualquer coisa, se no raciocínio do juiz se coloca também o complexo das atividades psicológicas que o juiz realiza, resulta evidente que esse em máxima parte não entra nos "conteúdos" expressos mediante a motivação. Observe--se aqui mais uma vez a impossibilidade de conceber a motivação como uma espécie de *reportage* dos mecanismos psíquicos do juiz em relação à

---

passim; sobre os principais defeitos do estilo das *opinions* nos Estados Unidos, conforme, igualmente, as antigas, mas significativas, considerações de WIGMORE, *A Treatise on the Anglo-American System of Evidence in Trials at Common Law*, III ed., Boston, 1940, vol. I, 242 ss.

18 Ainda que se admita que o modelo lógico da motivação seja dedutivo (para as objeções a propósito, vide *infra*, cap. IV, § 1) e que exista uma passagem de natureza dedutiva ou subsuntiva no raciocínio decisório (sobre o qual vide *ibidem* e cap. V, § 2), permanece igualmente sempre decisiva a constatação de que a formulação das premissas, de direito e de fato, da dedução, não é exaurível em um procedimento dedutivo (tal constatação é um lugar comum nas doutrinas antiformalistas do juízo: na Itália, a formulação mais ampla permanece sendo aquela feita por CALOGERO, *La logica del giudice*, cit., p. 51 ss.). A consequência é que, na medida em que a motivação se configura como um esquema dedutivo, a tendência é deixar não demonstradas as premissas das quais parte a dedução (do contrário, sobre a necessidade de justificação expressa a respeito, vide *infra* cap. V, § 3). Observa de outro lado corretamente CALOGERO (*ibidem*) que esse fenômeno não se elimina configurando-se tais premissas como conclusões de ulteriores procedimentos dedutivos, porque permaneceria sempre em aberto o problema da fixação, não dedutiva, das premissas sobre as quais se funda a cadeia dedutiva.

19 Sobre as características de semelhante raciocínio e sobre o seu papel na atividade decisória e justificativa, vide *infra*, cap. IV, § 2.

20 Sobre o fenômeno em geral, LUPOI, *Pluralità di rationes decidendi*, cit.

decisão, seja porque esses não são do mesmo modo exauríveis nos limites da motivação, seja por força da incidência de orientações e condicionamentos inconscientes.

Observe-se, de outro lado, que ainda que não subsistisse semelhante impossibilidade, poder-se-ia sempre negar a oportunidade de construir-se a motivação como uma prestação de contas psicológica: essa forneceria, de fato, uma "explicação" (no sentido com que o termo é utilizado nas ciências naturais)[21] da decisão, mas não uma justificação em termos jurídicos. Isso poderia levar a uma mais apurada consciência do juiz como indivíduo, mas diminuiria qualquer possibilidade de controle racional, jurídico e político, sobre o acerto e sobre a validade da decisão.

Em segundo lugar, a separação entre motivação e raciocínio do juiz parece evidente também quando se focam os componentes tipicamente lógicos e cognitivos do próprio raciocínio.

Também nesse particular interessa a distinção entre o raciocínio que leva o juiz a formular a decisão e o modo com que essa é justificada. A fase mais propriamente heurística do raciocínio do juiz – que implica formulação e progressiva adaptação das hipóteses de fato e de direito que devem ser verificadas em sede decisória, formulação e controle das hipóteses de trabalho que devem ser empregadas no plano cognitivo, o juízo preventivo de relevância dos meios de prova etc. – não aparece senão em mínima parte no contexto da motivação, aonde, devendo o juiz partir dos resultados obtidos para justificar-lhes a confiabilidade, não subsiste qualquer interesse em recorrer as várias etapas (normalmente contraditórias e de qualquer modo tais que não apresentam um progresso linear e unitário), importando apenas aludir àqueles elementos que têm importância para fins de tornar aceitável a decisão. Também aqui aquilo que importa não é a "explicação" do caminho que o juiz tomou para formulá-la, mas a sua justificação, fundada essencialmente em critérios com eficácia justificativa.

Considerações análogas valem também a respeito do aspecto mais propriamente valorativo do raciocínio do juiz: de um lado, no *iter* que leva à decisão podem colocar-se para o juiz problemas assaz complexos de natureza axiológica – e da mesma forma esses desempenham um papel primário

---

[21] A respeito do conceito de explicação no campo das ciências naturais, Braithwaite, *La spiegazione scientifica*, tr. it., Milano, 1966. No âmbito das ciências humanas, o conceito recebeu ampla atenção da metodologia historiográfica de língua inglesa: conforme, por exemplo, Hempel, *Reasons and Covering Laws in Historical Explanation*, *in Philosophy and History*, S. Hook ed., New York, 1936, p. 155 ss.; Gardiner, *The Nature of Historical Explanation*, Oxford, 1952; Dray, *Laws and Explanation in History*, Oxford, 1957; Id., *Philosophy of History*, Englewood Cliffs, N. J., 1964 (especialmente p. 4 ss. para uma revisão crítica das principais orientações a respeito do assunto).

nas tomadas de posição do juiz diante do suporte fático, das normas e dos fatos da causa. De outro lado, porque a motivação parte do resultado da valoração que o juiz efetivamente formulou, interessa ainda uma vez não fazer a história de semelhante valoração, mas fornecer uma justificação válida, donde a respectiva seleção apenas dos elementos que servem para esse fim.

Em suma, pois, parece evidente que o raciocínio do juiz, assim como vem concretamente realizado para formular a decisão, tende a ser extremamente mais complexo e articulado, sob diversos perfis, daquilo que a motivação pode exprimir, de modo que resulta uma vez mais incongruente a concepção da motivação como "explicação" ou como "historiografia" da decisão.

C) O raciocínio justificativo como signo próprio da motivação

As conclusões a que conduzem as breves considerações expostas – e que convergem na distinção entre *iter* decisório, ou razões reais da decisão, e motivação expressa – encontram um fundamento teórico geral à luz de alguns princípios semiológicos indubitavelmente aplicáveis à motivação como discurso do juiz.

A propósito importa brevemente recordar, sem afrontar nesse momento a ampla e complexa problemática que esse pressupõe, um ponto que atine em linhas gerais à definição do significado das expressões linguísticas e que, como tal, é ligado à entidade linguística em que consubstancia a motivação. Esse concerne de um lado à negação do conceito de significado como objeto real ou ideal autonomamente existente para além da esfera linguístico-semântica.[22] De outro lado, esse coloca em evidência a distinção entre "significado interno" do signo linguístico e "correlato empírico externo" do próprio signo. As razões da negação de fundar-se em "entidades existentes" são em primeiro lugar filosóficas,[23] mas também derivam do aprofundamento dos problemas semânticos que levou a formular essa distinção. Essa aparece enunciada em diversos contextos e com diversas finalidades, mas é possível dela extrair uma definição geral para ser empregada sob o perfil que aqui interessa: dada uma entidade linguística assumida com função de significante, a distinção coloca-se entre o objeto a que essa entidade se refere (o conceito ou a coisa de que se fala) e aquilo que essa exprime ou

---

22 Para um amplo exame crítico das concepções do significado nessa perspectiva, conforme SCHAFF, *Introduzione alla semântica*, cit., p. 211 e ss.

23 Conforme, em especial, SCHAFF, op. ult. cit., p. 224 ss.; RUSSELL, *Logica e conoscenza*, tr. it., Milano, 1961, p. 244 ss.; WITTGENSTEIN, *Tractatus*, cit., prop. 3.262; SCHLICK, *Gesammelte Aufsätze*, Wien, 1938, p. 340.

comunica a respeito de tal objeto (aquilo que se diz a respeito daquilo do que se fala). O primeiro termo é o correlato externo (referente, *denotatum*, *Bedeutung*, conforme a terminologia de cada um dos vários estudiosos) do signo, o segundo é o "significado interno" (referência, *designatum*, *Sinn*)[24] do próprio signo e, do ponto de vista estritamente linguístico, constitui o seu "significado próprio".[25] Deixando de lado uma análise mais aprofundada de semelhantes noções, interessa ora examinar de que modo o quadro de conceitos que esses constituem opera para resolver o problema de saber se a motivação, assumida como discurso significante, tem como significado o raciocínio que conduziu o juiz à decisão. Em suma, trata-se de estabelecer se a motivação a) designa ou b) denota o raciocínio do juiz.

Quanto à primeira dessas duas questões, a resposta é evidentemente negativa por diversas razões. Inicialmente, dado que a estrutura funcional do discurso e do contexto em que inserido determina diretamente o seu significado (isto é, o designado) e dado que a característica predominante da motivação é dada pela função justificativa que essa desempenha no âmbito da sentença, tem-se que excluir a possibilidade de que a motivação designe o raciocínio do juiz que, em si considerado, não tem caráter justificativo, mas sim heurístico, valorativo e deliberativo. Em segundo lugar, as divergências antes assinaladas (sob o perfil da natureza lógica e da extensão) entre o campo de conteúdos que a motivação é idônea a exprimir, também em relação à sua função, e o complexo das atividades intelectuais normalmente compreendidas no raciocínio do juiz, induzem a excluir em linha geral a idoneidade da motivação para designar semelhante raciocínio. Isso equivale a perguntar-se se o raciocínio do juiz, que não constitui o "designado" da motivação, pode constituir ao invés o "denotado". Igualmente sob esse ponto, porém, a resposta não pode não ser negativa, essencialmente porque a exigência de justificação a que a motivação responde não consente de entendê-la como "discurso a respeito do modo com que o juiz formulou a

---

[24] A distinção entre *Bedeutung* e *Sinn* de uma expressão linguística remonta a Gottlob Frege (conforme, em especial, *Senso e denotazione*, tr. it., *in La struttura logica del linguaggio*, coordenada por A. Bonomi, Milano, 1973, p. 9 ss.), sobre a respectiva doutrina, e para ulteriores indicações, conforme amplamente Kneale-Kneale, op. cit., p. 564 ss.; Geymonat, *Saggi di filosofia neorazionalistica*, Torino, 1953, p. 103 ss. Sobre o emprego dos termos "referência" e "referente" no contexto de diversas teorias semiológicas, conforme Ogden-Richards, op. cit., pp. 75 ss., 114 ss., 211 ss.; Ullmann, *Semantica. Introduzione alla scienza del significato,* tr. it., Bologna, 1966, p. 90 ss.; Schaff, op. ult.cit., p. 204 ss.; Alston, op. cit., p. 29 ss. Sobre o emprego dos termos *"denotatum"* e *"designatum"*, tal como utilizados no texto, conforme Morris, *Lineamenti di una teoria dei segni*, cit., p. 21.

[25] Nesse sentido é particularmente clara a representação gráfica constituída pelo triângulo de Ogden-Richards (op. cit., p. 37) das relações entre símbolo (signo), referência e referente. Para uma recente crítica de semelhante esquematização, conforme Dickerson, *Referential Meaning: the Static Aspect*, in 10 *Jurim. J.*, 1969, p. 58 ss.

decisão", mas sim como "discurso a respeito das razões a partir das quais o juiz apresenta a decisão como aceitável". Reaparece aqui, pela enésima vez, a distinção entre explicação (discurso que descreve as razões reais de um fenômeno) e justificação (discurso que apresenta as razões pela quais um fenômeno deve ser acolhido favoravelmente), que também sob esse ângulo visual parece irredutível. Essa exclui a possibilidade de considerar-se o raciocínio do juiz (entendido como complexo de atos e de condicionamentos que deu lugar à decisão) como objeto a que se referem os conteúdos expressos na motivação.

Abandonando então as definições negativas, pode-se perguntar de que modo podem ser definidos o designado e o denotado da motivação como signo em sentido próprio sem contradizer a função justificativa que essa desempenha no contexto da sentença. O designado (entendido como significado interno) é dado pelo conjunto orgânico dos significados próprios das proposições que compõem o discurso, mediante os quais o juiz exprime os argumentos destinados a justificar, isto é, a tornar racionalmente válida, legítima e aceitável, a decisão. O designado é, assim, o complexo de argumentações a partir das quais o juiz apresenta a decisão como fundada. O denotado (entendido como objeto sobre o qual se fala e ao qual são referidos os significados expressos) é dado pelas razões que o juiz entendeu como idôneas e relevantes como fundamentos racionais da decisão. O denotado é, assim, o raciocínio justificativo que o juiz formulou para sustentar a decisão. Com essa conclusão não contrasta a eventualidade de o juiz inserir na motivação uma ou mais fases daquele que em realidade foi o *iter* lógico e psicológico do qual resulta a decisão. Observe-se, todavia, que, na medida em que uma parte do raciocínio decisório é reproduzida na motivação, essa assume a natureza de "argumento" ou "motivo" coerente com o contexto geral orientado para função justificativa, perdendo assim a sua característica originária de explicação descritiva.

3. LOGICIDADE DO JUÍZO E DA MOTIVAÇÃO

A continuação natural das considerações desenvolvidas nos parágrafos precedentes deveria ser a análise das relações intercorrentes entre juízo (entendido como procedimento de formação da decisão) e motivação. Antes de procedê-la, todavia, a consciência de que um dos objetivos da pesquisa verte sobre o tema da logicidade da motivação – e indiretamente também sobre o da logicidade ou racionalidade do juízo – impõe o enfrentamento de um assunto cuja ausência de clarificação, de regra, teve como efeito fazer precipitar na confusão a maior parte dos discursos realizados a respeito do tema do juízo e da motivação. Em termos muito gerais, trata-se de precisar qual é ou pode ser o papel da lógica no raciocínio jurídico, na medida em que isso releva para o fim de estabelecer qual é o papel da lógica no raciocínio do juiz e da motivação.

Inicialmente, partir de uma definição rigorosa da lógica como ciência (ou técnica) do raciocínio (seja dedutivo, seja não dedutivo)[26] viabiliza precisar o exato significado de expressões como "lógica do juízo" e outras análogas e limpar o campo de diferentes noções que não parecem ser dotadas de um conteúdo utilizável. Pense-se, por exemplo, em noções de emprego corrente, como "lógica do direito": se aqui por lógica se entende ciência do raciocínio, é claro que se têm aí noções inutilizáveis. Se, ao invés, se entende "lógica" como aplicação de regras ou instrumentos lógicos (em uma acepção não rigorosa, mas aceitável do termo),[27] as expressões em questão parecem readquirir significado, embora permaneçam ambíguas, na medida em que não se define a acepção específica do termo "direito".[28]

Em verdade, o uso do termo "lógica" por parte dos juristas aparece em regra desligado de qualquer tentativa de definição daquilo que o próprio termo pode significar.[29] Todavia, se se pretende evitar incluir no limbo do sem-sentido todos, ou quase todos, os discursos sobre o tema, convém tentar colocar em evidência alguns dos usos que parecem mais frequentes, se não por outra razão ao menos para clarificar o campo de conceitos em que envolvido o discurso a respeito da logicidade da motivação.

Um primeiro grupo de modos de uso do termo em questão, que concerne particularmente à expressão "lógica do direito", tem um significado equivalente àquele de "racionalidade do conjunto das normas",[30] quer se entenda, com um sentido jusnaturalista, a racionalidade como um dado intrínseco do ordenamento positivo,[31] quer se entenda, com um sentido juspositivista, o

---

[26] Para a definição da lógica como ciência e não como conjunto de entidades e para uma resenha dos diversos empregos aceitáveis do termo, conforme, por todos, KALINOWSKI, *Introduzione alla logica giuridica*, tr. it., Milano, 1971, pp. 17, 54 ss.

[27] Conforme KALINOWSKI, op. cit., p. 56.

[28] No sentido de colocar em crise a ideia de "uma" lógica do direito como aplicação da lógica do direito, é decisivo perceber que não existe "um" raciocínio jurídico, mas sim tantos raciocínios jurídicos quanto são os sujeitos que raciocinam sobre o direito: nesse sentido, conforme BOBBIO, *Sul ragionamento dei giuristi*, in *Riv. dir. civ.*, 1955, p. 5 ss.; GAVAZZI, *Logica giuridica*, in *Nov. Dig. It.*, IX, Torino, 1963, p. 1.066.

[29] Sobre o assunto, as considerações críticas de SIMITIS, *The Problem of Legal Logic*, in 3 *Ratio*, 1960, p. 61 ss.

[30] À racionalidade do direito no sentido da sua analisabilidade de um ponto de vista puramente formal acena, ao invés, AMATO, *Logica simbolica e diritto*, Milano, 1969, p. 349 ss.

[31] Conforme, por exemplo, a famosa afirmação de COKE (*Institutes of the Laws of England or a Commentary upon Littleton*, London, 1738, p. 976), que via no *common law* "*the perfection of reason*" (a propósito, vide STONE, *Legal System*, cit., p. 237; LLOYD, *Reason and Logic in the Common Law*, in 64 *L. Q. R.*, 1948, p. 468). Em uma perspectiva análoga podem

ordenamento como racionalizável mediante adequadas operações conceituais construtivas tocantes ao intérprete.[32] Ambas as acepções permanecem, no entanto, fora do âmbito que interessa diretamente aos problemas da motivação, nada obstante as respectivas orientações metodológicas terem influenciado fortemente a concepção do juízo.[33]

Um segundo grupo de significados do termo "lógica" no campo do direito concerne ao modo com que o direito é estudado ou interpretado – e isso sob dois perfis distintos. O primeiro atine àquelas aproximações à norma como conceito geral ou conjunto das normas, centradas essencialmente no emprego de instrumentos fornecidos pela lógica,[34] especialmente pela

---

ser consideradas igualmente as teses do jusnaturalismo clássico, na medida em que essas tendiam a configurar os ordenamentos jurídicos positivos modelados pela "razão natural" (sobre o assunto, VILLEY, *Histoire de la logique juridique*, in *La logique juridique, Travaux du IIe Colloque de philosophie du droit comparée, Toulouse, septembre* 1966, Paris, 1967, p. 69 ss.; vide, de outro lado, amplamente, TARELLO, *Le ideologie della codificazione nel secolo XVIII*, III ed., Genova, 1973, p. 85 ss.).

32 O princípio da racionalidade do direito como racionalizabilidade do ordenamento está, mais ou menos implicitamente, à base das mais difundidas orientações ligadas ao pensamento positivista – desde a *Begriffsjurisprudenz* até a *Konstruktionslehre* e ao pensamento sistemático em geral. Sobre o assunto, COING, *Geschichte und Bedeutung des Systemgedankens in der Rechtswissenschaft*, in *Zur Geschichte des Privatrechtsystems*, Frankfurt am Main, 1970, pp. 80 ss., 113 ss.; ESSER, *Grundsatz und Norm*, cit., pp. 44 ss., 161 ss., 200 ss.; ID., *Vorverständnis und Methodenwahl in der Rechtsfindung*, Frankfurt am Main, 1970, pp. 80 ss., 113 ss.; MÜLLER, *Juristische Methodik*, Berlin, 1971, p. 47 ss.; ZIPPELIUS, *Problemjurisprudenz und Topik*, in 20 *NJW*, 1967, p. 2.229 ss.; LAZZARO, *Storia e teoria della costruzione giuridica*, Torino, 1965, pp. 31 ss., 273 ss. e *passim*; TARELLO, *Diritto, enunciati, usi. Studi di teoria e metateoria del diritto*, Bologna, 1974, pp. 42 ss., 411 ss. Especialmente sobre o pensamento de Windscheid, conforme LARENZ, *Methodenlehre der Rechtwissenschaft*, II Aulf., Berlin-Heidelberg-New York, 1969, p. 27 ss.; sobre Savigny, conforme WILHELM, *Savignys überpositive Systematik*, in *Philosophie und Rechtswissenschaft, Zum Problem ihrer Beziehung im 19. Jahrhundert*, Herausgs. von J. Blühdorn un J. Ritter, Frankfurt am Main, 1969, p. 123 ss.; sobre Jhering, conforme COING, *Der juristiche Systembegriff bei Rudolf von Jhering*, ibid., p. 149 ss.

33 Os dois aspectos da concepção racional e sistemática do direito, diferenciados no texto, têm em linha de princípio um ponto de convergência constituído pela concepção da decisão como operação puramente dedutiva e cognitiva, fundada sobre o sistema e em harmonia com a sua estrutura lógica, conforme, a propósito, TARELLO, op. ult. cit., p. 37 ss.; VILLEY, op. e loc. ult. cit.; ZIPPELIUS, op. cit., loc. cit.; COING, *Geschichte und Bedeutung*, cit., p. 11; ESSER, *Grundsatz und Norm*, cit., p. 220 ss.; MICHAELIS, *Ueber das Verhältnis von logischer und praktischer Richtigkeit bei der sogenannten Subsumtion (Eine Kritik der Kritiken am Subsumtionsbegriff)*, in *Gött. Festschr. OLG Celle*, Göttingen, 1961, pp. 117 ss., 128 ss.; STONE, op. ult. cit., p. 301 ss. Sobre o assunto, ainda, *infra*, cap. IV, § 1.

34 O emprego de instrumentos lógicos na análise das normas é denominado por alguns como "lógica do direito", entendendo-se igualmente que se trata de um setor da lógica jurídica: nesse sentido, por exemplo, BOBBIO, *Diritto e logica*, in *Atti del V Congresso nazionale di filosofia del diritto*, Milano, 1962, p. 9 ss.

lógica proposicional e modal[35] e pela lógica axiomática.[36] Nesse sentido, a expressão lógica jurídica indica os métodos lógicos de estudo da norma ou das normas.[37]

Sob o segundo perfil, por lógica jurídica entende-se o *corpus* dos instrumentos lógicos (ou, mais genericamente, conceituais) do qual se vale o intérprete para analisar cada norma com o fim de aplicá-la a um caso concreto ou, de qualquer modo, para explicitar o seu significado: nesse sentido, "lógica jurídica" significa "lógica do jurista"[38] ou mesmo lógica da interpretação da norma.[39] É intuitivo que também aquilo a que semelhantes noções se referem – e especialmente a lógica jurídica como lógica do jurista – tem uma importância essencial sobre o modo de configurar o juízo. Aqui interessa, todavia, ressaltar as variações existentes no papel que os juristas atribuem à lógica com o fim de evitar posteriores confusões terminológicas e conceituais.[40] Na esfera da lógica do jurista, isto é, do raciocínio

---

[35] O recurso, mais ou menos intenso, aos instrumentos da lógica formal geral está amplamente difundido seja nos estudos de lógica jurídica *tout court*, seja nos estudos de lógica da proposição normativa ou deôntica. No primeiro campo, conforme, por exemplo, KLUG, *Juristische Logik*, Berlin, 1951; KALINOWSKI, op. cit., pp. 31 ss., 198 ss.; WEINBERGER, op. cit., pp. 82 ss., 118 ss., 138 ss., 189 ss. No segundo, conforme, por exemplo, KALINOWSKI, op. cit., p. 101 ss.; VON WRIGHT, *Norm and Action*, London, 1963; AMATO, op. cit., pp. 91 ss., 193 ss.

[36] Entre os estudos mais recentes nessa direção, conforme FERRAJOLI, *Teoria assiomatizzata del diritto*, Milano, 1970.

[37] Sobre os desenvolvimentos que a análise lógica das normas encontra mediante a aplicação de modelos cibernéticos, conforme, por último, LOSANO, *Giuscibernetica. Macchine e modelli cibernetici nel diritto*, Torino, 1969, especialmente p. 153 ss., conforme, igualmente, DAVID, *La Cybernétique et le Droit*, in *La logique juridique*, cit., p. 147 ss.

[38] Sobre a lógica dos juristas como conjunto das pesquisas sobre o raciocínio dos juristas, conforme BOBBIO, *Diritto e logica*, cit., p. 25; sobre a lógica dos juristas como aspecto da lógica do direito, dessa não efetivamente distinta, conforme AMATO, op. cit., p. 344, n. 9.

[39] Nesse sentido, por exemplo, KALINOWSKI, op. cit., p. 197 ss. Sobre o papel da lógica na interpretação, conforme, ainda, AMATO, op. cit., p. 371 ss.

[40] Um primeiro elemento de confusão concerne à relação entre método jurídico e lógica jurídica, dado que é controverso se a segunda é um instrumento do primeiro ou se esse é uma parte da segunda (para uma resenha das opiniões sobre o assunto, conforme BRIMO, *Logique juridique et méthode juridique,* in *Logique juridique*, cit., p. 215 ss.). Um segundo elemento verte sobre a relação entre lógica jurídica e lógica geral, isto é, sobre o problema de saber se existe uma lógica jurídica dotada de características peculiares e, portanto, se o raciocínio jurídico tem uma estrutura lógica autônoma, ou se constitui, ao invés, uma mera aplicação da lógica *tout court*. A tese da autonomia da lógica jurídica foi sustentada sob vários pontos de vista (conforme, por exemplo, GARCIA MAYNEZ, *Lógica del raciocínio jurídico*, México -Buenos Aires, 1964, p. 7 ss.; PERELMAN, *Logique formelle, logique juridique*, in 3 *Log. et Anal.*, 1960, p. 226 ss., bem como *passim* nas obras citadas *infra*, cap. IV, § 3), mas com argumentos pouco convincentes. Parece mais adequada, ao invés, a opinião de quem entende que o raciocínio jurídico não tem uma lógica específica, mas é lógico na medida em que utiliza instrumentos elaborados pela lógica geral (nesse sentido, conforme KLUG, op. cit., p. 4 ss.; HUSSON, *Les apories de la logique juridique*, in *La logique juridique*, cit., p. 30 ss.;

jurídico, o setor de maior relevância é aquele ligado ao raciocínio do juiz. Esse compreende, mais propriamente, um conjunto específico de modos de uso do termo "lógica" no campo do direito, dado que efetivamente por "lógica do juiz" se entende por vezes uma manifestação particular da lógica do raciocínio jurídico,[41] o caráter racional que se entende indispensável na atividade do órgão jurisdicional,[42] o silogismo judicial ou, em geral, a lógica dedutiva aplicada à norma e por aí afora. Essa breve exemplificação basta para compreender-se como também no limitado setor ora em exame se reproduzem as mesmas incertezas que foram assinaladas a propósito do uso do termo "lógica" no direito.

A propósito, não convêm examinar particularizadamente as diversas opiniões concernentes ao papel e à função da lógica no âmbito do raciocínio do juiz.[43] Vale a pena, porém, trabalhar em linhas gerais os termos em que posta a controvérsia a respeito da natureza lógica de semelhante raciocínio.

Kalinowski, *Logique formelle et droit*, ibid., p. 198 ss.; Id., *Y a-t-il une logique juridique?*, in 2 *Log. et Anal.*, 1959, p. 48 ss.; Id., *De la specificitè de la logique juridique*, in XI *Arch. Phil. du Droit*, 1966, p. 7 ss.; Simitis, op. cit., p. 64; Bobbio, *Diritto e logica*, cit., p. 33 ss.; Tammelo, *Sketch for a Symbolic Jurist Logic*, in 8 *J. Leg. Ed.*, 1955, p. 278; Horovitz, *Law and Logic*, Wien-New York, 1972, p. 88 ss.).

41 Uma orientação dessa ordem, normalmente implícito seja nos estudos sobre o juízo jurídico, seja naqueles ligados à atividade do juiz, acabou por produzir inconvenientes não desprezáveis, essencialmente derivados do fato de conduzir a análise do raciocínio jurídico a um nível muito geral e unitário (conforme, por exemplo, Garcia Maynez, *Logica del juicio juridico*, México-Buenos Aires, 1955, e Perelman, sobre o qual vide *infra*, cap. IV, § 3 para uma exame mais amplo), sem levar em consideração a distinção entre os pontos de vista dos sujeitos que formulam o juízo e o raciocínio (sobre o qual vide Bobbio, *Sul ragionamento dei giuristi*, cit.), terminando em geral por não perceber a peculiaridade do raciocínio do juiz. Uma confirmação disso é a pouca atenção que em regra é dedicada à lógica do juízo de fato (a exceção mais relevante, para não dizer única, é constituída pelo estudo de Engisch, *Logische Studien zur Gesetzesanwendung*, II Aulf., Heidelberg, 1960, p. 37 ss.).

42 O requisito da logicidade, no sentido largo de racionalidade, do trabalho do juiz é concebido como característica necessária da função jurisdicional e como garantia de justa aplicação da lei já nas doutrinas iluministas anteriores ao positivismo (sobre o assunto, conforme, por último Brüggemann, op. cit., p. 22 ss. e *passim*). Essa orientação faz surgir no plano político o princípio da obrigatoriedade da motivação e no plano da análise do juízo dá lugar ao modelo silogístico (sobre o qual *infra*, cap. IV, § 1). A cisão entre logicidade e racionalidade do juízo é afirmada no âmbito das doutrinas antiformalistas anglo-saxãs, que tendem a negar a logicidade do raciocínio do juiz mesmo afirmando a sua racionalidade (conforme Stone, *Province*, cit., p. 137 ss.; Levi, *An Introduction to Legal Reasoning*, VII ed., Chicago, 1961, p. 1 ss.; Jensen, *The Nature of Legal Argument*, Oxford, 1957, p. 7 ss. e *passim*). Trata-se, porém, de uma orientação que acaba por deixar totalmente indeterminados aqueles que deveriam ser os fundamentos não lógicos da racionalidade do juízo (assim Horovitz, op. cit., pp. 139 ss., 143 ss., 177 ss., 197).

43 A propósito, um exame incompleto, mas muito amplo, foi realizado por Horovitz, op. cit., para o qual se reenvia para uma resenha das opiniões sobre o assunto.

A) Logicismo e antilogicismo nas concepções do Juízo

Inicialmente, tem-se que considerar a concepção da atividade do juiz típica do positivismo jurídico clássico,[44] na qual é colocado em especial evidência o aspecto consistente no emprego de categorias lógicas e que termina por ver nisso a característica essencial e prevalente do raciocínio do juiz.

Nos sistemas de *common law*, em que o problema essencial era aquele de explicar a individualização da *ratio decidendi* a partir dos precedentes, os pressupostos concernentes à racionalidade do ordenamento e da função declaratória do órgão jurisdicional[45] abriram a estrada para construção de um modelo que consistia fundamentalmente na combinação de um momento indutivo e de um momento dedutivo, tocando ao primeiro a formulação de uma norma geral a partir dos casos particulares pré-existentes[46] e ao segundo a aplicação da norma assim individualizada ao caso concreto.[47]

Nos sistemas continentais, caracterizados pela presença das codificações, a concepção sistemática e conceitual do ordenamento produz de seu turno um modelo lógico de raciocínio judicial: dado que o princípio ordenador do sistema é compreendido em uma perspectiva dedutiva e que a decisão é considerada como uma consequência meramente lógica do sistema, semelhante modelo foi inevitavelmente aquele da dedução da solução válida para o caso concreto de uma norma geral e abstrata posta no sistema. Nada obstante as distinções oriundas das diferentes estruturas de cada um dos ordenamentos, bem como das diversas matrizes histórico-

---

[44] O "formalismo interpretativo" (sobre o qual conforme TARELLO, *Formalismo giuridico*, in *Diritto, enunciati, usi*, cit., p. 37 ss.), que acentua a natureza lógica do juízo, é típico do positivismo, mas remonta aos racionalistas de Seiscentos e Setecentos (conforme VILLEY, *Histoire de la logique juridique*, cit., p. 69 ss.; BRÜGGEMANN, op. cit., p. 24 ss.).

[45] Sobre a *declaratory theory* da decisão, conforme, por exemplo, CROSS, op. cit., p. 23 ss.

[46] Sobre a característica indutiva do procedimento de extrapolação de uma *rule* idônea para fundar a decisão, conforme STOLJAR, *The Logical Status of a Legal Principle*, in 20 *Un. Chicago L. R.*, 1953, p. 181 ss.; ALLEN, *Precedent and Logic*, in 41 *L. Q. R.*, p. 248; LEVI, *An Introduction to Legal Reasoning*, in 15 *Un. Chicago L. R.*, 1948, p. 501 ss.; CROSS, op. cit., p. 180 ss.; SINCLAIR, *Legal Reasoning: In Search of an Adequate Theory of Argument*, in 59 *Calif. L. R.*, 1971, p. 827 ss.

[47] A fase do raciocínio do juiz a que se atribuía a estrutura dedutiva vinha normalmente colocada em primeiro plano, seja porque dizia respeito à verdadeira e própria "aplicação" da *rule* ao caso concreto, seja porque resultada mais coerente com uma visão sistemática do ordenamento, que no início do século XIX reinava também nos países de *common law* (conforme ESSER, *Grundsatz und Norm*, cit., p. 197). Isso representa um relevante ponto de contato, ao menos em termos de teoria geral, com a concepção dominante nos países de direito codificado. Sobre a presença do modelo dedutivo na doutrina de *common law*, conforme CROSS, op. cit., p. 176 ss.; STONE, *Legal System*, cit., p. 235 ss.; WASSERSTROM, *The Judicial Decision. Toward a Theory of Legal Justification*, Stanford, 1961, p. 14 ss.; SINCLAIR, op. cit., p. 831 ss.; JENSEN, op. cit., p. 7 ss.

-culturais, a tendência geral do positivismo foi do mesmo modo aquela da esquematização da atividade do juiz em modelos lógicos, coerente seja com a concepção racionalista do ordenamento então dominante, seja com os filões prevalentes no âmbito cultural e filosófico da época.[48]

Retratar a história da sobrevivência de semelhantes orientações para além dos momentos históricos que as geraram até os nossos dias significaria retratar a história de toda a cultura jurídica, bem como da ideologia do direito.[49] Todavia, a constatação de que o modelo lógico de raciocínio do juiz nascido do positivismo jurídico clássico tenha permanecido, especialmente nos países de direito codificado, como uma espécie de categoria geral, nada obstante as suas ligações com as respectivas premissas científicas e metodológicas tenham sido rompidas, torna ainda atual a sua discussão.

Contra o "logicismo" positivista colocam-se as várias doutrinas antilogicistas, que nasceram em parte da refutação das premissas gerais do positivismo e em parte da análise do raciocínio judicial fundado em diferentes orientações metodológicas e ideológicas. Uma característica comum de semelhantes orientações – que são, no entanto, profundamente diferentes em vários aspectos – é aquela ligada à rejeição das configurações lógicas da atividade do juiz e da exaltação dos seus componentes "criativos". Contudo, sob o perfil que aqui interessa, o elemento mais relevante nessas correntes é o antilogicismo, que em muitos casos é solidário a uma concepção irracional do juízo.[50]

Na doutrina dos países de *common law*, e em particular nos Estados Unidos, o ataque ao logicismo formalista foi obra principalmente dos expoentes da *sociological jurisprudence*, e a famosa afirmação de Holmes que "*the life of the law has not been logic, it has been experience*",[51] acabou sendo assumida – com uma acentuação levada muito além dos limites dentro dos quais o próprio Holmes pretendeu[52] – como slogan de uma orientação anti-

---

48 A propósito, com específica referência à *Begriffsjurisprudenz*, conforme LARENZ, *Methodenlehre*, cit., p. 17 ss.

49 Especialmente sobre as conexões ideológicas do positivismo formalista, conforme FASSÒ, *Il giudice e l'adeguamento del diritto*, cit., p. 897 ss.; TARELLO, op. ult. cit., pp. 37 ss., 411 ss., 475 ss.

50 Conforme, em geral, *supra*, cap. II, § 4, c). O embate entre as duas orientações produz igualmente efeitos bastante curiosos de "hibridismo", como aqueles que se manifestam, por exemplo, no pensamento de SCHEURLE (conforme *Rechtsanwendung*, cit., pp. 47 ss., 65 ss., 132 ss. e *passim*), o qual descreve a atividade do juiz como uma cadeia de "atos de fantasia criativa" de natureza claramente irracional, ligada, porém, por esquemas lógicos análogos àqueles já delineados pela doutrina dedutiva do juízo.

51 Conforme HOLMES, *Common Law*, rist., Cambridge, 1963, p. 1.

52 Em realidade, parece claro que Holmes não pretendia negar qualquer utilidade à lógica no direito, mas somente convidar a considerarem-se melhor os limites de semelhante utilidade e evitar a cristalização do pensamento jurídico em formas estereotipadas. Nesse sentido o

logicista que teve suas manifestações mais incendiárias nas teses de alguns dos expoentes do realismo jurídico, especialmente nas posições abertamente irracionais assumidas por Jerome Frank. Contudo, semelhante orientação parece fundada em uma série de mal-entendidos a respeito de temas de teoria geral. Inicialmente, a jurisprudência de *common law*, tanto inglesa quanto estadunidense, sempre manifestou uma orientação tipicamente criativa sem cristalizar-se em estruturas lógicas, das quais igualmente andou fazendo externamente o uso,[53] de modo que o conservadorismo a essa imputado, contra o qual explicitamente eram endereçadas as críticas dos realistas, não deve ser debitado à lógica, mas a razões de caráter sócio-político. Em segundo lugar, os ataques direcionados contra a lógica no direito golpeavam não tanto a aplicação de instrumentos lógicos, mas sim determinadas formas equivocadas de uso da lógica por parte de juízes e de juristas.[54] Por fim, a negação da lógica fundada na pretensa antítese com a experiência nasce de uma visão estática e redutiva da lógica.[55] Em suma, portanto, a orientação em questão acaba conduzindo a consequências assaz discutíveis exigências indubitavelmente fundadas, como a de evidenciar o elemento de escolha presente na decisão e de analisar a atividade do juiz sem recorrer a esquemas lógicos mecanicamente cogentes – que encontrou na própria doutrina de *common law* mais confiáveis tentativas de clarificação.[56]

Na doutrina dos ordenamentos de *civil law*, a configuração rigidamente lógica do juízo, que era solidária ao seu surgimento com o racionalismo jusnaturalista, mantém, como se viu, uma estrita relação de solidariedade também com a concepção lógico-sistemática do ordenamento. A existência de semelhante relação torna relevante também para a concepção do juízo as mudanças que em um determinado momento incidiram na teoria do ordenamento e da interpretação. Todavia, na Europa continental o problema do juízo não constitui o fulcro da *Methodenstreit* na qual são colocados em crise

---

próprio HOLMES, *The Path of the Law*, in 10 *Harv. L. R.*, 1897, p. 465 e ss., bem como LOEVINGER, *An Introduction to Legal Logic*, in 27 *Ind. L. J.*, 1952, p. 472; DEWEY, *Logical Method and the Law,* in 10 *Corn. L. Q.*, 1924, p. 20 ss.; MARTIN, *Leges sine logica vanae*, in *Law and Philosophy*, S. Hook ed., New York, 1964, p. 313.

53 Conforme, nesse sentido, GUEST, *Logic in the Law*, in *Oxford Essays in Jurisprudence*, Guest ed., Oxford, 1961, p. 187 ss.; HALPER, *Logic in Judicial Reasoning*, in 44 *Ind. L. J.*, 1968, p. 38; WASSERSTROM, op. cit., p. 20 ss.

54 Nesse sentido claramente HALPER, op. cit., p. 33 ss., o qual passa em resenha as principais situações nas quais se manifesta o desprezo dos juristas diante da lógica, demonstrando que os defeitos que se imputam à lógica são, na verdade, devidos à ausência de seu emprego ou ao seu abuso. Sobre a "patologia do raciocínio" ou "cacologismo" da sistemática tradicional, conforme VILLEY, *Histoire de la logique juridique*, cit., p. 71.

55 A propósito, conforme DEWEY, op. ult. cit., pp. 18 ss., 25; LOEVINGER, op. cit., p. 481.

56 Conforme, por exemplo, LOEVINGER, op. cit., p. 476 ss.; SINCLAIR, op. cit., p. 824 ss.; BOONIN, *The Theoretical and Practical Approaches to Legal Reasoning*, in 49 *ARSP*, 1963, p. 433 ss.; WASSERSTROM, op. cit., p. 14 ss. e *passim*.

os dogmas positivistas, sendo antes uma espécie de apêndice normalmente esquecido,[57] cuja configuração muda na medida em que nessa repercutem as mudanças de endereço que vertem sobre a concepção do ordenamento e da interpretação.[58] Em verdade, o ponto de ataque das doutrinas antipositivistas e antiformalistas, da *Interessenjurisprudenz* à Escola do Direito Livre e à *Wertungsjurisprudenz*, bem como da oposição à Escola da Exegese que na França liderou Gény, é essencialmente o problema da interpretação e da aplicação da norma, enfrentado, no entanto, não tanto do ponto de vista da análise da atividade realizada pelo juiz, mas sim daquele ligado à natureza da norma e dos cânones e das técnicas interpretativas, bem como daquele, ainda mais geral, das relações entre norma e interesse ou valores da sociedade.

Na Itália, como é notório, a orientação que remonta ao positivismo oitocentista permaneceu dominante até a época assaz recente, sendo somente no final da segunda guerra que se verifica aquilo que se chamou de "revolta contra o formalismo".[59] A separação temporal entre os dois fenômenos não tem, porém, impedido a mudança de endereço verificada no nosso país no sentido de fazer reemergir, nada obstante em tempos e modos mais limitados, substancialmente os mesmos pressupostos dos quais partiu a *Methodenstreit* germânica.[60] Porém, malgrado os conhecidos convites para

---

[57] A tomada de posição antilogicista sobre o tema específico do juízo, todavia, está presente e é bastante clara em alguns autores, como, por exemplo, Heck, *Begriffsbildung und Interessenjurisprudenz*, cit., p. 172 ss. e passim, e Bülow, *Gesetz*, cit., p. 32 ss. Sobre posições jusliberalistas, conforme Lombardi, op. cit., p. 278 ss.

[58] Sobre o assunto, conforme em geral Larenz, *Methodenlehre*, cit., p. 8 ss.

[59] Conforme Bobbio, *Giusnaturalismo e positivismos giuridico*, cit., p. 19. Sobre o assunto, ainda, Ferri, *Antiformalismo, democrazia, codice civile*, in *Riv. dir. comm.*, 1968, p. 361 ss. e, por último, amplamente, Tarello, op. ult. cit., p. 488 ss., com um sentido fortemente crítico a respeito dos componentes ideológicos de semelhante momento cultural. Observa Fassò, *Il giudice e l'adeguamento del diritto*, cit., p. 902 ss. (e analogamente vide Tarello, ibid., p. 486), como já no idealismo e no institucionalismo dos anos entre as guerras afirmava-se o caráter criativo da interpretação, sem, contudo, sair dos esquemas do pensamento tradicional, e como esses começariam a ser colocados seriamente em discussão somente em torno de 1950, essencialmente, entre os processualistas, por obra de Carnelutti (conforme *Bilancio del positivismo giuridico*, in *Discorsi intorno al diritto*, II, Padova, 1953, p. 243 ss.) e de Calamandrei (conforme *La funzione della giurisprudenza nel tempo presente*, ora in *Opere Giuridiche*, I, Napoli, 1965, p. 598 ss.).

[60] Esses se resumem na orientação cujo objetivo é colocar em relevo o momento valorativo da interpretação em contraste com o formalismo lógico. Aquilo que falta na doutrina italiana da "revolta" são os desenvolvimentos orgânicos de semelhante orientação, seja porque já se tinha realizada a experiência das degenerações políticas do voluntarismo, que impedia uma servil imitação das doutrinas alemãs, seja porque, ao menos naquele momento, faltavam os instrumentos culturais necessários para uma completa reformulação do problema para além dos esquemas positivistas. A orientação em questão expressou-se, mas não produziu novas metodologias: de um lado, como no pensamento de Capograssi, o problema do juízo foi inadaptadamente trabalhado no plano da experiência ética; de outro lado, perfilhou-se

"retornar ao juízo",[61] não parece que semelhante "retorno" tenha efetivamente se verificado, de modo que o resultado de tudo isso parece limitar-se a uma mais ou menos difundida e motivada tomada de posição contra o "prejuízo logicista"[62] na concepção do raciocínio do juiz.

B) Sobre os sofismas logicistas e antilogicistas

Em realidade, uma vez tomada consciência da existência de tendências "antilogicistas", não se pode dizer que o problema da "lógica do juiz" tenha dessas recebido clarificações relevantes. Algumas indicações úteis, no entanto, podem ser extraídas de tendências recentes que enfrentam o tema do papel que hoje pode ser atribuído à lógica no raciocínio do juiz.

Aquilo que antes de qualquer coisa se assinala é a necessidade de desdramatizar o problema[63] e de evitar mal-entendidos muito difundidos. O primeiro e mais grave deles é a tendência a colocar o problema da natureza do juízo entre duas teses alternativas radicais, que em realidade são dois sofismas. O sofisma "logicista" é ínsito à posição de quem entende que toda a atividade do juiz se exaure em trabalhar de acordo com um esquema fixo e geralmente válido, de tipo lógico-formal, consistente em um sistema de regras lógicas dedutivas. Semelhante posição extrema é, em realidade, muito menos difundida do que quanto normalmente não se crê: anoitecido o positivismo dogmático "ingênuo", quem hoje sustenta a racionalidade ou a racionabilidade do raciocínio do juiz percebe facilmente, de um lado, da superficialidade ou aberração da lógica ínsita em tal posição,[64] e, de outro,

---

um endereço genérico de retorno ao jusnaturalismo (conforme, por exemplo, Carnelutti, *Bilancio*, cit., p. 258; sobre o assunto, ainda, Fassò, op. ult. cit., p. 897 ss., e Tarello, op. ult. cit., p. 490 ss.).

[61] Conforme Carnelutti, *Torniamo al "giudizio"*, in *Riv. dir. proc.*, 1949, I, p. 165 ss. Carnelutti foi inquestionavelmente o processualista que interpretou com maior energia a exigência de descolar-se do rígido logicismo tardo-positivista. As perspectivas de análise do juízo que ele mesmo delineou, no entanto, permaneceram encarnadas de uma visão vagamente metafísica e normalmente mitificante do problema, com o que não produziram pontos construtivos. Para confirmação disso, por exemplo, *Di là dal diritto*, in *Discorsi*, cit., II, p. 89 ss.; *Nuove riflessioni intorno alla certeza del diritto,* ibid., p. 159 ss.; *Profilo del pensiero giuridico italiano*, ibid., p. 181; *Matematica e diritto*, ibid., p. 220 ss.; *Bilancio*, cit., p. 254; *Nuove riflessioni sul giudizio giuridico*, in *Discorsi*, III, Padova, 1961, p. 135 ss.

[62] Conforme, por exemplo, Betti, *Interpretazione della legge,* cit., p. 283 ss.

[63] Entre as tantas razões de confusão sobre o assunto (sobre o qual vide observações gerais em Wasserstrom, op. cit., pp. 1 ss., 12 ss.), teve notável peso o tom excessivamente polêmico em que foram normalmente enunciadas as opiniões contrárias. Analogamente, influiu o emprego emotivo do termo "lógica" tanto para sobrevalorizá-lo quanto para subvalorizá-lo no raciocínio do juiz, conforme Stone, *Legal System*, cit., p. 302; Id., *Reasons and Reasoning*, cit., p. 758.

[64] Semelhante concepção implica essencialmente dois momentos: a redução da lógica à silogística escolástico-aristotélica e a pretensão de sua onicompreensibilidade referente ao

dos limites que a estruturação lógica da atividade do juiz encontra em relação àquelas fases de semelhante atividade que têm um caráter criativo e valorativo mais típico.

Dessa consciência crítica dos defensores de concepções racionalistas do juízo não se beneficia quem, ao invés, recai no segundo e oposto sofisma, que pode ser chamado de "irracionalista". Esse pode ser resumido com a combinação de dois argumentos: o primeiro consiste em entender que qualquer concepção racionalista envolve necessariamente aquilo que se chamou de sofisma logicista; o segundo parte da indiscutível constatação de que existem momentos da atividade do juiz que não são dominados pela lógica formal cogente para daí concluir no sentido de que a lógica, portanto, é inútil e enganadora no raciocínio do juiz.[65] Em verdade, contra uma posição dessa ordem as objeções são muitas e radicais. Para não aludir senão às principais, pode-se observar inicialmente que, se é correto rejeitar o sofisma logicista (como fazem os próprios racionalistas modernos), não tem sentido opor a esse outro sofisma de sentido contrário, sem esquecer que afirmar que a atividade do juiz é intuitiva significa reconhecer a incapacidade de analisá-la.[66] Em segundo lugar, colocar-se a criticar não às doutrinas lógicas do juízo, mas o sofisma logicista, implica escolha de um objetivo falso e cômodo: falso, porque não é verdadeiro que semelhantes doutrinas recaiam normalmente no acenado sofisma; cômodo, porque é mais fácil propor uma concepção irracionalista do que tomar em consideração as doutrinas racionalistas mais aceitáveis. Em suma, na sua parte crítica o sofisma irracionalista falece na medida em que parte de uma imagem inaceitável da lógica para excluí-la de qualquer aplicabilidade ao raciocínio do juiz. Observe-se, no mais, que boa parte da inaceitabilidade de semelhante imagem consiste em ter-se presente somente certos tipos ou setores da lógica (especialmente aqueles da lógica formal, dedutiva e cogente).[67]

---

raciocínio do juiz. Daí se segue a falsa alternativa entre silogismo e irracionalidade, que, porém, vem claramente rejeitada nas análises lógicas mais recentes do juízo. A propósito, por exemplo, Wasserstrom, op. cit., pp. 24, 32 ss.; Tammelo, *Logic as an Instrument of Legal Reasoning*, in 10 *Jurim. J.*, 1970, p. 90; Halper, op. cit., p. 40; Loevinger, op. cit., p. 481 ss.; Sinclair, op. cit., p. 831.

65 Sobre o assunto, Stone, *Legal System*, cit., pp. 301, 321; Id., *Reasons and Reasoning*, cit., p. 757; Wasserstrom, op. cit., p. 23 ss.

66 Conforme Halper, op. cit., p. 38; analogamente Horovitz, op. cit., p. 78 ss., o qual observa que normalmente aquilo que é definido como intuição não é outra coisa que uma inferência indutiva não articulada adequadamente.

67 Conforme Tammelo, op. ult. cit., p. 90; Loevinger, op. cit., p. 481. Conforme, igualmente, as observações de Horovitz, op. cit., pp. 77 ss., 127 ss. e *passim*, a respeito dos inconvenientes derivados do fato de que, em regra, são esquecidas as possibilidades oferecidas pela lógica indutiva.

C) O papel da lógica no raciocínio do Juiz

A rejeição contextualizada dos dois sofismas antes descritos constitui, então, um pressuposto inderrogável para limpar o campo de impostações deformadas e deformantes do problema e para que se possa definir uma perspectiva correta para individualização do papel que a lógica tem, ou pode ter, no âmbito do raciocínio do juiz. Trata-se evidentemente de um tema que reclamaria um amplo estudo *ad hoc* e que aqui não pode ser adequadamente enfrentado. É útil delinear sinteticamente, no entanto, ao menos as características essenciais de semelhante perspectiva, se não por outra razão porque nessa se coloca a presente pesquisa, e também para evitar pesar a exposição no futuro com frequentes referências a essa ordem de problemas.

Importa inicialmente clarificar alguns pontos a respeito da natureza e dos limites da "lógica do juiz". Em primeiro lugar, deve-se superar a difundida concepção redutiva, de acordo com a qual lógica seria apenas a lógica formal dedutiva ou mesmo a silogística escolástico-aristotélica. Nesse momento é supérfluo recordar que a própria lógica antiga conhece outras formas – da lógica estoica à dialética aristotélica[68] – ou que na lógica medieval teve largo espaço a lógica argumentativa ou da controvérsia.[69] Para limitar o discurso àquelas formas da lógica moderna que em uma primeira aproximação parecem utilizáveis no campo que aqui interessa, é suficiente recordar o setor da lógica indutiva.[70] A essa podem ser posteriormente acrescentadas utilmente, para além da lógica alética ou deôntica e das formas lógicas do juízo ético em geral,[71] setores como aquele da dialética[72] ou mesmo da metodologia heurístico-hipotética.[73] No mais, permanece igual-

---

[68] A propósito, vide em geral Kneale-Kneale, op. cit., pp. 13 ss., 131 ss.

[69] Sobre o assunto, conforme Chevrier, *Sur l'art de l'argumentation chez quelques Romanistes médiévaux au XIII siecle,* in XI *Arch. Phil. du Droit*, 1966, p. 115 ss.; Giuliani, *Il concetto di prova,* Milano, 1961, *passim*; Id., *La controversia. Contributo alla logica giuridica*, Pavia, 1966, p. 131 ss.

[70] Em geral sobre a função da lógica indutiva no raciocínio do juiz, conforme Horovitz, op. cit., loc. ult. cit.; sobre a aplicabilidade das diversas formas de indução ao juízo de fato, conforme Taruffo, *Studi*, cit., pp. 221 ss., 233 ss.

[71] Sobre o assunto, conforme, por exemplo, Edwards, *The Logic of Moral Discourse*, New York, 1965, p. 139 ss.

[72] Sobre o problema das relações entre a lógica jurídica e a dialética marxista, conforme Poulantzas, *La dialectique hégélienne-marxiste et la logique juridique moderne,* in XI *Arch. Phil. du Droit*, 1966, p. 149 ss.; Id., *Marxisme et logique juridique*, in *La logique juridique*, cit., p. 137 ss.; Stoyanovitch, *De quel usage peut être en logique juridique la "dialectique" au sens moderne hégélien et marxiste du mot?,* in XI *Arch. Phil. du Droit*, 1966, p. 159 ss. Sobre a aplicação de um modelo dialético ao juízo, conforme Bodenheimer, *A Neglected Theory of Legal Reasoning*, in 21 *J. Leg. Ed.*, 1969, p. 378 ss.

[73] Sobre o assunto, conforme essencialmente Popper, *Logica della scoperta scientifica*, tr. it., Torino, 1970, pp. 21 ss., 66 ss., 276 ss.

mente sempre essencial a distinção de fundo entre lógica da deliberação e da justificação e lógica da conclusão e da demonstração.[74]

A simples citação desses setores da lógica é suficiente para demonstrar que qualquer discurso fundado sobre a equação lógica = silogismo parte de premissas falsas. De outro lado, é claro que a alusão à possível utilização de instrumentos lógicos diferentes não somente não fornece uma solução imediata ao problema, mas abre antes uma série de questões extremamente complexas, que até o presente momento tiveram apenas algumas tentativas parciais de solução.

Importa, ainda, sublinhar a característica, normalmente não considerada de forma adequada, de instrumentalidade das formas lógicas, bem como rejeitar a difundida tendência de considerar a estrutura das formas lógicas como intimamente vinculada e determinada pelas matérias a que vêm aplicadas.[75] A consequência imediata disso é que uma estrutura lógica não é uma característica intrínseca do objeto, mas somente um instrumento de que se vale quem estuda determinado objeto, de modo que a instrumentalidade da lógica significa função heurística estruturante da lógica diante do objeto. Que as formas lógicas não são mais do que instrumentos, de outro lado, implica ulteriores consequências: a primeira é que quem utiliza a lógica pode escolher o instrumento mais adequado às próprias exigências e as do objeto estudado; a segunda é que o uso das formas lógicas é elástico, não impositivo e não determinado; a terceira é que o uso de uma forma lógica não acrescenta nada ao objeto a que é aplicada, servindo apenas para dele fazer emergir certa estrutura racional.

Existem, porém, certos limites dentro dos quais a lógica pode ser validamente aplicada, que se impõem igualmente ao juiz.[76] Esses, contudo, não dizem respeito à natureza do raciocínio do juiz, mas vertem sobre o uso que o juiz faz dos instrumentos lógicos ao longo das diversas fases da sua atividade (independentemente da respectiva natureza intrínseca), articulando-se essencialmente em três direções. A primeira atine à escolha das formas lógicas mais adequadas ao material conceitual a que devem ser aplicadas: seria, por exemplo, incongruente o uso de inferências dedutivas

---

[74] Sobre a aplicação de semelhante distinção ao raciocínio do juiz, conforme WASSERSTROM, op. cit., p. 25 ss.; TAMMELO, op. ult. cit., p. 93; JØRGENSEN, *Argumentation and Decision*, in *Festkr. til Alf Ross*, København, 1969, p. 278; DEWEY, *Logical Method*, cit., pp. 18, 24. Sobre o assunto, mais amplamente, vide *infra*, cap. V, § 1, *sub* b).

[75] Sobre a distinção entre forma lógica e matéria a respeito do qual essa é aplicada, conforme, para o caso específico da matéria jurídica, AMATO, op. cit., p. 364 ss.

[76] Trata-se de limites, no entanto, até agora traçados de modo apenas aproximativo e com notáveis margens de ambiguidade e de confusão (vide, por exemplo, AMATO, op. cit., p. 366), não eliminadas nem mesmo por tratativas mais aprofundadas do tema (conforme, por exemplo, KLUG, op. cit., p. 3; TAMMELO, *Sketch*, cit., p. 302 s.; SIMITIS, op. cit., pp. 74, 88 ss.).

não se dispondo de premissas gerais,[77] o uso da lógica demonstrativa em um procedimento heurístico, a aplicação de estruturas formalizadas a dados não formalizados[78] e assim por diante. A segunda concerne mais especificamente à necessidade de evitar os abusos frequentes no emprego de instrumentos lógicos, como, por exemplo, a transformação de uma inferência provável em uma inferência certa mediante a aplicação incongruente de uma forma dedutiva, a transformação de um juízo de valor em um juízo de fato mediante a aplicação incongruente da lógica das asserções descritivas,[79] a apresentação em forma lógica da decisão de modo a fazer com que essa apareça como a única possível e necessária, deixando na sombra as alternativas possíveis e assim por diante. A terceira direção refere-se ao fato de que o uso de formas lógicas não acrescenta nada ao objeto a que essa é aplicada, de modo que comete um abuso quem pretende conseguir novos conhecimentos ou específicas valorações mediante tão-somente o uso da lógica.[80] Especialmente, a lógica da inferência não modifica o *status* de verdade ou falsidade das premissas, nem funda, por si só, a verdade ou falsidade das conclusões e nem mesmo tem condições de retirar conclusões axiológicas de premissas de fato[81] e conclusões de fato de premissas de valor.

Se o problema da lógica do juiz é considerado levando-se em consideração as perspectivas já delineadas, daí resulta um quadro em que é claramente equivocada a pretensão de exaurir na lógica todo o raciocínio do juiz (pretensão que integra uma indevida sobrevalorização da lógica) e que também o é a pretensão de negar que em semelhante raciocínio a lógica tenha uma função qualquer (pretensão que integra uma indevida desvalorização redutiva da lógica). Aquilo que ressai, do contrário, é a disponibilidade, para o juiz, de um conjunto heterogêneo de instrumentos que, se adequadamente

---

77 Uma distorção desse tipo é frequente, por exemplo, no raciocínio fundado em máximas de experiência, que somente em raras hipóteses são constituídas de proposições gerais, mas que são normalmente utilizadas como premissas de inferência dedutiva. Sobre o assunto, vide por último Taruffo, *Certezza e probabilità*, cit., p. 88 ss.

78 Sobre o conceito de formalização, conforme, em geral, Pasquinelli, *Introduzione*, cit., p. 24 ss. e *passim*.

79 A aplicação da lógica das proposições fatuais a enunciados valorativos é um erro de escolha de método lógico e pode derivar tanto da ausência de reconhecimento da natureza valorativa do enunciado como da ausência de relevância do juízo de valor eventualmente expresso em termos descritivos (sobre o que vide Hare, *Libertà e ragione*, cit., p. 37 ss.). Um verdadeiro e próprio abuso tem-se, também, quando a enunciados valorativos se aplica a lógica da verdade/falsidade para esconder a natureza valorativa dos enunciados ou para deles retirar consequências apresentadas como certas e cogentes (sobre a especificidade da justificação dos juízos de valor, vide *infra*, cap. IV, § 3, sub d) e e).

80 Sobre o sofisma implícito na posição de quem usa a lógica como se nas suas regras estivesse implícita uma eficácia *jurídica* determinante, conforme Lloyd, op. e loc. ult. cit.

81 Sobre o assunto, conforme o amplo estudo de Carcaterra, *Il problema della fallacia naturalística*, Milano, 1969.

empregados, revelam-se essenciais seja na pesquisa da decisão correta, seja no controle racional das suas premissas e na racionalização do procedimento de pensamento – qualquer que seja esse – que funda a própria decisão.[82]

D) A distinção entre lógica do Juízo e lógica da motivação

Outra precisão essencial a respeito do uso por parte do juiz dos instrumentos lógicos descende da distinção entre raciocínio decisório e raciocínio justificativo. Semelhante distinção já foi acenada e será aprofundada mais além com o fim de colocar em evidência a sua relevância para fins de configuração do modo pelo qual deve ser formulada a motivação. Aqui interessa sublinhar apenas que é errônea e incompleta qualquer análise da "lógica" do juiz que não leve em consideração que semelhante lógica se diversifica em consonância com o modo pelo qual a decisão é obtida.[83] Evidentemente, o fato de que o juiz pode empregar instrumentos lógicos no âmbito de cada um desses procedimentos não implica nem a respectiva identidade, nem uma correspondência dos respectivos momentos "logicizados" (no sentido de que o juiz utiliza a lógica para motivar somente aqueles pontos cuja decisão foi conseguida por via lógica). Em realidade, são possíveis diferentes procedimentos de justificação, podendo ser cada um dos quais mais ou menos "lógico", mas sem que isso dependa da ligação com o seu *pendant* simétrico. Antes, observou-se com razão[84] que cada conjugação de um procedimento de descoberta com um procedimento de justificação dá lugar a uma relação assimétrica, no sentido de que as características do primeiro não determinam as características do segundo, nem se verificando o contrário. Os nexos que subsistem entre os dois procedimentos – no sentido de que a previsão do dever de motivar a decisão pode induzir o juiz a acentuar a racionalização do processo decisório, ao passo que o modo pelo qual esse é realizado pode influenciar o modo com que é elaborada a justificação – são nexos de mero fato que podem influir sobre a intensidade com que o juiz recorre à lógica ou sobre a escolha deste ou daquele instrumento, mas não determinam absolutamente uma identidade ou correspondência estrutural entre os dois procedimentos.

A expressão "lógica do juiz" resulta, portanto, duplamente enganadora: de um lado, porque sugere a imagem de um *corpus* lógico autônomo,

---

82 Sobre a função de racionalização e de controle que o emprego correto da lógica desempenha no raciocínio do juiz, conforme Michaelis, op. cit., p. 147; Patterson, *Logic in the Law*, in 90 *U. Pa. L. R.*, 1942, p. 875 ss.; Lloyd, op. ult. cit., p. 468; Jørgensen, op. cit., p. 279; Hebraud, in *La logique juridique*, cit., p. 50 ss.; Perrot, *Rapport de synthèse,* ibid., p. 145 ss.; Esser, *Grundsatz und Norm*, cit., p. 208 ss.; Bodenheimer, op. cit., p. 393 e ss.

83 Sobre o assunto, conforme, por último, Horovitz, op. cit., pp. 6, 187 e *passim*.

84 Conforme Wasserstrom, op. cit., p. 27.

unitário e determinado, que seja prerrogativa do juiz; de outro, porque sugere a imagem de um único procedimento no qual o juiz recorre à lógica, ao passo que se trata, em verdade, de dois procedimentos, entre si distintos pela função, objeto e estrutura. A lógica do juiz bifurca-se, pois, na lógica do juízo e na lógica da motivação, que devem ser examinadas em separado, nada obstante os nexos – não lógicos, contudo – que entre essas intercorrem.

E) Logicidade e valoratividade do raciocínio do Juiz

No contraste entre as doutrinas logicistas e antilogicistas do juízo, a aquisição mais importante permanece sendo sempre uma mais clara consciência do papel decisivo que, no âmbito do raciocínio decisório, desempenha a atividade valorativa do juiz. Trata-se de uma consciência que hoje pode parecer mais ou menos banal, mas que em realidade não o é por várias razões.

A primeira é que o aparecimento do momento valorativo, no nível da teoria do juízo, mediante a crise das doutrinas estritamente logicistas, não foi nem fácil, nem rápida, ganhando lugar antes mediante um longo trabalho doutrinário no plano da teoria geral do direito e da interpretação,[85] sob o impulso da experiência político-jurídica e em virtude de um modo muito não preconceituoso de considerar a atividade do juiz.

A segunda razão pela qual o ponto em questão não pode ser considerado banal é que a seu respeito ainda se está muito distante de terem-se esclarecidas satisfatoriamente as características, os modos e as consequências da atividade valorativa do juiz. Com efeito, quando se usam palavras-chaves como "criatividade do juiz" ou "mistério do juízo" não avança nem um passo em direção a uma possível solução – antes, o emprego exorcista de fórmulas dessa ordem esconde geralmente o vazio, em uma situação paradoxal em que a viva consciência do problema dos valores no raciocínio do juiz é acompanhada da carência de instrumentos adequados para sua análise.[86]

A terceira razão da não banalidade do problema em exame nasce posteriormente da colocação que esse assume em relação aos sofismas lógicos e antirracionalistas antes examinados. De um lado, a presença de atividade axiológica no raciocínio do juiz determina a crise radical do sofisma logi-

---

[85] Sobre o assunto, conforme, em geral, CAJANI, *I giudizi di valore*, cit., pp. 37 ss. e *passim*; sobre os desenvolvimentos mais recentes, conforme TARELLO, op. ult. cit., p. 475 ss.

[86] Isso vale, evidentemente, para os juristas "técnicos" e especialmente para os processualistas (entre os quais apenas DE MARINI, *Il giudizio di equità nel processo civile*, Padova, 1958, p. 23 ss., tenta uma clarificação do problema). Não vale, porém, para os filósofos do direito (conforme, por exemplo, CAJANI, op. ult. cit., SCARPELLI, *Filosofia analítica, norme e valori*, Milano, 1962), ainda que esses, mais do que do raciocínio do juiz, se ocupem em geral do problema da interpretação.

cista, dado que exclui a visão de semelhante raciocínio como concatenação puramente lógico-dedutiva. De outro, porém, dele não emerge a validade do sofisma irracionalista, senão por duas condições claramente inaceitáveis: que a atividade do juiz seja vista como exclusivamente axiológica e que se assuma uma visão totalmente irracionalista dos valores e dos respectivos juízos. Vice-versa, colocar o problema dos valores no raciocínio do juiz não implica nem justifica uma visão irracionalista do juízo, seja porque esse não verte sobre a parte não axiológica (isto é, mais nitidamente cognitiva) de semelhante raciocínio, seja porque não se pode excluir uma possível racionalização dos próprios juízos de valor. Todavia, importa evitar situar o problema dos juízos de valor em perspectivas estritamente ontológicas e formalistas, nas quais tanto o racionalismo como o irracionalismo seriam igualmente pouco relevantes sob o perfil que aqui interessa. De outra parte, também a indagação a respeito da bondade ou não da possibilidade de o juiz realizar juízos de valor,[87] não muda o dado indiscutível de que o juiz em concreto necessariamente realiza semelhantes juízos. Então, o problema não é tanto o de discutir o conceito de valor em si considerado,[88] mas sim o de estabelecer como e com que fins o juiz realiza valorações de caráter axiológico e de viabilizar instrumentos adequados de controle externo tanto jurídicos como político-sociais também desse setor da atividade do juiz.

Em semelhante perspectiva, é evidentemente relevante a distinção de fundo entre o plano do juízo e o plano da motivação. No plano do juízo, o problema dos valores cinde-se em três perfis principais: a) a escolha do valor como critério-guia da valoração; b) a valoração como formulação do juízo à base do valor eleito como critério-guia; c) a colocação do juízo de valor no conjunto do raciocínio decisório. De cada um desses perfis derivam perspectivas diferentes e relativamente autônomas, nas quais podem se colocar a questão da racionalidade da atividade do juiz. No plano da motivação, ao invés, o problema que tem de ser resolvido não é o da racionalidade

---

87 Conforme, por exemplo, FASSÒ, *Il giudice e l'adeguamento del diritto*, cit., onde se sustenta a tese, muito peregrina e em realidade fortemente conservadora, segundo a qual tocaria à Corte Constitucional uma espécie de monopólio dos juízos de valor sócio-políticos, enquanto, consequentemente, valorações dessa ordem seriam – ou deveriam ser – vedadas aos juízes ordinários. Vale a pena assinalar que essa se funda, para além de uma clara ideologia "neutral" do juízo, sobre uma confusão entre o plano ontológico (o juiz ordinário realiza juízos de valor?) e o plano deontológico (o juiz ordinário pode/deve fazer juízos de valor?), que torna, dizendo-se pouco, ambígua semelhante proposta de "monopólio".

88 Isso com maior razão na medida em que na análise das valorações do juiz repercutam as incertezas existentes a respeito do conceito geral de valor. A propósito, é significativo o exemplo da doutrina carneluttiana do juízo, na qual, posta a definição do valor como atributo da parte em relação ao todo (assim CARNELUTTI, *Nuove riflessioni sul giudizio giuridico*, in *Discorsi*, cit., III, p. 145), permanece interditada qualquer análise ulterior do conteúdo axiológico da decisão.

do juízo de valor, mas o da sua justificação, que pode ser cindido, de seu turno, em três subproblemas: a) justificação da escolha do valor-guia; b) justificação do juízo de valor; c) justificação das consequências que o juiz retira do juízo de valor para a decisão. Cada um desses perfis representa um problema ligado à lógica da justificação, na medida em que para cada um desses interessa apontar uma forma de controle externo, das quais derivam diferentes problemas a respeito da determinação das formas lógicas que podem ser empregadas pelo juiz em consonância com as diferentes exigências justificatórias.

Também sobre o problema específico dos juízos de valor, portanto, a "lógica do juiz" bifurca-se necessariamente em lógica do juízo, que significa racionalidade da escolha valorativa, e lógica da motivação, que significa justificação dessa escolha. Entre essas duas "lógicas", assim como acontece em um plano mais geral, não existe uma relação de necessária correspondência, mas uma ligação assimétrica. É, de fato, impossível reduzir a uma estrutura unitária a escolha de valor e a sua justificação, seja porque a um juízo de valor formulado em conformidade com cânones racionais não necessariamente se segue uma justificação lógica, seja porque a presença de uma justificação logicamente correta não necessariamente pressupõe a formulação de um juízo de valor elaborado segundo cânones racionais.

CAPÍTULO IV
SOBRE ALGUMAS TEORIAS DO JUÍZO E DA MOTIVAÇÃO

1. A teoria do silogismo judicial; A) Falsidade e incompletude da teoria silogística; B) Limites das críticas à teoria silogística; C) O emprego do silogismo por parte do juiz; D) As implicações ideológicas da teoria silogística; 2. A teoria tópica do raciocínio jurídico; A) Acenos críticos sobre a teoria tópica da decisão; B) Tópica e lógica na motivação; C) O papel do raciocínio tópico na motivação; 3. A teoria retórica da argumentação jurídica; A) Retórica e tipos de raciocínio jurídico; B) O problema do "auditório universal"; C) O papel da argumentação retórica na motivação.

1. A TEORIA DO SILOGISMO JUDICIAL

Antes de delinear as características estruturais mais relevantes da motivação e as correlações existentes entre essas e os momentos peculiares do juízo, é oportuno tomar em consideração separadamente algumas das principais orientações que buscaram uma solução global e unitária dos problemas em exame. Na impossibilidade de proceder a um estudo analítico de cada uma das doutrinas, convém restringir a pesquisa a duas teorias do juízo e da motivação que têm a qualidade de representar modos típicos de aproximação a esses problemas e de constituírem ainda expressões coerentes de orientações metodológicas de ordem mais geral: a primeira teoria, que exprime a orientação sistemático-dedutiva de matriz juspositivista, é a que configura o juízo e a motivação mediante a categoria do silogismo judicial; a segunda, que exprime a orientação antissistemática oriunda da crise do positivismo jurídico clássico e do surgimento do problema dos valores, é a que descreve as atividades do juiz centrando-se sobre a importância que nessas assumem os fatores tópico-retóricos e argumentativos.

A teoria que identifica a estrutura do juízo em um silogismo cuja premissa maior é dada pela norma aplicável ao caso, enquanto a premissa menor é dada pelos fatos relevantes provados e a conclusão é dada pela decisão do caso concreto, é largamente conhecida, igualmente porque teve durante um longo tempo um papel dominante na doutrina europeia, especialmente na alemã[1] e na italiana.[2] Igualmente notório é que esse modelo parece excessivamente sintético aos seus próprios defensores, alguns dos quais advertiram a respeito da respectiva inadequação diante da complexidade do raciocínio do juiz, configurando em torno ao silogismo "final" uma coroa de silogismos "instrumentais" (*Hilfsyllogismen*), concatenados de modo tal que as respectivas conclusões constituem as premissas do silogismo final.[3] Desse modo, o modelo do juízo é dilatado do silogismo ao polissilogismo (correspondente à figura aristotélica do sorites), mas a característica fundamental permanece aquela de ser fundado sobre apenas

---

[1] Para a doutrina mais antiga, conforme, por exemplo, Schultze, *Privatrecht und Prozess*, Freiburg, 1883, p. 219 ss.; Stein, *Das Private Wissen des Richters*, Leipzig, 1893, p. 6 ss. e *passim*; Wehli, *Beiträge zur Analyse der Urteilsfindung*, in *Festschr. für A. Wach*, Leipzig, 1913, p. 405 ss.; Wach, *Die That- und Rechtsfrage bei der Revision im Civilprozess*, in 10 *JW* 1881, p. 73 ss. A doutrina em questão constituiu posteriormente a base para as tratativas institucionais sobre a natureza do juízo: conforme, por exemplo, Rosenberg-Schwab, *Zivilprozessrecht*, 10 Aufl., München, 1969, p. 686. Para formulações mais recentes e indicações ulteriores, conforme Scheuerle, *Beiträge zum Problem der Trennung com Tat- und Rechtsfrage*, in *Arch. Civ. Praxis*, 1958-59, p. 1 ss.; Schneider, *Logik für Juristen*, Berlin-Frankfurt am Main, 1965, pp. 109 ss., 297 ss.; Klug, op. cit., p. 48 ss.; Henke, op. cit., p. 94 ss.; Krüger, *Allgemeine Staatslehre*, Stuttgart, 1964, p. 794; Kriele, op. cit., p. 47 ss.; Esser, *Vorverständnis und Methodenwahl*, cit., p. 40 ss.; Larenz, *Methodenlehre*, cit., p. 228 ss., e especialmente Engisch, *Logische Studien*, cit., p. 7 ss., o qual recorda como não se trata de uma doutrina formulada apenas por juristas, mas encontra correspondência igualmente no campo filosófico, como, por exemplo, em Kant e em Schopenhauer.

[2] A descrição do juízo como silogismo é um lugar comum extremamente difundido, não calhando a propósito coligir extensas indicações bibliográficas. Para as formulações mais orgânicas na nossa doutrina, conforme Alfredo Rocco, *La Sentenza Civile*, 1906, rist. Milano, 1962, pp. 4 ss., 31; Menestrina, *La pregiudiziale nel processo civile*, Vienna, 1904, pp. 39 ss., 75 ss.; Calamandrei, *La genesi logica della sentenza civile,* ora em *Opere giuridiche*, cit., vol. I, p. 11 ss.; Carnelutti, *Limiti del rilievo dell'error in iudicando in Corte di Cassazione*, in *Studi di Diritto Processuale*, vol. I, Padova, 1925, p. 371 ss. A doutrina francesa não demonstrou, em regra, uma atenção especial para descrição silogística do juízo, mas acabou igualmente por dele se servir largamente para análise do juízo de cassação: conforme, por exemplo, Marty, *La distinction du fait et du droit. Essai sur le pouvoir de controle de la Cour de cassation sur les juges du fait*, Paris, 1929, pp. 12, 178 ss.; Rigaux, *La nature du controle de la Cour de cassation*, Bruxelles, 1966, p. 36 ss.

[3] Conforme, por exemplo, Rosenberg-Schwab, op. cit., loc. cit.; Engisch, *Logische Studien*, cit., p. 16; Menestrina, op. cit., p. 41 ss.; Rigaux, op. cit., p. 39.

um módulo lógico-estrutural, isto é, aquele da dedução silogística, que continuava a ser considerada a linha estruturante do raciocínio do juiz.

Contra essa impostação do problema foram direcionadas, principalmente a partir dos primeiros anos do século, objeções e críticas dos tipos mais diversos, sendo que as principais das quais podem ser reconduzidas a dois principais filões de pensamento.

A) Falsidade e incompletude da teoria silogística

Segundo o primeiro desses, a doutrina do silogismo judicial, entendida como representação do juízo, é falsa e, portanto, deve ser rejeitada. A falsidade de semelhante representação foi sustentada essencialmente a partir da negação da natureza lógico-racional da atividade do juiz, que constituiu uma das características distintivas, bem como um dos estímulos mais eficazes, das várias teorias irracionalistas do juízo que já foram repetidamente consideradas. De outra parte, a afirmação da falsidade do silogismo judicial como representação da estrutura do juízo está igualmente presente, em termos mais ou menos explícitos, nas diversas tentativas de reconstruir semelhante estrutura mediante o emprego de módulos lógicos diferentes do silogístico.

Aqui interessa, contudo, considerar o segundo filão das críticas formuladas contra a doutrina do silogismo judicial, que têm em comum não tanto a afirmação da falsidade radical da representação silogística do juízo, mas sim a sua incompletude. Nesse âmbito entram posições que se colocam em um nível muito geral, como aquela segundo a qual o modelo silogístico não exprime a complexidade da atividade criativa do juiz, dado que dessa representa apenas a ossatura lógica,[4] ou aquela segundo a qual é inadequada qualquer concepção do juízo que não dê conta do elemento voluntarístico ínsito à decisão, limitando-se a registrar o seu elemento cognitivo.[5]

Essas assertivas, que podem ter igualmente uma eficácia crítica assaz intensa, acentuam aquilo que do juízo o modelo silogístico não exprime, mas em termos gerais não chegam por si só a contestar a adequação de semelhante modelo para representar o aspecto lógico do juízo, de modo que não faltam reconhecimentos de sua utilidade, nada obstante a sua limitação.[6]

---

4 Nesse sentido, conforme, por exemplo, Hebraud, op. cit., pp. 28 ss., 46 ss.; Souleau, in *La logique juridique*, cit., p. 61 ss.; Marty, op. cit., p. 12; Esser, op. ult. cit., pp. 41, 43; Wasserstrom, op. cit., p. 15; Lloyd, *Reason and Logic*, cit., p. 468 ss.

5 Nesse sentido, por exemplo, conforme Fazzalari, *Il giudizio civile di cassazione*, Milano, 1960, p. 68 ss.; Id., *La giurisdizione volontaria. Profilo sistematico*, Padova, 1953, p. 136 ss. De um ponto marcadamente psicologicista, conforme Scheuerle, *Rechtsanwendung*, cit., p. 39 ss.

6 Conforme, por exemplo, Marty, op. cit., loc. cit.; Wasserstrom, op. cit., p. 19; Michaelis, op. cit., p. 117 ss.; Lloyd, op. ult. cit., p. 477; Calogero, *La logica del giudice*, cit., p. 55 ss.;

Na perspectiva em questão entram, porém, também aproximações que trabalham mais de perto o tema do confronto entre a representação silogística do juízo e a "natureza" do próprio juízo, colocando em relevo razões específicas que denotam a incompletude da tradicional configuração silogística do juízo. Exemplar nesse sentido é a tese ao seu tempo sustentada por Calogero,[7] que teve ampla ressonância, também porque foi a primeira crítica articulada à doutrina silogística que apareceu em nosso país,[8] segundo a qual o silogismo judicial não exaure o juízo, porque representa apenas o *iter* que o juiz segue para deduzir a decisão das premissas de fato e de direito, mas não compreende a atividade essencial ligada à fixação das premissas pelo juiz.[9] Semelhante crítica captura indubitavelmente o essencial, na medida em que traça uma precisa delimitação da função representativa do modelo silogístico. Essa tem, no entanto, no pensamento de Calogero, um desenvolvimento muito curioso, dado que não levou a uma ampliação, integração ou substituição do esquema de que se demonstravam os limites, mas sim, pelo contrário, a uma ulterior redução: de fato, a uma mera redução equivale a tese segundo a qual a natureza do juízo seria expressa pela categoria lógica da subsunção.[10]

Stone, *Legal System*, cit., pp. 315, 321.

7 Op. ult. cit., p. 48 ss. e *passim*.

8 Aproximadamente contemporânea é a enunciação da doutrina de Betti (conforme *Diritto Processuale Civile Italiano*, Roma, 1936, p. 310), que, porém, mais do que uma crítica à teoria do silogismo judicial, constitui uma tentativa sintética de delinear a estrutura do juízo utilizando as categorias lógicas da filosofia de Benedito Croce. É significativo, todavia, que o próprio Betti, ao rejeitar o modelo silogístico, reconheça a esse valor descritivo, nada obstante limitado à relação entre norma e caso concreto (v. *ibidem*, n. 12).

9 Esse tipo de crítica ao modelo silogístico é assaz difuso, principalmente na doutrina alemã, e dá azo a duas linhas de pensamento bastante distintas. A primeira parte da inadequação do silogismo para configurar a fixação das premissas da decisão para desvalorizar o modelo silogístico e patrocinar uma convergência de atenção, ao invés, para a atividade valorativa com que o juiz individualiza essas premissas (entre as formulações mais recentes, conforme Kriele, op. cit., p. 50 ss.; Henke, op. cit., p. 94 ss.; Esser, op. ult. cit., p. 50 ss.; Id., *Wertung*, cit., p. 14 ss.; Id., *Grundsatz und Norm*, cit., p. 236 ss.). A segunda não desvaloriza o modelo dedutivo, que entende idôneo para representar a fase essencial do juízo, tendendo antes a integrá-lo configurando logicamente a atividade de fixação das premissas sobre que se funda o raciocínio silogístico do juiz (conforme Engisch, *Logische Studien*, cit., pp. 13 ss., 37 ss. e *passim*; Michaelis, op. cit., p. 120 ss.).

10 A opinião de Calogero a respeito da estrutura do juízo é sintetizada na afirmação de que "a eliminação da sua silogicidade facilita a percepção dessa sua logicidade ainda mais radical, a qual consiste no seu categórico julgar subsumindo" (op. cit., p. 57). A redução existe na medida em que a subsunção não é necessariamente qualquer coisa de diferente em relação ao silogismo, mas pode ser inclusive qualquer coisa de menos complexa, tratando-se de uma afirmação "em que o sujeito, exprimindo a ação que se realizou, vem subsumido ao predicado, que exprime a norma legal" (Calogero, op. cit., p. 58). Não há dúvida, de fato, que a subsunção pode entrar no silogismo como parte da premissa menor (vide *infra* no texto), com o que o modelo subsuntivo é uma mera redução do modelo silogístico – e nem Calogero demonstra o contrário. Daí se segue que contra a sua tese pode ser dirigida a mesma

Uma segunda linha de pensamento muito difundida parte do problema da distinção entre fato e direito no objeto do juízo, de seu turno importante como premissa para definição dos limites do juízo de cassação.[11] Emerge desse ponto de vista que um dos pontos nodais do problema, não resolvido pelo esquema silogístico em sentido estrito, é dado pela colocação, na estrutura do juízo, do momento de qualificação jurídica dos fatos da causa: trata-se, de fato, de uma operação que não entra nem premissa maior do silogismo, entendida como formulação da norma aplicável ao caso, nem na premissa menor, entendida como fixação dos fatos provados. Essa dificuldade é superada, segundo a orientação dominante, sem se colocar em crise as linhas gerais do esquema silogístico, mas com uma articulação mais generosa da premissa menor. Nessa, de fato, entram dois momentos distintos: a fixação dos fatos provados da causa (que, segundo o esquema tradicional, exaure o conteúdo da premissa menor) e a respectiva qualificação jurídica de acordo com as categorias normativas que constituem, com uma generalidade diferente, o suporte fático legal enunciado na premissa maior.[12] Desse modo, a tradicional identificação entre juízo de direito e premissa maior, de um lado, e juízo de fato e premissa menor, de outro, acaba caindo, na medida em que se aloca na premissa menor um típico juízo de direito – como é o da qualificação jurídica dos fatos. Todavia, não desaparecem nem a distinção entre juízo de direito e juízo de fato,[13] nem a conexão silogística

objeção que ele endereça ao modelo silogístico, dado que também a subsunção exprime um modo de configuração do juízo, mas não indica como o juiz obtém e realiza as escolhas que a subsunção pressupõe. De outro lado, recorde-se igualmente que o recurso à categoria da subsunção não serve, por si só, para resolver qualquer problema, haja vista que o próprio conceito de subsunção é ambíguo e presta-se a uma pluralidade de diferentes definições (conforme LAZZARO, *Storia e teoria della costruzione giuridica*, cit., p. 201 ss.).

11 Sobre o assunto, conforme ENGISCH, *Le fait et le droit en droit allemand*, FORIERS, *La distinction du fait et du droit devant la Cour de Cassation de Belgique*, HALLEMANS, *Le juge devant la distinction du fait et du droit*, ASCARELLI, *Le fait et le droit devant la Cour de Cassation italienne*, PERELMAN, *La distinction du fait et du droit. Le point de vue du logicien*, todos em *Le fait et le droit. Etudes de logique juridique*, Bruxelles, 1961, pp. 27 ss., 51 ss., 78 ss., 113 ss., 269 ss. Conforme, ainda, ENGISCH, *Logische Studien*, cit., pp. 90 ss., 114 ss.; HENKE, op. cit., p. 187 ss.; SCHEUERLE, *Beiträge*, cit.; KUCHINKE, *Grenzen der Nachprüfbarkeit tatrichterlicher Würdigung und Feststellungen in der Revisionsinstanz. Ein Beitrag zum Problem von Rechts- und Tatfrage*, Bielefeld, 1964; LARENZ, *Methodenlehre*, cit., p. 243 ss.; MARTY, op. cit., p. 178 ss.; NASI, *Giudizio di fatto (dir. proc. civ.)*, in *Enc. dir.*, XVI, Milano, 1967, p. 967 ss.; TARUFFO, *Note in tema di giudizio di fatto*, in *Riv. dir. civ.*, 1971, p. 33 ss.

12 Nesse sentido, por exemplo, PERELMAN, *La distinction*, cit., p. 271; DESCHENAUX, *La distinction du fait et du droit dans la Procédure de recours au tribunal federal*, Fribourg, 1948, p. 13 ss.; RIGAUX, op. cit., p. 38; MARTY, op. cit., p. 204 ss.; ESSER, *Vorverständnis*, cit., p. 61; ENGISCH, *Logische Studien*, cit., p. 18 ss.

13 A consequência do aprofundamento da natureza composta da premissa menor do silogismo judicial, de fato, não levou à negação de semelhante distinção, mas sim à sua reafirmação de acordo com critérios mais articulados que visam a separar, entre as afirmações dos fatos da causa, aquilo que atine à respectiva reconstrução "histórica" daquilo que concerne, ao invés,

entre aquilo que se entende como premissa maior e aquilo que se entende por premissa menor, dada que essa adaptação acaba aparecendo antes como uma operação direcionada a manter, em linha geral, a validade do esquema silogístico do juízo.

B) Limites das críticas à teoria silogística

As diversas orientações críticas que foram lembradas abriram inquestionavelmente no esquema silogístico tradicional uma série de problemas de extrema complexidade, dos quais é difícil colher sinteticamente todas as implicações. A constatação geral supramencionada, segundo a qual essas de fato jogaram em uma crise radical a doutrina do silogismo judicial, para a qual igualmente colaboraram as suas insuficiências, leva a considerar, porém, quais são os efetivos limites do respectivo alcance.

Um primeiro limite essencial deriva de não se ter colhido de forma adequada aquela que é a peculiaridade fundamental da doutrina do silogismo judicial, consistente no fato de que essa propõe um modelo lógico da decisão sem distinguir entre a atividade que o juiz realiza para chegar à decisão e o raciocínio justificativo que é expresso na motivação. Em verdade, a doutrina do silogismo judicial apresenta-se essencialmente como uma teoria do juízo (isto é, uma teoria da atividade decisória realizada pelo juiz), mas é uma teoria do juízo que se funda evidentemente sobre uma teoria do modo pelo qual a decisão é enunciada – isto é, sobre uma teoria da motivação – e sobre o pressuposto de que a estrutura do raciocínio decisório coincide com a estrutura do raciocínio expresso na motivação. Ao que consta, o vício da doutrina do silogismo judicial que deriva desse pressuposto equivocado foi observado, em alguns pontos isolados, apenas por Carnelutti,[14] nada obstante daí se depreenda uma consideração decisiva para valoração tanto a própria teoria do silogismo judicial como as críticas a essa dirigidas. Sob o primeiro perfil, a doutrina em questão resulta ambígua na medida em que não é claro se se trata de uma teoria da decisão, da motivação ou de ambas as coisas. Essa, todavia, é equivocada se apresentada como uma teoria do juízo, tendo em conta que não é possível demonstrar que o raciocínio decisório tem uma estrutura silogística, ao passo que é possível demonstrar que tem uma estrutura diferente. Se, ao invés, apresenta-se como uma teoria da motivação, é incompleta, dado que a estrutura dedutiva é apenas um

---

à respectiva qualificação jurídica. Sobre os problemas que surgem a respeito, conforme, amplamente, Engisch, op. ult. cit., p. 82 ss.

[14] Vide, por último, *Diritto e processo*, cit., p. 212. Em sentido análogo, mas em contexto cultural totalmente diferente, conforme Dewey, *Logical Method*, cit., p. 22.

componente da motivação,[15] na medida em que existem razões decisivas para rechaçá-la, acaso apresentada como uma teoria de como a motivação deveria ser.[16] Enfim, a própria doutrina não tem sentido se apresentada concomitantemente tanto como teoria do juízo como teoria da motivação.

Esses acenos mostram que a natureza e a direção da crítica variam inevitavelmente de acordo com o modo com que vem fixado o significado da teoria do silogismo judicial. Vice-versa, as várias doutrinas acenadas *supra* compartilham a mesma ambiguidade da doutrina a que se contrapõem, seja porque não têm em conta essa mesma ambiguidade, seja porque essas mesmas se apresentam normalmente como teorias do juízo e da motivação.

O segundo limite das doutrinas em questão emerge, pois, na medida em que se verifica que essas reproduzem em si mesmas o vício de fundo da teoria do silogismo judicial, sendo todas homogêneas enquanto reproduzem o mesmo ponto de vista concernente ao modo unitário de consideração da atividade decisória e do procedimento justificativo. Sob esse perfil deriva um complexo de graves problemas que não podem ser aqui enfrentados, igualmente porque a respectiva impostação em um nível de teoria geral permanece insatisfatória. Vale a pena, todavia, acenar àqueles que parecem ser as direções de aproximação mais eficazes ao problema do silogismo judicial. Tais perspectivas são essencialmente duas: a primeira verte sobre o uso que o juiz faz desse particular instrumento lógico que é o silogismo; a segunda concerne à doutrina do silogismo judicial entendida como descrição da atividade do juiz.

C) O emprego do silogismo por parte do Juiz

Quanto ao uso do silogismo na atividade decisória, esse é sem dúvida possível, mas não se trata do único instrumento lógico necessariamente utilizável.[17] Observe-se, contudo, que o silogismo é aplicável tão-somente na medida em que as proposições que esse deve coligar apresentam deter-

---

[15] Que a motivação não tem necessária e essencialmente uma estrutura silogística é demonstrado seja pelo relevo que nela assumem argumentações de outra ordem (sobre o que vide, por todos, LAZZARO, *Gli argomenti*, cit.), seja pelo fato de que, também sob o perfil lógico, essa compreender uma pluralidade de formas justificativas de tipo não dedutivo (vide *infra*, cap. V, § 3).

[16] Vide *infra* o ponto d) a respeito da função ideológica da doutrina silogística da motivação.

[17] Nas tratativas gerais sobre lógica jurídica, a dedução silogística é considerada como uma das possíveis formas da argumentação jurídica, na qual pode combinar-se ou alterna-se com outras formas (conforme, por exemplo, KALINOWSKI, *Introduzione*, cit., pp. 175 ss., 240 ss.; WEINBERGER, *Rechtslogik*, cit., p. 163 ss.). De outro lado, o problema da pluralidade de formas lógicas coloca-se também internamente à própria categoria silogística, a partir do momento que, ao lado do silogismo de primeira figura *in barbara*, a que de regra se refere, existem todas as outras figuras elaboradas pela lógica escolástica, que constituem um amplo

minadas características lógicas:[18] isso leva a afirmar que somente em casos excepcionais o juízo de fato pode seguir uma ordem lógica dedutiva[19] e que apenas raramente e dentro de limites muito restritos uma ordem dessa espécie determina a fixação da norma aplicável ao caso concreto.[20] Em suma, a utilizabilidade da decisão silogística na estrutura do juízo tende a cifrar-se à fase em que se instaura a ligação entre a norma já escolhida para a solução da lide e os fatos provados, donde a tendência de coincidir-se o momento em que opera o silogismo com o da subsunção.[21]

Tendo-se isso em conta, a doutrina do silogismo judicial é falsa se pretende significar que o juiz usa somente o silogismo e que todo o juízo se reduz a uma estrutura silogística. Se, porém, para semelhante doutrina adscreve-se o significado menos intenso de descrição da lógica do juízo, então é pertinente a acusação de incompletude, dado que essa descrição é aceitável apenas dentro de limites restritos que a doutrina em questão não determina e, de outro lado, essa tem o inconveniente de deixar na sombra muitos aspectos relevantes da estrutura do juízo.[22] Nessa perspectiva, portanto, não se trata de aceitar ou rechaçar em bloco a doutrina do silogismo judicial, mas sim de verificar em que medida e sob quais condições essa pode ser assumida como descrição do uso que o juiz faz do instrumento silogístico.

---

repertório de formas entre si nitidamente diferentes (para uma sintética, mas exauriente, exposição a respeito, conforme Tammelo, *Outlines*, cit., p. 17 ss.).

18 Conforme Lloyd, op. ult. cit., p. 480; Engisch, *Logische Studien*, cit., p. 17 ss.; Michaelis, op. cit., pp. 118, 120, 141.

19 Sobre os limites que encontra o uso dedutivo das máximas de experiência, conforme Taruffo, *Studi*, cit., p. 199 ss.; Id., *Certezza e probabilità*, cit., p. 89.

20 Conforme, por exemplo, Rigaux, op. cit., p. 43 e mais amplamente *infra*, cap. V, § 2. Para exemplificações a respeito da fixação do critério jurídico decisório mediante uma cadeia dedutiva (porém, não rigorosamente silogística), conforme Engisch, op. ult. cit., p. 16.

21 Conforme Engisch, op. ult. cit., p. 22 ss.; Michaelis, op. cit., p. 117 ss. Observe-se, porém, que o próprio conceito de subsunção não comporta por si só qualquer indicação específica a respeito da estrutura lógica do juízo a que se refere. Ainda que limitando o seu significado à ligação entre fato e norma (para acenos a outros usos do termo, conforme Rigaux, op. cit., p. 44 s.), isto é, aquilo que comumente se entende por qualificação jurídica dos fatos, o conceito de subsunção permanece, todavia, muito genérico, porque não indica a estrutura lógica de tal ligação, de modo que permanece dúbia a equiparação da subsunção com a dedução (conforme Lazzaro, *Sussunzione*, in *Nov. Dig. It.*, XVIII, Torino, 1971, p. 975 ss.). De outro lado, a análise das modalidades com que é realizada a qualificação jurídica do caso concreto leva a distinguir duas operações de natureza diferente: a) a subsunção em senso estrito (*Subsumtion*) do caso concreto em um conceito jurídico definido, a qual pode ser reconhecida uma característica fundamentalmente dedutiva; b) a recondução (*Zuordnung*) do caso concreto a um "tipo" legal, que não tem natureza dedutiva, na medida em que o "tipo" não têm as características lógicas da premissa maior da dedução (sobre o assunto, conforme, em geral, Larenz, *Methodenlehre*, cit., p. 423 ss. e, especialmente, p. 440 ss.).

22 Nessa ordem de ideias, claramente, Wasserstrom, op. cit., p. 23 ss., 28 ss.

A respeito da utilidade do recurso do juiz ao silogismo como meio de juízo, devem ser formuladas observações de outro gênero. Inicialmente, no sentido de restringir de modo relevante semelhante utilidade operam as limitações já acenadas concernentes às condições lógicas de utilizabilidade do próprio silogismo. Em segundo lugar, ainda quando tais condições autorizem, isso não implica que a dedução constitua a única forma lógica utilizável e nem que seja a mais eficaz. Seja como for, importa ter presente os inconvenientes que derivam da utilização de um instrumento pouco dúctil e muito formal como o silogismo. Tais inconvenientes consistem, de um lado, na natureza tautológica e na consequente ausência de valor heurístico do silogismo,[23] e, de outro, no risco de deformações, ínsito no emprego indiscriminado e incauto dessa forma lógica – como a atribuição de *status* de certeza a uma conclusão que, em realidade, não o tem, a excessiva automaticidade e formalismo do *iter* lógico e assim por diante. Em suma, pode-se dizer que quanto mais amplo é o recurso do juiz ao silogismo como instrumento de juízo, tanto maior é risco, por parte do próprio juiz, de uma sobrevalorização da sua utilidade e de uma subvalorização dos limites e dos inconvenientes que o seu emprego inevitavelmente comporta.

Outro problema está, logo em seguida, no uso do silogismo como elemento da motivação. Quanto à possibilidade desse uso não se colocam problemas particulares. Porém, mesmo quem, como, por exemplo, Carnelutti, tende a excluir a validade do silogismo como instrumento de juízo, nele reconhece um eficaz instrumento de controle da racionalidade do próprio juízo.[24] Em verdade, as reservas a respeito nascem em face do modo pelo qual o silogismo é utilizado com função justificativa e das distorções que daí podem advir para estrutura do discurso justificativo em que se consubstancia a motivação. Devendo-se admitir igualmente que o silogismo pode ter por vezes utilmente empregado no âmbito de semelhante discurso,

---

[23] Conforme Calogero, op. cit., p. 48 ss.; Carnelutti, *Bilancio del positivismo giuridico*, cit., p. 255; Hebraud, op. cit., p. 32; Rigaux, op. cit., p. 42; em sentido parcialmente diverso, conforme Souleau, op. cit., p. 56.

[24] Conforme as indicações constantes na nota precedente. Observa, de outro lado, Wasserstrom, op. cit., p. 29, que em sede de motivação o recurso ao procedimento dedutivo, desde que corretamente, pode ter certa utilidade. Nessa situação, afirma logo em seguida que as objeções contra a teoria dedutivista aparecem irrelevantes, acaso direcionadas a golpear uma teoria do juízo e não uma teoria da motivação. De outro lado, muito difundida, sob o pressuposto de que não investe sobre um problema de estrutura do juízo, é a opinião de que o uso da dedução em sede de justificação da decisão pode ser vantajoso, seja porque consente de inserir com segurança a decisão no ordenamento (assim, por exemplo, Hebraud, op. cit., p. 50 ss.), seja porque se entende que de tal modo efetua-se uma verificação da correção lógica e jurídica da decisão (conforme Wasserstrom, op. cit., p. 138 ss.; Dewey, op. ult. cit., p. 24; Rigaux, op. cit., p. 42; Engisch, *Logische Studien*, cit., p. 7; Esser, *Wertung*, cit., p. 15 ss.; Id., *Grundsatz und Norm*, cit., p. 236 ss.; Michaelis, op. cit., p. 128 ss.; Wróblewski, *Legal Reasoning in legal interpretation*, in *Log. et Anal.*, 1969, p. 29 do extrato).

deve-se também relevar a eventualidade de abusos, que se verificam todas as vezes em que esse é utilizado na ausência de suas necessárias condições lógicas, bem como a possibilidade que daí resulte uma motivação distorcida e enganosa. O abuso consiste em aplicar a forma lógica da dedução para proposições que não guardam entre si a relação geral – particular e que, portanto, não são deduzíveis uma da outra: o resultado que daí deriva é normalmente uma relevante alteração do *status* lógico e da dimensão semântica das proposições com que o juiz articula o seu raciocínio justificativo.

As distorções decorrentes do uso inadequado do instrumento silogístico podem ser reconduzidas a duas grandes categorias (ainda que seja possível individualizar uma tipologia mais vasta): a primeira concerne à estrutura da motivação, que tende a configurar-se como uma cadeia fechada de passagens lógicas necessárias e cogentes, em que cada conclusão intermediária, bem como a conclusão final em que se consubstancia a decisão, tende a apresentar-se como a única consequência possível e correta das premissas da qual descende. Uma motivação que tende a ser construída de acordo com uma estrutura dessa ordem acarreta uma visão simplificante e redutiva dos fenômenos fatuais e jurídicos, que deles recorta apenas os aspectos que servem para formalização dedutiva. O que tende a ser obliterado desse modo, ao invés, é a polivalência lógica de cada proposição, que pode ser premissa de diversas conclusões ou consequência de diversas premissas, dependendo da respectiva escolha concernente ao emprego de um ou de outro tipo de inferência.

A segunda categoria das distorções que derivam do uso impróprio da lógica dedutiva atine ao fato de que, quanto mais a motivação é estruturada de acordo com o módulo silogístico, tanto menos emergem traços essenciais na justificação de uma decisão que se assume não ser o resultado automático de uma série de passagens formais. Inicialmente, tendem a ser deixados de lado os momentos de escolha, tanto ligadas a escolhas interpretativas e cognitivas em geral, quanto atinentes à fixação das premissas de que decorre a decisão final ou a solução das questões que nessa influenciam. Aquilo que em verdade é a adesão do juiz a uma entre várias alternativas possíveis, é apresentada, ao invés, como uma passagem inevitável de uma cadeia lógica governada por regras de natureza determinista, de modo que transparece como necessário aquilo que é apenas possível.[25] Em segundo lugar, tende-se a excluir do raciocínio justificativo a enunciação de juízos de valor e da mesma forma valorações subjetivas do juiz. Trata-se de valorações que ou não são expressas ou são enunciadas na forma de constatações objetivas, de dados absolutos ou de lugares comuns indiscutíveis, idôneos para formar

---

[25] Para uma ampla crítica da motivação silogística sob esse perfil, conforme Jensen, op. cit., p. 7 ss.

o objeto de uma inferência logicamente cogente. Já se aludiu em outros lugares às razões psicológicas e ideológicas pelas quais o juiz tende a não exprimir valorações dessa ordem: deve-se sublinhar aqui que a tendência em direção à motivação logicamente estruturada sobre linhas rigidamente dedutivas acaba sendo um cômodo instrumento no sentido de deixar na sombra semelhantes valorações, conferindo uma aparência de justificação objetiva e logicamente necessária.[26]

O resultado de tudo isso é que a motivação dedutiva não apenas não exprime o real *iter* que o juiz percorre para chegar à decisão, mas também acaba por não exprimir nem mesmo o procedimento lógico e valorativo que o juiz realiza no momento em que racionaliza *a posteriori* os fundamentos da própria decisão: nos limites em que isso se verifica, a motivação reduz-se realmente a um perverso exercício de lógica formal.

D) As implicações ideológicas da teoria silogística

Se se tem em conta os efeitos que o uso intenso do instrumento silogístico teve tanto na estrutura do juízo como na da motivação, as objeções de falsidade e incompletude que podem ser opostas à doutrina do silogismo judicial acabam por parecer, malgrado as respectivas procedentes razões, pouco relevantes. Em verdade, se semelhante doutrina é considerada como descrição daquilo que o juiz faz, no âmbito do juízo e da motivação, essa aparece de quando em quando parcial ou totalmente errônea. Todavia, se todas as formulações da doutrina do silogismo judicial são realizadas de forma descritiva, não é menos verdadeiro que semelhantes descrições, na medida em que esquecem toda verificação empírica e buscam o momento ideal do juízo, acabam por desenvolver uma função prescritiva, de modo que pressupõem a descrição da estrutura ótima a que os juízos concretos deveriam aproximar-se.[27]

Então, entender semelhantes formulações como meras descrições significa colher apenas um aspecto secundário do problema. Essas deveriam ser consideradas, pelo contrário, como ideologias do juízo, isso porque, independentemente da intenção de seus formuladores, esse foi o efetivo

---

[26] A tendência a "silogizar" a motivação não deriva, portanto, somente de condicionamentos históricos e culturais de várias ordens, mas envolve também uma orientação ideológica do juiz diante da motivação (sobre o qual vide *infra*), que pode traduzir-se no uso consciente e instrumental de determinada forma lógica com o escopo de dar uma aparência de necessidade à motivação e, pois, à decisão que essa justifica, eliminando do próprio discurso os momentos de escolhas valorativas – que, como tais, não são passíveis de uma objetiva demonstração.

[27] Sobre a existência de componentes ideológicos, além de finalidades teoréticas, na aproximação ao problema da aplicação do direito, vide, em geral, WRÓBLEWSKI, *Il modello teorico dell'applicazione della legge*, in *Riv. int. fil. dir.*, 1967, p. 25 ss.

papel histórico que essas desempenharam e em larga medida continuam desempenhando.

Falar de função ideológica da teoria silogística do juízo significa colocar em evidência que essa tende acreditar em uma determinada imagem do juiz, além de determinada imagem do juízo, destinada não tanto a delinear uma realidade concreta, mas sim a indicar como deveria ser essa realidade.[28] Com efeito, a doutrina do silogismo judicial, mais do que descrevê-lo, constrói um modelo abstrato e ideal de juízo: parte de uma situação em que a norma é um dado pré-existente, em um ordenamento positivo completo e sistematizado, cuja interpretação para aplicação ao caso concreto consiste em uma atividade essencialmente cognitiva[29] e com natureza sistemática. Pressupõe-se, ainda, que uma atividade desse gênero seja em qualquer caso necessária e suficiente,[30] sem que devam intervir operações e valorações não redutíveis ao modo do polissilogismo. Não é diferentemente configurada a estrutura do juízo de fato: em um universo mecanicista, governado por leis gerais de natureza causal, o conhecimento indireto dos fatos não é apenas teoricamente possível com as características inerentes à certeza (intervindo, de fato, o conceito supletivo da certeza moral), mas esse tipo de conhecimento pode ser conseguido antes quando o juiz utiliza sem

---

[28] Sobre a função ideológica do modelo dedutivo de decisão, proposto coerentemente com o modelo de norma e de ordenamento típicos do positivismo jurídico clássico, conforme WASSERMANN, *Der politische Richter*, cit., p. 22 ss.; analogamente, e a respeito das razões ideológicas da crise de semelhante modelo, conforme LITTEN, *Politisierung der Justiz*, cit., p. 18 ss. A respeito dos componentes ideológicos presentes no contraste entre as teorias formalistas e antiformalistas do juízo, conforme WRÓBLEWSKI, *Legal reasonings*, cit., pp. 3, 11.

[29] Sobre a interpretação como atividade de puro conhecimento do significado "verdadeiro" da norma – e sobre as características gerais de semelhante ideologia da interpretação – conforme, por último TARELLO, *Diritto, enunciati, usi*, cit., p. 411 ss.; Sobre a acentuação do caráter "científico" do juízo, presente, por exemplo, no pensamento de Savigny, conforme BRÜGGEMANN, op. cit., p. 50.

[30] Isso descende de uma dupla ordem de pressupostos: de um lado, o princípio da completude do ordenamento assume que o juiz tem sempre condições de determinar, com operações puramente cognitivas, uma norma positiva a partir da qual deve decidir a lide (também porque, com diferentes argumentações, define-se como juridicamente irrelevante aquilo que não é qualificado por uma norma, conforme, a respeito, a ampla análise de Conte, *Saggio*, cit., p. 80 ss.). De outro, os instrumentos interpretativos que se entende que o juiz pode se valer para resolver as antinomias e colmatar as lacunas são colocados, de seu turno, igualmente no plano exclusivamente lógico-cognitivo (conforme COING, *Grundzüge der Rechtsphilosophie*, 2. Aufl., Berlin, 1969, p. 335 ss.; LARENZ, *Methodenlehre*, cit., pp. 10, 16, 29; CONTE, op. cit., p. 11 ss.; TARELLO, op. ult. cit., p. 425 ss.); a propósito, o exemplo mais significativo é constituído pela configuração puramente lógico-silogística do *argumentum a simili* (sobre o qual vide em sentido decididamente crítico CONTE, op. cit., p. 106 ss.; TARELLO, op. ult. cit., p. 427, n. 5, com ulteriores indicações; HELLER, *Logik und Axiologie der analogen Rechtsanwendung*, Berlin, 1961, pp. 3 ss., 89 ss.).

imperfeições os instrumentos ofertados pela lógica dedutiva.[31] É de se notar que para semelhante concepção do juízo de fato são solidárias e complementares tanto a concepção das máximas de experiência como regras gerais capazes de fundar o conhecimento dedutivo dos fatos, como as regras de prova legal, que intervêm oferecendo ao juiz soluções pré-determinadas em sede de administração e valoração das provas.[32] Configurado de tal modo o problema da fixação das premissas de direito e de fato da decisão, resta fácil delinear de modo não menos mecânico e "lógico" o momento final da decisão: diante de uma premissa de fato que necessariamente constitui uma *species* do *genus* regulado por uma norma, a decisão é a consequência automática da ligação dedutiva entre gênero e espécie e é da mesma forma implícita no próprio modo com que são formuladas as premissas de direito e de fato.

Se essa, em linhas extremamente esquematizadas, é a ideologia do juízo implícita na doutrina do silogismo judicial,[33] é também suficientemente evidente qual é a ideologia relativa à função do juiz que deve fazer justiça segundo tal binário. Evidentemente, não se trata apenas do juiz *bouche de la loi* que pensavam os iluministas, que visavam a codificar a proibição de interpretação da lei, nem da imagem simplificada do juiz *slot-machine* contra a qual foram canalizadas as ironias dos realistas estadunidenses.[34] A imagem juspositivista do juiz que decide mediante um sistema concatenado de silogismos é mais complexa e os seus aspectos peculiares estão ligados a uma determinada concepção do ordenamento e do Estado, bem como da justiça e da função do processo.

---

[31] Sobre as características gerais do modelo causal e causal-dedutivo do juízo de fato, vide mais amplamente TARUFFO, *Studi*, cit., pp. 171 ss., 192 ss.

[32] A pré-determinação normativa do resultado da prova e da sua respectiva eficácia, de outro lado, é coerente com o modelo examinado no texto também sob outro ponto de vista. Essa implica, de fato, o deslocamento da valoração da prova para o plano das "questões de direito", revertendo o problema em termos de interpretação de normas e, assim, abrindo a estrada, entre outras coisas, para o controle em cassação por violação à lei. Trata-se de uma "juridicização" do juízo de fato de acordo com o qual esse é absorvido no ordenamento como sistema completo e fechado de critérios de decisão.

[33] Talvez mais do que essa doutrina afirma, tenha relevo ideológico aquilo que essa implicitamente nega. Por exemplo, a concepção "cognitiva" ou "científica" do juízo exclui que esse se inspire em valores diferentes daqueles incorporados nas normas positivas ou referíveis à vontade do legislador. De outro lado, essa assume como valor proeminente o rigor lógico do juízo, prescindindo de considerações a respeito da sua justiça sob o perfil econômico-social. Não por acaso, onde se sublinham essas diversas funções da decisão afloram contextualmente endereços ideológicos diferentes daqueles que inspiraram o processo da idade liberal, quer se trate da ideologia do Estado social-democrático (como, por exemplo, WASSERMANN, op. cit., pp. 96 ss., 103 ss. e LITTEN, op. cit., p. 90 ss.), quer se trade da ideologia marxista (sobre a respectiva teoria do juízo, vide KIETZ-MÜHLMANN, *Konfliktursachen und Aufgaben der Zivil- und Familienrechtspflege*, Berlin, 1969, p. 5 ss.).

[34] Conforme, sobre o assunto, WASSERSTROM, op. cit., p. 14.

Inicialmente, trata-se de um juiz que decide servindo-se unicamente de uma lógica rigorosa para decidir todos os problemas que condicionam a decisão, partindo daqueles que vertem sobre a escolha da norma e a sua interpretação e chegando àqueles que concernem à pronúncia de um determinado efeito jurídico. É, pois, um juiz rigidamente "neutro",[35] porque neutras em relação aos interesses em jogo são tanto a norma como a lógica com que essa é interpretada e aplicada. É ainda um juiz "passivo", porque a sua tarefa é tão-somente a de declarar, tornando-a explícita, a solução ideal da lide. É, portanto, um juiz que não cria a decisão, mas a "encontra" – e não encontra uma decisão mais ou menos justa, mas sim a decisão idealmente justa no quadro de conceitos que o ordenamento dá de um lado e a lógica dá de outro, fechando-o inexoravelmente.[36] Dessa imagem do juiz constitui parte essencial também aqueles aspectos que a própria imagem implícita ou explicitamente exclui, tanto mais se a análise direta da atividade concreta que esses desempenham revela, ao invés, a presença constante dos fatores que a imagem em questão tende a negar.[37] Para limitar ao máximo a exemplificação, pode-se dizer que entre esses fatores entram escolhas interpretativas e aplicações discricionárias; atividades "criativas" que vão muito além da mera interpretação lógica da norma, quer diante das lacunas, quer diante das chamadas normas em branco,[38] bem como, em geral, em sede de escolha da norma e de determinação do seu significado; apreciações de valores; condicionamentos sócio-psicológicos e ideológicos que influem sobre a valoração

---

[35] Sobre a função política de semelhante conceito de neutralidade do juiz, conforme WASSERMANN, op. cit., p. 52, e, mais recentemente, TARELLO, op. ult. cit., p. 476 ss.

[36] Esses traços entram na imagem geral do jurista *als solcher* delineada por Windscheid (conforme WASSERMANN, op. cit., p. 23; HATTENHAUER, *Zwischen Demokratie und Hierarchie*, Karlsruhe, 1971, p. 168), que é ainda hoje invocada a favor da "pureza" ideológica do juiz (conforme, por exemplo, FLUME, *Richter und Recht,* im *Verhandlungen des Sechsundvierzigsten Deutschen Juristentages. Essen 1966*, München-Berlin, 1967, Band II (Sitzungberichte), K 12 ss.). De outro lado, é exatamente essa a imagem que entra em crise quando se constatam as mudanças radicais que incidiram sobre a posição do juiz dentro da estrutura política da sociedade; conforme LITTEN, op. cit., p. 56 ss.

[37] Conforme as observações de WASSERMANN, op. cit., p. 58 ss., a respeito do período de Weimar; sobre temas específicos, conforme *Magistratura e classi sociali nell'età giolittiana: prime ipotesi di lavoro,* in *Pol. dir.*, 1972, p. 509 ss.; FAZIO-VIAZZI, *Istigazione a delinquere e apologia di reato nella giurisprudenza dall'unità ad oggi, ibidem*, p. 533 ss., donde se retira nitidamente a impressão do contraste entre a praxe e a ideologia professada pelos teóricos no próprio momento histórico em que teve máxima difusão a imagem de juiz discutida no texto.

[38] Não por acaso, o ponto em que o modelo em exame foi colocado de forma mais decidida em discussão, também por autores não suspeitos de extremismo ideológico, concerne exatamente à natureza necessariamente valorativa da atividade com que o juiz "recheia" as normas em branco ou emprega princípios gerais como normas de decisão: sobre o assunto, conforme ESSER, *Grundsatz und Norm*, cit., pp. 51 ss., 95 ss., 150 ss. e *passim*; ID., *Vorverständnis und Methodenwahl*, cit., pp. 47 ss., 63 ss.; ID., *Wertung*, cit., p. 5 ss.; TEUBNER, *Standards und Direktiven in Generalklauseln*, cit., pp. 42 ss., 61 ss. e *passim*.

dos interesses envolvidos na lide e assim por diante. A imagem em questão exclui, portanto, que o juiz possa não ser neutro, entendendo-se como não neutralidade a possibilidade de tomar conscientemente posição diante do conflito social e econômico de que a controvérsia é o ponto de emersão em termos jurídicos. Essa excluir, ainda, que o juiz deva ser ativo nas direções já acenadas e no sentido de criar uma decisão que leve em consideração não tanto mecanismos lógico-formais, quanto exigências de justiça social do caso concreto (exigências que, entre outras coisas, não são necessariamente *praeter legem* ou *contra legem*).[39]

Diante de uma representação da função do juiz que apresente semelhantes características, não tem sentido perguntar-se se essa é verdadeira ou falsa – ou em qual medida o é. Tem sentido, pelo contrário, constatar que essa é coerente com uma específica ideologia do ordenamento e da justiça, pela qual é fundamentalmente determinada, e que, portanto, deve ser considerada não como uma descrição da atividade judicial, mas como uma ideologia da função do juiz.

Considerações em grande parte análogas valem para doutrina do silogismo judicial enquanto teoria da motivação. Posta a completa soldagem que semelhante doutrina pressupõe entre motivação e juízo, é óbvio que também a propósito da motivação comparecem as mesmas reflexões já acenadas a respeito do papel que essa desenvolve como ideologia do juízo e do juiz. Todavia, essa apresenta aspectos ulteriores de natureza ideológica no que concerne especificamente ao problema da motivação. Se se entende que essa não é outra coisa senão a fiel expressão do *iter* lógico-dedutivo que produziu a decisão, segue-se daí que a própria motivação não é configurada como o meio de que dispõe o juiz para justificar a decisão, tornando-a aceitável (ainda que discutível) de acordo com critérios de justiça presentes em uma determinada sociedade em certo momento histórico,[40] nem, tanto menos, como um instrumento de persuasão das partes ou do público em geral a respeito da "justiça" ou da "bondade" da decisão.

A motivação, enquanto rigidamente estruturada segundo uma combinação de passagens lógicas cogentes, parece mais com um modo de imposição da decisão, reforçando a sua autoridade formal e substancial, na medida

---

39 É de se notar que o espantalho da interpretação *contra legem* sempre é agitado para suscitar escândalo contra quem rejeita a imagem lógico-mecanicista do juiz "como tal" (assim, por exemplo, Flume, op. cit., K 20 ss.), abusando de uma visão simplista para a qual é *secundum legem* tudo que é não valorativo e não político, enquanto é *contra legem* tudo que vai além de uma aplicação formalista da norma positiva.

40 Sobre a função de cobertura e dissimulação que a motivação rigorosamente construída sob o perfil lógico desempenha a respeito às efetivas escolhas do juiz, conforme Wassermann, op. cit., p. 93; Biedenkopf, *Die Betriebsrisikolehre als Beispiel richterlicher Rechtsfortbildung*, Karlsruhe, 1970, p. 26 ss.; Rasehorn, *Justiz und Rechtwirklichkeit*, in *DRiZ*, 1964, p. 227.

em que visa a demonstrá-la, do que um modo de justificá-la, colocando em evidência as suas características necessariamente ligadas à racionalidade. Em suma, uma motivação assim concebida tende a demonstrar que a decisão é a única solução possível da controvérsia: é mais um meio para eliminar o possível dissenso do que um modo de suscitar o consenso crítico.[41]

A função ideológica da imagem dedutiva da motivação, logo em seguida, revela-se igualmente na consideração do problema do ponto de vista da exigência, a que a motivação responde, de viabilizar o controle externo sobre a validade da decisão. Uma motivação em que domina o elemento lógico-formal não viabiliza, evidentemente, outra coisa senão o controle de coerência lógico-formal, que verte apenas sobre a validade das operações dedutivas com que o juiz articula a própria demonstração – de fato, quanto mais rigoroso é o nexo dedutivo que liga a decisão aos seus pressupostos de fato e de direito fixados pelo juiz, mais formal torna-se o controle, parecendo então cogente e necessária a passagem das premissas para a decisão. A intensidade da formalização sistemático-dedutiva da motivação fixa, portanto, os limites do controle sobre os fundamentos reais da decisão e determina o grau de eficácia da motivação como instrumento de imposição autoritativa da própria decisão – grau que é tanto maior quanto mais difícil é superar o nível de uma verificação puramente formal da coerência lógica da decisão *iuxta propria principia*. A função ideológica da doutrina em exame quanto à motivação concretiza-se, portanto, na tendência a fazer com que a motivação centre-se sobre vínculos dedutivos, afastando o mais possível dessa os momentos de escolha discricionária, de incerteza teórica e de valoração contingente. O objetivo é o de fazer com que a decisão pareça como necessária e inevitável, tornando-a inatacável em seus fundamentos, salvo sob o perfil – de mais fácil domínio para o juiz, além de menor relevo político-social – da sua pura coerência formal. A função predominante da motivação tende, portanto, a ser a de restrição do eventual dissenso a respeito dos critérios de juízo e suas respectivas aplicações – que a própria motivação, a propósito, não permite conhecer – e de indução automática do consenso a respeito de uma decisão que tende a apresentar-se como a única consequência possível das condições existentes no caso concreto.

Se se tem em conta tudo isso, as consequências deformantes que sobre a estrutura do juízo e da motivação são produzidas por força do abuso do instrumento silogístico deixam de aparecer como simples inconvenientes e passam a ser consideradas como instrumentos para obtenção dos objetivos que as ideologias do juízo e da motivação implicitamente se propõem. Esses podem ainda ser explicados, historicamente, com a ausência de instrumentos

---

[41] Para uma confirmação desde o ponto de vista sociológico, conforme LUHMANN, *Legitimation durch Verfahren*, Neuwied am Rhein-Berlin, 1969, p. 134.

conceituais idôneos. Em todo caso, a sua presença não é acidental, nem devida ao fato de que os defensores da doutrina em questão não tinham, ou não tenham, uma adequada percepção da realidade do juízo, mas é funcional em relação ao papel ideológico ou prescritivo que o modelo silogístico inquestionavelmente desempenhou.

No plano da motivação, que aqui interessa mais de perto, certamente teve uma influência sensível: as acusações de escolasticismo, de formalismo, de excessiva alienação das exigências do caso concreto e de excessiva tendência à construção lógico-jurídica, que de vários lugares foram formuladas contra os estilos das motivações, são largamente procedentes – e colocam em evidência uma série de fenômenos que, ao perpetuarem-se até hoje, contribuíram de modo relevante ao difundido obséquio que os juízes prestaram à concepção silogística do juízo e da sua justificação.

2. A TEORIA TÓPICA DO RACIOCÍNIO JURÍDICO

Entre as orientações mais recentes a respeito da natureza do raciocínio jurídico, uma posição de notável destaque compete à tese exposta por Viehweg em uma obra notória,[42] segundo a qual a estrutura fundamental do pensamento jurídico é tópica. Essa parte da contraposição, desenvolvida por alguns filões da filosofia alemã,[43] entre pensamento sistemático e pensamento problemático, integrando-a com referência à forma que esse último historicamente conheceu no âmbito do direito, isto é, a tópica, nos seus desenvolvimentos no pensamento aristotélico e ciceroniano até a influência que essa apresenta na formação do *mos italicus* e à revalorização realizada por Vico. A conclusão que Viehweg retira disso tudo é que a jurisprudência tem uma estrutura problemática, cujas linhas coincidem substancialmente com aquelas do raciocínio tópico.

Trata-se de uma orientação rica de implicações no âmbito da teoria geral do direito e da metodologia jurídica que não podem ser aqui enfrentadas.[44] Ao invés, importa considerar se e de que modo a afirmação da natu-

---

[42] *Topica e giurisprudenza*, tr. it. coordenada de G. Crifò, Milano, 1962.

[43] A fonte que Viehweg expressamente se funda (op. cit., p. 31) é um notório trabalho de Nicolai Hartmann (*Diesseits von Idealismus und Realismus*, in *Kant-Studien*, XXIX, 1924, p. 160 ss.) em que é iluminada a contraposição entre pensamento sistemático e pensamento aporético na estrutura da doutrina kantiana. Viehweg transfere semelhantes conceitos para a ciência jurídica, identificando, de um lado, pensamento aporético ou problemático e método tópico, e de outro assimilando o pensamento sistemático ao método da *Begriffsjurisprudenz*: desse modo, delineia-se uma espécie de matriz filosófica para recuperação da tópica antiga em contraposição à ciência do direito de endereço sistemático. Em sentido crítico em relação à desenvoltura com que semelhante operação é realizada, conforme Kriele, op. cit., p. 119 ss.

[44] Sobre o assunto, conforme Larenz, *Methodenlehre*, cit., p. 150 ss.; Zippelius, op. cit., p. 2240 ss.; Horn, *Zur Bedeutung der Topiklehre Theodor Viehwegs für eine einheitlichen*

reza tópica da jurisprudência tem relevância a propósito da identificação das características essenciais do raciocínio do juiz, devendo-se ter presente que a tese de Viehweg, na medida em que se apresenta como a descrição do raciocínio jurídico em geral, coloca-se implicitamente também como teoria do raciocínio do juiz.[45] Em verdade, o ponto a respeito do qual essa aparece sem dúvida convincente concerne à demonstração de como, em realidade, o raciocínio jurídico não se desenvolve ao longo de linhas dedutivas e em um sistema fechado de conceitos jurídicos, como era proposto pela *Begriffsjurisprudenz*. Aquilo que permanece duvidoso é que *portanto* o raciocínio jurídico não pode ser descrito senão como raciocínio tópico,[46] seja porque entre pensamento sistemático e pensamento problemático não existe a rígida contraposição que essa solução pressupõe,[47] seja porque, ainda quando se rejeite a configuração estritamente sistemático-dedutiva do raciocínio jurídico, daí não deriva necessariamente a validade da sua configuração tópica.

Subsistem muitas outras reservas a respeito da possibilidade de assumir a teoria em exame como representação do raciocínio do juiz. A questão, porém, deve ser colocada separadamente a propósito do juízo e da motivação, ainda que o próprio Viehweg, bem como aqueles que repisam suas opiniões, tenda a considerar predominantemente o aspecto que atine à configuração tópica do raciocínio decisório.

A) Acenos críticos sobre a teoria tópica da decisão

A primeira e fundamental reserva a respeito da dimensão da tese em exame concernente à definição da estrutura do juízo nasce do fato de que essa, nas suas versões mais rigorosas, não se apresenta como um modelo de

---

Theorie des juristischen Denkens, in 20 *NJW*, 1967, p. 602 ss.; DIEDERICHSEN, *Topisches und systematisches Denken in der Jurisprudenz*, in 19 *NJW*, 1966, p. 697 ss.; ESSER, *Grundsatz und Norm*, cit., pp. 44 ss., 218 ss.; STOECKLI, *Topic and Argumentation. The Contribution of Viehweg and Perelman in the Field of Methodology Applied to Law*, in 54 *ARSP*, 1968, p. 581 ss.; CRIFÒ, *Introduzione* à tradução italiana da obra de Viehweg, cit., p. XV ss. Especialmente sobre o relevo da tópica para a teoria da interpretação das normas constitucionais, conforme amplamente KRIELE, op. cit., p. 114 ss.

45 Para alguns acenos explícitos nesse sentido, conforme VIEHWEG, op. cit., p. 103 ss.

46 Sobre ambos os pontos, conforme LARENZ, *Methodenlehre*, cit., p. 154. Especialmente sobre o segundo desses pontos, conforme KRIELE, op. cit., p. 149; ZIPPELIUS, op. cit., p. 2233.

47 O próprio VIEHWEG (op. cit., p. 33 ss.) alude às implicações que se colocam entre sistema e problema, mas no seu pensamento emergem com maior evidência as respectivas razões de contraste. Sobre a possível solução da contraposição no conceito de "sistema aberto" (sobre o qual vide LARENZ, *Methodenlehre*, cit., p. 156 ss.), conforme, no entanto, KRIELE, op. cit., p. 121; sobre a relação dialética entre pensamento sistemático e problemático no conhecimento, conforme ZIPPELIUS, op. cit., p. 2230, e analogamente DIEDERICHSEN, op. cit., o qual coloca justamente em relevo o caráter simplista dessa contraposição, na medida em que essa não leva em consideração a pluralidade dos possíveis tipos de sistema. A propósito, ainda e por último, WEINBERGER, *Topik und Plausibilitätsargumentation*, in 50 *ARSP*, 1973, p. 25 ss.

juízo, mas tão-somente como a indicação de um procedimento de escolha das premissas e dos critérios que devem ser empregados no juízo.[48] É recuperada, em outros termos, a antiga definição da tópica como *ars inveniendi*, diferente e distinta da *ars iudicandi*, que de seu turno viabiliza logicamente a elaboração e a aplicação dos resultados da *inventio* tópica.[49] Daí se segue que a estrutura do *modus iudicandi* não é especificamente qualificada pela ligação com uma fase de caráter tópico, de modo que daí resulta um espaço amplo para as operações lógico-jurídicas tradicionais, inclusive para a dedução silogística, especialmente se utilizada a concepção aristotélica da tópica.[50] Vice-versa, a definição do raciocínio jurídico como *inventio* tópica apresenta-se como uma teoria do modo pelo qual o juiz determina as premissas do juízo e dentro desses limites tem um significado que pode ser assim sintetizado: 1) tais premissas não são escolhidas dentro de um sistema completo, ordenado e fechado de proposições com um significado univocamente definido – essas, de outro lado, não são sequer deduzidas logicamente de pressupostos fixos;[51] 2) ao contrário, essas são escolhidas, no âmbito de múltiplos *topoi* disponíveis,[52] para além de qualquer vínculo de necessa-

---

48 A tópica é essencialmente um procedimento de *discussão* do problema (vide Viehweg, op. cit., p. 6 e *passim*), mas não um método de solução do próprio problema. Essa opera, de fato, em dois níveis: o primeiro consiste em recorrer a vários pontos de vista que parecem significativos; o segundo consiste na elaboração de "catálogos" de *topoi* utilizáveis para os diversos problemas (conforme Viehweg, op. cit., p. 35 ss.; Larenz, *Methodenlehre*, cit., p. 152). Em nenhum desses dois planos, todavia, emerge uma metodologia de solução do problema: nesse sentido vide claramente Weinberger, op. ult. cit., pp. 22 ss., 28.

49 Conforme Viehweg, op. cit., pp. 23 ss., 40 ss.; Horn, op. cit., p. 602 s.

50 No pensamento aristotélico é fundamental a distinção entre lógica das inferências fundadas sobre premissas certas (apodítica) e a lógica do raciocínio que parte de premissas opináveis (dialética) (conforme Kneale-Kneale, op. cit., pp. 17, 38 ss.): em ambas a estrutura do raciocínio é, no entanto, silogística, variando somente o *status* das premissas. A tópica é, então, o método de fixação das premissas do silogismo dialético e serve essencialmente para resolver questões definitórias e classificatórias recorrendo aos lugares comuns mais confiáveis (conforme Kneale-Kneale, op. cit., p. 45; Kriele, op. cit., p. 133 ss.). Muito menos rigorosa é a definição de Cícero da tópica, depois difundida na escolástica e na lógica jurídica renascentista, em que se inspira o próprio Viehweg, segundo a qual é tópico qualquer argumento não cogente, que utiliza para a solução de um problema os pontos de vista disponíveis no âmbito do senso comum.

51 Conforme Viehweg, op. cit., p. 95 ss.

52 Emerge aqui a concepção ciceroniana (vide nota n. 50) do *topos* como premissa que serve como base do raciocínio e como *sedes e quibus argumenta promuntur*, donde a ideia dos *topoi* como coleção de afirmações já prontas para serem usadas na argumentação retórica (conforme Viehweg, op. cit., p. 24 ss.; Kriele, op. cit., p. 144 ss.) – donde, igualmente, a ideia dos catálogos de *topoi* por setores ou por argumento, entendidos como o quadro sinótico dos conhecimentos disponíveis a respeito do tema (esse modo de entender a tópica é historicamente o mais difundido, mas constitui também a razão do abandono da tópica em razão da difusão da orientação analítico-científica, conforme Zippelius, op. cit., p. 2.231). Com isso é coerente a concepção da tópica jurídica como conjunto de brocados que sintetizam e vulgarizam princípios jurídicos (vide exemplos em Viehweg, op. cit., p. 37), bem como a

riedade. A escolha do *topos* não poderia da mesma forma ser logicamente determinada, dado que o *topos* é uma asserção de significado largamente indeterminado, variável, não definível rigorosamente,[53] e que a única forma possível de organização dos *topoi* não é nem o sistema conceitual, nem a concatenação lógica, mas tão-somente o elenco, o catálogo aberto, a justaposição à base da atinência aos problemas ou às matérias.[54]

Definido, portanto, o papel da tópica como instrumento heurístico, importa verificar se, em realidade, o juiz se vale essencialmente de um *modus inveniendi* com característica tópica e se uma determinação desse gênero é significativa em termos de raciocínio decisório. A respeito do assunto manifestam-se, no entanto, diversas incertezas, devidas essencialmente ao fato de que semelhante definição, nada obstante exprima indubitavelmente um núcleo de verdade em torno ao modo com que o juiz fixa as premissas do juízo, tem margens de indeterminação tais que deixam largamente na sombra a natureza específica de semelhante atividade.[55]

Em primeiro lugar, por exemplo, dizer que o juiz recorre não só a conceitos jurídicos sistematicamente determinados, mas também a lugares comuns e a "pontos de vista" dotados de certa confiabilidade por serem difundidos em um determinado círculo de sujeitos,[56] significa assinalar um aspecto importante do *iter* lógico que o juiz percorre – e que se concretiza no emprego de noções do senso comum, bem como de princípios gerais, axiomas e conceitos da ciência jurídica. No entanto, isso não é outra senão afirmar que o juiz trabalha segundo a cultura em senso amplo, jurídica e não jurídica, de seu tempo e que essa influencia a decisão, ainda que se trate de "pontos de vista" mais do que de "conceitos". Em verdade, é difícil não concordar com a opinião de quem entende que a definição tópica do racio-

---

concepção do *ius civile* como atividade direcionada à redação de coleções dos pontos de vista utilizáveis para discussão de problemas jurídicos (vide ibidem, p. 59). É então evidente que Viehweg inspirou-se em uma concepção retórico-escolástica seja da tópica, seja do *ius civile*.

[53] Sobre as características estruturais do *topos*, vide por último Struck, *Topische Jurisprudenz. Argument und Gemeinplatz in der juristischen Arbeit*, Frankfurt am Main, 1971, pp. 14 ss., 38 ss., 47 ss.

[54] Conforme Viehweg, op. cit., pp. 35 ss., 58 ss.; Struck, op. cit., pp. 20 ss., 55 ss. Com isso, porém, não é demonstrada a radical antítese entre tópica e sistema: o catálogo tópico é muitas vezes um sistema rudimentar, podendo ser entendido mesmo como uma vulgarização de um sistema (conforme Kriele, op. cit., p. 145).

[55] A propósito, a decisiva objeção à tese de Viehweg provém de Larenz, *Methodenlehre*, cit., p. 153 ss., o qual observa que o ponto fraco da tese consiste em não haver especificado o conteúdo do conceito de *topos* jurídico, a respeito do qual permanece uma ambiguidade de fundo que acaba repercutindo sobre a própria ideia geral de aplicação da tópica ao direito.

[56] Conforme Viehweg, op. cit., pp. 18, 42 ss. A confiabilidade do *topos* subsiste, portanto, no limite de um grupo social ou cultural (conforme Struck, op. cit., p. 105 ss.), mas a doutrina tópica deixa sem solução o problema das condições objetivas que interessam, em um dado momento histórico ou em um dado ambiente, para que se possa dizer que um *topos* existe.

cínio jurídico não faz outra coisa que descrever um aspecto bastante banal da atividade que o juiz sempre desenvolveu, sem acrescentar nada quer a essa atividade, quer ao conhecimento a seu respeito.[57] A função de semelhante definição, portanto, é positiva, na medida em que assinala um aspecto relevante do modo com que o juiz trabalha, nada obstante permaneça assaz dúbia como descrição exauriente da atividade do juiz. Ademais, nos termos em que é normalmente formulada, não ultrapassa uma simples asserção a respeito da existência de um aspecto não sistemático do raciocínio judicial.[58]

Em segundo lugar, deve-se observar que um importante fator de ambiguidade dessa orientação descende do fato de a própria noção de *topos* ser incerta.[59] De fato, por si só, a noção de lugar comum ou de ponto de vista chama atenção somente para características extrínsecas, redutíveis substancialmente a duas: a não rigorosa determinação do significado e a fundamentação na *communis opinio*. Quanto ao conteúdo que tais noções podem ter, encontram-se as indicações mais diferentes: de um lado, aonde mais intensa é a alusão à tópica antiga e renascentista, maior é o reenvio aos catálogos de *loci* que tiveram maior tratamento, mas que foram predominantemente elencos desordenados e casuais de brocardos inerentes ao direito, substancial e processual, e às formas clássicas de argumentação lógico-jurídica ou de lógica geral.[60] De outro, nos momentos em que é mais evidente a tentativa de modernizar a noção de *topos* jurídico, verifica-se uma espécie de oscilação entre uma visão redutiva, em que entrariam somente as máximas

---

[57] Conforme Stone, *Reasons and Reasoning*, cit., p. 780.

[58] A única indicação que a teoria tópica fornece a respeito do raciocínio decisório é que esse deve levar em consideração os diversos argumentos tópicos que são relevantes para a decisão, sem descurar qualquer ponto de vista entre os vários utilizáveis (conforme Kriele, op. cit., p. 140). Trata-se, em verdade, de uma banalidade, sobre a qual é difícil construir um modelo tópico do raciocínio do juiz (em sentido fortemente crítico a respeito da sobrevalorização do papel da tópica a respeito, vide em geral Weinberger, op. ult. cit., p. 26 ss.; Id., *Fundamental Problems of the Theory of Legal Reasoning*, in 58 *ARSP*, 1972, P. 332).

[59] Paradoxalmente, a característica principal do *topos* é fornecida pela incerteza e pela indeterminação de seu significado (conforme Struck, op. cit., pp. 14 ss., 47 ss.), donde derivam a possibilidade de interpenetração semântica entre *topoi* e a impossibilidade de estabelecimento de relações lógicas entre *topoi* (vide ibidem, p. 55 ss.).

[60] Um exemplo muito significativo é dado por uma das obras mais difundidas da literatura tópica Quinhentista – os *Loci Argumentorum Legales* de Nicolaus Eueraldus (consultada na edição *auctior*, Venetiis, MDLXIIII). O Autor segue o método tradicional da redação em forma de catálogo e examina 131 *topoi*, entre os quais comparecem quer princípios tipicamente jurídicos (por exemplo, sob o nome de *locus a libelo ad sententiam* é analisado o princípio pelo qual *sententia debet esse conformis libelo*, sob pena de nulidade), quer argumentos lógicos e lógico-jurídicos (do *locus ab ordine* àqueles *ab etymologia, a generalitate, ab exceptione ad regulam, a verisimili, a simili* e daí por diante). É de se notar que o elenco não tem nenhuma ordem, nem divisão por matérias, compreendendo uma seleção casual dos tipos de argumento mais frequentes na argumentação jurídica.

e os princípios jurídicos,[61] e uma visão amplíssima – talvez mais confiável, mas demasiado genérica – em que poderiam ingressar praticamente todos os critérios de juízo a que o juiz poderia recorrer.[62] Várias tentativas de especificação, como, por exemplo, a que visa a definir como conteúdo do *topos* jurídico as regras de apreciação ético-política ou econômica dos fatos,[63] ou que tende a fazer coincidir o *topos* com as cláusulas gerais, notórias no campo do direito privado,[64] não resolveram a incerteza de fundo: isto é, permanecem misteriosas quer a característica do ato com que o juiz determina qual é a premissa relevante, quer a natureza do procedimento com que o problema é resolvido a partir daquela premissa.[65]

Diante de tais dificuldades, todavia, encontram-se valorações largamente positivas a respeito da função heurística que o método tópico exerce no quadro do raciocínio jurídico, no sentido de que esse consentiria uma mais fácil e rápida formulação dos termos da lide sob os vários pontos de vista com que essa pode ser resolvida.[66] Contudo, uma utilidade heurística desse gênero encontra, se ligada ao juiz, alguns limites fundamentais: inicialmente, em muitos casos não existe um *topos*, mas existem várias opiniões ou pontos de vista em contraste, entre os quais o juiz deve realizar uma escolha para formulação da decisão. Nessa situação, a utilização de lugares comuns é impossível ou totalmente inútil. Ademais, a prevalência da eficácia reprodutiva à custa da eficácia produtiva[67] do método tópico faz

---

61 Conforme, por exemplo, o catálogo proposto por STRUCK, op. cit., p. 20 ss., no qual comparece uma série de princípios jurídicos (por exemplo, *lex posterior derogat legi priori, res iudicata pro veritate accipitur, audiatur et altera pars*). A propósito, coloca-se um problema que a teoria tópica não enfrenta: quando o *topos* corresponde ao conteúdo de uma norma jurídica, não tem muito sentido falar em raciocínio tópico, dado que se trata de interpretar e aplicar a norma como tal; de outro lado, quando o *topos* contrasta com uma norma positiva, não é evidentemente possível ao juiz não aplicar a norma para julgar em conformidade com o *topos*.

62 É substancialmente a concepção de VIEHWEG, o qual não define e não distingue os *topoi* que entram no raciocínio jurídico, deixando antes de todo indeterminado o conceito de *topos* jurídico, de modo que permanece aberta a possibilidade de ampliação *ad libitum* do próprio conceito.

63 Conforme ESSER, *Grundsatz und Norm*, cit., p. 44.

64 Conforme STRUCK, op. cit., pp. 18, 79, o qual confunde a cláusula geral ou a norma em branco como espaço de operatividade do *topos* dentro do direito codificado com a cláusula geral (por exemplo, o conceito de bom costume) como *topos*.

65 A opinião dominante é no sentido de que a tópica pode ser considerada, na melhor das hipóteses, como uma técnica de formulação do problema, mas que não pode ser entendida como um método para individualização e para outorga de razões à decisão: conforme KRIELE, op. cit., p. 146 ss.; ZIPPELIUS, op. cit., p. 2.223; DIEDERICHSEN, op. cit., p. 702; STONE, op. e loc. ult. cit.; WEINBERGER, *Topik und Plausilitätsargumentation*, cit., pp. 23, 28; ID., *Fundamental Problems*, cit., p. 333.

66 Conforme, por exemplo, HORN, op. cit., p. 602 ss.; STRUCK, op. cit., pp. 58 ss., 78.

67 Conforme, sobre o assunto, ZIPPELIUS, op. cit., p. 2.232.

com que esse, mais do que produzir soluções originais, incline-se no sentido de reconduzir a escolha dos critérios de juízo ao âmbito do já conhecido, limitando essas escolhas às opiniões já consolidadas e dominantes. Não há dúvida, então, que se trata de um método útil para a fixação de *um* critério de juízo, mas esse tende a endereçar a escolha em um sentido mais conservador, comprimindo a possibilidade de uma impostação nova das questões que o juiz deve resolver.

Ainda, importa acrescentar que, também dentro dos confins em que o procedimento tópico pode utilmente ser aproveitado, uma limitação muito relevante deriva do fato de que esse não pode do mesmo modo operar como método para descoberta da verdade,[68] seja porque o *topos* é apenas um dos possíveis pontos de vista sobre o problema, mas não tem em si qualquer conteúdo de verdade, seja porque, consequentemente, não tem sentido falar de verdade ou falsidade a respeito de *topoi*. Não interessa insistir novamente em aspectos já tratados. Esses servem, todavia, para mostrar que, mesmo na perspectiva em que pareceu a alguns poder assinalar um maior prestígio ao método em exame como instrumento de decisão, em realidade esse acaba permanecendo estranho à própria decisão, apresentando-se quase exclusivamente como um modo para colocar em evidência elementos que o juiz poderia eventualmente se valer para formular a decisão da lide. Porém, mesmo dentro desses limites o valor da tópica corre o risco de reduzir-se a bem pouco, dado que dizer, por exemplo, que o juiz considera, ou deve considerar, princípios e conceitos jurídicos relevantes para o *thema decidendum* e as diversas opiniões eventualmente existentes a respeito significa reduzir o problema do juízo a uma série de constatações óbvias. Aonde, pelo contrário, a atenção coloca-se no uso que o juiz faz de critérios de juízo extranormativos ou de qualquer modo integrativos da norma, colhe-se efetivamente um dos aspectos mais complexos e problemáticos do juízo, mas aí se constata igualmente que a alusão à tópica fornece apenas uma terminologia puramente exterior e convencional.[69]

---

[68] Conforme, especialmente, KRIELE, op. cit., p. 146 ss.

[69] No momento em que o juiz retira dos valores prevalentes em certo ambiente social os critérios de integração dos espaços "vazios" do ordenamento (sobre o ponto, conforme, com referência às cláusulas gerais, TEUBNER, op. cit., p. 90 ss.), surge o problema do modo com que a ideologia do juiz condiciona a sua percepção das "normas sociais" e a respectiva valoração de acordo com critérios de justiça (sobre o que vide ibidem). De outro lado, não raramente o reenvio aos *topoi* valorativos difundidos no *ethos* social corre o risco de resolver-se em uma fórmula vazia: lugares comuns como o interesse (sobre o qual vide ESSER, *Grundsatz und Norm*, cit., p. 38; VIEHWEG, op. cit., p. 111) são, por si só, privados de conteúdo específico e operam em um sentido ou em outro de acordo com o tipo de interesse que o juiz leva em consideração. Então, porém, não é o *topos* que determina o juízo, mas a escolha de valor com que o juiz concretiza o *topos*: a decisão é justa ou injusta segundo a "norma social" não

B) Tópica e lógica na motivação

Considerações em boa parte diferentes valem, ao invés, a respeito da utilidade que o emprego da tópica pode ter em sede de análise da motivação. A propósito, importa precisar desde logo que a teoria tópica aplicada ao discurso que o juiz formula para justificar a decisão[70] pode sobre essa incidir em dois aspectos: de um lado, pode dizer respeito à determinação das premissas que o juiz emprega como fundamento do discurso justificativo; de outro, é relevante o papel que os *topoi* podem ter no contexto da argumentação em que se consubstancia a motivação.

Quanto ao primeiro ponto, valem as mesmas considerações desenvolvidas acima a respeito da pouca utilidade da configuração tópica da escolha das premissas do juízo, seja concernente à não exclusividade de semelhante esquema como modelo das operações que o juiz realiza, seja atinente aos limites que esse apresenta como representação estrutural dessas operações. No que concerne mais especificamente à escolha das premissas em que fundada a motivação, deve-se acrescentar que qualificar como tópica semelhante escolha significa deixar em aberto o problema ulterior atinente ao modo com que essa deve ser justificada no contexto da própria motivação. A observação de que a doutrina tópica não constitui um modelo nem mesmo para a fase que diz respeito à fixação das premissas de que parte o raciocínio do juiz da mesma forma vale, em linhas gerais, também para o âmbito da motivação.

Mais complexo é, pelo contrário, o problema relativo ao papel que o raciocínio tópico exerce como instrumento argumentativo. É necessário precisar inicialmente que a argumentação tópica não exaure a estrutura do raciocínio justificativo, mas representa somente um dos modelos argumentativos a partir do qual a motivação pode se articular. Essa limitação existe não somente porque a motivação pode ter uma característica mais ou menos ampla em termos sistemático-dedutivos,[71] mas também porque a oposição entre raciocínio tópico e raciocínio sistemático não é rígida – e do mesmo modo semelhante dicotomia não exaure a tipologia dos possíveis instrumentos lógicos de que o juiz pode se valer para justificar a decisão. Contudo, não se pode nem mesmo assumir o raciocínio tópico como um esquema argumentativo dotado de específicas peculiaridades lógicas: de um lado, se se segue a concepção aristotélica, que liga a tópica à dialética como lógica

---

enquanto tópica ou não tópica, mas enquanto a escolha do juiz seja ou não conforme aos valores em que fundada a norma.

[70] O tema não é enfrentado sob esse perfil na obra de Viehweg; para observações úteis, mas episódicas, a propósito, conforme Struck, op. cit., p. 78 ss.; em geral, Horn, op. cit., p. 604 ss.

[71] Conforme o § anterior.

do raciocínio fundado em premissas opináveis, tem-se que concluir que a respectiva argumentação pode valer-se de todos os instrumentos lógicos, sendo a única peculiaridade aquela concernente à natureza das premissas, mas sem que daí decorra qualquer qualificação a respeito da estrutura lógica do argumento tópico.[72] De outro, se se segue a concepção ciceroniana, que entende a tópica como praxe de argumentação retórica, desvinculando o problema de qualquer conotação lógico-filosófica,[73] deve-se centrá-la não em estruturas lógico-argumentativas, que acabam descuráveis, mas sim em técnicas de persuasão destinadas a obter o assentimento do auditório.[74]

Ainda que não se possa, portanto, reconhecer o raciocínio tópico nem como um modelo de motivação, nem como um esquema lógico justificativo específico, tem-se que reconhecer, todavia, que a teoria tópica da argumentação jurídica viabiliza o aparecimento, no contexto da motivação, de uma série de fatores relevantes concernentes à finalidade justificativa a essa assinalada e que em grande parte fogem a uma análise puramente lógico-dedutiva de sua estrutura formal. A importância do aspecto ora evidenciado ao se considerar a motivação na ótica do método tópico é tanto maior, ainda, na medida em que resulta de fato assaz frequente o emprego, por parte do juiz, de expedientes justificativos que acabam identificáveis e analisáveis como *topoi* da argumentação com que a decisão é justificada.

A propósito, a exemplificação é bastante fácil, seja à base da tópica antiga, seja à base das suas versões modernas: um primeiro grupo de *topoi* é, por exemplo, constituído pelos argumentos tradicionais da lógica jurídica, como o *argumentum a simili*, *a pari*, *a maiori*, *a minori*, *a contrariis* e assim por diante,[75] podendo-se acrescentar também alguns argumentos oriundos da lógica geral.[76] Um segundo grupo, muito mais amplo, pode recobrir os

---

72 Que a argumentação tópica não tem propriedades lógicas peculiares não significa, porém, que essa seja alógica, mas somente que nessa podem estar presentes as várias formas que figuram na argumentação lógica em geral (talvez somente com algumas restrições inerentes à dedução em sentido estrito). O fato de que o *topos* fornece premissas somente "opináveis" indica, de um lado, que a respectiva argumentação coloca-se no plano dialético (conforme Bodenheimer, op. cit., p. 378 ss.) e, de outro, que nessas premissas podem ser fundadas, em linhas gerais, somente uma inferência de forma indutiva, idônea somente para produzir conclusões com graus variáveis de confiabilidade, mas não "certas". Tudo isso implica, da mesma forma, que o único *test* de validade da argumentação é constituído pela lógica da inferência: conforme, nesse sentido, Weinberger, *Topik und Plausibilitätsargumentation*, cit., p. 32 ss.

73 Conforme Viehweg, op. cit., pp. 21 ss., 54 ss.

74 Conforme Struck, op. cit., p. 76 ss.

75 Sobre o assunto, conforme, por último, Tarello, op. ult. cit., p. 426 ss. Sobre a instrumentalidade e variabilidade do emprego de semelhantes argumentos, conforme Lazzaro, *Gli argomenti*, cit., *passim*.

76 Conforme, por exemplo, Eueraldus, op. cit., pp. 1, 61, 181 ss.

topoi consubstanciados pelos princípios gerais do direito, tanto já traduzidos em normas positivas como regras *standard* de valoração, pelas máximas oriundas dos precedentes judiciais ou das orientações doutrinárias,[77] pelas noções do senso comum relativas aos fenômenos não jurídicos,[78] pelos critérios de valoração ética, econômica e social consolidados na *communis opinio* e assim por diante.[79] Um terceiro grupo, enfim, pode ser constituído por expedientes argumentativos de natureza tipicamente retórica, isto é, essencialmente destinados a suscitar o consenso não racionalmente mediado, como, por exemplo, a citação do caso limite com função emotiva, a *reductio ad absurdum* também com função emotiva, o *argumentum ex auctoritate* etc.[80]

A amplitude dessas categorias e a extrema variedade de *topoi* que essas compreendem poderiam induzir ao entendimento de que grandíssima parte do discurso jurídico – e em particular do discurso que o juiz desenvolve na motivação – articula-se efetivamente à base da argumentação tópica, permanecendo consequentemente assaz restrito o espaço que toca à lógica pura e à argumentação jurídica de cariz sistemático. Em verdade, posto o problema nesses termos, importaria reconhecer que a qualificação de "tópico" deve ser adicionada à quase totalidade do discurso jurídico em geral e da motivação em particular. A questão mais relevante não é essa, contudo, que por si só se resolve na atribuição de uma etiqueta pouco significativa. O que interessa, ao invés, é estabelecer se com essa atribuição se resolve o problema da natureza do discurso justificativo que o juiz desenvolve na motivação e se, em especial, essa qualificação "tópica" de larga parte do discurso é idônea para excluir a validade de uma diferente análise lógico-estrutural desse mesmo discurso.

Pois bem, não tanto a análise do conceito abstrato de tópica e de *topos*, quanto a consideração concreta daquilo que é utilizado como *topos* e o seu respectivo modo de uso, induz a colocar em dúvida assaz grave seja a autonomia de semelhantes conceitos, seja a possibilidade de semelhante alternativa.

---

77 Conforme, por exemplo, o catálogo proposto por Struck, op. cit., p. 20 ss.

78 A máxima de experiência é definida como *topos* enquanto permanece indeterminada a sua efetiva dimensão cognitiva, individualizando-se nessa uma asserção típica do senso comum, fundada em uma genérica percepção do *id quod plerumque accidit*. Semelhante definição torna-se dúbia, porém, na medida em que se individualiza a forma lógica e o conteúdo cognitivo da asserção que em concreto constitui a "máxima" (para uma análise mais ampla sobre o assunto, conforme, por último, Taruffo, *Certezza e probabilità*, cit., c. 68 ss., e ulteriores indicações aí realizadas).

79 Conforme Esser, *Grundsatz und Norm*, cit., pp. 44, 222.

80 Conforme Struck, op. cit., pp. 89, 101. Em especial sobre o uso do *argumentum ex auctoritate* na justificação da decisão, conforme Friedrich, *The Problem of Authority in Legal Reasoning*, in 59 *ARSP*, 1973, p. 179 ss.

A propósito, pode ser significativa a discussão de alguns exemplos. Inicialmente, se é legítimo considerar como *topoi* da argumentação jurídica os *argumenta* tradicionais da lógica jurídica, é evidente, no entanto, que isso não demonstra a sua respectiva natureza alógica, nem exclui que a sua respectiva análise em uma perspectiva lógica viabilize colocar em evidência a sua estrutura racional e formal. Os estudos realizados nessa direção em torno do *argumentum a simili* demonstraram abundantemente a sua complexidade lógica[81] – diante da qual a sua mera qualificação como *topos* parece totalmente simplista. Ainda, as análises do mesmo gênero realizadas sobre alguns dos outros *argumenta* clássicos demonstram, de seu turno, que esses são *topoi* que implicam estruturas lógicas determinadas, cuja natureza define a função que esses têm no contexto argumentativo em que são utilizados.[82]

Ainda mais evidentemente enganadora é a qualificação meramente tópica dos elementos que entram na segunda das categorias acenadas acima, na medida em que se trata de fatores cuja função no contexto justificativo não é definida em termos de argumentação tópica, mas sim em termos de análise lógica, jurídica ou epistemológica. Por exemplo, o princípio *res judicata pro veritate accipitur* não libera eficácia enquanto *topos*,[83] mas sim enquanto implica alusão às normas que definem e regulam a coisa julgada em um dado ordenamento positivo, não tendo um significado diferente daquele que semelhantes normas a esse atribuem. De outra parte, os princípios gerais do direito não retiram a sua respectiva validade e aplicabilidade do fato de serem qualificáveis do ponto de vista tópico, mas sim da função que esses desempenham no âmbito de determinada técnica ou praxe interpretativa, de modo que se pode dizer que esses operam no raciocínio jurídico nos modos e nos limites definidos pelas características de uma determinada metodologia hermenêutica.[84]

---

[81] Conforme a resenha crítica das várias opiniões em Horovitz, *Law and Logic*, cit., p. 32 ss. No sentido de que não se trata de um argumento lógico, conforme, ao invés, Tammelo, *Outlines*, cit., p. 129 ss.; Amato, op. cit., p. 129 ss.

[82] Conforme Kalinowski, *Introduzione*, cit., pp. 228 ss., 235 ss.; Heller, op. cit., p. 132; Gregorowicz, *L'argument a majori ad minus et le problem de la logique juridique*, in 5 *Log. et Anal.*, 1962, p. 66 ss. O que se disse no texto não significa que se trate aí de inferências lógico-formais em sentido estrito, mas que subsistem, para cada tipo de argumento, condições lógicas de uso correlatas à respectiva estrutura, em relação às quais é possível estabelecer se o argumento é ou não é validamente empregado.

[83] Assim, ao invés, Struck, op. cit., p. 21.

[84] Conforme, a propósito, Esser, *Grundsatz und Norm*, cit., pp. 39 ss., 87 ss., 107 ss., 141 ss., e, em geral toda obra em que o problema da alusão aos princípios gerais do direito não é posto em uma perspectiva tópica (malgrado eventuais alusões), mas somente no quadro constituído pela estrutura do ordenamento e da teoria e da praxe da interpretação. Em sentido diverso, porém, Esser, *Vorverständnis und Methodenwahl*, cit., p. 153.

Esses poucos exemplos, entre os muitos que poderiam ser citados, mostram que normalmente aquilo que é definido como *topos* é, em realidade, uma inferência, um conceito ou uma noção, cujo possível papel no raciocínio jurídico é definível a partir das características que esses apresentam do ponto de vista da análise lógica ou lógico-jurídica. De um lado, então, tais fatores entram no raciocínio justificativo somente nos moldes que a respectiva estrutura racional impõe e somente quando subsistam as condições de validade do seu respectivo emprego; de outro, a estrutura global do raciocínio justificativo é largamente condicionada por aqueles argumentos que o compõem, na medida em que a sua própria validade lógica e, portanto, a sua própria eficácia justificativa, dependem da validade lógica de cada argumento no âmbito da motivação.[85]

A mesma exemplificação mostra, porém, que grande parte daquilo que se define como tópico é, em realidade, passível de uma análise lógica capaz de evidenciar estruturas igualmente assaz complexas. A propósito, valem da mesma forma duas especificações: a primeira é que essas estruturas não são necessariamente dedutivas e, aliás, raramente o são, o que, ao mesmo tempo em que demonstra que a alternativa entre tópica e lógica (dedutiva) está mal posta, explica a presença de margens igualmente amplas em elasticidade no raciocínio justificativo ainda que logicamente estruturado. A segunda especificação é que a análise lógica, necessariamente formal, não exaure a natureza do *topos*, nem a do raciocínio tópico em geral. Porém, aquilo que da argumentação tópica sobra, por assim dizer, da análise lógica, é o componente tipicamente retórico de semelhante argumentação.[86] Daí se segue que, na linha que visa a colher o esquema racional subjacente ao *topos*, a argumentação nele fundada tende a resolver-se em dois elementos: a estrutura lógica do *topos* e da inferência a que esse dá lugar e o componente retórico-persuasivo, que se enxerta nas margens de indeterminação e de carência estrutural lógico-semântica que o próprio *topos* pode apresentar.

Levando-se em consideração tudo isso, a constatação antes mencionada, segundo a qual em concreto a uma grande parte da motivação reconhece-se um caráter tópico, assume um significado de maior relevo, resultando possível redimensionar o peso que à argumentação tópica deve ser atribuído no contexto do raciocínio justificativo.

De um primeiro ponto de vista, a assertiva de que os argumentos antes lembrados são usados como *topoi* justificativos pode significar que esses, ainda que tenham uma determinada estrutura lógico-jurídica, são empre-

---

[85] Nesse sentido, conforme, em geral, WEINBERGER, *Topik und Plausibilitätsargumentation*, cit., p. 32 ss.

[86] Conforme, especialmente, STRUCK, op. cit., p. 99 ss.

gados para além das condições e dos modos de uso que essa impõe. Uso tópico de um argumento ou de um princípio significa então sua redução a um lugar comum, com todas as características de imprecisão, de ambiguidade e de variabilidade que lhe são próprias. Quando, como normalmente acontece, o *topos* não é outra coisa que não uma versão mais grosseira de um módulo lógico, de um princípio jurídico ou de uma asserção de conteúdo cognitivo ou valorativo, não se pode falar de uma forma especial de argumentação, mas sim somente de uma espécie de aproximação mais ou menos genérica e vaga, de acordo com cada caso, àquela que seria a justificação lógica conduzida a partir de um emprego rigoroso dos elementos em questão. De outro lado, como já se sublinhou, as margens de divergência entre as formas tópica e lógica de argumentação resolvem-se não tanto na individualização das características e funções peculiares da argumentação tópica, quanto em uma acentuação do aspecto persuasivo que a sua presença introduz no contexto do discurso justificativo.[87] Essa função característica da argumentação tópica revela-se de modo particularmente claro no uso daqueles *topoi* que estão mais longe das formas lógico-jurídicas, como, por exemplo, o *argumentum ex auctoritate* ou o emprego persuasivo da alusão ao caso limite. A distinção entre lógica e tópica não se pode, portanto, colocar como distinção entre campos diferentes de operatividade e de competência, mas somente como distinção entre dois modos de uso (eventualmente concorrentes) dos elementos que podem entrar no discurso justificativo. Porém, não se trata nem mesmo de uma distinção rígida, tendo em conta que a estrutura da argumentação tópica pode aproximar-se em diferentes medidas, conforme o caso, do modelo da correspondente argumentação lógica e pode, portanto, ter essa mesma "ossatura" lógica mais ou menos intensa e claramente individualizável.[88] Pelo contrário, também a própria argumentação lógica pode em diferentes medidas aproximar-se à argumentação tópica: isso não ocorre certamente quando se trata de deduções em sentido estrito, mas pode se verificar aonde se trate de procedimentos indutivos (dada igualmente a variedade de formas que esses oferecem), da lógica deliberativa[89] e dos modelos argumentativos tradicionalmente ligados à lógica jurídica.

---

[87] A respeito das margens de manobra argumentativa consentidas pelas características de indeterminação e de ambiguidade semântica do *topos*, conforme Struck, op. cit., pp. 14 ss., 38 ss., e especialmente 100 ss., a respeito da acentuação retórico-persuasiva da argumentação que tira vantagem de semelhantes características – para além de regras lógicas – com o único fim de obter o assentimento do interlocutor.

[88] Conforme Esser, *Vorverständnis*, cit., p. 152; Weinberger, op. e loc. ult. cit.

[89] Conforme Esser, op. e loc. ult. cit.

C) O papel do raciocínio tópico na motivação

A constatação da não impermeabilidade entre lógica e tópica não exaure da mesma forma o problema do papel que a argumentação tópica pode desempenhar no âmbito da motivação. Esse papel reúne em si uma conotação positiva e uma conotação negativa, de modo que a sua definição não pode ser conseguida de modo satisfatório em abstrato, mas somente a partir do maior ou menor relevo que uma e outra assumem nos casos concretos.

A conotação positiva concerne essencialmente a três aspectos.

O primeiro reflete-se principalmente no plano linguístico do discurso justificativo, no sentido de que a presença de lugares comuns, entendidos como expressões em linguagem corrente de determinados princípios, instaura uma ligação mais fácil entre o discurso do juiz e o público não especializado em direito.[90] Em outros termos, o *topos* linguístico pode tornar-se o meio pelo qual o discurso do juiz encontrará a compreensão no ambiente social em geral, compreensão que seria reservada aos "especialistas", se a linguagem da motivação fosse exclusiva e rigorosamente técnico-jurídica ou técnico-científica. De outra parte, o *topos* pode operar uma mediação, sempre em função de uma melhor compreensibilidade, também no sentido de tornar receptível em termos de senso comum as noções e conceitos que de outro modo não seriam se fossem apresentadas nas suas versões "puras" e rigorosas. Sob ambos os perfis, o uso tópico dos materiais justificativos pode, portanto, servir para ampliar o campo dos possíveis "utentes" da motivação, eliminando obstáculos semânticos e culturais. Assim, pode configurar-se como um meio para alargar as possibilidades de controle externo sobre a própria motivação.[91]

O segundo aspecto não concerne à noção geral de *topos*, mas à sua definição como formulação sintética de valores e orientações de fundo presentes na *communis opinio* que representa o ambiente sócio-político em que a decisão e a motivação se inserem.[92] Quando o *topos* apresenta essas características, o seu papel pode ser, de um lado, o de adequar o juízo e a motivação às orientações sociais dominantes, e, de outro, o de inserir essas orientações como elementos relevantes tanto para decisão como para sua motivação. Ainda, no plano da motivação isso pode traduzir-se não apenas em um fator de melhor compreensibilidade, mas também como uma ligação entre os valores de que o juiz se vale e aqueles que estão de fato presentes no

---

[90] Conforme STRUCK, op. cit., p. 71 ss.

[91] Sobre a função do estilo argumentativo tópico como meio para o consenso e para o controle externo, conforme, em especial, ESSER, op. ult. cit., p. 151 ss.

[92] Sobre essa definição, conforme ESSER, *Grundsatz und Norm*, cit., pp. 44, 218.

ambiente social. Isso significa que a decisão pode ser justificada não a partir de uma *ratio* abstrata e formalística, mas também à base das suas implicações metajurídicas, que devem encontrar ressonância nas orientações de fundo, de seu turno também metajurídicas, da sociedade. Isso significa, ainda, que o *topos* pode servir ao próprio juiz como instrumento de controle da validade do próprio discurso em relação a semelhantes orientações e analogamente aos fins de controle externo de semelhante discurso na mesma perspectiva.[93]

O terceiro aspecto positivo da argumentação tópica sintetiza-se no fato de que essa pode constituir um elemento de ruptura no logicismo abstrato que constitui, quanto menos, um perigo normalmente presente. Na medida em que se pode dizer que no *topos* prevalecem os fatores de razoabilidade e de equidade,[94] daí decorre que a respectiva argumentação outorga proeminência a essas características em antítese à lógica cogente. De outra parte, se, como se viu, o logicismo dedutivo em sede de motivação é normalmente mistificatório, importa considerar como positiva uma abertura no sentido do "razoável".[95] Nessa perspectiva, entre outras coisas, torna-se possível a reabilitação daquelas características de vagueza e de indeterminação que, ao invés, constituem os aspectos negativos do *topos* do ponto de vista lógico-científico. É preciso ter presente, porém, que essas não são positivas em si, mas somente enquanto abrem espaço em que a argumentação pode desvincular-se do formalismo e operar, no plano da razoabilidade, aquela dúplice mediação, semântica, cultural e valorativa, de que se falou recentemente.

Quanto à conotação negativa do papel que a argumentação tópica pode desempenhar no contexto da motivação, essa igualmente pode ser articulada em três diferentes aspectos, todos coligados com diferentes intensidades ao componente mais tipicamente retórico-persuasivo da tópica.

O primeiro de tais aspectos decorre do fato de que a argumentação tópica é eficaz na medida em que sobre o lugar comum exista um prévio consenso difundido em termos gerais ou pelo menos em certo grupo social.[96]

---

93 Uma vez admitido que a decisão e a motivação devam ser coerentes com determinados valores, daí não decorre, porém, que o método decisório tópico e o estilo argumentativo tópico consistam na única via para realização de semelhante coerência. Subsistem, de fato, ao menos duas outras possibilidades: a primeira é dada pela explicitação sociológica dos valores, das suas dimensões e difusão, com o fim de obterem-se dados idôneos para fundar inferências indutivas (conforme Horovitz, *Law and Logic*, cit., pp. 80, 218); a segunda é dada pela aproximação ideológica às implicações valorativas presentes na decisão e fornece um quadro de possíveis contrastes entre a ideologia do juiz e a da sociedade (sobre o ponto da "racionalidade ideológica" dos juízos de valor, vide *infra*, cap. V, § 2, *sub* d).

94 Sobre o assunto, conforme Struck, op. cit., p. 38 s.

95 Nesse sentido, conforme Esser, *Vorverständnis*, cit., pp. 43 ss., 152.

96 Sobre esse ponto se concentra especialmente a crítica marxista à doutrina tópica, relevando que se trata de um modo para reprimir a dialética dos interesses de classe e para

Segue-se daí que o ponto de apoio de semelhante argumentação não é outro, em suma, senão a adesão conformista do juiz às opiniões (ou aos preconceitos) correntes. Sob esse aspecto, a justificação tópica não é um modo de mostrar que a decisão é em si justa ou juridicamente correta, mas se resolve como uma forma de indução do consenso, que trabalha mostrando que a decisão não é contrária aos lugares comuns jurídicos e não jurídicos e que, portanto, será aceita pelo ambiente social. A decisão parece, portanto, aceitável e, pois, justificada, na medida em que é conformista. Observe-se que esse mecanismo opera exclusivamente a partir da conformidade do que o juiz afirma com a ideologia dominante e não atine nem ao fundamento lógico-jurídico da decisão, nem à possibilidade de sua análise crítica.[97] Em semelhante perspectiva, a tópica não aparece como um fator de abertura diante das orientações metajurídicas presentes na sociedade, mas sim como um fator de fechamento para as instâncias de superação dos lugares comuns já consolidados.

O segundo aspecto negativo do papel atuado pela tópica no âmbito da argumentação jurídica consiste essencialmente no fato de que o uso do *topos* na solução de um determinado problema, bem como na justificação da solução adotada, equivale em geral à adoção de um ponto de vista simplista e redutivo do próprio problema, na medida em que o *topos* é a formulação simplificada e aproximativa de um princípio ou de uma regra de juízo. Pois bem, a argumentação tópica pode desempenhar um papel positivo enquanto evita complicações inúteis, favorecendo a redução do discurso aos pontos essenciais e delimitando a necessidade de expressa justificação aos pontos sobre os quais ainda não exista um prévio consenso. Essa pode ter, no entanto, um efeito radicalmente negativo aonde se traduza em um modo de evitar dificuldades reais e para fornecer soluções superficiais e simplistas a questões que, pelo contrário, reclamariam um rigoroso aprofundamento crítico. No âmbito da motivação, essa tendência redutiva se traduz no uso repetitivo de fórmulas prontas, em homenagem à autoridade, no largo emprego dos brocardos tradicionais e no reenvio ao senso-comum.

---

dissimular os conflitos mediante um fictício "democratismo verbal": conforme, por exemplo, Klenner, *Juristische Argumentation in Brüssel*, in *Neue Justiz*, 1972, p. 17.

[97] O problema do controle sobre a justiça da decisão e o problema do consenso social sobre a decisão são nitidamente separados (tende a confundi-los, ao invés, Esser, op. ult. cit., p. 151 ss.). De fato, pode existir consenso sem controle, isto é, sem aproximação crítica consciente – e, antes, é tanto mais provável o consenso quanto menos intenso é o controle crítico efetivo (conforme, a propósito, Luhmann, op. cit., pp. 196 ss., 251 ss.). De outro lado, o controle deve poder produzir o dissenso, porque em caso contrário seria fictício. Então, a valoração a respeito da função da argumentação tópica não pode ser *a priori* positiva, porque essa pode ser utilizada tanto para induzir um consenso acrítico, quanto para suscitar um controle crítico.

O terceiro aspecto negativo da argumentação tópica, por fim, concerne ao fato de que, na medida em que essa se desacopla do modelo da argumentação lógica, ou concretamente a nega ou a substitui, realiza-se um mecanismo de indução ao consenso externo a respeito da decisão que não está fundado nas suas características de justiça, legalidade ou correção lógica da decisão e das razões que a sustentam, mas na sua capacidade de provocar uma adesão emotiva ou intuitiva, não mediada por uma crítica racional. É claro que convergem para tanto os aspectos conformistas e redutivos já lembrados, mas aquilo que sobressai é também a sua possível instrumentalidade para estimular reações irracionais de aceitação ou rejeição por parte da opinião prevalente em determinado ambiente social.

Se se leva em consideração, de um lado, as relações de possível comistão ou concorrência da argumentação tópica e argumentação lógica e, de outro, das diversas consequências que a presença da argumentação tópica pode produzir a respeito da motivação, de acordo com o uso concreto realizado de quando em quando pelo juiz, pode ser acentuado o seu papel positivo ou seu papel negativo, com o que é possível formular algumas conclusões gerais a respeito da função que a tópica pode desempenhar na motivação: 1) a argumentação tópica não é um esquema argumentativo dotado de características estruturais autonomamente definíveis a partir das quais é possível atribuir a esse uma função específica no âmbito do discurso justificativo; 2) *a fortiori*, não se trata nem mesmo de um esquema que pode ser assumido como modelo geral da motivação ou como módulo essencial do raciocínio justificativo; 3) a utilização da tópica não resolve o problema da estrutura racional da motivação; 4) essa é útil, no entanto, para selecionar e sobrelevar uma série de elementos metalógicos que são frequentes na praxe concreta da motivação e que incidem sobre a possibilidade e as modalidades de exercício do controle externo sobre a própria motivação; 5) o estudo tópico da motivação, se pode integrar a sua análise lógico-estrutural, não pode, pelo contrário, substituí-la, sendo que esse tem relevo não no plano geral e abstrato, mas sim no plano do exame ideológico e sociológico das motivações e da função que essas desempenham como mecanismos de eliminação de potenciais conflitos no âmbito da estrutura social.[98]

3. A TEORIA RETÓRICA DA ARGUMENTAÇÃO JURÍDICA

Entre as teorias do raciocínio do juiz – e, em particular, da motivação – uma posição de destaque é ocupada indubitavelmente pela *Nouvelle Rhétorique* que, especialmente nos escritos de seu fundador e maior expoente,

---

[98] Sobre o problema sociológico da legitimação do trabalho do juiz mediante a indução de um consenso acrítico, que funciona como instrumento de neutralização dos conflitos internos no sistema, conforme LUHMANN, op. cit., pp. 27 ss., 128 ss.

Chaïm Perelman, encontra específica aplicação como representação do raciocínio do juiz.[99] O simples fato de Perelman propor um modelo retórico-argumentativo da decisão judicial e da sua respectiva motivação já seria motivo suficiente para examiná-lo neste momento. Outro motivo de interesse, porém, consubstancia-se no fato de que as doutrinas perelmanianas representaram e representam ainda hoje, graças a uma peculiar conjuntura cultural verificável no nosso país a partir dos anos sessenta,[100] um fenômeno de ampla ressonância, em verdade muito maior entre os filósofos do que entre os juristas,[101] capaz mesmo de condicionar a aproximação aos problemas da decisão e da motivação.

A tese de Perelman, segundo a qual o raciocínio do juiz não tem natureza lógico-demonstrativa, mas retórico-argumentativa, de modo que a teoria da argumentação retórica está em condições de fornecer uma descrição completa e "essencial" desse raciocínio, funda-se em uma série de assunções gerais que não podem ser aqui examinadas de forma extensa – e que vão desde particulares tomadas de posição sobre as relações entre lógica e direito[102] à identificação de características especiais do raciocínio jurídico em contraposição ao raciocínio científico,[103] à definição da racionalidade dos juízos de valor como persuasividade da argumentação retórica que os

---

[99] Conforme, em especial, Perelman, *Raisonnement juridique et logique juridique,* in *XI Arch. de Phil. du Droit*, 1966, p. 1 ss.; Id., *Le raisonnement juridique*, ora em *Droit, morale et philosophie*, Paris, 1968, p. 85 ss., bem como *passim* em Perelman e Olbrechts-Tyteca, *Trattato dell'argomentazione*, cit. Para outras indicações e para um exame global do problema, conforme, por último, Gianformaggio Bastida, *Gli argomenti di Perelman: dalla neutralità dello scienziato all'imparzialità del giudice*, Milano, 1973, p. 134 ss.

[100] Conforme, a propósito, Gianformaggio Bastida, op. cit., p. 169 ss.

[101] Nesse sentido, Gianformaggio Bastida, op. cit., p. 148 ss.

[102] A tese de fundo é que a lógica (entendida redutivamente como lógica formal, dedutiva e demonstrativa) não é aplicável ao raciocínio jurídico, que, portanto, não pode ser definido como "lógico", mas somente como "razoável", de acordo com os critérios de persuasividade ditados pela teoria da argumentação retórica: conforme Perelman, *Introduction au colloque sur la théorie de la preuve,* in VIII *Rev. Int. Phil.*, 1954, p. 5 ss.; Id., *Le rôle de la décision dans la théorie de la connaissance*, in Id., *Justice et raison*, Bruxelles, 1963, p. 121 ss.; Id., *Logique formelle, logique juridique*, ibid., p. 218 ss.; Id., *Désaccord et rationalité des decisions*, in *Droit, morale et philosophie*, cit., p. 103 ss.; conforme, ainda, os escritos citados na nota n. 99. A tese em questão foi submetida a críticas muito penetrantes, direcionadas especialmente à demonstração de que essa se funda em uma noção pouco confiável da lógica, o que acaba falseando a relação lógica-direito. Nesse sentido, Horovitz, *Esposé et critique d'une illustration du caractere pretendu non formel de la logique juridique*, in XI *Arch. de Phil. du Droit*, 1966, p. 181 ss.; Id., *Law and Logic*, cit., pp. 105 ss., 123 ss. Para negação da alternativa entre lógica e argumentação, conforme Weinberger, *Topik und Plausibilitätsargumentation*, cit., p. 31 ss.; Id., *Fundamental Problems*, cit., p. 332 ss.

[103] Conforme Perelman, *La spécificité de la preuve juridique,* in *Justice et raison*, cit., p. 206 ss. Sobre o tema em geral e para ulteriores indicações, Gianformaggio Bastida, op. cit., p. 142 ss.

justificam[104] e à individualização de semelhante argumentação como modelo do raciocínio racional típico dos campos em que não opera a lógica formal dedutiva.[105]

A definição do raciocínio do juiz como argumentação retórica decorre, ainda, também de premissas mais específicas que devem ser submetidas à análise crítica a fim de verificar-se a confiabilidade da tese segundo a qual o modelo retórico forneceria uma representação exaustiva da motivação. Em extrema síntese, tais premissas podem ser assim formuladas: 1) o raciocínio jurídico não é identificável com o raciocínio lógico-demonstrativo típico das ciências exatas: é um raciocínio dialético-prático, concernente essencialmente a valores e a escolhas valorativas. O critério de racionalidade a esse aplicável é, portanto, o da argumentação retórica, típica do raciocínio dialético valorativo, consistente na capacidade de obter a adesão do auditório, que no caso do raciocínio filosófico e do raciocínio jurídico é o "auditório universal".[106] 2) O raciocínio jurídico é o raciocínio do juiz, na medida em que esse consiste no paradigma de qualquer raciocínio jurídico.[107] Consequentemente, o raciocínio do juiz tem natureza retórico-argumentativa, cujo único modelo aceitável é o da argumentação persuasiva.

Trata-se inquestionavelmente de uma formulação que não é privada de coerência interna – e ainda mais evidente é a sua coerência com os pressupostos metodológicos gerais de que a *Nouvelle Rhétorique* partiu para estudar tanto a filosofia dos valores como a doutrina da argumentação retórica. Semelhante coerência entre a configuração do raciocínio jurídico (= do juiz) e a teoria da argumentação não pode, porém, surpreender, tendo em conta que Perelman não se serviu de tal teoria para indagar a estrutura típica do raciocínio judicial, mas se valeu, pelo contrário, da constatação da presença, em semelhante raciocínio, de fatores não lógico-demonstrativos para confirmar a doutrina da argumentação e para demonstrar a sua validade

---

[104] Conforme PERELMAN, *Jugements de valeur, justification et argumentation*, in *Justice et raison*, cit., p. 234 ss.; PERELMAN e OLBRECHTS-TYTECA, op. cit., pp. 79 ss., 190 ss. e *passim*. Sobre o problema, amplamente, GIANFORMAGGIO BASTIDA, op. cit., p. 85 ss.

[105] Essa tese constitui o fio condutor de todo o *Trattato dell'argomentazione*, cit., o qual se apresenta antes como a exposição sistemática da "lógica" dos campos em que não opera a lógica dedutiva-demonstrativa, entre os quais o direito e o raciocínio do juiz. Nesse sentido, conforme a *Prefazione* de BOBBIO à tradução italiana do *Trattato*, havendo na p. XI e ss. indicações de outros estudos de outros autores nessa mesma direção.

[106] Sobre a noção de auditório universal, conforme principalmente PERELMAN e OLBRECHTS-TYTECA, op. cit., p. 28 ss. e *passim*; por último, GIANFORMAGGIO BASTIDA, op. cit., p. 216 ss. Vide ainda *infra* no texto.

[107] Sobre o ponto, conforme, em especial, PERELMAN, *Le raisonnement juridique*, cit., p. 85; Id., *Raisonnement juridique et logique juridique*, cit., p. 1 ss.; Id., in XIII *Log. et Anal.*, 1970, p. 26 s.

geral e a sua aplicabilidade em face do modelo racional das ciências humanas.[108]

Uma valoração exauriente das teses de Perelman a respeito da natureza retórico-argumentativa do raciocínio do juiz reclamaria a discussão de todos os pressupostos em que essa se funda e, especialmente, das suposições filosóficas gerais que estão à base da *Nouvelle Rhétorique*, o que desborda dos escopos deste estudo.[109] Vale a pena, todavia, levar em consideração os aspectos da doutrina perelmanianas que possuem mais direta atinência com o problema do raciocínio do juiz e da motivação.

O ponto ligado à distinção entre a estrutura demonstrativa e a característica cogente do discurso lógico-matemático e a natureza "aberta" e não cogente do discurso jurídico[110] é em si evidentemente banal. Na verdade, excepcionadas as declarações programáticas do racionalismo jusnaturalista de derivação leibniziana e do positivismo sistemático oitocentista, a imagem de uma ciência do direito *more geometrica demonstrata* sempre teve um sucesso muito limitado e não pode ser considerada como a concepção hoje dominante do raciocínio jurídico.[111]

Da mesma forma, o ponto que suscita as maiores perplexidades é que de semelhante distinção decorra a demonstração da natureza retórico-argumentativa do raciocínio jurídico. Essa demonstração, que no pensamento

---

[108] Sobre essa relação entre análise do raciocínio jurídico e teoria da argumentação, conforme PERELMAN, *Ce qu'une réflection sur le droit peut apporter au philosophe*, in *Justice et raison*, cit., p. 244 ss.; ID., *Ce que le philosophe peut apprendre par l'étude du droit*, in *Droit, morale et philosophie*, cit., p. 135 ss. A finalidade instrumental ínsita nesse modo de colocar o problema é colocada justamente em evidência por GIANFORMAGGIO BASTIDA, op. cit., pp. 136, 148 ss.

[109] Para uma atenta individualização da problemática filosófica em que inserida a *Nouvelle Rhétorique* e das exigências metodológicas a que essa responde, conforme, por último, GIANFORMAGGIO BASTIDA, op. cit., pp. 136, 148 ss.

[110] Sobre o que, por exemplo, PERELMAN, *La specificité de la preuve juridique*, cit.

[111] É preciso observar, no entanto, que PERELMAN tende a ver a sobrevivência ou a reafirmação de semelhante imagem com frequência muito maior do que essa aparece, em verdade, nas recentes teorias do direito, como demonstra a sua abordagem simplista e redutiva em face da doutrina kelseniana (conforme Perelman, *La théorie pure du droit et l'argumentation*, in *Droit, morale et philosophie*, cit., p. 95 ss.). A rígida contraposição, normalmente delineada de modo assaz artificioso, entre concepção demonstrativa e concepção argumentativa do raciocínio jurídico, resulta condicionada, ainda, pelo fato de que Perelman evita distinguir a linguagem das normas (isto é, a estrutura do ordenamento normativo) do discurso sobre as normas (isto é, a estrutura do raciocínio do juiz ou do jurista que incide sobre as normas). Vice-versa, semelhante distinção está claramente presente, por exemplo, exatamente na doutrina kelseniana, em que uma concepção lógico-sistemática do ordenamento é acompanhada por uma concepção "criativa" e voluntarista do raciocínio interpretativa e aplicativo (conforme KELSEN, *La dottrina pura del diritto*, tr. it. de M. Losano, Torino, 1966, pp. 267 ss., 381 ss.).

de Perelman parece em tudo óbvia, funda-se em realidade em dois sofismas muito difundidos. O primeiro consiste em afirmar que o raciocínio jurídico, não sendo rigorosamente dedutivo-demonstrativo, não é lógico. Não é o caso de insistir novamente para demonstrar como semelhante afirmação está fundada em uma concepção redutiva do raciocínio jurídico: basta sublinhar aqui como a tese de Perelman não parte de uma reconstrução desse raciocínio, mas sim de uma aceitação acrítica do sofisma antilogicista. O segundo sofisma verte, ao invés, sobre a *pars costruens* da doutrina perelmaniana e consiste em entender como adequada à globalidade do fenômeno uma definição que serve apenas a um de seus componentes. Em verdade, que o raciocínio jurídico implica escolhas de natureza valorativa e que, portanto, a sua estrutura não pode ser reduzida àquela da lógica demonstrativa, não é algo seriamente contestável. Todavia, isso não implica que todo o raciocínio jurídico tenha natureza exclusivamente valorativa e que, portanto, a sua estrutura seja dada pela repetição de um único módulo constituído pela argumentação retórica.

A verdade é que Perelman nunca se dedicou a uma análise orgânica e livre de preconceitos a respeito da estrutura do raciocínio jurídico: para além da afirmada pretensão de partir da simples "observação do raciocínio do jurista",[112] Perelman limita-se a propor sobre o tema reiteradas considerações episódicas, normalmente banais e sempre notavelmente superficiais, que nunca se amalgamam em uma tentativa de construção de uma representação completa do raciocínio jurídico. A propósito, já se observou justamente que "no limite, não lhe interessa muito saber como efetivamente trabalham os juristas, teóricos e práticos, em todos os vários momentos de suas pesquisas", dado que a sua intenção não é estudar o raciocínio jurídico, mas tão-somente dele se servir como exemplo de discurso argumentativo.[113] A consequência daí decorrente é que o discurso perelmaniano sobre a "especificidade" do raciocínio jurídico limita-se, em regra, à cansada polêmica contra o alvo quase fictício da concepção matemático-dedutiva do direito.[114]

Em linhas gerais, observe-se então que a doutrina perelmaniana não pode apresentar-se como uma representação do raciocínio jurídico, mas apenas como a demonstração da presença nesse de momentos argumenta-

---

[112] Conforme Bayart, *Le centre national belge de recherche de logique,* in XI *Arch. de Phil. du Droit*, 1966, p. 171 ss.

[113] Conforme Gianformaggio Bastida, op. cit., p. 148 ss.

[114] Para Perelman, consequentemente, a especificidade do raciocínio jurídico consiste simplesmente no fato de que esse não pode ser completamente reduzido ao raciocínio matemático (vide *La specificité de la preuve juridique*, cit., bem como *passim* nos diversos escritos já citados). Trata-se, como é fácil de ver, de uma noção de especificidade absolutamente genérica e que, sendo prevalentemente negativa, prescinde de qualquer definição das supostas características típicas do raciocínio jurídico.

tivos. Logo, não é possível ter como confirmada uma das premissas em que essa doutrina se funda – a de que existe uma total separação entre o raciocínio jurídico e a lógica. Mesmo se excluindo, de fato, que semelhante raciocínio seja total e tão-somente uma demonstração dedutiva (com o que se pode obviamente concordar mesmo sem se partir de uma teoria argumentativa), não se elimina com isso que esse possa compreender fases ou "segmentos" dotados de estrutura lógica, nem se recusa que tais fases possam ter um papel relevante e estruturante no âmbito do próprio raciocínio.[115]

A) Retórica e tipos de raciocínio jurídico

O fato de a doutrina perelmaniana não demonstrar a lógica como algo estranho ao raciocínio jurídico não representa o seu único limite. Com efeito, objeções relevantes podem ser direcionadas à concepção unitária do raciocínio jurídico de que Perelman se vale e à substancial identificação entre raciocínio jurídico e raciocínio do juiz.

Em primeiro lugar, observe-se que não se pode falar de raciocínio jurídico como se estivéssemos diante de uma categoria univocamente determinada, dado que existem diferentes raciocínios jurídicos caracterizados pelas situações típicas em que se encontram cada um dos sujeitos que os formulam. A propósito, já se distinguiu o raciocínio do legislador do raciocínio do juiz, o do advogado daquele do jurista, colocando-se em evidência como esses apresentam características respectivamente típicas exatamente de acordo com a diferente função e o diferente relevo que é atribuído à argumentação retórica e à demonstração lógica, bem como aos juízos de valor em relação às operações puramente dedutivas.[116] Daí deriva que a definição do raciocínio jurídico como argumentação retórica é privada de significado, na medida em que não leva em consideração a existência de diferentes raciocínios jurídicos estruturalmente distintos: se tipicamente argumentativo é o raciocínio do advogado, destinado por definição a defender uma solução predeterminada da controvérsia,[117] trata-se de uma peculiaridade não necessariamente prevalente nos outros tipos de raciocínio jurídico.

A outra objeção de fundo que pode ser direcionada contra a concepção perelmaniana do raciocínio jurídico como categoria unitária é que essa, definindo esse raciocínio como argumentação retórica, nesse pressupõe uma homogeneidade interna que em realidade não existe. Pode ser que Perelman tenha deixado na sombra esse aspecto do problema porque lhe interessava menos analisar os efetivos componentes do raciocínio jurídico do que

---

[115] Para uma decidida crítica ao pensamento de Perelman nesse sentido, conforme Horovitz, *Law and Logic*, cit., pp. 83 ss., 105 ss.

[116] Conforme, a propósito, Bobbio, *Sul ragionamento dei giuristi*, cit., p. 5 ss.

[117] Assim, Bobbio, op. e loc. ult. cit.; Gavazzi, *Logica giuridica*, cit., p. 1.066.

colocar na maior evidência possível a presença do fator retórico-argumentativo.[118] Seja como for, isso leva a uma importante distorção da imagem do raciocínio jurídico como algo ficticiamente unitário. Com toda razão, portanto, observou-se que a concepção perelmaniana é criticável na medida em que não leva em consideração a distinção, no raciocínio do jurista, entre a fase semântica, em que se individualiza o significado da norma, e a fase sintática, em que se individualizam as relações entre as normas.[119] Analogamente, observou-se que essa desconsidera a distinção fundamental entre juízos de valor, ligados à justificação retórica, e juízos de validade, passíveis de demonstração lógica.[120]

Se as diversas razões até agora coligidas colocam em crise a noção unitária de raciocínio jurídico de que Perelman se vale, outra sorte não está reservada para essa própria noção quando se instaura a equação entre raciocínio jurídico e raciocínio do juiz, notadamente porque não se pode propriamente falar em raciocínio do juiz, tendo-se que distinguir entre o procedimento mediante o qual o juiz toma a decisão e o procedimento com que a justifica, racionalizando-a na motivação. Em verdade, aonde enuncia a equivalência do raciocínio jurídico com o raciocínio do juiz, Perelman especifica que pretende se referir ao raciocínio com que o juiz motiva a decisão.[121] Todavia, a propósito da motivação limita-se a repetir a já acenada diferenciação a propósito do caráter cogente da demonstração matemática, enquanto quando enfrenta o tema do juízo de fato e do juízo de direito não descreve a característica típica da motivação atinente à decisão formulada pelo juiz sobre essas questões, referindo-se apenas ao procedimento com que o juiz toma a decisão, individualizando o espaço argumentativo na margem de discricionariedade de que o juiz dispõe.

Resulta evidente, então, a confusão entre os dois tipos de raciocínio que o juiz formula, a qual conduz a uma consequência um pouco curiosa: no momento em que se propõe de mostrar a natureza argumentativa da motivação, Perelman nada diz a seu respeito, buscando colocar em evidência os componentes retóricos do procedimento de formação do juízo. Isso constitui um caso de equivocada aplicação da própria teoria da argumentação, que normalmente se apresenta como uma teoria do discurso justificativo e não como uma teoria do procedimento heurístico ou deliberativo.[122] Também a

---

118 Nesse sentido, conforme Gianformaggio Bastida, op. cit., p. 148.

119 Conforme, a propósito, Gavazzi, op. e loc. ult. cit.

120 Conforme Bobbio, op. ult. cit., p. 6 ss.

121 Conforme Perelman, *Raisonnement juridique et logique juridique*, cit., pp. 1, 3; Id., *Le raisonnement juridique*, cit., p. 85.

122 A propósito, é de se observar que mesmo quando a teoria da argumentação é apresentada como lógica da deliberação racional (conforme, por exemplo, Perelman e Olbrechts-Tyteca, op. cit., pp. 3 ss., 49 ss. e *passim*), assinala-se a essa, contudo, a função proeminente

propósito do conceito de raciocínio do juiz, portanto, reproduz-se no pensamento de Perelman a tendência às generalizações apressadas: não tendo presente que o próprio conceito não é unitário e obliterando a distinção entre procedimento decisório e raciocínio justificativo, resulta fechada a possibilidade de individualização das respectivas peculiaridades dos dois tipos fundamentais de raciocínio judicial.[123]

B) O problema do "auditório universal"

A aplicação da doutrina de Perelman à motivação não é criticável somente sob o aspecto da sua duvidosa eficácia descritiva, mas também porque essa parece incapaz de resolver de modo satisfatório os problemas fundamentais que surgem em tema de motivação. Como já se afirmou várias vezes, o principal desses problemas atine à individualização da racionalidade que deve caracterizar o raciocínio justificativo elaborado pelo juiz para que se possa dizer que a decisão está efetivamente motivada.

Pois bem, colocando-se como uma alternativa radical em relação aos raciocínios estruturados de acordo com a lógica demonstrativa, cuja racionalidade é constituída pela lógica dedutiva, a teoria da argumentação individualiza a racionalidade da própria argumentação não na existência de nexos lógicos, mas na idoneidade da argumentação para suscitar o consenso do auditório a que se dirige.[124] Logo em seguida, tratando de individualizar um critério não limitado a pessoas ou situações particulares, a racionalidade da argumentação é definida como a capacidade de provocar o consenso no "auditório universal", isto é, na totalidade dos seres razoáveis.[125]

---

de técnica para acreditar uma deliberação de outro fornecendo um exemplo de deliberação justificada. Da mesma forma, o acento é posto, em regra, sobre a justificação argumentativa da própria deliberação. Uma exceção a tanto é somente a "deliberação íntima" (sobre a qual vide ibidem, p. 43 ss.).

[123] A observação de que a lógica do direito de Perelman é monocórdia (conforme Gianformaggio Bastida, op. cit., loc. ult. cit.) é, portanto, perfeitamente legítima. Vale a penha sublinhar, no entanto, que semelhante concepção da lógica implica *reductio* do raciocínio do juiz, em que são deliberadamente desconsiderados todos os elementos que com essa não se pode contrastar, de modo que daí resulta afetada qualquer pretensão de considera-la como uma representação do raciocínio jurídico e em especial da motivação.

[124] Conforme principalmente Perelman e Olbrechts-Tyteca, op. cit., p. 19 ss. e *passim*. Sobre as conexões entre razão prática, argumentação e consenso do auditório, ainda, Perelman, *Justice et raison*, e *Désaccord et rationalité des décisions*, in *Droit, morale et philosophie*, cit., pp. 46 ss., 103 ss.; Id., *Raison éternelle, raison historique; La rôle de la décision dans la théorie de la connaissance; Rapport théoriques de la pensée et de la action; Jugements de valeur, justification et argumentation*, in *Justice et raison*, cit., pp. 95 ss., 121 ss., 175 ss., 234 ss.

[125] Sobre a definição do conceito de auditório universal como fonte do critério de racionalidade da argumentação, conforme Perelman e Olbrechts-Tyteca, op. cit., pp. 33 ss., 70 ss.

O conceito de auditório universal, como critério de verificação da racionalidade da argumentação, assume, portanto, um papel central no pensamento de Perelman – e esse se revela talvez como o ponto mais fraco e inconsistente de toda a sua teoria da argumentação. Na verdade, o conceito de auditório universal representou o principal alvo das críticas mais radicais e eficazes que foram endereçadas à doutrina perelmaniana, que podem ser sintetizadas no fato de que essa não chega a definir aquilo que deve ser entendido por racionalidade da argumentação.[126] Sem discutir analiticamente o ponto, vale a pena recordar que o conceito em exame entra em crise essencialmente em duas perspectivas: a primeira de ordem predominantemente metodológica e a segunda de ordem prevalentemente ideológica. Na primeira perspectiva, observe-se que se trata de uma noção "complexa, escorregadia, de contornos indefinidos",[127] totalmente inidônea para operar como *test* de racionalidade da argumentação. Consequentemente, a relação argumentação-auditório é distorcida, haja vista que não se pode dizer racional uma argumentação apenas na medida em que é acolhida por um auditório universal, mas sim que, sendo a argumentação racional, essa é válida para qualquer auditório disposto a formular um consentimento racional.[128] Isso equivale, no entanto, a alterar o fulcro da racionalidade, vislumbrando-a nas propriedades (lógicas) intrínsecas à argumentação, *a priori* ligadas ao consenso do auditório. Na segunda perspectiva, o conceito de auditório universal revela-se como a manifestação de uma ideologia conformista e conservadora da racionalidade: se essa depende do consenso do auditório (e a qualificação de universal é pouco significativa), então se trata de uma ideia de racionalidade que substancialmente opera um puro e simples reenvio aos preconceitos e aos lugares comuns aos quais está o auditório disposto a aderir consensualmente.[129] No limite, levando-se em consideração os instrumentos de manipulação do consenso existentes na sociedade atual, trata-se de um modo para fazer a irracionalidade difundida um critério de racionalidade.[130] Então é claro que da concepção perelmaniana de racionalidade como adequação aos valores do auditório universal

---

e *passim*. Para ulteriores indicações sobre o ponto, vide GIANFORMAGGIO BASTIDA, op. cit., p. 216 ss.

126 Nesse sentido, por exemplo, HOROVITZ, *Law and Logic*, cit., p. 123 ss.; STOECKLI, op. cit., p. 590; STONE, *Human Law and Human Justice*, cit., p. 327 ss.

127 Conforme GIANFORMAGGIO BASTIDA, op. cit., p. 217.

128 Nesse sentido, conforme WEINBERGER, *Fundamental Problems*, cit., p. 333.

129 Conforme WEINBERGER, op. ult. cit., p. 331. Sobre a ideologia conservadora que está à base da concepção perelmaniana de racionalidade, conforme, mais amplamente, GIANFORMAGGIO BASTIDA, op. cit., pp. 209 ss., 226 ss. Especialmente no que diz respeito à influência dessa ideologia sobre a visão que Perelman tem do juízo, conforme TARELLO, *I ragionamenti dei Giuristi tra teoria logica e teoria dell'argomentazione*, in *Diritto, enunciati, usi*, Bologna, 1974, p. 466 s.

130 Conforme STONE, op. e loc. ult. cit.; no mesmo sentido, mas do ponto de vista da doutrina marxista, conforme KLENNER, op. cit., loc. cit.

deriva uma ideologia da motivação totalmente inaceitável, segundo a qual a justificação da decisão decorreria da homenagem aos preconceitos dominantes e não da validade objetiva das razões que a amparam.

De outra parte, considerações não menos negativas são feitas a respeito da configuração do raciocínio com que o juiz chega à decisão. Ao delinear a categoria "deliberação consigo mesmo",[131] Perelman afirma que ao procedimento decisão são referíveis os mesmos cânones de racionalidade que dizem respeito à argumentação justificativa: quem deve tomar uma decisão, deve prepará-la de acordo com os critérios capazes de levar ao consenso do auditório universal.

Trata-se de uma construção profundamente abstrata e artificial, na qual se reproduzem todas as incertezas inerentes ao conceito geral de auditório universal, mas isso não constitui nem mesmo o seu vício mais grave. Aquilo que mais a enfraquece é que desse modo a conformidade à "razão" não é mais prescrita como regra de comportamento de algum modo externo, isto é, referível à escolha de argumentos justificativos, mas tende a apresentar-se como cânone absoluto do pensamento e de qualquer atividade heurística e deliberativa: nesse ponto, o custo ideológico de semelhante "razoabilidade" torna-se verdadeiramente insustentável.

C) O papel da argumentação retórica na motivação

Excluir essa teoria da argumentação como um modelo descritivo e prescritivo exaustivo do procedimento decisório e do raciocínio justificativo formulados pelo juiz não significa, contudo, negar a essa qualquer importância do ponto de vista dos problemas que aqui interessam. Na verdade, essa se revela eficaz ao colocar em evidência aspectos que são deixados na sombra – ou que são mesmo deformados – pelas tradicionais doutrinas logicistas do juízo e da motivação e que, de outro lado, são individualizados de maneira discutível pelas teorias irracionalistas que as contrapõem. A teoria em questão, portanto, tem uma aplicabilidade parcial a respeito do tema do raciocínio do juiz, a qual vale a pena indicar em linhas gerais os confins.

Em um primeiro ponto de vista, o maior resultado por essa obtido é o de mostrar que nem o raciocínio decisório, nem a motivação são constituídos por estruturas dedutivas "fechadas" e rigorosamente formalizadas. Pelo contrário, avultam diversas áreas do raciocínio do juiz, constituídas essencialmente por valorações axiológicas e por escolhas discricionárias entre alternativas igualmente válidas,[132] nas quais não é possível vislumbrar uma

---

[131] Conforme Perelman e Olbrechts-Tyteca, op. cit., p. 43 ss.

[132] Conforme, a propósito, Perelman, *Justice et justification, Le raisonnement juridique, Désaccord et rationalité des décisions*, in *Droit, morale et philosophie*, cit., pp. 33 ss., 92 s., 103 ss.

forma lógica de tipo dedutivo: essas se encontram alocadas tanto dentro do procedimento que conduz à decisão quanto dentro do raciocínio justificativo em que se consubstancia a motivação. Sob esse aspecto, o alvo que a teoria da argumentação atinge com maior eficácia é o modelo silogístico do juízo e da motivação. Observe-se, porém, que os espaços que assim resultam "abertos", isto é, não dominados pela força cogente da lógica dedutiva, nem por isso são totalmente alógicos: permanece sempre igualmente possível a sua análise segundo as formas da lógica indutiva[133] ou do mesmo modo conforme critérios não dedutivos, nada obstante sempre lógicos. Isso significa que a argumentação retórica não tem, no raciocínio do juiz, o papel de elemento essencial caracterizante, mas uma dimensão variável e em qualquer caso secundária – essa opera como instrumento justificativo aonde o juiz não confere ao próprio raciocínio uma forma lógica determinada, mas é ainda assim a logicidade da argumentação que representa o seu requisito essencial: a decisão tem uma estrutura lógica identificável, com passagens vinculadas à argumentação persuasiva.[134] Em suma, assim como o método tópico opera nos momentos em que o raciocínio decisório é logicamente "aberto", mas não representa a sua estrutura fundamental, a argumentação retórica ocupa os espaços não lógicos do raciocínio justificativo, mas não o exaure.

Sob outro ponto de vista, a teoria da argumentação tem certa eficácia a respeito do modo de conceber a racionalidade do discurso justificativo, ainda que, como já se disse, não chegue a definir de modo satisfatório um critério autônomo de racionalidade do argumento retórico. Malgrado isso, de fato, resulta evidente a impossibilidade de definir como racional somente o raciocínio que tem uma forma lógica rigorosamente dedutiva. Daí se segue uma importante indicação a respeito da necessidade de relativizar o conceito de racionalidade levando em consideração o tipo e a função de cada discurso de modo específico, evitando-se a aplicação ao raciocínio jurídico dos critérios de racionalidade que valem para um diferente campo, como, por exemplo, o científico.[135] Observe-se, contudo, que a adoção desse ponto de vista comporta implicações que o próprio Perelman não parece ter se dado conta com suficiente clareza e que contrastam com a sua tentativa de absolutizar, ao menos no campo das ciências humanas, o conceito de racionalidade emergente da teoria da argumentação. A primeira é que o critério de racionalidade do discurso é relativizado não só por força da função que

---

[133] Conforme, nesse sentido, Horovitz, *Law and Logic*, cit., p. 127.

[134] Conforme Weinberger, *Topik und Plausibilitätsargumentation*, cit., pp. 28, 31 ss.; Id., *Fundamental Problems*, cit., p. 331.

[135] Sobre a importância da distinção entre os diversos *fields of argument* com o fim de individualização dos diferentes conceitos de racionalidade, conforme Gotlieb, *The Logic of Choice*, cit., p. 29 ss., o qual igualmente distingue de forma nítida o campo do raciocínio científico daquele do raciocínio jurídico, nada obstante não parta de uma concepção retórico -argumentativa desse último.

determina o "campo" do discurso, mas também por força das premissas filosóficas e ideológicas que conformam a configuração do próprio discurso: assim, estabelecer no que consiste a racionalidade da motivação não significa apenas distinguir o discurso justificativo do juiz dos outros tipos de discursos jurídicos e não jurídicos, mas implica igualmente escolha de uma determinada perspectiva metodológica para análise do fenômeno e a adoção de uma particular ideologia do juízo e da função do juiz, além de uma particular ideologia da motivação. Todo e qualquer modelo de raciocínio do juiz, portanto, é solidário a tomadas de posição dessa ordem, de modo que a sua valoração não pode prescindir da valoração das premissas filosóficas e ideológicas em que fundado. Isso comporta, ainda, a historicização dos critérios de racionalidade do raciocínio do juiz.[136]

Se isso é levado em consideração, a posição de Perelman sobre o problema da racionalidade de semelhante raciocínio, ainda que seja válida como *argumentum destruens* em relação ao modelo silogístico do juízo, parece por várias razões insatisfatória. De um lado, a crítica a esse modelo permanece eficaz no plano da polêmica, mas fraca no plano teórico, na medida em que não considera as razões filosóficas e ideológicas que historicamente operaram no sentido de fazer do silogismo o cânone absoluto de racionalidade do raciocínio do juiz. Pelas mesmas razões, a proposta de uma "nova racionalidade" corre o risco de não chegar a colocar efetivamente em crise as concepções irracionalistas do juízo. De outro, o próprio conceito argumentativo de racionalidade tende a subtrair-se à relativização quando mais se generaliza a afirmada validade da teoria da argumentação, ao passo que permanecem em determinada medida incertos os seus alicerces filosóficos e ideológicos: não se pode, então, não se concordar com a observação de que "*instead of contending for the position of primacy, rethoric shoul rather try to solve problems relating to its own foundation*".[137]

Em conclusão, e malgrado os diversos aspectos interessantes que essa apresenta, a doutrina perelmaniana do raciocínio judicial não alcança o escopo de demonstrar como a natureza essencial desse raciocínio e a sua racionalidade não são lógicos, mas argumentativos. A tese de Perelman sobre o problema que aqui interessa não o resolve e tampouco infirma a validade da afirmação de que a estrutura racional da motivação deve ser buscada individualizando-se a estrutura lógica do discurso justificativo formulado pelo juiz, não se limitando a colocar em evidência os seus elementos retórico-persuasivos.

---

[136] A propósito, conforme, em geral, por último, DENTI, *Scientificità della prova e libera valutazione del giucie*, in *Riv. dir. proc.*, 1972, p. 431 ss.

[137] Conforme WEINBERGER, *Fundamental Problems*, cit., p. 332. Sobre os componentes metafísicos e ideológicos de semelhantes fundamentos, bem como para acenos a respeito da respectiva insuficiência sob o perfil metodológico, conforme TARELLO, op. ult. cit., p. 461 ss.

CAPÍTULO V

A ESTRUTURA RACIONAL DO JUÍZO E DA MOTIVAÇÃO

1. Premissas para análise do raciocínio do Juiz; A) Descontinuidade qualitativa do raciocínio; B) Raciocínio decisório e discurso justificativo; C) o conceito de escolha na estrutura do juízo; 2. Características gerais do raciocínio decisório; A) A individualização da *ratio decidendi*; B) A individualização da norma; C) A apuração dos fatos; D) A qualificação jurídica do suporte fático; E) A decisão; F) A racionalidade do raciocínio decisório; 3. A estrutura da motivação; A) O primeiro nível de justificação: a estrutura lógica da decisão; B) O segundo nível de justificação; C) Os dois graus de justificação; D) O conceito de racionalidade da justificação; E) Tipos e estruturas de justificação racional; F) Estilo e estrutura da motivação; G) Pluralidade de *rationes decidendi* e *obter dicta*.

1. PREMISSAS PARA ANÁLISE DO RACIOCÍNIO DO JUIZ

A discussão desenvolvida no capítulo anterior levou à constatação de que não se dispõe, no estado atual do problema, de um modelo exauriente e unitário que viabilize a individualização da estrutura do juízo, nem, que nessa sede mais interessa, da motivação. Porém, as conclusões negativas a que se chegou a respeito disso não demonstram apenas a insuficiência de cada um dos modelos tomados em consideração, mas induzem a formular uma constatação de ordem mais geral: é provavelmente impossível delinear um esquema estruturalmente homogêneo e unitário do raciocínio do juiz, decisório e justificativo, que consiga dar conta ao mesmo tempo de todos os momentos em que esse próprio raciocínio se articula.[1]

Em verdade, todo modelo homogêneo corre o risco de ser unilateral, dado que a homogeneidade permanece fictícia e é alcançada apenas se se consideram inexistentes ou não essenciais todos os aspectos que com essa contrastam. Exemplos nesse sentido não faltam e são, aliás, particularmente significativos: o modelo do silogismo judicial é dotado de uma notável unidade e coerência interna, constituída a partir do fato de que o próprio modelo é dado pela repetição sistemática do módulo lógico do silogismo. É fácil ver, no entanto, que essa unidade estrutural é obtida desconsiderando-se os elementos não lógicos ou não dedutivos também presentes no raciocínio do juiz. Analogamente, o modelo retórico pretende colher a "especificidade" do raciocínio do juiz definindo-o unitariamente como discurso argumentativo, mas a redução do *definiendum* entre as linhas do modelo advém à custa da desconsideração de que o juiz opera também com instrumentos lógicos e cognoscitivos, cuja função não se percebe permanecendo exclusivamente sob a ótica do raciocínio tópico ou da argumentação retórica. Do mesmo modo, uma concepção irracional do raciocínio do juiz pode parecer exauriente somente sob a condição de deixarem-se de lado os seus aspectos racionais. Por detrás de escolhas metodológicas desse gênero existem pressupostos culturais e ideológicos que explicam a gênese dos diversos modelos unitários e, portanto, redutivos, do raciocínio do juiz. Isso não impede, todavia, que algum dos modelos acenados possa assumir-se como representação completa do raciocínio do juiz e da motivação e que, com maior grau de generalizações, essa representação não possa nem ao menos ser obtida segundo perspectivas unitárias, nada obstante parciais.

Deve-se desde logo precisar, de outro lado, que isso não implica impossibilidade de analisar a decisão e a motivação e de colher seus elementos estruturais: deve-se evitar o conhecido sofisma que está na base de toda dissolução irracional do problema, segundo o qual da insuficiência de todo modelo lógico "total" deveria retirar-se a impossibilidade de qualquer configuração racional do raciocínio do juiz.[2] A racionalidade do raciocínio do

---

[1] Esses conceitos de homogeneidade, unitariedade e totalidade postulam, para poderem ser da mesma forma definidos, a existência de um "raciocínio especificamente jurídico" a que deveriam ser atribuídos. No entanto, parece fundada a tendência (sobre a qual vide, por último, Tarello, op. ult. cit., p. 432) que nega semelhante premissa e coloca em evidência a heterogeneidade das operações em que o raciocínio do juiz se articula.

[2] O sofisma deve ser evitado, mas não parece suficiente assinalar o equívoco lógico que esse contém para evitar o "perigo social" do irracionalismo jurídico (assim, porém, não parece a Tarello, op. ult. cit., p. 469 ss.), que existe malgrado as suas insuficiências lógicas (ou talvez exatamente em virtude dessas). As tentativas de individualizar a estrutura racional do juízo não se tornam supérfluas apenas porque o irracionalismo parte de premissas logicamente

juiz não descende nem da existência de uma estrutura formal cogente nem da sua unilateralidade e homogeneidade lógica. Essa subsiste, ao contrário, na medida em que os diversos fatores que entram nesse raciocínio tenham sua própria racionalidade – relativa aos seus diferentes modos de operar – e enquanto esses se organizem em um contexto flexível, ligado a cada caso concreto, mas coerente no que diz respeito à função que o raciocínio do juiz é destinado a desempenhar, caso se trate do procedimento decisório (voltado à formulação de uma decisão racional) ou do procedimento justificativo (voltado à formulação de uma motivação racional da decisão). Portanto, o problema permanece sendo ainda o de elaborar modelos representativos da estrutura desses procedimentos, nos quais a renúncia em conseguir uma absoluta homogeneidade e coerência interna deveria viabilizar a obtenção de uma maior eficácia representativa do modelo no que diz respeito ao fenômeno analisado.[3]

O escopo dessa pesquisa não é o de elaborar prioritariamente descrições do raciocínio decisório e do discurso justificativo que pretendam ser completas: não se tentará, portanto, descrever a estrutura racional da motivação apresentando um paradigma lógico de validade geral, dado que isso contrastaria com a óbvia constatação de que a motivação da sentença não apresenta a mesma estrutura nos diversos ordenamentos e momentos históricos, nem dentro do próprio ordenamento em um momento histórico determinado. Vale a pena, contudo, colocar em evidência quais são os componentes fundamentais que constituem o raciocínio do juiz, dotados de caráter autônomo e reciprocamente irredutíveis: a estrutura global do raciocínio que o compreende evidentemente depende do modo pelo qual esses componentes são combinados e organizados em um discurso específico, sendo fácil perceber que a gama de possibilidades nesse sentido foge de qualquer definição geral. Todavia, é exatamente a autonomia e a especificidade de cada pedaço de que esse mosaico necessariamente é composto que promove uma dúplice eficácia estruturante diante do raciocínio globalmente entendido: de um lado, a específica logicidade e racionalidade que se reconhecem a cada fase do raciocínio do juiz determinam a sua colocação dentro da estrutura global do próprio raciocínio, pois é a natureza específica de

---

incorretas: essas respondem tanto a exigências cognitivas como a exigências práticas (ou, se se quiser, ideológicas) de fundar um modelo racional do juízo. Sob esse perfil, a *actio finium regundorum* de quem delimita o campo teórico da lógica (como, por exemplo, TARELLO, ibidem) é correta e necessária, mas corre o risco de ser pouco eficaz por um excesso de neutralidade sob o aspecto ideológico.

3 O termo "modelo" é aqui utilizado prioritariamente com o significado de "esquema representativo de um fenômeno de forma compacta", mas a esse não é estranha uma diferente conotação, que deriva da tentativa de delinear o "tipo exemplar" do raciocínio do juiz (sobre as duas definições do conceito, conforme ROBILANT, *Modelli nella filosofia del diritto*, Bologna, 1968, pp. 67 ss., 73 ss.).

cada juízo ou argumento que estabelece as condições de validade do uso que o juiz pode dele fazer.[4] De outro lado, a função – decisória ou justificativa – do raciocínio do juiz determina sua estrutura interna e, portanto, determina também os modos de uso de cada particular tipo de juízo ou de argumento em relação às características que a esse são peculiares. A estrutura global do raciocínio do juiz nasce, então, da inter-relação entre a função do raciocínio globalmente considerado e a função que no seu âmbito desenvolvem cada um dos elementos que o compõem: evidentemente não se trata de uma estrutura simples e homogênea, mas essa individualiza, todavia, aquelas que podem ser consideradas as constantes formais de um fenômeno cuja "natureza" concreta conhece uma variedade praticamente infinita de manifestações.

O desenvolvimento da pesquisa nesse capítulo consistirá em um sintético exame desses componentes, das suas possíveis configurações no que tange ao raciocínio decisório e justificativo e das consequências daí derivadas a propósito da estrutura global do próprio raciocínio. Para tanto são necessárias algumas especificações metodológicas de ordem geral com o fito de limpar o campo de uma série de possíveis mal entendidos e de indicar as linhas essenciais da perspectiva a partir da qual o exame será realizado.

A) Descontinuidade qualitativa do raciocínio

A primeira especificação nasce do fato que, enquanto nenhum dos modelos propostos para o raciocínio do juiz consegue – como foi visto – fornecer uma representação qualitativamente unitária e ao mesmo tempo também exaustiva, deve-se reconhecer a esses modelos, todavia, uma validade parcial, ou seja, a capacidade de indicar com as suas respectivas características peculiares diferentes momentos que fazem parte do raciocínio do juiz, seja decisório, seja justificativo. Por exemplo, enquanto o esquema dedutivo é claramente inidôneo como modelo global do raciocínio, não se pode, de outro lado, negar que sirva a definir algumas de suas fases. Analogamente, mesmo que se saiba que o esquema retórico argumentativo não possa exaurir a natureza do raciocínio, deve-se reconhecer, porém, que esse coloca em evidência indubitavelmente alguns de seus componentes.

---

4 Isso vale especialmente a propósito do emprego de formas lógicas determinadas, que também apresentam definidas suas condições de validade. Condições lógicas de uso, mais ou menos rigorosas, subsistem, no entanto, também a respeito dos chamados argumentos quaselógicos, como o argumento por analogia, *a contrario*, *a fortiori* e assim por diante (sobre o assunto, por último, TARELLO, op. ult. cit., p. 426 ss., também para ulteriores indicações). De outro lado, também a propósito das argumentações mais tipicamente retóricas já se falou de condições mínimas de validade ou quanto menos de possibilidade lógica (conforme STONE, *Legal System*, cit., p. 329 ss.; analogamente, também WEINBERGER, *Topik und Plausibilitätsargumentation*, cit., p. 32 ss.).

Daí resulta, portanto, que o raciocínio do juiz não é passível de descrição segundo um critério qualitativo constante: constitui, pelo contrário, uma *entidade complexa e qualitativamente heterogênea*, na qual se encontram segmentos por vezes definíveis a partir de uma ou mais formas lógicas ou mesmo segundo esquemas de qualificação quase lógicos ou puramente tópicos, valorativos ou retóricos. O caráter unitário desse raciocínio não deriva, assim, da homogeneidade de todos os seus componentes, mas da função que esse desempenha: o raciocínio decisório é identificável autonomamente na medida em que tem por fim a formulação de uma decisão; o raciocínio justificativo tem sua unidade, mais do que pela sua objetivação na motivação, tendo em conta que parte da decisão para justificá-la (ou, se assim o quisermos, parte das premissas que servem a fundar racionalmente a decisão). A função típica desse raciocínio permite distingui-lo dos raciocínios que correspondem a funções diferentes, mas viabiliza também analogias com raciocínios que desenvolvem funções análogas (por exemplo, entre o raciocínio decisório e o raciocínio ético ou entre o discurso justificativo do juiz e aquele de quem deva justificar racionalmente uma decisão).[5] Importa menos, sob esse perfil, a pretensa especificidade qualitativa do raciocínio do juiz – essa subsiste somente no que diz respeito ao objeto específico mediante o qual o discurso é orientado e no que diz respeito ao sujeito que o formula (é o juiz que deve decidir segundo o método de juízo uma controvérsia jurídica; é o juiz que deve justificar de fato e de direito uma decisão judicial).

A função para a qual o discurso do juiz é orientado determina, portanto, sua estrutura interna, mas determina também a função dos diversos elementos que o constituem, os quais, mesmo na sua heterogeneidade lógica e ontológica, se ligam por nexos que estabelecem seu papel dentro da estrutura global do discurso. A consequência de tudo isso é que a análise dos raciocínios típicos do juiz não fornece qualquer critério para nele compreender ou excluir, *a priori*, esse ou aquele componente. Isso permite e torna legítima a recuperação ao menos parcial de alguns dos resultados que sucederam às várias tentativas de construção de modelos globais do raciocínio do juiz, na medida em que esses fornecem definições aceitáveis de alguns de seus segmentos. Portanto, o caminho que permanece em aberto é o de indagar sobre as estruturas de fundo que organizam o discurso do juiz de acordo com a função que lhe seja própria, unificando em uma rede de conexões recí-

---

5 A analogia entre o raciocínio do juiz e outros tipos de procedimentos discursivos e justificativos está, por exemplo, na base da concepção da lógica como "jurisprudência generalizada" proposta por Toulmin, *The Uses of Argument*, Cambridge, 1958, p. 7 ss. e *passim*. Sobre as identificações e os escambos entre os tipos de argumento mais frequentes no raciocínio jurídico e os argumentos próprios de outros campos, vide ainda Tarello, op. ult. cit., p. 437 ss.

procas os vários componentes desse discurso. Evidentemente, não poderá tratar-se de uma descrição completa nem de um sistema cogente de implicações lógicas, mas sim de um sistema aberto de nexos funcionais, capaz de constituir a estrutura constante que está por detrás das mais diversas manifestações concretas que podem advir tanto do raciocínio decisório quanto do discurso justificativo. A determinação das características específicas dessas manifestações e do "valor" ou do "peso" que por vezes assume esse ou aquele elemento não entra na análise estrutural do raciocínio do juiz, mas na análise empírica sobre os raciocínios concretos realizados pelos juízes nos diversos ordenamentos e nos diversos momentos históricos.

B) Raciocínio decisório e discurso justificativo

A análise estrutural do raciocínio do juiz deve partir necessariamente da individualização da sua função típica. Enquanto, porém, a estrutura do raciocínio decisório é condicionada pelo fato de que o fim por esse buscado é a obtenção da decisão, a estrutura da motivação é condicionada pelo fato de que essa busca justificar a decisão. No curso desta pesquisa foram encontradas numerosas confirmações episódicas dessa distinção e essas já seriam suficientes para fundar sua validade geral. Essa encontra, porém, mais uma base se se entende que se trata de uma manifestação particular, concernente ao raciocínio do juiz, de um princípio válido a respeito de todo e qualquer tipo de procedimento racional. Essa consiste na fundamental distinção que a metodologia lógica e científica traçou entre *context of discovery* e *context of justification* (ou *of explanation*), entendendo-se o primeiro como o procedimento que conduz à formulação de um determinada solução para um problema e o segundo como o procedimento dirigido a demonstrar, justificando-a, a validade dessa solução.[6]

A distinção entre contexto decisório e contexto justificativo implica que a análise do raciocínio do juiz seja conduzida tendo-se em conta as diferenças estruturais entre os dois contextos: a "lógica do juiz" diferencia-se conforme se trate da lógica usada como instrumento de decisão ou como instrumento de motivação. Analogamente, o papel e a relevância que podem ser atribuídos aos diversos segmentos do raciocínio do juiz variam nos dois contextos e do mesmo modo são definidos de modo autônomo em cada um desses. Daí resulta que em cada modelo de raciocínio do juiz devem constar dois modelos distintos, inerentes respectivamente à formação da decisão e à sua motivação. Disso descende a inadequação de qualquer esquema

---

6 Sobre o assunto, conforme Horovitz, *Law and Logic*, cit., p. 6 ss.; Jørgensen, *Argumentation and Decision*, cit., p. 278; Dewey, *Logical Method and the Law*, cit., p. 24; Wróblewski, *Il modello teorico*, cit., p. 24; Aomi, *The Regulative Function of Legal Decisions*, in 59 *ARSP*, 1973, P. 194.

que, pretendendo exaurir o *definiendum*, diga respeito apenas a um dos dois campos ou confundam os elementos típicos de um com o de outro.[7]

Como igualmente já se observou várias vezes, a distinção em exame não exclui que de fato existam coincidências ou interferências entre os dois procedimentos, mas essas não eliminam a distinção: dizer que "*muss man sich entscheiden, wie man das Ergebnis begründet*"[8] significa indicar um cânone de comportamento voltado a garantir a racionalidade da decisão e a facilitar a motivação, mas não implica unificação entre *Entscheidung* e *Begründung*.

A distinção ora delineada viabiliza a análise da motivação como um particular exemplo de *context of justification*, autônomo do *context of discovery* representado pelo procedimento decisório, ainda que não possam ser subvalorizadas as possíveis ligações intercorrentes entre os dois tipos de raciocínio. A propósito da motivação deve ser feita, ainda, uma ulterior especificação, inerente à distinção entre raciocínio justificativo entendido como atividade voltada para selecionar e articular as razões utilizáveis para justificar a decisão e como resultado linguístico dessa atividade,[9] ou seja, como "discurso" no qual o juiz exprime essas razões segundo certa ordem lógica. Então, falar de estrutura justificativa da decisão significa fazer referência não ao *iter* lógico-psicológico mediante o qual as razões da decisão são individualizadas e formuladas, mas sim às características formais do discurso em que essas são objetivadas e explicitadas.

Isso permite precisar posteriormente a relação existente entre o particular *context of discovery* constituído pelo procedimento decisório e o *context of justification* constituído pela motivação: esses são diferentes não somente do ponto de vista estrutural, mas também do ponto de vista fenomenológico, no sentido de que o primeiro é uma atividade e o segundo um discurso que, além de tudo, não é nem mesmo o resultado linguístico dessa atividade. A relação em exame é, de fato, complexa e mediada segundo um esquema que pode sinteticamente ser representado assim: raciocínio decisório (atividade) / decisão (resultado) / raciocínio justificativo (atividade) / motivação (resultado). Esse esquema implica várias distinções, sobre as quais é inútil alongar-se. Porém, esse demonstra de forma evidente que, se os vários elementos são reciprocamente conexos pelo fato de apoiarem-se na decisão, esses são entre si, porém, heterogêneos, o que permite excluir a hipótese de que haja identidade estrutural entre raciocínio decisório e motivação e entre raciocínio decisório e raciocínio justificativo.

---

7 Conforme Wróblewski, op. ult. cit., p. 22 ss.

8 Assim, Esser, *Wertung, Konstruktion und Argument im Zivilurteil*, cit., p. 15.

9 Conforme Horovitz, op. ult. cit., p. 128.

C) O conceito de escolha na estrutura do Juízo

Já se disse aqui que para individualizar as características fundamentais do raciocínio do juiz e da motivação deve-se recorrer a modelos estruturais abertos. Enquanto a sua característica de "abertura" indica a impossibilidade de restringir o fenômeno estudado dentro de esquemas rígidos e onicompreensivos e postula, pelo contrário, a necessidade de que o modelo tolere integrações e modificações sem perder a sua identidade fundamental, cumpre precisar o que se pretende, nessa sede, ao referir-se a modelos "estruturais".

Inicialmente, não se trata de modelos "lógicos" em sentido estrito: de um lado, o caráter instrumental da lógica condiciona e delimita a sua função dentro de qualquer tipo de raciocínio, de modo que é preciso excluir que qualquer esquema puramente lógico seja idôneo para representar de modo exaustivo a estrutura do raciocínio do juiz e da motivação. *A fortiori*, isso vale para aqueles modelos que derivam da repetição articulada de uma única forma lógica (por exemplo, a inferência dedutiva). Porém, isso não implica que se deva tratar necessariamente de modelos "não lógicos" no sentido forte do termo, o que exclui a legitimidade de qualquer forma lógica atinente ao raciocínio do juiz. Uma vez reconhecido que o raciocínio decisório e a motivação compreendem segmentos "lógicos" e "não lógicos", modelos estruturais adequados são aqueles que identificam a natureza e a função dos diversos segmentos e permitem estabelecer a *ratio* que os organiza e correlaciona: sob esse aspecto, a estrutura é dada pelo sistema dos pontos de intersecção entre segmentos de natureza diversa, individualizados a partir da sua colocação funcional no contexto orgânico global do raciocínio ou do discurso.[10]

Visto que o ponto fulcral do raciocínio do juiz como um todo é a decisão, que representa ao mesmo tempo o objetivo e o resultado do procedimento decisório, bem como o parâmetro da motivação, parece necessário buscar nessa o elemento base para a reconstrução estrutural desse raciocínio. Independentemente de outras qualificações possíveis da decisão judiciária, como aquelas derivantes da contraposição clássica entre concepção "cognitiva" e concessão "voluntarista",[11] isso permite identificar um conceito que colhe a fundamental natureza operativa da decisão, ou seja, o conceito de escolha entre várias alternativas possíveis.[12] É intuitivo que a decisão

---

[10] Sobre a noção de estrutura (linguística) como relação contextual de termos distintos, conforme GREIMAS, *Semantica strutturale*, cit., p. 22.

[11] Para uma valoração crítica dessa contraposição, sob o perfil da unilateralidade e dos componentes ideológicos dos seus termos, conforme TARELLO, *Il "problema dell'interpretazione": una formulazione ambigua*, in ID., *Diritto, enunciati, usi*, cit., p. 389 ss.

[12] Sobre o aparecimento do conceito de escolha como momento fundamental da interpretação/aplicação da lei, conforme, para a cultura jurídica italiana, o panorama geral delineado por

implica escolha, no sentido de adoção de uma alternativa como "verdadeira", "válida", "justa", "útil" etc., o que não é diferente, no juízo jurídico, daquilo que ocorre em outros campos da atividade humana. O juiz decide na medida em que escolhe uma entre as diversas soluções teoricamente possíveis da controvérsia, consistindo a decisão essencialmente na individualização da solução que, no suporte fático e na situação na qual o juiz se depara, parece "mais justa" ou "mais correta".

Trata-se, obviamente, de uma observação um tanto banal. Porém, a colocação do conceito de escolha como centro do raciocínio do juiz ostenta notável eficácia atinente ao seu âmbito de análise, a ponto de legitimá-lo como modelo estrutural de base em torno do qual é possível organizar o modelo "aberto" do próprio raciocínio. De um lado, que a decisão consista em uma escolha implica que essa seja precedida pela formulação de diversas alternativas e pela identificação dos elementos de fato e de direito que fundam cada uma delas. Logo, é imediata a constatação de que a escolha final recai sobre elementos e pressupostos por sua vez individualizados mediante escolhas, de modo que a decisão se configura como a última consequência de uma ou mais concatenações de atos de escolha, que paulatinamente forneceram as alternativas e os critérios de decisão por escolhas sucessivas. Nessa perspectiva, o raciocínio do juiz mostra-se estruturado como um sistema orgânico de escolhas, concatenado segundo certa ordem e direcionado à escolha final, que coincide com a verdadeira e própria decisão. O cânone dominante em um contexto desse gênero é que cada escolha condiciona a sucessiva, tendo em conta que exclui algumas alternativas, mas dessa não necessita, porque outras escolhas existem para configurar os outros termos da escolha sucessiva: emerge daí um vínculo lógico entre os diversos momentos de escolha que entram no contexto,[13] bem como a característica de sua funda-

---

Tarello, *Atteggiamenti culturali sulla funzione del giurista-interprete*, ora in Id., *Diritto, enunciati, usi*, cit., p. 496. Analogamente, para a cultura jurídica alemã, conforme Larenz, *Methodenlehre*, cit., pp. 126 ss., 228 ss., e mais especificamente Esser, *Vorverständnis und Methodenwahl*, cit., p. 43 ss. e *passim*. Para a doutrina de língua inglesa, conforme, por todos, Gottlieb, *The Logic of Choice*, cit. A premissa necessária da aplicação do conceito de escolha ao raciocínio jurídico é, contudo, constituída pela individualização da "forma alternativa" de semelhante raciocínio, sobre o qual vide, em geral, Rödig, *Die Denkform der Alternative in der Jurisprudenz*, Berlin-Heidelberg-New York, 1969.

[13] Esse vínculo não consiste na existência de relações que tornem necessária determinada solução diante de certas premissas – e isso exclui que o contexto de escolhas a que se alude no texto seja interpretável como um sistema dedutivo rígido. Esse concerne, mais do que a qualquer coisa, à necessidade que seja respeitada uma condição mínima de compatibilidade entre os diversos juízos (escolhas, decisões) que entram no raciocínio do juiz: substancialmente, importa que não exista contradição entre as assertivas discursivas e que essas possam ser consideradas o fruto de uma escolha que representa o seu *prius* lógico (por exemplo, se o juiz, em certo momento, exclui a existência de um fato, não pode posteriormente decidir como se esse fosse verdadeiro; se exclui certa interpretação de uma

mental abertura, dada pelo fato de que nem o número, nem a natureza, nem o conteúdo das escolhas que o acompanham são determináveis *a priori*.

De outro lado, importa observar que cada escolha, exceto nos casos dos livros, é feita segundo critérios e regras-guia[14] capazes de permitir a individualização da alternativa "mais justa" no caso concreto: portanto, a estrutura da escolha é determinada, mais do que pelas alternativas sobre as quais versa, pelas regras sob as quais é realizada. Essas regras, por sua vez, não são dadas *a priori*, mas são configuradas como consequências de decisões igualmente analisáveis em termos de escolha,[15] o que pressupõe a multiplicidade de regras igualmente aplicáveis e a necessidade de uma decisão entre essas.[16] Por outro lado, a definição de escolha como juízo entre soluções alternativas, efetivado segundo regras, permite pontuar os termos no quais é posto o problema da racionalidade da escolha, particularmente relevante tanto no que atine ao raciocínio decisório como naquilo que concerne à motivação.

Deixando entre parênteses todas as possíveis definições "substanciais" (*"contenutistiche"*) do conceito de racionalidade,[17] a única definição válida e operativa para o esquema estrutural da escolha é a seguinte: a escolha é racional quando, sendo corretamente individualizadas as alternativas sobre

---

norma não pode depois utilizá-la e assim por diante). O requisito da compatibilidade não exaure toda a racionalidade do raciocínio, mas é certo que se nesse constam escolhas entre si incompatíveis não há como qualificá-lo de racional. Sobre o assunto, vide mais amplamente *infra*, cap. V, § 2, *sub* e) e § 3.

14 Em geral sobre o conceito de *rule of guidance*, conforme Gottlieb, op. cit., pp. 71 ss., 159. Sobre o conceito análogo de "diretiva" aplicado às escolhas interpretativas, conforme, em especial, Wróblewski, *L'interprétation en droit: théorie et idéologie*, in *XVII Arch. de Phil. du Droit*, 1972, p. 60 ss.

15 Conforme Wróblewski, op. ult. cit., p. 66.

16 A decisão que verte sobre o critério que deve ser assumido como regra de juízo em uma escolha sucessiva (por exemplo, a assunção de certa interpretação da norma aplicável ao caso) desempenha, sobre essa escolha, uma eficácia de "implicação" que se sobrepõe ao nexo de mera compatibilidade a que se acenou na nota 13. Semelhante decisão não serve apenas, de fato, para delimitar o *Problemkreis* dentro do qual a sucessiva escolha se coloca, mas é vocacionada para estabelecer o modo com que essa deve ser realizada e, portanto, do ponto de vista lógico, predetermina-a. Decisões dessa ordem são, portanto, particularmente relevantes dentro do raciocínio do juiz, igualmente porque representam o típico lugar em que se manifesta a ideologia do juiz (conforme Wróblewski, op. ult. cit., p. 63 ss.).

17 Entende-se por definição "substancial" (*"contenutistica"*) de racionalidade da escolha qualquer definição que não incida exclusivamente sobre a validade lógica das operações com que a escolha é realizada, mas nasça do confronto com valores ou orientações externas aos termos da própria escolha, assumidos *a priori* como racionais. Desse ponto de vista, uma escolha pode ser racional ou irracional independentemente do fato de ser "boa" ou "justa" à luz dos valores assumidos pelo observador, desde que seja coerente com os critérios eleitos por quem compete realizá-la (a conclusão contrária decorre, pelo contrário, da assunção integral da definição fornecida por Perelman, sobre a qual vide *supra*, cap. IV, § 3, segundo a qual a racionalidade significa coincidência com os valores do auditório).

as quais essa tem de incidir, resulta de uma aplicação correta de certa regra de decisão. A noção de emprego correto de uma regra de juízo é evidentemente "vazia" – e assume diferentes significados, como se verá mais adiante, de acordo com o tipo de escolha em jogo e com as peculiaridades próprias das regras-guia aplicáveis. Essa impõe, de qualquer forma, que a aplicação de tais regras seja logicamente válida segundo os cânones das próprias regras e do contexto no qual são utilizadas.

Por fim, uma última especificação atine à incidência que, sobre a configuração do raciocínio do juiz como contexto organicamente estruturado de escolhas racionais segundo regras, manifestam as distinções já delineadas acima *sub b)*. A separação entre o *context of discovery*, constituído pelo raciocínio decisório, e o *context of justification*, constituído pela motivação, implica em primeiro lugar a distinção entre a fase na qual as escolhas são formuladas para tomada de decisão e a fase na qual, posta a decisão, tem-se que reformular as escolhas que a fundam em um discurso que faça emergir nessa a sua racionalidade e a ligação "justificativa" com a própria decisão.

Isso implica dois importantes corolários: o primeiro é que o modelo lógico segundo o qual a escolha é feita não coincide com aquele segundo o qual a escolha é justificada, de modo que a "lógica da escolha" é irremediavelmente diferente nos dois contextos. O segundo é que, dada a sempre lembrada assimetria entre procedimento decisório e motivação, não subsiste necessária coincidência entre as escolhas feitas no primeiro e as escolhas expressas na segunda, nem mesmo do ponto de vista do seu "conteúdo". Disso deriva, necessariamente, também um cisão do conceito de racionalidade da escolha em dois conceitos respectivamente adequados aos dois diferentes contextos. No *context of discovery,* a escolha é racional na medida em que racionalmente formulada: trata-se, portanto, da racionalidade intrínseca do procedimento de decisão, que coincide com a correção das operações que o constituem. No *context of justification* a escolha é racional na medida em que racionalizada *ex post*, ou seja, enquanto o juiz, independentemente da sua intrínseca correção, esteja em condições de apresentá-la como a "melhor" consequência das premissas e regras de juízo estabelecidas *ad hoc*: sob esse ponto de vista, a escolha é racional na medida em que racionais os procedimentos argumentativos expressos no discurso em que se consubstancia a motivação.

A rigor, portanto, não se trata tanto da racionalidade da escolha em si considerada, mas sim da racionalidade da justificação que a essa é dada, segundo critérios e finalidades diversas.[18] Naquilo que diz respeito especi-

---

[18] Posta a distinção entre motivos expressos e razões reais da decisão, não é possível definir a motivação como racionalização dos fatores a partir dos quais o juiz concretamente decidiu. Analogamente, tem-se que excluir que a estrutura racional da motivação constitui um

ficamente à motivação, deve ser recordada ainda a distinção, também delineada *sub b)*, entre a atividade de justificação e o discurso que constitui o seu resultado, para precisar que interessam as escolhas que são explicitadas nesse discurso – e não o modo como são formuladas na atividade que lhe dá corpo. Então, não se trata de racionalidade do "procedimento" justificativo, mas de racionalidade do "discurso" justificativo. Nessa perspectiva, a racionalidade da justificação é uma função da estrutura do discurso com o qual essa é externada, no qual as escolhas e as respectivas concatenações desempenham um papel de "argumentos" e de "razões" de validade da decisão.

2. CARACTERÍSTICAS GERAIS DO RACIOCÍNIO DECISÓRIO

A distinção entre raciocínio decisório e justificação da decisão, traçada nos parágrafos precedentes, exclui a ideia de que a análise da motivação deva passar necessariamente pelo estudo do *iter* decisório. Todavia, ainda que não exista identidade ou correspondência entre os dois tipos de raciocínio, o modo como a decisão é tomada influencia a estrutura da motivação, justamente porque representa sempre o termo de referência com base no qual a motivação é qualificada sob o ângulo da "adequação". Ademais, a repetida afirmação da diferença entre a "lógica" da decisão e a "lógica" da motivação requer ao menos um início de demonstração que aclare quais relações existem entre os dois procedimentos, especificando, ainda, seus elementos principais de heterogeneidade.

Por essas razões, parecem indispensáveis algumas considerações acerca da estrutura do raciocínio decisório. Não se trata, evidentemente, de fornecer um novo modelo onicompreensivo do juízo, mas somente de colocar em evidência os elementos desse raciocínio que o caracterizam primordialmente e que, por consequência, constituem o ponto fulcral do problema inerente à relação entre decisão e motivação.

Inicialmente, importa referir que a distinção entre decisão e justificação não implica que a decisão deva ser considerada somente sob o perfil psicológico,[19] nem, muito menos, que deva ser vista como uma atividade

---

homólogo da estrutura do raciocínio decisório. A expressão "decisão racional" tem, portanto, dois diferentes significados: um atine à decisão enquanto resultado de um procedimento racional (conforme, nesse sentido, ESSER, *Vorverständnis und Methodenwahl*, cit.), o outro concerne à decisão que se apresenta como racional enquanto retirada de uma justificação racional (nesse sentido, conforme, por exemplo, SHUMAN, op. cit., p. 717; WASSERSTROM, op. cit., p. 25 ss.).

[19] Sobre a validade da aproximação teórica ao problema da decisão e sobre a necessidade de distingui-lo da aproximação psicológica, conforme, em geral, WRÓBLEWSKI, *Il modello teorico*, cit., p. 21 ss.

em si irracional e destinada a ser racionalizada somente *a posteriori.*[20] Pelo contrário, a identificação do procedimento decisório como *context of discovery* da decisão (sobre isso, vide parágrafo precedente, *sub b*) postula que esse se desenvolva segundo cânones racionais.

A distinção entre lógica da *discovery* e lógica da *justification* implica que o raciocínio decisório seja analisado conforme a primeira dessas "lógicas" e que nesse âmbito seja definida a racionalidade. Daí advém dois corolários cuja relevância não pode ser desprezada: o primeiro é que o raciocínio decisório pode (e, portanto, deve) ser racional; o segundo é que o conceito de escolha deve ser entendido como modelo sintético de natureza essencialmente lógica, ao qual podem ser reconduzidas as operações que formam o procedimento de *discovery* da decisão (não por acaso, a propósito, não se faz uso de uma noção genérica de escolha, mas da noção "qualificada" de escolha racional segundo regras de juízo, sobre a qual vide parágrafo precedente, *sub c*). Essas operações não podem ser integralmente descritas nessa sede: para individualizar, em linhas gerais, a estrutura essencial do procedimento de decisão, entendido como atividade heurística (daí as possíveis conexões com os conceitos metodológicos de *discovery* e de *Forschung*), porém, é suficiente acenar a alguns de seus momentos essenciais, relativos à fixação da norma aplicável ao suporto fático, à verificação dos fatos e à instauração da relação fato-norma da qual advém a decisão final. Sobre o assunto, vale a pena ter presente a distinção entre juízo como procedimento mediante o qual o juiz chega à decisão e juízo como resultado final dessa atividade, ou seja, como contexto de escolhas formuladas de forma definitiva que levam à fixação da decisão e dos seus pressupostos objetivos (vide, de forma mais ampla, *infra*, ponto *e*).

A) A individualização da *ratio decidendi*

"Individualização da norma aplicável ao suporte fático" é uma expressão sintética que designa um plexo de atividades diferentes, ainda que correlatas, que pode chegar a um nível de extrema complexidade. De qualquer forma, não se trata de simples "revelação" ou "reconhecimento" da norma idônea a resolver a controvérsia, mas sim de escolha entre vários critérios de juízo relevantes: isso implica a formulação de diversas "hipóteses" ou "modelos de decisão" alternativos, ou seja, uma série de possibilidades entre as quais o juiz escolhe a solução (e, portanto, a "norma" que entende idônea para a decisão) da controvérsia.[21] Em um primeiro sentido,

---

[20] Em um sentido crítico dessa posição, característica das doutrinas "realistas", conforme, por exemplo, JØRGENSEN, *Argumentation and Decision*, cit., p. 264 ss.

[21] Conforme ESSER, *Vorverständnis und Methodenwahl*, cit., pp. 27 ss., 43 ss. Por brevidade não serão tomadas em consideração outras duas situações típicas atinentes à individua-

particularmente amplo, individualização da norma significa escolha, entre diversas hipóteses possíveis, da *ratio decidendi* a ser empregada para a solução global da lide. Essa escolha apresenta características peculiares que devem ser sinteticamente aclaradas.

Inicialmente, falar de globalidade significa referir-se não somente a normas pontuais, mas também a contextos orgânicos de normas, individualizados de modo que sejam idôneas a resolver as diversas questões que a lide envolve: os "modelos de decisão" que constituem as diversas hipóteses possíveis de *rationes decidendi* são, portanto, construídos tendo-se em conta, além das normas, as características peculiares do próprio caso que deve ser decidido. Isso implica ao menos uma primeira individualização, provisória e sintética, dos termos da lide, em relação aos quais possa o juiz formular os diferentes modelos hipotéticos inerentes às possíveis soluções normativas: a "individualização da norma" não ocorre, portanto, *a priori*, mas em relação dialética com a individualização do específico *thema decidendum* do caso concreto.[22] A atividade de *konstruktion* importa na medida em que se trata de individualizar suportes fáticos legais complexos correspondentes aos termos da lide e idôneos para configurar as soluções hipoteticamente possíveis e na medida em que esses suportes fáticos são constituídos pela combinação orgânica e articulada de várias normas (cujas relações recíprocas entre a hipótese singular de decisão são estabelecidas essencialmente mediante o método da construção jurídica).[23] Por outro lado, na medida em que não se adira a uma concepção rigorosamente sistemática do raciocínio jurídico, deve-se reconhecer um papel relevante à tópica, seja como técnica de recuperação dos "pontos de vista" potencialmente relevantes para a configuração jurídica do suporte fático, seja como "reservatório" sintético e

---

lização da norma aplicável: aquela da "isomorfia", na qual não existe o problema de escolha da norma, porque existe apenas uma norma claramente aplicável (a propósito, conforme analiticamente Makkonen, *Zur Problematik der juridischen Entscheidung. Eine Strukturanalystische Studie*, trad. alemã, Turku, 1965, pp. 84 ss., 175 ss.), e aquela em que existe uma lacuna, isto é, não existe uma norma diretamente aplicável ao caso (sobre a qual vide igualmente Makkonen, op. cit., pp. 122 ss., 184 ss.). Pelas mesmas razões é deixado de lado o problema inerente à individualização da norma "válida" no ordenamento (sobre o qual vide, sob o perfil que aqui interessa, Wróblewski, op. ult. cit., p. 13).

22 O problema de saber se é a determinação do caso concreto que condiciona a escolha da norma ou se ocorre o contrário, resolve-se em um círculo vicioso se é colocado de modo estático e em termos absolutos, mas isso não ocorrer se a relação entre os dois termos é vista como interação dialética: conforme Engisch, *Logische Studien*, cit., p. 15.

23 Aparece a propósito a função da *Konstruktion* jurídica como instrumento *begriff-inventorisch* (sobre a qual vide Esser, op. ult., cit., p. 209 ss.), particularmente capaz para elaboração de suportes fáticos complexos e para análise sistemática das relações entre as normas. Sobre a distinção entre construção como elaborações de conceitos ou de institutos e construção como subsunção, vide amplamente Lazzaro, *Storia e teoria della costruzione giuridica*, cit., pp. 15 ss., 133 ss., 201 ss.

aproximativo desses pontos de vista. A atividade de construção conceitual e o raciocínio tópico se interseccionam, portanto, na fase de formulação das hipóteses relativas às possíveis soluções da lide.[24]

Em abstrato, o conjunto de *rationes decidendi* juridicamente possíveis relativamente a cada controvérsia representa o âmbito dentro do qual o juiz escolhe o critério de decisão. Em concreto, não se pode dizer que o juiz parte da formulação de todas as hipóteses possíveis para depois escolher aquela que lhe parece preferível. Na verdade, o procedimento de formulação das hipóteses de decisão amalgama-se com o procedimento de verificação e de escolha tendo como base o *thema decidendum*, em uma relação de interrelação dialética não reconduzível a formas estáticas. Formuladas uma ou mais hipóteses a partir de uma primeira individualização dos termos da controvérsia, deve-se verificar sua adequação ao mesmo tempo em que esses termos vão sendo precisados (com base na atividade das partes, nos conhecimentos adquiridos pelo juiz no curso do processo e na verificação dos fatos). Desse confronto pode nascer a melhor formulação das hipóteses de decisão, mas também a constatação de sua inadequação. Em contrapartida, a progressiva individualização dos termos nos quais se articula o *thema decidendum* torna necessária a formulação de novas "hipóteses de decisão" cada vez mais adequadas às necessidades finais do juízo.[25] Portanto, é ao longo do caminho da *discovery* que o juiz acaba retificando as hipóteses iniciais e formulando-as novamente, com o que somente ao final desse procedimento (que coincide no tempo com desenvolvimento dos atos processuais) poderá haver a fixação final dos modelos de decisão efetivamente empregáveis em sede de julgamento. Pode ocorrer que nessa altura apenas um modelo de decisão pareça adequado, na medida em que as verificações precedentes tenham progressivamente excluído a validade de alternativas diversas, mas a hipótese mais realista (assumindo que o juiz não tenha *a priori* buscado chegar a certa conclusão específica) é que existam mais hipóteses finais de possíveis decisões da lide: entre essas o juiz opera a escolha conclusiva que dá lugar à verdadeira e própria decisão (sobre o que ver, *infra*, *sub d*).

Trata-se, pois, de um procedimento heurístico-hipotético e dialético, que tem por objeto a formulação e o controle dos possíveis modelos de decisão que o ordenamento viabiliza elaborar em relação ao caso concreto

---

[24] A contraposição entre método sistemático e método tópico é adequadamente considerada em tudo irrealista (conforme Kriele, op. cit., pp. 50, 114 ss.; Esser, op. ult. cit., p. 153): isso viabiliza a individualização de uma função específica e complementar de ambos os métodos no âmbito do raciocínio do juiz.

[25] Sobre o influxo que a propósito da escolha da *ratio decidendi* exercem diversos fatores no curso do processo, entre os quais particularmente a especificação das exigências de tutela que a sentença deve satisfazer, conforme Hopkins, *The Formation of Rules: A Preliminary Theory of Decision*, in 35 *Brooklyn L. R.*, 1969, p. 165 ss.

que é submetido ao juízo. O caráter heurístico desse procedimento é dado pelo fato de que esse compreende uma fase necessária de pesquisa,[26] na qual o juiz individualiza e elabora os materiais normativos úteis com o fito de construir um modelo de decisão. Trata-se de uma fase na qual tem especial relevância aquilo que era conhecido antigamente com o nome de *ars inveniendi*, ainda que seja indubitável que, uma vez individualizados os dados normativos relevantes, a elaboração do modelo de decisão implique também uma fase de construção conceitual e sistemática.

O caráter hipotético do procedimento em exame descende do fato de que os projetos ou modelos de juízo por esse paulatinamente levados a cabo representam substancialmente hipóteses – e isso sob um dúplice aspecto. Em primeiro lugar, trata-se de uma hipótese de trabalho[27] para o juiz, que no curso do processo age endereçando o seu próprio comportamento de forma coerente com o quadro mais confiável, de acordo com o que dispõe em um dado momento, dos termos da controvérsia.[28] Em segundo lugar, como já se acenou, são modelos de decisão que paulatinamente sofrem mutação e retificação de acordo com o que é imposto pelo andamento do processo ou pela progressiva especificação do *thema decidendum*: postulam, enfim, um controle de validade e adequação a partir do caso concreto.[29] Vale a pena observar que isso não consiste propriamente na convalidação das hipóteses

---

[26] Individualizou-se a propósito um tipo particular de raciocínio, denominado "zetético", próprio da deliberação razoável e da individualização dos termos sobre o qual verte: conforme TAMMELO, *Logic as an Instrument of Legal Reasoning*, cit., p. 91 s.; ID., *Rechtslogik und materiale Gerechtigkeit*, Frankfurt am Main, 1971, p. 42 ss.; WOLF, *Rechtslogik und praktische Philosophie*, introdução a TAMMELO, op. ult. cit., p. 3 ss.

[27] Sobre a concepção da norma como hipótese de trabalho para o juiz, conforme JØRGENSEN, *Argumentation and Decision*, cit., p. 278.

[28] Por exemplo, o juízo preventivo sobre a relevância das provas (artigo 187, quarta parte, *Codice di Procedura Civile*) é efetuado pelo juiz conforme um quadro de referência constituído pelo *thema decidendum* provisoriamente estabelecido *in limine litis* (conforme TARUFFO, *Studi*, cit., p. 23 ss.) e é destinado a ser modificado ao longo do curso do juízo. Analogamente, as atividades previstas pela segunda parte do artigo 183, *Codice di Procedura Civile*, referem-se às hipóteses de *thema decidendum* e de decisão que o juiz formula na primeira audiência (*prima udienza di trattazione*) e que é igualmente destinada a um sucessivo controle. A mesma consideração vale, ainda, em relação ao estado de conhecimento dos fatos em relação às hipóteses de decisão, para o fechamento da instrução previsto pelo artigo 209, *Codice di Procedura Civile*, bem como para toda uma série de atividades do juiz, condicionadas pelo modelo de decisão que esse entende mais confiável *no momento em que essas devem ser realizadas*.

[29] Aparece a propósito a função de instrumento *begrifflich-kontrollierend* da *Konstruktion* jurídica (sobre o que, em especial, ESSER, *Wertung, Konstruktion und Argument im Zivilurteil*, cit., p. 18 ss.), a qual serve, por um lado, para racionalizar as escolhas do juiz e, por outro, para verificar a idoneidade do modelo de decisão para fornecer uma solução adequada para a controvérsia. De um ponto de vista mais geral, todo o processo pode ser visto como um método de controle (ou de "prova" em sentido amplo) das hipóteses alternativas de solução da lide: nesse sentido, RÖDIG, *Die Theorie der gerichtlichen Erkenntnisverfahrens. Die*

que o juiz entende mais adequadas, mais sim na progressiva eliminação de hipóteses que a cada passo se revelam erradas ou inadequadas. Não por acaso já se falou sobre o assunto em *trial and error*[30] para indicar um procedimento de controle por eliminação das hipóteses ineficazes. Em uma perspectiva diferente, pode-se reconduzir um procedimento desse tipo à metodologia da falsificação, segundo a qual uma hipótese é considerada válida até o momento em que seja invalidada com base em um adequado procedimento de controle.[31] Em suma, os modelos de decisão que o juiz elabora são hipóteses a serem submetidas a *tests* de inadequação que trabalham essencialmente para provocar, nos diversos momentos de controle, a eliminação das hipóteses que não sejam capazes de configurar uma possível solução global da controvérsia. As hipóteses de decisão que, por assim dizer, sobrevivem à verificação de inadequação efetivada no curso do *iter* decisório, representam o campo de alternativas dentro do qual o juiz escolhe a decisão final. Com isso, porém, não se pode dizer que essa hipótese foi verificada, nem que essa seja a mais válida ou a única válida entre as diversas alternativas eventualmente presentes no momento da decisão. Na realidade, a escolha final do juiz não deriva apenas de uma valoração inerente à validade de certo modelo de decisão em si considerado, mas também de fatores de outros gêneros (juízos de valor, previsões de possíveis consequências de certa decisão etc.) que influem na determinação concreta da *ratio decidendi* no caso concreto.[32]

A dialética do procedimento, por fim, não concerne apenas ao momento final acima descrito, mas também à estrutura do processo de *discovery* e *trial* que conduz aos modelos alternativos entre os quais o juiz escolhe a decisão. Essa subsiste na medida em que o controle das hipóteses de decisão não ocorre nunca de maneira definitiva e não constitui um controle de validade e coerência interna das hipóteses: deriva, na verdade, do confronto das hipóteses com elementos externos a essa, como, por exemplo, a modificação dos pedidos e das defesas, o resultado das provas etc. No limite, toda modificação ou especificação dos fatos e do direito da controvérsia, em qualquer fase do processo, opera provocando mutações nas hipóteses já formuladas, no sentido de torná-las inadequadas e postular a formulação de novas hipó-

---

Grundlinien des zivil- straf- und verwaltungsgerichtlichen Prozess, Berlin-Heidelberg-New York, 1973, especialmente pp. 3 ss., 112 ss., 149 ss.

[30] Conforme ESSER, *Vorverständnis und Methodenwahl*, cit., pp. 23 ss., 152 ss.; STONE, *Legal System*, cit., p. 181 ss.

[31] Conforme, em geral, POPPER, *Logica della scoperta scientifica*, cit., pp. 21 ss., 66 ss. e *passim*.

[32] Conforme LOEVINGER, op. cit., p. 498 ss.; BODENHEIMER, *A Neglected Theory*, cit., p. 375 ss.; MILLER, *On the Choice of Major Premises in Supreme Court Opinions*, cit., pp. 262, 271; MAYO-JONES, *Legal Policy Decision Process: Alternative Thinking and the Predictive Function*, in 33 *Geo. Wash. L. R.*, 1964, p. 318 ss.; HOPKINS, op. cit., p. 174 ss.; GOTTLIEB, op. cit., pp. 105 ss., 133 ss., 161 ss. Vide, ainda, *infra sub* e).

teses de decisão que tenham em conta os novos elementos. Ainda, o próprio procedimento implica passagem das hipóteses de decisão do indeterminado ao determinado: em função da especificação dos termos da controvérsia, efetivamente, as hipóteses de partida são constantemente reformuladas com especificações sempre maiores, até que estejam em condições de refletir, compreender e explicar o *thema probandum* em um modelo de decisão completo e orgânico.

B) A individualização da norma

Em uma segunda acepção, mais apropriada, a expressão "individualização da norma" designa o procedimento mediante o qual se determina o critério jurídico sobre o qual se funda uma determinada hipótese de solução da lide. É, portanto, uma atividade que o juiz efetiva no âmbito da formulação de cada um dos modelos de decisão que entram no processo de escolha da *ratio decidendi* final, descrita *sub a).* Isto é, trata-se daquilo que é indicado comumente como "interpretação da norma" (no sentido específico de interpretação-atividade),[33] realizada para encontrar um critério adequado de resolução da controvérsia. A crise da concepção científico-cognoscitiva da interpretação jurídica e a cada vez mais clara emersão do conceito de norma como enunciado de estrutura semântica aberta[34] convergem no sentido de afastar a ideia que a interpretação possa ser conceituada como a descoberta do "único" significado "verdadeiro" ou "real" da norma.[35] Isso vale, com maior razão, quando a interpretação não é realizada com finalidade teórica, mas é dirigida a um fim concretamente aplicativo, ou seja, para qualificação jurídica de um caso concreto em especial.

Então, o problema da interpretação, naquilo que ora interessa, não está no conhecimento da norma pelo juiz, mas sim nas escolhas interpretativas que o juiz realiza para retirar de um enunciado normativo o critério para uma possível decisão da lide.[36] A propósito, vale a pena esclarecer que não

---

[33] Sobre a distinção entre interpretação como atividade e interpretação como produto dessa atividade, conforme, por último, TARELLO, *Orientamenti analítico-linguistici e storia dell'interpretazione giuridica*, in *Diritto, enunciati, usi*, cit., p. 403 ss.

[34] Conforme substancialmente HART, *Il concetto di diritto*, tr. it., Torino, 1965, p. 146 ss.; ID., *Positivism and the Separation of Law and Morals*, in 71 *Harv. L. R.*, 1958, p. 607. Sobre os conceitos de *Offenheit der Sprache* e de *Porösität der Begriffe*, que se encontram à base da concepção de norma como enunciado "aberto", conforme KOCH, *Zur Rationalität richterlichen Entscheidens*, in 4 *Rechtstheorie*, 1973, p. 186; Alston, op. cit., p. 149 ss.

[35] A propósito, conforme TARELLO, *Il "problema dell'interpretazione": una formulazione ambígua*, in *Diritto, enunciati, usi*, cit., p. 389 ss. Sobre o equívoco da teoria interpretativa fundada no princípio "*one word, one meaning*", vide, ainda, GOTTLIEB, op. cit., p. 92.

[36] A norma como enunciado é um esquema que contém várias possibilidades de aplicação, isto é, várias normas-significado (conforme KELSEN, *La dottrina pura del diritto*, cit., p. 384). O momento-chave da aplicação da norma a um caso particular está, portanto, no momento em

faz sentido falar de "escolha da norma aplicável ao caso concreto" como um momento autônomo e precedente à interpretação propriamente dita: como a norma (como significado de um enunciado preceptivo) é o produto do processo interpretativo,[37] é evidente que a escolha da norma aplicável ao caso é um *posterius* em relação à interpretação e, portanto, por essa é diretamente condicionada. Poder-se-ia objetar que de qualquer forma existe um primeiro momento no qual o juiz fixa, dentro do ordenamento, os enunciados normativos dos quais se propõe obter, por meio de sucessiva interpretação, o critério de decisão. Todavia, nem mesmo essa escolha preliminar independe da interpretação, já que é fundada essencialmente nas interpretações já existentes,[38] que constituem o repertório tópico do qual o juiz se vale na determinação de quais normas podem vir a ser relevantes para o caso concreto.

A identificação do problema da interpretação com o das escolhas interpretativas realizadas pelo juiz traz luz ao aspecto sem sombra de dúvidas mais relevante do próprio problema, que diz respeito aos critérios ou, se se prefere, às diretivas com as quais o juiz se reporta para formular as escolhas interpretativas. Sobre o tema, estudos recentes aportaram relevantes esclarecimentos, fornecendo, ademais, tipologias bastante exaustivas dos critérios que determinam as escolhas do juiz no âmbito do procedimento de individualização da norma,[39] com o que parece supérfluo nesse momento alongar-se em ulteriores tentativas de classificação. Deve-se sublinhar, porém, a complexidade estrutural que as escolhas interpretativas manifestam, a heterogeneidade das diretivas que nessas operam, assim como a descontinuidade dialética do procedimento a que essas dão lugar, em particular quando se trata, como no caso do juiz, de interpretação voltada à aplicação da norma a um caso concreto.

A escolha interpretativa é estruturalmente complexa, tendo em conta que não se exaure em um único ato imediato de determinação do significado

---

que o juiz estabelece qual possibilidade deve valer para o caso, isto é, qual dessas representa, na linguagem kelseniana, a "norma individual" (vide *ibidem*, p. 273 ss. e *passim*) válida para o caso concreto.

[37] Conforme Tarello, op. ult. cit., p, 394 ss.

[38] Trata-se das interpretações-produto elaboradas pela doutrina e das aplicações-produto fornecidas pela jurisprudência (sobre a terminologia, vide Tarello, *Orientamenti analítico -linguistici*, cit., pp. 403 ss., 408 ss.), que representam um conjunto de hipóteses pré-fabricadas inerentes ao significado de um enunciado normativo (ainda que, evidentemente, não esgotem as hipóteses possíveis). A escolha preliminar a que se acena no texto não incide, na verdade, primariamente sobre o enunciado normativo, mas sobre as suas interpretações pré-existentes, no sentido de que essas são o pressuposto a partir do qual o juiz estabelece por meio de uma primeira aproximação se a "norma" é aplicável ao caso concreto.

[39] Conforme principalmente Gottlieb, op. cit., p. 57 ss.; Wróblewski, *L'interprétation en droit*, cit., p. 60 ss.; Id., *Legal Reasonings*, cit., pp. 7 ss., 18 ss.

"verdadeiro" da norma, mas engasta-se em um procedimento no qual se distinguem diversos momentos, entre os quais principalmente a fixação do problema interpretativo,[40] a determinação dos diversos significados que se pode atribuir à norma de acordo com as diversas perspectivas exegéticas possíveis[41] e a escolha de um dentre esses significados – que consiste na interpretação da norma em sentido estrito, como atribuição a um enunciado normativo de um significado determinado, destinado a servir como critério de decisão da controvérsia.[42] Trata-se, como é fácil perceber, de um procedimento essencialmente heurístico-hipotético: de um lado, individualizam-se as possíveis interpretações da norma mediante uma atividade cujo resultado é a formulação de alternativas, ou seja, de uma pluralidade de significados extraídos do enunciado preceptivo; de outro, essas alternativas representam hipóteses de possíveis interpretações da norma: a escolha sucessiva requer um controle de adequação dessas hipóteses relativamente ao *thema decidendum*, mediante o qual são eliminadas as alternativas que não pareçam válidas como possíveis critérios de solução da lide. Também nessa fase, portanto, são identificáveis um momento de *discovery* das hipóteses alter-

---

40 Conforme, sobre o assunto, Wróblewski, *L'interprétation en droit*, cit., p. 61; Id., *Il modello teorico*, cit., p. 14. Estabelecer um problema interpretativo significa excluir que o significado da norma seja tão claro a ponto de consentir com a sua imediata aplicação ao caso concreto (situação chamada de isomorfia), observando-se, pelo contrário, que a norma exige interpretação ou que o caso concreto não está diretamente por essa regulado (sobre a distinção entre essas situações, conforme especialmente Makkonen, op. cit., p. 84 ss.). A orientação dominante, no entanto, é no sentido de que o problema interpretativo subsista sempre, restando fictícia e enganadora a tradicional regra pela qual *in claris non fit interpretatio*, conforme, nesse sentido, Tarello, op. ult. cit., p. 407; Perelman, *L'interprétation juridique*, in XVII *Arch. de Phil. du Droit*, 1972, p. 30 ss.; Kalinowski, *Philosophie et logique de l'interprétation en droit. Remarques sur l'interprétation juridique, ses buts et ses moyens, ibidem*, p, 42 ss.

41 Os conceitos de *Regelungsspielraum* (conforme Rödig, *Die Theorie*, cit., p. 59) e de *Beurteilungsspielraum* (conforme Esser, *Vorverständnis und Methodenwahl*, cit., p. 62 ss.) servem também para indicar o conjunto dos significados referíveis a um enunciado normativo, isto é, o conjunto das normas que esse exprime, considerado do ponto de vista da questão a ser decidida. Sobre a interpretação como método de individualização de uma pluralidade de hipóteses de significado, conforme Göttner, *Logik und Interpretation*, München, 1973, p. 29 ss.

42 Sobre a interpretação-aplicação como escolha entre os possíveis significados da norma, conforme amplamente Gottlieb, op. cit., p. 94 ss. Em sentido análogo, conforme Kelsen, op. cit., p. 381 ss.; Makkonen, op. cit., pp. 97 ss., 181 ss.; Wróblewski, *Legal Reasonings*, cit., p. 10 ss.; Id., *L'interprétation en droit*, cit., p. 62; Zippelius, *Das Wesen des Rechts. Eine Einführung in die Rechtsphilosophie*, 2. Aufl., München, 1969, p. 145; Esser, op. ult. cit., pp. 43 ss., 50 ss. É de se observar que uma perspectiva desse mesmo gênero vale também para os sistemas de *common law* (conforme Stone, *The Ratio of the Ratio decidendi*, in 22 *Mod. L. R.*, 1959, p. 610 ss.), bem como a propósito da interpretação das normas constitucionais (conforme Miller, *On the Choice of Major Premises*, cit., p. 259 ss.; Kriele, op. cit., p. 212 ss.).

nativas de resposta à dúvida interpretativa e um processo de *trial and error* mediante o qual se realiza o controle seletivo dessas hipóteses.

As várias fases em que se articula o procedimento de escolha interpretativa implicam, portanto, uma série de sub-escolhas instrumentais que se combinam de vários modos. Não importa, no entanto, examinar analiticamente todas essas escolhas, mas evidenciar que elas dependem de critérios e seguem diretivas que as determinam. Falou-se, acima, de heterogeneidade dos critérios e das diretivas que guiam o procedimento interpretativo: importa observar agora que essa se apresenta sob um duplo perfil. Pode-se traçar inicialmente uma distinção entre as diretivas que guiam as escolhas dos diversos significados referentes ao enunciado preceptivo e as diretivas que guiam a escolha *entre* esses significados e, portanto, influenciam diretamente na decisão interpretativa em sentido estrito.[43] A heterogeneidade subsiste, ainda, nas diretivas pelas quais a interpretação é realizada, na medida em que as escolhas que o juiz efetua são condicionadas por fatores não reduzíveis a uma categoria unitária.

Na fase de determinação dos significados de um enunciado normativo aparecem, de fato, critérios-guia de ao menos três tipos: 1) critérios atinentes à análise lógico-semântica do enunciado, derivados do emprego de regras operativas da lógica geral e deôntica, bem como da semântica da linguagem comum e jurídica;[44] 2) critérios atinentes à localização de cada norma no ordenamento e constituídos pelos métodos da "lógica jurídica" e da lógica geral aplicada às relações entre normas,[45] pelo raciocínio tópico aplicado ao direito,[46] pelas técnicas de construção sistemática inerentes à conexão entre cada norma e o contexto orgânico de normas em que essa se coloca;[47] 3) critérios valorativos, atinentes à formulação dos juízos de valor

---

[43] Conforme Wróblewski, *Legal Reasonings*, cit., p. 9; Id., *L'Interprétation en droit*, cit., p. 60.

[44] Em geral, sobre as relações entre lógica e raciocínio jurídico, vide *supra*, cap. III. Para uma sintética exposição da *Normenlogik*, conforme Weinberger, *Rechtslogik*, cit., p. 189 ss. Sobre os aspectos semânticos da interpretação, conforme, amplamente, Tarello, *Introduzione al linguaggio precettivo*, in *Diritto, enunciati, usi*, cit., p. 135 ss. e *La semantica del neustico. Osservazioni sulla "parte descritiva" degli enunciati precettivi*, *ibidem*, p. 329 ss.; Scarpelli, *Semantica giuridica*, cit., p. 53 ss. e *passim*; Id., *Contributo alla semantica del linguaggio normativo*, Torino, 1959; Wróblewski, *Legal Reasonings*, cit., p. 7 ss.; Lampe, *Juristische Semantik*, Bad Homburg v. d. H.-Berlin-Zürich, 1970, p. 11 ss., 29 ss.; Hassemer, *Tatbestand und Typus*, Köln-Berlin-Bonn-München, 1967, pp. 26 ss., 66 ss.

[45] Conforme Weinberger, *Rechtslogik*, cit., p. 212 ss.; Rödig, *Die Theorie*, cit., p. 254 ss.

[46] Em geral, sobre a função da tópica no raciocínio jurídico, vide *supra*, cap. IV, § 2. Sobre o papel do método tópico na interpretação, conforme principalmente Esser, op. ult. cit., p. 151 ss.

[47] Conforme, a propósito, Larenz, *Methodenlehre*, cit., p. 149 ss.; Esser, *Wertung, Konstruktion und Argument im Zivilurteil*, cit., p. 14 ss.; Id., *Grundsatz und Norm*, cit., p. 218

que integram os "espaços abertos" do enunciado normativo, à fixação dos valores que constituem a *ratio legis*, aos juízos de valor com os quais se determinam as diretivas de *policy* interpretativas que o juiz pretende seguir, à determinação dos "princípios gerais de direito" segundo os quais o juiz orienta a interpretação de cada norma.[48]

Por sua vez, também a sucessiva escolha entre os diversos significados estabelecidos mediante os critérios acima indicados pode ser realizada com base em critérios heterogêneos que operam como diretivas "de preferência":[49] 1) diretivas de caráter lógico-jurídico, tendentes a endereçar a escolha à hipótese que apresenta o maior grau de coerência lógica na relação norma-fato;[50] 2) diretivas de caráter jurídico-sistemático, tendentes a privilegiar as hipóteses nas quais a interpretação parece mais coerente com o sistema das normas ou da mesma forma mais idônea para produzir uma decisão do caso concreto coerente com esse sistema;[51] 3) diretivas de caráter valorativo, tendentes a privilegiar a hipótese mais coerente, de acordo com o caso, com escolhas gerais de "política do direito" ou do mesmo modo com valores gerais com os quais o juiz pretende adequar a decisão ou com a consecução de finalidades e efeitos específicos relativos ao próprio caso concreto que deve ser decidido.[52]

A simples alusão ao elenco dos diversos elementos que podem condicionar a postura do juiz na atividade interpretativa basta para transparecer as características essenciais dessa atividade. Essa se articula em um procedimento descontínuo, no qual coexistem momentos de raciocínio lógico, regulado pelas formas da lógica geral na medida em que são aplicáveis à análise dos enunciados normativos, e momentos de valoração. O elemento

ss. e *passim*; Id., *Vorverständnis und Methodenwahl*, cit., p. 109 ss.; Horn, *Zur Bedeutung*, cit., p. 605 ss.

48 Conforme, em geral, Larenz, *Methodenlehre*, cit., p. 128 ss.; Esser, *Wertung, Konstruktion und Argument im Zivilurteil*, cit., p. 5 ss.; Id., *Vorverständnis und Methodenwahl*, cit., pp. 128 ss., 159 ss.; Tarello, *Atteggiamenti culturali sulla funzione del giurista-interprete*, in *Diritto, enunciati, usi*, cit., p. 475 ss.; Caiani, *I giudizi di valore*, cit., pp. 175 ss., 200 ss. Em especial sobre as valorações inerentes à fixação do problema interpretativo (sobre o que vide nota 40), conforme Wróblewski, *Legal Reasonings*, cit., p. 15 s.

49 Conforme, a propósito, Wróblewski, op. ult. cit., p. 9 ss.; Id., *L'interprétation en droit*, cit., p. 61.

50 Sobre a natureza dessa relação, vide *infra*, *sub d)*.

51 Sobre a construção jurídica como atividade de controle da decisão nessa perspectiva, vide Esser, *Wertung, Konstruktion und Argumentation im Zivilurteil*, cit., p. 15.

52 Sobre a função de guia das decisões interpretativas desempenhada pelas orientações de *policy* geral, conforme amplamente Gottlieb, op. cit., pp. 114 ss., 119, 134 ss. e *passim*. Sobre a função análoga desempenhada pela individualização do escopo que se pretende alcançar mediante a decisão, conforme Gottlieb, op. cit., pp. 74 ss., 105 ss., 160 ss. Em especial, no que tange à previsão das consequências jurídicas derivadas da escolha interpretativa em relação à decisão da lide, conforme Makkonen, op. cit., pp. 84 ss., 95 ss., 118 ss.

jurídico, que também caracteriza muitos dos critérios indicados acima, não ostenta um caráter estrutural autônomo em relação ao elemento lógico e àquele axiológico: esse tem relevância apenas se o enunciado preceptivo submetido à análise lógico-semântica e à integração valorativa é constituído por uma norma que se entende válida. Seja como for, o dado mais importante que emerge das afirmações que precedem consiste no fato de que os critérios lógicos e valorativos não dão lugar a modelos exclusivos de raciocínio interpretativo, mas coexistem e interseccionam-se com esse raciocínio. Isso significa, de um lado, que esse não se exaure em uma esquematização puramente lógica e, de outro, que esse não pode nem ao menos ser descrito apenas como uma série de juízos de valor.[53]

Um esclarecimento adicional concerne ao fato de que as diretivas de análise semântica e de escolha, que foram sinteticamente indicadas, constituem as linhas de um modelo teórico da interpretação no qual comparecem com idêntica legitimidade, nada obstante não esgotem os fatores que em concreto influenciam o raciocínio interpretativo. A propósito, deve-se ter em conta a ideologia da interpretação que preside a postura do juiz e guia-o na atividade hermenêutica: essa pode consistir tanto na predeterminação dos valores que o juiz pretende realizar através da decisão como em uma verdadeira ideologia do método interpretativo, com base na qual algumas diretivas são privilegiadas em relação a outras (por exemplo, os critérios sistemáticos relativamente aos critérios valorativos ou vice-versa), sendo, portanto, determinantes ou predominantes no âmbito do raciocínio interpretativo em concreto.[54] Pode ser identificado, portanto, um momento posterior (mas preliminar relativamente a qualquer outro) de escolha, que determina as características fundamentais da interpretação, no qual cabe ao juiz estabelecer, essencialmente a nível ideológico, qual "tipo" de metodologia hermenêutica empregar e em nome de qual princípio ou fim de política de direito.

Os diferentes elementos de descontinuidade e heterogeneidade que foram sendo paulatinamente sublinhados no âmbito do procedimento interpretativo representam as razões de inadequação de todo e qualquer modelo estático de semelhante procedimento, mas não parecem intrinsecamente contraditórios, se se tem em conta a estrutura dialética do próprio procedimento. Na verdade, deve-se falar de dialeticidade em uma dupla perspectiva. Como já se acenou *sub a)*, a própria interpretação dos enunciados norma-

---

[53] Analogamente, Wróblewski, *Legal Reasonings*, cit., p. 23 s.; Jørgensen, *Argumentation and Decision*, cit., p. 279 ss.; Weinberger, *Topik und Plausibilitätsargumentation*, cit., p. 31 ss.; Id., *Fundamental Problems*, cit., p. 330 ss.

[54] Mais amplamente a respeito da ideologia da interpretação, conforme Tarello, op. e loc. ult. cit.; Arnaud, *Le médium et le savant. Signification politique de l'interprétation juridique*, in XVII *Arch. de Phil. du Droit*, 1972, p. 165 ss.

tivos coloca-se em uma relação dialética com os termos da controvérsia que deve ser decidida: enquanto a interpretação das normas relevantes para a qualificação do caso concreto influi na determinação do *thema decidendum*, a individualização desse último determina de seu turno a interpretação, na medida em que redefine as questões que a norma deve resolver e faz emergir os elementos valorativos no caso concreto. Mais especialmente, ainda, tem estrutura dialética o processo de instauração da relação norma-fato que está na base da decisão (sobre o tema, amplamente, ver *infra* ponto *d)*. Sob outra ótica, evidencia-se a dialeticidade interna ao próprio procedimento interpretativo: as diretivas heterogêneas que o guiam não se excluem, mas se implicam mutuamente. Assim, por exemplo, a análise lógico-semântica do enunciado preceptivo postula a integração valorativa do significado que a esse é atribuído e essa de seu turno é condicionada por fatores de relevância jurídico-sistemática.

As considerações até o momento desenvolvidas permitem, enfim, especificar a característica essencial da escolha interpretativa que determina a norma, ou seja, a *relatividade*. Isso implica que nenhuma interpretação (no sentido de significado de um enunciado normativo) seja "verdadeira" ou "válida" em si, mas somente na medida em que sejam válidas as diretivas que guiaram o procedimento interpretativo e enquanto sejam racionalmente corretas as operações hermenêuticas e as escolhas que o juiz efetuou no âmbito desse procedimento.[55] Relatividade da interpretação significa também pluralidade de interpretações possíveis e legitimidade do juízo crítico sobre hipóteses interpretativas, assim como sua retificação e sua mutação. Trata-se, em suma, da condição que possibilita a pluralidade de modelos hipotéticos de decisão nos quais se articula o procedimento descrito *sub a)* e permite configurar a decisão como escolha da hipótese mais adequada ao caso concreto.

C) A apuração dos fatos

As considerações sobre o procedimento que conduz à decisão e sobre aquele que conduz às escolhas interpretativas evidenciam que uma variável essencial na estrutura de ambos os procedimentos é constituída pela configuração da apuração dos fatos e da sua qualificação jurídica. Sobre esse tema, evidentemente, também não é possível uma exposição exaustiva. Vale a pena, todavia, destacar as peculiaridades essenciais, sob o perfil estrutural, do juízo de fato, pois isso permite definir alguns aspectos do raciocínio

---

[55] Conforme WRÓBLEWSKI, *Legal Reasonings*, cit., p. 11; ID., *L'interprétation en droit*, cit., p. 62.

decisório que escapam de uma perspectiva que se ocupe exclusivamente da *quaestio iuris*.

A individualização do *thema probandum* que, em um modelo de processo civil regido pelo princípio dispositivo, advém essencialmente das alegações das partes,[56] consiste na formulação de hipóteses relativas à veracidade ou falsidade dos fatos juridicamente relevantes e controvertidos.[57] Sobre o tema, pode-se falar de uma pluralidade de possíveis modelos hipotéticos relativos aos fatos postos a objeto do juízo, não somente porque para cada hipótese sobre a veracidade de um fato é necessariamente complementar a hipótese de sua falsidade, mas também porque das alegações das partes, bem como da individualização do *thema decidendum* realizada pelo juiz, podem resultar mais modelos de *thema probandum*, diferentes entre si quanto à determinação das circunstâncias de fato que devem ser provadas em juízo.[58] Não podem ser descuradas as variações que intervêm, no ponto, por força de alguns acontecimentos do processo, como, por exemplo, a modificação da demanda e das defesas ou o aparecimento de "fatos novos" no curso da instrução probatória, que importam no sentido de modificar o *thema probandum*.

Todo modelo de *thema probandum* implica evidentemente uma hipótese de solução da *quaestio iuris* objeto da lide. De um lado, os fatos alegados pelas partes parecem juridicamente qualificados, dentro do respectivo esquema de decisão constituído pela demanda e pela defesa, em relação às normas sobre as quais se funda o direito alegado, em se tratando de fatos constitutivos, extintivos, etc. do próprio direito. De outro, especialmente quando essa qualificação não é inteiramente proposta pelas partes, cabe ao juiz de qualquer forma estabelecer quais são os fatos jurídicos que devem ser provados com base em uma hipótese ou projeto de subsunção dos fatos à norma que parece aplicável ao caso concreto. Em suma, como o *thema probandum* é constituído de hipóteses sobre fatos jurídicos, a sua determinação pressupõe uma hipótese de qualificação jurídica dos fatos alegados,

---

56 Sobre a função da alegação no quadro do princípio dispositivo, conforme, por todos, Cappelletti, *La testimonianza della parte nel sistema dell'oralità*, Milano, 1962, I, p. 317 ss.; Cavallone, *I poteri di iniziativa istruttoria del giudice civile*, ed. provv., Milano, 1968, p. 9 ss.

57 Sobre o assunto, vide mais amplamente Taruffo, *Studi*, cit., p. 34 ss.

58 Observe-se, ainda, que o tema do juízo de fato se distingue em dois grupos de hipóteses fatuais: o primeiro compreende as hipóteses inerentes à existência dos chamados fatos jurídicos, os quais constituem o *thema probandum* em sentido estrito, que é a acepção utilizada no texto; o segundo compreende, ao invés, hipóteses inerentes aos chamados fatos simples, que podem constituir objeto de prova na medida em que pareçam relevantes para a apuração indireta dos fatos jurídicos (conforme Taruffo, op. ult. cit., p. 27 ss.; sobre a distinção entre fatos jurídicos e fatos simples, vide amplas indicações em Cavallone, op. cit., p. 7 s.).

o que implica que a individualização da *quaestio facti* seja dialeticamente conexa àquela da *quaestio iuris*[59] e submeta-se aos efeitos da sua eventual variação. Tudo isso não implica, todavia, que os dois aspectos da questão não possam (e, portanto, devam) ser distinguidos: o *thema probandum* pode ser corretamente definido, pois, como contexto de hipóteses acerca da veracidade ou falsidade de determinados fatos, ainda que o procedimento que leve à sua formulação compreenda uma série de escolhas de caráter jurídico e valorativo, que igualmente condicionam a determinação dos fatos a provar.[60]

Portanto, dado que o *thema probandum* consiste em hipóteses sobre os fatos da causa, o problema do "conhecimento" ou da apuração desses fatos coloca-se como problema da escolha inerente à hipótese que parece mais aceitável, com base nos resultados probatórios, e que, como tal é destinada a constituir a "verdade judicial" dos fatos.[61] Nessa sede não interessa analisar o procedimento lógico mediante o qual se realiza a apuração dos fatos como individualização dos graus de confiabilidade inerentes a cada uma das hipóteses contidas no *thema probandum.*[62] Vale a pena, entretanto, evidenciar alguns aspectos peculiares desse procedimento que condicionam a decisão final acerca da hipótese "verdadeira".

Inicialmente, trata-se de um procedimento cognoscitivo voltado a estabelecer assertivas fundadas na existência ou na inexistência de fatos determinados: isso faz com que esse se articule em fases compostas de sequências concatenadas de inferências factuais vocacionadas a determinar o grau de confirmação (de probabilidade) inerente ao *factum probandum* a partir de elementos de conhecimento (indícios, provas) disponíveis para o juiz. A validade do procedimento depende, portanto, da medida em que esse se molda segundo a lógica da inferência factual e equivale, pois, à correção lógica das inferências que o juiz formula: individualiza-se, assim, um amplo campo de operatividade da lógica das proposições descritivas, seja no sentido de fornecer o repertório das formas lógicas que podem

---

[59] Sobre o conceito de relevância jurídica dos fatos e sobre as conexões com a individualização do *thema probandum*, vide Taruffo, op. ult. cit., p. 23 ss.

[60] Conforme Engisch, *Logische Studien*, cit., p. 89 ss.; Wróblewski, *Facts in Law*, in 59 *ARSP*, 1973, p. 171 ss.; Taruffo, *Note in tema di giudizio di fatto*, cit., p. 33 ss.

[61] Sobre o conceito de "verdade processual" e sobre a sua diferenciação em relação à noção de verdade científica, conforme, por último, Rödig, *Die Theorie*, cit., p. 158 ss. Observe-se que semelhante distinção não coincide com aquela, tão difundida quanto equivocada, entre verdade "formal" (processual) e verdade "substancial" (extraprocessual). Por verdade processual deve-se entender, pelo contrário, um grau de conhecimento dos fatos suficiente para fundar uma decisão (e, pois, eventualmente variável conforme o caso), relativo às fontes de conhecimento de que o juiz dispõe, mas não diferente, qualitativamente, da "verdade" obtenível fora do processo (conforme Taruffo, *Certezza e probabilità*, cit., p. 95 ss.).

62 Sobre o assunto, vide mais amplamente Taruffo, *Studi*, cit., p. 231 ss.

ser utilizadas pelo juiz, seja no sentido de representar o *test* fundamental para o controle da operação cognoscitiva que o juiz efetua. A propósito, na verdade, costuma-se dizer corriqueiramente que a apuração dos fatos resulta não tanto de um procedimento lógico-cognoscitivo, mas sim (preponderante ou exclusivamente) de juízos de valor.[63] A amplitude dessa assertiva deve ser redimensionada e, sobretudo, deve ser observado que essa não infirma a relevância lógica e gnosiológica do juízo de fato – que, em concreto, o juízo de fato depende de juízos de valor é inquestionável, mas isso, além de não implicar total redução do conhecimento dos fatos à valoração, requer alguns esclarecimentos. De início, muitos dos juízos de valor que se pretende reconduzir à apuração do fato constituem, na verdade, qualificação jurídica do próprio fato, ou seja, à fase na qual o juiz reconduz o fato à previsão das normas que pretende aplicar.[64] Assim, por exemplo, a apuração de um determinado comportamento antissindical implica, sem dúvida, juízo de valor, mas isso não atine ao momento em que algumas circunstâncias de fato são estabelecidas como "verdadeiras", mas ao momento posterior no qual o comportamento é (juridicamente) qualificado como "antissindical" no sentido, e em vista da aplicação, do artigo 28 do *Statuto dei lavoratori*. Valorativa, portanto, é a subsunção do fato à norma (assim como a sua interpretação), mas não a apuração da veracidade ou falsidade do fato.

Em segundo lugar, um juízo de valor pode estar implícito na máxima de experiência que o juiz usa como ligação entre *factum probans* e *factum probandum*, mas ainda aqui se faz necessária distinguir. Pode ser que a máxima sirva propriamente para valorar o fato (como, por exemplo, quando um comportamento é tido por imoral ou contrário à ordem pública segundo os *standards* valorativos da opinião comum), mas nesse caso a máxima não serve para "conhecer", mas sim para qualificar o fato para sua subsunção a uma norma "aberta".[65] Pode ser, ainda, que uma máxima usada com função cognoscitiva tenha conotações valorativas (por exemplo, todos os bons pais amam seus filhos) e que isso repercuta no "conhecimento" dos fatos, mas nesses casos é fácil perceber que a valoratividade da máxima

---

[63] Conforme, por exemplo, NASI, *Giudizio di fatto (dir. proc. civ.)*, in *Enc. Dir.*, XVI, Milano, 1967, p. 967 ss., também para ulteriores indicações bibliográficas da doutrina italiana, bem como as orientações da doutrina alemã recordadas por ENGISCH, *Logische Studien*, cit., p. 92 ss.

[64] Conforme, com particular referência às hipóteses em que a norma contenha cláusulas gerais ou conceitos indeterminados, ENGISCH, *Logische Studien*, cit., p. 111 s. Mais em geral, observa WRÓBLEWSKI, *Facts in Law*, cit., p. 164 s., que o *status* descritivo ou valorativo das proposições inerentes aos fatos da causa depende do tipo de definição que a essas é outorgado pela linguagem normativa.

[65] Conforme ENGISCH, *Logische Studien*, cit., p. 94 ss. e, por último, LOEBER, *Die Verwertung von Erfahrungssätzen durch den Richter im Zivilprozess*, diss., Kiel, 1972, pp. 99 ss., 125 ss.

é função e consequência da sua falta de objetividade e cientificidade.[66] Na verdade, os critérios de inferência que o juiz retira do senso comum têm um componente valorativo de intensidade inversamente proporcional à sua intrínseca "verdade" e diretamente proporcional, ao contrário, à sua generalidade. Quando certos fatos não são conhecidos, o senso comum tende a construir máximas segundo aquilo que entende "justo" ou "preferível" de acordo com uma chamada experiência comum, que é tanto mais valorativa (enquanto tende a definir aquilo que é "normal"), quanto mais se afasta da experiência empírica de tais fatos. Ao contrário, a valoração das máximas é atenuada, até desaparecer como um todo, na medida em que as chamadas experiências comuns se verifiquem e sejam controladas no âmbito de sua efetiva ocorrência, em sentido empírico e científico. Desse ponto de vista, a valoratividade do juízo de fato, como campo de aplicação das máximas de experiência, não é uma característica necessária do próprio juízo, assim como as máximas não são inevitavelmente valorativas. Trata-se, ao contrário, de eventualidades histórica e culturalmente determinadas, as quais não demonstram, contudo, a invalidade do modelo lógico-cognoscitivo do juízo de fato, nem a sua inadequação prescritiva (sob a ótica daquilo que deveria ser o modelo racional de apuração dos fatos).[67]

Quanto aos critérios e às diretivas que concretamente guiam as escolhas do juiz em relação aos fatos, deve ser de qualquer modo sublinhado, em linhas gerais, que essas são fortemente condicionadas por fatores de natureza ideológica: são esses mesmos fatores que constituem, concomitantemente, a causa e a explicação das diferentes formas de estruturação do juízo de fato em épocas e ambientes culturais diversos. Sem enfrentar o tema como um todo, bastará esclarecer a natureza e a postura de algumas

---

[66] Sobre o problema da ausência de cientificidade das máximas de experiência e sobre as consequências que daí derivam a respeito da natureza do juízo de fato, conforme, por último, Nobili, *Nuove polemiche sulle cosidette "massime d'esperienza"*, in *Riv. it. dir. proc. pen.*, 1969, p. 123 ss. e Taruffo, *Certezza e probabilità*, cit., p. 89 ss.

[67] Falar de um modelo lógico do juízo de fato não significa, porém, afirmar que esse é realizado (ou deve ser realizado) de acordo com regras lógicas rígidas e cogentes. De um lado, na verdade, deve-se constatar que na maior parte dos casos a estrutura lógica do juízo de fato é a da inferência provável (vide Taruffo, *Studi*, cit., p. 231 ss.). De outro, observe-se que largas margens de indeterminação e de discricionariedade subsistem, por exemplo, no procedimento de recondução de cada fato à classe de fatos definida pela norma ou pela máxima de experiência. A instauração de uma relação de correspondência entre *konkrete Tatfrage* e *allgemeine Tatfrage* determina, de fato, uma série de transformações lógico-semânticas dos enunciados factuais, que concretamente não é determinada por critérios lógicos do tipo dedutivo, e coloca problemas de extrema complexidade. Conforme, sobre o assunto, Engisch, *Logische Studien*, cit., pp. 18 ss., 37 ss., 101 ss.; Esser, *Vorverständnis und Methodenwahl*, cit., pp. 56 ss., 65 ss.; Henke, *Die Tatfrage. Der unbestimmte Begriff im Zivilrecht und seine Revisibilität*, Berlin, 1966, pp. 54 ss., 94 ss.; Calogero, *La logica del giudice*, cit., p. 75 ss.

dessas ideologias para mostrar como se pode falar de uma ideologia do juízo de fato, devendo-se observar, entretanto, que essa influencia principalmente a escolha do método com o qual o juízo é formulado e somente de forma indireta as verificações efetuadas em concreto.[68]

Em primeiro lugar, deve-se ter em conta a ideologia do legislador, que se traduz essencialmente na maneira como são individualizados e delimitados os espaços de escolha discricionária reservados ao juiz com relação a tudo que diz respeito ao juízo de fato. O sistema de prova legal, quer se manifestando em regras relativas à inadmissibilidade de meios de prova, quer se manifestando na predeterminação normativa da eficácia das provas, deriva de uma ideologia do juízo pela qual, ao lado da tendência a "juridicizar" mais ou menos intensamente o fenômeno probatório, se reflete essencialmente uma postura de desconfiança em relação aos juízes, como confirmam inclusive recentes tendências a um parcial retorno à prova legal no processo penal, justamente como garantia contra o arbítrio com o qual o juiz usa da própria discricionariedade.[69] Em contraste, o princípio do livre convencimento manifesta a abertura a um tipo de juízo mais aderente às peculiaridades do caso concreto, no qual um juiz imaginado como "racional" e privado de preconceitos pode melhor estabelecer a efetiva verdade dos fatos.[70] De seu turno, a respeito da ideologia a respeito da "verdade", são também as técnicas de regulamentação dos poderes de iniciativa instrutória, que se colocam entre dois extremos, constituídos do princípio do total monopólio das partes sobre a disponibilidade das provas (segundo a qual a verdade judicial é aquela desejada pelas partes) e o princípio inquisitório (segundo o qual se persegue a verdade material e o juiz pode, assim, exercer todos os poderes instrutórios eventualmente necessários a esse fim).[71]

Enquanto a ideologia do legislador incide principalmente na delimitação da esfera de discricionariedade com a qual o juiz faz suas próprias escolhas, a ideologia do juiz relativamente ao juízo de fato incide no modo pelo qual ele usa a própria discricionariedade. Quando, por exemplo, o princípio do livre convencimento é invocado em sede de valoração discricionária da prova, isso não é relevante por si só, mas somente em função do tipo de operação que permite e legitima, já que pode acontecer de esse ser

---

[68] Conforme, sobre o tema, os acenos gerais de Denti, *Scientificità della prova e libera valutazione del giudice*, in *Riv. dir. proc.*, 1972, p. 433 ss.

[69] Conforme Amodio, *Libertà e legalità della prova nella disciplina della testimonianza*, in *Riv. it. dir. proc. pen.*, 1973, p. 310 ss.; Nobili, *La prova testimoniale: orientamenti giurisprudenziali e prospettive di riforma*, in *Indice penale*, 1973, p. 223 ss.

[70] Conforme Denti, op. ult. cit., p. 431 ss.

[71] Sobre o assunto, conforme Cavallone, op. cit., p. 89 ss.; Denti, *L'evoluzione del diritto delle prove nei processi civili contemporanei*, in *Riv. dir. proc.*, 1965, p. 46 ss.; Brüggemann, *Judex statutor und judex investigator*, Bielfeld, 1968, pp. 41 ss., 100 ss.

instrumentalizado com vista a uma ideologia autoritária do juízo de fato, na qual são desrespeitadas as garantias de racionalidade e controlabilidade do próprio juízo.[72] Por exemplo, a ideia de certeza moral, particularmente difundida na nossa doutrina tradicional,[73] importa uma relevante desvalorização dos aspectos mais tipicamente lógicos e gnosiológicos dos fatos e favorece, ao contrário, um enfoque genericamente subjetivo e intuitivo, com o qual o juiz acaba desvinculado de qualquer regra racional na valoração das resultantes probatórias. Em contraste, a assunção de uma ideia de verdade factual modelada a partir das ciências empíricas tende a reduzir as margens de subjetividade do juízo e a colocar em evidência os elementos de controlabilidade e os limites de validade em uma linha tendente à "cientificização" dos instrumentos probatórios e das técnicas de valoração da prova.[74] Ainda, o conceito de verdade material, que hoje está cada vez mais difundido na doutrina de países socialistas, traduz-se na prescrição para que o juiz identifique, além da verdade objetiva de cada circunstância de fato, também os fatores de incidência econômico-social dessas circunstâncias, de acordo com uma visão que remete – mesmo no juízo de fato – à função política genérica que é atribuída ao juiz como intérprete e realizador dos princípios econômico-sociais em que se inspira o ordenamento socialista.[75]

Os fatores até agora descritos influenciam de forma variada a postura do juiz diante do juízo de fato e o modo em que esse se configura nas suas manifestações concretas. Todavia, a sua presença não impede de individualizar na função cognitiva, na forma inferencial e no caráter hipotético e relativístico, os aspectos fundamentais da apuração dos fatos.[76] As escolhas

---

72 Sobre as manifestações de semelhante fenômeno no processo civil, conforme Taruffo, *Prove atipiche e convencimento del giudice*, in *Riv. dir. proc.*, 1973, p. 423 ss.; Id., *Certezza e probabilità*, cit., p. 104 ss.; analogamente, no que tange ao processo penal, conforme os escritos de Amodio e Nobili citados na nota n. 69.

73 Conforme, por exemplo, Pescatore, *La logica del diritto*, II ed., Torino, 1883, p. 174 ss.; Coniglio, *Le presunzioni nel processo civile*, Palermo, s. d., p. 172.

74 Sobre essa tendência, principalmente nos Estados Unidos, conforme Denti, op. ult. cit., p. 57 ss.; Id., *Scientificità della prova*, cit., p. 433 ss. Sobre os termos em que o debate se colocou mais recentemente, conforme Finkelstein-Fairley, *A Bayesian Approach to Identification Evidence*, in 83 *Harv. L. R.*, 1970, p. 484 ss.; Id., *A Comment on "Trial by Mathematics"*, ibidem, 84, 1971, p. 1.801 ss.; Tribe, *Trial by Mathematics: Precision and Ritual in the Legal Process*, ibidem, 84, 1971, p. 1.329 ss.; Id., *A Further Critique on Mathematical Proof*, ibidem, 84, 1971, p. 1.810 ss.; Dawson, *Probabilities and Prejudice in Establishing Statistical Inferences*, in 13 *Jurim. J.*, 1973, p. 191 ss.

75 Sobre a evolução desse princípio na doutrina soviética, conforme Cerroni, *Il pensiero giuridico soviético*, Roma, 1969, p. 192 ss. Sobre o assunto, conforme, ainda, *Derecho procesal civil sovietico*, coordenado por M. A. Gurvich, tr. esp., México, 1971, p. 247 ss.; Ginsburg, *Objective Truth and the Judicial Process in Post-Stalinist Soviet Jurisprudence*, in 10 *Am. J. Comp. L.*, 1961, p. 53 ss.

76 A propósito, mais amplamente, Taruffo, *Studi*, cit., p. 231 ss.

que o juiz faz, ainda que possam ser valorativa e ideologicamente determinadas, têm sempre uma finalidade cognitiva e realizam-se mediante a formulação de inferências entre proposições de fato, válidas na medida em que sejam logicamente corretas. Não há dúvida de que a formulação das hipóteses sobre os fatos pode determinar uma fase heurística interpretável de acordo com os modos da *inventio* tópica, assim como se reconhece que um momento desses existe na individualização das máximas de experiência como critérios de valoração do material probatório disponível.[77] Todavia, o momento de seleção e de controle das hipóteses de fato, no qual se estabelece o respectivo grau de confiabilidade, tem igualmente uma estrutura lógica articulada de acordo com formas de inferência elaboradas pela lógica geral e é passível de um *test* de validade de acordo com essas formas. A própria escolha da hipótese mais confiável, destinada a ser considerada como judicialmente "verdadeira", é logicamente determinada, tendo em conta que incide sobre a individualização da representação dos fatos que as resultantes probatórias permitem atribuir maior grau de confirmação lógica e gnosiológica.[78]

O caráter hipotético do juízo de fato fica mais claro se é colocado dentro da estrutura fundamentalmente dialética do raciocínio decisório. De um lado, o *thema probandum* é um conjunto de hipóteses que tem de ser verificadas com base nas resultantes probatórias e o mesmo procedimento de valoração desse resultado pode implicar uma complexa concatenação de inferências voltadas a formular e a verificar hipóteses intermediárias.[79] A formulação inicial do *thema probandum* está, porém, fadada a ser retificada e modificada no curso da pesquisa sobre os fatos, ao mesmo tempo em que vão se demonstrando verdadeiras ou falsas cada uma das hipóteses e surgem circunstâncias novas que mudam os termos de fato da causa. De outro lado, se é verdade que o projeto inicial de qualificação jurídica dos fatos determina a individualização do *thema probandum*, também é verdade que o procedimento de verificação das hipóteses iniciais, assim como os resultados que desse advêm, pode tornar necessárias modificações do "modelo de decisão" inicialmente assumido e podem até mesmo provocar a total derrubada do quadro normativo referente ao caso concreto. As hipóteses sobre os fatos – e as respectivas escolhas, inerentes tanto à sua formulação como ao seu

---

77 Conforme EKELÖF, *Topik und Jura*, in *Le raisonnement juridique*, cit., p. 54.

78 Conforme EKELÖF, *La libera valutazione delle prove*, in *Studi in onore di A. Segni*, Milano, 1967, II, p. 91 ss.; TARUFFO, opp. citt. ult. citt.; MORGAN, *Basics Problems of Evidence*, 1962, p. 183 ss.; BALL, *The Moment of Truth: Probability Theory and Standard of Proof*, in 14 *Vand. L. R.*, 1961, p. 807 ss.; STOEBUCK, *Relevancy and the Theory of Probability*, in *Iowa L. R.*, 1956, p. 859 ss.

79 Sobre a concatenação das inferências factuais intermediárias em especial, conforme TARUFFO, *Studi*, cit., p. 164 ss.; MORGAN, op. cit., loc. cit.

controle – inserem-se, portanto, em uma dupla estrutura dialética, na qual a relação hipótese de fato/confirmação lógica interage com a relação juízo de fato/juízo de direito e na qual se verifica ainda a intersecção de fatores heterogêneos, cognoscitivos, valorativos e jurídicos.

D) A qualificação jurídica do suporte fático

A síntese entre as hipóteses normativas aplicáveis ao suporte fático e as hipóteses inerentes aos fatos da lide advém da chamada qualificação jurídica do caso com vistas à decisão.[80] É notório que justamente sobre a natureza dessa fase do juízo foram direcionadas as maiores controvérsias teóricas e ideológicas a respeito da estrutura e função da "aplicação do direito". Nessa sede não interessa, entretanto, dar conta dessa problemática vastíssima a respeito da questão, mas tratar brevemente de algumas características estruturais fundamentais do procedimento que conduz à qualificação jurídica do suporte fático apresentado em juízo.

Para além das múltiplas reconstruções da qualificação jurídica, que compreendem, por exemplo, os modelos da subsunção, da *Zuordnung* ad um "tipo", do *reasoning from case to case*, parece que é possível indicar o seu suporte fundamental no *Setzungakt* com o qual é resolvida a contraposição entre um critério geral unificante e uma situação particular diferenciada.[81]

De um lado, a norma (entendida como significado atribuído mediante interpretação a um enunciado preceptivo ou como critério jurídico de decisão retirado indutivamente dos precedentes) requer sempre a definição de uma classe de situações da qual derivam determinados efeitos jurídicos. Trata-se, portanto, de uma "definição de gênero", que delimita o campo de aplicabilidade desses efeitos mediante a indicação de uma situação-tipo (a *abstrakte Tatbestand* da doutrina de língua alemã) individualizada por um conjunto de requisitos de seu turno atribuíveis a uma classe de casos.[82] Em

---

80 Sobre a qualificação jurídica como síntese dialética da interpretação da norma voltada à fixação do *abstrakte Tatbestand* ("teses") e das assertivas inerentes aos fatos ("antíteses"), conforme Hassemer, op. cit., p. 118.

81 Conforme amplamente, a propósito, Michaelis, *Ueber das Verhältnis von logischer und praktischer Richtigkeit bei der sogenannten Subsumtion*, cit., p. 119 ss.; André-Vincent, *L'abstrait et le concret dans l'interprétation*, in XVII *Arch. de Phil. du Droit*, 1972, p. 135 ss.; Engisch, *Logische Studien*, cit., p. 22 ss. Vale a pena observar que também na doutrina do *common law*, a que é estranha a problemática da subsunção nos termos em que elaborada pela doutrina europeia, o problema da qualificação jurídica é posto analogamente com referência à instauração de um nexo entre o caso concreto e um critério, conceito ou *standard* jurídico geral, conforme, por exemplo, Bodenheimer, *Jurisprudence. The Philosophy and Method of the Law*, Cambridge, Mass., 1962, p. 325 ss.

82 Conforme Hassemer, op. cit., pp. 17 ss., 35 ss., 87 ss.; Larenz, *Methodenlehre*, cit., p. 228 ss.; Engisch, *Logische Studien*, cit., pp. 6 ss., 22 ss.; Michaelis, op. cit., p. 128 ss.; Henke, op.

contraste, o suporte fático particular (*konkrete Tatbestand*) é individualizado por uma "definição de espécie" que colhe a peculiaridade de cada caso, diferenciando-o de outras situações. Dizer simplesmente que o caso concreto é subsumido à regra ou dessa é deduzido, ou que a regra é "aplicada" ao caso concreto, significa elidir o problema, deixando na sombra a estrutura da síntese entre os dois elementos contrapostos. De modo inverso, a qualificação jurídica do suporte fático concreto deriva de um procedimento articulado em diferentes momentos e caracterizado por uma estrutura dialética na qual se inserem as escolhas do juiz, inerentes seja à interpretação da norma, seja à determinação dos fatos.

Naquilo que diz respeito à interpretação da norma, o fato de que essa deve servir à qualificação de um determinado suporte fático faz com que exsurja algo decisivo, ao lado dos critérios sistemáticos e valorativos que condicionam em geral a escolha interpretativa (sobre o tema, ver, *supra, sub a)* e *b)*) às particulares exigências de tutela que se manifestam no caso concreto. Isso significa que, a respeito da escolha do significado a ser atribuído a um enunciado preceptivo com vistas à sua aplicação, são relevantes as consequências que a eventual aplicação da norma produziria para a solução da lide: surge, assim, um critério teleológico de interpretação, segundo o qual uma norma é ou não idônea para qualificar o suporte fático, de acordo com os efeitos que nesse pode produzir.[83] Dessa forma, a escolha de uma interpretação é também necessariamente uma escolha vertente sobre a finalidade que essa viabiliza com a decisão da lide.

Sob outro perfil, a referência à exigência de qualificação de determinados fatos concretos pode requerer uma substancial integração, em grande medida "criativa", do significado atribuível à determinada norma. Isso ocorre todas as vezes que o suporte fático concreto não é diretamente alocável no "núcleo" desse significado, mas seja posicionado naquela que foi definida como "zona de penumbra" do próprio significado,[84] que é tanto maior quanto mais geral for a moldura da norma ou do princípio que se está interpretando, mas que subsiste sempre nas margens de "abertura" de qualquer enunciado preceptivo.[85] Nesses casos, se de um lado a reduzida força cogente da norma nas margens de seu significado dá espaço a escolhas valorativas do juiz, de outro a solução do problema relativo a se um determinado suporte fático

cit., p. 81.

83 Conforme MAKKONEN, op. cit., pp. 95 ss., 207 ss.; GOTTLIEB, op. cit., pp. 62, 106 ss. Sobre a estrutura lógica da escolha finalísticamente orientada, conforme WEINBERGER, *Rechtslogik*, cit., p. 291 ss.

84 Conforme BODENHEIMER, op. ult. cit., p. 328 ss.; WRÓBLEWSKI, *Legal Reasonings*, cit., p. 16; GOTTLIEB, op. cit., p. 108 ss.; HART, *Positivism and the Separation of Law and Morals*, cit., p. 607 ss.

85 Conforme HART, *Il concetto di diritto*, cit., p. 148 ss.

pertence ou não à categoria de situações reguladas pela norma implica que o significado dessa última seja especificado e concretizado com referência à *Tatbestandsmerkmale* de cada suporte fático, porque disso depende, em suma, a possibilidade de "subsunção" ou não do fato à norma.[86]

Problemas não menos complexos surgem também a propósito das assertivas sobre os fatos, quer se tratando de hipóteses a serem verificadas no momento do juízo, quer no que diz respeito à já alcançada verdade judicial. A necessidade de confrontar o suporte fático concreto com o suporte fático abstrato definido pela norma cria, em primeiro plano, um problema de caráter semântico inerente à possibilidade de tradução das assertivas de fato, tais como enunciadas em linguagem comum, em assertivas correspondentes formuladas segundo a linguagem "legal". Trata-se, assim, de chegar-se à enunciação do suporte fático concreto nos termos que são próprios do suporte fático abstrato, com um procedimento que tendencialmente se desenvolve segundo regras lógico-semânticas de transformação, mas não exclui momentos valorativos.[87] Não se trata, porém, de um problema puramente linguístico, na medida em que pressupõe duas operações que implicam escolhas construtivas e valorativas assaz complexas.

De um lado, a transformação semântica dos enunciados de fato implica sua categorização mediante a subsunção em conceitos ou noções de fato mais gerais com o fim de aproximação aos conceitos "de gênero" empregados na norma.[88] É o procedimento inverso e recíproco em relação àquele que permite a concretização do suporte fático abstrato em termos particulares. Os dois procedimentos interagem dialeticamente provocando uma série de transformações e adaptações dos enunciados (gerais e particulares) inicialmente contrapostos, realizando-se o ponto de encontro quando há coincidência lógica e semântica entre o enunciado de fato "generalizado" e o enunciado normativo "concretizado".[89] É evidente, ademais, que a simples transformação dos enunciados de fato também impõe escolhas relativas aos conceitos gerais a serem utilizados, das quais depende a possibilidade

---

86 Essa operação foi subdividida em duas fases: de "especificação" (conforme SCHREIBER, *Die Geltung von Rechtsnormen*, Berlin-Heidelberg-New York, 1966, p. 180 ss.) e de "atualização" do significado da norma, conforme RÖDIG, *Die Theorie*, cit., p. 180 ss. Sobre o assunto, ainda, ENGISCH, *Logische Studien*, cit., p. 27 ss.; MICHAELIS, op. cit., p. 135 ss.; ESSER, *Vorverständnis und Methodenwahl*, cit., p. 51 ss. Especialmente sobre a norma que contém um *unbestimmter Rechtsbegriff*, conforme HENKE, op. cit., p. 116 ss.

87 Conforme WRÓBLEWSKI, *Il modello teorico*, cit., p. 18; GOTTLIEB, op. cit., p. 68 ss.

88 Conforme, sobre o assunto, ENGISCH, *Logische Studien*, cit., p. 23 ss.; MICHAELIS, op. cit., p. 130 ss.; ESSER, op. ult. cit., p. 48 ss.; RÖDIG, op. ult. cit., p. 182.

89 Esse processo foi analisado de diferentes modos, mas substancialmente equivalentes: do ponto de vista da estrutura fala-se em *Annäherung* entre suporte fático normativo e suporte fático concreto (conforme, por exemplo, HASSEMER, op. cit., pp. 18, 99); do ponto de vista do seu objetivo fala-se em *Koinzidenzprinzip* (conforme RÖDIG, op. ult. cit., p. 178 ss.).

de reconduzir o suporte fático concreto dentro desse ou daquele suporte fático abstrato. De outro lado, o juiz deve escolher, dentre a totalidade de circunstâncias de fato de que dispõe, os elementos qualificadores do suporte fático concreto destinados a ter relevância para fins de decisão e sobre os quais deverá operar-se a transformação acima descrita.[90] Isso pressupõe que a *quaestio iuris* já tenha sido individualizada com suficiente precisão, visto que é o suporte fático abstrato definido pela norma que se pretende aplicar que constitui o critério de seleção dos "fatos jurídicos" de cada caso. Sobre o tema, há evidentemente um problema de escolha entre as várias hipóteses normativas referíveis às circunstâncias do caso concreto, seja porque diferentes normas podem ser alternativamente aplicáveis,[91] seja porque podem existir diferentes interpretações da mesma norma. Nesse momento atuam de forma decisiva os juízos de valor do juiz e, em particular, a apreciação das consequências que derivariam, sobre a decisão, do eventual emprego de diferentes critérios normativos.[92]

A qualificação jurídica dos fatos da causa dentro de um determinado modelo de decisão constitui, portanto, o resultado de um procedimento complexo que, mediante transformações dialeticamente orientadas pelas proposições de fato e pelos critérios normativos de juízo, permite estabelecer uma espécie de correspondência semântica entre o suporte fático concreto e um dos suportes fáticos abstratos resultantes da interpretação das normas. No entanto, também nessa fase, a que se reconhece tradicionalmente natureza lógico-dedutiva, que representou inclusive o núcleo mais sólido da teoria dedutiva do juízo, é fácil notar as características de dialeticidade e descontinuidade próprias da estrutura geral hipotético-deliberativa de todo o raciocínio decisório.[93] O procedimento que conduz à qualificação jurídica é

---

90 Observe-se, porém, que na medida em que a determinação dos fatos relevantes é do mesmo modo realizada em função das alternativas decisórias, o juiz não pode colher a totalidade individual do suporte fático concreto, mas somente aqueles seus componentes que têm relevância em relação a um modelo normativo particular de decisão (conforme, nesse sentido, MICHAELIS, op. cit., pp. 122, 141). Isso implica que, enquanto a formulação das hipóteses normativas é condicionada pelos fatos da causa, a seleção dos fatos jurídicos de seu turno também está condicionada por essas hipóteses, de modo que a escolha acenada no texto é da mesma forma destinada a incidir sob ambos os aspectos do problema.

91 Conforme MAKKONEN, op. cit., p. 100 ss.

92 Conforme ESSER, op. ult. cit., pp. 50 ss., 159 ss.

93 Observe-se, de fato, que a *begriffiche Notwendigkeit* da subsunção (sobre o que vide, por exemplo, COING, *Grundzüge des Rechtsphilosophie*, cit., p. 264) não é uma característica própria de todo o procedimento descrito no texto. Pelo contrário, essa subsiste somente quando é realizada, com procedimentos que não têm efetivamente natureza "necessária", a equivalência entre suporte fático abstrato e suporte fático concreto, porque somente depois que isso se verifica é que é possível dizer que o segundo subsumiu-se no (ou é deduzido do) primeiro. Ainda, essa não existe em absoluto, mas apenas relativamente aos suportes fáticos particulares (abstratos e concretos) que o juiz escolheu entre os *Spielraüme* de alternativas

formado por diversas sequências, dentre as quais à formulação de hipóteses alternativas segue-se a escolha da hipótese mais adequada às finalidades da decisão, de acordo com as diferentes diretivas que guiam a atividade do juiz. A descontinuidade (ou heterogeneidade intrínseca) do procedimento subsiste enquanto nesse confluem os diversos momentos assinalados acima: 1) o raciocínio tópico permite a transformação dos enunciados de fato e normativos, a sua categorização e concretização, uma vez que fornece os pontos de referência do senso comum (as máximas de experiência) e do direito (materiais doutrinários e jurisprudenciais) dos quais o juiz se serve para orientar as próprias escolhas; 2) valorações do tipo axiológico intervêm seja na concretização da norma em relação aos fatos, seja na escolha e qualificação dos fatos em relação ao suporte fático normativo; 3) a lógica (e talvez melhor a semântica lógica) não exaure em um esquema formal cristalizado o procedimento em exame, mas representa igualmente o instrumento e o *test* de correção aplicável às diversas operações que o juiz realiza, seja porque a transformação dos enunciados de fato e de direito depende de uma série de critérios lógicos e semânticos, seja porque o confronto dialético entre esses enunciados é logicamente controlável.[94] A correção da chamada "subsunção final", com a qual o suporte fático concreto é reconduzido a um determinado suporte fático abstrato, portanto, ocorre em função da correção lógica das operações que compõem todo o procedimento hipotético-deliberativo que conduz à qualificação jurídica dos fatos. A sua "justiça" depende preponderantemente das apreciações valorativas que o juiz efetuou no curso desse procedimento.[95]

E) A decisão

Os procedimentos sinteticamente descritos *sub b), c)* e *d)* levam à formulação de hipóteses globais de decisão, as quais são respectivamente submetidas, no curso do *iter* decisório, ao controle *(trial and error)* já acenado *sub a)*. O resultado a que todo esse complexo de atividades conduz é a individualização de alternativas "finais" entre as quais o juiz escolhe a

---

possíveis, a respeito das quais se verifica a equivalência entre o suporte fático abstrato e o suporte fático concreto. Considerações análogas valem a propósito do conceito de *kausale Subsumtion*, que constitui o fundamento da concepção dedutiva da qualificação jurídica (conforme Esser, op. ult. cit., p. 69). Sobre os componentes ideológicos da concepção "necessária" da subsunção, conforme Fechner, *Ideologie und Rechtspositivismus*, in *Ideologie und Recht*, coord. por W. Maihofer, Frankfurt am Main, 1969, p. 101.

94 Sobre a função de controle que a lógica desempenha na correção do procedimento dialético do qual descende a qualificação jurídica do suporte fático, conforme Michaelis, op. cit., p. 126 ss.; Bodenheimer, *A Neglected Theory*, cit., p. 393 ss.; Weinberger, *Topik und Plausibilitätsargumentation*, cit., p. 32 ss.

95 Conforme Esser, op. ult. cit., p. 65 ss.

decisão. De seu turno, essa é determinada por diretivas de vários gêneros, como, por exemplo, a maior solidez lógica de uma hipótese, a valoração dos efeitos de "justiça substancial" que essa produz em nível geral,[96] a previsão das consequências que dessa derivam sobre o caso concreto,[97] a sua coerência com o "sistema" ou com os precedentes, a sua correspondência com o *petitum* formulado pelas partes, a sua capacidade de exaurir os termos de fato e de direito da controvérsia etc. Também aqui se repete, portanto, a combinação de fatores lógicos, criativos e valorativos, assim como a estrutura dialética do procedimento deliberativo.

Sem insistir mais uma vez sobre a estrutura do juízo como procedimento de formação da decisão, faz-se necessário ora verificar no que consiste o resultado desse procedimento, aprofundando a distinção entre juízo como atividade e juízo como seu produto final. Na medida em que o momento conclusivo dessa atividade consiste na escolha de um modelo global de decisão, a estrutura do juízo como produto da atividade decisória coincide com aquela desse modelo (que deixa de ser uma mera hipótese de decisão para constituir a decisão definitivamente tomada). Nesse sentido, o juízo é constituído de um contexto de enunciados (cada um dos quais é resultado das escolhas ou das sequências de escolhas examinadas anteriormente), entre si conectadas por nexos de caráter lógico-jurídico.

Do ponto de vista descritivo, podem-se distinguir os seguintes componentes: 1) enunciados *normativos* que contêm os critérios jurídicos de

---

[96] Sobre esse ponto, é notório, insiste aquele setor da doutrina sobre o juízo e sobre a função do juiz, que mostra maior sensibilidade diante da correspondência da decisão aos valores político-sociais e às concretas exigências de tutela derivadas dos conflitos sociais. Não consta, todavia, que o ponto tenha sido adequadamente aprofundado. Mesmo nas impostações mais articuladas do problema (conforme Esser, op. ult. cit., pp. 65 ss., 144 ss.; Gottlieb, op. cit., pp. 74 ss., 105 ss.), não se encontra, normalmente, mais do que a constatação de que o juiz efetua valorações dessa ordem ou a afirmação da necessidade que o juiz as realize. Porém, colocaram-se em evidência alguns fatores que tornam extremamente árdua uma solução mais adequada: de um lado, observa-se que o juiz não dispõe de qualquer meio para estabelecer de modo confiável, antes da decisão, quais os efeitos econômico-sociais que podem derivar de cada uma das hipóteses de decisão (conforme Miller, *On the Choice of Major Premises*, cit., p. 271), de modo que dificilmente se pode dizer que a escolha entre essas foi realizada à vista de semelhantes efeitos; de outro, também já se observou que a escolha teleológica exige, para ser coerente, a referência a um sistema organizado de valores, sem o qual essa resta fundada em fatores puramente intuitivos e voluntaristas (conforme Weinberger, *Rechtslogik*, cit., pp. 291 ss., 301). Na medida em que, de fato, não subsistam as condições para que se possa falar de uma escolha "à vista de um fim de justiça", o problema tende evidentemente a colocar-se não no plano da estrutura racional do juízo, mas sobre o dos condicionamentos que incidem sobre o juiz a nível social e psicológico.

[97] Sobre o ponto, com especial referência às variáveis margens de discricionariedade de que o juiz dispõe para fixação do efeito jurídico referível ao suporte fático, conforme Makkonen, op. cit., p. 84 ss; Engisch, *Logische Studien*, cit., p. 17 ss.; Rödig, *Die Theorie*, cit., p. 174 ss.

decisão e enunciam a interpretação das normas aplicáveis que o juiz estabeleceu como "verdadeiras" ou "válidas" no caso concreto (ou, em geral, a *ratio decidendi* jurídica da mesma forma determinada); 2) enunciados *de fato*, ou *descritivos*, que contêm a "verdade" judicial sobre os fatos da causa, tanto jurídicos como simples; 3) *enunciados qualificativos*, que contêm a qualificação jurídica dos fatos principais nos termos dos critérios estabelecidos nos enunciados normativos; e 4) enunciados *prescritivos* em sentido estrito, que estabelecem os efeitos jurídicos que a decisão é destinada a produzir sobre o suporte fático concreto.

Do ponto de vista estrutural, podem ser individualizados como principais nexos entre esses enunciados ou entre alguns desses os nexos de: 1) implicação (necessária ou provável), por exemplo, entre enunciados de fato, entre enunciados normativos e qualificativos, entre enunciados qualificativos e prescritivos, entre enunciados de fato e qualificativos e assim por diante; 2) correspondência semântica, por exemplo, entre enunciados normativos e qualificativos, entre enunciados de fato e qualificativos; 3) compatibilidade lógica e semântica, no sentido de que, ainda que não haja implicação, não deve haver contradição entre os diversos enunciados. Na hipótese muito frequente, na prática, em que o *thema decidendum* é formado por uma pluralidade de questões de fato e de direito, surge um ulterior elemento: 4) prejudicialidade lógica e jurídica, como critério de ordem entre as diversas questões, segundo o qual uma questão é prejudicial em relação a outra se a solução da primeira é capaz de determinar a solução da segunda.[98]

Constata-se facilmente que as características estruturais peculiares do juízo como procedimento de formação da decisão não se repetem no juízo como resultado do *iter* decisório. Cai por terra, principalmente, o caráter heurístico-hipotético: os enunciados acima acenados não constituem mais hipóteses, visto que não são mais submetidos à confirmação ou controle, e exprimem, ao contrário, o resultado final e definitivo (ao menos no que diz respeito àquela instância julgadora) da atividade heurística e deliberativa do juiz. Não se reproduz, além disso, nem mesmo a estrutura dialética dessa atividade: as relações entre os enunciados que constituem o resultado do juízo não são de contraposição, mas de implicação e correspondência lógico-semântica ou ao menos de compatibilidade.[99] Enfim, a heterogeneidade dos instrumentos heurísticos e decisórios que o juiz se utiliza para

---

98 Sobre o conceito de prejudicialidade, vide mais amplamente *infra*, § 3, *sub* a).

99 A dialeticidade é uma característica peculiar do procedimento de *discovery* das hipóteses de decisão, de controle da respectiva validade e adequação mediante o método do *trial and error*, e da escolha final da hipótese que se "torna" a decisão. Vice-versa, a peculiar característica de semelhante hipótese, que se apoia no *Koinzidenzprinzip* (vide nota n. 88), não é a da contraposição entre enunciados que a compõem, mas sim a da sua coerência, entendida *lato sensu*, compreendendo tanto a não contradição como a implicação.

chegar à decisão não se reproduz em toda a sua variedade no contexto dos enunciados que exprimem o resultado final das escolhas do juiz: a única distinção que perdura, mas que não dá lugar a consequências relevantes, está entre enunciados "de fato" ou descritivos e enunciados "de direito" ou prescritivos/qualificativos.[100]

F) A racionalidade do raciocínio decisório

Levando-se em consideração tudo que foi exposto, resulta evidente que o problema da racionalidade do juízo não tolera uma solução unitária e global – e nem mesmo uma solução, positiva ou negativa, que incida de maneira homogênea sobre todos os momentos em que se articula a atividade do juiz. Parece necessário antes de qualquer coisa distinguir o problema da racionalidade do juízo como resultado da atividade decisória (sobre o que vide *sub e*) do problema da racionalidade do procedimento que leva à decisão. De seu turno igualmente distinto é o problema da racionalidade da justificação da decisão consubstanciada na motivação (sobre o que vide infra § 3, *sub d*).

A racionalidade do juízo, entendido como contexto dos enunciados que exprimem as escolhas finais do juiz, requer de seu turno uma definição articulada.

De um lado, pode-se falar de racionalidade do juízo em sentido "operacional", segundo o qual um enunciado é racional na medida em que é racional o complexo de operações de que deriva a sua formulação.[101] Nessa perspectiva, a racionalidade do juízo decorre da racionalidade do *iter* decisório. Ainda, tendo em conta que o juiz formula um complexo de enunciados, o problema fragmenta-se naquele da racionalidade de cada um dos enunciados em virtude dos quais o resultado final é obtido. Por exemplo, um enunciado normativo é definível ou não como racional de acordo com a adequação da definição ao conjunto das operações hermenêuticas que deram lugar a uma determinada interpretação da norma. Analogamente, um enun-

---

[100] Isso na medida em que o contexto de enunciados de que se fala não equivale nem à sentença, nem à motivação, mas somente à enunciação do resultado das escolhas realizadas pelo juiz no âmbito de um determinado esquema de decisão. Os outros fatores que entram no raciocínio decisório, como a argumentação tópica ou lógica, ou os juízos de valor, não constituem o objeto das escolhas finais de que é composta a decisão, mas sim o seu fundamento, a sua "causa" ou o seu *iter* formativo: esses não figuram, portanto, no contexto em exame, mas constituem um contexto diferente, isto é, aquele das chamadas "razões reais" da decisão e de cada uma das escolhas que a constituem.

[101] O modelo de semelhante concepção é a teoria operacional do conhecimento elaborada no âmbito das ciências empíricas: conforme BRIDGMAN, *La logica della física moderna*, tr. it., II ed., Torino, 1965, pp. 33 ss., 59 ss.

ciado de fato pode ser definido como racional na medida em que seja assim qualificável o conjunto de operações em que consiste a verificação dos fatos.

Trata-se de um conceito de racionalidade indubitavelmente aceitável, que se assenta nas características peculiares da atividade decisória. Porém, na medida em que o produto dessa atividade é constituído por um contexto de enunciados, pode-se falar de racionalidade também a propósito da estrutura interna de semelhante contexto. Nessa perspectiva, a racionalidade do juízo ocorre em virtude da racionalidade dos nexos intercorrentes entre os enunciados que o compõem. Essa subsiste na medida em que se verificam três condições: 1) ausência de contradição entre os diferentes enunciados e entre os respectivos pressupostos; 2) presença de alguns nexos de implicação (por exemplo, entre "norma" e qualificação dos fatos, entre qualificação e declaração do efeito jurídico); 3) respeito da ordem de prejudicialidade entre as diversas questões compreendidas no *thema decidendum*.

Trata-se de um conceito de racionalidade dotado de características peculiares. Inicialmente, esse não concerne a cada enunciado, mas ao contexto de enunciados que constituem o juízo como um todo, incidindo essencialmente sobre a rede de conexões lógico-jurídicas entre enunciados que constitui a ossatura estrutural desse contexto. Observe-se, ainda, que esse não fornece uma definição positiva e exauriente da racionalidade do juízo, mas determina uma série de condições necessárias, na ausência das quais o contexto do juízo não pode ser definido como racional, ainda que, no limite, sejam operacionalmente racionais cada um dos enunciados nesse compreendidos.

Em suma, portanto, o conceito de racionalidade do juízo é a síntese de uma dupla ordem de requisitos atinentes à racionalidade das operações que produziram os enunciados que o constituem e à racionalidade das respectivas conexões contextuais. Aquilo que esse exclui, ao invés, é a noção de racionalidade como correspondência do "conteúdo" desses enunciados, tomados em consideração singularmente ou no seu complexo, a valores, expectativas ou finalidades externas ao contexto da decisão, que o intérprete assume como metro de valoração da "justiça" da própria decisão.[102]

---

[102] O fato de que o *iter* decisório compreende uma série de momentos e de fatores valorativos, não implica que o resultado que esse produz só possa ser apreciado de modo valorativo. Ainda que se possa concordar que a racionalidade desse *iter* não pode ser outra que não valorativa (vide Esser, op. ult. cit., p. 103 ss. e *passim*), parecendo ainda oportuno distinguir vários conceitos de racionalidade (vide *infra* no texto), isso não leva à impossibilidade de definir em termos de coerência lógica a racionalidade interna, em sentido estrutural, do contexto dos enunciados em que se exprimem as escolhas finais do juiz. A respectiva "valoração" implica, ao invés, a referência a um quadro externo (metacontextual) de valores, cuja determinação e escolha sofrem a influência da ideologia do intérprete.

Evidentemente, isso não implica que uma valoração desse tipo seja ilegítima ou inútil: pelo contrário, essa é indispensável, além de perfeitamente legítima. Deve estar claro, todavia, que não se trata de um juízo de racionalidade, ao menos que o intérprete assuma os valores em que crê como cânones absolutos da "razão":[103] trata-se, pelo contrário, de uma apreciação valorativa e substancialmente ideológica, que visa a estabelecer se a decisão é "justa", "útil" ou "boa" do ponto de vista da tábua de valores éticos, sociais e políticos que constituem a ideologia do intérprete. Na medida em que o juízo depende também das escolhas de valor do juiz, semelhante apreciação poderá incidir sobre os pressupostos e as operações ideológicas de que o juízo decorra, além de sobre os enunciados finais em que consistente, e nessa perspectiva surge o confronto entre a ideologia do juiz e a ideologia do intérprete (ou da classe social de que esses são porta-vozes) em um nível que envolve todos os aspectos do juízo. Isso não apaga o fato, todavia, de que se trata de qualquer coisa diferente do exame de racionalidade do juízo em si considerado: no limite, torna-se legítima a rejeição, justificada no plano ideológico, da racionalidade do juízo – assim como é possível o consenso ideológico a respeito de um juízo carente de racionalidade.

Também sobre o problema da racionalidade do procedimento decisório, vale a observação de que esse não tolera uma solução unitária e homogênea em relação a todas as fases em que esse se articula. Em verdade, falar de racionalidade nesse sentido significa utilizar uma noção de extrema síntese, sob a qual se encontram subjacentes conceitos heterogêneos, em larga medida indefinidos ou indefiníveis, a respeito dos quais bastarão nessa sede alguns rápidos acenos.

Inicialmente, a individualização do núcleo estrutural do raciocínio decisório no módulo da escolha entre alternativas segundo regras-guias determinadas, permite individualizar uma primeira noção, eminentemente *formal*, de racionalidade. Nesse sentido, é racional a escolha que, dada uma série de alternativas possíveis e dado um critério de seleção (ou diretiva de juízo), recai sobre a solução mais adequada de acordo com esse critério.[104] Trata-se, na verdade, de um conceito que serve para qualificar como irracionais as escolhas intrinsecamente contraditórias (isto é, em que a escolha contrasta com o critério que deveria guiá-la), mas que não exclui – e antes implica – que as operações realizadas pelo juiz para fixar as alternativas e para individualizar os critérios de escolha sejam qualificadas como racio-

---

[103] Sobre o "objetivismo" dos valores no jusnaturalismo moderno, conforme Matz, *Rechtsgefühl und objektive Werte. Ein Beitrag zur Kritik des wertethischen Naturrecht*, München, 1966, p. 23 ss., 50 ss., 81 ss.

[104] Sobre o assunto, conforme Weinberger, *Rechtslogik*, cit., p. 307 ss.; Rödig, *Die Theorie*, cit., p. 59 ss.

nais ou irracionais segundo cânones de outra natureza. A propósito, a várias vezes assinalada heterogeneidade e descontinuidade de tais operações implica referência a uma pluralidade de cânones, que concretamente podem interseccionar-se ou sobrepor-se dentro do âmbito do raciocínio decisório.

Um primeiro cânone de racionalidade é constituído pelo conjunto das regras lógicas e das respectivas condições de aplicação. Como já se observou anteriormente, a lógica não exaure o raciocínio do juiz, mas tampouco é estranha a esse, representando, aliás, um instrumento indispensável em diversos setores das operações compreendidas no *iter* decisório. Enquanto é (ou deveria ser) um instrumento para realizar operações "válidas", a lógica representa também um conjunto de *tests* de correção aplicáveis às diferentes fases do raciocínio do juiz. Daí segue que esse pode ser qualificado como racional na medida em que seja logicamente válido, isto é, na medida em que comporte a correta aplicação (e não tenha qualquer violação) de regras lógicas.

Um segundo cânone de racionalidade é constituído pela chamada *Sachlogik* dos juristas,[105] que abarca os tradicionais *argumenta* alógicos ou quase-lógicos, a metodologia sistemática da *Konstruktion*, o método tópico de formulação da *quaestio* e de recuperação dos materiais úteis para resolvê-la. No âmbito do raciocínio decisório, trata-se de técnicas dotadas de certa eficácia heurística tanto no que concerne à individualização das alternativas entre as quais se põe um problema de escolha quanto no que atine à individualização dos critérios utilizáveis para guiar a escolha. Dizer que o raciocínio do juiz é racional do ponto de vista da *Sachlogik* significa considerá-lo essencialmente sob o perfil da sua adequação: isso implica que esse tenha individualizado de modo satisfatório as questões que devem ser resolvidas e os critérios de escolha e tenha levado em consideração as consequências de cada solução no plano do sistema jurídico e no âmbito de cada controvérsia. Nesse sentido, o raciocínio decisório é racional se é completo, isto é, se considerou adequadamente todos os aspectos relevantes, de fato e de direito, da controvérsia e se individualizou os nós problemáticos a respeito dos quais se coloca a escolha do juiz.

Em terceiro lugar, o problema da racionalidade incide especificamente sobre as escolhas de valor que o juiz efetua ao longo do *iter* decisório e que concernem seja à solução de problemas, seja à assunção de diretivas destinadas à solução de problemas. A propósito, vale a pena distinguir dois aspectos particulares, que pertencem mais propriamente à lógica *tout court* e à *Sachlogik*. Na medida em que existe uma "lógica do discurso valorativo", aparece um conjunto de regras atinentes à validade e à coerência formal do

---

[105] Conforme ESSER, op. ult. cit., pp. 23, 103 ss.; HASSEMER, op. cit., pp. 49, 89.

juízo de valor ou do raciocínio sobre valores:[106] esse aspecto da racionalidade diz respeito, porém, à validade do raciocínio como um todo, entrando no primeiro dos cânones já examinados. De outra parte, também a *Sachlogik* implica valorações, senão por outra razão porque muitos dos seus argumentos têm componentes tipicamente valorativos: esse aspecto é inerente à racionalidade do juízo como sua adequação aos problemas suscitados pelo *thema decidendum*.

O aspecto mais relevante e autônomo do problema concerne, porém, à escolha dos valores éticos, políticos ou jurídicos que o juiz uniformiza o próprio comportamento ou que o juiz visa a realizar com as próprias escolhas: isto é, trata-se de definir a racionalidade da escolha dos valores-guia, entendidos como diretivas de juízo ou como finalidades obteníveis mediante o juízo. A propósito, observe-se que uma escolha de valor não é definível como racional ou irracional em si, mas somente no âmbito de um determinado sistema de valores,[107] o que equivale a dizer que a qualificação de racionalidade da escolha é ideologicamente relativa e condicionada. Nessa perspectiva, o juízo de valor é racional se é coerente com os valores em que se funda uma determinada ideologia e, portanto, se é orientado para obtenção das finalidades que essa indica como positivas. Por exemplo, pode qualificar-se como racional uma escolha valorativa que, no terreno da interpretação, visa a realizar um valor estabelecido como princípio constitucional.[108] À parte o fato de que isso pressupõe a identificação de qual "tábua de valores" ancore as normas constitucionais, semelhante qualificação implica assunção de uma ideologia em que esses valores configuram-se como fins que devem ser realizados também pelo juiz: dada essa condição, a escolha do juiz é racional na medida em que coerente e funcional em relação a um fim que se entende indicado como tal pelas normas fundamentais do ordenamento. Analogamente, essa escolha é qualificável como racional se é conforme aos valores consolidados em certo âmbito social, isto é, se corresponde à ideologia "social" de uma classe em determinado momento histórico e se é funcional ao sistema de finalidades que essa se condicionou a alcançar.

Não existe espaço, portanto, para uma qualificação neutra e abstrata da racionalidade das escolhas valorativas. Em qualquer caso, essas são racionais se estão de acordo com uma ideologia determinada e irracionais se direta ou indiretamente contrastam com essa: o conceito de racionalidade

---

[106] Sobre a lógica do raciocínio valorativo, vide *infra*, § 3, *sub* d) e e).

[107] Sobre o conceito de sistema de valores e sobre o papel que esse desempenha como fundamento da valoração, conforme Weinberger, *Rechtslogik*, cit., pp. 297, 300; Esser, op. ult. cit., p. 161 ss.

[108] Sobre o papel dos valores constitucionais como princípios-guia para as escolhas do juiz, conforme, por exemplo, Gottlieb, op. cit., p. 145 ss.

dos juízos de valor constitui, portanto, essencialmente uma variável ideológica, na medida em que o metro da racionalidade é a ideologia de quem se coloca a examinar um juízo de valor sob o perfil da sua racionalidade. Nesse sentido, por exemplo, uma escolha interpretativa que visa a exaltar a tutela individual da propriedade é certamente racional do ponto de vista da ideologia liberal, mas não o é na ótica da ideologia socialista. Então, em suma, o problema da racionalidade das escolhas de valor do juiz não é outro que o problema da tomada de posição ideológica do juiz diante dos objetos do juízo e das finalidades que por seu intermédio se realizam. Analogamente, o problema do exame externo da racionalidade coincide com o problema da tomada de posição ideológica do intérprete ou do âmbito social em geral diante do juízo.

3. A ESTRUTURA DA MOTIVAÇÃO

As considerações desenvolvidas nos parágrafos precedentes permitem precisar alguns pontos de grande importância para efeitos de uma análise que tenha por objeto a estrutura da motivação.

O primeiro ponto concerne à definição da relação que existe entre juízo e motivação. Anteriormente, foram expostas as razões pelas quais não podem ser unificados esses dois tipos de raciocínio judicial – em especial, esclareceu-se que entre esses não existe qualquer simetria e que, portanto, o raciocínio decisório não pode ser visto como o significado do discurso que constitui a motivação.[109] O nexo entre procedimento decisório e motivação não pode, portanto, ser visto em uma suposta coincidência entre "razões reais" e "motivos expressos" da decisão, mas sim no fato de que a motivação tende a fornecer a justificação daquilo que representa o resultado do procedimento decisório, isto é, da decisão, entendida como contexto de enunciados em que são expressas as escolhas "finais" que o juiz realizou. Pois bem, o fato de que esses enunciados decorram de um procedimento heurístico e deliberativo complexo, descontínuo e não logicamente condicionado, não é evidentemente privado de relevância no que tange ao modo de entender o que a motivação deveria ser, isto é, um discurso justificativo capaz de fundar racionalmente esses enunciados. Isso não significa, como é óbvio, que a motivação deva ser uma prestação de contas das escolhas que o juiz realizou – daí decorre, porém, que a motivação é fictícia e inadequada na medida em que não contenha a justificação de semelhantes escolhas ou mesmo na medida em que tenda a fazer com que a decisão apareça como necessária, dissimulando as larguíssimas margens de discricionariedade

---

[109] Vide, em especial, *supra*, cap. III, § 2.

que concretamente caracterizam a escolha do juiz.[110] É notório que a praxe normalmente está fortemente orientada nesse sentido, mas se trata de um fenômeno condicionado por ideologias do juízo (vide *infra* f). Isso não apaga a necessidade de que a análise estrutural da motivação deva atribuir uma importância decisiva à natureza e à gênese dos enunciados que devem ser justificados. Essencialmente, a descontinuidade e a heterogeneidade dos procedimentos levados a efeito fazem com que também no âmbito do discurso justificativo não subsista unitariedade e homogeneidade estrutural, mas que esse se desenvolva segundo módulos diferentes e elásticos, adequados às diferentes necessidades justificativas. Reproduz-se, portanto, também a propósito da motivação, a exigência de evitar a sua redução a um sistema formal fechado e de colocar em evidência, pelo contrário, as suas características de abertura, alternatividade e indeterminação, nada obstante

---

[110] Os conceitos de motivação "verdadeira" e "fictícia" requerem alguns esclarecimentos à luz do quanto requerido no texto. Se por verdade dos motivos entende-se a respectiva correspondência com as razões reais que determinaram a decisão, daí decorre que a motivação é fictícia ou falsa todas as vezes que tais razões não são fielmente expressas na motivação (conforme, nesse sentido, BRÜGGEMANN, *Die richterliche Begründungspflicht*, cit., p. 86; BRECHER, *Scheinbegründungen und Methodenehrlichkeit im Zivilrecht*, in *Festschr. für A. Nikisch*, Tübingen, 1958, p. 277 ss.; CARNELUTTI, *Falsa motivazione di sentenza*, in *Riv. dir. proc. civ.*, 1941, I, p. 357). Trata-se, porém, de uma qualificação de pouca relevância, seja porque é normalmente impossível verificar se essa correspondência subsiste, seja porque, levando-se em consideração a várias vezes recordada diversidade e assimetria entre raciocínio decisório e discurso justificativo, se teria de concluir que a motivação é sempre, em regra, fictícia. É possível falar em motivação fictícia, porém, em uma diferente acepção do termo, que é quando a motivação não é coerente com a gênese e com a natureza do enunciado que se tem de justificar: por exemplo, se o enunciado representa uma hipótese escolhida discricionariamente pelo juiz entre um leque de várias alternativas, é fictícia a motivação que tenda a configurar esse enunciado como a única solução possível de uma questão e não justifique a escolha da qual a decisão descende. Analogamente, é possível qualificar como fictícia a motivação que elimine ou dissimule os componentes valorativos da decisão, privilegiando exclusivamente os seus aspectos lógico-jurídicos e conceituais (donde as acusações de *Scheinkonstruktion* e de *Begriffsmakerade* endereçadas à praxe dominante, por exemplo, por HECK, *Begriffsbildung*, cit., p. 95). Nesse sentido, é fictícia a motivação que não exprime e não justifica as escolhas essenciais de que a decisão se compõe e que condicionam o resultado final do raciocínio decisório. Portanto, motivação fictícia significa ausência de motivação adequada, isto é, ausência de racionalização e de justificação de determinados componentes decisivos do juízo e, consequentemente, significa igualmente impossibilidade de controle externo sobre a validade desses componentes. Nessa perspectiva, o fenômeno da motivação fictícia constitui não tanto a violação de um dever ético-jurídico do juiz ligado à verdade (assim, BRÜGGEMANN, op. ult. cit., p. 87) quanto uma hipótese em que é substancialmente iludida, nada obstante a aparência de um discurso justificativo correto sob o perfil lógico-jurídico, a exigência de racionalização e de controlabilidade da decisão que constitui a *ratio* do dever de motivação. Nesse sentido, conforme, por último, FASCHING, *Die Entscheidungsbegründung im österreichischen streitigen zivilgerichtlichen Erkenntnis-, Executions- und Insolvenzverfahren*, in *Entscheidungensbegründung*, cit., p. 146 ss.

dentro de uma estrutura global que dê conta da característica de racionalidade que a motivação deve ter.[111]

O segundo ponto que deve ser esclarecido atine à perspectiva em que os problemas concernentes à motivação são enfrentados nesta sede. Na medida em que a motivação é um discurso do juiz, caracterizado por particulares condições de fechamento e modalidades de objetivações e voltado para exprimir a justificação da decisão, o seu problema essencial é o de estabelecer em que consiste a sua estrutura justificativa. Isso comporta alguns consectários. Inicialmente, o sistema de referência que determina essa estrutura é constituído exclusivamente "daquilo que deve ser justificado", isto é, dos enunciados que constituem a decisão. Nessa perspectiva, tornam-se irrelevantes alguns fatores que podem igualmente estar de fato presentes nesse discurso, mas que atendem a diferentes enfoques, como, por exemplo, aquele que tende a retirar da motivação indícios a respeito do juiz ou das "razões reais" da decisão ou aquele que consideram a decisão ou a sua justificação como fenômenos psicológicos ou sociológicos. De outro ponto de vista, tornam-se irrelevantes outros enfoques vocacionados a interpretar ou valorar a motivação segundo critérios estranhos ao contexto da sentença. Por exemplo, é possível deixar de lado o problema inerente à atividade com que o juiz elabora a motivação, às suas respectivas modalidades e aos condicionamentos que o juiz sofre a propósito: trata-se de elementos que podem revestir um interesse relevante, mas que não guardam relação direta com a estrutura do discurso do juiz, ainda que o condicionem de diferentes maneiras (vide *infra*, *sub* f e g). Isso implica, em suma, que no quanto aqui interessa o problema da racionalidade da motivação não será posto com referência a cânones ou valores externos a essa, mas será estudada exclusivamente no âmbito do discurso do juiz, da sua finalidade específica e da sua estrutura. Aquilo que o juiz diz é valorado, em outros termos, do ponto de vista da função justificativa do discurso em relação à decisão, restando em segundo plano e fora do objeto da presente pesquisa, as suas outras possíveis "chaves de leitura".

Um último esclarecimento concerne ao fato de que indagar a respeito da estrutura da motivação significa essencialmente analisar o seu modelo teórico: isso comporta um nível de abstração bastante elevado, mas permite uma perspectiva mais completa do que aquela que resulta das observações

---

[111] Isso resulta particularmente evidente se se tem em conta o fato de que a motivação não é (e não é assimilável a) um discurso formalizado e estruturado segundo regras homogêneas e constantes, mas constitui mais propriamente um *tranche* de linguagem comum (em que são diferenciáveis somente setores dominados por módulos estilísticos e linguísticos do discurso técnico-jurídico), no qual, portanto, se reproduzem todas as características de variabilidade sintática, de polissemia e de elasticidade formal, típicas dessa linguagem.

ligadas à praxe. Trata-se de estabelecer, portanto, como a motivação deveria ser mais do que constatar como a motivação de fato é. Todavia, o modelo teórico da motivação constitui o sistema de referência para a valoração, sob o perfil das respectivas finalidades, da adequação de cada uma das motivações concretamente formuladas.

A) O primeiro nível de justificação: a estrutura lógica da decisão

Antes de proceder à análise estrutural do verdadeiro e próprio discurso justificativo em que se consubstancia a motivação, importa retomar o aceno realizado no parágrafo precedente, *sub* e), ligado à presença de nexos lógicos no contexto de asserções que exprimem as escolhas finais realizadas pelo juiz na decisão. De fato, observe-se que, segundo a terminologia jurídica corrente, entende-se por decisão a pronúncia sobre o pedido, isto é, em suma, a declaração do efeito jurídico:[112] trata-se de uma acepção que compreende somente uma parte daquilo que constitui a decisão do ponto de vista lógico – a qual, porém, compreende também assertivas concernentes aos fatos apurados e ao significado da norma que é aplicada. A consequência é que essas assertivas são usualmente qualificadas como parte da motivação, ainda que na verdade constituam formulações de decisões inerentes aos termos de fato e de direito da controvérsia. A individualização dos nexos que ligam essas assertivas equivale, portanto, à determinação de uma parte da estrutura lógica da motivação, assim como essa é normalmente definida do ponto de vista jurídico. Aliás, dado que esses concernem aos pressupostos fundamentais em que se apoia a decisão final sobre o pedido, pode-se dizer que as suas respectivas conexões representam a ossatura essencial da justificação da decisão.[113] Essa ossatura não exaure evidentemente a estrutura da motivação, dado que essa compreende também a justificação das escolhas donde resultam os diversos componentes do juízo final entendido em sentido lógico. Todavia, na medida em que a decisão sobre o pedido representa a consequência dos pressupostos de fato e de direito fixados no juízo, é legítimo entender que a relação pressupostos-decisão entra no campo da justificação inerente à própria decisão. Para limitar a análise a um

---

[112] Essa definição da decisão teve origem principalmente no âmbito da teoria dos limites objetivos da coisa julgada, em que foi configurada como um instrumento para exclusão da chamada "coisa julgada sobre os motivos" e para conseguinte restrição do efeito de coisa julgada à pronúncia sobre o pedido. Na sequência do texto não nos referiremos a essa definição, que não tem qualquer utilidade sob o aspecto que aqui interessa, entendendo-se as expressões "decisão" e "juízo", salvo específicas ressalvas, como relativas ao contexto de enunciados, definido *supra*, no § 2, *sub e)*, no qual se exprimem as escolhas finais do juiz sobre as questões contidas no *thema decidendum*.

[113] Conforme Wróblewski, *Legal Decision and Its Justification*, in *Le raisonnement juridique*, cit., p. 417.

nível muito geral, o sistema das relações que constitui a estrutura do juízo (entendido, em sentido lógico, como contexto dos enunciados inerentes às escolhas finais do juiz) pode ser sintetizado em um esquema desse tipo: (F ←→ N) → Q → C.

Esse descreve um conjunto de relações de implicação entre enunciados na seguinte ordem: 1) os enunciados inerentes aos fatos da causa (F) implicam aplicabilidade de determinadas normas (N); 2) ao revés, as normas individualizadas como aplicáveis (N) implicam existência de determinados fatos (F). Na medida em que subsistem ambos os nexos de implicação, realiza-se a coincidência semântica entre o suporte fático abstrato e o suporte fático concreto.[114] 3) Essa, de seu turno, implica qualificação (Q) dos fatos apurados segundo as normas declaradas aplicáveis. 4) A qualificação jurídica do suporte fático concreto implica efeitos definidos pelas normas qualificadoras e, portanto, implica conclusão (C) consistente na declaração desses efeitos à relação deduzida no processo.

Nos termos desse esquema, pode-se dizer que a decisão final "descende" de determinadas premissas de fato e de direito, na medida em que subsistam os nexos de implicação ora indicados. Isso não indica a estrutura lógica do procedimento com que o juiz chega à decisão, mas sim a conexão entre as proposições (ou os grupos de proposições) levadas a efeito pelo procedimento: trata-se, portanto, do esquema estrutural do discurso final do juiz. O conceito de justificação que daí deriva atine, portanto, a esse plano, na medida em que diz respeito, de seu turno, à ordem lógica de enunciados que desse fazem parte. As relações que foram sinteticamente definidas com o termo implicação são interpretáveis segundo os módulos da lógica inferencial e segundo os princípios de transformação semântica.[115]

---

[114] Sobre o *Koinzidenzprinzip* que rege a instauração da relação fato-norma, vide nota n. 88. Do ponto de vista que aqui interessa, esse opera essencialmente no plano semântico, na medida em que formulados os enunciados factuais (F), que afirmam existentes determinadas circunstâncias, coincidindo, quanto ao significado, com os enunciados (N) que exprimem os suportes fáticos a que a norma (especificada, concretizada) se aplica. A coincidência entre os enunciados dos dois tipos não é, porém, total: os enunciados (F) não apenas exprimem certos fatos, mas afirmam-nos como verdadeiros, existentes ou aceitáveis. Esses têm, portanto, a forma *Va* (= o fato *a* é verdadeiro, a proposição que afirma *a* é verdadeira). De outra parte, os enunciados (N) que exprimem a interpretação da norma (isto é, o significado a essa atribuído) afirmam que, sendo verdadeiros certos fatos, produzem-se determinados efeitos jurídicos. Esses têm então a forma (*Va*) → C (= se é verdadeiro o fato *a* que entra na classe A, verifica-se o efeito C). A coincidência semântica que se discute concerne, portanto, à necessidade que os enunciados factuais (F) declarem existente um fato *a* pertencente à categoria *A* definida nos enunciados normativos (N).

[115] O termo "implicação" não é usado em alguma de suas muitas acepções específicas (sobre as quais vide, em geral, Pasquinelli, *Introduzione alla logica simbolica*, cit., pp. 56 ss., 70 ss., 104 ss.), mas no seu significado mais genérico, segundo o qual esse indica a situação em que um enunciado é ligado a outro de tal modo que seria incongruente afirmar o primeiro e

A respeito do tema, parece oportuno limitar-se a dois esclarecimentos. O primeiro é que, conquanto não seja impossível interpretar o esquema em exame como uma mera argumentação, tratar-se-ia de uma perspectiva inadequada tolher a sua peculiar estrutura lógico-semântica: qualificar uma inferência ou um sistema de inferências como argumento retórico significa negar *a priori*, sem qualquer razão válida, a sua estrutura conceitual.[116] O segundo esclarecimento é que esse esquema não pode ser completamente interpretável segundo os módulos da lógica dedutiva. Na verdade, a norma não é "deduzida" do fato, assim como o fato não é deduzido da norma, nem isso ocorre entre os respectivos enunciados: o único momento a propósito do qual é possível falar de dedução, de fato, é aquele atinente à derivação de C de Q, isto é, o da declaração, no caso concreto, do efeito jurídico previsto em nível geral pela norma qualificadora.[117]

Se as diversas questões sobre as quais incide a decisão constituem "capítulos" separados e autônomos do juízo,[118] isso se configura como uma pluralidade de esquemas do tipo descrito acima, independentes um do outro: isto é, para cada decisão reproduz-se a estrutura lógica $(F \leftarrow\,\rightarrow N) \rightarrow Q \rightarrow C$. O fato de que mais módulos desse tipo estejam presentes no mesmo contexto apenas faz emergir a exigência que seja respeitada uma condição geral de coerência do próprio contexto: isto é, importa que as assertivas de fato e de direito em que se exprime a decisão de uma questão não sejam

negar o segundo (conforme STRAWSON, op. cit., p. 21). Dentro dessa definição existe evidentemente espaço, porque o nexo de implicação se orienta em diferentes formas nos diferentes tipos de relação que constituem o esquema discutido no texto.

116 A uma consequência dessa espécie conduz a aproximação perelmaniana (sobre a qual vide *supra*, cap. IV, § 3), segundo a qual o raciocínio jurídico em geral, e em especial a motivação, não seriam qualificáveis senão como tipos, ou protótipos, de argumentação retórico-persuasiva. Aplicado ao contexto dos enunciados aqui considerados, semelhante aproximação produz inevitavelmente corolários aberrantes: por exemplo, conduziria a afirmar que a decisão final expressa em (C) não é uma consequência lógica de F, N e Q e não se funda racionalmente nesses enunciados, mas que esses servem unicamente para suscitar o consenso a respeito de (C), independentemente de qualquer conexão contextual entre as várias assertivas.

117 Não se pode esquecer, porém, que a justificação de (C) não se constitui somente da sua derivação dos outros enunciados do contexto, todas as vezes que também a determinação do efeito jurídico inerente ao caso concreto requer, mas igualmente descende da norma, das específicas escolhas concretizadoras do juiz (vide *supra*, § 2, *sub* e). Nesse caso, a justificação de (C) requer um raciocínio não dedutivo, em tudo análogo aquele que funda em geral as escolhas interpretativas (conforme WRÓBLEWSKI, op. e loc. ult. cit.) que encontra as próprias premissas nas diretivas de escolha com que o juiz se reporta ao interpretar a parte da norma em que é definido o efeito jurídico que essa prevê e realiza.

118 Conforme, a propósito, LIEBMAN, *"Parte" o "capo" di sentenza*, in *Riv. dir. proc.*, 1964, p. 54 ss.

incompatíveis com as asserções que estejam na decisão de outra questão.[119] Para que cada um dos esquemas justificativos seja idôneo para fundar a respectiva conclusão, importa que os seus componentes não estejam em contraste com outros elementos presentes no discurso do juiz, o que equivale dizer que só existe justificação racional mediante a condição de não contraditoriedade interna do contexto em que cada decisão é colocada.

Mais complexa, porém, é outra hipótese, em que as diversas questões são ligadas por um nexo de prejudicialidade-dependência lógica,[120] nexo que subsiste toda vez que a solução de uma questão é capaz de condicionar a solução da questão logicamente sucessiva (dependente).[121] Nessa situação, as condições de racionalidade do contexto global da decisão são as

---

[119] Importa, em suma, que no contexto da própria sentença seja respeitado o princípio basilar da não contradição entre enunciados, porque em caso contrário se verificaria uma situação de ambiguidade radical de todo o discurso (sobre o assunto, conforme Mermin, *Functionalism, Definition, and the Problem of Contextual Ambiguity*, in *Le raisonnement juridique*, cit., p. 324).

[120] Fala-se de prejudicialidade "lógica" com o fim de esclarecer que não pretende fazer referência à noção corrente de prejudicialidade "jurídica", segundo a qual se teria questão prejudicial somente quando essa fosse destinada a ser resolvida somente com mera *cognitio* e fosse, ainda, capaz de constituir objeto de um processo autônomo. Sobre a distinção entre ambos os conceitos na doutrina dominante, conforme Menestrina, *La Pregiudiciale*, cit., p. 86 ss.; Allorio, *La cosa giudicata rispetto ai terzi*, Milano, 1935, p. 68 ss., e recentes sínteses em Proto Pisani, *Opposizione di terzo ordinaria*, Napoli, 1965, p. 78 ss.; Denti, *Questioni pregiudiziali (diritto processuale civile)*, in *Nov. Dig. It.*, XIV, Torino, 1967, p. 675 ss., e Taruffo, *"Collateral estoppel" e giudicato sulle questioni*, II, in *Riv. dir. proc.*, 1972, p. 283 ss. Esclareça-se, porém, que a noção lógica de prejudicialidade, dentro da qual a doutrina tradicional situa a sua mais restrita noção "jurídica", não equivale ao conceito de prejudicialidade adotado no texto. De fato, por prejudicialidade lógica entendia-se qualquer coisa de extremamente genérico e oscilante entre o conceito de mera dependência e o de acessoriedade entre questões (conforme, por exemplo, Menestrina, ibidem, p. 89 ss.), faltando uma definição clara da relação a partir da qual uma questão poderia ser definida como prejudicial em relação à outra. Na verdade, não era nem mesmo mais conspícua a definição medieval de prejudicialidade como vedação lógica à admissibilidade da questão principal (sobre o que conforme Giuliani, *La controversia*, cit., p. 168 ss.).

[121] A eficácia condicionante da questão prejudicial em relação à questão prejudicada não decorre de uma genérica relevância ou influência da solução da primeira em relação à solução da segunda, mas sim de dois elementos definíveis com suficiente precisão: isto é, importa que a questão prejudicial deva ser decidida primeiramente (em sentido lógico) em relação à questão prejudicada e que a sua solução seja potencialmente idônea para definir também essa última (conforme Denti, op. e loc. ult. cit.). No texto qualifica-se como "lógica" essa noção de prejudicialidade não para contrapô-la a uma hipoteticamente diferente noção de prejudicialidade jurídica (porque parece compartilhável a tese sustentada por Denti, ibidem, segundo a qual é a própria prejudicialidade jurídica que deve ser definida nos termos ora recordados), mas para sublinhar que essa se apoia sobre um nexo eminentemente lógico entre questões, além de ser possível a partir daí distingui-la do conceito tradicional de prejudicialidade jurídica (sobre o qual vide a nota anterior), que parece irrelevante do ponto de vista que aqui interessa.

seguintes: 1) se a decisão sobre a questão prejudicial é capaz de condicionar diretamente a decisão da questão dependente, emerge um ulterior nexo de implicação, na medida em que a solução da questão dependente "descende" diretamente da solução da questão prejudicial. Então, o enunciado relativo a essa última implica um ou mais enunciados inerentes à questão prejudicada, cuja decisão é fundada (ou justificada) também na decisão da questão prejudicial.[122] 2) Se a decisão da questão prejudicial não é capaz de condicionar diretamente a solução da questão dependente, não subsiste o nexo de implicação ora descrito e consequentemente a solução da segunda questão é logicamente autônoma em relação à solução da primeira. Trata-se, de fato, da situação em que, sendo a questão prejudicial igualmente capaz de condicionar a decisão da questão dependente, a solução que o juiz concretamente a outorga não produz semelhante efeito. Nesse caso, no plano dos enunciados que exprimem as escolhas finais do juiz, a única condição de racionalidade do contexto é constituída pela ausência de contraditoriedade entre as assertivas que o compõem: isto é, é suficiente que os termos em que é colocada e resolvida a questão dependente não sejam incompatíveis com aqueles em que é colocada e resolvida a questão prejudicial.[123]

Em linhas gerais, portanto, pode-se dizer que um ulterior elemento estrutural do discurso em que se exprime o juízo é representado, aonde existam questões prejudiciais, pela ordem lógica da prejudicialidade--dependência entre as soluções das questões às quais se verificam, conforme o caso, as relações de implicação entre enunciados inerentes às diferentes questões ou mesmo somente em uma condição de compatibilidade entre esses enunciados.

---

[122] Por exemplo, se a questão a respeito da prescrição é resolvida em sentido afirmativo, a solução da questão "implica" decisão sobre o pedido, que é inevitavelmente a rejeição do pedido por conta da prescrição da pretensão. Sob o perfil da motivação, o enunciado com que se declara rejeitado o pedido é uma consequência lógica do enunciado que declara a prescrição, o que equivale dizer que o segundo constitui uma direta justificação lógico-jurídica do primeiro. Há implicação na medida em que seria incongruente (do ponto de vista lógico antes mesmo de jurídico) declarar exigível o direito depois de ter-se declarado a prescrição.

[123] Retomando o exemplo usado na nota precedente, trata-se da hipótese em que o juiz declara que a prescrição não ocorreu. Nesse caso, não existe implicação entre a solução da questão prejudicial e a decisão do pedido: de um lado, ter-se excluído a prescrição não é uma razão suficiente para que o pedido seja acolhido (devendo esse fundar-se *aliunde*, isto é, sobre os fatos constitutivos); de outro, não é contraditória a rejeição do pedido com a rejeição da alegação de prescrição, porque o pedido é rejeitado por outros motivos que não pela prescrição da pretensão. A exigência de coerência do contexto opera, de fato, no sentido de excluir a única hipótese contraditória, isto é, aquela em que o juiz, depois de ter afirmado que a prescrição não ocorreu, rejeita o pedido por entender que a pretensão está prescrita.

B) O segundo nível de justificação

O sistema das relações lógicas entre os enunciados que exprimem as escolhas finais do juiz não exaure a justificação da decisão sobre o pedido e, portanto, não exaure igualmente a estrutura da motivação, ainda que individualize alguns dos seus elementos fundamentais. Na verdade, cada um desses enunciados constitui o resultado final de escolhas também muito complexas, cuja formulação constitui o núcleo essencial e mais problemático da atividade decisória – e isso implica que a correção dos próprios enunciados não possa nunca ser considerada evidente, mas deva ser sempre reconduzida à racionalidade das escolhas de que descendem. No plano da motivação, isso comporta que a decisão final não pode ser vista como adequadamente justificada senão enquanto sejam respectivamente justificados os enunciados F, N, Q e C, a partir dos seus correlatos pressupostos racionais. Em outros termos, isso impõe a justificação das escolhas mediante as quais o juiz chegou a fixar os pressupostos dos quais decorre a decisão final.

Nessa perspectiva, o discurso em que se consubstancia a motivação aparece estruturado em dois níveis, esquematicamente representáveis desse modo:

$$\begin{array}{llcccc} \text{I} & & (F \longleftrightarrow & N) \rightarrow & Q \rightarrow & C \\ & & \uparrow & \uparrow & \uparrow & \uparrow \\ \text{II} & g(F) & g(N) & g(Q) & g(C) & \end{array}$$

O primeiro nível (I) diz respeito à estrutura lógica dos enunciados inerentes ao contexto em que se exprime a decisão. O segundo nível (II) concerne à justificação inerente a qualquer um dos enunciados em si considerados. O significado da fórmula com que se representa o nível I foi definido *sub a)*. O significado dos símbolos que comparecem ao nível II pode ser assim definido: g(F) indica a justificação da apuração dos fatos; g(N) indica a justificação da escolha da norma aplicável e sua respectiva interpretação; g(Q) indica a justificação da qualificação jurídica de F segundo N e tem uma importância na medida em que também a subsunção implica escolhas autônomas; g(C) indica, por fim, a justificação da decisão a respeito do efeito jurídico inerente ao suporte fático.[124]

Agora, trata-se de aprofundar o exame daquela parte da motivação que no esquema antes proposto é alocada no nível II e que consta de justificações inerentes não tanto à decisão genericamente entendida, mas sim aos enunciados que constituem os seus componentes essenciais. A propósito,

---

[124] Vide *supra*, nota n. 116, a respeito da eventual necessidade de motivação específica sobre o ponto.

é intuitivo que não é praticamente possível e nem útil uma aproximação puramente descritiva, tratando-se de fenômenos que na prática conhecem um raio ilimitado de variações. Parece, portanto, mais frutífera uma perspectiva que vise a identificar uma tipologia estrutural ideal das justificações aqui discutidas, capaz de colocar em evidência os modelos essenciais dos argumentos justificativos que podem ser encontrados nos diversos "lugares" individualizados no nível II do esquema *supra* indicado. Não se deixará de acenar também a alguns dos principais fatores que influenciam o modo concreto de ser da motivação: esclareça-se desde logo, porém, que não se trata de elementos estruturais, mas de variáveis que incidem sobre o modo com que o juiz modela paulatinamente o próprio discurso, adaptando-o a exigências de diferentes naturezas.

C) Os dois graus de justificação

É bastante difundida, entre todos que analisaram a estrutura da justificação, a sua distinção em dois graus ou níveis. Essa teve formulações terminologicamente diferentes e normalmente não perfeitamente coincidentes, mas isso não impede de reconhecer a sua notável importância no âmbito da "lógica justificativa" concernente às escolhas do juiz. Segundo essa orientação, importa distinguir: justificação de primeiro grau (interna, primária) que, postas determinadas alternativas e determinadas regras de escolha, apresenta uma das alternativas como "melhor" ou "mais correta" a partir dessas regras; justificação de segundo grau (externa, secundária), que visa a apresentar como "justa" ou "correta" as regras assumidas para realização da escolha.[125] Cada justificação inerente a um enunciado configura-se, portanto, como um procedimento discursivo articulado no qual o enunciado aparece como a alternativa mais oportuna segundo determinados critérios de juízo e para o qual, ainda, confluem razões suficientes para que esses últimos possam ser considerados como seus adequados fundamentos.

Quanto à primeira fase desse procedimento, vale a pena esclarecer alguns aspectos relevantes. O primeiro é que essa fase é facilmente reconduzível a um modelo lógico, dado que os termos que nessa ingressam são

[125] Sobre a distinção entre justificação interna e externa, conforme Wróblewski, *Legal Decision*, cit., p. 412 ss.; sobre a distinção entre justificação primária e secundária, conforme Tebaldeschi, *Justification and Justice as Topics of the "New Rhetoric"*, in 54 *ARSP*, 1968, p. 91. Em geral, sobre a necessidade de distinguirem-se dois graus de justificação, conforme, ainda, Shuman, *Justification of Judicial Decision*, in 59 *Calif. L. R.*, 1971, p. 723; Wasserstrom, op. cit., p. 138 ss. Na mesma ordem de ideias encarta-se a análise do procedimento justificativo realizada em nível geral, mas com exemplificações de natureza jurídica, por Toulmin, op. cit., p. 97 ss., que distingue entre a justificação de uma inferência a partir de critérios adequados (*warrant*) e a justificação da assunção desses critérios (*backing of warrants*).

determinados ou determináveis com suficiente precisão.[126] Na verdade, o enunciado que se tem de justificar constitui a conclusão de uma inferência que parte de premissas certas (os dados da questão que deve ser decidida) e é formulada segundo critérios de inferência (as diretivas de escolha assumidas no caso concreto).[127] Isso vale, por exemplo, para a justificação de enunciados interpretativos, tendo em conta que a atribuição de um determinado significado a uma norma é justificada se é logicamente derivada de cânones interpretativos explicativos,[128] mas vale também para a justificação de assertivas factuais, que podem ser consideradas justificadas enquanto resultam de inferências fundadas em dados de fato, realizadas segundo critérios cognitivos de natureza inferencial.[129] Sob esse aspecto assumem funções justificativas relevantes seja a lógica da linguagem normativa (ou da interpretação), seja a lógica das inferências factuais.

---

[126] Conforme, com especial referência à necessidade que sejam determinadas as diretivas de escolha e as assunções valorativas que essas implicam, Wróblewski, op. ult. cit., p. 414.

[127] Para uma análise bastante ampla do esquema lógico da justificação de primeiro grau, conforme Toulmin, op. cit., loc. ult. cit.

[128] Não parece supérfluo esclarecer que isso não pressupõe a adoção de uma concepção logicista ou formalista da interpretação (sobre o que vide, por exemplo, Tarello, *Formalismo giuridico*, in *Diritto, enunciati, usi*, cit., p. 37 ss.), senão outro porque não se entende que a interpretação deve ser *realizada* exclusivamente segundo operações lógicas (e, de fato, vide *supra*, § 2, *sub* b). Afirma-se, pelo contrário, que qualquer que tenha sido o efetivo processo interpretativo, a exigência de motivação requer que a interpretação da norma seja logicamente justificada a partir de critérios hermenêuticos que o juiz *afirme* ter utilizado: isto é, não se trata de logicidade do procedimento interpretativo, mas de logicidade do discurso em que o resultado desse procedimento é justificado. Problema diverso (em relação ao qual se coloca propriamente a questão do formalismo) é o que concerne à natureza dos critérios hermenêuticos utilizados com função justificativa: ter-se-á então justificação logicista da interpretação se o juiz a funda em critérios meramente lógicos; ter-se-á, porém, justificação valorativa se o juiz exprime os juízos de valor implícitos no uso desses critérios ou que de qualquer modo estão à base da escolha interpretativa. Em qualquer caso, daí descende que a condição mínima para que a justificação subsista é que sejam de qualquer modo enunciados os princípios interpretativos sobre os quais as escolhas se fundam, porque a sua validade é controlável unicamente a partir de tais princípios (conforme, nesse sentido, Wróblewski, op. ult. cit., p. 414; Id., *L'interprétation en droit*, cit., p. 62; Id., *Legal Reasonings*, cit., p. 111).

[129] A rejeição de qualquer concepção intuicionista do juízo de fato e a adoção de um modelo lógico de natureza indutiva não são evidentemente privadas de consequência no plano da motivação. Daí deriva, inicialmente, que a apuração dos fatos não pode ser tida como justificada toda vez que não são declinados os dados cognitivos e as regras de inferência dos quais essa descende como consequência logicamente válida. Também aqui, como ocorre com as escolhas interpretativas (vide nota precedente), o problema da justificação de primeiro grau não concerne à natureza dos critérios cognitivos e as razões para o respectivo emprego, mas centra-se no fato de que, dados certos elementos cognitivos e certos cânones de valoração, a enunciação do *factum probandum* daí decorra de modo logicamente correto. Analogamente, em cada caso as escolhas cognitivas são válidas na medida em que controláveis a partir dos dados e dos critérios de conhecimento enunciados na motivação (conforme Wróblewski, *Legal Decision*, cit., p. 416; Id., *Facts in Law*, cit., p. 162 ss.).

Resulta de tudo isso que o fulcro dessa fase do raciocínio justificativo é constituído pelos cânones sobre os quais se funda a justificação. A propósito, é fundamental a distinção entre *rules of guidance*, segundo as quais a escolha é realizada, e *rules of justification*, segundo as quais a escolha é motivada: o juiz pode inclusive fazer referência ao mesmo critério em ambos os momentos, mas em tese é reconhecido que uma das diretivas usadas para decidir pode não aparecer na motivação e que um critério de justificação nessa empregado não necessariamente constitui uma diretiva efetivamente utilizada para escolha.[130] O discurso justificativo do juiz satisfaz a sua função na medida em que a assertiva que é motivada possa ser considerada uma consequência logicamente correta dos cânones utilizados com função justificativa: isso é o que, nesse nível, torna controlável a validade lógica do próprio discurso.[131]

Considerações em grande parte diferentes valem, porém, a propósito do segundo grau de justificação, essencialmente porque a justificação das *rules of justification* não resulta definível, de seu turno, segundo um modelo lógico do tipo inferencial. Isso ressai claramente da consideração das hipóteses que, na ampla gama das situações possíveis, podem ser consideradas mais frequentes. No caso do juízo de fato, fundado em máximas de experiência, a escolha da máxima utilizada para justificar certa conclusão factual é dificilmente justificável, de seu turno, no plano lógico.[132] Em regra, aliás, o uso de uma máxima de experiência somente é justificável pelo fato

---

[130] Conforme, amplamente, Gottlieb, op. cit., pp. 71 ss., 103 ss., 159 ss. Analogamente, conforme Wróblewski, *Legal Reasonings*, cit., p. 26 ss.; Doyle, *Principles and Policies in the Justification of Legal Decisions*, in *Le raisonnement juridique*, cit., p. 258 ss.; Jenkins, *The Framework of Legal Decision-Making*, ibidem, p. 289 ss. Sobre o erro consistente em entender que o ceticismo sobre a racionalidade do juízo deva implicar negação de qualquer função racionalizante das diretivas de escolha no plano da motivação (erro que deriva essencialmente da negação da distinção delineada no texto), conforme, em especial, Wróblewski, op. ult. cit., p. 27.

[131] Conforme Aomi, *The Regulative Function of Logic*, cit., p. 195 ss.

[132] Tendo em conta que as máximas de experiência fornecem normalmente critérios puramente indutivos (vide *supra*, § 2, *sub* c), refletem-se nesse ponto as graves incertezas que, no plano metodológico geral, incidem sobre a justificação da indução. Para o que aqui interessa, todavia, não tem importância a problemática geral (sobre o que, conforme Strawson, op. cit., p. 320 ss.; Skyrms, *Choice & Chance. An Introduction to Inductive Logic*, Belmont, Cal., 1966, p. 28 ss.). Vale a pena, contudo, observar que se admite dominantemente a validade lógica da justificação indutiva de primeiro grau, isto é, aquela que funda conclusões a partir de critérios de natureza indutiva, ao menos sob o perfil da sua capacidade de fornecer um fundamento razoável para escolhas de comportamento (conforme, por exemplo, Strawson, op. cit., p. 300 ss.; Skyrms, op. cit., p. 131 ss.; Kyburg, *Probability und the Logic of Rational Belief*, Middletown, Conn., 1961, p. 305 ss.). Mais incerta é a solução do problema da justificação de segundo grau, isto é, inerente à assunção dos critérios sobre os quais se funda a inferência indutiva: no sentido de que também nesse nível é possível uma justificação lógica de tipo indutivo, conforme, porém, Kyburg, op. cit., p. 310 ss.

de que essa tem certo fundamento no âmbito do senso comum, bem como pela consideração de que essa parece útil, no caso concreto, para o fim de terem-se como aceitáveis determinados fatos. Trata-se, como é fácil de perceber, de uma justificação de caráter tópico, cujo fundamento de racionalidade consiste simplesmente na existência de um difundido consenso a respeito daquilo que a máxima afirma – ademais, isso não pode ser diferentemente compreendido senão com o custo de hipotizarem-se hierarquias ou sistemas de máximas, que correm o risco de ser totalmente não confiáveis. A hipótese que excepciona é aquela em que a apuração do fato é realizada mediante um critério científico: nesse caso, a justificação do critério deriva da convalidação que esse retira do setor da ciência a que pertence, ainda que igualmente nesse caso não possa faltar o elemento tópico do consenso difundido (a nível científico) sobre a sua confiabilidade.[133]

No caso em que se tem de justificar a escolha de uma norma como critério de juízo, a justificação pode ser de dois tipos.[134] Tem-se a justificação "legal" se a norma é demonstrada válida, eventualmente mediante o reenvio a uma norma superior, acaso se assuma que o ordenamento seja modelado segundo a *Stufenbau* kelseniana: nesse caso, a justificação segue cânones lógico-jurídicos. Isso não ocorre, contudo, a propósito da justificação "extralegal", com que se mostra a utilidade, a justiça etc. da norma. É fácil entender, de fato, que a alusão a princípios gerais e a valores ético-políticos implica que a justificação assuma um caráter valorativo: então, a norma é justificada na medida em que resulte coerente com os princípios e os valores com que o juiz entende de uniformizar as suas próprias escolhas. Do ponto de vista do controle externo sobre a motivação, a norma resulta então extralegalmente justificada na medida em que os valores em que a justificação se funda são reconhecidos como próprios de quem efetua esse controle e desses pode ser retirada racionalmente a oportunidade para aplicação da norma em questão.[135]

---

133 Mais amplamente a respeito da correção dos critérios de conhecimento factual e da sua variabilidade em função de fatores culturais, vide Taruffo, *Certezza e probabilità*, cit., p. 92 ss.

134 A propósito, para a distinção entre justificação legal e extralegal empregada mais adiante no texto, conforme Tammelo-Prott, *Legal and Extra-legal Justification*, in 17 *J. Leg. Ed.*, 1965, p. 414 ss.; Tebaldeschi, op. cit., p. 101 ss.

135 Torna-se evidente a bipolaridade da justificação valorativa, como é tipicamente a justificação extralegal, na qual coexistem um fator lógico, dado pelo fato de que a escolha da norma deve ser *logicamente* fundada sobre um juízo de valor, e um fator de "justiça material", dado pelo fato de que semelhante juízo é correto se corresponde aos valores e às finalidades de determinado ambiente social. Mais amplamente sobre o assunto, vide *infra*, *sub d)* e *e)*. Ainda que se o segundo fator pode revestir uma relevância maior sob o perfil ideológico, sob o plano do discurso justificativo tem importância essencial o primeiro: que a justificação seja extralegal implica referência a valores externos à norma, mas o fato de que se trate de justificação implica que, posto determinado juízo de valor, a escolha da norma

A hipótese é análoga – e valem as mesmas considerações – quando se trata de justificar a adoção de um cânone interpretativo utilizado para estabelecer o significado de uma norma. A propósito, pode-se ter justificação "legal" quando essa seja reconduzível a uma norma que a prescreva, mas o caso peculiar e mais frequente é o de justificação "extralegal", isto é, do recurso a elementos de natureza diversa, que vão desde as regras de construção jurídica à referência aos princípios gerais ou valores éticos, políticos e jurídicos.[136]

Em linhas gerais, portanto, a distinção entre justificação de primeiro e segundo grau individualiza dois aspectos profundamente heterogêneos do discurso justificativo em que se consubstancia a motivação: sob o perfil estrutural, essa importa essencialmente na medida em que permite colocar em evidência a natureza inferencial da justificação interna da escolha em contraposição à justificação externa, em que têm um papel relevante argumentações persuasivas e valorativas.

D) O conceito de racionalidade da justificação

Segundo tudo que foi dito até aqui, o problema da racionalidade da motivação não parece passível de resolução de um ponto de vista unitário, salvo à custa de uma extrema generalização.[137] Esse então deve ser refor-

---

deve ser racionalmente nesse fundada. Isso explica a afirmação de que, quanto à estrutura formal, a justificação extralegal é muito símile àquela legal, dado que ambas implicam uma relação de coerência da escolha que é justificada com um critério justificante (conforme Tammelo-Prott, op. cit., p. 416 ss.).

[136] Especialmente sobre as diretivas chamadas de segundo grau ou "de preferência", que condicionam a escolha e a aplicação dos critérios interpretativos e que, portanto, representam o fundamento da justificação de segundo grau, conforme Wróblewski, *L'interprétation en droit*, cit., p. 61. A distinção entre as duas categorias de diretivas tem importância essencial também na análise do discurso justificativo – além de tê-la igualmente no âmbito do procedimento interpretativo. Essa permite, de fato, colocar no âmbito da justificação de primeiro grau os conhecidos cânones hermenêuticos que normalmente são reconduzidos à etiqueta da "lógica jurídica" e de entender *que nesse nível* pode-se falar de justificação logicamente válida. Ainda, essa permite esclarecer que o momento nitidamente valorativo da justificação é o da justificação extralegal inerente à escolha e ao modo de uso desses cânones, porque é *nesse segundo nível* que aparecem com importância determinante as escolhas ideológicas do juiz.

[137] A definição de racionalidade da argumentação justificativa como "*Herstellung eines Konsenses über die Vernünftigkeit einer Lösung*" proposta por Esser, *Vorverständnis und Methodenwahl*, cit., p. 9 e *passim*, constitui o última e mais articulada tentativa nessa direção. Essa pressupõe, porém, que seja considerado irrelevante o aspecto interno ou contextual da argumentação e que seja tomado em consideração somente o problema da correspondência das escolhas valorativas do juiz com os valores do auditório que deveria formar o "consenso". Ver-se-á, contudo, *infra* no texto que esse é apenas um dos aspectos a partir dos quais se coloca a questão da racionalidade da justificação e que também o problema da justificação dos juízos de valor deve ser analisado prevalentemente sob o ponto de vista da racionalidade

mulado em outros termos. De um lado, o conceito de logicidade da motivação deve ser estendido de modo a abarcar também a aplicação das formas lógicas não dedutivas, especialmente a lógica indutiva, a lógica inferencial e a lógica modal ou deôntica. De outro, o conceito de racionalidade da justificação não pode coincidir com o de logicidade.

Também para além das áreas do discurso que aparecem estruturados segundo formas lógicas, de fato, coloca-se igualmente o problema de saber se a justificação é ou não é racional: esse se coloca seja nos momentos em que entra em jogo a *Sachlogik* jurídica, seja nos momentos em que, mais especificamente, o fundamento da justificação é constituído por juízos de valor. A esse propósito, aliás, observe-se que o conceito de racionalidade se desdobra inevitavelmente em duas acepções que demandam considerações em separado: de fato, pode-se falar em racionalidade da justificação na medida em que a sua argumentação apresente determinados requisitos de coerência e de ordem lógica, focando-se predominantemente, portanto, nos aspectos estruturais e formais do discurso.[138] Pode-se falar logo em seguida de racionalidade no sentido de *materiale Gerechtigkeit* da justificação, isto é, no sentido de aceitabilidade, por parte dos usuários da motivação, das escolhas valorativas sobre as quais se assenta, por assim dizer, o conteúdo da própria justificação.[139] Na primeira acepção, a justificação é racional na

---

contextual do argumento justificativo. A definição proposta por ESSER contém, ainda, notáveis ambiguidades, que permitem colocar em dúvida a sua capacidade de constituir uma solução exauriente: conforme, nesse sentido, KOCK, *Zur Rationalität richterlichen Entscheidens*, cit., p. 201 ss.

[138] À base desse conceito de racionalidade está a concepção da "razão" como síntese dos princípios inerentes à correção das operações intelectivas, típica da tradição filosófica e científica (conforme TAMMELO, *Rechtslogik und materiale Gerechtigkeit*, cit., p. 80 ss.), segundo a qual a racionalidade de uma argumentação deve ser dimensionada essencialmente pelos cânones que determinam a sua validade lógica.

[139] Sob esse aspecto, o critério de valoração da adequação da justificação não é a sua estrutura lógica ou argumentativa, mas sim a correspondência do seu conteúdo – e particularmente das escolhas de fundo que essas implicam – a uma teoria ou ideologia da justiça: conforme ESSER, op. ult. cit., p. 139 ss. Com relação ao problema da motivação, não interessa que a teoria ou a ideologia possa ser em si considerada racional: semelhante qualificação concerne à definição teórica ou ideológica da justiça e dos outros valores a essa correlatos ou instrumentais, mas não incide sobre a função que a alusão a esses tem no plano do discurso justificativo. A motivação não é "materialmente" racional enquanto se funda em valores definíveis *a priori* como "conformes à razão": isso seria coerente com uma concepção jusnaturalista que permanece estranha à temática aqui discutida. A motivação, pelo contrário, é definível como "materialmente justa" ou "racional" enquanto as escolhas e as orientações ético-políticas que nessa exprime o juiz correspondam aos valores do ambiente social: quando isso ocorre – mas a verificação é possível apenas *a posteriori* – pode-se dizer que a motivação é racional porque as suas premissas valorativas não são negadas ou contestadas. Sobre a necessidade que a respeito da motivação seja desenvolvido um controle dessa ordem, conforme ESSER, op. ult. cit., loc. ult. cit.; LEGAZ Y LACAMBRA, *Justification de la décision en droit*, in *Le raisonnement juridique*, cit., p. 300.

medida em que seja coerente *iuxta propria principia*; na segunda, essa é racional na medida em que os *principia* em que se funda coincidam com os valores assumidos no ambiente sócio-político em que é destinada a operar.

Trata-se, evidentemente, de modos de qualificação do discurso justificativo, ou de algumas de suas partes, que partem de critérios heterogêneos. Contudo, não é impossível coordenar esses aspectos do ponto de vista da estrutura da justificação, em especial se concerne mais à racionalidade interna do discurso justificativo do que à racionalidade externa, constituída pela correspondência de seu conteúdo aos valores dos seus usuários. Sob esse perfil, o núcleo da justificação é constituído pelas partes que aparecem modeladas segundo formas lógicas: onde isso ocorre, de fato, a validade da justificação é controlável a partir da correção lógica dos seus argumentos. Quando essa subsiste, tem-se o ponto máximo de objetivação e racionalização do argumento justificativo, na medida em que é mais intensa a sua estruturação lógica segundo módulos de validade geralmente reconhecidos.

Aonde isso não ocorre, individualiza-se uma zona do discurso que pode ser qualificada como paralógica ou quase-lógica. Nessa, os módulos prevalentes são essencialmente de dois tipos: os *argumenta* da lógica jurídica tradicional (abarcando todos os cânones hermenêuticos individualizados pela teoria da argumentação jurídica) e os argumentos que normalmente são reconduzidos dentro do campo da "lógica do razoável".[140] Nesse caso, o discurso não é qualificável do ponto de vista da validade lógica – no entanto, esse é coerente (isto é, apresenta uma condição mínima de racionalidade), na medida em que responda a três requisitos: que sejam respeitadas as considerações de uso de cada *argumentum*, que a justificação argumentativa seja logicamente possível e que essa não contenha qualquer vício que possa infirmar a sua validade.[141]

---

[140] Por lógica do razoável entende-se aqui a lógica do raciocínio "prático", não entendida, porém, no sentido perelmaniano de simples argumentação persuasiva, mas sim no sentido, precisado especialmente pela filosofia moral inglesa de derivação analítica, de lógica da deliberação racional e da sua justificação. Sobre os conceitos de *practical* ou *Prudential judgment* e suas respectivas análises estruturais, conforme GAUTHIER, *Practical Reasoning. The Structure and Foundations of Prudential and Moral Arguments and their Exemplification in Discourse*, reedição, Oxford, 1966, especialmente pp. 9 ss., 43 ss., 155 ss.; GOTTLIEB, op. cit., pp. 14 ss., 23 ss., 66 ss.

[141] As tratativas dedicadas aos modos típicos da argumentação jurídica são, em regra, carentes no que tange à individualização dos erros lógicos em que essa pode incorrer. Para uma análise bastante exauriente a respeito, porém, conforme SCHNEIDER, *Logik für Juristen. Die Grundlagen der Denklehre und der Rechtsanwendung*, Berlin-Frankfurt am Main, 1965, p. 217 ss. A necessidade e a possibilidade de uma "teoria dos erros" da argumentação jurídica tem notável importância, normalmente não reconhecida de forma adequada, do ponto de vista metodológico geral: se, de fato, se pode reconhecer que os *argumenta* jurídicos não são lógicos em sentido estrito (assim, por último, TARELLO, *I ragionamenti dei giuristi*, cit., p. 426

Resta, enfim, uma terceira possível zona do discurso, residual diante das duas ora examinadas, em que falta qualquer estruturação lógica ou quase-lógica e subiste apenas a argumentação retórico-persuasiva. A propósito, não é possível falar de estrutura ou de validade do discurso, justamente porque esse não é subordinado senão a finalidades externas, consistentes em suscitar o assentimento do destinatário. Vale dizer: o discurso só é qualificável do ponto de vista da eficácia,[142] não do ponto de vista da validade: é evidente, de fato, que o consenso pode ser suscitado por um argumento logicamente inválido, assim como um argumento logicamente válido pode não ser persuasivo[143]. Esse setor foge de qualquer qualificação de racionalidade "interna" ou "contextual", nesse se ajustando somente a qualificação (além de tudo imprópria, se referida ao discurso em si considerado) de racionalidade do conteúdo, isto é, de aceitabilidade das escolhas a partir das quais se pretende obter o consenso. Observe-se, ainda, que a justificação meramente persuasiva coloca-se em um nível mínimo de objetivação e de racionalização, justamente porque o argumento não é apreciável sob o perfil estrutural, mas somente do ponto de vista da sua eficácia justamente persuasiva.

Em linhas gerais, a tripartição ora delineada permite identificar diferentes níveis do discurso justificativo, distintos na medida em que apresentam uma estrutura lógica, quase-lógica ou meramente persuasiva. Sobre o valor e sobre a função de semelhantes distinções é preciso, ainda, fazer alguns esclarecimentos.

---

ss., mas vide em sendo oposto Kalinowski, *Philosophie et logique de l'interprétation*, cit., p. 47), a possibilidade de individualizar os seus motivos de invalidade *lato sensu* lógica impede do mesmo modo a sua redução ao plano da simples argumentação retórica. De outra parte, observe-se que, ao menos em princípio, os *argumenta* tradicionais podem ser vistos como premissas de inferências lógicas indutivas: conforme, nesse sentido, Horovitz, *La logique et le droit*, cit., p. 49.

142 Conforme Perelman e Olbrechts-Tyteca, op. cit., pp. 19 ss., 48 ss. e *passim*. Observe-se que a análise perelmaniana dos tipos e das formas de argumentação retórica prescinde completamente de qualquer consideração atinente à validade do argumento e é direcionada exclusivamente à individualização daqueles argumentos – e de suas respectivas condições de uso – que apresentam maior eficácia persuasiva (indicativa a propósito é a tratativa das formas do discurso desenvolvida *ibidem*, p. 157 ss.).

143 Diante dessa constatação, é puramente carregada de veleidade a afirmação da exigência que as conclusões retóricas sejam logicamente possíveis e que as suas eficácias persuasivas não dependem de vícios lógicos (conforme Stone, *Reasons and Reasoning in Judicial and Juristic Argument*, in 18 *Rutg. L. R.*, 1964, p. 772). De fato, ou admite-se que a argumentação retórica deve respeitar determinadas condições lógicas, mas isso prescinde totalmente da sua eficácia persuasiva e implica alocação da argumentação ao menos para o nível quase-lógico (o que é, porém, possível apenas para um setor limitado de argumentos e da mesma forma não tem qualquer relevo sob o perfil retórico: conforme Perelman e Olbrechts-Tyteca, op. cit., p. 203 ss.), ou admite-se que essa está centrada sob a sua eficácia persuasiva, perdendo qualquer relevo a sua validade ou invalidade lógica.

Inicialmente, o valor que é atribuído à presença de estruturas formais lógicas em sentido estrito, ou derivadas da lógica do razoável, com a finalidade de individualizar a racionalidade do discurso, não coincide com o valor que, segundo outros critérios de juízo, pode ser reconhecido ao conteúdo de cada um dos argumentos. Em outros termos, pode ocorrer que o fator justificativo de maior relevância ética, jurídica ou política não seja expresso em uma argumentação logicamente estruturada, mas, pelo contrário, seja proposto de modo meramente retórico-persuasivo. Vice-versa, pode acontecer de a justificação lógica mais aguda diga respeito a aspectos menos importantes, no que concerne ao conteúdo, do discurso do juiz. Isso não retira, todavia, a importância autônoma da análise dos componentes estruturais da argumentação justificativa: por exemplo, pode ser extremamente significativo constatar que as valorações de fundo sobre as quais se apoia a motivação não foram adequadamente racionalizadas e, aliás, são propostas de modo apodítico, o que subtrai a possibilidade de qualquer exame crítico. A análise estrutural permite afirmar que, em um caso como esse, independentemente da intrínseca "bondade" ou "justiça" dessas valorações, essas sobram privadas de qualquer adequada justificação racional ou não são respectivamente idôneas para fornecer uma justificação às escolhas que o juiz declara ter realizado. Portanto, a consideração da motivação cinde-se em duas perspectivas independentes e autônomas: a primeira, apoiada nas componentes estruturais do discurso, permite estabelecer se esse constitui uma justificação racional, objetivada e controlável sob o perfil da validade e da correção; a segunda, cujo esteio é o conteúdo específico do discurso, visa a valorar as escolhas realizadas pelo juiz sob o perfil da correspondência às expectativas, às finalidades e às ideologias do observador.

Em segundo lugar, vale a pena esclarecer que, em concreto, os três níveis do discurso são em certa medida intercambiáveis. A distinção não se repete, de fato, constantemente nas diversas motivações, mas variam as partes do discurso que paulatinamente ingressam em um ou em outro nível. Assim, por exemplo, enquanto a praxe dominante é inserir a interpretação das normas no nível da justificação quase-lógica, mediante o uso dos *argumenta* hermenêuticos tradicionais, pode acontecer que a justificação das escolhas interpretativas seja conduzida segundo módulos rigorosamente lógicos ou que, pelo contrário, consista em solicitações meramente persuasivas. Analogamente, enquanto a referência a valores ético-políticos tende, em regra, a ser puramente persuasiva, pode ocorrer que essa seja racionalizada com argumentos "razoáveis" ou seja mesmo estruturada, em determinada medida, segundo as regras da lógica modal. Variações dessa ordem interessam especialmente a propósito do tema ligado ao estilo da motivação e dependem substancialmente da ideologia da motivação com que o juiz se amolda (vide *infra*, *sub f*). Isso pode fazer com que, em concreto, a motivação se coloque integralmente apenas em um dos três níveis do discurso em exame. Todavia, a hipótese mais frequente é que esses sejam preenchidos concomitantemente, com amplitude e importância diferentes caso a caso.

A heterogeneidade dos níveis e dos tipos de discurso presentes na motivação constitui um elemento metodológico essencial quando se considera a própria motivação como discurso justificativo racional. A melhor demonstração disso é dada exatamente por aquelas teorias da motivação que, de diferentes maneiras, tentaram contrariamente operações unificantes. A colocação da motivação no plano puramente lógico, sobretudo exclusivamente no lógico-dedutivo, conduziu a uma visão extremamente redutiva do fenômeno e à adoção de cânones de racionalidade excessivamente rígidos e restritivos. Pelo contrário, a colocação no plano retórico-persuasivo provocou não só a incapacidade de colher os aspectos peculiares e mais problemáticos do raciocínio do juiz, mas também a verdadeira e própria dissolução do problema da sua racionalidade.

E) Tipos e estruturas da justificação racional

A intercambialidade e a mobilidade dos diferentes níveis do discurso justificativo não impedem de individualizar os momentos da motivação que mais tipicamente pertencem, segundo a natureza dos enunciados que se tem de justificar, a um ou a outro nível. Daí que, fins de identificar o modelo racional da motivação, interessa indicar como operam na sua estrutura os diferentes tipos de justificação e, portanto, qual o papel dos conceitos de racionalidade que esses respectivamente atendem. Em particular, vale a pena esclarecer qual é o relevo da justificação do tipo lógico ou quase-lógico em contraposição àquela de natureza meramente retórico-persuasiva.

Quanto à justificação de primeiro grau, ou interna, já se observou que essa assume forma inferencial. Vale então o esquema "c (h, e)",[144] que indica que o enunciado é uma hipótese (h) fundada em um conjunto de elementos de confirmação constituído pelas premissas e pelas regras de inferência (e). Vale igualmente o esquema "C (D, W)", que representa a justificação do enunciado (C = *conclusion*) em virtude das premissas (D = *data*) elaborado segundo critérios de inferência (W = *warrants*).[145]

A justificação de primeiro grau pode ser interpretada, portanto, do ponto de vista lógico, tendo em conta que a inferência em que consiste apresenta uma estrutura lógica muito claramente individualizável. Em concreto,

---

[144] Sobre o uso dessa fórmula, dominante na simbologia da lógica indutiva, conforme CARNAP, *Logical Foundations of Probability*, II ed., Chicago, 1951, pp. 24, 138 ss.

[145] A fórmula é equivalente, e dessa é repisada a terminologia e os símbolos, àquela proposta por TOULMIN, op. cit., p. 99.

todavia, isso não ocorre senão quando subsistem algumas condições: isto é, importa que tenham sido explicitadas as premissas a partir das quais a inferência é justificada e que tenha sido explicitada a passagem lógica a partir da qual é possível configurar o enunciado que tem de ser justificado como uma conclusão.[146] Aonde isso não se verifica não se pode dizer que, no plano do discurso justificativo em que se consubstancia a motivação, subsista uma adequada justificação: de fato, a validade da inferência não é controlável se não são explicitadas as premissas e os critérios. Pelo contrário, ainda que o enunciado que se tem de justificar represente uma solução escolhida entre as diferentes alternativas, não é necessária a justificação da exclusão das outras soluções – e isso seria impossível, aliás, no âmbito da estrutura lógica em exame. Ao invés, é suficiente que a solução escolhida pelo juiz resulte logicamente válida a partir das premissas e dos critérios que são enunciados na motivação.[147]

Quanto à forma lógica da justificação de primeiro grau, reconhece-se que essa pode assumir as diferentes formas da inferência, principalmente em relação à natureza lógica do critério justificativo. No que concerne, por exemplo, à justificação de uma escolha interpretativa, pode ocorrer que se trate de uma forma dedutiva, se é possível dispor de um critério hermenêutico de ordem geral do qual seja possível deduzir o significado que é atribuído à norma[148] – e é ainda mais provável que esse seja induzido a partir de diretrizes hermenêuticas de diferentes naturezas.[149] Então, o esquema da inferência interpretativa é “c (h, d› + d’’ + d^n)”, onde o conjunto das diretivas (d) constitui o fundamento indutivo sustenta a hipótese interpretativa (h) como conclusão da inferência.[150]

---

[146] Conforme Aomi, *The Regulative Function of Logic*, cit., p. 195 ss.

[147] Conforme Schneider, *Logik für Juristen*, cit., p. 103.

[148] Para exemplos de interpretação dedutiva, conforme Engisch, *Logische Studien*, cit., p. 16. Em geral sobre a doutrina dedutiva da interpretação, vide *ante*, cap. IV, § 1. No plano do discurso justificativo, o emprego de critérios hermenêuticos em virtude de premissas dedutivas representa uma das características peculiares do estilo “lógico” sobre o qual vide *infra*, *sub* f.

[149] Sobre a distinção entre diretivas linguísticas, sistemáticas e funcionais, conforme Wróblewski, *L'interprétation en droit*, cit., p. 60.

[150] A configuração indutiva da justificação, segundo a qual essa consiste no fornecimento de razões de confirmação da confiabilidade de uma hipótese interpretativa, permite precisar em que consiste o núcleo da justificação do enunciado interpretativo. De um lado, o “fundamento” ou a “confirmação” que é atribuída ao enunciado não equivale à certeza dedutiva da conclusão “demonstrada”. Pode-se, no entanto, falar em “sufrágio”, mais ou menos amplo conforme o número e a natureza dos elementos interpretativos de que o argumento se vale, que pode ser completo, ainda que não equivalha a uma prova dedutiva, ou incompleto, quando forneça à hipótese um grau menos intenso de fundamento racional (conforme, a propósito, Strawson, op. cit., p. 300 ss.). A base da justificação conta, portanto, com *warrant statements* (sobre o qual vide amplamente Fogelin, *Evidence and Meaning. Studies in Analytic Philosophy*,

Considerações análogas valem quando é o caso de justificar uma escolha cognitiva inerente a um *factum probandum*. Também nesse caso, é possível que a justificação tenha forma dedutiva, se o juiz dispõe de uma regra de inferência constituída por uma lei geral. Porém, é inquestionavelmente mais frequente o caso em que o enunciado inerente à existência de um fato seja a conclusão de uma ou mais inferências indutivas entre si concatenadas, as quais operam no sentido de conferir certo grau de probabilidade (de confiabilidade) ao enunciado.[151] O esquema estrutural da inferência justificativa é então o seguinte: “$c (h, ec' + ec'' + ec^{n}, m' + m'' + m^{n})$”, onde o enunciado (h) é justificado a partir dos elementos cognitivos (e c) interpretados conforme as máximas (m).[152]

A justificação de segundo grau não é reconduzível a uma estrutura inferencial e isso exclui a possibilidade de individualizar nessa um discurso de nível somente lógico. Isso não implica, contudo, que se trate de um discurso puramente persuasivo, dado que é possível a estruturação, ao menos parcial, em sentido lógico ou quase-lógico.

Por brevidade, a exemplificação pode ser limitada ao caso em que se trata da justificação da escolha de uma diretiva, empregada no âmbito da justificação de primeiro grau de uma escolha interpretativa. Vale dizer: trata-se de fundar o uso de uma regra hermenêutica de que o juiz se serviu para estabelecer o significado de uma norma relevante para a decisão.

A propósito, os tipos de argumento justificativo podem ser reduzidos a três, eventualmente concorrentes entre si no mesmo discurso.[153] Pode existir

---

London, 1967, p. 9 ss.), que exprimem a *evidential backing* disponível para o enunciado que deve ser justificado. De outro lado, o grau de confirmação lógica que a justificação indutiva fornece a um enunciado não pode ser confundido ou reduzido ao grau de “força” persuasiva que um argumento ou um conjunto de argumentos pode ter no sentido de suscitar o consenso do auditório sobre o próprio enunciado (sobre o que vide Perelman e Olbrechts-Tyteca, op. cit., p. 483 ss.). O primeiro conceito incide efetivamente sobre a forma lógica do argumento e sobre a base racional que esse fornece à confiabilidade da hipótese, ao passo que o segundo concerne apenas ao aspecto da eficácia retórica da argumentação. A distinção entre *warrant statements* como bases de justificação lógica e *arguments* como instrumentos de persuasão retórica é claramente formulada por Fogelin, op. cit., p. 101 ss.

151 Sobre a distinção entre as duas hipóteses, conforme mais amplamente Taruffo, *Studi*, cit., p. 192 ss.; Id., *Certezza e probabilità*, cit., p. 87 ss.

152 Na verdade, a justificação de um enunciado factual exige normalmente uma série de inferências indutivas entre si concatenadas: o caso típico é aquele em que o *factum probans* (= ec na simbologia usada no texto) é expresso por um enunciado que deve ser de seu turno indutivamente justificado. Nesse caso, o enunciado inerente a (ec) representa uma hipótese ulterior (h) que deve ser confirmada a partir de outros elementos (= $ec^{n} + m^{n}$) e é confiável na medida em que esses elementos atribuam um fundamento racional suficiente. Para uma ampla análise dessa situação, vide Taruffo, *Studi*, cit., p. 164 ss.

153 Não se considera, dada a sua pouca relevância no quadro global, uma quarta hipótese, segundo a qual exista uma norma que fixe de forma vinculante a diretiva hermenêutica que o

inicialmente uma justificação tópico-jurídica, segundo a qual a escolha de um determinado cânone hermenêutico é fundada no seu uso pela doutrina e pela jurisprudência, na sua correção teórico-científica e, portanto, em suma, no consenso qualificado existente a respeito da sua validade.[154] Trata-se, evidentemente, de uma justificação não lógica – a sua correção, todavia, é controlável a partir de alguns requisitos objetivos: por exemplo, são controláveis a existência do consenso científico, a difusão jurisprudencial, a adequação dos precedentes em relação ao caso em que são aplicados, a sua validade teórica e assim por diante. Na medida em que a justificação tópica consiste na indicação de elementos de confirmação indireta da legitimidade ou oportunidade do emprego de um critério interpretativo, o controle racional incide sobre a existência e sobre a eficácia justificativa desses elementos em relação à escolha do juiz. O quadro de referência de ambas as operações não é a lógica em sentido estrito, mas a *Sachlogik* dos juristas, que fornece argumentos gerais utilizáveis para a justificação tópica da escolha e para a valoração da sua adequação.

O segundo tipo de justificação da escolha de uma diretiva interpretativa pode ser definido como teleológico.[155] Esse consiste essencialmente em mostrar que a diretiva pré-escolhida permite a obtenção de resultados apreciáveis, isto é, de interpretar a norma de modo a obter consequências oportunas: trata-se, em outros termos, de justificar o meio a partir do qual o fim é conseguido.[156] Em uma justificação dessa ordem, estão presentes níveis discursos heterogêneos. De um lado, trata-se de demonstrar que certo significado da norma resultado do cânone hermenêutico em questão, isto é, que esse produz e legitima esse significado, o que se encontra no nível lógico. Ainda, a conexão meio/fim é logicamente controlável de acordo

---

juiz deve utilizar. No que concerne à apuração dos fatos, a hipótese equivalente é a das normas de prova legal, que fixam o critério com que o juiz deve deter-se para estabelecer a "verdade" dos fatos. Nesses casos, pode-se falar de justificação *legal*, isto é, fundada no reenvio à norma que determina o critério que deve ser utilizado na justificação de primeiro grau. Porém, é evidente que com isso o problema não está resolvido, porque também essa norma deve ser interpretada e também as escolhas do juiz a esse respeito devem ser justificadas. Sobre a situação de determinação normativa das diretrizes de primeiro grau, conforme Wróblewski, *Legal Decision*, cit., p. 414 s.

[154] Conforme Horn, *Zur Bedeutung der Topiklehre*, cit., p. 607.

[155] Esse tipo de argumentação não coincide com o argumento teleológico já conhecido na hermenêutica tradicional, segundo o qual a norma é interpretada em função dos fins perseguidos pelo legislador (conforme Tarello, *I ragionamenti dei giuristi*, cit., p. 429), tendo em conta que se apoia não no fim que se pressupõe implícito na norma, mas no resultado interpretativo que o juiz obtém com a adoção de um determinado critério hermenêutico. O argumento teleológico tradicional é mais bem considerado como uma manifestação, embora não seja a única, da justificação teleológica acenada no texto.

[156] Sobre o conceito de *Zweckrationalität* que está à base desse tipo de justificação, conforme amplamente Esser, *Vorverständnis und Methodenwahl*, cit., pp. 62 ss., 141 ss.

com os princípios do chamado raciocínio prático.[157] De outro, é evidente que semelhante justificação subsiste na medida em que subsiste a valoração positiva do resultado interpretativo que o cânone pré-escolhido viabiliza: a propósito, surge um momento do discurso que pertence ao plano valorativo, haja vista que se trata de fundar a escolha do método interpretativo no valor dos resultados que esse permite alcançar.

Por fim, o terceiro tipo de justificação da escolha de um cânone hermenêutico é valorativo,[158] que se apresenta cada vez que o próprio cânone é constituído por um juízo de valor ou, do mesmo modo, quando o seu significado pode ser determinado, no todo ou em parte, somente a partir de juízos de valor. Nesse caso, a justificação resulta da intersecção de um discurso logicamente estruturado e de um discurso puramente retórico-persuasivo. Se existe um discurso logicamente estruturado, uma vez determinado o valor que orienta a escolha, a validade do juízo nesse fundado[159] depende de condições lógicas e, portanto, é logicamente controlável.[160] A propósito,

---

[157] Conforme GAUTHIER, op. cit., pp. 25, 155 ss. Para configuração lógica do argumento teleológico, conforme, em especial, WEINBERGER, *Rechtslogik*, cit., p. 291 ss.

[158] O que se diz no texto comporta uma série de assunções que não podem ser adequadamente desenvolvidas e justificadas nesse momento. É oportuno, todavia, enunciá-las ao menos como hipóteses, na medida em que constituem condições necessárias de validade do modelo de justificação valorativa empregado no texto. As hipóteses em questão são as seguintes: 1) independentemente do modo em que se configura a natureza do juízo de valor, esse constitui um enunciado que é passível de justificação racional; 2) existe uma lógica do discurso valorativo, que define as condições de validade desse discurso e constitui a sua estrutura justificativa; 3) essa lógica (modal, normativa) é diferente da lógica das proposições chamadas apofânticas, mas é, de seu turno, "formal" ou "formalizável"; 4) a lógica dos juízos de valor não coincide com a argumentação retórica e consequentemente o controle sobre a validade dos juízos de valor não equivale à constatação da eficácia persuasiva do discurso que o exprime; 5) há racionalidade da justificação do juízo de valor enquanto esse se funda em uma argumentação logicamente válida e controlável; 6) não é logicamente justificável a assunção do valor-base sobre o qual se funda o juízo; 7) vale a distinção entre juízo de fato e juízo de valor e vale o princípio da respectiva recíproca inderivabilidade. Para discussão desses pontos, conforme em geral, além das obras que serão citadas nas notas seguintes, CARCATERRA, *La fallacia naturalística*, cit.; SCARPELLI, *Filosofia analítica, norme e valori*, cit.; CAIANI, *I giudizi di valore*, cit., p. 75 ss.; MATZ, *Rechtsgefühl und objektive Werte*, cit., pp. 23 ss., 81 ss.; EDWARDS, *The Logic of Moral Discourse*, cit.; FOGELIN, *Evidence and Meaning*, cit., p. 118 ss.; HARE, *Libertà e ragione*, cit.; HALL, *What is value? An Essay in Philosophical Analysis*, New York, 1961.

[159] Isso pressupõe a distinção entre escolha ou assunção do valor que opera como critério de valoração e juízo de valor como valoração realizado segundo determinado critério, isto é, como atribuição de um predicado de natureza axiológica a um determinado objeto. Sobre os problemas inerentes à definição do juízo de valor como adscrição de uma qualificação valorativa, conforme FOGELIN, op. cit., p. 139 ss.; TAYLOR, *Normative Discourse*, cit., p. 48 ss.

[160] Isso implica rejeição da opinião dominante, segundo a qual a área dos juízos de valor e da respectiva justificação coincidiria integralmente com o campo da argumentação retórica (conforme pensa PERELMAN, sobre o que GIANFORMAGGIO BASTIDA, op. cit., p. 86 ss.). Analogamente às teses perelmanianas, conforme TAMMELO, *Logic as an Instrument of Legal*

pode-se falar de uma "lógica da justificação dos juízos de valor" como um conjunto de regras e de procedimentos segundo os quais esses juízos são fundados a partir das respectivas "razões". Em particular, pode-se distinguir um procedimento de "verificação" do juízo de valor,[161] mediante o qual se estabelece a sua correspondência ao *standard* ou critério valorativo, e um procedimento de "convalidação",[162] mediante o qual a assunção do critério valorativo é justificada a partir de um critério de ordem superior ou mais geral.

O discurso retórico-persuasivo concerne mais propriamente, pelo contrário, à justificação inerente à escolha do valor que determina a valoração, ainda que não se possa dizer que a exaure. A justificação da assunção de um valor como critério de juízo pode implicar, de fato, dois procedimentos distintos: a convalidação opera justificando a escolha a partir de um valor mais geral dentro de um dado sistema de valores. Trata-se de um procedimento dotado de estrutura lógica, em que o valor "convalidante" constitui a premissa de uma inferência que justifica a assunção do valor "convalidado", cuja correção é intersubjetivamente controlável.[163] Quando a convalidação não é possível, porque falta um sistema de valores ou porque se trata de justificar o valor-base do sistema, não sobra senão o procedimento de "reivindicação", com o qual se tenta provocar persuasivamente o consenso externo a partir de bases essencialmente emotivas.[164] Portanto,

---

Reasoning, cit., p. 92 ss.; Id., *Rechtslogik und materiale Gerechtigkeit*, cit., p. 121 ss.). Na verdade, a única fase do procedimento valorativo que parece passível somente de justificação retórico-persuasiva é a que atine à assunção do valor-guia destinado a constituir o critério da valoração (vide nota precedente), ao passo que é possível conceber uma justificação racional contextual da valoração, entendida como "aplicação" de determinado valor a um objeto ou a uma situação concreta (vide *infra* no texto). A afirmação de que a configuração retórica dos juízos de valor é necessária por conta da ausência de uma lógica dos valores (conforme Perelman, *Droit, philosophie et argumentation*, in *Handelingen van de vereniging voor wijsbegeerte des rechts*, LV, 1971, p. 4 ss. do extrato) é falsa e ambígua. É falsa, porque na verdade uma lógica (ou várias lógicas) dos juízos de valor existe – ou pelo menos existem doutrinas que esclarecem a estrutura lógica da valoração e das respectivas argumentações justificativas –, com o que a afirmativa de Perelman significa apenas que ele prefere não se encarregar de semelhantes doutrinas (na medida em que contrastam com as teses de fundo da *Nouvelle Rhétorique*). A afirmação em exame é ainda ambígua, porque confunde lógica dos valores e lógica dos juízos de valor, deduzindo indevidamente a ausência da segunda da não confiabilidade dos pressupostos ontológicos da primeira.

161 Conforme Taylor, op. cit., p. 77 ss.

162 Conforme Feigl, *Validation and Vindications. An Analysis of the Nature and the Limits of Ethical Arguments*, in *Readings in Ethical Theory*, W. Sellars e J. Hospers (coords.), New York, 1952, p. 667 ss.; Id., *De Principiis non Est Disputandum*, in *Philosophical Analysis*, M. Black (coord.), Ithaca, New York, 1950, p. 22 ss.; Tebaldeschi, op. cit., p. 90 ss.; Taylor, op. cit., p. 80 s.

163 Em especial sobre a estrutura lógica da convalidação, conforme Taylor, op. cit., p. 84 ss.

164 Conforme Feigl, op. cit., loc. cit.; Taylor, op. cit., p. 125 ss.

a reivindicação, embora possa valer-se de alguns instrumentos racionais conhecidos,[165] é o procedimento justificativo em que se manifesta tipicamente o discurso de corte retórico-persuasivo e no qual é menos intensa, ou falta completamente, a estruturação lógica.

Como resulta desta rápida análise exemplificativa, no âmbito da justificação de segundo grau encontram-se todos os três níveis do discurso justificativo já distinguidos anteriormente. Isso não elide, porém, a possibilidade de individualizar uma estrutura racional, fundada sobre condições e correlações lógicas ou quase-lógicas, que se estende até a cobertura quase total da motivação.

Daí descendem algumas consequências de ordem geral. A primeira é que resulta necessária uma acepção ampla do conceito de justificação racional, que compreenda não apenas os procedimentos de forma dedutiva, mas também as inferências indutivas e a lógicas dos juízos de valor, além dos argumentos quase-lógicos característicos do raciocínio jurídico. Sob esse perfil, a justificação é racional na medida em que se valha do emprego correto dos diversos argumentos justificativos possíveis.

Em segundo lugar, a teoria da argumentação retórica resulta inadequada como modelo da motivação, na exata medida em que essa aparece estruturada segundo formas lógicas ou quase-lógicas. Essa tem, pelo contrário, uma função descritiva estreitamente residual, enquanto concerne somente àqueles setores limitados do discurso justificativo em que não é identificável uma estrutura racional. Contrariamente à difundida concepção da argumentação como justificação dos juízos de valor, a área de justificação puramente persuasiva não coincide nem mesmo com a do discurso valorativo, mas cobre somente aquela sua parte em que a justificação consiste na "reivindicação" dos valores.

Por fim, em linhas ainda mais gerais, resulta que a motivação não é corretamente definível nem como uma verdadeira e própria demonstração, nem como uma simples argumentação retórica. A definição mais correta é, portanto, aquela que se apoia no conceito de justificação racional, levando-se em consideração que se trata de um discurso com estrutura aberta e de natureza heterogênea, em que entram diferentes níveis de argumentação justificativa e diversas técnicas de justificação.

F) Estilo e estrutura da motivação

O esquema descrito em linhas gerais nos parágrafos anteriores não constitui uma descrição do fenômeno em que se consubstancia a motivação,

---

[165] Sobre o conceito de escolha racional inerente aos sistemas de valor, conforme TAYLOR, op. cit., p. 151 ss.

dado que sobre sua concreta expressão incidem fatores estranhos à estrutura lógica do discurso justificativo – e são tais que condicionam profundamente as suas manifestações concretas. Por conta desses condicionamentos, não existe provavelmente um exemplo de motivação cuja estrutura coincida exatamente com o esquema *supra* delineado e isso impõe, nada obstante não exclua a validade de semelhante esquema, um breve aceno às razões pelas quais isso é dificilmente encontrável na prática.

O problema foi solidamente enfrentado a propósito do estilo das sentenças, mas apenas excepcionalmente esse tipo de aproximação fez aparecer elementos de alguma importância sob o aspecto que aqui interessa. A obra hoje clássica sobre o assunto,[166] por exemplo, contém uma série de minuciosíssimas observações linguísticas, sintáticas e estilísticas (no sentido literário) sobre o modo como são redigidas as motivações na França, mas não individualiza os fatores que produziram o "estilo francês" e não fornece uma análise das relações entre estilo e estrutura da motivação.

A aproximação a partir do estilo revelou-se o mais frutuoso sob o perfil comparatista, porquanto viabilizou a individualização de diferentes modelos estilísticos, próprios dos órgãos judiciais de cada um dos diversos ordenamentos. Também nesse caso, porém, a pesquisa normalmente restou cifrada à revelação dos dados, não se lançando à tarefa de fornecer uma análise orgânica das razões que os determinaram.[167] O único resultado obtido nesse sentido é que as diferenças entre os vários estilos são explicáveis em geral levando-se em consideração as diferentes tradições jurídicas e culturais, os diferentes graus e funções dos órgãos judiciários, as diferentes características sociais e culturais do juiz e assim por diante.[168]

O estilo da motivação aparece, portanto, condicionado por esses fatores. Permanece pouco clara, no entanto, a eficácia condicionante próprio estilo com relação à estrutura do discurso justificativo nas diversas situações concretas.

---

[166] Conforme MIMIN, *Le style des jugements*, cit.

[167] Conforme WETTER, *The Styles of Appellate Judicial Opinions*, cit., p. 13 ss., com amplas exemplificações; SCHMIDT, *The Ratio Decidendi. A Comparative Study of a French, a German and a American Supreme Court Decision*, in *Acta Instituti Upsaliensis Iurisprudentiae Comparativae*, VI, Uppsala, 1965 (citação do extrato). Em geral sobre os traços distintivos entre a forma da sentença no *common law* e na *civil law*, conforme VON MEHREN, *The Judicial Process in the United States and Germany. A Comparative Analysis*, in *Festschr. für E. Rabel*, Tübingen, 1954, p. 74 ss.; ID., *The Judicial Process: a Comparative Analysis*, in 5 *Am. J. Comp. L.*, 1956, p. 199 ss.; ID., *Il procedimento dell'attività decisoria negli Stati Uniti e in Francia*, in *Jus*, 1953, p. 71 ss.; GORLA, *La struttura della decisione giudiziale*, cit., p. 1.242 ss.

[168] Conforme WETTER, op. cit., p. 46 ss. e *passim*; SCHMIDT, op. cit., p. 5 ss.

Na verdade, importa observar que a própria noção de estilo da motivação é ambígua. De um lado, essa tende a reduzir-se a uma versão do conceito de estilo literário, aplicada àquele gênero literário particular que é constituído pelas motivações das sentenças. Nessa perspectiva, emergem as peculiaridades linguísticas e sintáticas da motivação, que, no entanto, acabam sendo apreciadas de um ponto de vista essencialmente estético.[169] De outro, por estilo entende-se um modelo de motivação definido pela presença de algumas peculiaridades expressivas e argumentativas (brevidade/não brevidade, clareza/confusão, precisão/imprecisão e assim por diante), dotado de certa continuidade e repetitividade na praxe de determinado ordenamento ou de certo órgão judiciário.[170] A explicação do estilo consiste aqui na individualização dos fatores que determinam as suas características e, portanto, o modelo estilístico da motivação é obtido da formulação sintética e "tipicizada" do modo de operar desses elementos condicionantes: então, a presença de certo estilo pode constituir o sintoma da presença desse ou daquele elemento que atue como "causa" que determine o comportamento do juiz que redige a motivação.

Pode-se, todavia, falar de estilo da motivação com um significado diferente e mais frutífero, isto é, como modo particular de disposição dos elementos estruturais fundamentais do discurso justificativo na motivação. Em outros termos, o estilo assim entendido indica as modalidades particulares com que o modelo estrutural (geral) descrito nos parágrafos anteriores reflete-se nas manifestações concretas do fenômeno motivação (modalidades que podem consistir em limitações, degenerações, distorções ou particulares distribuições ou combinações dos níveis do discurso e das estruturas lógicas a partir das quais se define o conceito geral de justificação da decisão). Também o estilo assim entendido é evidentemente o resultado de uma série de condicionamentos de diferentes naturezas que operam sobre o juiz. Em particular, além dos fatores ligados à tradição cultural, à praxe, à estrutura, à função do órgão judicial e às características sociológicas e culturais inerentes à personalidade de cada um dos juízes, importam a estrutura do ordenamento e o tipo de juízo que o órgão realiza. Por exemplo, é evidente que a motivação das escolhas interpretativas tende a ser lógico-sistemática nos ordenamentos de *civil law*, em que se tem de justificar a atribuição de certo significado a uma norma escrita inserida em um sistema de normas, ao passo que tende a ser mais dialética e valorativa no sistema de *common law*, em que o problema principal está em individualizar a *ratio decidendi* a partir

---

[169] Conforme, por exemplo, WETTER, op. cit., p. 43, e, em sentido crítico SCHMIDT, op. cit., p. 3, nota 1.

[170] Conforme WETTER, op. cit., loc. ult. cit.

dos precedentes.[171] Analogamente, a motivação tende a ser mais "jurídica" e formalista pelos órgãos jurisdicionais ordinários, em que o problema está em justificar a "correta aplicação da lei", enquanto tende a ser mais "valorativa" pelas Cortes Constitucionais, em que se procura justificar a afirmação de princípios jurídico-políticos retirados da *Grundnorm* do ordenamento.

A exemplificação poderia continuar – e, aliás, poder-se-ia mesmo pensar que uma análise completa da incidência de fatores dessa ordem sobre o comportamento do juiz poderia fornecer uma explicação satisfatória das peculiaridades que a motivação apresenta a partir de diferentes juízes, diferentes ordenamentos e em diferentes momentos históricos. Existe, porém, no âmbito do "estilo estrutural" da motivação uma série de aspectos destinados a fugir de uma explicação determinista desse gênero. Na verdade, a própria natureza do estilo – e a função condicionante que esse desempenha sobre o modo com que a motivação em concreto configura-se – não parece totalmente compreensível se é vista exclusivamente como o produto objetivo de um conjunto de causas externas. Vice-versa, o estilo determina a estrutura particular das motivações enquanto exprime e incorpora uma ideologia da motivação,[172] conexa, de seu turno, com uma ideologia do juízo e uma ideologia da justiça em geral.

Conotações desse gênero estão claramente presentes, por exemplo, na contraposição entre "estilo lógico" e "estilo valorativo"[173] e emergem com particular evidência se a análise a partir do critério estilístico não se limita à observação de elementos linguístico-literários, mas abarca também a estrutura do discurso com que o juiz justificação a decisão. A assunção de uma ideologia da motivação por parte do juiz condiciona o estilo da própria motivação, assim como a adoção de um determinado modelo teórico do juízo descende de uma tomada de posição ideológica a respeito da natureza e da função jurídico-política do juízo. Assim, por exemplo, o estilo rigorosamente lógico-dedutivo, em que a decisão é apresentada como a conclusão necessária e inevitável de determinadas premissas e em que falta a justificação dialética das escolhas e dos juízos de valor dos quais essas

---

[171] Para uma observação dessa diferença, conforme Wetter, op. cit., pp. 16 ss., 32 ss.; Schmidt, op. cit., p. 16 ss.

[172] A fórmula utilizada por Wetter, op. cit., p. 45: "*Style creates atmosphere. Atmosphere, conversely, creates style*", tem um significado menor sob um perfil genericamente estético, mas tem maior eficácia se por atmosfera se entender a orientação ideológica, latente ou manifesta, do juiz e da magistratura em geral.

[173] Conforme Esser, *Wertung, Konstruktion und Argument im Zivilurteil*, cit., p. 5 ss.; Rasehorn, *Justiz und Rechtswirklichkeit*, in *DRiZ*, 1964, p. 227; Id., *Rechtsfindung und Gerichtspraxis*, in *NJW*, 1972, p. 83 ss.; Bellussi, *La Justification en Droit*, in *Le raisonnement juridique*, cit., p. 229 ss.; Schmidt, op. cit., p. 15 ss. Para análoga distinção entre *Grand Style* e *Formal Style* na jurisprudência estadunidense, conforme Llewellyn, *The Common Law Tradition*, cit., pp. 36 ss., 64 ss.

dependem, pressupõe claramente uma concepção mecanicista do juízo, uma metodologia formalista da interpretação e uma visão da motivação como instrumento de indução de um consenso forçado a respeito da decisão. No polo oposto, uma motivação apoiada na exposição dos juízos de valor pode ser reconduzida a uma ideologia evolutiva da interpretação e a uma imagem do juiz como solucionador de conflitos econômico-sociais, configurando-se a motivação como um meio para provocar um controle crítico sobre as escolhas realizadas pelo juiz, mas também, eventualmente, como um instrumento retórico capaz de suscitar um consenso emotivo sobre as razões da motivação.

É fácil observar, todavia, que uma contraposição dessa ordem é muito genérica e grosseira para dar conta das implicações e dos condicionamentos ideológicos inerentes ao estilo da motivação. Na verdade, seria necessário levar em considerações muitas variáveis estruturais, de cuja combinação as linhas de fundo do estilo de cada uma das motivações tenham derivado. Para não aludir senão às principais, basta recordar que a motivação responde a diversas finalidades ideológicas, conforme: 1) exprima ou não as escolhas discricionárias de que a decisão descende ou mesmo exprima algumas e não outras; 2) em especial, exprima os juízos de valor que justificam essas escolhas ou a assunção dos critérios a partir dos quais essas foram realizadas; 3) valha-se de instrumentos justificativos puramente jurídico-formais ou valha-se de argumentos fundados sobre escolhas de *policy*, sobre avalições de oportunidade e de justiça substancial etc.; 4) siga o modelo da argumentação "aberta", em que se combinam de diferentes maneiras os vários níveis do discurso justificativo de acordo com uma relação dialética; 5) prevaleça a justificação lógica ou quase-lógica ou a argumentação retórico-persuasiva.

Pode ser que nem todas as possíveis combinações desses fatores exprimam com a mesma clareza as conotações inerentes a uma determinada ideologia da motivação, mas alguns desses são particularmente significativos nessa perspectiva. Por exemplo, é o caso da motivação apodítica e burocrática, em que não são declinadas as escolhas do juiz e as premissas da decisão são apresentadas como autoevidentes,[174] em que não são declinadas – e, pois, não são justificadas – as valorações metajurídicas, em que não são referidos os critérios de inferência a partir dos quais os fatos são tidos como provados e em que, por fim, predomina a técnica da argumentação fechada

---

[174] Uma hipótese típica e frequente consiste em fundar a argumentação justificativa na ficção de que existe apenas uma única norma (em apenas um significado) aplicável ao caso, nada obstante existam outras (capazes de outorgar outra configuração jurídica à controvérsia), e na correlata ficção de que o juiz não tenha realizado qualquer escolha a propósito, mas tenha se limitado a perceber a "necessidade" de certa solução. A propósito, conforme Stone, *Legal System*, cit., p. 293 ss.

e logicamente necessária.[175] Pelo contrário, é igualmente significativa a motivação crítica e individualizada, em que as premissas de fato e de direito da decisão são apontadas como resultados de escolhas realizadas pelas alternativas mais confiáveis e mais justas, em que são apontados e justificados racionalmente os juízos de valor, em que são enunciados e motivados os critérios jurídicos, cognitivos e valorativos que fundam as escolhas realizadas pelo juiz e em que, finalmente, predomina o modelo de argumentação "aberta" constituída por argumentos de oportunidade e de justiça.[176] Ainda, haja vista o fato de o juiz formular escolhas metajurídicas, tem-se diferentes acentuações ideológicas da motivação, conforme essas sejam ou não justificadas, sejam justificadas com referência aos princípios do ordenamento, a finalidades ético-políticas ou econômicas em geral ou às exigências de tutela derivadas dos interesses concretos e individuais confluentes em cada controvérsia.[177]

No espectro de todas essas variáveis, como é fácil perceber, jogam diferentes ideologias que se refletem concretamente no modo com que a motivação é orientada: a ideologia autoritária e burocrática da justiça tende a enfraquecer os elementos justificativos incompatíveis com a imagem da sentença como *Staatsakt* e a fortalecer os fatores ligados ao formalismo lógico e jurídico.[178] A ideologia segundo a qual a motivação não tem como destinatária a opinião pública, mas a comunidade jurídica ou apenas os juízes recursais, tende a privilegiar o momento jurídico em detrimento dos momentos factuais ou valorativos. A ideologia do juiz *slot-machine*, a serviço de uma aplicação mecânica de uma lei "certa",[179] tende a privilegiar as passagens automáticas e formalmente necessárias ao invés daquelas em que aparece como determinantes as escolhas discricionárias, valorativas e equitativas.

A exemplificação poderia continuar, mas os poucos acenos já realizados parecem suficientes para mostrar como as opções ideológicas relativas aos diferentes aspectos do juízo desempenham um papel essencial a respeito dos elementos condicionantes do estilo da motivação. Ademais, essas

---

175 Sobre a predominância desses elementos no estilo sueco, alemão e francês, conforme WETTER, op. cit., pp. 16 ss., 26 ss., 28 ss.; SCHMIDT, op. cit., p. 9 ss. Sobre os componentes ideológicos desse estilo, conforme, em geral, DENTI, *Per il retorno al "voto" di scissura*, cit., p. 11 ss.

176 Sobre a predominância desses elementos no estilo inglês e estadunidense, conforme WETTER, op. cit., pp. 32 ss., 35 ss.; SCHMIDT, op. cit., p. 17.

177 Sobre o ponto, conforme as observações gerais de SCHMIDT, op. cit., p. 12 ss.

178 Conforme RASEHORN, *Justiz und Rechtswirklichkeit*, cit., loc. cit.

179 É significativa, a respeito, a imagem do legislador justo, coerente, razoável e não redundante, além de rigoroso, sistemático e exauriente, que emerge dos endereços tradicionais a respeito da motivação: conforme, a propósito, BOBBIO, *Le bon législateur*, in *Le raisonnement juridique*, cit., p. 243 ss.

tendem a privilegiar particulares noções de racionalidade da justificação em detrimento de outras, servindo o estilo da motivação como um elemento de adequação da motivação à espécie de racionalidade eleita. Nesse sentido, por exemplo, a ideia de racionalidade como logicidade silogística funda-se na ideologia subjacente ao formalismo positivista e o estilo "dedutivista" da sentença como o momento em que a ligação entre semelhante ideologia e a ideia de racionalidade que essa produz concretiza-se no contexto da motivação.

Não por acaso, no momento em que se apresentam e especificam-se novas exigências a respeito da motivação, essas acabam golpeando um modelo – ou um estilo – caracterizado por pesadas implicações ideológicas e terminam por colocarem-se em conflito com suas implicações. Nessa direção coloca-se claramente a afirmação, sempre cada vez mais frequente na doutrina do *common law*, da necessidade de que as decisões sejam justificadas por *principled opinions.*[180] Na base dessa afirmação encontra-se, de fato, a reação contra a praxe da motivação ficticiamente neutra em relação às escolhas de *policy* que efetivamente condicionam a decisão. Isso porque, da constatação da importância decisiva de escolhas desse gênero, retira-se a exigência de que essas estejam declinadas expressamente na motivação para que possam sofrer um controle crítico externo e sejam justificadas racionalmente a partir de princípios, de valores e das orientações de fundo das quais descendem. Tem-se como indispensável, portanto, que o juiz racionalize expressamente as próprias decisões de "política do direito", seja porque isso representa uma garantia intrínseca contra o arbítrio dessas decisões,[181] seja

---

[180] Conforme Blackstone, *Criteria of Adequacy for Judicial Reasoning*, in *Le raisonnement juridique*, cit., p. 235 ss.; Doyle, *Principles and Policies*, cit., p. 267; Gottlieb, op. cit., pp. 132 ss., 161 ss.; Golding, *Principled Decision-Making and the Supreme Court*, in *Essays in Legal Philosophy*, R. S. Summers (coord.), Oxford, 1968, p. 208 ss.; Miller, *On the Choice of Major Premises*, cit., pp. 256 ss., 265. Na origem dessa orientação encontra-se um já famoso escrito de Wechsler, *Toward Neutral Principles of Constitutional Law*, in 73 *Harv. L. R.*, 1959, p. 1 ss. e Id., *Principles, Politics and Fundamental Law*, Cambridge, Mass., 1961, p. 3 ss.

[181] Sob esse aspecto tem particular importância a afirmação da exigência de *neutrally principled opinions*, instrumental, para além da possibilidade de previsão dos casos futuros, essencialmente à possibilidade de controlar a coerência da decisão com princípios gerais uniformes e, pois, a imparcialidade do juízo. Sobre o amplo debate aberto nos Estados Unidos a respeito desses problemas, conforme Wechsler, op. cit.; Id., *The Nature of Judicial Reasoning*, in *Law and Philosophy. A Symposium*, S. Hook ed., New York, 1964, p. 290 ss.; Henkin, *"Neutral Principles" and Future Cases*, ibid., p. 301 ss.; Mueller-Schwartz, *The Principle of Neutral Principles*, in 7 *U.C.L.A. Law R.*, 1960, p. 571 ss.; Miller-Howell, *The Myth of Neutrality in Constitutional Adjudication: Relative or Absolute Neutrality*, in 11 *J. Publ. L.*, 1962, p. 48 ss.; Shapiro, *The Supreme Court and Constitutional Adjudication: of Politics and Neutral Principles*, in 31 *Geo. Wash. L. R.*, 1963, p. 587 ss. Não faltaram críticas que visam colocar em evidência o componente conservador ínsito na alusão aos *neutral principles*, bem como a reivindicar a exigência de que a Corte Suprema não realize

porque se trata do único instrumento que viabiliza um controle crítico e democrático das decisões sob o ponto de vista da justiça substancial e da coerência com os valores sociais, éticos e políticos do ambiente em que o juiz opera.[182] É evidente que desse modo é colocado em crise o conceito limitativo de racionalidade da motivação como mera logicidade jurídico-formal: se importa uma *principled opinion* que dê conta especialmente de escolhas de *policy*, o conceito de racionalidade deve necessariamente estender-se até recobrir a justificação racional dos juízos de valor e a *vindication* da assunção dos valores sobre os quais se fundam.

Em uma perspectiva análoga coloca-se quem, ainda que partindo da impossibilidade de uma racionalidade absoluta, afirme ser típica do estado democrático a exigência de máxima racionalidade da jurisprudência, equivalente àquela de *maximale Diskutierbarkeit* das sentenças.[183] Isso determina, no que atine à motivação, um princípio que pode ser definido como de completude da justificação. Esse princípio não significa que a motivação deve exprimir completamente as "razões reais" da decisão, porque isso não está dentro da função e nas possibilidades da motivação. Esse exprime, ao invés, a exigência de que sejam expressos – e justificados – os elementos a partir dos quais a decisão deve ser racionalizada, eliminando o método das asserções apodíticas e das argumentações formalistas. Em especial, trata-se da exigência de que estejam expressas e racionalmente justificadas as escolhas de valor de que depende a decisão, porque, na falta disso, essa não pode ser definida como racional: racionalidade da motivação significa, então, que essa deve dar conta dos juízos de valor implicados no discurso do juiz, de modo que esses apareçam como fundados em si e externamente discutíveis.[184] Justamente se observa, a propósito, que a motivação é racional

---

necessariamente escolhas "neutrais": conforme, nesse sentido, Wright, *The Supreme Court Cannot Be Neutral*, in 40 *Tex. L. R.*, 1962, p. 599 ss.; Clark, *A Plea for the Unprincipled Decision*, in 49 *Virg. L. R.*, 1963, p. 35 ss. Uma tentativa de superação das teses contrapostas é realizada por Snortland-Stanga, *Neutral Principles and Decision-Making Theory: An Alternative to Incrementalism*, in 41 *Geo. Wash. L. R.*, 1973, p. 1.006 ss., onde se propõe uma versão mais articulada das teses de Wechsler no chamado *mixed-scanning model*.

182 Conforme Doyle, *Principles and Policies*, cit., p. 263 ss.

183 Conforme Müller, *Normstruktur und Normativität. Zum Verhältnis von Recht und Wirklichkeit in der juristischen Hermeneutik, entwickelt an Fragen der Verfassungsinterpretation*, Berlin, 1966, p. 71 ss. Uma exigência análoga foi posta recentemente em evidência na França: conforme Touffat e Tunc, *Pour une motivation plus explicite des décisions de justice et notamment de celles de la Cour de Cassation*, in *Rev. Trim. de Droit Civil*, 1974, p. 487 ss.

184 Conforme Müller, op. cit., p. 69 ss. Na mesma ordem de ideias, vide também Esser, *Vorverständnis und Methodenwahl*, cit., p. 163 ss.; Id., *Wertung, Konstruktion und Argument im Zivilurteil*, cit., p. 5 ss.; Bellussi, op. cit., p. 231; Legaz y Lacambra, op. cit., p. 300; Weiller, *Legal Values and Judicial Decision-Making*, in 48 *Can. Bar R.*, 1970, p. 17.

não enquanto elimina ou dissimula as escolhas valorativas, mas enquanto as exprime e justifica-as.[185]

A afirmação de exigências desse tipo estava até o momento predominantemente coarctada às sentenças das Cortes constitucionais, o que é compreensível, na medida em que a decisão de questões constitucionais aparece sempre mais intensamente ligada a escolhas "de princípios" ou de "valores". Nessa perspectiva, o problema incide diretamente sobre a praxe da nossa Corte,[186] na qual é sabido que o princípio da colegialidade opera justamente no sentido de empobrecer a importância que na motivação assumem as escolhas políticas de fundo.[187] Porém, a análise realizada anteriormente sobre a dinâmica do juízo e sobre o modelo estrutural da sua justificação, mostrou como as escolhas valorativas do juiz têm uma relevância decisiva em todas as fases do juízo e como a respectiva justificação é um componente necessário da motivação. Segue-se daí que as exigências em exame subsistem a propósito das decisões dos juízes ordinários tanto quanto gravam as decisões dos órgãos da justiça constitucional. De outra parte, ao menos no que tange à situação italiana, o efeito coarctante e redutivo da ideologia silogística da motivação teve – e tem ainda hoje –maior difusão e intensidade e, portanto, uma maior eficácia condicionante no plano da "política da jurisprudência", exatamente na praxe da motivação existente entre os órgãos da justiça ordinária.

G) Pluralidade de *rationes decidendi* e *obiter dicta*

Além dos fatores assinalados nos parágrafos precedentes, outros fenômenos intervêm para produzir, na praxe da motivação, modificações relevantes a respeito do modelo estrutural do discurso justificativo. Sem proceder a um exame analítico de cada um desses, vale a pena colocar em evidência algumas razões que, de um lado, fazem com que normalmente apenas uma parte da estrutura justificativa constituída por semelhante modelo seja encontrável na motivação, e outras razões que, de outro, fazem com que a forma da motivação seja mais articulada e mais complexa em relação às linhas mestras dessa estrutura.

---

185 Conforme MÜLLER, op. cit., p. 74.

186 Conforme DENTI, op. ult. cit., p. 18 ss.; ANDRIOLI, *Motivazione e dispositivo nelle sentenze della Corte Costituzionale*, in *Riv. trim. dir. proc. civ.*, 1962, p. 529 ss.

187 Conforme DENTI, *La Corte Costituzionale e la collegialità della motivazione*, cit., p. 436. Ademais, acontece também na Suprema Corte dos Estados Unidos, onde a motivação não é colegiada e são admitidas *dissenting* e *concurring opinions*, de a motivação ser "desesperadamente negociada" entre os juízes (conforme MILLER, op. cit., p. 257; BICKEL-WELLINGTON, *Legislative Purpose and the Judicial Process. The Lincoln Mills Case*, in 71 *Harv. L. R.*, 1957, p. 3), o que acarreta efeitos análogos.

Na primeira linha, aparecem razões teóricas e delimitações de fonte normativa. Do ponto de vista teórico, toda asserção do juiz é passível de justificação mediante argumentos que reenviam a outras asserções, que igualmente, de seu turno, podem ser justificadas do mesmo modo. Abre-se assim a possibilidade de um *regressus ad infinitum* ao longo de cadeias (potencialmente) ilimitadas de passagens justificativas (eventualmente postas sobre uma pluralidade de planos metajustificativos, em especial quando se trata de justificação extralegal),[188] o que é claramente incompatível com a necessidade prática de que a motivação seja declinada em um discurso "finito" na forma e limitado no conteúdo. Donde ressai um problema de escolha para o juiz que redige a motivação: isto é, tem-se que estabelecer quais asserções devem ser expressamente justificadas e até que ponto pode ser explicitada a cadeia argumentativa que em abstrato pode constituir a justificação. De outro lado, a lei não prescreve de fato a motivação "total", mas antes recomenda a "concisa" exposição dos motivos (artigo 132, n. 4, *Codice di Procedura Civile*). Vale dizer: a motivação expressa importa somente quando é necessário justificar analiticamente um determina enunciado e apenas na medida em que a argumentação pareça suficiente para atender a esse escopo. Em linhas gerais, daí descende a possibilidade de que setores inclusive amplos do esquema geral descrito anteriormente não sejam reproduzidos em todos os casos concretos: pode ocorrer, por exemplo, que a interpretação de uma norma não exija uma justificação articulada, se é sustentada por uma jurisprudência consolidada, ou que a escolha de uma máxima de experiência não deva ser motivada, se é evidente o fundamento que essa encontra no patrimônio de conhecimento do senso comum. Sob esse perfil, a argumentação tópica pode servir para delimitar o campo de justificação, fazendo com que seja menor a sua necessidade nos enunciados que contam com um consenso muito amplo e seguro na *communis opinio* geral e jurídica.

É de outro lado evidente que, nada obstante se trate de exigências inquestionavelmente fundadas, não é possível formula regras gerais (que não sejam igualmente genéricas) a respeito da "necessidade" e da "suficiência" da motivação sobre os diversos enunciados de fato e de direito em que consiste a decisão. Por exemplo, a afirmação recorrente pela qual é necessária uma justificação específica toda vez que uma asserção se destaque da opinião dominante, exprime apenas uma orientação em termos gerais, que ainda outorga excessivo crédito ao valor da opinião dominante.

A consequência é que a interpretação de tais exigências é submetida totalmente à valoração discricionária do juiz (e eventualmente da *Cassa-*

---

[188] Conforme Tammelo-Prott, *Legal and Extra-Legal Justification*, cit., p. 417.

zione que faz o controle sobre a motivação). Então, é exatamente nesse nível que se manifesta a eficácia condicionante dos fatores culturais e ideológicos acenados no parágrafo anterior, na medida em que são exatamente esses fatores que fornecem o quadro de referência a partir do qual é possível, paulatinamente, estabelecer em que consiste o requisito da necessidade da motivação e quais são as condições que devem existir para que se possa entendê-la suficiente. Por exemplo, a ideologia da motivação "logicista" pode ser traduzida em uma orientação pela qual não se entende necessária a enunciação e a justificação das escolhas valorativas, parecendo suficiente a justificação que não leve em consideração fatores valorativos ínsitos nas escolhas interpretativas ou cognitivas. Porém, vale a pena sublinhar que não emergem apenas condicionamentos diretos dessa ordem, sendo, aliás, mais frequente a hipótese em que são princípios jurídicos (ou entendidos como tais) que delimitam, às vezes indevidamente, o campo da justificação. A propósito, vale o exemplo da regra pela qual *in claris non fit interpretatio*, que pode servir a entender-se como supérflua a justificação de uma escolha interpretativa realizada sobre uma norma cujo significado pode não ser absolutamente "claro".[189] Análoga função têm algumas regras elaboradas pela jurisprudência da *Corte di Cassazione*, que serão mais bem analisadas adiante: a entendida licitude, em muitos casos, da chamada motivação implícita e o princípio pelo qual o juiz não tem o dever de expor os "motivos dos motivos" concretizam uma fortíssima delimitação dos conceitos de necessidade e suficiência da motivação e acabam por avalizar uma prática em que não só o modelo de discurso justificativo não se traduz integralmente em concreto, mas também coloca em dúvida o atendimento às próprias exigências mínimas de adequação e de racionalidade da motivação.[190]

É legítimo entender que uma notável influência sobre a configuração concreta de fenômenos dessa ordem decorra do modo com que o juiz (e a jurisprudência em geral) concebe aquela particular entidade definível como "destinatário ideal" da motivação.[191] De fato, as delimitações do discurso justificativo tendem a conformar-se de diferentes maneiras de acordo com que esse seja direcionado primariamente às partes, à comunidade jurídica ou à opinião pública em geral.[192] No primeiro caso, é mais provável que

---

[189] Sobre o uso indevido dessa regra, conforme TARELLO, *Orientamenti analitico-linguistici*, cit., p. 407.

[190] Sobre o assunto, vide mais amplamente *infra*.

[191] Conforme PERELMAN, *Droit, philosophie et argumentation*, cit., p. 8, o qual aplica a propósito a noção de auditório definida em termos gerais em PERELMAN e OLBRECHTS-TYTECA, op. cit., p. 19 ss.

[192] Para essa definição, conforme PINCOFFS, *The Audience of the Judge*, in *Le raisonnement juridique*, cit., p. 337 ss. Do ponto de vista que aqui interessa, o "destinatário" específico constituído pelo juízo recursal não assume uma posição autônoma: a propósito emergem

seja entendida como necessária e suficiente a motivação inerente à decisão sobre o pedido e à declaração das consequências jurídicas concretas, bem como à solução das questões sobre as quais o debate processual se concentrou.[193] No segundo, tendem a prevalecer evidentemente a *quaestio juris* e um tipo de justificação dogmática, construtivista e conceitualista, particularmente direcionada a fundar a dignidade e a autoridade da decisão no plano jurídico-científico.[194] No terceiro caso, por fim, é mais provável que se entenda como necessária a justificação expressa das escolhas de fundo de natureza ético-política, que incidem sobre os valores do ambiente social e que, portanto, prevaleça, ao menos esteja presente, o aspecto valorativo da motivação.[195] Conforme prevaleça um ou outro desses endereços, pode-se verificar uma acentuação particular de alguns aspectos e de alguns setores da estrutura justificativa, mas pode-se igualmente verificar a exclusão ou a acentuada delimitação daqueles setores do discurso cuja específica função é correlata a um destinatário particular da motivação, o qual o juiz não considera relevante.

Aos mesmos fatores, ora reclamados para explicar algumas formas de redução da estrutura da motivação na praxe, é possível aludir também para explicar alguns fenômenos de complicação do discurso justificativo em relação às linhas essenciais de semelhante estrutura. Com o termo "complicação" da justificação refere-se aqui à presença de várias argumentações justificativas concorrentes e direcionadas a fundar u mesmo enunciado (hipótese em que a pluralidade de *rationes decidendi* relativas à mesma decisão é apenas um caso particular, nada obstante especialmente relevante)[196] e à presença de assertivas que constituem *obiter dicta* no contexto da motivação.[197]

---

quer fatores de correção e adequação da decisão que interessam em relação às partes, quer os fatores dogmático-científicos que interessam em relação à comunidade jurídica.

[193] O elemento da "correção" da decisão (sobre o que vide PINCOFFS, op. cit., loc. cit.) não interessa por si, mas em relação ao interesse das partes a respeito de determinados aspectos ou conteúdos da decisão.

[194] Sobre as características peculiares desse tipo de raciocínio justificativo e sobre o papel que nesse desempenha a argumentação sistemática, conforme ESSER, *Wertung, Konstruktion und Argument im Zivilurteil*, cit., p. 14 ss. Especialmente sobre a finalidade de demonstração da coerência da decisão com os precedentes no sistema de *common law*, conforme LLOYD, *Reason and Logic*, cit., p. 476.

[195] Conforme PINCOFFS, op. cit., loc. cit.; ESSER, op. ult. cit., p. 20 ss.

[196] Sobre essa hipótese, conforme amplamente LUPOI, *Pluralità di "rationes decidendi"*, cit.

[197] Sobre a definição do conceito, conforme, em geral, SCHLÜTER, *Das Obiter Dictum. Die Grenzen höchstrichterlicher Entscheidungsbegründung, dargestellt na Beispielen aus der Rechtsprechung des Bundesarbeitsgerichts*, München, 1973, pp. 77 ss., 105 ss. A definição ampla que é utilizada *infra* no texto, segundo a qual é *obiter dictum* tudo que no contexto da motivação não faz parte de uma específica argumentação justificativa autônoma, é mais genérica, e substancialmente diferente, da noção de *obiter dictum* que pertence à doutrina

Quanto à pluralidade de argumentações justificativas concorrentes,[198] é oportuno examinar separadamente três hipóteses. A primeira verifica-se quando a mesma assertiva é justificada mediante várias argumentações, cada uma das quais por si só idônea para justificá-la.[199] Nesse caso, pode ser impossível estabelecer qual argumentação constitui a justificação "verdadeira" e qual foi adicionada apenas como *obiter* ou *ad pompam*. Na verdade, porém, nenhuma dessas pode ser propriamente definida como *obiter dictum*, exatamente porque cada uma constitui uma justificação válida e suficiente. Pode ocorrer que o fenômeno seja devido simplesmente à exigência de responder às várias argumentações formuladas pelas partes (que nesse caso são consideradas como as principais destinatárias da motivação). Acontece normalmente, porém, de que a pluralidade de justificações seja devida à exigência de garantir a coerência sistemática da decisão em relação a outras normas ou mesmo em relação aos princípios constitucionais.[200] Ainda, pode ser que alguns argumentos digam respeito à justificação valorativa da decisão, que é apresentada como "justa" e "oportuna". Em tais casos, assume relevância o destinatário "jurista" ou a "opinião pública", ao lado das destinatárias partes, na medida em que os diferentes argumentos tendem a fundar a decisão sob os perfis que podem considerar típicos de tais sujeitos ideais.[201] De qualquer forma, trata-se de argumentações válidas ou suficientes sob o perfil justificativo, mas utilizadas com função persuasiva,[202] exatamente na medida em que a pluralidade não é necessária: emerge, portanto, um aspecto em que a motivação representa, além de, por assim dizer, um excesso de justificação, a autoapologia do juiz diante dos destinatários perante os quais é responsável pela decisão.

Considerações em grande parte análogas valem para a segunda hipótese, em que a uma ou mais justificações suficientes são acrescentadas outras que, tomadas por si só, não seriam idôneas para fundar a asserção a que se referem. Em especial, essas últimas ingressam na noção de *obiter dictum*, tendo em conta que não são nem necessárias, nem suficientes para fornecer uma justificativa para a asserção. Exatamente por essa razão, de fato, essas podem ser distinguidas da justificação *stricto sensu* e apresentam-se como

---

angloestadunidense do precedente (segundo a qual *obiter dictum* é aquilo que não tem eficácia vinculante segundo os princípios do *stare decisis*: conforme, por todos, Cross, *Precedent in English Law*, cit., pp. 36, 80 ss.).

198 Para exemplificações, conforme Lupoi, op. cit.; Schlüter, op. cit., p. 129 ss.

199 Sobre essa hipótese, conforme Cross, op. ult. cit., p. 87.

200 Conforme Schlüter, op. cit., p. 144 ss.

201 Sobre o componente tópico da pluralidade de justificações, conforme Horn, *Zur Bedeutung der Topiklehre*, cit., p. 604.

202 Trata-se, de fato, de um caso de acumulação de argumentações destinado a tornar mais intensa a força persuasiva da justificação na sua globalidade. Em geral, sobre o fenômeno considerado do ponto de vista retórico, Perelman e Olbrechts-Tyteca, op. cit., p. 493 ss.

argumentações utilizadas com função exclusivamente persuasiva[203] diante de determinados destinatários. Enquanto na primeira hipótese considerada a pluralidade de justificações desempenha uma função persuasiva no contexto da motivação, mas consubstancia-se em argumentações não meramente persuasivas, nessa segunda hipótese há uma função persuasiva desempenhada por argumentações em si meramente persuasivas, ao passo que a função justificativa é desempenhada apenas por um ou alguns argumentos válidos e suficientes sob esse perfil.

A terceira hipótese de motivação complexa é dada pelo caso em que a uma asserção referem-se vários argumentos, nenhum dos quais é por si só capaz de constituir uma verdadeira e própria justificação. Trata-se de acumulação de argumentos de natureza meramente persuasiva.[204]

De seu turno, nem mesma a noção de *obiter dictum* parece dotada de um significado unitário.[205] De um lado, também argumentações válidas e suficientes sob o perfil justificativo podem ser usadas como *obiter*, assim como existem argumentações que constituem verdadeiros e próprios *obiter dicta* seja pela função que desempenham no contexto da motivação, seja porque têm natureza somente persuasiva. De outro, o conceito de *obiter dictum* em sentido estrito refere-se especificamente a enunciados que o juiz formula para além da estrutura justificativa do discurso. Normalmente, trata-se de afirmações de princípio, de discussões teóricas, da confutação de eventuais objeções, do reenvio a normas ou princípios jurídicos (não diretamente aplicados na decisão) ou a regras éticas e de senso comum, tendo em comum o fato de não ser funcionalmente inseridos dentro de uma argumentação voltada imediatamente para justificação de uma assertiva ou decisão específica.[206] Independentemente da validade da justificação racional contida na motivação, ou mesmo da própria existência dessa justificação, o *obiter dictum* serve para colocar a decisão, ou alguns de seus enunciados em que se consubstancia, em uma determinada ordem de ideias, de princípios e de valores, sobre o qual se pressupõe existente um acordo dentre aqueles para os quais a motivação é endereçada. Isso explica, portanto, a dupla

---

[203] Sobre a natureza puramente retórico-persuasiva do *obiter dictum*, conforme SARTORIOUS, *The Doctrine of Precedent and the Problem of Relevance*, in 53 *ARSP*, 1967, p. 346.

[204] Sobre a hipótese em exame, conforme PERELMAN e OLBRECHTS-TYTECA, op. cit., loc. ult. cit.

[205] Para uma ampla análise das manifestações do fenômeno nas diferentes fases da argumentação justificativa, conforme SCHLÜTER, op. cit., p. 124 ss.

[206] Sob esse perfil, é definido como *obiter dictum* puramente persuasivo o argumento consistente em evidenciar a oportunidade de uma solução aludindo às consequências negativas que derivariam da solução contrária. Esse tipo de argumentação não fornece, de fato, uma justificação suficiente e *direta* da solução de que de fato é acolhida (em sentido contrário, vide, porém, BODENHEIMER, *A Neglected Theory*, cit., p. 384).

função típica do elemento retórico do discurso: trata-se de mostrar como os conteúdos do discurso são coerentes ou ao menos compatíveis com os valores do destinatário e de suscitar por essa mesma via o assentimento do próprio destinatário sobre as escolhas adotadas no discurso.

Definida a função persuasiva que *obiter dicta* e pluralidade de *rationes decidendi* desempenham no contexto justificativo da motivação, resta esclarecer que a importância desses fatores varia em relação à situação jurídico-política em que o discurso do juiz paulatinamente se coloca e à posição que o juiz assume diante dos componentes valorativos da decisão que tem o dever de justificar. Não é possível individualizar nessa sede um quadro orgânico das várias que incidem nesse sentido, mas pode ser útil a referência a duas situações-tipo em que esses se colocam com particular evidência.

A primeira dessas hipóteses é representada pela motivação que pode ser chamada "de *routine*", na qual o juiz, devendo justificar uma decisão que se adequa no conteúdo às opiniões dominantes, por exemplo, na doutrina e na jurisprudência, tem à disposição um repertório de "lugares comuns" jurídicos pré-fabricados, ou com "autoridade" consolidada, dos quais pode facilmente retirar as premissas para uma justificação aceitável da decisão. Em uma situação desse gênero, a inserção na motivação dos fatores persuasivos *supra* descritos não é necessário nem mesmo para colocar a decisão no quadro dos princípios vigentes no âmbito social. Quando esses fatores estão presentes, esses aparecem paulatinamente como exercícios realizados *ad pompam* ou como inútil sobreposição de argumentos banais e descontáveis. No fundo, quanto mais a decisão é conformista, no sentido que contempla valores e princípios difundidos (em especial entre aqueles que o juiz considera como destinatários da motivação), tanto menos existe a necessidade de persuadir da bondade e da justiça dos pressupostos sobre os quais o juiz funda a decisão. Verifica-se, então, a condição ideal para a praxe das motivações "lógicas" ou "dedutivas", nas quais o juiz evita de tocar expressamente os aspectos valorativos de tais pressupostos, uma vez que já estão resolvidos e determinados no próprio repertório de pontos de vista do qual esse retira os próprios argumentos justificativos.

A segunda situação típica, por muitos aspectos oposta à primeira, é aquela em que o juiz encontra-se no dever de justificar uma decisão "de ruptura", que de qualquer modo de destaque dos lugares comuns pré-constituídos. Nesse caso, enquanto de um lado é impossível o recurso aos princípios e à autoridade consolidada, que, aliás, aí são normalmente rejeitados, de outro aparece a necessidade de promover a erupção de diversos juízos de valor que se encontram à base da decisão. Mais precisamente, trata-se de afirmar valores contrastantes com a *communis opinio* social e jurídica e que, todavia, o juiz assume como regra de juízo e de justificação do juízo. É claro, levando-se em conta as considerações feitas nos parágrafos precedentes, que a propósito a lógica e a lógica jurídica podem desempenhar um papel limitadíssimo ou mesmo irrelevante. Ademais, na medida em que os valores em questão, exatamente porque conduzem a escolhas "de ruptura", não se encontram organizados em sistemas ou hierarquias, acabam ocupando espaço assaz restrito inclusive a convalidação do juízo de valor a partir de outros valores conexos. Vice-versa, parece particularmente amplo o âmbito da reivindicação do valor a partir do qual o juiz funda as suas próprias escolhas e, portanto, assume máxima importância o fator persuasivo da argumentação justificativa. Em outros termos, quanto menos a motivação recebe os valores e os princípios mais difundidos, tanto mais importa que seja persuasiva no que concerne à justiça dos diversos pressupostos dos quais descende.

Então, não apenas os *obiter dicta* e a sobreposição de *rationes decidendi* não podem mais ser considerados como um elemento acessório e no limite supérfluo da argumentação, mas antes podem ser configuradas como elementos-chaves da motivação "valorativa". Quando, de fato, trata-se de fundar a aceitabilidade do valor a partir do qual o juiz retirou o critério de juízo, o cúmulo de argumentos – e a maior "força" persuasiva que esse produz – torna-se um requisito indispensável da motivação.[207]

Sobre o modo de manifestarem-se desses fenômenos na praxe verte, portanto, uma variável fundamental, constituída pelo modo de o juiz colocar-se diante do sistema de valores "vigente" no âmbito social e jurídico em que concretamente opera, isto é, da ideologia do juiz. Vale dizer: em suma, inclusive a prática da motivação é determinada, em termos gerais, pelo papel político que o juiz de fato desempenha, o que pode variar nos diferentes ordenamentos e nas suas respectivas fases históricas. Sob esse perfil, o que deve ser colocado especialmente em relevo com referência aos valores do juiz não é a racionalidade "estrutural" da motivação, que igualmente constitui um requisito dessa indispensável, mas sim a racionalidade concernente ao "conteúdo", que incide sobre a coincidência dos valores assumidos pelo juiz com aqueles da classe social com que o próprio juiz tende a identificar-se.

---

[207] A propósito, parece necessário excluir a equiparação de uma argumentação persuasivamente "forte" à justificação lógica (conforme Sinclair, *Legal Reasoning*, cit., p. 847 ss.; em sentido contrário, conforme Stone, *Legal System*, cit., p. 327 ss.). Porém, com referência à situação delineada no texto, a questão deve ser enfrentada de um ponto de vista diferente: na verdade, quando se trata de reivindicar a assunção de um valor-guia como pressuposto do juízo, não se coloca nem mesmo a alternativa entre justificação lógica e argumentativa, porque na verdade só é possível a segunda. Então, tratando-se de uma hipótese em que a argumentação persuasiva representa a forma típica e exclusiva da justificação, importa reconhecer que essa pode constituir, na medida em que adequadamente "forte", uma justificação suficiente.

CAPÍTULO VI
O DEVER DE MOTIVAÇÃO DA SENTENÇA CIVIL

1. Perfis históricos; A) O dever de motivação nas reformas do século XVIII na europa; B) Evolução do problema nas codificações oitocentistas; C) Acenos sobre a motivação na história dos ordenamentos de *common law*; 2. Perfis comparados; A) Ordenamentos de *civil law*; B) Ordenamentos dos países socialistas; C) Ordenamentos de *common law*; 3. O dever de motivação na legislação ordinária: artigo 132, n. 4, do *Codice di Procedura Civile*; A) A *ratio* do dever diante das partes; B) A *ratio* do dever perante o tribunal; C) Dever de motivação e função da *Cassazione*; D) Limites da concepção endoprocessual da motivação; 4. O princípio constitucional de obrigatoriedade da motivação: artigo 111, primeira parte da constituição; A) Incidência do princípio sobre a legislação ordinária: o problema do decreto; B) O princípio no sistema dos princípios constitucionais sobre a jurisdição; C) Significado ideológico do princípio: a exigência de controlabilidade difusa da administração da justiça; 5. Problemas de aplicação do princípio da obrigatoriedade dos motivos; A) Crítica do critério geral proposto pela jurisprudência; B) O problema da motivação *per relationem*; C) O problema da motivação implícita; D) Questões em tema de motivação do juízo de fato; E) O princípio da completude da motivação; 6. Efeitos da violação do dever de motivação; A) A motivação como requisito estruturante do provimento jurisdicional; B) Nulidade e inexistência da sentença sem motivação; C) O "conteúdo mínimo necessário" da motivação.

1. PERFIS HISTÓRICOS

A difusão – e em muitos casos a origem – do princípio da obrigatoriedade da motivação nos ordenamentos processuais da Europa continental[1] é um fenômeno que encontra a sua colocação típica na segunda metade do século XVIII. Trata-se, porém, de uma indicação válida somente como uma primeira aproximação, dado que essa não é verdadeira na mesma medida para todos os ordenamentos. Ainda, não se pode nem mesmo entender que se trate de um mesmo fenômeno que se verifica em nível europeu, haja vista a variedade de soluções que esse experimenta em cada um dos sistemas processuais, não sendo possível igualmente nem mesmo dar uma explicação unitária ao problema no plano histórico-político, tendo em conta a diferença das finalidades que os diferentes legisladores parecem ter perseguido ao impor ao juiz civil o dever de motivar as próprias decisões. Essa afirmação tem, portanto, uma inquestionável utilidade de orientação, mas a sua dimensão acaba por suscitar mais problemas do que é capaz de resolver, ainda que seja certamente possível colher na segunda metade de Setecentos a origem do instituto em termos análogos àqueles que emergem no âmbito dos ordenamentos processuais modernos.

A propósito, importa desde logo precisar que o dever de motivação não apresenta conotações históricas coincidentes com aquelas da praxe inerente à motivação da sentença civil. Deixando de lado por enquanto o exemplo macroscópico dos ordenamentos de *common law*, nos quais a praxe quase generalizada da motivação convive ainda hoje com a ausência de qualquer dever imposto ao juiz, ainda assim não faltam exemplos em que uma praxe análoga se manifestou muito antes que o dever de motivação fosse imposto pelo legislador – e do mesmo modo para além de qualquer específica regulamentação normativa do fenômeno. Para não citar senão alguns exemplos, basta recordar na Itália muitas das sentenças pronunciadas pelos juízes longobardos, que parecem adequadamente motivadas inclusive aos olhos de um observador moderno,[2] ou mesmo as sentenças pisanas do século XII,[3]

---

[1] Na Inglaterra, e em geral nos ordenamentos de *common law*, o princípio nunca encontrou uma formulação normativa expressa, malgrado a existência de uma difundida praxe de motivação da sentença civil, sendo aliás um fenômeno relativamente recente a sua afirmação em sede doutrinária: sobre o assunto, *infra*, *sub* c) e § 2.º, *sub* c).

[2] Conforme, por exemplo, as sentenças prolatadas em Pavia em 673 pelo rei Pertarido (reeditadas por Bognetti, *Il gastaldato longobardo e i giudicati di Adaloaldo, Arioaldo e Pertarido na lide entre Parma e Piacenza*, ora em *L'età longobarda*, Milano, 1966, I, p. 234 ss.). Outros exemplos de motivação mais ou menos ampla podem ser encontrados nas sentenças longobardas do século XIII: vide os textos editados por Schiaparelli, *Codice Diplomatico Longobardo*, Roma, 1933, I, p. 78 ss., II, pp. 110 ss., 158 ss., 340 ss., por Troya, *Storia d'Italia nel Medioevo, Codice Diplomatico Longobardo*, vol. IV, parte V, Napoli, 1853, p. 166 ss., e por Manaresi, *I placiti del Regnum Italiae*, Roma, 1955, I, p. 3 ss.

em que volta e meia encontra-se uma motivação que vai além do rígido formalismo então já consolidado na praxe.[4] O exemplo mais interessante – e de importância mais geral – consubstancia-se na praxe dos chamados *Grandi Tribunali*, em que se consolida a utilização de motivações "cultas" e extremamente articuladas, especialmente no que tange à solução da *quaestio iuris*.[5] Na Alemanha, são assaz significativas as pronúncias motivadas dos *Schöffengerichte*, que não constituem casos isolados e ocasionais, mas indicam a presença de uma tendência muito difundida.[6] Esses exemplos não são capazes, contudo, de sustentar que a prática da motivação tenha constituído um fenômeno constante e generalizado, dado que se pode entender como dominante até o século XVIII a praxe da sentença privada de motiva-

---

Para exemplos de sentenças motivadas pertencentes aos séculos IX, X e XI, conforme, ainda, MANARESI, op. cit., I, pp. 18 ss., 41 ss., 45 ss., 74 ss., 81 ss. e *passim*; FICKER, *Forschungen zur Reichs- und Rechtsgeschichte Italiens*, reedição Aalen, 1961, IV, pp. 9 ss., 99 ss. e *passim*.

3 Conforme D'AMIA, *Studi sull'ordinamento giudiziario e sulla procedura delle curie pisane nel secolo XII*, Firenze, 1922, p. 111; ID., *Diritto e sentenze di Pisa. Ai primordi del renascimento giuridico*, II ed., Milano, 1962, p. 167 ss. Um caso peculiar de presença da motivação na praxe judiciária da Itália do *jus commune* é, ainda, constituído pelas sentenças condenatórias em seguida aos chamados processos de sindicância, conforme MASI, *Il Sindacato delle Magistrature Comunali nel sec. XIV*, Roma, 1930, p. 129.

4 Já a partir do século XII se difunde um esquema de sentença em que o dispositivo é precedido somente da exposição da demanda e defesas das partes e por uma fórmula (do tipo "*visis et auditis rationibus utriusque partis et testibus inspectis, habito sapientium consilio etc.*") em que o juiz se limita a declarar de ter seguido o *ordo iudiciorum* (vide, por exemplo, as *notitiae iudicati* reportadas em FICKER, op. cit., IV, p. 144 ss.): raramente esse formalismo era abandonado e aí se encontram breves acenos aos motivos da decisão. De outro lado, os autores das *ordines iudiciarii* dos séculos XII e XIII limitam-se, quanto à forma da sentença, a prescrever que o juiz se atenha fielmente às fórmulas sintéticas das quais resulta simplesmente que o *ordo* foi observado (conforme, por exemplo, Bernardus DORNA, *Summa libellorum*, CXCV, in WAHRMUND, *Quellen zur Geschichte des römisch-kanonischer Prozesses im Mittelalter*, reedição Aalen, 1962, vol. I, I, p. 99; Magister ARNULPHUS, *Summa Minorum*, ibid., vol. I, II, p. 49 ss.; Magister AEGIDIUS, *Summa*, ibid., vol. I, VI, p. 17 ss.; RICARDUS ANGLICUS, *Summa de Ordine Judiciario*, ibid., vol. II, III, p. 74; AEGIDIUS DE FUSCARARIIS, *Ordo judiciarius*, ibid., vol. III, I, p. 125 ss.; Magister DAMASUS, *Summa de Ordine Iudiciario*, ibid., vol. IV, IV, p. 58. Vale a pena recordar que fórmulas desse tipo vêm constantemente recebidas pela praxe e pela doutrina, especialmente canonista, dos séculos sucessivos, essencialmente pela influência decisiva exercida por DURANTE (conforme, de fato, *Speculum iuris* Gulielmi DURANTIS, Venetiis, MDLXXXV, lib. II, p. 787, § 5, *Qualiter*, 13, e ainda, por exemplo, Iacobi GENTILIS, *Ordo iudiciarius*, in *Tractatus Illustrium in utraque tum pontificii, tum caesarei juris facultate Iurisconsultorum*, Venetiis, MDLXXXIIII, tomo III, parte I, *De iudiciis*, p. 44, § 54, e TANCRETI, *Ordo iudiciarius, ibid.*, p. 68), repetindo-se sem mudanças substanciais até todo o século XVII.

5 Sobre o assunto, conforme GORLA, *I "Grandi Tribunali" italiani fra i secoli XVI e XIX: un capitolo incompiuto nella storia politico-giuridica d'Italia*, in *Quaderni del Foro It.*, 1969, p. 629 ss.

6 Conforme GUDIAN, *Die Begründung in Schöffensprüchen des 14. Und 15 Jahrundert*, Darmstadt, 1960.

ção.[7] Todavia, esses mostram que o desenvolvimento da motivação como elemento da praxe judiciária não inicia e não coincide com aquele do dever de motivação, representando um campo autônomo, digno de um estudo específico que até agora, no entanto, está somente nos primeiros passos.

A afirmação de que se parte exige uma especificação também sob outro aspecto, atinente ao momento em que o princípio da obrigatoriedade da motivação é acolhido positivamente. Na segunda metade do século XVIII o fenômeno generaliza-se, estendendo-se também para ordenamentos que nunca o conheceram anteriormente. Todavia, não faltam exemplos nos quais o dever de motivação aparece prescrito, ainda que com limites de diversas ordens, já a partir do século XIII e – que é o que mais releva – totalmente fora das condições jurídico-políticas que se verificaram na Europa da segunda metade de Setecentos. Trata-se de um fenômeno característico da Itália, em que o dever de motivação aparece em alguns casos prescrito na legislação estatutária[8] e conhece posteriormente manifestações relevantes na legislação florentina[9] e, ainda que em um âmbito mais restrito, também na piemontesa.[10] A propósito, um dado muito significativo é constituído pela indiferença da doutrina, fiel ao ensinamento tendencialmente negativo de Durante e dos canonistas a respeito da necessidade de motivação

---

[7] Para um amplo panorama sobre o assunto a partir do século XVI, conforme ASCHERI, *Tribunali e giuristi consulenti italiani d'Ancien régime,* in *Handbuch der Quellen und Literatur der neuren europäischen Privatrechtsgeschichte*, coordenado por H. Coing, Band II, 1, Vierter Teil, Erster Abschn., München (em curso de publicação). Vide, ainda, indicações em TARUFFO, *L'obbligo di motivazione della sentenza civile tra diritto comune e illuminismo*, in *Riv. dir. proc.*, 1974, p. 279 ss.

[8] Conforme, por exemplo, o Estatuto da Régio-Emília de 1265, liv. II, cap. XVIII, in *Consuetudini e Statuti reggiani del sec. XIII*, Reggio Emilia, 1933, p. 174. Para outras indicações, conforme CALAMANDREI, *La teoria dell' "error in iudicando" nel diritto italiano intermedio*, in *Studi sul processo civile*, I, Padova, 1930, p. 122; DEL GIUDICE, *Storia della procedura*, in *Storia del diritto italiano*, coordenado por A. Pertile, vol. VII, parte II, II ed., Torino, 1902, p. 223 ss.

[9] Conforme as *Riforme della Ruota Fiorentina* de 14 de maio de 1532, de 31 de maio de 1542, de 18 de junho de 1560 e de 1 de setembro de 1678 (reportadas em CANTINI, *Legislazione toscana*, Firenze, t. I, 1800, pp. 42, 207; t. IV, 1802, p. 37; t. XIX, 1805, p. 97), nas quais é imposto e reforçado o dever de motivação, com diferentes limitações que variam no tempo e paulatinamente são atenuadas pelas sucessivas normas sobre o assunto (em especial, em 1560 o dever de motivação é estendido às sentenças de primeira instância, o que tinha sido excluído pelas leis de 1532 e 1542).

[10] Conforme a lei de Carlo Emanuele I de 7 de janeiro de 1615, depois confirmada em uma constituição de 1632 (vide *Leggi e Costituzioni di Sua Maestà*, Torino, MDCCLXX, t. I, libro III, tit. XXIII, arts. 19 e 20), com a qual se prevê que os juízes devem motivar a pedido das partes (que, porém, é admitido só em causas de particular importância) ou por ordem de quem "rege o Magistrado" (quando se trate de uma questão de direito importante e nova ou de qualquer modo capaz de "fazer estado e consequência").

da sentença,[11] em relação à praxe recordada[12] e às normas que impõem expressamente o dever de motivação. Também os temperamentos que a doutrina admite, sublinhando a necessidade da motivação em alguns casos específicos,[13] permanecem de algum modo destacados seja da praxe, seja da dimensão das normas recordadas.

---

[11] O princípio uniformemente acolhido é o de que a sentença é válida ainda que não exprima as razões da decisão, sendo oportuno, aliás, que o juiz evite motivar, seja porque o fazendo pode incorrer no *error expressus* que produz a nulidade da sentença (conforme CALAMANDREI, op. ult. cit., p. 119 ss.), seja porque enfraqueceria a autoridade da sentença abrindo a via do recurso (conforme DURANTE, op. cit., loc. cit., 13 a b; BARTOLI, *Commentaria in primam informatiati partem*, Lugduni, 1547, III, § *De excusationib.*, q. *Item quaero*, p. 88 b, n. 5; Ioannis ANDREAE Bononiensis, *In secundum Decretalium librum Novella Commentaria*, Venetiis, MDLXXXI, in *Ioannis Andreae In quinque Decretalium libros Novella Commentaria*, ed. Torino, 1963, II, cap. XVI, p. 234; TANCRETI, *Ordo judiciarius*, cit., p. 68; BALDI Ubaldi Perusini iurisconsulti, *In VII.VIII.IX.X & XI. Codicis libros Commentaria*, Venetiis, MDLXXXVI, ad. lib. VII. Cod., p. 49, tit. *De sent. & interl. omn. iud.*, lex III, 2 c.; Andreae ALCIATI, *Lucubrationum in ius civile et pontificium*, t. VI, Basilae, MDLXXI, p. 847; Udalrici ZASII, *Commentaria in titulos tertiae partis Pandectarum*, in *Operum omnium*, t. III, Lugduni, MDL, p. 582, n. 39; SCHMALZGRUEBER, *Ius Ecclesiasticum Universum*, Neapoli, MDCCXXXVIII, t. II, pars. IV, tit. XXVII, § 61, p. 284; REIFFENSTUEL, *Jus Canonicum Universum*, Venetiis, MDCXXX, t. II, tit. XXVIII, § III, p. 397; *Commentaria D. Antonii SOLAE ad Universa Serenissimorum Sabaudiae Ducum decreta*, Augustae Taurinorum, MDCXXV, tit. XXVII, *De sententiis*, Gl. IV, n. 10, p. 407).

[12] Vale a pena notar que a praxe da Rota Romana (órgão jurisdicional central em matéria civil a partir do final do século XV), ainda que conhecidíssima e muitas vezes indicada como modelo (vide, por exemplo, MURATORI, *Dei difetti della giurisprudenza*, edição aos cuidados de A. Solmi, Roma, 1933, pp. 169-182), não interessa sob o aspecto que aqui interessa. De fato, a sentença final da Rota não era motivada: a *decisio* era, na verdade, um projeto de decisão que continha as conclusões dos juízes e as respectivas *rationes dubitandi*, que eram comunicadas às partes para que essas pudessem falar e replicar antes que a controvérsia fosse decidida definitivamente (conforme as exaurientes descrições do Cardeal DE LUCA no *Theatrum veritatis et iustitiae*, Venetiis, MDCCXXXIV, vol. XV, p. 121 ss., e no *Dottor volgare*, Roma, s. d., lib. XV, parte I, p. 349 ss., parte III, cap. XXIX, p. 247 ss.). Não se tratava, portanto, de verdadeira e própria motivação, mas de um mecanismo vocacionado a fazer com que o tribunal pudesse rever, dentro do próprio procedimento, as próprias decisões a partir das objeções das partes, evitando a necessidade do apelo (conforme ASCHERI, op. cit., parte I, cap. I, § 5 a).

[13] O caso mais antigo – o único em que havia uma previsão expressa no direito canônico – era o da sentença de excomunhão (regulado por uma decretal de Inocêncio IV: conforme *Sexti decretal*, lib. V, tit. XI, cap. I *De sententia excommunicationis*, in *Corpus Iuris Canonici*, ed. Friedberg, Graz., 1959, I, p. 1098). A doutrina acrescenta algumas outras hipóteses, típicas do *ius civile*, em que a motivação parecia oportuna para o fim de viabilizar a determinação precisa do objeto da sentença e dos efeitos dessa sobre situações jurídicas das partes, sem, no entanto, afirmar que se tratava de uma condição de validade da sentença, conforme DURANTE, op. cit., loc. cit., 14; BALDO, op. cit., p. 49, loc. cit.; Ioannis ANDREAE, op. cit., p. 234 A, nn. 7 e 9; ZASIO, op. cit., col. 817, n. 7, p. 407; SCHMALZGRUEBER, op. cit., loc. cit.; REIFFENSTUEL, op. cit., loc. cit.

A) O dever de motivação nas reformas do século XVIII na Europa

Os sintéticos acenos anteriores – ainda que relativos a fenômenos de dimensão bastante circunscrita no espaço (e igualmente no tempo) – permitem afirmar, todavia, que a difusão do princípio da obrigatoriedade da motivação em nível europeu, que como fenômeno global se coloca em um momento histórico bem determinado, dificilmente pode ser considerada como o desaguadouro e a consequência unitária de premissas homogêneas, respectivamente individualizáveis em termos análogos em diversos ordenamentos processuais da Europa continental. Isso vale não apenas em referência às situações pré-existentes ao período indicado como decisivo quanto ao problema em exame, mas também e especialmente com relação às modalidades com que esse é enfrentado e resolvido pelos legisladores da segunda metade do século XVIII.

Na França, o princípio da obrigatoriedade da motivação é sancionado pela primeira vez pelo artigo 15, tít. V, da lei de 16 de agosto de 1790 sobre a organização judiciária e é posteriormente afirmado no artigo 208 da Constituição do ano III.[14] Essas normas não constituem, porém, o fruto de uma elaboração jurídico-política de que é possível traçar as linhas evolutivas no período antecedente à revolução e devem ser consideradas como um resultado autônomo e original da ideologia democrática da justiça que emerge no âmbito da própria revolução.[15] De fato, à praxe judiciária do *ancien régime* era totalmente estranho o instituto da motivação, não se encontrando a afirmação e a discussão do princípio no âmbito do debate crítico que os *philosophes* conduziram, a partir das primeiras décadas do século, a respeito dos princípios e dos modos de administração da justiça. Apenas Condorcet, em um escrito de ocasião pouco anterior ao início da revolução, afirma a necessidade (para a sentença penal) da motivação, na medida em que o juiz tem, segundo o direito natural, a responsabilidade moral do juízo, tendo de prestar contas, mediante a motivação, do modo com que exerce o poder que a sociedade lhe confiou.[16] Isso demonstra como o princípio da obrigatoriedade da motivação é substancialmente coerente com a ideologia da

---

14 Sobre o assunto, conforme mais amplamente SAUVEL, *Histoire du jugement motivé*, in *Rev. droit publ.*, 1955, p. 45 ss.; BONNIER, *Eléments d'organisation judiciaire et de procédure civile*, Paris, 1847, vol. I, p. 604; BORDEAUX, *Philosophie de la procédure civile. Mémoire sur la réformation de la justice*, Evreux, 1857, p. 85; MERLIN, *Répertoir universel et raisonné de jurisprudence*, III ed., Paris, 1808, t. VIII, v. *Motifs des jugements*, p. 337. Por último, conforme AMODIO, *L'obbligo Costituzionale di motivazione e l'istituto della giuria*, in *Riv. dir. proc.*, 1970, p. 448 ss.

15 A propósito, e para uma ampla demonstração do quanto segue no texto, conforme TARUFFO, op. ult. cit., p. 267 ss.

16 Conforme CONDORCET, *Réflections d'un citoyen non gradué sur un process bien connu*, Francfort, 1786 (citado por SAUVEL, op. cit., p. 39).

justiça que constitui o substrato das reformas introduzidas pelo legislador revolucionário. O fato de se tratar de um exemplo isolado, colocado já no ambiente cultural da revolução, coloca em particular evidência, porém, a ausência de percepção do problema por parte do iluminismo jurídico francês entendido em sua completude. Ademais, salvo isolada tentativa sem qualquer efeito,[17] o problema não conhece qualquer aparição significativa em termos de reforma política antes da revolução.

Facilmente se entende, portanto, que o princípio da obrigatoriedade da motivação não descende de uma elaboração doutrinária e filosófico-política, mas sim essencialmente de uma situação política concreta e dotada de uma fisionomia particular, como aquela que se verifica com o início da revolução.[18] Nessa se concentram e exprimem-se – não tanto à luz do iluminismo *tout court* quanto sob aquela da ideologia democrática da justiça – os motes de reação contra a praxe judiciária do *ancien régime*, na medida em que se adverte como a ausência de motivação constitui o meio essencial do exercício arbitrário do poder por parte dos juízes.[19] A matriz de que surge a afirmação geral da obrigatoriedade da motivação, pois, é mais ideológica e política do que jurídica ou filosófica, ainda que as condições criadas pelo iluminismo em geral, e pelo iluminismo francês em particular, representem os seus necessários pressupostos de fundo. De um lado, o princípio do primado da lei, no significado claramente político que assumiu no momento de reação contra o *ancien régime*, postulava um instrumento que tornasse possível o controle sobre a legalidade do juízo. De outro, análogas exigências traduziam-se na instituição de um juiz supremo de legalidade no *Tribunal de Cassation*, originariamente entendido como emanação do poder legislativo e como destinatário principal, ainda que não exclusivo, da motivação. Portanto, essa última veio a ser concebida essencialmente como o momento fundamental de garantia da legalidade da decisão, em uma situação histórica em que vinha em primeira plana a nítida conotação

---

17 Em 1560 a nobreza e em 1614 o Terceiro Estado solicitaram nos Estados Gerais que fossem consideradas obrigatórias as motivações das sentenças dos Parlamentos, mas ambas as solicitações não geraram qualquer efeito (conforme Sauvel, op. cit., p. 27 ss.; Lupoi, *Cenni storici introduttivi allo studio delle fonti del diritto francese*, in *Riv. trim. dir. proc. civ.*, 1968, p. 1285).

18 Conforme Taruffo, op. e loc. ult. cit.

19 É significativo, a propósito, como o problema do dever de motivação estava, em tema de reforma da justiça, entre os primeiros a serem enfrentados pelos Estados Gerais já a partir de 1789 (conforme Sauvel, op. cit., p. 43), em conexão com outros aspectos, que encontraram uma primeira disciplina na lei de 1790, totalmente coerentes com uma ideologia democrática de administração da justiça (introdução do árbitro e dos juízes de paz, princípio da eleição dos juízes, introdução do júri popular no processo penal). Particularmente importante é a conexão com o princípio da publicidade da sentença e do procedimento, sobre o qual vide amplamente Vigoriti, *La pubblicità delle procedure giudiziarie (Prolegomeni storico-comparativi)*, in *Riv. trim. dir. proc. civ.*, 1973, p. 1423 ss.

política do próprio princípio da legalidade, bem como das suas garantias instrumentais. Isso permite explicar a peculiaridade mais relevante da introdução do dever de motivação por parte do legislador revolucionário, isto é, o fato de que esse foi imediatamente concebido como princípio de caráter geral incapaz de tolerar limitações, coerentemente inserido no contexto da concepção legal e democrática da justiça.

Pelo contrário, um significado completamente diferente tem, nada obstante se trate de um acontecimento contemporâneo àquele francês,[20] a introdução do dever de motivação na legislação processual prussiana. Diante de uma prática anterior que conhecia o instituto da motivação secreta e destinada a ser utilizada exclusivamente pelo juízo recursal,[21] o elemento de inovação consiste evidentemente na introdução do dever de redigir a motivação destinada a ser conhecida pelas partes.[22] Esse aparece com o *Codex Fridericianus Marchicus*, redigido por Samuel von Cocceij por ordem de Frederico II e publicado em 1748.[23] Porém, sejam as modalidades de regulamentação do instituto (não mediante a afirmação de um princípio geral, mas com uma série de normas ligadas a cada um dos tipos procedimentais), sejam as incertezas ligadas à publicidade da motivação,[24] tornam evidente que a finalidade assinalada à motivação e a *ratio* do dever de motivar são estritamente endoprocessuais, isto é, destinadas, de um lado, a permitir às partes o claro entendimento do conteúdo da decisão e de valorar a oportunidade de recorrer ou não, e, de outro, a tornar mais fácil a tarefa do juízo recursal.[25]

---

20 Sobre a diferente situação cultural e política na qual se colocam as reformas prussianas, conforme, em geral, Cattaneo, *Illuminismo e legislazione*, Milano, 1966, p. 69 ss.; Tarello, *Le ideologie della codificazione nel secolo XVIII*, III. Ed., Genova, 1973, pp. 104 ss., 211 ss.; Conrad, *Deutsche Rechtsgeschichte, II. Neuzeit bis 1806,* Karlsruhe, 1966, p. 374 ss.

21 Conforme Sellert, *Progressgrundsätze und Stylus Curiae am Reichtshofrat*, Aalen, 1973, p. 358 ss.; Döhring, *Geschichte der deutschen Rechtspflege seit 1500*, Berlin, 1953, p. 209; Endemann, *Das deutsche Zivilprozessrecht*, Heidelberg, 1868, reimpressão Aalen, 1969, p. 526, e, por último, Sprung, *Die Entwicklung der zivilgerichtlichen Begründungspflicht,* in *Entscheidungsbegründung*, cit., p. 43 ss.

22 A propósito, mais amplamente e para ulteriores indicações, vide Taruffo, op. ult. cit., p. 273 ss.

23 Conforme o *Project des Codicis Fridericiani Marchici*, Berlin, 1749, parte I, tít. VI, §§ 18 e 19, p. 19; parte III, tít. XXXVI, § 11, p. 197. Para um exame analítico da evolução do problema nas legislações de cada um dos estados germânicos entre o século XVIII e XIX vide Sprung, op. cit., p. 47 ss.

24 A publicação da sentença deve ocorrer em audiência, mas *absque citatione partium*; ainda, a motivação não é publicada no caso de processo escrito, em que essa não é redigida contextualmente à sentença, conforme *Project*, cit., parte II, tít. VI, § 7, p. 85; parte III, tít. XXXVI, § 15, p. 197.

25 Essas finalidades estão expressas nas próprias normas que regulam o instituto: conforme *Project*, cit., parte I, tít. VI, § 18, p. 19; parte II, tít. VI, § 13, p. 86.

As incertezas que o *Codex Fridericianus* deixava sem soluções foram superadas pela mais completa e coerente regulamentação contida na lei de reforma geral do processo, realizada por Carmer igualmente por ordem de Frederico o Grande e posteriormente publicada de forma revisada e definitiva por Frederico Guilherme em 1793.[26] Na *Allgemeine Gerichtsordnung* é efetivamente resolvido de maneira positiva o problema da publicidade da motivação. Todavia, o que não muda sensivelmente em relação ao *Codex Fridericianus* é o modo de conceber a função da motivação: isto é, continua faltando a percepção do papel de meio de controle externo sobre o trabalho do juiz que essa pode desempenhar, enquanto se consolida a concepção da motivação como fator direcionado a permitir uma valoração da decisão seja pelas partes, seja pelo juízo recursal. Em suma, a *ratio* das normas que impõem o dever de motivação é dada não pela ideologia do controle democrático da administração da justiça, mas sim pela vontade de realizar um funcionamento ordenado e racional da justiça no momento de conexão entre a decisão e o juízo recursal, eliminando possíveis inconvenientes e permitindo às partes e ao juiz superior uma tomada de posição razoável diante da própria decisão.[27]

Não pode ser esquecido, ademais, que a legislação prussiana a respeito do tema representa já um movimento evolutivo muito avançado, se comparada com as soluções a que chega a reforma processual na Áustria. No código de Joseph II, contemporâneo à primeira promulgação da *Allgemeine Gerichtsordnung* prussiana (1781), não só não se prevê a obrigatoriedade da motivação, mas formula-se mesmo a vedação para o juiz de exprimir na sentença as razões da decisão.[28] Apenas para as sentenças passíveis de recurso – e por força de expresso pedido das partes – é que é redigida a motivação, cuja comunicação ocorre sem qualquer forma de publicidade para as próprias partes e para o juízo recursal. Tem-se aí a versão mais rígida e restritiva da concepção endoprocessual da motivação, na medida em que é admitida exclusivamente nos limites e nos modos estritamente indispensáveis para evitar que o recurso seja mal interposto ou a sua decisão seja inadequada. É de se observar que não só não se reconhece a função extraprocessual da motivação, excluindo-se, aliás, expressamente a possibilidade de declinação dos motivos na sentença, mas falta igualmente a

---

26 Conforme o *Allgemeine Gerichtsordnung für die Preussischen Staaten*, Berlin, 1855 (reimpressão da edição de 1816 da "*Revidirte Gerichts- und Prozessordnung*", publicada com a data de 6 de julho de 1793), tít. XIII, §§ 7, 36, 42, 44, 48.

27 Conforme, a propósito, TARUFFO, op. e loc. ult. cit.

28 Conforme a *Allgemeine Gerichtsordnung Joseph II von 1781*, estendida às províncias italianas como *Regolamento giudiziale del giorno 10 dicembre 1785,* §§ 261, 263 e 264. Sobre o problema da motivação na AGO austríaca em geral, vide SPRUNG, op. cit., p. 56 ss.

percepção da função justificativa que a motivação desempenha já diante das partes, o que poderia ser uma *ratio* suficiente do dever de motivação.[29]

No que concerne aos Estados italianos, o panorama é extremamente compósito, não apenas porque até o século XVIII convivem ordenamentos em que a motivação não existe ou é secreta, ordenamentos em que essa é obrigatória e pública apenas em casos limites e, enfim, ordenamentos em que o princípio da obrigatoriedade e publicidade da motivação está generalizado, mas também porque as reformas processuais setecentistas não eliminaram, ainda que tenham incidido com força sobre o panorama global, a heterogeneidade das soluções normativas que o compõem. De um lado, verificam-se intervenções legislativas que, sobre o tema, não introduzem inovações relevantes em relação ao regime anterior: é o caso do Piemonte, em que uma lei de 1723 se limita a confirmar o limitado dever de motivação introduzido em 1615 e um édito régio de 1770 permite aos juízes do *Supremo Consiglio* e da *Reale Udienza* não motivar as respectivas sentenças toda vez que isso comportasse retardos, nada obstante tenha permanecido firme a faculdade das partes de requerer e obter uma sucessiva redação dos motivos.[30] Em outros casos, introduz-se o dever de motivação aonde esse não existia anteriormente, mas com contornos fortemente limitativos: é o caso do ducado de Modena, que em 1771 adota uma regulamentação afim àquela piemontesa.[31]

Na verdade, os exemplos de inovação radical, no sentido de introdução do dever geral de motivação em ordenamentos em que esse era totalmente estranho, reduzem-se a dois: a pragmática napolitana de 1774 e o chamado código barbacoviano promulgado no Principado de Trento em 1788.[32]

Enquanto o regime introduzido pelo código trentino – por si só considerável – parece pouco significativo, dado que provavelmente é devido à imitação de modelos pré-existentes, e entre esses especialmente a legislação prussiana e a pragmática napolitana, essa última carrega uma carga bem maior de originalidade e de capacidade inovativa em relação às concepções dominantes no momento em que foi promulgada. Parece lícito duvidar que disso fosse plenamente consciente Tanucci, a quem se deve a reforma, dado que a finalidade por ele visada, impondo aos juízes o dever de motivar as

---

29 Isso emerge particularmente do § 263 do regulamento judiciário josefino, o qual prevê igualmente que a sentença – não motivada – não seja lida em audiência para as partes, nem publicada, sendo apenas comunicada às partes ou aos seus procuradores.

30 Conforme *Leggi e Costituzioni*, cit., loc. cit., e ainda *Leggi civili e criminali del Regno di Sardegna*, Torino, 1827, artigos 1353 e seguintes.

31 Conforme o *Codice di leggi e costituzioni per gli Stati di Sua Altezza Serenissima*, Modena, MDCCLXXI, t. I, lib. I, tits. I, XXXII.

32 Conforme o *Codice giudiziario nelle cause civili per Principato di Trento*, Trento, 1788, §§ 212 e 214.

sentenças, dizia respeito principalmente a um maior racional e ordenado funcionamento da administração da justiça.[33] A dimensão objetiva da reforma foi, no entanto, imediatamente percebida por Filangieri,[34] o qual colocou claramente em evidência que com o dever de motivação submetia-se o trabalho do juiz ao controle difuso da opinião pública, tornando o próprio juiz, portanto, responsável perante a coletividade: das suas palavras ressai, de fato, a plena consciência da função extraprocessual e democrática da motivação[35] e a própria sensibilidade diante desses aspectos do problema, que poucos anos mais tarde deveria levar o legislador revolucionário francês às mesmas linhas traçadas pela pragmática napolitana. Com efeito, especialmente se se leva em consideração as condições miseráveis – para dizer o menos – que caracterizavam a atividade judiciária em Nápoles, essa lei estava destinada a produzir um alvoroço total: a melhor demonstração disso está no fato de que, depois de fortíssimas oposições provenientes da classe judiciária e forense, uma lei de 1791 aboliu o dever geral de motivação, transformando-o em uma mera faculdade do juiz.[36]

Constata-se facilmente, portanto, que a idade das reformas introduzidas pelos governos chamados iluminados não implica, na Itália, inovação geral e radical dos termos em que é posto, em termos legislativos, o problema do

---

[33] Sobre a situação político-administrativa em Nápoles no momento da reforma e sobre o seu desenvolvimento, conforme amplamente AJELLO, *Preilluminismo giuridico e tentativi di codificazione nel Regno di Napoli*, Napoli, 1968, pp. 133 ss.

[34] Conforme o opúsculo do título *Riflessioni politiche sull'ultima Legge del Sovrano che riguarda la Riforma nell'amministrazione delle Giustizia*, publicado em apêndice à edição Silvestri da *Scienza della Legislazione*, Milano, 1817-18, vol. VI, p. 225 ss.

[35] Se, de um lado, não se pode entender que a voz de Filangieri fosse uma voz isolada, dado que no ambiente cultural napolitano eram bastante difundidos elementos ideológicos e políticos fortemente críticos do sistema da justiça feudal (conforme AJELLO, op. cit., p. 158 ss.), não se pode nem mesmo entender que a pragmática de 1774 respondesse à intenção do rei, ou de seu ministro Tanucci, de reformar a justiça em uma direção democrática (como, pelo contrário, parece a AMODIO, op. ult. cit., p. 448 ss.). Não se pode esquecer, de fato, que a estrutura política do regime napolitano era e permanecia modelada a partir do estado despótico e autoritário: nessa, o reforço do princípio da legalidade e a introdução de uma forma de controle sobre o trabalho do juiz, mediante o dever de motivação, parece responder mais a um programa de centralização do poder, em oposição às tendências centrífugas das instituições feudais, que a uma ideologia de controle democrático da justiça. Inquestionavelmente, a generalização do dever e a introdução de um sistema direcionado a garantir igualmente a publicação das sentenças motivadas justificavam a apreciação de Filangieri. Não é infundada, porém, a impressão que nas intenções do idealizador da reforma deveria se tratar mais de um instrumento de pressão sobre os juízes do que um modo de atribuir ao povo a possibilidade de controlar a atividade judicial. Sob esse perfil, a distinção entre a pragmática napolitana e a legislação revolucionária francesa é posta não tanto em relação ao conteúdo das normas e aos instrumentos técnicos de que se valem, mas sim com relação à função que esses são destinados a desempenhar no quadro político e institucional em que se inserem, o que determina respectivamente diferentes pesos ideológicos.

[36] Conforme AJELLO, op. cit., p. 169.

dever de motivação. De um lado, esse foi introduzido de maneira integral somente em Trento e em Nápoles, enquanto as outras normas promulgadas a respeito do tema possuíam uma dimensão muito mais restrita. De outro, as regulamentações anteriores sobreviveram, entre as quais apenas a florentina contemplava o dever geral de motivação. Permaneceu a ausência, enfim, nos ordenamentos processuais de muitos Estados italianos, de normas direcionadas a impor dentro de limites mais ou menos amplos o dever de motivar.

O único momento, de duração muito breve, na qual se assiste ao aparecimento de uma tendência mais difundida e homogênea relativa à introdução do princípio geral da obrigatoriedade da motivação, é aquele que coincide com a formação das repúblicas jacobinas que se segue à conquista napoleônica: nas suas Constituições, modeladas fielmente à imagem da Constituição francesa de 1795, o princípio é, em regra, acolhido.[37] Não se trata evidentemente, no entanto, de um fruto do iluminismo italiano, nem da ideologia dos jacobinos italianos, mas de um componente da operação de mimetismo realizada diante da legislação revolucionária francesa.

De um ponto de vista mais geral, as considerações que valem para a situação italiana valem também para a situação europeia, tal como essa se configura no final do século XVIII.

Inicialmente, existem duas concepções distintas a respeito do papel da motivação e das finalidades a que essa responde, cada qual com suas correlatas implicações culturais e ideológicas igualmente diferentes.[38] Segundo a primeira dessas, a função precípua da motivação e, portanto, a *ratio* fundamental do seu dever, consiste em tornar possível o controle externo, por parte da opinião pública e da sociedade em geral, da adequação e da legalidade da decisão. Nessa perspectiva, que não nega a função endoprocessual da motivação, mas centra-se no seu aspecto extraprocessual, são corolários inevitáveis o princípio da total publicidade da motivação e a impossibilidade de o seu respectivo dever sofrer qualquer tipo de limitação. A motivação configura-se, assim, como um componente essencial do provimento jurisdicional, independentemente da orientação do juiz e do interesse das partes em cada caso, dado que a possibilidade de controle externo sobre o modo com que o juiz exerce o poder que lhe é atribuído pode subsistir apenas

[37] Conforme o artigo 129 da Constituição da República de Bolonha de 1796; o artigo 228 da Constituição da República Cispadana de 1797; o artigo 208 da Constituição da República Cisalpina de 1797 (e o artigo 207 da Constituição do ano sucessivo); o artigo 222 da Constituição do Povo da Ligúria de 1797; o artigo 207 da Constituição da República Romana de 1798, e o artigo 207 da Constituição da República Napolitana de 1799 (para o texto das normas, conforme *Le Costituzioni Italiane*, aos cuidados de AQUARONE-D'ADDIO-NEGRI, Milano, 1958, *passim*).

[38] Para uma análise mais ampla dessas concepções e das diferentes manifestações que essas conhecem nas legislações do século XVIII, conforme TARUFFO, op. cit., p. 290 ss.

se ilimitada e incondicionada. No fundo dessa concepção está não tanto a cultura jurídica do iluminismo global e genericamente considerada, quanto mais especificamente a ideologia política do iluminismo democrático, cuja manifestação mais coerente e completa aparece na legislação revolucionária da França.

No entanto, fortemente dominante é a segunda concepção, pela qual a função da motivação é tipicamente endoprocessual e consiste em permitir que as partes percebam com clareza o significado da decisão, especialmente para eventualidade do recurso, e que o juízo recursal valore adequadamente o fundamento da decisão impugnada. Com essa concepção são evidentemente compatíveis limitações de várias ordens, seja no que concerne ao regime da publicidade da motivação, seja no que tange à extensão do seu dever. No limite, aliás, as exigências em que essa se inspira são satisfeitas também por uma regulamentação, como aquela contida no código josefino, fundada na proibição de motivação (mas com faculdade das partes de requerê-la para recorrer) e na ausência de sua publicidade (mas com a possibilidade de que as partes e o juízo recursal a conheçam). A matriz cultural dessa concepção, que está à base da normativa prussiana, da austríaca e das reformas italianas, aí compreendida a pragmática napolitana de 1774, não é a ideologia política do iluminismo democrático, mas o racionalismo funcionalístico e burocrático do despotismo iluminado.

O racionalismo filosófico derivado do jusnaturalismo não parece ter tido influência determinante na concepção da sentença como decisão necessariamente motivada, como demonstra a ausência de uma orientação suficientemente uniforme nesse sentido.[39] Decisiva, porém, parece ter sido a tendência à reorganização e à simplificação da administração da justiça. Desse ponto de vista, a motivação da sentença serve para evitar inconvenientes e dificuldades para as partes e para o juízo recursal, não sendo de se esquecer, ademais, que essa, sendo pública ou secreta, permite ainda um controle burocrático sobre o trabalho do juiz e é, portanto, coerente com o programa de centralização promovido pelos soberanos prussiano e austríaco. Nessa linha, a motivação responde não tanto a uma exigência de racionalidade do juízo, quanto à exigência de racionalização do funcionamento da justiça, seja sob o aspecto do seu mais ordenado e fácil desenvolvimento, seja sob o aspecto da sua inserção na estrutura burocrática do estado. Nas soluções legislativas que podem ser reconduzidas a essa orientação de fundo, aparece de todo modo apenas um único aspecto que não atine diretamente à função da motivação ao perfil interno do processo ou da organização do poder jurisdicional. Trata-se da finalidade assinalada à motivação aonde essa

---

[39] Sobre o assunto, conforme BRÜGGEMANN, *Die richterliche Begründungspflicht*, cit., p. 24 ss.

é prescrita especialmente para os órgãos jurisdicionais superiores ou para as causas de maior importância, como acontece na legislação piemontesa e modense. Nesses casos, pode-se falar de função extraprocessual da motivação, mas com um significado diferente daquele definido anteriormente, na medida em que a finalidade que parece ser perseguida é a clarificação e simplificação da jurisprudência mediante a eficácia de precedente de fato que deveriam ter as sentenças motivadas.

Em síntese, assim como não se pode dizer que as reformas processuais do século XVIII produziram soluções unitárias e coerentes no tema da obrigatoriedade da motivação, não é nem mesmo possível afirmar que as solicitações produzidas pela cultura jurídica iluminista operaram a propósito desse tema apenas em um único sentido. Essa cultura constituiu mais do que qualquer coisa um estímulo polivalente que deu lugar a diferentes respostas em virtude das diferentes situações políticas e opções ideológicas. Em especial, representou o pressuposto da concepção extraprocessual da motivação aonde, como ocorreu na França na época da revolução, pode ser traduzida na ideologia democrática da justiça e do controle do trabalho do juiz. Nas diferentes condições políticas existentes nos regimes inspirados nos princípios do despotismo iluminado, essa mesma cultura orientou, pelo contrário, apenas no sentido de dar lugar à justificação técnico-jurídica e organizativa da função endoprocessual da motivação e acabou por legitimar também as soluções, como a austríaca, que se centravam não no dever, mas na proibição da motivação expressa e pública.

B) Evolução do problema nas codificações oitocentistas

Nas legislações italianas, a fase de afirmação do dever de motivação em nível de princípio constitucional tem uma breve duração: com as quedas das repúblicas jacobinas, ou com as suas substituições por estados napoleônicos, enfraquece-se o contexto político e ideológico que levou à recepção do modelo revolucionário francês representado pela Constituição de 1795. Os estatutos napoleônicos,[40] de fato, não contêm mais o princípio da obrigatoriedade da motivação que, no entanto, estava afirmado nas precedentes constituições republicanas, nos trilhos das quais se colocaram todas as cartas constitucionais sucessivas.[41] Já com Napoleão, portanto, dilui-se a influência

[40] Conforme, por exemplo, a Constituição da República italiana de 1802, o III Estatuto Constitucional de 5 de junho de 1805 e o Estatuto Constitucional do Reino de Nápoles e Sicília de 1808, publicados na *Raccolta di Costituzioni italiane*, Torino, 1852.

[41] A única exceção é representada pela Constituição da Sicília de 1812 (promulgada por Ferdinando III), em que o tít. III, cap. I, § 5, prescreve que, para evitar o arbítrio dos juízes, as sentenças são “raciocinadas a partir da lei”. O princípio não é mais reafirmado, porém, na Constituição do Reino de Nápoles de 1815, nem naquela do Reino das Duas Sicílias de 1820.

da ideologia democrática da justiça que levou à enunciação desse princípio no âmbito da concepção extraprocessual da motivação: desse momento em diante se assiste não à síntese ou ao contraste entre as duas concepções distintas já mencionadas, mas sim ao difundido predomínio da concepção endoprocessual, com todas as consequências já assinaladas no plano político e ideológico. Ademais, se a ideia da motivação como meio de controle democrático do trabalho do juiz era solidária com o clima revolucionário, a ideia da motivação como instrumento meramente técnico-processual é evidentemente mais coerente com o clima político da época napoleônica e, mais ainda, com aquele da Restauração e dos sucessivos regimes italianos e europeus.[42]

A influência francesa sobre as legislações italianas permanece, mas no nível da legislação infraconstitucional processual ordinária: o artigo 141 do código de processo civil napoleônico, o qual prescreve que na sentença sejam expostos, além dos pontos de fato e de direito, os motivos da decisão, constitui um ponto de referência constante. De um lado, isso ocorre em virtude da recepção direta do código francês em alguns estados italianos[43] – e onde isso não acontece, e ainda quando cessa a sua aplicação direta em face da superveniência de legislações autônomas, mantém-se, todavia, o valor de exemplo por parte daquele que sem mais aparecia como o modelo mais avançado de regulamentação processual.[44] Tudo isso é confirmado

---

42 Um aspecto importante dessa mudança de perspectiva concerne, na França, à evolução (ou involução) que caracteriza a colocação funcional no ordenamento do *Tribunal de Cassation*, originariamente previsto como destinatário último da motivação e como detentor do poder político de controle sobre o trabalho dos juízes (conforme Amodio, op. ult. cit., p. 448 ss.). Parece fundada, a propósito, a observação de Colesanti, *Entscheidungsbegründung*, cit., p. 376, segundo o qual a ideia de controle democrático sobre o juiz mediante o exame da motivação permanece até o momento em que a Cassação é vista como órgão político-institucional e como apêndice do poder legislativo, enquanto enfraquece – prevalecendo, pelo contrário, a função endoprocessual da motivação – no momento em que se consolida a concepção da Cassação como órgão jurisdicional.

43 Conforme, por exemplo, o *Codice di procedura civile per Regno d'Italia*, Milano, 1806, o *Codice della procedura civile*, Torino, 1808, e o *Codice di procedura civile per i Principati di Lucca e Piombino*, Lucca, 1808, que consistem em puras e simples versões em italiano do código francês.

44 Amodio, op. ult. cit., p. 447 ss., contesta, a respeito do tema do dever de motivação, o "prejuízo" consistente em entender que as legislações italianas de '800 não tenham feito outra coisa senão que encampar o modelo francês (assim, porém, Scaparone, *La disciplina Costituzionale dell'intervento di "laici non tecnici" nell'amministrazione della giustizia*, in *Giur. cost.*, 1968, p. 2363 ss.), sugerindo, pelo contrário, que o modelo constantemente seguido por essas era o da pragmática napolitana de 1774. Na verdade, a observação parece fundada somente no sentido de que a legislação revolucionária não teve influência determinante na Itália, como já se acenou antes no texto. Ainda, não se pode nem mesmo excluir que a pragmática napolitana tenha tido certo valor de exemplo para os legisladores da Restauração, exatamente pelo seu "ânimo" burocrático e autoritário, já

pelos regulamentos de processo civil que são promulgados a partir dos anos da restauração pós-napoleônica e que prescrevem a motivação da sentença. No Piemonte, uma patente régia de 1.º de março de 1838 confirma o pré-existente artigo 1.353 das *Leggi civili e criminali* em vigor desde 1827, que de seu turno recebiam as normas anteriores concernentes à motivação.[45] O dever de motivação é em seguida imposto pelo artigo 205, n. 4, do código de processo civil sardo de 1854.[46] Em Nápoles, esse é prescrito pelas *Leggi della procedura nei giudizi civili*, de 1819.[47] Normas análogas entram em vigor ainda no estado pontífice,[48] no Ducado de Parma[49] e no Granducado da Toscana.[50]

A essa tendência geral das codificações processuais pré-unitárias de prever o dever de motivação da sentença civil, permanece estranha o Lombardo-Veneto, que simplesmente não conhece, depois da experiência napoleônica, uma nova regulamentação do processo, retornando antes à legislação austríaca. Enquanto em 1785 estava em vigor o *Regolamento generale* de Joseph II, sobre o qual já se acenou, o retorno ao domínio austríaco significa a entrada em vigor, em forma adaptada, do *Regolamento processuale* chamado galiciano, promulgado nas províncias ocidentais do império em 1796: isso ocorre em Veneza em 1803 e no Lombardo-Veneto

---

colocado em evidência. Todavia, isso não equivale a entender fundada a opinião de Amodio: de um lado, se por modelo francês entende-se aquele constituído pelo código napoleônico, é inquestionável que esse teve uma larguíssima influência. A propósito, recordem-se não apenas as hipóteses de recepção desse código como lei vigente (vide nota anterior), mas, sobretudo, a amplíssima circulação que tiveram, em especial exatamente em Nápoles, as obras da doutrina francesa (como, por exemplo, o comentário de CARRÉ, cuja tradução fez parte de uma coletânea de traduções de comentários sobre o código francês), que em alguns casos foram mesmo adaptadas como comentário às normas vigentes na Itália. De outro lado, não se pode esquecer que a pragmática de 1774 esteve em vigor por pouquíssimos anos, transcorridos os quais a concepção nessa acolhida cessou de ter influência no próprio ordenamento napolitano, continuando a ser recordada mais como um episódio isolado do que como um modelo realmente influente. Ainda, enquanto é fácil constatar fortes analogias entre as codificações processuais civis pré-unitárias e o código francês, não parece que essas tenham sido efetivamente influenciadas quanto ao modo de regular o dever de motivação pelo modelo napolitano.

45 Conforme SCLOPIS, *Della autorità giudiziaria*, Torino, 1842, p. 174.

46 Conforme MANCINI, in MANCINI-PISANELLI-SCIALOJA, *Commentario al codice di procedura civile per gli Stati Sardi*, Torino, 1855, II, p. 423 ss.

47 Conforme o *Codice per lo Regno delle Due Sicilie*, parte III, *Leggi della procedura nè giudizi civili*, Napoli, 1819, § 233.

48 Conforme o *Motu proprio* de Pio VII de 22 de novembro de 1817, artigos 79 e 1.033; analogamente, conforme o *Regolamento legislativo e giudiziario per gli affari civili*, promulgado com o *Motu proprio* de Gregorio XVI de 10 de novembro de 1834, §§ 598 ss.

49 Conforme o *Codice di Procedura Civile per gli Stati di Parma, Piacenza e Guastalla*, Parma, 1820, artigo 523.

50 Conforme o *Regolamento di procedura civile per i Tribunali del Granducato di Toscana* (de 1814), Firenze, 1833, artigo 480.

em 1815.[51] Trata-se da continuação do regime inicialmente contido no código josefino, desde o momento em que o parágrafo 315 do código estendido às regiões italianas contém, de seu turno, a proibição de expressão dos motivos na sentença, ressalvada a faculdade das partes de obter a comunicação para elaboração do recurso.

A definitiva unificação da normativa processual a respeito do assunto aparece, portanto, somente com o *Codice di Procedura Civile* de 1865, cujo artigo 436 equivale ao vigente artigo 132 do *Codice di Procedura Civile*. Ainda uma vez, o processo evolutivo da legislação italiana a respeito do dever de motivação desenvolve-se em sintonia com o análogo processo das legislações dos outros estados da Europa.

Na França, o artigo 141 do código é integrado pelo artigo 7 da lei de 20 de abril de 1810, a partir do qual as sentenças não motivadas devem ser declaradas nulas.[52] Na Prússia, por todo o século XIX continua vigente o princípio da obrigatoriedade da motivação nos moldes delineados pela *Allgemeine Gerichtsordnung* de Frederico II.

Em vários ordenamentos, todavia, esse princípio não é afirmado senão nas codificações da segunda metade de Oitocentos, com um notável retardo, portanto, em relação às linhas evolutivas do problema nos ordenamentos italianos, bem como no francês e no prussiano. É o caso, por exemplo, da Baviera, em que o dever de motivação da sentença civil é introduzido somente com a *Prozessordnung* de 1869.[53] Ainda mais significativo é o exemplo da Áustria, em que a proibição de motivação prevista na *Gerichtsordnung* de 1781 e de 1796 permanece em vigor por todo o século XIX, sendo introduzido o dever de motivação expressa somente com o § 414 da *Civilprocessordnung* de 1895.

Em tudo particular, por fim, parece o desenvolvimento do ordenamento espanhol a respeito da motivação: em 1778, de fato, Carlos III ordenou a cessação do uso de motivar as sentenças, com o fim de evitar manobras

---

[51] Conforme o *Regolamento Generale del processo civile per Regno Lombardo-Veneto*, Milano, 1815 (promulgado por Francesco I). Sobre o assunto, conforme GIORDANI, *Illustrazione al Regolamento del processo civile vigente nel Regno Lombardo-Veneto*, Venezia, 1845, II ed., p. 133; GENNARI, *Corso di procedura giudiziaria civile*, Pavia, 1844, II, p. 33.

[52] Conforme SAUVEL, op. cit., p. 48. Efetua-se desse modo o retorno ao regime da lei de 1790, que previa a motivação sob pena de nulidade, nada obstante a pena não ter sido prevista no código (conforme MERLIN, op. cit., loc. cit., p. 377).

[53] Conforme a *Prozessordnung in bürgerlichen Rechtsstreitigkeiten für das Königreich Bayern*, München, 1869, artigo 275 seguintes; o *Codex juris bavarici judiciarii decidendi* (conforme, a propósito, SPRUNG, op. cit., p. 49 s.).

maliciosas das partes e conseguintes prolongamentos do processo,[54] permanecendo a situação estável nesses termos até o advento da *Ley de Enjuiciamiento Civil* de 1881, cujo artigo 372 adequa-se à previsão então dominante, prescrevendo que a sentença exprima a *fundamentación* da decisão.[55]

Mesmo da simples referência às fontes normativas em tema de obrigatoriedade da fundamentação, é fácil perceber que o problema conhece, nos ordenamentos italianos e europeus, uma evolução que se articula em duas etapas fundamentais. A primeira, que se desenvolve na primeira metade do século XIX, apresenta aspectos não perfeitamente homogêneos, mas, no fundo, não contraditórios. De um lado, existe aí a já acenada redução do modo de conceber a motivação somente em seu aspecto endoprocessual[56] e, portanto, tipicamente técnico-jurídico, que é complementar à diminuição da sensibilidade, devida essencialmente à mudança do clima político, em relação à função extraprocessual da motivação.[57] É um fenômeno que não coincide e não depende somente da renovada consolidação do autoritarismo no período da Restauração: o momento inicial desse pode ser individuali-

---

[54] Conforme ALSINA, *Tratado teorico e practico de derecho procesal civil y comercial*, II ed., Buenos Aires, 1957, vol. II, p. 256.

[55] Conforme GUASP, *Comentarios a la Ley de Enjuiciamiento Civil*, II ed., Madrid, 1942, vol. I, p. 997.

[56] É significativa, a propósito, a orientação assumida pela jurisprudência da Cassação francesa nas primeiras décadas do século, no sentido de entender que a ausência de motivação não leva à nulidade da sentença senão nos casos em que a motivação era expressamente imposta pela lei. É, no entanto, a jurisprudência do *Conseil d'Etat* que supera essa visão restritiva e que elabora o princípio da obrigatoriedade da motivação como "princípio geral do direito" (conforme as referências de SAUVEL, op. cit., p. 50).

[57] É verdade que não faltam, na doutrina da primeira metade de Oitocentos, afirmações dessa função (conforme, por exemplo, SCLOPIS, op. cit., p. 95), mas não parece que se tratasse de uma consciência assim clara e difundida a ponto de torna igualmente supérflua a sua afirmação em nível de princípio constitucional (assim, no entanto, COLESANTI, op. ult. cit., p. 377). De lado o fato de que não é constatável uma orientação uniforme, seria necessário da mesma forma distinguir entre as orientações da doutrina e as do legislador: na verdade, se se pode admitir que uma parte da doutrina não tivesse abandonado a função política da motivação – senão por outra razão, em memória das experiências revolucionárias – é difícil pensar que uma orientação análoga teria inspirado os reformadores da Restauração. De fato, a ideologia democrática do controle público sobre o juiz mediante a motivação era o mais longe e estranho tanto quanto se pode imaginar da ideologia política e jurídica dos regimes da primeira metade de Oitocentos, na Itália e fora da Itália. Isso não impede de pensar que os legisladores tenham percebido a função extraprocessual da motivação: nesse caso, porém, a ausência de sua afirmação nas cartas constitucionais é explicável não tanto com o desiderato de não enunciar princípios supérfluos, mas sim de evitar a enunciação formal de um princípio que provavelmente aparecia colorido de implicações ideológicas contrastantes com as finalidades políticas que os próprios legisladores perseguiam. Justifica-se, então, o quanto é dito no texto no sentido de que as normas infraconstitucionais em tema de motivação significavam apenas a recepção da concepção endoprocessual e que, ademais, não é privada de significado político a ausência de manifestação da concepção extraprocessual em nível de princípios gerais do ordenamento.

zado, de fato, já na legislação napoleônica, que, longe de ser rejeitada pelos regimes sucessivos, constitui o principal modelo para regulamentação que esses introduziram sobre o ponto que aqui interessa. A propósito, assim como é relevante o contraste entre a imposição do dever de motivação na legislação ordinária e o desaparecimento de qualquer referência a respeito nas cartas constitucionais dos estados napoleônicos italianos, vale a pena sublinhar que a situação não muda nos ordenamentos dos estados pré-unitários: ao lado da sempre maior difusão do dever de motivação nas leis processuais, continua a faltar (em particular nos Estatutos de 1848) a sua afirmação como princípio geral do ordenamento e da função jurisdicional. De outra parte, o valor histórico-político da introdução do dever de motivação em nível de legislação infraconstitucional não deve ser supervalorizado: se é verdade, como parece, que se trata simplesmente da manifestação da visão endoprocessual da motivação, então é necessário ter presente que com essa visão é compatível até mesmo a solução, escolhida pelo ordenamento austríaco, da vedação de motivação expressa.

De outro lado, importa observar que, malgrado o desaparecimento de componentes mais tipicamente ideológicos e políticos do princípio da obrigatoriedade da motivação, a sua penetração no contexto das diversas codificações processuais não constitui um fenômeno unitário. Nada obstante a presença de modelos como as legislações prussiana e francesa, que igualmente tiveram uma influência relevante sobre as reformas da primeira metade do século, não se assiste a uma recepção generalizada das normas que essas continham em tema de motivação. Por um período de tempo mais ou menos longo, de fato, também o fenômeno técnico-processual da motivação permanece estranho a diversos ordenamentos, como o espanhol, o bávaro e o austríaco. A segunda etapa do processo evolutivo que o problema do dever de motivação conhece no século XIX coincide com as reformas processuais que foram realizadas na segunda metade do século no arco que vai do *Codice di Procedura Civile* de 1865 na Itália até a *Civilprozessordnung* austríaca de 1895. O dado mais relevante sobre o assunto consiste na finalização da evolução do problema no sentido da difusão geral, em termos de legislação infraconstitucional, do princípio da obrigatoriedade da motivação, que apenas nessa fase torna-se válido para todos os ordenamentos processuais europeus. Ao mesmo tempo – e trata-se de um fenômeno que muito provavelmente influenciou tanto as próprias codificações quanto especialmente o regime da motivação – vinha-se realizando, nos ordenamentos em que já se conhecia o instituto, uma ampla e articulada elaboração doutrinária e jurisprudencial sobre o tema do dever de motivação[58].

---

[58] Para a Itália, por exemplo, conforme a madura e clara análise realizada já por MANCINI, op. cit., loc. cit., em comentário ao artigo 204 do *Codice di Procedura Civile* sardo. Vide

Isso vale em particular para a jurisprudência da Cassação francesa, que já nas primeiras décadas do século chegou a fixar, interpretando o artigo 141 do código napoleônico, os princípios fundamentais a respeito do dever de motivação e às consequências da sua inobservância.[59] As codificações da segunda metade de Oitocentos recepcionam de forma bastante uniforme os resultados de semelhante elaboração jurídica do tema, em especial no que atine à configuração da nulidade da sentença derivante do vício de motivação e à configuração dessa última como requisito de forma/conteúdo da sentença.

A fase em exame não se caracteriza, porém, somente a partir da homogeneidade de soluções que nessa é obtida, mas também por um elemento que continua faltando no modo dominante em que é concebida a função da motivação. Isto é, prossegue e consolida-se posteriormente a hegemonia da concepção endoprocessual da motivação, perdendo-se a sensibilidade para os componentes político-ideológicos do fenômeno. A explicação disso não consiste apenas na viscosidade da orientação manifestada nesse sentido dos fins até o início do século: de fato, observe-se também que a ideologia liberal dominante no período aqui considerado constitui de seu turno, não diferentemente das ideologias autoritárias igualmente presentes no mesmo período, uma matriz cultural e política sobre a qual essa concepção da motivação se mistura de forma harmônica exatamente na medida em que não envolve conjuntamente o problema do controle democrático sobre o trabalho do juiz. No limite, aliás, pode-se talvez supor que, se o princípio da obrigatoriedade da motivação foi assim tão amplamente recepcionado pelos ordenamentos processuais no momento histórico ora examinado, isso em larga parte é devido ao fato de que já na primeira metade do século tinha ocorrido a radical atenuação dos componentes mais tipicamente políticos que esse princípio manifestou no breve momento revolucionário. Trata-se de uma peculiaridade que não deve ser subvalorizada: essa não representa, de fato, apenas a característica dominante da concepção da motivação que caracteriza o século passado, mas também o aspecto mais relevante das premissas culturais e jurídicas que, ainda em época recente, levou a uma decidida redução da dimensão do princípio fixado na primeira parte do artigo 111 da Constituição.

---

também Nicolini, *Questioni di diritto trattate nelle conclusion, nè discorsi e in altri scritti legali*, vol. V, Napoli, 1840, p. 273 ss.

59 Conforme as referências e a síntese em Carré, *Le leggi della procedura civile*, trad. it., Napoli, IV ed., 1850, vol. II, p. 291 ss.; Thomine-Desmazures, *Commentario sul codice di procedura civile*, trad. it., Napoli, 1855, vol. I, p. 286 ss.; Bioche-Goujet, *Dizionario generale ragionato della procedura civile e commerciale*, trad. it., Palermo, 1854, v. *Sentenza*, p. 545 ss.

C) Acenos sobre a motivação na história dos ordenamentos de *common law*

Uma característica constante da história dos ordenamentos processuais de *common law* é representada pela ausência do dever de motivação. Essa é acompanhada, porém, de uma praxe não menos constante, ainda que não absolutamente generalizada, no sentido de ajuntar à decisão a exposição das respectivas razões. Aliás, é exatamente a existência dessa praxe, consolidada progressivamente em um longo arco de tempo, que provavelmente explica como nem o legislador nem a jurisprudência tenham sentido a necessidade de formular uma regra expressa a respeito.

Na Inglaterra, a existência de decisões motivadas está documentada já desde o século XII a partir dos *Rolls* em que são verbalizados os processos judiciais. A propósito, sublinhe-se que não aparecem motivadas apenas as sentenças pronunciadas pelo *judge*, mas normalmente são motivados também os vereditos emanados do *jury*,[60] a que segue a sentença que pode ser ou não, de seu turno, motivada.[61] Aliás, é bastante frequente o caso em que tendo o *jury* emanado um veredito motivado,[62] o *judge* limita-se a recebê-lo sem justificar a decisão com argumentos diferentes[63] – não faltam hipóteses, porém, em que o veredito não é motivado e a decisão prolatada pelo *judge*, pelo contrário, o é.[64] Aqui se encontra, evidentemente, em uma fase em que a natureza e a função do *jury* não são rigorosamente definidas diante daquelas concernentes ao *judge*:[65] em especial, não é ainda aplicável

---

60 Conforme Flower, *Introduction to the Curia Regis Rolls, 1199-1230*, in *Selden Soc. Publ.*, vol. 62, London, 1944, pp. 441-446. Conforme, ainda, os exemplos editados em Stenton, *Rolls of the Justices in Eyre for Gloucestershire, Warwickshire and Staffordshire, 1221-1222*, in *Selden Soc. Publ.*, vol. 59, London, 1940, pp. 19 ss., 88 ss., 130 ss., 174 ss., 240 ss., 448 ss.

61 Para exemplos de decisões motivadas pelo *judge*, conforme Stenton, op. cit., pp. 22, 27, 59 ss., 124, 160, 254, 441, 473.

62 Normalmente, a *causa dicti* sobre a qual se funda o veredito é constituída simplesmente pela contumácia ou pelo reconhecimento do pedido por parte do demandado (conforme Stenton, op. cit., p. 59 ss.). São assaz frequentes, porém, as decisões em causas relativas à posse nas quais o *jury* não motiva o veredito se reconhece como verdadeiros os fatos afirmados no *writ* do autor, nada obstante de regra o motive relativamente ao fato (por exemplo, "... *quod ipse non disseisiut eum quia numquam inde seisinam habuit*") quando entenda que os fatos não são verdadeiros (conforme Stenton, op. cit., pp. 130 ss., 258 ss.).

63 Conforme, por exemplo, o *record* publicado no *Year Books of Edward II. Part of Easter, and Trinity, 1319*, vol. XXV, in *Selden Soc. Publ.*, vol. 81, London, 1964, p. 18.

64 Conforme, por exemplo, Stenton, op. cit., pp. 27, 96.

65 Sobre a origem do *jury* como grupo de testemunhas do fato e sobre o complexo desenvolvimento que levou à sua transformação em órgão judicial do fato, conforme Hanbury, *English Courts of Law*, Oxford, 1948, p. 119 ss.; Plucknett, *A Concise History of Common Law*, V ed., London, 1956, p. 106 ss.; Brunner, *Die Entstehung der Schwurgerichte* (Berlin, 1872), reimpressão, Aalen, 1967, p. 397 ss.

a definição moderna do *jury* como juiz exclusivo do fato, tendo em conta que em alguns casos o *jury* acaba emanando um veredito também no que concerne ao direito,[66] ainda que a distinção entre as tarefas dos jurados e a do juiz apareça claramente delineada, já no final do século XII, por Glanvill.[67] Em qualquer caso, o dado relevante é constituído pela existência, na praxe, de uma tendência mais ou menos acentuada pela expressão, de forma mais ou menos ampla, da *ratio* sobre que se funda a decisão. Não é fácil estabelecer quais são as suas causas, também porque não consta que a literatura especializada tenha cuidado do problema: não parece, porém, que se tratasse apenas da exigência de viabilizar o controle sucessivo, que era da mesma forma possível a partir dos *Rolls* ainda na ausência de motivação.[68] É, pelo contrário, mais provável que já fosse sentida de forma embrionária a exigência, intrínseca ao sistema de *common law*, de precisar a *ratio decidendi* da solução da lide.

Em seguida, a evolução e a especificação de alguns aspectos basilares do sistema inglês levam rapidamente ao "modelo" que nas suas linhas essenciais permanece inalterado até hoje. De um lado, consolida-se a concepção do *jury* como "juiz do fato" em contraposição ao *judge* como "juiz do direito", sendo que isso provavelmente influencia no sentido de tornar prevalente a praxe do veredito não motivado. No contrafluxo, torna-se posteriormente reforçada a exigência que seja justificada a decisão final pronunciada pelo *judge*, na qual, de qualquer modo, a individualização da *ratio decidendi* está sempre estreitamente coligada a uma pontual individualização dos fatos verificados pelo *jury*. Nesse sentido opera também outro fator decisivo, constituído da progressiva consolidação da doutrina do precedente vinculante:[69] é evidente, de fato, que o sistema do *stare decisis* é possível apenas quando o precedente não é constituído por um *dictum* imotivado, mas contenha, pelo contrário, a individualização expressa da *ratio decidendi* sobre a qual se funda a decisão. Ademais, em um ordenamento em que a fonte principal do direito é a *common law*, é igualmente evidente o papel essencial da função "declaratória do direito" desempenhada pela jurisprudência: sob esse perfil, o juiz motiva a sentença não tanto, ou não

---

66 Conforme Brunner, op. cit., p. 284 ss.

67 Conforme Glanvill, *De Legibus et Consuetudinibus Regni Angliae*, Woodbine ed., New Haven, 1932, liber II, cap. 18, p. 68.

68 Exatamente a partir dos *rolls* desenvolveu-se de fato o controle de *lawfulness* que era realizado, a cada sete anos, pelos juízes itinerantes (*Justices of Eyre*) enviados pelo rei: conforme, a propósito, o *Speculum justitiariorum (Mirror of Justices)* (final do século XIII), in *Selden Soc. Publ.*, VII, London, 1895, p. 145.

69 Sobre as linhas gerais desse desenvolvimento, conforme Plucknett, op. cit., p. 342 ss.

somente, com o fim de justificar a decisão, mas sim porque essa representa um modelo de criação jurisprudencial do direito.[70]

No século XVI, os resultados dessa decisiva fase evolutiva já estão amplamente consolidados: a motivação da sentença, nada obstante continue a existir somente na praxe, é um fenômeno de que se reconhece a importância decisiva no contexto do sistema de *common law*. Disso oferece clara confirmação a afirmação de Francis Bacon,[71] o qual observa como é necessário que os juízes tornem públicas as razões dos motivos sobre as quais se fundam as suas respectivas decisões. Quanto à praxe da motivação na Inglaterra, recorde-se ainda uma característica peculiar que, se de um lado representa a origem do instituto da *dissenting opinion*, serve também para explicar, ao menos em parte, a difusão dessa praxe nos órgãos de jurisdição superior. Nas *Common Law Courts*, que decidiam a maior parte das causas em grau de apelo, e na *House of Lords*, com função de órgão de última instância, a deliberação não foi nunca secreta e colegiada, mas sim pública e individual. Concluídas as manifestações dos defensores, de fato, não tinha lugar nada de comparável à nossa *camara di consiglio*: pelo contrário, cada um dos membros do colegiado judicante exprimia separadamente (*seriatim*) a própria opinião sobre a controvérsia, acrescentando normalmente a indicação dos motivos de fato e de direito e dos precedentes em que a decisão se inspirava, resultando a decisão de maioria somente da combinação dos pareceres dessa forma expressos.[72] Nesse modo, não se chegava a ter uma verdadeira e própria motivação da sentença, dado que, a propósito, não se pode nem mesmo falar em sentença como ato unitário. Todavia, é inquestionável que um *modus operandi* desse jaez representava uma situação propícia para estimular os juízes à expressão das razões que sustentam suas respectivas opiniões, senão por outra razão porque incumbia a cada um desses o ônus de individualizar a *ratio decidendi* do próprio parecer.

Nos Estados Unidos, nada obstante a emancipação das colônias, a praxe inglesa é recebida, continuando a faltar, analogamente, qualquer norma dirigida a prescrever a motivação.

Para a hipótese do *jury-trial*, não é colocada em discussão a forma do veredito não motivado, mas difunde-se, sempre em analogia com o modelo

---

[70] Conforme SERENI, *Le opinioni separate dei giudici di tribunali internazionali*, in *Le opinioni dissenzienti*, cit., p. 124.

[71] Conforme Bacon, *De justitia universal*, in *Oeuvres de Bacon*, trad. fr., Paris, 1852, I, p. 487, aph. 38, em que se coloca em evidência o fundamento político do princípio, fundado na necessidade que a opinião pública delimite a liberdade de quem detém o poder de decidir.

[72] Conforme ZO BELL, *L'espressione di giudizi separati nella Supreme Corte: storia della scissione della decisione giudiziaria*, in *Le opinioni dissenzienti*, cit.; RUPP, *Zur Frage der Dissenting Opinion*, in *Festschr. für G. Leibholz*, Tübingen, 1966, II, p. 532.

inglês, o uso prevalente de pronunciar *opinions* motivadas por parte do *judge* (o que vale especialmente para as hipóteses de processo sem júri).

Um interessante ponto de ligação com a praxe inglesa (em particular com aquela das *Common Law Courts*) é evidenciada nos primeiros anos de atividade da Corte Suprema dos Estados Unidos, nos quais predomina o uso de decidir mediante a pronúncia de pareceres motivados separadamente por parte dos diferentes membros do colégio judicante.[73] A primeira sentença prolatada em nome da Corte como órgão – e, portanto, dotada de motivação unitária – é, de fato, de 1801: pode-se dizer que remonta a essa data a introdução na Corte a deliberação colegiada e o uso de apenas uma motivação de maioria, que se torna em pouco tempo a regra que guia ainda hoje o comportamento da Corte.[74]

Se é possível uma consideração de ordem extremamente geral a respeito do quanto até aqui se acenou, essa se centra na ausência, no amplo arco de tempo considerado, de uma sensibilidade específica diante da função da motivação como meio de controle externo "difuso" sobre o trabalho do juiz.[75] Que isso é devido a diversos fatores de estrutura do ordenamento, como o papel atribuído ao *jury*, o do costume, como o tradicional prestígio de que a magistratura inglesa sempre gozou, é bastante óbvio.[76] Ademais, é igualmente legítimo entender que, na medida em que a praxe conseguiu suficientemente responder às exigências paulatinamente emergentes, entre a qual essencialmente a elaboração jurisprudencial do *corpus* do *common law*, não se verificaram os pressupostos necessários para estimular tomadas de posição específicas sobre o problema.

Na verdade, não parece que uma compreensão suficiente do fenômeno em exame possa ser obtida simplesmente observando que a experiência inglesa levou à formação de um sistema pelo qual a coerência interna

---

73 Conforme Zo Bell, op. cit., p. 71; Vaccaro, *"Dissents" e "Concurrences" nella prassi della Suprema Corte degli Stati Uniti*, in *Foro pad.*, 1951, IV, p. 12; Giordano, *La Motivazione della sentenza*, cit., p. 153; Levin, *Mr. Justice William Johnson, Creative Dissenter*, in 43 *Mich. L. R.*, 1944, p. 512 ss.

74 Observa do mesmo modo Gorla, *La struttura della decisione giudiziale*, cit., c. 1247, que nos sistemas de *common law*, diante dos órgãos colegiados, não se pode realmente falar de decisão e motivação única enquanto perdura o sistema da decisão e motivação pessoal: se os juízes encontram de acordo a respeito da solução e dos motivos, a sentença é redigida em apenas um documento; caso contrário, cada um permanece livre para exprimir a própria opinião *concurring* ou *dissenting*. A única inovação consiste, portanto, no fato de que é expressa em modo unitário a decisão da maioria.

75 O caso de Francis Bacon (vide nota 71) parece, de fato, como um exemplo isolado de uma intuição filosófico-política mais do que a expressão de uma clara orientação presente na cultura jurídica da época.

76 Conforme Varano, *Organizzazione e garanzie della giustizia civile nell'Inghilterra moderna*, Milano, 1973, p. 502 ss.

tornava desnecessária a imposição do dever de motivação. Das vicissitudes que o instituto experimenta na Europa continental a partir do século XVIII resultam, porém, alguns dados gerais que, se por um lado explicam a introdução do dever de motivação nos ordenamentos de *civil law*, não são por outro encontráveis na experiência inglesa. Isto é, nota-se que o princípio da obrigatoriedade da motivação é afirmado concomitantemente com mudanças relevantes na ideologia política em geral – e na administração da justiça em particular – que intervêm assinalando a crise do *ancien régime* e a passagem às formas modernas de organização do poder jurisdicional. Isso vale especialmente a propósito do aparecimento do princípio da obrigatoriedade da motivação como princípio político de garantia – diante do arbítrio judicial – de controle democrático da gestão do poder: não por acaso, o fenômeno formata-se nesses termos com a Revolução francesa, vale dizer, no momento em que se verifica o embate direto entre o *ancien régime*, então em plena crise, e as novas ideologias da justiça. A mesma consideração vale, porém, ainda que em termos diversos, para as hipóteses em que o dever de motivação é introduzido, na linha da concepção endoprocessual da motivação, nas reformas dos soberanos iluminados. Também nesses casos, ainda que não se tratasse de traumas violentos oriundos do colapso total de regimes anteriores, verifica-se igualmente sempre uma nítida mudança no modo de conceber a função do juiz no quadro novo de vontade racionalizada das formas de administração da justiça, com o que é solidário o instituto do dever de motivação. Pois bem, na história do ordenamento processual inglês (e isso vale também para o mais breve e uniforme desenvolvimento do ordenamento estadunidense), faltam momentos de fratura e de nítida transição ideológica e cultural, além de técnico-jurídica, que possam ser comparáveis àqueles que a Europa continental conhece na segunda metade do século XVIII e nas primeiras décadas do século XIX. A evolução do ordenamento processual e da respectiva cultura jurídica ocorre por graus e sem passar por momentos de crise radical, seguindo-se uma linha de adaptação contínua às exigências que paulatinamente aparecem. Ademais, a respectiva estabilidade das instituições e das conexas ideologias políticas não permite o aparecimento de reivindicações garantísticas diante da magistratura, entre as quais inquestionavelmente se coloca a tendência de afirmação do princípio da obrigatoriedade da motivação.[77]

Então, é à luz desse contexto que deve ser compreendido o significado do que escreveu a respeito do tema da obrigatoriedade da motivação Jeremy Bentham.[78] De um lado, ele coloca a motivação entre os modos de manifes-

---

[77] Conforme, no mesmo sentido, as considerações de Varano, op. cit., p. 361 ss.

[78] Conforme Bentham, *Rationale of Judicial Evidence, specially apllied to English Practice*, in *The Works of Jeremy Bentham*, Bowring ed., New York, 1962, VI, p. 356 ss.

tação do princípio da publicidade do processo. De outro, colhe exatamente a dimensão garantísticas e política da motivação como meio de controle público sobre o exercício do poder, chegando a afirmar que "*good decisions are such decisions for which good reasons can be given*".[79] Trata-se de uma intuição que percebe acuradamente os traços essenciais do problema. Todavia, é significativo, confirmando-se o que se disse acima, que o próprio Bentham não tenha daí retirado todas as consequências jurídicas. Ele fala, de fato, de um dever "*of moral kind*" relativo à enunciação dos motivos da decisão: essa é "*natural, and in experience customary, and at any rate altogether desirable*", mas não pode constituir objeto de um dever jurídico de abrangência geral,[80] de modo que substancialmente deve ser o próprio juiz que tem de decidir caso a caso a respeito da oportunidade de motivar a decisão. Aparece, portanto, uma discrepância relevante entre a percepção do papel da motivação e a mera afirmação de sua oportunidade sob o perfil de um dever moral. Essa pode ser explicada, no entanto, ao menos sob dois pontos de vista: de um lado, no passo que aqui interessa, Bentham não sugere inovações, mas mais propriamente observa, generalizando-a, a situação já existente há tempo na praxe judiciária inglesa. Isto é, ele se limita a constatar que a motivação não apenas é *customary*, mas também útil e oportuna, exatamente nos moldes conhecidos pela tradição. Não se trata nesse caso, portanto, do Bentham crítico e reformador das instituições judiciárias, mas do juiz que vê realizados os princípios de boa administração da justiça. De outro lado, para que o problema do dever de motivação pudesse ser transposto do plano moral para o plano jurídico, seria necessária uma carga de reação e de desconfiança no juiz e no poder em geral que, se estava presente, por exemplo, na França no momento de crise do *ancien régime*, certamente faltava no ambiente jurídico-político inglês da época benthaniana.

2. PERFIS COMPARADOS

A evolução histórica acenada anteriormente deu lugar, nos ordenamentos de *civil law*, a uma relativa uniformidade quanto à previsão expressa do dever de motivação da sentença civil. Todavia, para além do denominador comum constituído pelo fato de que esse dever existe em termos gerais nas legislações processuais dos países de direito codificado, subsistem diferenciações que, se de um lado não infirmam o dado geral da existência do dever

---

[79] Conforme Bentham, op. cit., p. 357, em que afirma igualmente o Autor: "In legislation, in judicature, in every line of human action in which the agent is or ought to be accountable to the public or any part of it, giving reason is, in relation to rectitude of conduct, a test, a standard, a security, a source of interpretation".

[80] Conforme Bentham, op. cit., loc. ult. cit.: "The practice of giving reasons from the bench can scarcely be made the subject of any determinate rule acting with the force of legal obligation on the judge".

em questão, de outro não possuem relevância apenas classificatória, dando lugar a uma série de problemas atinentes à efetiva dimensão do dever de motivação da sentença civil nos diversos sistemas processuais.

Uma correta percepção do fenômeno em termos gerais não pode, pois, limitar-se à constatação de que a linha histórica de difusão desse dever encontrou tendencialmente uma explicação comum nos países de *civil law*. Uma generalização desse tipo poderia levar a pensar em uma problemática em grande parte atualmente já resolvida, o que seria sob esse aspecto enganadora. Na verdade, os limites e as modalidades com que o princípio da obrigatoriedade da motivação da sentença civil encontrou manifestação em termos normativos induzem a entender que o momento da difusão geral do próprio princípio não constitui a conclusão, mas tão-somente uma fase da complexa evolução histórica do problema que, nada obstante defina alguns de seus aspectos que tiveram maior relevância no passado, coloca em evidência novas questões que ainda não podem ser consideradas adequadamente resolvidas. O perfil comparado do tema não é, portanto, destinado simplesmente ao reconhecimento das muitas normas que nos vários ordenamentos prescrevem a motivação da sentença civil, mas sim evidenciar os problemas que esses apresentam e não resolvem.

A) Ordenamentos de *civil law*

No nível da legislação processual infraconstitucional, existem em todos os principais ordenamentos de *civil law* normas que visam a prescrever que a sentença civil contenha também a exposição dos motivos da decisão. Trata-se normalmente de normas que, como o artigo 132 do nosso *Codice di Procedura Civile*, definem um modelo de forma-conteúdo da sentença, colocando a motivação dentro de uma série de requisitos (nomes das partes, objeto da lide, dispositivo etc.) que essa deve apresentar como condições de validade. A sanção dessa prescrição, obviamente dependendo do modo como a motivação é imposta, é a nulidade da sentença não motivada. Em muitos casos, ainda, semelhante nulidade constitui também motivo específico de recurso típico, como a *Cassazione* ou a *Revision* germânica. Esses problemas serão analiticamente considerados mais além. Aqui interessa, porém, colocar em evidência outro aspecto da técnica de regulamentação do dever de motivação, que incide diretamente no âmbito dentro do qual esse é destinado a vigorar.

A propósito, é possível distinguir duas categorias muito claramente diferenciadas. A primeira, reconduzível ao modelo representado pelo artigo 141 do Código de Processo Civil francês e pelo sistema normativo como um todo em que inserido,[81] caracteriza-se pela presença de uma norma com amplitude geral em que se configura a motivação como requisito essencial da sentença. O que interessa, porém, não é tanto a presença de uma norma desse tipo, quanto o fato de que essa disciplina uma regra geral válida para todos os casos de sentença civil previstos no ordenamento, não sendo destinada, a princípio, a comportar exceções. Essa norma, exatamente porque geral, é normalmente a única, em todo o ordenamento processual, a prescrever o dever de motivação da sentença civil, aí entendida como modelo geral e unitário de provimento jurisdicional. Todos os casos particulares de sentença civil são, portanto, regulados diretamente, no ponto que aqui interessa, por semelhante norma. Vale dizer: a legislação processual formula o "princípio" da obrigatoriedade da motivação da sentença civil. Esse tipo de regulamentação é muito difundido e está presente, por exemplo, além de na Itália, na Espanha, na Suécia, na Grécia e nas legislações processuais cantonais da Suíça.[82]

A segunda categoria não se caracteriza pela ausência de normas análogas, porque essas também estão presentes nas legislações processuais alemã e austríaca (que compõem a categoria em questão).[83] O dado distintivo é constituído, pelo contrário, do mais limitado âmbito de aplicação dessas normas: de um lado, essas dizem respeito apenas às sentenças emanadas no processo civil ordinário, haja vista que as legislações processuais especiais contêm normas próprias.[84] De outro, existe uma pluralidade de casos em que

---

81 Sobre esse sistema, conforme em geral, por último, TRIBES, *Die Entscheidungsbegründung im französichen Verfahrensrecht*, in *Entscheidungsbegründung*, cit., p. 337 ss.; OPPETIT, *Les Garanties Fondamentales des Parties dans le Procès Civil en Droit Français*, in *Fundamental Guarantees*, cit., p. 504.

82 Conforme o artigo 372 da *Ley de Enjuiciamiento Civil* espanhola; o capítulo 17, § 7, c. 1 do Código de Processo Civil sueco de 1942 (sobre o qual vide LARSSON, *Die Entscheidungsbegründung im scweidischen Gerichtsverfahren*, im *Entscheidungsbegründung*, cit., p. 391 ss.); o artigo 305, n. 4 do Código de Processo Civil grego de 1968 (sobre o qual vide RAMMOS, *Die Entscheidungsbegründung im griechischen Verfahrensrecht*, ibidem, p. 401); para as legislações cantonais suíças, vide indicações em WALDER, *Die Entscheidungsbegründung im schweizerischen zivilgerichtlichen Verfahren*, ibidem, p. 305, n. 28.

83 Conforme o § 313, primeira parte, n. 4 da ZPO germânica (sobre a qual vide, por último, GRUNSKY, *Die Entscheidungsbegründung im deutschen zivilgerichtlichen Verfahren*, im *Entscheidungsbegründung*, cit., p. 65 ss.) e os §§ 416, primeira parte, e 417, segunda e terceira partes da ZPO austríaca (sobre a qual vide FASCHING, *Die Entscheidungsbegründung im österreichischen streitigen zivilgerichtlichen Erkenntnis-, Executions- und Insolvenzverfahren*, ibidem, p. 138 ss.).

84 Para o processo alemão, vide GRUNSKY, op. cit., p. 64. Na ZPO austríaca é ulteriormente fragmentada a própria regulamentação inerente à motivação no processo civil ordinário: o § 414, primeira parte, concerne à necessidade de motivação na sentença ditada oralmente, enquanto os §§ 416, primeira e terceira partes, e 417, segunda e terceira partes, 179, 181, segunda parte, 275, segunda parte, e 278, segunda parte, concernem à redação dos motivos da sentença que é apresentada na forma escrita (conforme FASCHING, op. cit., p. 137 ss.).

as normas particulares introduzem derrogações relevantes ao princípio da obrigatoriedade da motivação.[85]

Então, em síntese, a distinção entre os dois "modelos" normativos pode ser formulada do seguinte modo: o modelo francês conta especialmente com uma norma única de amplitude generalíssima, incidente sobre todas as hipóteses de sentença civil e que vale, a princípio, sem exceções relevantes. O modelo germânico caracteriza-se, pelo contrário, pela presença de uma disciplina assaz mais articulada e diversificada, em que as normas com raio mais amplo são contornadas por uma série de normas inerentes a hipóteses específicas e pela existência de alguns grupos bastante amplos de casos para os quais não vige o dever de motivação da sentença civil. Não se pode negar que ambos os modelos inspiram-se na regra geral pela qual a sentença civil deve ser motivada, mas evidentemente varia o modo de conceber a dimensão dessa regra, mais rígido em um caso, muito mais elástico e diferenciado no outro.[86]

Nada obstante, para além das diferenças e das limitações ora recordadas, se é possível reconhecer que nos regramentos processuais infraconstitucionais dos países de *civil law* vige o princípio da obrigatoriedade da motivação da sentença civil, figuram como muito mais incertos os contornos do problema de saber se em tais ordenamentos pode-se entender existente um princípio constitucional ou "fundamental" de obrigatoriedade da motivação. A propósito, não parece nem mesmo possível socorrer-se de "modelos" gerais e tanto menos se pode supor uma distinção entre o sistema francês e o sistema germânico – como aquela delineada a propósito da legislação ordinária. No estado atual do problema, não parece que se possa ir para além dos termos particulares em que se colocam cada um dos ordenamentos, deixando-se para outro momento a tentativa de sua impostação geral.

No que concerne ao dever de motivação, a tendência à constitucionalização das garantias fundamentais do processo[87] produziu resultados norma-

---

[85] Para o processo alemão, são os casos relativos às sentenças contumaciais, dadas no processo monitório e a um caso de rejeição do recurso de *Revision* (conforme Grunsky, op. cit., p. 67 ss.; Furtner, *Das Urteil im Zivilprozess*, II Aufl., München-Berlin, 1967, p. 269). Para o processo austríaco, são os casos concernentes às sentenças contumaciais e daquelas pronunciadas na sequência de reconhecimento do pedido e da renúncia ao direito (conforme Fasching, op. cit., p. 140 ss.).

[86] Nessa perspectiva insere-se o recente projeto alemão de reforma, visando entre outras coisas a tornar admissível a renúncia das partes à motivação (até agora admissível apenas no que concerne à sentença arbitral, *ex* § 510, segunda parte, ZPO) e a excluir a motivação para as sentenças não recorríveis: conforme as notícias referidas por Holtgrave, *Zum Reform des Zivilprozessrecht*, in 86 *ZZP*, 1973, p. 7.

[87] Sobre as linhas gerais dessa tendência, conforme Cappelletti, *Fundamental Guarantees of the Parties in Civil Proceedings (General Report)*, in *Fundamental Guarantees*, cit., p. 664 ss.

tivos de notável importância intrínseca, mas limitados a um número muito pequeno de países, entre os quais em particular, além da Itália, a Grécia e alguns países da América Latina.[88] Em todos os outros ordenamentos a ausência de uma norma constitucional expressa que fixe o princípio da obrigatoriedade da motivação deixa aberto o problema de saber se esse pode ser entendido como implícito no sistema dos princípios constitucionais afirmados e, portanto, se a esse se deve reconhecer ou não o *status* de princípio fundamental do ordenamento processual.

O problema é tudo menos irrelevante, mesmo apenas do ponto de vista da perspectiva em que devem ser consideradas as normas ordinárias vigentes. Ainda, esse assume diferentes conotações de acordo com a sua impostação em ordenamentos que seguem o modelo francês ou o modelo germânico.

No primeiro caso, dada a presença de normas ordinárias que prescrevem em linhas gerais a motivação da sentença civil, o problema que se coloca não é principalmente aquele de individualizar um princípio de *status* superior que torne obrigatória a motivação da sentença,[89] mas sim o de estabelecer se esse princípio é tal que é capaz de tornar obrigatória a motivação de outros provimentos judiciais (especialmente os decretos), para os quais essa já não seja ordenada pela legislação infraconstitucional. Mais do que estabelecer a existência de um princípio de nível constitucional, portanto, trata-se de verificar se esse tem um conteúdo coincidente com aquele da disciplina ordinária inerente à sentença ou se esse sanciona a necessidade de motivação para todos os provimentos do juiz. Existência e amplitude do princípio fundamental em questão são evidentemente problemas distintos, que, porém, em concreto aparecem estreitamente conexos sob o aspecto que ora interessa – ainda que se saiba que o ponto inerente à necessidade de motivação do decreto pode ser resolvido sem se recorrer aos princípios fundamentais implícitos[90] e que a existência de uma norma constitucional

---

88 Conforme o artigo 117 da Constituição grega de 1968 (e antes o artigo 93 da Constituição de 1952); para os países da América Latina, vide indicações em FIX-ZAMUDIO, *Les Garanties Constitutionnelles des Parties dans le Procès Civil en Amérique Latine*, in *Fundamental Guarantees*, cit., p. 89 ss.

89 Isso não tolhe que, em si considerado, um problema dessa ordem tenha uma relevância autônoma: uma vez existente o princípio constitucional, de fato, esse operaria no sentido de tornar ilegítima cada norma eventual e futura que derrogasse ou enfraquecesse a regra pela qual a motivação da sentença é obrigatória (conforme GRUNSKY, op. cit., p. 76, e vide *infra*, § 4, a propósito do artigo 111, primeira parte, Constituição italiana), nada obstante uma norma dessa ordem não provoque problemas em termos de legislação ordinária. Todavia, o único problema relevante que se coloca a respeito da normativa alemã vigente é aquele acenado *infra* no texto.

90 Conforme, por exemplo, o argumento analógico empregado por GRUNSKY, op. cit., p. 72 ss., para demonstrar a necessidade de motivação do decreto na maior parte das hipóteses

expressa a respeito do tema da obrigatoriedade da motivação poderia, pelo contrário, não exaurir a questão inerente à motivação do decreto.[91]

Relevância muito maior assume o problema em exame, pelo contrário, quando esse é colocado em um ordenamento cuja disciplina ordinária segue o modelo germânico. De fato, nesse caso esse não apanharia somente a questão, de importância marginal, da extensibilidade ao decreto da regra vigente para sentença, mas incidiria sobre outros aspectos de maior relevância: desse dependeria, de um lado, a legitimidade constitucional das normas que permitem os casos de sentença não motivada e, de outro, a possibilidade de recorrer mediante a *Verfassungsbeschwerde* da sentença privada de adequada fundamentação.[92]

Não por acaso, ademais, enquanto nos ordenamentos que contêm normas inspiradas no modelo francês não se colocou o problema ligado à existência de um princípio fundamental implícito de obrigatoriedade da motivação, esse foi colocado com particular amplitude no âmbito da doutrina alemã, que conseguiu iluminá-lo nos seus aspectos fundamentais.

De um lado, procurou-se demonstrar a existência do princípio da necessidade da motivação no plano teórico geral, prescindindo-se da ligação com os princípios enunciados pela *Grundgesetz* a respeito da função jurisdicional: o princípio foi considerado como uma regra de "razão natural", consistente em uma manifestação do princípio da razão suficiente,[93] bem como um pressuposto necessário do Estado de Direito, que só poderia ser configurado como tal se entendido como *rechtsfertigender Staat.*[94] Todavia, se é verdade que desse modo colocam-se em relevo aspectos importantes da exigência que se encontra ao fundo do dever geral de motivação, deve-se reconhecer também que esses argumentos, por si só considerados, não são suficientes para demonstrar a existência desse dever entre as normas fundamentais vigentes no ordenamento processual.

---

conhecidas.

91 Poderia subsistir alguma dúvida a respeito de normas constitucionais que se referem expressamente apenas às sentenças. Ainda (vide *infra*, § 4), chegou-se mesmo a duvidar se o decreto está compreendido na expressão "provimentos jurisdicionais" empregada pelo artigo 111, primeira parte, Constituição.

92 Conforme Grunsky, op. cit., p. 76.

93 Conforme Brüggemann, *Die richterliche Begründungspflicht*, cit., p. 58 ss. Esse tipo de argumentação tem o mérito de colocar em evidência o fundamento racional do dever de motivação, mas é discutível, na medida em que parte de uma sobrevalorização do aspecto cognitivo do juízo e de uma correspondente desvalorização dos elementos voluntarístico e valorativo. Nesse sentido, conforme Grunsky, op. cit., p. 77 ss., e a minha recensão a Brüggemann, in *Riv. dir. proc.*, 1972, p. 691.

94 Conforme Brüggemann, op. cit., p. 161 ss.; sobre o assunto, ainda, vide por último Trocker, *Processo Civile e Costituzione. Problemi di diritto tedesco e italiano*, Milano, 1974, p. 461 ss.

Sob um perfil diferente, mais significativo no plano jurídico e ao mesmo tempo muito mais problemático, vislumbrou-se no princípio da obrigatoriedade da motivação uma manifestação direta de outros princípios constitucionais enunciados pela Constituição de Bonn, entre os quais especialmente a garantia de *rechtliches Gehör* (artigo 103, primeira parte) e o princípio da subordinação do juiz à lei (artigo 20, terceira parte).[95] Na incerteza da jurisprudência, que a propósito não assumiu posições claras e unívocas,[96] a força probante dessas argumentações permanece, porém, discutível, especialmente no que tange ao intento de sustentar que a garantia do contraditório ou o princípio da legalidade implicam diretamente dever geral de fundamentação. Esses deixam espaço muito aberto, de fato, para posições fortemente dúbias[97] ou mesmo radicais negações da possibilidade de configurar um princípio constitucional implícito de obrigatoriedade da motivação.[98] É verdade que especialmente esses últimos se fundam em uma leitura excessivamente limitativa das normas constitucionais em questão[99] e por vezes mesmo em uma equivocada impostação da relação entre norma ordinária e norma constitucional.[100] Todavia, esses contribuem para demonstrar quantas incertezas subsistem a respeito da dedutibilidade

---

95 Conforme BRÜGGEMANN, op. cit., pp. 125 ss., 152 ss. e, com referência ao artigo 20, terceira parte, *Grundgesetz*, ULE, op. cit., p. 542 ss.; MAUNZ-DÜRIG-HERZOG, *Grundgesetz. Kommentar*, München, 1971, p. 26.

96 Conforme indicações em TROCKER, op. cit., loc. cit., e em GRUNSKY, op. cit., p. 78 ss.

97 Conforme ARNDT, *Das rechtliches Gehör*, in *NJW*, 1959, p. 7.

98 Conforme, por exemplo, GRUNSKY, op. cit., p. 79 ss.

99 A experiência interpretativa realizada na Alemanha (sobre a qual amplamente TROCKER, op. cit., p. 367 ss.) mostrou a ampla força "expansiva" do princípio enunciado no artigo 103, primeira parte, *Grundgesetz*, para além de qualquer tentativa doutrinária de delimitar a sua amplitude aos moldes da disciplina ordinária. Isso permite entender que o problema da relação entre princípio de defesa e dever de motivação, até agora não enfrentado diretamente pelo *Bundesverfassungsgericht*, pode ter no futuro uma evolução que ultrapasse o estágio incerto em que se colocam as atuais formulações divergentes. Isso não depende, porém, somente de uma ulterior maturação da sensibilidade diante do problema da motivação (que parece igualmente necessária), mas especialmente de um maior aprofundamento da potencialidade que a garantia da *rechtliches Gehör* contém nessa direção.

100 Ambas as orientações encontram-se no trabalho citado, apreciável por outros ângulos, de GRUNSKY. De um lado, o argumento segundo o qual o dever de motivação não é deduzível do princípio do contraditório, porque esse não implica dever de o juiz levar em consideração todas as argumentações das partes (vide p. 79) não é muito convincente e, sobretudo, funda-se em uma visão redutiva da relação entre direitos das partes e obrigações do juiz (sobre a existência de um dever do juiz de valorar as razões das partes, fundado no artigo 103, primeira parte, GG, conforme, pelo contrário, TROCKER, op. cit., p. 457 ss.). De outro, dizer que não pode existir um dever constitucional de motivação, porque as normas ordinárias com esse contrastantes são dotadas de uma racionalidade própria e, portanto, não podem ser eliminadas (vide GRUNSKY, op. cit., p. 81), significa recair na habitual inversão de perspectiva pela qual se entendem legítimas as normas ordinárias não enquanto não contrastam com os princípios constitucionais, mas enquanto sejam de qualquer maneira justificáveis a partir da respectiva *ratio* autônoma.

da regra geral da obrigatoriedade da motivação de outros princípios constitucionais inerentes à função jurisdicional.

Na verdade, a fase em que se encontra essa problemática na Alemanha – e que foi sinteticamente examinada pelo seu valor emblemático – caracteriza-se pela presença de dois elementos que não encontraram ainda uma adequada harmonização. Por um lado, aparece sempre mais evidente e difundida a percepção do papel fundamental de garantia, em sentido jurídico e político, que a motivação desempenha na estrutura do moderno Estado de Direito, de modo que a exigência da generalização da garantia em nível de princípio fundamental do ordenamento processual parece fundada em válidas razões. Por outro, a elaboração do sistema de garantias enunciadas pelo legislador constituinte não chegou ainda, nada obstante seja particularmente ampla, a um nível que permita a recepção do princípio da obrigatoriedade da motivação e a sua integração no quadro jurídico das garantias fundamentais do processo. Em suma, trata-se de um descarte entre exigência político-jurídica e instrumentos normativos e interpretativos, que não parece em abstrato irrecuperável, mas que não foi ainda superado.

Do ponto de vista da problemática constitucional em tema de dever de motivação, o panorama comparado relativo aos países de *civil law* parece caracterizado, portanto, por uma tripartição que pode ser assim delineada: ao lado do restrito grupo de ordenamentos em que existe uma norma constitucional expressa, em que o único problema é o de identificar a sua amplitude pela via interpretativa, existe o grupo de ordenamentos em que falta uma norma dessa ordem, que pode ser subdividido ainda conforme, como na Alemanha, seja percebida a exigência política de integração das garantias fundamentais do processo com a afirmação de um dever geral de motivação, ou conforme, como ocorre na maior parte dos países ao que se saiba, essa exigência não seja percebida e a dimensão constitucional do problema seja completamente deixada de lado.[101]

B) Ordenamentos dos países socialistas

A "família" constituída pelos ordenamentos processuais dos países socialistas merece consideração em separado não apenas por conta de seus pressupostos políticos e estruturais que a tornam diferenciada no plano geral

[101] Uma consideração autônoma reclama o problema da motivação no processo internacional e comunitário. O dever de motivação vige para a Corte de Justiça da Comunidade Europeia, sendo previsto pelo artigo 64, § 1, *Regulamento di procedura*, bem como por normas próprias de cada um dos Estados comunitários (conforme Grementieri, *Il processo comunitario. Principi e garanzie fondamentali*, Milano, 1973, p 197). Sobre análogas prescrições inerentes a muitos órgãos de justiça internacional, conforme Matscher, *Die Begründung der Entscheidungen internationaler Gerichte*, in *Entscheidungsbegründung*, cit., p. 438 ss.

em relação a outros ordenamentos de *civil law*, mas também por um aspecto que incide diretamente sobre o tema do dever de motivação da sentença civil. Trata-se, de fato, de um grupo de ordenamentos em que esse assume uma configuração unitária, com apenas uma única exceção que será analisada mais além.

No que tange à União Soviética, observe-se que o princípio da obrigatoriedade da motivação teve uma solene afirmação de amplitude geral nos *Princípios Fundamentais do Processo Civil*, promulgados em 1961, e destinados a constituir o quadro de referência para as legislações processuais de cada uma das repúblicas federadas: na seção 37 é afirmado, de fato, que a sentença deve sempre indicar os fatos verificados, as provas e os motivos de exclusão dos meios de prova requeridos pelas partes, os termos das normas aplicadas e as conclusões a respeito da demanda.[102]

O princípio é logo em seguida pontualmente aplicado no Código de Processo Civil russo de 1964.[103] No sistema do processo civil socialista, a regra da obrigatoriedade da motivação da sentença constitui, ademais, uma constante: essa se repete, de fato, sem qualquer variação de relevo e com amplitude geral, nas codificações processuais de todos os países do Leste.[104]

Encontra-se a propósito apenas um desvio, em que, enquanto de um lado é enfraquecida a concepção do dever de motivação como garantia fundamental e geral de correta administração da justiça, aflora nitidamente uma concepção prevalentemente endoprocessual da motivação. O artigo 328, § 1.º, Código de Processo Civil polonês exclui, de fato, que exista um dever do juiz de motivar a sentença, prevendo, aliás, que a motivação seja redigida somente em três hipóteses, configuradas como excepcionais: 1) quando é parte uma unidade da economia socializada ou uma organização social do povo que tem atividade não econômica; 2) a pedido da parte; 3) quando a sentença é objeto de recurso, ainda que sem pedido da parte.

---

102 Conforme *Principles of Civil Procedure of the Soviet Union and the Union Republics, 1.8-XII-1961 n. 526,* in *Law in Eastern Europe*, VII, *Miscellanea*, Leyden, 1963, p. 308. A própria seção 37 prevê, ainda, o direito de o juiz vencido redigir, a princípio, uma motivação dissidente em separado.

103 Conforme os artigos 192, 197 e 311, n. 6 (vide *Code of Civil Procedure of the RSFSR*, in *Law in Eastern Europe*, XI, Leyden, 1966), sobre o que vide *Derecho procesal civil sovietico*, cit., p. 324, e ROGGEMANN, *Procédure civile soviétique*, II, in *Annales de la Fac. de Droit de Liège*, 1972, p. 523 ss. Sobre a extensão do princípio para além do processo civil ordinário, conforme SCHMIDT H. TH., *Die sowjetischen Gesellschaftsgerichte*, Köln, 1969, p. 113.

104 Conforme indicações analíticas em STALEV, *Fundamental Guarantees of Litigants in Civil Proceedings: A Survey of the Laws of the European People's Democracies*, in *Fundamental Guarantees*, cit., p. 414.

São, pelo contrário, motivadas todas as decisões que julgam apelações.[105] Uma norma dessa ordem opera uma curiosa decomposição das razões que usualmente são reconduzíveis ao fundamento do dever de motivação, prescindindo da mesma forma da função de garantia que a esse é inerente: vale dizer, a função, por assim dizer, "pública" da motivação só é reconhecida nos casos em que são partes sujeitos "públicos", ao passo que aflora a concepção "privatista" do fenômeno na segunda das hipóteses previstas e a concepção técnico-processual na terceira dessas hipóteses.

No panorama geral das soluções adotadas sobre o assunto pelos ordenamentos processuais dos países socialistas, porém, é claramente dominante a clara consciência da função política de índole garantísticas da motivação, como demonstra a generalidade, uniformemente reconhecida, do respectivo dever. Nessa perspectiva, o artigo 328 do Código de Processo Civil polonês é significativo, mais do que como pura e simples exceção, como signo de uma fase particularmente retraída da evolução do problema da motivação, seja sob o perfil jurídico-político geral, seja em relação aos princípios fundamentais de natureza garantísticas sobre os quais se funda o sistema processual dos países socialistas.

C) Ordenamentos de *common law*

O quanto se disse no parágrafo 1.º, *sub c)*, a propósito da ausência do dever de motivação na história do ordenamento inglês, constitui em boa parte também uma adequada descrição da situação atual.[106] Importa, porém, levar em consideração o fato de que parece sempre cada vez mais difundida a tendência de considerar a motivação como um elemento necessário do *fair trial* e, portanto, de configurá-la como qualquer coisa de similar a um princípio geral de obrigatoriedade da motivação.

Inicialmente, sublinhe-se que a praxe tradicional, há séculos orientada no sentido de que os juízes exprimam as *reasons* da decisão,[107] parece atualmente generalizada, a ponto de que derrogações a essa devem ser entendidas como inexistentes e eventuais desvios certamente provocariam uma reação

---

[105] Conforme Stalev, op. cit., loc. cit.; Nevai-Sawczuk, *Les decisions judiciaires selon la procedure civile hongroise et polonaise*, in *Annales Univ. Mariae Curie-Sklodowska*, XVII, 1970, seção G, p. 43.

[106] Conforme Lawton, *Zur Entscheidungsbegründung im englischen Recht*, in *Entscheidungsbegründung*, cit., p. 423 ss.; Akehurst, *Statements of Reasons for Judicial and Administrative Decisions*, in 33 *Mod. L. R.*, 1970, p. 154 ss.

[107] Conforme Varano, op. cit., p. 502 ss.; Jolowicz, *Fundamental Guarantees in Civil Litigation: England*, in *Fundamental Guarantees*, cit., p. 168 ss.

legislativa no sentido de prescrever o dever de motivação.[108] Sob esse perfil, poder-se-ia dizer que o princípio da obrigatoriedade da motivação já havia sido de fato incorporado à praxe – e se esse não foi expressamente enunciado em alguma norma é porque não se sentiu a necessidade de normas para obter a sua realização. Porém, isso comporta consequências relevantes, especialmente se o sistema inglês é comparado com os sistemas de *civil law*: de um lado, é dada ao juiz a escolha entre motivar ou não e, especialmente, a respeito das modalidades da motivação;[109] de outro, a ausência de normas sobre a necessidade da motivação impede de configurar essa última como um requisito de validade da sentença e a sua ausência ou insuficiência como vício juridicamente relevante da decisão.[110]

A afirmação ligada à ausência de um dever expresso de motivação permanece verdadeira para a área típica da jurisdição civil e penal, mas não descreve a situação no que atine às várias formas de jurisdição especial e administrativa, que se multiplicaram na Inglaterra nas últimas décadas. Recorde-se, de fato, que o *Tribunals and Inquiries Act* de 1958 impõe aos tribunais especiais o dever de expor, a pedido da parte, os motivos da decisão.[111] O dever de motivação é imposto, ainda, a outros órgãos especiais por leis em grande parte recentes.[112] Normas dessa ordem testemunham inquestionavelmente a sensibilidade do legislador inglês para o aspecto garantístico do problema da motivação: de um lado, tratando-se de órgãos especiais de recente constituição, entendeu-se que a esses não se estendesse automaticamente o tradicional prestígio e autoridade própria dos juízes ordinários; de

---

108 Conforme Jolowicz, op. cit., p. 169, que observa, porém, que semelhante mudança na praxe é impensável e que, se eventualmente se verificasse, "*the system of case law would break down*".

109 Em especial, é o juiz que decide se motiva oralmente em audiência no mesmo ato em que pronuncia a decisão, caso em que a motivação é normalmente muito breve e improvisada, ou se motiva por escrito, reservando-se o tempo necessário, caso em que a elaboração costuma ser mais ampla e tecnicamente mais elaborada (conforme Scarman, *The English Judge*, in 30 *Mod. L. R.*, 1967, p. 1 ss.; Jackson, *The Machinery of Justice in England*, VI ed., Cambridge, 1972, p. 94). Isso concerne às hipóteses, sempre mais frequentes, de *non-jury trial*; no caso de processo com júri, ao *judge* não sobra senão a adequação da decisão ao veredito (não motivado) e a pronúncia da condenação nas despesas (conforme Jackson, op. cit., loc. cit.).

110 Daí se segue que a sentença não pode ser impugnada por vício de motivação (uma espécie de exceção a respeito é provavelmente constituída pela possibilidade de recurso para *House of Lords* contra as sentenças da *High Court*, admitido pelo *Administration of Justice Act* de 1969, no caso em que uma questão de direito não tenha sido "*fully considered in the judgment*": conforme Jolowicz, op. cit., p. 169, n. 156). A motivação pode, pelo contrário, abrir a via ao recurso se evidencia um erro de direito (conforme Akehurst, op. cit., p. 159 ss.). É intuitivo, porém, que essa possibilidade se manifesta em concreto com intensidade que varia de acordo com o modo com que a motivação se configura (vide nota precedente) e, portanto, não pode ser considerar-se garantida de forma geral.

111 Conforme Varano, op. cit., pp. 323 ss.; 503; Lawton, op. cit., p. 426.

112 Vide indicações em Lawton, op. cit., p. 427, e em Akehurst, op. cit., p. 157 ss.

outro, a motivação resultou indispensável seja para abrir a via recursal, seja para consentir o exame das decisões mediante a *judicial review.*[113] Todavia, exatamente a presença dessa percepção do problema torna menos facilmente explicável a ausência de uma intervenção legislativa análoga no plano da legislação ordinária, tanto mais pelo fato de a justificação usual, que remonta à confiança do cidadão inglês nos seus juízes, corre o risco de parecer, na sociedade atual, pouco menos do que uma voluntariosa mistificação. Ainda, e isso representa um aspecto assaz grave do problema, parece sempre mais evidente que a praxe da motivação espontânea, nada obstante concretamente constante e generalizada, não é capaz de satisfazer nem mesmo a exigência processual de fundo a que a motivação responde – a de permitir o recurso. Na verdade, foi evidenciado muito claramente que semelhante praxe acaba, em realidade, por normalmente precluir, ou tornar excessivamente difícil ou aleatória, a possibilidade de as partes impugnaram a sentença, de modo que a ausência de um dever expresso e generalizado de motivação foi sinalizada como um grave defeito do ordenamento processual inglês, sublinhando-se a necessidade de uma norma geral que o prescreva.[114]

Portanto, não parece infundada a impressão de que o sistema tradicional começa a ser considerado com menor satisfação e maiores perplexidades que no passado, ainda que certamente não se possa dizer que se verificado uma verdadeira e própria mudança de posições na aproximação ao problema. De outra parte, trata-se de um reflexo das incertezas que na doutrina e na jurisprudência inglesas manifestaram-se a respeito do tema do dever de motivação: de fato, ao que consta, não existe uma orientação unitária a respeito e na pluralidade de orientações permanece de qualquer maneira esfumaçado o papel de garantia da motivação como fundamento de um dever de amplitude geral. De um lado, não faltam opiniões importantes no sentido de configurar a motivação como um dos requisitos fundamentais de um *fair trial*, isto é, como garantia contra decisões arbitrárias – ou não fundadas sobre as provas e as alegações formuladas em juízo – e como garantia da possibilidade de recurso.[115] Por outro, excluiu-se em geral, espe-

---

[113] Conforme VARANO, op. cit., p. 324.

[114] Sobre os vários pontos acenados no texto, conforme amplamente AKEHURST, op. cit., pp. 159 ss., 168.

[115] Conforme especialmente DENNING, *The Road to Justice*, London, 1955, p. 29 (sobre o qual vide DOWRICH, *Justice according to the English Common Lawyers*, London, 1961, p. 31). No mesmo sentido, ainda, conforme os pareceres expressos de 1932 do *Committee on Minister's Power* (vide o *Report do Committee*, reimpressão, London, 1966, pp. 80, 100, e conforme VARANO, op. cit., p. 504), de 1957 do *Committee on Administrative Tribunals and Enquiries*, e de 1971 no *Memorandum on the Law and Practice on Appeals from the Criminal Jurisdiction of Magistrate's Court*, redigido por *Standing Committee on Criminal Law* da *Law Society* (sobre o qual conforme PARKER, *A Right to Know the Reasons for a Decision*

cialmente por parte da jurisprudência,[116] que o dever de motivação constitua um princípio de *natural justice* e, consequentemente se exclui a configurabilidade de um direito das partes a obter uma sentença motivada,[117] salvo nos casos especiais em que a motivação é prescrita por normas especiais.[118]

O dado geral que irrompe disso tudo – e que por si só apresenta uma importância não descartável – é que o problema da obrigatoriedade da motivação começou há algum tempo a ser discutido, parecendo que o costumeiro reenvio à praxe tradicional cessou de ser decisivo. Malgrado as várias incertezas lembradas, parece dotado de maior persuasividade a orientação favorável à obrigatoriedade da motivação como requisito de *fair justice*. Todavia, permanece como algo que deve ser observado sua concreta manifestação em termos legislativos tão-somente no setor mais fluído do ordenamento processual inglês, qual seja, o da *administrative agencies*, seja pela particular natureza desses órgãos,[119] seja para ausência de tradições consolidadas em sentido contrário nesse campo. Mais refratária a inovações, nada obstante as exigências que parecem sempre mais claras nessa linha, figura, porém, a área da jurisdição civil e penal, na qual a tradicional valoração favorável da praxe constitui evidentemente uma forte redoma contra intervenções legislativas em tema de dever de motivação. De outra parte, o problema não é principalmente o de fazer com que os juízes motivem as decisões: a propósito não é necessária uma norma específica, dado que, como se observou recentemente,[120] "na realidade inglesa atualmente não existe lugar para uma pronúncia, ainda que apenas longinquamente jurisdicional, que não seja motivada". O problema verdadeiro está, porém, no fato de que, do ponto de vista da garantia das partes, nem sempre a motivação espontânea permite verdadeiramente o controle sobre a adequação da decisão. Então, o que é necessário não é a previsão de um genérico dever de motivar, mas uma norma que garanta em todo e qualquer caso uma motivação adequada e capaz de viabilizar semelhante controle.[121]

---

of a Magistrate's Court?, in *Fundamental Rights*, Bridge, Lasok, Perrot and Plender eds., London, 1973, p. 189 ss.).

[116] Conforme, por exemplo, *R. v. Gaming Board for Great Britain* (1970), 2 *W. L. R.*, 1009, e vide ainda outras indicações em PARKER, op. cit., p. 189.

[117] Conforme JOLOWICZ, op. cit., p. 169, que, porém, parece considerar a questão pouco relevante diante da praxe constante da motivação.

[118] A jurisprudência inglesa afirmou o princípio da obrigatoriedade da motivação para os juízes especiais administrativos e, portanto, a existência de um direito das partes à motivação, levando-se em consideração os poderes decisórios particularmente amplos que tocam ao juiz especial: conforme LAWTON, op. cit., p. 424.

[119] Conforme DENNING, op. cit., loc. cit.; VARANO, op. cit., p. 505.

[120] Conforme VARANO, op. cit., p. 503.

[121] Nesse sentido, conforme AKEHURST, op. cit., p. 168.

Ao passo que para os demais ordenamentos de *common law* são válidas a princípio as considerações feitas a propósito do sistema inglês,[122] o ordenamento estadunidense apresenta características de notável autonomia, nada obstante compartilhe o denominador comum constituído da ausência de uma norma ou de um princípio que imponha ao juiz o dever de motivar a decisão.[123] Um primeiro elemento de diferenciação é observável na praxe, que não alcançou, no que atine à presença de motivações espontâneas, a uniformidade que caracteriza a situação inglesa.[124] Enquanto a motivação é frequente nas cortes superiores,[125] não parece que se possa dizer o mesmo diante dos órgãos de primeiro grau. Inicialmente, a motivação falta completamente em todas as hipóteses de *trial by jury*. Nos casos de *non-jury trial*, a praxe dos processos *in equity* prevê que o juiz exponha os *findings of fact* e as *conclusions of law* sobre as quais se funda a decisão, mas o mesmo não ocorre nos *trials at common law*, em que o juiz pode igualmente prolatar somente um veredito imotivado similar ao do júri.[126] Do mesmo modo, nas *Courts of Appeal* a pronúncia limita-se normalmente a declarar a apelação *affirmed* ou *reversed*.[127] Trata-se de um dado assaz significativo ao menos sob dois perfis: de um lado, esse torna evidente a ausência de uma *communis opinio* a respeito da oportunidade da motivação mesmo na ausência de prescrições, como aquela que pode ser entendida, pelo contrário, existente na praxe inglesa; de outro, resulta do mesmo modo impossível entender

---

[122] Nesse sentido, para o Canadá, conforme Watson, *Fundamental Guarantees of Litigants in Civil Proceedings in Canada*, in *Fundamental Guarantees*, cit., p. 235 ss.; para a Escócia, vide acenos em Lawton, op. cit., p. 424 ss.

[123] Conforme a *Rule* 54(a) das *Federal Rules of Civil Procedure*, a qual visa a excluir da sentença tudo que não atine diretamente à pronúncia da decisão em sentido estrito (conforme Wright-Miller, *Federal Practice and Procedure*, St. Paul, Minn., 1973, vol. X, p. 7 ss.); analogamente, conforme o § 5.011 *CPLR* (sobre o qual vide Weinstein-Korn-Miller, *New York Civil Practice*, New York, 1964, vol. V, pp. 50-51 ss.) e, em geral, Blume, *American Civil Procedure*, Englewood Cliffs, N. J., 1955, p. 221 ss.

[124] Sobre a praxe das sentenças não motivadas, conforme Lupoi, *Valore dichiarativo della sentenza ed irretroattività del mutamento giurisprudenziale nel diritto statunitense*, in *Quaderni Foro It.*, 1969, p. 735 ss.

[125] Muitas decisões da Corte Suprema não são, porém, motivadas, em especial nos frequentes casos em que é negado o *certiorari* ou o recurso é rejeitado "*for want of a substantial federal question*". Ainda, muitas decisões *on the merits* são tomadas *per curiam*, isto é, sem motivação, conforme, a propósito, Miller, *On the Choice of Major Premises*, cit., p. 255.

[126] Conforme Mayers, *L'ordinamento processuale negli Stati Uniti d'America*, trad. it., Milano, 1967, p. 221 ss. Vale a pena recordar que a partir da *Rule* 58 das *Federal Rules of Civil Procedure*, os *findings of fact* e as *conclusions of law* redigidas para a preparação do juízo não podem fazer parte da sentença: conforme, a propósito, Lavine-Horning, *Manual of Federal Practice*, New York-S. Francisco-Toronto-London-Sydney, 1961, p. 593 ss.

[127] Conforme Gorla, *La struttura della decisione giudiziale*, cit., p. 1247; Sereni, *Aspetti del processo civile negli Stati Uniti*, in *Studi di diritto comparato*, I, Milano, 1965, p. 415. A tendência de não motivar, ou de reduzir a motivação a breves memorandos, tende, ainda, a difundir-se sempre mais: conforme, Llewellyn, *The Common Law Tradition*, cit., p. 27.

que o princípio da obrigatoriedade da motivação, não afirmado em termos legislativos, esteja vivo na praxe (como, pelo contrário, ocorre a propósito do ordenamento inglês).

A situação do problema nos Estados Unidos diversifica-se, porém, ainda sob um ulterior aspecto decisivo, inerente à sua percepção em termos doutrinários e jurisprudenciais. Não consta, de fato, que a doutrina estadunidense tenha configurado a motivação como requisito de *natural justice* ou de *fair trial*, malgrado a ampla e conhecidíssima elaboração realizada a respeito à *due process clause*. Não faltam tomadas de posições frequentes no sentido da oportunidade de configurar-se a motivação como garantia de racionalidade da decisão e meio de controle (especialmente das partes) sobre o trabalho do juiz,[128] mas essas não chegam a configurar a motivação como requisito necessário em nível geral e, sobretudo, não prospectam a existência de um verdadeiro e próprio dever a respeito. Considerações análogas valem ainda para a jurisprudência, que, ao que consta, nunca chegou a afirmar a necessidade de *reasoned decision*. Em apenas um caso a Suprema Corte chegou a entender indispensável uma decisão motivada sob o perfil do *fair trial*,[129] mas o significado dessa decisão não deve ser sobrevalorizado, seja porque se tratava de definir os requisitos de um procedimento não jurisdicional, seja porque não parece que a Corte tenha pretendido fixar um princípio válido em termos gerais.[130]

Em suma, portanto, aquele que talvez seja o aspecto mais relevante da situação estadunidense está, diferentemente do quanto se constatou no que tange à Inglaterra, em uma difundida indiferença, com poucas e limitadas exceções, diante da função de garantia da motivação, justificada somente na medida assaz restrita das manifestações que o fenômeno conhece na praxe. Em uma situação dessa ordem, que amalgama a doutrina e a jurisprudência dominantes, é totalmente compreensível que nunca se tenha colocado em nível jurídico, nem mesmo sob o perfil das garantias constitucionais do processo, o problema da obrigatoriedade da motivação.

3. O DEVER DE MOTIVAÇÃO NA LEGISLAÇÃO ORDINÁRIA: ARTIGO 132, N. 4, DO *CODICE DI PROCEDURA CIVILE*

O panorama comparado delineado no parágrafo anterior permitiu constatar a existência de uma orientação difundida, nada obstante relevantes

---

[128] Conforme, por exemplo, Leflar, *Some Observations Concerning Judicial Opinions*, in 61 *Col. L. R.*, 1961, p. 810 ss.; Shuman, *Justification of Judicial Decisions*, cit., p. 717 ss.; Wasserstrom, op. cit., pp. 94 ss., 159 ss.

[129] Conforme Goldberg v. Kelly, 397 U. S. 254, 90 S. Ct. 1011 (1970).

[130] Nesse sentido, conforme Smit, *Constitutional Guarantees in Civil Litigation in United States of America*, in *Fundamental Guarantees*, cit., p. 460.

exceções, no sentido de conceber a obrigatoriedade da motivação como princípio geral do ordenamento processual ou mesmo como uma regra fundamental de *natural justice*. Na ampla medida em que semelhante orientação de fundo pode ser considerada concretamente existente, essa testemunha inquestionavelmente o aparecimento de uma difundida sensibilidade em direção à função da motivação como instrumento de racionalização da justiça e, concomitantemente, de garantia da justiça da decisão e de legitimação social do papel do juiz.

Todavia, importa evitar que essa constatação se traduza em uma superficial generalização a respeito do significado que ao dever de motivação é lícito atribuir dentro da estrutura do ordenamento processual e, sobretudo, no contexto das concepções jurídico-políticas em que se identifica a sua dimensão ideológica. Em suma, se é fácil individualizar o significado que a orientação recordada manifesta em termos de teoria geral do processo, daí não descende automaticamente a conclusão de que todas as suas manifestações sejam reconduzidas ao mesmo significado jurídico e político. Que a afirmação normativa do dever de motivação seja, em abstrato, um dado suscetível de diferentes interpretações de acordo com a concreta situação histórico-política em que se coloca, é um dado bastante óbvio, que resulta ainda amplamente provado da sintética pesquisa histórica realizada acima. A polivalência do dado normativa manifesta-se, porém, também sob um ulterior perfil, normalmente encontrável dentro de cada um dos ordenamentos de *civil law*: trata-se, em suma, da diversificação inerente à função que é assinalada à motivação (e, portanto, à *ratio* que funda o respectivo dever), conforme essa seja configurada como instrumento técnico-processual ou como meio de garantia político-constitucional. Desse ponto de vista, tem sentido perguntar-se a que finalidades respondem as diversas normas que, mesmo dentro de um único ordenamento, impõem ao juiz o dever de motivar as próprias decisões.

A gênese de um problema dessa ordem é encontrada substancialmente em alguns elementos de descontinuidade que são perceptíveis sob o perfil histórico e que podem ser sintetizados na relação dialética – e do mesmo modo de distinção – entre concepção endoprocessual e extraprocessual da motivação.[131] Essas descontinuidades não se verificam apenas, por

[131] A história do problema nos ordenamentos processuais europeus, a partir das reformas da segunda metade do século XVIII (sobre o que vide *supra*, § 1), demonstra muito claramente que essa não é interpretável completamente segundo a contraposição dever de motivação/ausência desse dever. Especialmente do ponto de vista das implicações ideológicas conexas ao princípio da obrigatoriedade da motivação, importa levar em conta a dialética, interna ao próprio princípio, entre concepção endoprocessual e concepção extraprocessual da motivação. Na verdade, as soluções que o problema teve nos diversos ordenamentos e nas respectivas evoluções podem ser sintetizadas em quatro tipos: a) ausência de dever de

assim dizer, em tempos longínquos da história do problema, mas também dentro da estrutura de cada um dos ordenamentos considerados em suas manifestações recentes e atuais. Um caso emblemático do quanto se disse é representado exatamente pelo nosso ordenamento, em que a relação entre o artigo 132, n. 4, *Codice di Procedura Civile*, e a primeira parte do artigo 111 da Constituição não é definível em termos de identidade senão ao custo de grosseiras simplificações.[132] De fato, é intuitivo, ou pelo menos se trata de uma hipótese que faz sentido ter presente, que o dever de motivação prescrito pela norma do código de rito tem função e significado diferentes daqueles que parecem reconduzíveis ao princípio constitucional.[133] A validade da distinção deveria resultar do desenvolvimento da pesquisa. Essa é aqui antecipada, como hipótese de trabalho, com o fim de justificar a análise do problema inerente ao dever de motivação em dois aspectos, dizendo respeito o primeiro ao significado da imposição desse dever no nível da

---

motivação; b) dever imposto apenas segundo a concepção endoprocessual; c) dever imposto tanto a partir da concepção endoprocessual como da concepção extraprocessual; d) dever configurado essencialmente a partir da concepção extraprocessual. É de se notar que a maior parte dos ordenamentos processuais de Setecentos e de Oitocentos alinham-se na segunda perspectiva, ao passo que a segunda e a terceira aparecem por vezes dominantes nos ordenamentos modernos. Não falta nem mesmo um exemplo de um caso à primeira vista anômalo, isto é, o quarto, tendo em conta que no ordenamento inglês a inserção do princípio da obrigatoriedade da motivação entre os princípios de *natural justice* é interpretável, na ausência de normas processuais ordinárias, como manifestação autônoma da concepção extraprocessual da motivação.

[132] Nesse sentido, vide um aceno isolado em ANDRIOLI, *Inesistenza della sentenza e difetto della motivazione,* in *Foro it.*, 1949, I, 554.

[133] Já se acenou anteriormente (§ 1, *sub b*) à confiabilidade da tese segundo a qual o legislador italiano de 1865 ter-se-ia inspirado, segundo a tendência geral da época, essencialmente na concepção endoprocessual da motivação e do seu respectivo dever. Não constam, ademais, elementos que induzam a vislumbrar uma orientação diferente no legislador de 1942. No entanto, como será demonstrado mais adiante (§ 4, *sub c*), a primeira parte do artigo 111 da Constituição evidentemente inspirou-se na função de garantia extraprocessual da motivação. Eis que, então, no mesmo ordenamento emergem as duas concepções do fenômeno, em tempos e em situações histórico-políticas assim profundamente diferentes – com o que constitui um grave erro de perspectiva histórica e jurídica o apoucamento e a redução do princípio dentro dos termos da legislação ordinária. O nosso ordenamento, ademais, não é o único que conhece fenômenos dessa ordem. Muito parecido, senão idêntico, é o caso da Alemanha, em que o dever de motivação é sancionado (seguindo as linhas das reformas de Frederico, o Grande) pela ZPO de 1877 em uma perspectiva claramente endoprocessual. Na *Bonner Grundgesetz* falta uma norma expressa sobre o ponto, mas, como já se observou, parece atualmente prevalente a opinião segundo a qual o princípio da obrigatoriedade da motivação – visto a partir de uma ótica política e garantística e, portanto, extraprocessual – estaria implícito no sistema dos princípios acolhidos pela Constituição de Bonn (conforme § 2, *sub a*). Verifica-se também aqui, portanto, a sobreposição, em condições histórico-políticas não equiparáveis entre si, de duas aproximações ideologicamente diferentes ao problema do dever de motivação.

legislação ordinária e o segundo ao significado do princípio análogo afirmado em termos constitucionais ou de "justiça natural".

O elemento de maior relevo, a propósito, seja no nosso ordenamento, seja em outros, está no fato de que, enquanto de um lado o dever de motivação é colocado no nível da legislação ordinária a partir das codificações da segunda metade de Setecentos e generaliza-se com as codificações processuais oitocentistas, não se pode dizer, de outro, que essas traduzem em normas positivas uma regra percebida como princípio geral e necessário do ordenamento, mas sim como um instituto que se entende útil para o melhor funcionamento do mecanismo processual. A afirmação do princípio da obrigatoriedade da motivação como princípio fundamental é, pelo contrário, fenômeno assaz recente – e excetuando-se apenas a Constituição francesa de 1795 e a Constituição belga de 1831 – encontrável com segurança apenas depois da segunda guerra e em grade parte dependente das mudanças das condições histórico-políticas.

Levando-se em consideração tudo isso, parece legítimo entender que à base de ambos os fenômenos encontram-se concepções diferentes da motivação e do papel que desempenha o respectivo dever.[134] Vale a pena, então, identificar essas concepções e estabelecer se, e de que modo, a superveniência da concepção "constitucional" integra ou modifica o significado da pré-existente legislação ordinária.

A) A *ratio* do dever diante das partes

Na base das normas ordinárias que impõem o dever de motivação da sentença civil são tradicionalmente encontradas razões de diferentes ordens.

A primeira dessas coloca em evidência a função que a motivação desempenha diante das partes, repisando temas já em parte presentes na doutrina do direito comum e em parte emergentes como suporte das reformas setecentistas. Tal função é individualizada sob um tríplice aspecto. De um lado, afirma-se que a motivação deveria persuadir as partes (ou os seus advogados), e especialmente a parte sucumbente, da bondade e justiça da decisão, bem como do fato de que o juiz tenha valorado adequadamente a procedência das teses contrapostas.[135] A consequência do êxito positivo da

[134] Em sentido análogo, conforme COLESANTI, *Entscheidungsbegründung*, cit., p. 362 ss.

[135] Conforme, por exemplo, MEYER, *Esprit, origine et progrès des institutions judiciaires des principaux Pays de l'Europe*, Paris, 1823, IV, p. 408 ss.; V, p. 150; THOMINE-DESMAZURES, *Commentario*, cit., p. 292; MANCINI-PISANELLI-SCIALOJA, *Commentario*, cit., II, p. 427; GUASP, *Comentarios*, cit., p. 997; ALSINA, op. cit., II, p. 255; CALAMANDREI, *La crisi della motivazione*, cit., p. 664; GRUNSKY, op. cit., p. 73 (o qual fala de um "dever de informação" de origem moral). Em sentido crítico, conforme CARNELUTTI, *Eccesso del potere giudiziario per difetto di motivazione*, in *Riv. dir. proc.*, 1947, II, p. 214.

motivação nesse sentido deveria consistir, evidentemente, em desencorajar as partes de interpor recursos, que se esperam menos frequentes na medida em que o fundamento da sentença pareça racional e evidente.

Trata-se, como é fácil ver, de uma explicação empírica e de certo modo superficial[136] sobre a qual não é o caso de delongar-se. Observe-se apenas que, na medida em que se entenda que essa contém qualquer coisa de verdadeiro, daí resulta uma função da motivação como elemento racionalizador do sistema, dado que esse deveria servir para consolidar a autoridade da decisão entre as partes e a reduzir a incidência do elemento patológico consubstanciado pelos recursos. Na verdade, se a pressuposta eficácia persuasiva da motivação serve para justificar o respectivo dever também para os órgãos jurisdicionais de última instância, a consequência daí retirada tem um raio explicativo muito limitado, porque essa vale, de fato, somente a propósito das sentenças contra as quais é admissível qualquer meio recursal.

Mais consistente sob o perfil jurídico, mas igualmente limitado em seu significado explicativo, é o segundo tipo de *ratio* que se costuma reconduzir à base do dever de motivação com referência às partes. Essa consiste, em suma, no fato de que, quando a sentença é motivada, não apenas é mais fácil valorar a oportunidade do recurso, mas é possível individualizar de modo mais preciso os vícios da sentença que podem constituir motivos para recursos.[137]

Sob esse perfil, adquire significado também a primeira parte do n. 4 do artigo 132 do *Codice di Procedura Civile*, que prescreve a concisa exposição do desenvolvimento do processo: a norma, que à primeira vista parece somente uma reminiscência das antigas prescrições das *ordines iudiciarii*,[138]

---

[136] Essa parece, ainda, irrealista, se relacionada à praxe atual, em que emerge o conhecido fenômeno de altíssima frequência dos recursos e da respectiva convicção de que o apelo seja, senão a verdadeira sede do juízo, ao menos uma natural continuação do procedimento de primeiro grau. Não é o caso aqui de indagar-se sobre as modalidades e as causas do fenômeno, mas a sua existência demonstra quanto menos a ausência de eficácia da motivação como instrumento de persuasão da justiça da decisão e da não oportunidade do recurso. Sobre a função persuasiva da motivação plúrima e complexa, vide, ademais, Lupoi, *Pluralità di "rationes decidendi"*, cit., p. 252.

[137] Calamandrei, op. ult. cit., p. 665, individualiza na garantia do recurso a verdadeira e própria função da motivação. O mesmo Autor fala, a propósito, igualmente de "função repressiva" da motivação, na medida em que essa é o instrumento mediante o qual as partes podem individualizar os erros do juiz (conforme *Cassazione civile*, cit., II, p. 374). Sobre o ponto, que constitui atualmente um lugar comum na nossa doutrina há bom tempo, vide por último Lancelotti, *Sentenza civile*, in *Noviss. Dig. It.*, XVI, Torino, 1969, p. 1.119; Colesanti, op. ult. cit., p. 362 (e, analogamente, Grunsky, op. e loc. ult. cit.).

[138] As fórmulas previstas para a redação da sentença ao longo de todo o direito comum (sobre o qual vide n. 4) não constituem um esquema de motivação, mas sim a sintética e formalista declaração com que o juiz atestava de ter seguido o *ordo iudicii*. Semelhante

não é privada de relevo, se é entendida como reflexo da finalidade de tornar encontrável na sentença os vícios derivados da violação de normas processuais.[139] O fato inegável que tais vícios podem constituir motivo de recurso, ainda que não resultem da sentença, atenua a amplitude funcional da norma, mas não tolhe que seja interpretável como vocacionada para a concretização da garantia de recorribilidade da sentença por vícios *in procedendo*.

Nessa mesma perspectiva, a prescrição ligada mais especificamente aos "motivos de fato e de direito da decisão" contida no próprio artigo 132, n. 4, responde então à finalidade de tornar palpáveis na sentença os vícios *in iudicando*, sobre os quais pode se fundar o recurso. Diferentemente do quanto se observou há pouco a propósito da exposição do desenvolvimento do processo, a exposição dos motivos tem efetivamente uma função importante na individualização dos vícios da sentença e na formulação dos motivos recursais, na medida em que a motivação em sentido estrito representa realmente a única fonte para eventual determinação dos *errores in iudicando* cometidos pelo juiz, ainda que, evidentemente, a sentença possa ser da mesma forma impugnada também por vícios não resultantes diretamente do texto da motivação.[140]

Também sob esse ponto de vista, a motivação – bem como o respectivo dever – serve como instrumento de racionalização do sistema processual em um de seus segmentos particularmente delicados, que é aquele que diz respeito à determinação dos vícios da sentença e à formulação dos motivos recursais. A propósito, parecem francamente superadas as objeções de quem, repisando ainda uma vez mais temas ligados à doutrina do direito comum, tenha dúvidas oriundas do perigo de que a motivação, exatamente porque acaba por representar, no limite, a expressão involuntária dos erros

---

declaração, destinada a evitar recursos concernentes à violação do *ordo*, era normalmente tida como condição de validade da sentença (assim, por exemplo, PILLI Medicinensis *summa de ordine iudiciorum*, § 16 *De sententia diffinitiva* e TANCREDI Bononiensis *ordo judiciarius*, pars IV *de sententiis et interlocutionibus*, ambos em *Pillius, Tancredus, Gratia. Libri de Iudiciorum Ordine*, Bergman ed., reimpressão Aalen, 1965, pp. 78 e 280). Somente na doutrina posterior observa-se qualquer reação crítica contra semelhante formalismo, que é indicado como não indispensável, nada obstante útil para fornecer uma *vestis justitiae* para sentença (conforme, por exemplo, Sigismondi SCACCIAE, *Tractatus de sententia et re judicata*, Romae MDCXXVIII, Glos., IX, n. 32, p. 365).

[139] Especialmente a propósito da função da "alegação *in procedendo*", conforme as observações de DENTI, *L'Interpretazione della sentenza civile*, cit., p. 40 ss., em que se sublinha a distinção entre alegação e motivação.

[140] Em suma, a distinção inerente à possibilidade de arguição dos *errores in procedendo* ou *in iudicando* concerne, do ponto de vista das partes, à possibilidade de dispor de outras fontes das quais dessumir a existência do vício. Enquanto o *e. in procedendo* é observável a princípio *ex actis*, na medida em que documentado (em alegações, em provimentos do juiz etc.), o mesmo não ocorre, sempre a princípio, para o *e. in iudicando*, que emergem essencialmente da motivação, em especial se se trata de erros de direito.

do juiz, enfraqueça a autoridade da sentença também pela facilitação da interposição de recursos.[141]

Sublinhe-se, ainda, que a função racionalizante da motivação parece particularmente clara, na sua relação com o recurso, também sob outro aspecto. De um lado, o nosso ordenamento não conhece a possibilidade de recursos genéricos, parecendo pelo contrário claramente orientado no sentido de ligar a individualização do objeto do recurso aos motivos específicos do próprio recurso. Isso não vale apenas para os recursos que podem ser definidos como típicos, mas também para o único tipo de recurso não típico, isto é, a apelação.[142] Pois bem, é fácil entender que um sistema recursal centrado na especificidade dos motivos recursais pressupõe necessariamente que a sentença deva ser motivada, porque em caso contrário a determinação específica dos motivos recursais seria concretamente impossível.[143]

---

[141] Conforme Guasp, *Comentarios*, cit., I, p. 997 ss.

[142] Em sentido oposto, vide, porém, por último Cerino Canova, *Le impugnazioni civili. Struttura e funzione*, Padova, 1973, pp. 296 ss., 583 ss., o qual afirma que os motivos recursais não satisfazem uma exigência essencial da estrutura da apelação e não delimitam o seu objeto. Sem entrar nesse momento no mérito dos vários argumentos adotados a propósito, vale a pena recordar, todavia, alguns pontos – que o Autor parece não ter levado adequadamente em consideração – capazes de dar sustentação à posição sustentada no texto: a) existe um grupo de normas do *Codice di Procedura Civile* que têm sentido enquanto se reconhece aos motivos de apelação eficácia discriminatória e limitativa para fins de objeto recursal. Tal é a segunda parte do artigo 329, na medida em que prevê o trânsito em julgado – por meio da aquiescência – de partes da sentença não impugnadas especificamente. Logo em seguida, em uma perspectiva análoga deve ser visto o artigo 346, o qual pressupõe que as alegações não acolhidas no primeiro grau são "expressamente repropostas", na ausência do que não podem ser novamente tomadas em consideração. Por fim, o artigo 342 prescreve que a petição do apelo contenha os "motivos específicos" do recurso. Parece inquestionável que essas normas contrastam com a construção teórica da apelação como recurso com "devolução automática plena", mas nesse caso é a construção teórica que deve se adequar ao dado normativo e não o contrário; b) em um esquema de processo concentrado e acelerado, como é o previsto pela lei de 11 de agosto de 1973, n. 533, para o processo do trabalho, a prescrição (artigo 434) inerente aos motivos específicos do recurso não pode ser desatendida, salvo com o custo de tornar vão o direito de defesa das partes e a própria estrutura concentrada do procedimento. Ademais, assim como a imediata especificação das alegações do autor e do réu nos primeiros atos é condição indispensável para a concentração do procedimento em primeiro grau (sobre essas normas, conforme Denti-Simoneschi, *Il nuovo processo del lavoro*, Milano, 1974, pp. 86 ss., 111 ss.; Montesano, in Montesano-Mazziotti, *Le controversie del lavoro e della sicurezza sociale*, Napoli, 1974, p. 74 ss.), a especificidade dos motivos recursais está destinada a garantir a concentração do procedimento de segundo grau (vide Denti-Simoneschi, op. cit., p. 175 ss.) e, portanto, a delimitar o objeto da apelação no âmbito do *quantum appellatum* (onde justamente se reclamou a propósito a figura do "apelo limitado", conforme Cappelletti, in *Incontro sul progetto di reforma del processo del lavoro* (Bologna, 12-13 giugno 1971), Milano, 1971, p. 60).

[143] Nesse caso, não apenas o sucumbente encontrar-se-ia na posição de ter que recorrer "no escuro" (conforme Colesanti, op. ult. cit., p. 362), mas o apelado encontrar-se-ia na posição de ter que se defender diante de um recurso não motivado e a partir de uma sentença que lhe

Se posteriormente se leva em consideração o fato de que, mesmo faltando a garantia constitucional do chamado duplo grau de jurisdição, subsiste igualmente sempre o direito ao recurso como prolongamento ou componente do direito de ação tutelado pela primeira parte do artigo 24 da Constituição,[144] surge claramente outro aspecto a partir do qual o dever de motivação parece sustentado por uma *ratio* indiscutível. O dever de motivação, de fato, parece um instrumento necessário para garantir a efetividade desse direito, sendo a motivação algo necessário para que esse possa ser concretamente exercido.

Uma eficácia explicativa mais ampla tem, no entanto, o terceiro perfil, sob o qual é individualizável a *ratio* do dever de motivação diante das partes essencialmente na necessidade de que o conteúdo da decisão possa ser adequadamente individualizado e definido a partir das afirmações do juiz. Também nesse caso não é difícil individualizar precedentes significativos: já os canonistas – e a partir de seu exemplo a doutrina do direito comum – estabeleceram uma série de casos em que a motivação, mesmo na ausência de normas expressas nesse sentido, era entendida como necessária para evitar que a sentença produzisse exemplos para além do *quantum iudicatum* e que o *jus agendi* das partes fosse comprometido por decisões que em realidade não o declarassem inexistente.[145] Analogamente, a *ratio* do dever de motivação estava expressa no *Codex Fridericianus Marchicus* tanto no sentido de tornar possível às partes uma adequada compreensão da decisão, quanto no sentido de evitar que essas recorressem ao especial procedimento para a *declaratio sententiae* a fim de resolver a propósito eventuais dúvidas interpretativas.[146]

Na doutrina moderna, o papel de instrumento interpretativo que a motivação desempenha diante do dispositivo é claramente percebido, sendo que o próprio n. 4 do artigo 132, *Codice di Procedura Civile*, já foi entendido como uma norma que prescreve a interpretação contextual da sentença a partir dos motivos que a mesma expressa.[147]

é substancialmente favorável, mas da qual não pode retirar nenhum elemento para sustentar a sua própria posição. O contraditório entre as partes seria então impossível e, no fundo, supérfluo, dado que não poderia incidir sobre as razões da sentença impugnada.

[144] A propósito, conforme, por todos, Comoglio, *La garanzia Costituzionale dell'azione ed il processo civile*, Padova, 1970, pp. 211 ss., 308, n. 27.

[145] Os casos mais frequentemente citados são os seguintes: a) sentença de absolvição *propter ineptam petitionem*; b) sentença que se destaca do *ius commune*; c) sentença que rejeita a demanda de *rei vindicatio,* porque o réu não está na posse da coisa no momento da sentença; d) decisão da apelação que revoga a sentença de primeiro grau. Para referências bibliográficas, vide nota 11.

[146] Conforme o *Project des Codicis Fridericiani Marchici*, cit., parte I, tít. VI, § 18, p. 19.

[147] Sobre o assunto, vide em geral Denti, op. ult. cit., pp. 23 ss., 39 ss. e *passim*.

Cumpre observar ainda apenas que o interesse geral das partes na exata individualização dos termos da decisão não é necessariamente ligado ao problema do recurso: essencialmente, a interpretação da sentença é, de fato, indispensável para o fim de determinação objetiva do julgado.[148] De outro lado, aparece uma exigência geral da motivação como instrumento interpretativo da sentença, na medida em que se coloca sempre a necessidade de determinar o exato conteúdo da pronúncia judicial.[149]

Na verdade, nada obstante as duas explicações a que se aludiu anteriormente tenham uma amplitude de certo modo limitada, embora não sejam totalmente desconsideráveis, o perfil da necessidade da motivação como instrumento interpretativo da decisão é capaz de fornecer uma *ratio* de valor geral, sob o aspecto do interesse das partes, para a norma ordinária que prescreve, para toda sentença, o dever de motivação.

B) A *ratio* do dever perante o Tribunal

Uma das justificações que mais comumente são formuladas a propósito de normas que, como o artigo 132, n. 4, *Codice di Procedura Civile*, colocam a motivação entre os requisitos da sentença concerne ao fato de que essa é necessária a fim de que o juízo recursal possa melhor aferir a procedência do recurso.[150] Em suma, trata-se de ver o juiz do recurso em uma posição, diante da sentença, que tem diversos aspectos análogos

---

148 Conforme, por último, Colesanti, op. ult. cit., p. 367 ss.; Fasching, op. cit., p. 136.

149 A função explicativa autônoma que a motivação desempenha diante da decisão – também para além do quanto atine à posição das partes diante do recurso e à determinação objetiva do julgado – é demonstrada do atualmente notório fenômeno das sentenças interpretativas ou corretivas da Corte Constitucional (sobre o qual em geral Andrioli, *Motivazione e dispositivo delle sentenze della Corte Costituzionale*, in *Riv. trim. dir. proc. civ.*, 1962, p. 529 ss.; Lombardi, *Motivazione (Diritto Costituzionale)*, in *Noviss. Dig. It.*, X, Torino, 1964, p. 954 ss.). Ainda que se prescinda do debatido problema concernente à vinculatividade específica ou não da sentença interpretativa de rejeição, permanece de fato evidente que a individualização da "norma", realizada pela Corte de forma interpretativa, é expressa mediante a motivação. Mais precisamente, tratando-se de concretizar os princípios constitucionais em relação às normas ordinárias, a fixação do significado da norma constitucional aflora enquanto – no nível da motivação – são indicados os valores jurídico-políticos à vista dos quais a operação concretizadoras é realizada. Sobre a importância das técnicas justificativas (isto é, interpretativas) na motivação das decisões de constitucionalidade e sobre a ligação entre repetitividade dos motivos e estabilidade da jurisprudência, vide, por último, com referência à corte constitucional austríaca, Pernthaler e Pallwein-Prettner, *Die Entscheidungsbegründung des österreichischen Verfassungsgerichtshof*, in *Entscheidungsbegründung*, cit., pp. 212 ss., 223 ss.

150 Sobre o assunto, vide por todos Colesanti, op. ult. cit., p. 363, e Carnelutti, *Diritto e Processo*, cit., p. 224. Trata-se, evidentemente, de um aspecto ulterior da já chamada função "repressiva" da motivação, sobre a qual vide Calamandrei, *Cassazione Civile* cit., II, p. 374 ss.

àquela em que se encontram as partes: também a esse propósito, de fato, pode-se pensar em uma função persuasiva e clarificadora da motivação em relação à procedência e ao exato conteúdo da decisão a que se refere.[151] Analogamente, a motivação constitui também para o juízo recursal – assim como acontece para as partes – o elemento no qual se revelam e adquirem existência objetivamente verificável os vícios que infirmam a decisão. Para acentuar a importância desse aspecto do fenômeno contribui o fato de que esse é correlato a um sistema de meios recursais inspirado, para além da sua tipicidade de meios, em uma estreita conexão entre vício da sentença e motivo específico do recurso.

O fato de que a motivação tenha, a princípio, uma utilidade relevante do ponto de vista da valoração que o juiz do recurso é chamado a realizar a propósito da decisão recorrida, é, portanto, bastante banal, o que exime de mais amplas considerações a respeito.

Em realidade, vale a pena observar, no entanto, que tudo isso tem conexões mais ou menos tênues com o princípio da obrigatoriedade da motivação prescrito do artigo 132 do *Codice di Procedura Civile*, ainda que à primeira vista a ordem de considerações que aqui serão examinadas parece fornecer uma pontual justificação desse princípio.

A propósito, tem-se que ter presente a já aludida limitação inerente a todas as explicações que se fundam na relação instrumental entre motivação e recurso: essa consiste, em suma, no fato de que semelhantes explicações não justificam a obrigatoriedade da motivação para as sentenças contra as quais não é admitida qualquer forma de impugnação.[152] Com tais argumentos seriam de fato perfeitamente compatíveis regulamentações completamente diferentes do fenômeno e que, de fato, não são desconhecidas na história das normas a respeito do tema do dever de motivação: por exemplo, pareceria aceitável uma norma que prescrevesse a motivação apenas para as sentenças recorríveis, que impusesse a motivação apenas depois de a sentença ter sido efetivamente impugnada ou mesmo somente a pedido da parte que pretende interpor um recurso.[153]

---

[151] Em especial sobre a interpretação "judicial" da sentença, conforme Denti, op. ult. cit., p. 91 ss.

[152] Para além da relação motivação-recurso aludida no texto, a concepção endoprocessual da motivação teria eficácia explicativa em relação ao princípio da obrigatoriedade a respeito das sentenças contra as quais não é admitida qualquer impugnação ou que tenham passado em julgado apenas de um ponto de vista: trata-se do caso em que a sentença deve ser interpretada por um juiz, diferente daquele do recurso, diante do qual tenha sido invocado o julgado precedente (sobre esse tipo de problema interpretativa da sentença, vide Denti, op. e loc. ult. cit.).

[153] A exclusiva consideração da motivação em relação ao recurso aponta, de fato, soluções bem limitadas como aquelas acolhidas nos códigos de Joseph II da Áustria (sobre o qual vide

No entanto, existe outro limite, ainda mais grave, no tipo de argumentação que aqui se considera, consistente no fato de que a essa parece totalmente irrelevante o requisito da publicidade da sentença motivada e, no limite, não parece nem mesmo necessário que as partes tenham conhecimento da motivação. Entende-se facilmente, de fato, que a finalidade de viabilizar ao juízo recursal uma adequada valoração da sentença recorrida, mediante o exame dos seus motivos, pode ser obtida também na presença de regimes como aqueles difundidos nos países de língua alemã até o século XVIII, caracterizados pelo fato de a motivação ser secreta e da possibilidade que somente o juízo recursal a conheça.[154]

Na perspectiva em exame, portanto, a motivação apresenta-se inquestionavelmente como um fator de racionalização do sistema, especialmente no momento de conexão entre a sentença recorrida e a valoração da procedência do recurso. Porém, daí não decorre que o único modo com que semelhante racionalização possa ser realizada seja o princípio geral de obrigatoriedade e publicidade da motivação, na medida em que a mesma finalidade pode ser conseguida também na ausência desse princípio.

Então, a conclusão está em que, do ponto de vista do melhor funcionamento do juízo recursal, o dever generalizado de motivação tem uma função enquanto – por assim dizer – "contém" o dever de motivação das sentenças recorríveis. Ademais, enquanto por um lado as exigências referíveis ao juízo recursal não tornam indispensável o dever indiscriminado de uma motivação público, por outro esse dever, na medida em que positivamente acolhido, responde a exigências e finalidades em grade parte diferentes e não exauríveis no perfil até aqui examinado.

C) Dever de motivação e função da *Cassazione*

Sob o aspecto da função racionalizadora de alguns pontos nodais do sistema de administração da justiça, o dever de motivação pode ser considerado também em outras perspectivas, que, se levam a conclusões menos pontuais acerca da estrutura do mecanismo processual, fornecem, no entanto, elementos de maior interesse no que tange ao significado de normas como a do artigo 132, n. 4, *Codice di Procedura Civile*. Por exemplo, o princípio da obrigatoriedade da motivação pode ser interpretado em relação à função que tradicionalmente se assinala à *Corte di Cassazione* no âmbito

---

supra, § 1, *sub a*), caracterizadas por vincular a própria existência da motivação à possibilidade e às exigências do recurso. Conforme, ainda, para uma hipótese de sobrevivência de uma regulamentação desse tipo, o artigo 238, § 1.º, código de processo civil polonês.

[154] Sobre a praxe do direito comum germânico nesse sentido, vide indicações *ante*, nota 21.

do ordenamento processual.[155] A referência não atine, porém, somente ao controle sobre a logicidade da motivação, devolvido à Corte pelo artigo 360, n. 5, *Codice di Procedura Civile*,[156] mas sim ao desenvolvimento da chamada função de nomofilaquia e de unificação da jurisprudência a que se costuma reconduzir o papel fundamental da própria Corte.[157]

Quanto à função nomofilática, é evidente que essa pode ser exercida tanto quando a eventual violação de uma norma resulta não apenas do puro e simples contraste entre a decisão e a norma, como especialmente quando deriva do erro do raciocínio interpretativo mediante o qual o juiz retirou da norma o critério jurídico de solução da controvérsia. No limite, aliás, o controle de legalidade deferido à *Cassazione* conta essencialmente com o exame a respeito da legitimidade da interpretação realizada pelo juiz de mérito em relação a cada caso concreto decidido.[158] É claro, então, que esse tipo de controle pode ser de fato exercido somente enquanto a sentença sobre o qual incide contenha o raciocínio interpretativo formulado pelo juiz, isto é, seja motivada.[159] Então, o dever de motivação pode ser considerado como um instrumento destinador a tornar possível o controle de legalidade por parte da Corte, tendo o juiz o dever de declinar, com a motivação, o dado objetivo sobre o qual o controle deve ser vertido.

---

155 Conforme, em geral, COLESANTI, op. e loc. ult. cit.

156 Mais amplamente a propósito, vide *infra*.

157 Quanto à definição geral das duas funções, são ainda substancialmente válidas as considerações de CALAMANDREI, *Cassazione Civile*, cit., II, pp. 2 ss., 48 ss.

158 Ainda que em um quadro não integralmente aceitável do raciocínio do juiz e da natureza da sentença, existe um núcleo de verdade no quanto afirmava CALAMANDREI, op. ult. cit., II, p. 29 ss., a propósito do *error iuris in iudicando*, observando-se que se trata de um erro inerente à fixação de uma das premissas que conduz o raciocínio à decisão (analogamente, nada obstante distinguindo a hipótese da falsa aplicação da lei, CARNELUTTI, *Limiti del rilievo dell'error in iudicando in Corte di Cassazione*, in *Studi di diritto processuale*, I, Padova, 1925, pp. 374, 385).

159 Conforme o esquema estrutural do juízo delineado *supra* (vide Capítulo V, § 2), a interpretação-aplicação da norma não é a decisão (entendida como afirmação das consequências jurídicas inerentes ao caso), mas sim uma premissa de que essa última decorre. Daí se segue que o controle sobre a legitimidade da aplicação da norma não é um controle sobre a decisão em si considerada, mas sim um juízo sobre a legitimidade das premissas normativas (interpretativas/aplicativas) de que o juiz de mérito retirou a conclusão final. Mais precisamente, trata-se de um controle inerente à legitimidade das premissas normativas que o juiz *afirma* ser o fundamento da decisão, isto é, de um controle sobre os *motivos de direito* da própria decisão. Sob esse perfil, o exame de legitimidade aparece fundado sobre um confronto entre o raciocínio desenvolvido pelo juiz na motivação, a respeito do significado que deve ser atribuído à norma em relação ao caso concreto, e o análogo (estruturalmente) raciocínio desenvolvido pela *Cassazione* quanto à escolha da norma, à sua interpretação e à qualificação jurídica do caso concreto. Sobre as diferentes posições do juiz de mérito e da *Cassazione* diante da norma, vide, ademais, MAZZARELLA, *"Fatto e diritto" in Cassazione*, in *Riv. trim. dir. proc. civ.*, 1974, p. 110.

A conexão entre dever de motivação e controle de legalidade por parte da *Cassazione* pode ser apreendido facilmente no próprio artigo 111 da Constituição, em que a primeira parte, que acolhe o princípio da obrigatoriedade da motivação, representa uma espécie de premissa da segunda parte, que justamente atribui à *Corte di Cassazione* o exame geral e final da legalidade das decisões dos juízes de mérito. Não se trata, porém, de uma novidade introduzida do legislador constituinte, ainda que a proximidade topográfica entre as duas normas pareça particularmente significativa: em realidade, nesse ponto a norma constitucional não faz outra coisa senão recepcionar uma concepção já presente implicitamente na disciplina ordinária anterior, a qual, de seu turno, inspirou-se no modelo constituído pelo sistema francês, nos termos em que existente ao tempo das codificações napoleônicas.[160] Em suma, portanto, a normativa constitucional representa simplesmente o ponto de chegada de uma linha constante, caracterizada por vislumbrar na *Cassazione* o órgão a que é funcionalmente atribuído o controle de legalidade da aplicação da lei e o dever de motivação o instrumento vocacionado para garantir que esse controle seja sempre concretamente possível.

Ver-se-á adiante como, na verdade, o princípio acolhido na primeira parte do artigo 111 presta-se a uma leitura autônoma, não vinculada estreitamente à sua conexão com a segunda parte, e como, aliás, exatamente com essa diferente aproximação ao significado da norma constitucional apareçam os componentes mais relevantes e significativos do princípio da

---

[160] Sobre a recepção do modelo francês pós-revolucionário nas codificações processuais italianas, vide em geral *ante*, § 1, *sub b)*. Recorde-se, no entanto, que o sentido da ligação entre dever de motivação e controle de legalidade na *Cassazione* muda, e historicamente mudou, com a mudança da colocação da Corte na estrutura do ordenamento (vide *supra*, nota 42). De fato, nos primeiros anos da sua instituição, o *Tribunal de Cassation* é entendido como órgão estranho ao poder judiciário, a que era atribuído essencialmente o dever de reprimir as violações à lei e garantir a supremacia do poder legislativo (vide amplamente Calamandrei, *Cassazione Civile*, cit., I, pp. 429 ss., 453 ss.; Cattaneo, op. cit., p. 112 ss.; Amodio, *L'obbligo Costituzionale di motivazione*, cit., p. 448), com o que entender a *Cassazione* como destinatário ideal da motivação implicava, mesmo de modo indireto e mediato, conceber a motivação como meio de um controle "externo" sobre o trabalho do juiz (na medida em que o *Tribunal de Cassation* vinha pensado como uma espécie de emanação do poder legislativo, vendo-se nesse último ainda a expressão da vontade popular). Quando, concomitantemente com a codificação, a *Cassazione* passa definitivamente de órgão de controle político do poder judiciário ao supremo "regulador judiciário da interpretação jurisprudencial" (Calamandrei, op. ult. cit., II, p. 506 ss.; em senso crítico em relação a essa reconstrução da evolução do instituto, vide, no entanto, Mazzarella, *Passato e presente della Cassazione*, in *Riv. trim. dir. proc. civ.*, 1972, p. 95 ss.), a função da motivação muda e restringe-se, prevalecendo nessa a sua dimensão endoprocessual: isto é, a motivação não é mais o meio de controle externo sobre o trabalho do juiz, mas sim o meio de controle interno do poder jurisdicional, exercido por um órgão que se encontra no vértice desse poder. Aquilo que muda, substancialmente, é a natureza do controle em função do qual a motivação é prevista, que não é mais tendencialmente político, mas sim tipicamente jurídico e de "legalidade".

obrigatoriedade da motivação.[161] Todavia, aqui interessa observar que, sob o perfil da instrumentalidade do dever de motivação em relação ao controle de legalidade atribuído à *Cassazione*, diz-se que há aí um aspecto particular da relação de instrumentalidade existente entre dever de motivação e controle de legalidade,[162] de modo que valem substancialmente as mesmas considerações já realizadas a esse propósito. A alusão a esse segundo perfil dessa relação permite, no entanto, evidenciar um elemento peculiar a partir do qual é possível explicar, por dentro do sistema processual vigente e no âmbito da concepção endoprocessual da motivação, a amplitude geral do respectivo dever.

Viu-se anteriormente como a consideração do papel que a motivação desempenha em função dos recursos dá conta do dever de motivação – a propósito, porém, apenas das sentenças recorríveis. Analogamente, a referência ao controle de legalidade que deve poder ser desenvolvido pela *Cassazione* justifica de seu turno o dever de motivação das decisões impugnáveis diante da *Cassazione*, mas não a obrigatoriedade da motivação das decisões da própria Corte, que igualmente é prescrita pelo artigo 132, *Codice di Procedura Civile*, além de, evidentemente, pela primeira parte do artigo 111 da Constituição.[163]

A *ratio* da generalização do dever, que tem um significado autônomo e próprio em relação às sentenças da *Corte di Cassazione*, é pelo contrário individualizável – no nível do sistema processual desenhado pela legislação ordinária – a partir da função de guia uniformizadora que essas sentenças devem desempenhar.[164] É bastante evidente que essas são capazes de constituir precedentes jurisprudenciais *de facto* autoritativos,[165] se e na medida

---

[161] Vide *infra*, § 4.

[162] Conforme Calamandrei, *Cassazione Civile*, cit., II, p. 86 ss., sobre as relações entre função de nomofilaquia e de unificação da jurisprudência.

[163] A distinção não é meramente teórica – ou pelo menos não o foi historicamente. Na França, de fato, a lei de 27 de novembro – 1 de dezembro de 1790, que instituiu o *Tribunal de Cassation*, não previa o dever de motivação, mas prescrevia apenas a necessidade de referência expressa à norma que era aplicada. O dever de motivação das sentenças de rejeição foi posteriormente previsto com a lei germinal n. 4 do ano II (conforme Merlin, op. cit., vide cit., p. 378; Sauvel, op. cit., p. 46 ss.). Ademais, nos primeiros anos da sua existência, o *Tribunal de Cassation* não costumava motivar nem mesmo as sentenças de acolhimento (conforme Calamandrei, *Cassazione civile*, cit., II, p. 470).

[164] Para recentes exaltações de semelhante função, significativas porque deixam de lado os aspectos mais problemáticos e discutíveis colocados de há muito pela praxe, conforme Flore, *La Corte di Cassazione e la Costituzione*, in *Giust. civ.*, 1965, IV, p. 105 ss., e Berri, *L'unità della giurisprudenza e la Corte di Cassazione*, in *Iustitia*, 1965, p. 441 ss., em que se chega a conceber a função unificadora da Corte como uma manifestação do princípio constitucional da igualdade.

[165] Sobre a eficácia de precedente *de facto* das decisões da *Cassazione* impõe-se o reenvio aos estudos de Gorla publicados nos *Quaderni del Foro It.* a partir de 1966 (também para

em que contenham a explicação e a justificação da solução interpretativa acolhida.

Pode-se objetar, a propósito, que de fato a jurisprudência da *Cassazione* não desempenha a função de guia unificadora, seja porque a própria jurisprudência da Corte normalmente é qualquer coisa outra que unitária e concorde nas soluções das mesmas questões,[166] seja porque a *Cassazione* não é – ou não é mais – o único órgão de vértice que "faz jurisprudência" em matéria civil, seja, por fim, porque as bem conhecidas distorções derivadas do uso incongruente das suas máximas não permitem perceber nas motivações das decisões da Corte precedentes dotadas verdadeiramente de autoridade de fato.[167] Essas considerações encontram um sólido fundamento na experiência de que há tempo a própria Corte é protagonista – seja como for, em qualquer caso, essa autoriza a pensar que semelhante função, exatamente pelo modo como é de fato exercida, é mais contraproducente do que útil à administração da justiça. Nada obstante tudo isso, e ainda que seja legítimo entender que se trata de uma *ratio* muito frágil e discutível, essa função – que a Corte deveria desempenhar no âmbito da sua tradicional colocação na estrutura do ordenamento jurídico – representa o principal fundamental do dever de motivação das sentenças da Suprema Corte.

É igualmente verdadeiro que as motivações da *Cassazione* servem também para viabilizar a individualização do princípio de direito destinado a valer para o juízo de reenvio (especialmente porque é assaz difusa a praxe de não dedicar a tal "princípio" uma pronúncia formal particularizada): o fenômeno tem, no entanto, uma relevância mais prática do que dogmática. Na verdade, ao lado da exclusão do princípio de direito como algo qualificável como um "motivo" da decisão cassacional, não é impossível supor um regime em que a Corte enuncia a regra de direito vinculante para o juízo de reenvio (como parte da "decisão" em sentido estrito), mesmo não sendo obrigada a motivar o próprio juízo. Portanto, em suma, enquanto de fato a motivação serve normalmente para também fazer conhecer aquele que deveria ser o princípio de direito, a vigente regulamentação das relações entre decisão

---

ulteriores indicações), entre os quais vide em particular *Raccolta di saggi sull'interpretazione e sul valore del precedente giudiziale in Italia*, *ivi*, 1966, p. 13 ss.; vide para acenos gerais, ainda, in ID., *Giurisprudenza*, in *Enc. dir.*, XIX, Milano, 1970, p. 490 ss.

166 Conforme FURNO, *Problemi attuali della Corte di Cassazione*, in *Riv. dir. proc.*, 1958, p. 484.

167 Sobre a conhecida e antiga problemática inerente às distorções que se verificam na formulação das máximas e – especialmente – no respectivo emprego como precedentes fictamente "unificantes", é ainda atual o que observava CALAMANDREI, *La funzione della giurisprudenza nel tempo presente*, in *Riv. trim. dir. proc. civ.*, 1955, p. 257 ss. Sobre o assunto, vide, ainda, em anos mais recentes, MICHELI, *L'unità dell'ordinamento e il processo civile*, in *Riv. dir. proc.*, 1968, p. 441 ss.; COLESANTI, *Giurisprudenza*, in *Noviss. Dig. It.*, VII, Torino, 1961, p. 1.105.

cassacional e juízo de reenvio não constitui propriamente uma possível *ratio* do dever de motivação das sentenças (sem contar que esse dever vige da mesma forma também para todos os casos que não ingressam na hipótese a que se refere o artigo 384, primeira parte, *Codice di Procedura Civile*).

D) Limites da concepção endoprocessual da motivação

Das considerações anteriores resulta que a regra fixada pelo artigo 132, n. 4, *Codice di Procedura Civile*, é explicável a partir de uma série de diferentes elementos, cada um dos quais permite colocar em evidência exigências específicas que essa regra visa a satisfazer. De outro lado, resulta que essa desempenha – sob outros perfis – uma função de racionalização instrumental do sistema concernente à posição das partes em relação à sentença, aos recursos e ao papel da *Cassazione*.

As mesmas considerações permitem, porém, algumas valorações fortemente críticas em torno do quadro desse modo delineado.

Inicialmente, esse quadro tem certa coerência, na medida em que se mantém ancorado no sistema processual existente e em algumas concepções tradicionais inerentes a uma série de elementos desse sistema. O que não é dito, porém, é que essa mesma aproximação ao problema da motivação conserva validade sob um perfil mais geral, isto é, no âmbito de um sistema processual em que os recursos sejam configurados de modo radicalmente diferente ou em que seja alterado o papel da *Cassazione*. Desse ponto de vista, as linhas do problema até aqui traçadas parecem corresponder mais à descrição de uma fase já passada do nosso ordenamento do que a uma perspectiva evolutiva do sistema.

Em segundo lugar, constatou-se paulatinamente que cada uma das explicações atribuíveis à regra da obrigatoriedade da motivação diz respeito a diferentes manifestações do fenômeno, nos quais não se surpreende uma ligação orgânica e unitária, não chegando a dar-lhe uma visão global da qual seja possível extrair uma *ratio* coerente à regra em questão. A soma de todas essas explicações parece ainda, sob esse perfil, totalmente insuficiente.

Na verdade, não parece que do contexto da legislação processual ordinária possa ser deduzida a existência de um elemento decisivo nesse sentido, como, por exemplo, a eventual vontade do legislador de submeter o trabalho do juiz a um controle externo e difuso da opinião pública, ainda que, em si considerada, a legislação existente poderia parecer idônea para esse fim. Se uma inspiração global implícita pode ser individualizada, a propósito do dever de motivação, para além das suas conexões estruturais com outros elementos do sistema, essa consiste na intenção de submeter o juiz, mediante a necessária motivação, a um controle do tipo burocrático (coerente, de resto, com a estrutura hierarquizada da magistratura) ou mesmo a um controle por parte do poder político. Em outros termos, não existem razões para entender que o legislador ordinário tenha sido guiado por uma clara consciência da função democrática que o princípio da obrigatoriedade da motivação pode desempenhar, sendo ao invés mais provável que tenha pretendido utilizar a potencialidade do exame a partir de uma perspectiva autoritária sobre o juiz, que igualmente esse princípio em abstrato contém.[168]

Finalmente, é também fácil observar que, mantendo-se a perspectiva de análise tão-somente no nível da legislação ordinária, daí decorre uma visão fortemente redutiva da função da motivação e das finalidades a que responde o respectivo dever. Como já se viu, de fato, não apenas semelhante perspectiva não sustenta a necessidade da generalização do dever de motivação, mas coloca em evidência exigências em relação as quais esse pode parecer até mesmo supérfluo. Verifica-se, em outros termos, um relevante descarte entre o fenômeno que se trata de explicar, isto é, a norma que impõe sem exceções a motivação (além do mais, em um regime geral de publicidade das decisões) e cada uma das explicações que a concepção endoprocessual da sentença permite individualizar. Então, a única conclusão de ordem geral que parece lícito retirar é no sentido de que semelhante concepção parece inadequada para dar vazão à amplitude geral que o princípio da obrigatoriedade da motivação desempenha nos ordenamentos processuais modernos, postulando a própria superação por parte da concepção extraprocessual da motivação. No nosso ordenamento, isso não significa somente uma mudança de perspectiva na aproximação ao problema, mas, mais particularmente, implica passagem da análise da legislação ordinária para a do princípio acolhido em nível constitucional pela primeira parte do artigo 111.

4. O PRINCÍPIO CONSTITUCIONAL DE OBRIGATORIEDADE DA MOTIVAÇÃO: ARTIGO 111, PRIMEIRA PARTE DA CONSTITUIÇÃO

A individualização do significado que deve ser atribuído ao princípio constitucional da obrigatoriedade da motivação incide sobre problemas de

---

[168] Trata-se de uma hipótese cuja verificação importaria demonstrar a existência de uma específica *voluntas* nesse sentido, o que, como normalmente acontece, não parece possível. A hipótese mais provável, que não envolve eventuais finalidades claras ou ocultas perseguidas pelo legislador com o artigo 132, n. 4, é que o próprio legislador de 1942 não tenha feito outra coisa senão receber, sem uma valoração *ad hoc* do problema, o artigo 360, n. 6, do *Codice* de 1865, o qual representava, de seu turno, nada mais do que uma reafirmação do princípio análogo já presente na maior parte das codificações processuais pré-unitárias. Isto é, tratar-se-ia de uma daquelas normas que, uma vez superado o momento histórico problemático de onde derivadas, tornam-se "lugares-comuns do ordenamento" e acabam por reproduzir-se sem variações de relevo e sem conotações problemáticas novas ao longo das sucessivas e diferentes legislações processuais.

diferente natureza, cuja solução dificilmente pode ser sintetizada em uma fórmula definidora simples e unitária. Por razões de clareza convém então enfrentar o problema sob três ângulos distintos, ainda que existam estreitas relações de recíproca implicação entre os seus diversos aspectos.

De um primeiro ponto de vista, o significado do princípio em questão pode ser estabelecido considerando a norma constitucional que o exprime como "norma sobre normas", isto é, definindo os efeitos que essa produz no plano da legislação ordinária, integrando ou modificando a disciplina nessa contida em relação ao dever de motivação dos provimentos jurisdicionais civis. De um segundo ponto de vista, a amplitude de semelhante princípio emerge em relação à sua função jurídico-política, isto é, a partir da *ratio* a que esse responde no contexto dos princípios estabelecidos pela Constituição em relação ao poder jurisdicional. De um terceiro ponto de vista, por fim, deve ser estabelecido qual é o significado do princípio constitucional em questão como "norma para o juiz", isto é, como fonte de critérios inerentes àquilo que a motivação deveria ser para constituir uma realização satisfatória das exigências jurídico-políticas para cuja satisfação a norma constitucional parece pré-ordenada.

A) Incidência do princípio sobre a legislação ordinária: o problema do decreto

A incidência do princípio constitucional da motivação sobre a legislação ordinária manifesta-se em âmbitos relativamente restritos, nada obstante não privados de relevância prática. No que concerne aos provimentos judiciais que têm forma de sentença, o problema está em grandíssima parte resolvido por uma norma geral, que é o artigo 132, n. 4, *Codice di Procedura Civile*, a qual prevê que em todo o caso a sentença deve ser motivada. A eficácia dessa norma pode, ainda, ulteriormente se ampliar quando, entendendo-se a prescrição como inerente ao "conteúdo" do ato,[169] essa seja estendida aos provimentos que, nada obstante tenham sido emanados sob outra forma (por erro ou porque tal forma é prevista expressamente pela lei), têm, porém, "natureza" ou "substância" de sentença, na medida em que tenham conteúdo decisório.[170]

---

[169] Nesse sentido, por todos, TARZIA, *Profili della sentenza civile impugnabile*, Milano, 1967, p. 15 ss.; CARNELUTTI, *Istituzioni del processo civile italiano*, IV ed., Roma, 1956, I, p. 306 ss.

[170] Sob esse perfil assume importância a ligação com o conceito de "sentença em sentido substancial", que constituiu o resultado do conhecido desenvolvimento interpretativo realizado a propósito da segunda parte do artigo 111 da Constituição (sobre o qual vide, em geral, MANDRIOLI, *L'assorbimento dell'azione civile di nullità e l'art. 111 della Costituzione*, Milano, 1967, p. 35 ss.). Essa ligação serve para estender a todos os provimentos com conteúdo decisório a prescrição do artigo 132, n. 4, e opera também no sentido de tornar

No que atine à sentença, portanto, a eficácia autônoma da norma constitucional, no nosso ordenamento, manifesta-se sob dois aspectos marginais: de um lado, essa produz a ilegitimidade de qualquer eventual norma ordinária que permitisse ao juiz não motivar a sentença ou que mesmo excluísse a motivação. De outro, essa impõe a interpretação integrativa de qualquer norma que não previsse expressamente um dever de motivação ligado a cada caso particular de sentença (os quais, ademais, seriam em qualquer hipótese reconduzíveis ao âmbito do artigo 132, n. 4, *Codice di Procedura Civile*).[171] Considerações em tudo análogas valem igualmente a propósito da ordenança, para a qual a motivação ("sucinta") é prevista a princípio pelo artigo 134, *Codice di Procedura Civile*, desempenhando o princípio constitucional apenas uma eficácia marginal, tal como a respeito da sentença.

Na verdade, um problema de contraste entre a norma constitucional e a norma ordinária coloca-se somente a propósito do decreto, desde o momento em que o artigo 135, quarta parte, *Codice di Procedura Civile*, fixa como regra a ausência de motivação, reenviando excepcionalmente a normas específicas que expressamente reclamam a motivação do decreto.[172]

O problema foi discutido no momento da elaboração da norma constitucional[173] e nos anos posteriores à entrada em vigor da Constituição, mani-

---

recorríveis para *Cassazione* por violação à lei, com base no mesmo artigo 111, segunda parte, aqueles provimentos decisórios emanados de forma diversa da sentença, que, sendo privados de adequada motivação, implicam violação ao artigo 132, n. 4, *Codice di Procedura Civile*. No sentido de que existe violação à lei no caso de provimento decisório emanado com uma ordenança [*ordinanza*] não motivada, conforme Salis, *Provvedimenti collegiali non motivati*, in *Giust. civ.*, 1965, I, p. 597 ss.

171 Analogamente, conforme, por último Colesanti, *Die Entscheidungsbegründung*, cit., p. 360 ss., e, ainda, Ramat, *Significato costituzionale della motivazione,* in *Magistrati o funzionari?*, aos cuidados de G. Maranini, Milano, 1962, p. 695. Sobre o problema análogo no âmbito do processo penal, conforme Amodio, *La motivazione*, cit., p. 114 ss. A necessidade de que as normas que não preveem expressamente um dever de motivação sejam integradas com referência ao princípio fixado na primeira parte do artigo 111 foi confirmada em linhas gerais pela *Corte Costituzionale* na sentença de 26 de junho de 1969, n. 103, in *Giur. Cost.*, 1969, p. 1.562 ss., em que se afirma infundada a questão de inconstitucionalidade de uma norma que não prevê expressamente o dever de motivação de um decreto, decorrendo esse dever diretamente da norma constitucional.

172 Vale da mesma forma a observação de que na maior parte dos casos em que é prevista a forma do decreto, é igualmente exigida a motivação do provimento, como, por exemplo, nos casos dos artigos 640, 641, 672, 673 e 737, *Codice di Procedura Civile* (conforme, a propósito, Carnelutti, op. ult. cit., I, p. 309). Não faltam, porém, hipóteses específicas, como aquela do artigo 313, *Codice Civile*, em que é prevista expressamente a prolação de um decreto "sem a expressão de seus motivos".

173 Conforme as notícias referidas em Falzone-Palermo-Cosentino, *La Costituzione della repubblica italiana*, Roma, 1969, p. 356, e in Carullo, *La Costituzione della repubblica italiana*, Bologna, 1950, p. 354, n. 1, do qual se deduz a orientação do constituinte "histórico" no sentido de excluir o decreto do âmbito da norma constitucional.

festando-se a respeito duas opiniões contrapostas. De um lado, partindo da formulação geral do artigo 111, primeira parte, concluía-se no sentido de que esse compreendia também os decretos, na medida em que provimentos em que o juiz igualmente desempenha função jurisdicional, devendo-se, portanto, considerar em contraste com o princípio constitucional o artigo 135, *Codice di Procedura Civile*, haja vista que excluía a necessidade de motivação do decreto. Em outra ponta, centrando-se sobre a afirmada natureza administrativa – ou de qualquer modo não decisória – do decreto, excluía-se que esse pudesse entrar na categoria dos "provimentos jurisdicionais", para os quais a norma constitucional prescreve a obrigatoriedade da motivação, afirmando-se, por conseguinte, a plena legitimidade do artigo 135 do código de rito.[174]

Na verdade, sobre a validade da primeira das duas opiniões colidentes não parece possam surgir dúvidas relevantes, partindo-se da simples consideração de que a maior parte das exigências conectadas com o dever geral de motivação (e que serão analisadas mais analiticamente em seguida) surge, a propósito do decreto, de maneira substancialmente idêntica do quanto ocorre a propósito da sentença e da ordenança. Isso vale, por exemplo, em relação à exigência de controlabilidade externa a respeito da adequação e da legalidade dos atos com que é exercido o poder jurisdicional, do ponto de vista do direito de defesa das partes ou mesmo da possibilidade concreta de um adequado exame jurisdicional sucessivo a respeito do provimento em questão.

Vale a pena, todavia, sublinhar que a opinião contrária, nos termos em que resulta normalmente articulada, funda-se sobre premissas muito discutíveis, como aquela da "natureza" não jurisdicional do decreto e da pressuposição de que a norma constitucional recebeu uma particular definição dogmática do conceito de "provimento jurisdicional". Sobre a primeira afirmação basta observar, sem entrar no mérito, que essa tem o defeito de querer inserir na interpretação do artigo 111, primeira parte, uma problemática muito complexa e incerta, enfrentada ainda a partir de outros fins e com diferentes coordenadas dogmáticas e doutrinárias: essa é em grande parte estranha ao quadro interpretativo que parece mais adequado à norma em questão e, sobretudo, não parece idônea para fornecer soluções unívocas e satisfatórias. Sobre o segundo ponto, pode-se observar que a recepção implícita, por parte da norma constitucional, de uma das pré-existentes definições dogmáticas do decreto, não foi demonstrada e nem mesmo parece demonstrável. De fato, a afirmação de que a norma se refere somente aos

---

[174] Sobre as duas orientações, conforme, ainda, além das referências da nota anterior, LESSONA, *La funzione giurisdizionale*, cit., p. 213; PROVINCIALI, *Norme di diritto processuale*, cit., p. 66; BISCARETTI DI RUFFIA, op. cit., p. 551.

provimentos decisórios (sentenças) ou emanados diante do contraditório das partes (ordenanças) pode valer somente se se entender de modo apodítico que nesse caso o legislador *plus dixit quam voluit*. Pelo contrário, não é impossível pensar em uma definição ampla, *ad hoc*, de provimento jurisdicional – mais coerente com a *ratio* geral da norma em exame:[175] isto é, seria definível como jurisdicional todo provimento emanado de um órgão jurisdicional em qualquer fase do exercício do poder jurisdicional, vale dizer, ao longo do curso de todo o processo.

Uma definição dessa ordem não resolve, evidentemente, todos os aspectos do problema e nem mesmo leva a concluir que todos os decretos devam ser, sem exceção, motivados: desses poderiam ser excluídos os decretos a que comumente se reconhece uma função administrativa mais típica, como, por exemplo, o que nomeia o juiz instrutor, que fixa a audiência, que nomeia um perito e assim por diante. Todavia, tal definição tem a qualidade de fundar o dever de motivação a propósito de todos os decretos que, enquanto influem sobre o andamento do processo ou sobre a posição processual de uma parte, condicionam, direta ou indiretamente, o modo com que as partes exercem os próprios direitos em juízo.

Nessa direção, de outra parte, marcha de maneira bastante uniforme a orientação doutrinária e jurisprudencial dominante em outras países nos quais o mesmo problema foi colocado. Particularmente indicativa, a propósito, é a experiência alemã, na qual não se tratava nem mesmo de interpretar uma norma constitucional geral, mas sim de estabelecer se o dever de motivação previsto pelas normas ordinárias deveria ser estendido analogicamente ao decreto. As soluções, sobre as quais se registra uma ampla convergência de opiniões, centram-se na função de garantia que a motivação desempenha diante das partes: entende-se, de fato, que o decreto deve ser motivado quando contra esse é admissível recurso, quando decide a respeito de um meio recursal e quando incide sobre os direitos de uma parte[176]. Em especial, com relação a essa última hipótese, já se observou justamente que essa compreende praticamente todos os decretos que o juiz pode prolatar no curso do juízo, porque sempre o andamento da causa incide de qualquer maneira sobre a posição processual das partes, de modo que não apenas tudo isso implica dever geral de motivação dos decretos, mas também que não sobra para o juiz qualquer espaço de "liberdade de motivação".[177]

---

[175] Conforme LESSONA, op. e loc. ult. cit.

[176] Sobre o assunto, com ulteriores indicações, conforme TROCKER, op. cit., p. 461; GRUNSKY, op. cit., p. 72 ss.; BRÜGGEMANN, op. cit., p. 94 ss. Em sentido análogo, no que atine ao ordenamento suíço, WALDER, op. cit., p. 321.

[177] Conforme GRUNSKY, op. cit., p. 75.

Trata-se, evidentemente, de um modo de enfrentar o problema que se coloca em sintonia com a concepção de garantia da motivação, especialmente diante das partes,[178] e que, portanto, é coerente ao menos com algumas das principais exigências a que responde o princípio geral da obrigatoriedade da motivação. Pois bem, se essa orientação pode se firmar e consolidar-se em um ordenamento no qual falta uma norma constitucional expressa a respeito do dever de motivação, parece óbvio que, *a fortiori*, um análogo cânone interpretativo deve ser aplicado ao artigo 111, primeira parte, da nossa Constituição, cujo teor literal, ainda, parece claramente orientado nessa mesma direção.

B) O princípio no sistema dos princípios constitucionais sobre a jurisdição

O princípio da obrigatoriedade da motivação dos provimentos jurisdicionais insere-se no sistema das garantias que as constituições democráticas criaram para a tutela das situações jurídicas dos indivíduos diante do poder estatal e, em particular, diante das manifestações que esse conhece mediante a jurisdição. Nesse nível de generalidade, trata-se de uma constatação óbvia, que como tal não necessita de demonstrações específicas. Ainda, o panorama histórico e comparado delineado anteriormente fornece relevantes elementos de confirmação nesse sentido. Ademais, diferentemente do que ocorre em outros ordenamentos, a formulação expressa do princípio em questão no artigo 111, primeira parte, Constituição, exime de demonstrar que esse faz parte das garantias fundamentais de *natural justice*. O problema, portanto, está somente em individualizar o significado do princípio constitucional da obrigatoriedade da motivação no contexto dos princípios que se consubstanciam em garantias concernentes ao exercício da função jurisdicional e sob o perfil da sua amplitude política geral.

Visto na perspectiva das suas conexões com outros princípios constitucionais inerentes à jurisdição, o princípio em questão manifesta uma essencial característica de instrumentalidade, no sentido de que a sua aplicação constitui uma condição de efetividade dos demais princípios ligados à concreta administração da justiça. Desse ponto de vista, como se verá,

[178] A exigência de garantir os direitos das partes diante dos provimentos ordinatórios, mediante a motivação, está claramente presente também no ordenamento austríaco, ainda que nesse não seja individualizável um verdadeiro e próprio dever geral de motivação desses provimentos. De um lado, o § 418 da ZPO austríaca prevê que devem ser motivados os decretos emanados diante do contraditório das partes ou a pedido da parte, deixando para discrição judicial a motivação nos outros casos. De outro, prevalece a tendência de entender que, quando a motivação não é obrigatória, essa pode ser nada obstante necessária, se contra o decreto for admitido um recurso (conforme Fasching, op. cit., p. 142 ss.).

emerge a função da norma constitucional em exame como "norma para o juiz", tendo em conta que esse exerce a sua própria função segundo os princípios do ordenamento, apenas se e na medida em que observa "diretamente" o dever constitucional de motivação.

Em conexão com o princípio da obrigatoriedade da motivação devem ser considerados, de um lado, os princípios de independência e de sujeição do juiz à lei e, de outro, a garantia da defesa.

É sabido que a Constituição garante a independência do juiz principalmente diante dos outros poderes do Estado, de modo que a independência de cada juiz é garantida indiretamente, na medida em que existe a independência do poder jurisdicional enquanto tal. Por outro lado, não é sob esse perfil que aparecem conexões com o princípio da obrigatoriedade da motivação, mas sim do ponto de vista do "valor" a partir do qual o próprio princípio da independência é instrumental, ou seja, a imparcialidade do juiz. Mais precisamente, aliás, não interessa a imparcialidade abstrata, entendida como ausência de vínculos genéticos ou institucionais de dependência do juiz, mas sim aquela que poderia ser definida como imparcialidade "concreta", isto é, a neutralidade do juiz diante de cada controvérsia submetida à sua decisão. Em suma, não apenas o juiz deve ser imparcial, mas importa que a imparcialidade seja verificada em cada decisão concreta: a decisão não é imparcial em sim, mas enquanto demonstra sê-la. Então, a ligação com o dever de motivação é intuitivo: se a decisão não motivada pode ser indiferentemente parcial ou imparcial, somente mediante a motivação é que pode ser observada a parcialidade e, portanto, garantida a imparcialidade.

Portanto, o princípio da independência institucional do juiz e o princípio da obrigatoriedade da motivação são conexos, tendo em conta que ambos visam a garantir, por diferentes vias, a independência do resultado do juízo. A independência do juiz é disso uma condição necessária (ainda que não suficiente), na medida em que vale a presunção de que o juiz não independente não é nem mesmo imparcial. O dever de motivação encarna uma condição necessária para a verificabilidade da independência do juiz em cada uma de suas decisões. Evidentemente, o problema da imparcialidade não é integralmente resolvido nem pela garantia da independência do juiz, nem pela da motivação: não por acaso, fala-se apenas em condições "necessárias". De outro lado, observe-se que as normas constitucionais não podem senão se limitar a ditar condições "mínimas", vale dizer, a excluir do ordenamento a figura do juiz *a priori* parcial, haja vista que institucionalmente não independente e não inclinado a dar conta do modo como exerce o poder que lhe é conferido.

Considerações em grande parte análogas valem para a conexão entre o princípio da obrigatoriedade da motivação e o princípio da legalidade da decisão. De fato, pode-se dizer que em cada decisão se reflete a "sujeição do juiz à lei" somente se a motivação demonstra que a lei foi validamente aplicada ao caso concreto decidido. É intuitivo, porém, que na ausência de motivação o problema de saber se a decisão é ou não "segundo a lei" seria, de fato, irresolúvel, na medida em que a legalidade da decisão não seria de qualquer modo verificável. Com maior razão, isso vale se se rejeitam as concepções simplistas e mecânicas da relação norma/decisão e colocam-se, pelo contrário, em evidência os componentes ligados à escolha e à valoração que estão à base da interpretação da norma e da sua aplicação ao caso concreto: em uma perspectiva desse tipo, nenhum confronto imediato entre decisão e norma permite estabelecer a coerência da primeira com a segunda, mas somente a análise do procedimento interpretativo que o juiz afirma de ter seguido permite estabelecer – mediante o controle sobre as escolhas aí implicadas e sobre os critérios que as determinam – se a decisão entra ou não no campo regulado pela norma sobre a qual a decisão pretende estar fundada. Vale dizer: para além de todas as afirmações abstratas a respeito do vínculo do juiz ao julgar segundo a lei, a legalidade da decisão deve poder ser verificada em todos os casos concretos mediante a aferição da procedência das razões a partir das quais o juiz afirma ter aplicado a lei de determinado modo para obter certos resultados concretos. A decisão deve ser, portanto, "legal", mas de fato só é nos limites e nos modos com que demonstra sê-lo e enquanto permite o controle sobre a validade de semelhante demonstração. Sob esse perfil, o dever de motivação significa então dever, para o juiz, de demonstrar que o princípio da legalidade foi efetivamente respeitado a propósito de cada uma das suas decisões.

Análoga função de garantia instrumental desempenha o princípio da obrigatoriedade da motivação a respeito do direito de defesa[179] previsto no artigo 24, segunda parte, Constituição, mas sobre esse ponto importa desde logo fazer alguns esclarecimentos. Trata-se, também aqui, de uma garantia de controlabilidade (que não destoa daquela que concernem à imparcialidade e à legalidade da decisão) acerca do respeito dos direitos de defesa por parte do juiz. No entanto, o que se cuida de verificar mediante a motivação não é tanto o fato de que as partes tenham tido a concreta possibilidade de valer-se de todos os instrumentos fornecidos pelo ordenamento processual para o exercício idôneo das respectivas razões, mas especialmente sim o fato de que o juiz tenha adequadamente levado em consideração as alegações em que se consubstanciou concretamente o exercício do direito de defesa. Isto é, pela garantia da defesa é colocado em evidência não tanto o aspecto

---

[179] Sobre a conexão em exame em geral, conforme BRÜGGEMANN, op. cit., p. 152 ss.; TROCKER, op. cit., p. 459 ss.; WALDER, op. cit., p. 299 ss.; RAMMOS, op. cit., p. 406. Em sentido crítico, GRUNSKY, op. cit., p. 78 ss.

que concerne à disponibilidade para as partes dos instrumentos processuais, quanto o aspecto que atine à incidência do uso desses instrumentos sobre o convencimento do juiz. É claro, de outra parte, que pouco valeria garantir às partes a possibilidade de emprego dos meios de defesa, se posteriormente se permitisse ao juiz, de fato, o poder de não levar em consideração na decisão o quanto as próprias partes aportaram de fato e de direito ao "material do juízo". Não por acaso, individualiza-se efetivamente no âmbito da garantia geral da defesa um direito das partes de influir sobre a decisão, aí ingressando o direito à prova, o direito de falar sobre as questões relevantes para a decisão e assim por diante.[180]

Trata-se, na verdade, de um aspecto do problema da defesa que no nosso ordenamento ainda espera um adequado desenvolvimento. À carência de elementos normativos acrescenta-se de fato a circunstância de que a concretização da garantia acolhida na segunda parte do artigo 24 da Constituição até agora se circunscreveu ao primeiro dos dois aspectos distinguidos acima, tendo sido deixado na sombra a conexão entre exercício do direito de defesa e decisão, bem como a análise do modo com que justamente na decisão pode ocorrer o esvaziamento efetivo da própria garantia. Todavia, não é difícil pensar em situações em que isso ocorre: de um lado, existem casos em que repercutem sobre a decisão uma equivocada "administração das provas" por parte do juiz, o qual, por exemplo, pode ter indevidamente indeferiu a admissão de provas relevantes[181] ou utilizado do poder discricionário que lhe foi atribuído pelo artigo 209, *Codice di Procedura Civile*, para excluir a produção de provas relevantes requeridas por uma parte.[182] Em situações dessa ordem, os efeitos da violação do direito à prova que ocorreram no curso do processo consistem na impossibilidade concreta, para uma parte, de influir sobre o convencimento do juiz, resultando, portanto, uma decisão "com um único sentido": nesse caso, pode-se pensar na necessidade de uma motivação específica a respeito da exclusão das provas e a propósito do uso que o juiz fez do motiva de prova "incompleto" do qual dispunha para a decisão.

---

180 Sobre o assunto, conforme em geral Comoglio, op. cit., pp. 145 ss., 217 ss., 302 ss.; vide ainda recentemente, com amplas referências ao estado do problema na Alemanha, Trocker, op. cit., pp. 448 ss., 510 ss., 637 ss.

181 A conexão entre uma hipótese desse gênero e a exigência da motivação parece claramente percebida, pelo contrário, por exemplo, pelo legislador soviético, o qual prescreve expressamente, seja nos Princípios Fundamentais, seja no Código de Processo Civil, a necessidade de motivação específica a respeito da exclusão dos meios de prova indicados pelas partes (vide *supra*, § 2, *sub b*).

182 Sobre a violação do direito à prova que pode ser realizada desse modo, conforme mais amplamente Taruffo, *Studi*, cit., p. 71 ss.; Id., *Prove atipiche*, cit., p. 428 ss.

De outro lado, o esvaziamento da garantia de defesa pode ocorrer diretamente com a decisão quando o juiz siga a chamada "terceira via", escolhendo uma solução para a lide sobre a qual as partes não tenham tido a oportunidade de falar no curso do juízo[183] ou mesmo quando se vale do próprio livre convencimento sobre os fatos de modo a subvalorizar ou sobrevalorizar indevidamente o valor dos elementos de prova aportados ao processo.[184] Nesses casos, exatamente na medida em que a decisão se descola daquele que foi concretamente o objeto do debate processual realizado entre as partes, importa que o juiz justifique de modo específico e adequado a decisão, demonstrando – no mínimo – de ter levado devidamente em consideração as posições assumidas pelas partes a respeito da própria decisão, exprimindo as razões particulares pelas quais não influíram sobre a escolha final.

Não se diz, com isso, que da garantia da defesa deve ser deduzido um dever judicial de decidir e motivar expressamente todas as alegações e argumentações das partes[185] – e semelhante dever, entendido de forma absoluta, produziria em muitos casos consequências evidentemente absurdas. Todavia, dentro de limites que serão indicados adiante,[186] importa que a motivação justifique a decisão em relação às defesas formuladas pelas partes, porque apenas desse modo é possível verificar se concretamente não tenha ocorrido com a decisão uma violação ou um esvaziamento da garantia de defesa.

Isso não impede que o juiz realize escolhas autônomas, seguindo uma impostação diversa daquela das partes, nem implica poder das partes de

---

[183] Um dos fatores que facilitam esse fenômeno é dado pela ausência de um dever expresso do juiz de suscitar preventivamente o contraditório entre as partes sobre a sua hipótese de decisão, diferente daquela prospectada pelas partes, que o juiz entende mais adequada, não sendo suficiente nesse sentido o artigo 182, segunda parte, *Codice di Procedura Civile* (conforme Denti, *Questioni rilevabili d'ufficio e contraddittorio*, in *Riv. dir. proc.*, 1968, p. 217 ss.; em sentido parcialmente diferente, Grasso, *La collaborazione nel processo civile*, ibidem, 1966, pp. 591, 606; no sentido de que um dever desse tipo é deduzível diretamente do artigo 24 da Constituição, vide por último Taruffo, *Certezza e probabilità*, cit., p. 40 ss.). A situação é em grande parte análoga, e dá lugar aos mesmos problemas sob o perfil da garantia da defesa, na Alemanha, em que, porém, a questão foi muito mais amplamente debatida pela doutrina e pela jurisprudência (conforme Trocker, op. cit., p. 660 ss.).

[184] Sobre os modos com que uma adequada instrumentalização do princípio do livre convencimento permite à jurisprudência dominante de elidir a garantia da defesa a respeito da valoração das provas, conforme amplamente Taruffo, op. e loc. ult. cit.; Id., *Prove atipiche*, cit., p. 430 ss.).

[185] Entende, ao invés, existente um *Bescheidungsplifcht*, Brüggemann, op. cit., p. 154; em sentido decididamente contrário e crítico a respeito, conforme Grunsky, op. cit., p. 79, o qual, no entanto, desenvolve seu argumento para muito além, chegando mesmo a negar qualquer conexão entre o dever de motivação e o princípio da *rechtliches Gehör*.

[186] Vide *infra*, § 5, *sub c)*.

vincular com as próprias defesas o âmbito da decisão. Todavia, assim como a realização integral da garantia da defesa no curso do processo reclamaria o prévio debate das partes sobre todos os pontos que o juiz entende relevantes para a decisão,[187] parece igualmente necessário que sobre os mesmos pontos, especialmente se divergentes as impostações defensivas das partes, exista uma motivação expressa e específica em relação a esses mesmos argumentos das defesas. É evidente, de fato, que o direito das partes de influir sobre a decisão seria garantido de modo assaz fraco se não fosse possível estabelecer, mediante a motivação, se e de que modo essa influência se verificou ou por quais razões essa não se ocorreu.

C) Significado ideológico do princípio: a exigência de controlabilidade difusa da administração da Justiça

Em si considerado, o princípio constitucional da obrigatoriedade da motivação não tem somente o papel de "norma sobre normas", ilustrado acima *sub a)*, mas representa também uma "norma para o juiz", na medida em que constitui um princípio jurídico-político fundamental para a administração da justiça na estrutura do Estado de direito configurada na Constituição.

No seu significado mais profundo, o princípio em exame exprime a exigência geral e constante de controlabilidade sobre o modo com que os órgãos estatais exercem o poder que o ordenamento confere-lhes, sendo sob esse perfil a obrigatoriedade da motivação da sentença uma manifestação específica de um "princípio da controlabilidade" mais geral que parece essencial à moderna noção do Estado de direito e que produz consequências análogas também em campos diferentes daquele da jurisdição.[188]

---

187 Sobre as opiniões expressas nesse sentido pela doutrina alemã, conforme, por último Trocker, op. cit., p. 657 ss.; em especial, sobre a necessidade de o contraditório entre as partes sobre o uso das máximas de experiência no juízo de fato, conforme Loeber, *Die Verwertung von Erfahrungssätzen durch den Richter im Zivilprozess*, Kiel, 1972, p. 50 ss. Em geral, sobre a necessidade de que as partes possam falar, preventiva e tempestivamente, sobre qualquer questão de fato e de direito relevante para a decisão, conforme Comoglio, op. cit., p. 145 ss.; especificamente sobre a necessidade de contraditório a respeito das presunções que o juiz pretende retirar do material probatório do processo, conforme Taruffo, *Certezza e probabilità*, cit., p. 40 ss., e, analogamente, a intervenção de Montesano sobre o tema, *"Il processo di cognizione a trent'anni dal codice"*, in *Atti del IX Convegno nazionale dell'Associazione fra gli studiosi del processo civile*, Milano, 1974, p. 83.

188 É suficiente recordar, a propósito, a ampla problemática inerente à motivação do provimento administrativo, na qual um dos pontos nodais é constituído pela conexão entre necessidade da motivação e exigência de controlabilidade do fundamento e da legitimidade do ato. Sobre o assunto, conforme amplamente, entre as contribuições mais recentes, Moretti, *La motivazione dell'accertamento tributario*, Padova, 1969, especialmente pp. 75 ss., 134 ss.; De Fina, *La motivazione dei provvedimenti amministrativi*, in *Riv. it. sc. giur.*, 1971, p. 9

Para os fins da presente pesquisa interessa, porém, principalmente jogar luzes as implicações específicas que o princípio da controlabilidade manifesta a partir do momento em que, referido à jurisdição, se traduz no princípio da obrigatoriedade da motivação. Inicialmente, deve-se evitar a redução dos termos do problema – que pode advir da compreensão do conceito de "controle" como equivalente ao de "recurso" – e da consequente adoção exclusiva da chamada concepção endoprocessual da motivação. Com efeito, sublinhou-se anteriormente que semelhante aproximação permite conclusões com raio explicativo algo restrito em relação à *ratio* do dever de motivação tal como delineada pela legislação ordinária, mas a inadequação do ponto de vista em exame parece ainda mais evidente se esse é aplicado ao princípio constitucional. Na verdade, enquanto de um lado a conexão motivação/recurso não explica nem mesmo um dever geral de motivação da sentença, tanto menos justifica e define a amplitude do dever constitucional previsto em relação a "todos os provimentos jurisdicionais". A fórmula do artigo 111, primeira parte, é tal que é claramente incompatível com qualquer interpretação que, mais ou menos implicitamente, tenda a fazer coincidir o suporte fático típico do dever de motivação com aquele da sentença recorrível – no entanto, essa seria uma consequência inevitável toda vez que se pretendesse ver no recurso a única modalidade de controle possível a respeito dos provimentos jurisdicionais e no juízo recursal o sujeito unicamente legitimado ao exercício desse próprio controle.

Ao contrário, exatamente a superação de semelhante visão redutiva do problema é que parece coerente com o significado jurídico-político do princípio em exame e permite individualizar as suas implicações essenciais. Desde logo, dessa superação decorre a impossibilidade de a motivação ser concebida como um meio de controle "institucional" (isto é, nos limites e nas formas disciplinadas pelo sistema recursal vigente), mas também e especialmente como instrumento destinado a tornar possível um controle "generalizado" e "difuso" sobre o modo com que o juiz administra a justiça. Em outros termos, isso implica que os destinatários da motivação não são apenas as partes, seus respectivos advogados e o juízo recursal, mas também a opinião pública, entendida seja no seu complexo, seja como opinião de

---

ss.; VANDELLI, *Osservazioni sull'obbligo di motivazione degli atti amministrativi*, in *Riv. trim. dir. proc. civ.*, 1973, p. 1595 ss.; SVOBODA, *Die Begründung individueller Verwaltungsklage nach den österreichischen allgemeinen Verwaltungsverfahrensgesetzen*, in *Entscheidungs-begründung*, cit., p. 255 ss.; GYGI, *Die Entscheidungsbegründung im scweizeirischen Verwaltungsrecht*, ibidem, p. 329 ss.; BECKER, *Die Entscheidungsbegründung im deutschen Verwaltungs-, verwaltungsgerichtlichen und verfassugnsgerichtlichen Verfahren*, ibidem, p. 101 ss. Em um sentido crítico em relação à possibilidade de individualizar um princípio geral de obrigatoriedade da motivação do ato administrativo, conforme JUSO, *Motivi e motivazione nel provvedimento amministrativo*, Milano, 1963, p. 71 ss.

quisque de populo. A conotação política desse deslocamento de perspectiva é evidente: a ótica "privatista" do controle exercido pelas partes e a ótica "burocrática" do controle exercido pelo juízo superior são integradas pela ótica "democrática" do controle que deve poder ser exercido por qualquer um do povo em cujo nome a sentença é prolatada. Então, o princípio constitucional em exame não exprime uma genérica exigência de controlabilidade, mas sim uma garantia de controlabilidade democrática sobre a administração da justiça.

Sob esse perfil, aparecem relevantes conexões com outros princípios inerentes à jurisdição e, em particular, com os princípios da publicidade e da participação. De um lado, o princípio da publicidade somente desempenha a sua função garantística em relação à sentença acaso essa seja motivada, porque é claro que a publicidade de um *dictum* oracular seria praticamente inútil, e, de outro, a função da motivação como meio de controle externo sobre o trabalho do juiz só pode ser evidentemente desempenhada se é garantida a publicidade da sentença motivada. Mais em geral, publicidade e dever de motivação respondem à mesma exigência política de fundo, que é aquela de instaurar a possibilidade de uma relação direta (e, portanto, ainda de controle) entre administração da justiça e ambiente social.

Sob um aspecto diferente, resultam claras também as conexões entre dever de motivação e "participação do povo na administração da justiça". De um lado, as formas de participação direta no processo permitem (com os estreitos limites bem conhecidos) formas de controle no curso do procedimento capazes de garantir indiretamente uma espécie de influência externa sobre o juiz, mas, com a única e discutível exceção do júri popular, não viabilizam a participação (e, pois, o controle sobre o juiz) no momento específico da decisão. Trata-se, portanto, de formas de interferência antecipadas e, portanto, indiretas sobre o juízo, por si só úteis, mas que param no limiar do próprio juízo, além do qual o "monopólio do poder" torna a ser reservado exclusivamente ao juiz como órgão estatal.

Em sistemas dessa ordem, como é o nosso, eventual extensão das formas de participação no processo (mas não no juízo) pode tornar mais intensa a interferência indireta, mas não elimina o espaço entre participação e poder monopolístico do juiz togado a respeito do juízo, fenômeno que, aliás, corre o risco de degenerar em autoritarismo, na medida em que o juiz seja ideologicamente pouco receptivo diante dos resultados da participação no processo de sujeitos que idealmente representem o ambiente social externo ou alguns desses setores.[189] Nessa linha, assume relevo particular, de natureza política,

---

[189] Nada obstante, de um lado, o artigo 102, terceira parte, Constituição representa inquestionavelmente uma relevante abertura na direção democrática, é preciso observar, porém,

aquela especial forma de participação do povo na administração da justiça, que se desenvolve no controle democrático *a posteriori* sobre a procedência do ato com que o juiz "faz" justiça mediante a motivação.[190]

A óbvia objeção, de que na realidade um controle desse gênero não é realizado senão em poucos casos limites e, de qualquer modo, não poderia ser exercido em todos os casos, parte de constatações verdadeiras *hic et nunc*, mas não infirma a amplitude geral do quanto se disse até agora. De um lado, aquilo que é necessário garantir em todos os casos, em termos jurídicos, não é a efetividade do controle externo sobre o trabalho do juiz, mas sim a efetiva possibilidade desse controle: o modo e a intensidade com que essa possibilidade se traduz em ato dependem de problemas não jurídicos, mas sociológicos e políticos. De outro, cumpre observar que, se a perspectiva do controle como forma de participação pode parecer abstrata, na medida em que referida a uma ideia (igualmente abstrata) de opinião pública, essa aparece pelo contrário assaz concreta se referida a fenômenos participativos particulares já existentes e destinados – ao que parece – a conhecer uma extensão sempre maior. É significativo, a propósito, o exemplo da participação das organizações sindicais na administração da justiça do trabalho:

---

que, ressalvado o processo do trabalho (e ainda aqui com fortíssimas limitações), o princípio da participação popular na administração da justiça permanece, na prática, letra morta (com toda probabilidade justamente pelas suas muito nítidas implicações políticas). Todavia, observe-se desde logo que, ainda nos casos em que é prevista qualquer forma de participação no processo (mas não no juízo), a eficácia concreta do fenômeno pode ser reduzida a zero pelo juiz exatamente no momento-chave da decisão, na medida em que sobre a orientação do juiz incida a adesão de a uma ideologia antidemocrática. Essa eventualidade não implica, evidentemente, a inutilidade da participação popular no processo, mas torna evidente que essa pode não ser suficiente para garantir uma decisão coerente com os valores que o "povo" pode exprimir participando do processo. Daí a necessidade de integrar as formas de participação *no processo* ou com modalidades de participação *na decisão* ou, em qualquer caso, com a possibilidade de exame difuso *a posteriori* sobre o fundamento da própria decisão. Participação e dever de fundamentação não são, portanto, fenômenos propriamente complementares, ainda que possam ser vistos na mesma perspectiva ideológica, tendo em conta que qualquer eventual ampliação das modalidades de participação não pode elidir ou satisfazer integralmente a exigência de fundo a que responde o dever de motivação. A consequência é que, sob o aspecto que aqui se considera, uma efetiva participação democrática na administração da justiça reclama ao mesmo tempo um nível máximo de participação no processo e um nível máximo de sindicabilidade externa da decisão mediante a motivação.

[190] A "especificidade" desse tipo de participação é evidente sob vários perfis: essa escapa da previsão do artigo 102, terceira parte, Constituição, não sendo sobre essa concebível uma regulamentação legislativa, mas somente – eventualmente – uma gestão política. Ainda, trata-se não tanto de participação em lides específicas, quanto de uma forma de inserção do povo no fenômeno global da administração da justiça. Trata-se, porém, de participação seja no nível mínimo do conhecimento (e tomada de consciência) dos atos e eventos específicos em que a "justiça" se manifesta, seja no conseguinte nível de reação (de aprovação ou de rejeição no plano político-social) diante dessas manifestações, seja, por fim, na indicação dos interesses e valores-guias em que a administração da justiça deveria se inspirar.

é notório que ao lado das formas de participação direta (que compreendem o poder de agir em juízo previsto pelo artigo 28 do Estatuto dos trabalhadores e a possibilidade de apresentar informações e observações com base nos artigos 421, segunda parte, e 425 da nova lei sobre o rito do trabalho), existem formas de participação indireta, que vão desde a gestão das lides promovidas por cada um dos trabalhadores[191] às batalhas políticas e sindicais que promovem êxitos judiciários de particular relevância. De lado qualquer outra consideração, trata-se de um caso em que uma agremiação de interesses dá lugar à agregação de grupos ou categorias sociais que estão participam conjuntamente nas lides que, nada obstante "individuais" na forma, têm por objeto interesses "difusos".

Fenômenos análogos verificam-se ainda, como é igualmente notório, em outros campos, caracterizados seja pela formação de grupos, categorias ou classes em torno de um núcleo de interesses difusos e comuns, seja pela intersecção entre interesses desse tipo e a situação jurídica individual que é deduzida em juízo.[192] Em todas essas hipóteses – e exatamente para os fenômenos de coagulação de vários sujeitos em grupos individualizados por interesses coletivos – ganham existência entidades sociais que, se de um lado dificilmente encontram uma precisa colocação jurídica segundo as tradicionais categorias, colocam-se, porém, claramente no papel de destinatárias das decisões judiciais e, portanto, também em condições concretas para exercer eficazmente aquele controle externo e difuso mediante a motivação, que é garantido por esse princípio constitucional.[193]

---

[191] Sobre a problemática da gestão sindical das controvérsias do trabalho, conforme Treu, *Riforma del processo del lavoro e ruolo del sindacato*, in *Riv. giur. lav.*, 1973, I, p. 341 ss.; Romagnoli, *Il ruolo del sindacato nel processo del lavoro*, in *Riv. trim. dir. proc. civ.*, 1974, p. 154 ss.

[192] Trata-se de situações substanciais particulares caracterizadas pela presença de interesses difusos (de classe, de grupo, de categoria etc.), sobre os quais se coloca o problema das chamadas ações públicas (sobre as quais, por último, Zanuttighi, *"Italia Nostra" di fronte al Consiglio di Stato*, in *Foro It.*, 1974, III, p. 34 ss.; Carpi, *L'Efficacia* ultra partes *della sentenza civile*, Milano, 1974, p. 99 ss., bem como as exposições de Denti, Scoca, Giannini e Rodotà no congresso realizado em Pavia nos dias 11-12 de junho de 1974 sobre o tema "*Le azioni a tutela di interessi collettivi*", em curso de publicação nas atas do congresso. Para indicações no plano da comparação, vide ainda Taruffo, *I limiti soggettivi del giudicato e le "class actions"*, in *Riv. dir. proc.*, 1969, p. 609 ss.).

[193] Às categorias recordadas acima deve ser acrescentada outra, com contornos ainda menos nitidamente definidos sob o aspecto jurídico, em que ingressam os processos políticos (sobre os quais, conforme em geral Kirchheimer, *Political Justice*, cit., p. 46 ss.). Essa é caracterizada pelo fato de que o "grupo" social que se coloca como destinatário político da decisão e que, pois, exerce tipicamente o controle externo sobre essa, não é definido pela área de difusão de um interesse particular, mas tende a coincidir com a coletividade como um todo, eventualmente mesmo no nível supranacional. Se por um lado é especialmente no âmbito da justiça penal que se encontra o fenômeno do processo político (ainda que não sejam políticos apenas os processos sobre "crimes políticos"), por outro não é possível negar a sua presença

A individualização da *ratio* do dever constitucional de motivação na garantia do controle democrático sobre o exercício do poder jurisdicional permite esclarecer alguns pontos ulteriores a respeito do significado desse próprio dever.

Em primeiro lugar, a opinião bastante difundida segundo a qual a motivação é um requisito essencial à jurisdição[194] mostra-se sustentável apenas na medida em que se funde sobre os pressupostos políticos e ideológicos que estão na base do artigo 111, primeira parte. Na verdade, a análise histórica e comparada demonstra de modo bastante claro que não existe qualquer implicação necessária nesse sentido no conceito endoprocessualístico de sentença (de modo que a necessidade da motivação não é demonstrável pela via dogmática e definidora) e que, pelo contrário, o modo de enfrentar o problema é uma variável dependente do quadro ideológico em que é visto o tema geral da função política da jurisdição.[195] Então, pode-se dizer que a motivação é uma característica essencial da jurisdição, desde que se acolha a ideologia democrática da jurisdição, subjacente ao artigo 111 da Constituição, segundo a qual é correto o exercício do poder jurisdicional enquanto é satisfeita a garantia de controlabilidade externa e difusa, mediante a motivação, sobre a justiça e a legalidade dos provimentos em que se concretiza a jurisdição. Para além de semelhante ligação, tratar-se-ia de uma afirmação apodítica e ficticiamente "definidora" no plano jurídico.

É claro, ademais, que em abstrato nada impede de definir, sob o perfil dogmático, a essência da jurisdição independentemente de qualquer referência ao requisito da motivação:[196] isso implicaria, porém, a assunção de uma ideologia diversa daquela do estado democrático moderno e o retorno à concepção burocrática e autoritária da função do juiz.

O segundo corolário que se pode retirar da *ratio* política do dever constitucional de motivação incide sobre o significado preceptivo direto que a norma com que esse é sancionado tem diante do juiz. Se essa norma

---

no âmbito da justiça civil. Isso vale especialmente se é acolhida a análise marxista do uso de classe da justiça civil: nessa perspectiva, o destinatário "público" da decisão é duplicado, no sentido de que de um lado se coloca a classe cujo interesse é gerido pela justiça civil e de outro a classe contra a qual esse é invocado. Ambas, todavia, podem – e, portanto, devem – controlar a legitimidade jurídico-política do uso do poder no trabalho do juiz, nada obstante à luz de valores e razões ideológicas conflitantes.

[194] Conforme, nesse sentido, SATTA, *Commentario al cod. proc. civ.*, I, Milano, 1959, p. 500; COLESANTI, *Entscheidungsbegründung*, cit., p. 372 ss., e uma alusão em ANDRIOLI, *Inesistenza della sentenza*, cit., p. 554.

[195] A propósito, vide *supra*, § 1, *passim*, e § 2.

[196] Para um exemplo significativo, referido especialmente ao problema do dever constitucional de motivação, conforme TORRENTE, *Spunti per uno studio sull'inesistenza e sulla nullità della sentenza*, in *Studi in onore di E. Redenti*, Milano, 1951, II, p. 393 ss.

fosse considerada deixando-se de lado o seu fundamento ideológico, seria possível falar de um puro e simples dever "formal", para cuja satisfação bastaria uma motivação "qualquer". Pelo contrário, a partir do momento em que a motivação deve garantir a possibilidade do controle democrático da sentença, é colocado em relevo um requisito substancial da motivação, consistente naquela que foi chamada *maximale Diskutierbarkeit* dos fundamentos da decisão.[197]

O problema dos requisitos que a motivação deve apresentar para poder desempenhar a função que lhe é própria será discutido mais analiticamente no próximo parágrafo. Aqui interessa observar que o requisito em questão é uma consequência direta da *ratio* política do dever de motivação, na medida em que se trata de uma condição que deve estar presente a fim de que possa ser exercido o controle que a motivação deve garantir. Falar de *maximale Diskutierbarkeit* da decisão significa essencialmente falar de completude da motivação, porque é claro que o destinatário "externo" dessa não pode discutir as razões da decisão que a motivação não exprime. Não se trata, porém, da necessidade de que a motivação seja uma prestação de contas integral do *iter* decisório (dada a várias vezes trabalhada distinção entre razões reais e motivos expressos da decisão) e nem mesmo de um genérico requisito de adequação da motivação. A fórmula em exame tem, ao invés, um rico significado, na medida em que impõe que o juiz exprima na motivação as escolhas de que a decisão final deve ser uma consequência racional e que sejam determináveis os critérios que guiaram tais escolhas: com efeito, do ponto de vista do observador externo importa não tanto o conteúdo específico da solução da lide quanto o fato de que essa decorra de uma correta aplicação de regras de escolha "vigentes" e aceitas no ambiente social em que se exerce o controle externo sobre o trabalho do juiz. Se se aceitasse uma concepção mecanicista da interpretação da lei e do juízo em geral, um requisito desse gênero teria em verdade um valor muito limitado, porque no limite esse poderia ser satisfeito com a pura e simples indicação da norma aplicada. Todavia, a adesão a um modelo de decisão e de motivação "aberto" e largamente determinado por escolhas valorativas do juiz – como aquele que foi delineado no capítulo V – impõe o entendimento de que o requisito em questão é observado apenas quando a motivação contenha uma completa e orgânica expressão das escolhas de que a decisão deriva e dos critérios que as determinaram. Isso vale em especial a propósito dos juízos de valor (que, como já se viu, estão presentes em todas as fases do raciocínio decisório e justificativo), exatamente na medida em que, diante da tendência dominante na praxe a não exprimi-los claramente, existe a respeito desses uma exigência específica de controle externo por parte do ambiente social.

---

[197] Vide mais amplamente sobre o assunto *supra*, Capítulo V, § 3, *sub f)*.

Desse ponto de vista, *maximale Diskutierbarkeit* do fundamento da decisão significa então garantia da possibilidade de exercer um exame externo sobre as escolhas de fundo, essencialmente valorativas, de que a decisão representa o resultado final. É intuitivo que não se trata de um controle de mera logicidade ou validade formal do raciocínio do juiz, mas sim e principalmente de uma verificação da congruência das escolhas do juiz com os valores da sociedade, isto é, de um controle essencialmente político sobre o fundamento de justiça da decisão.

5. PROBLEMAS DE APLICAÇÃO DO PRINCÍPIO DA OBRIGATORIEDADE DOS MOTIVOS

Contrariamente ao que por vezes se afirma na doutrina e na jurisprudência,[198] é de se entender que o artigo 111, primeira parte, Constituição, dada a sua natureza de norma fundamental a respeito do tema da obrigatoriedade da motivação, produz eficácia também a propósito da determinação dos requisitos de conteúdo (além dos estruturais) que em concreto a motivação deve ter para que se possa dizer que o juiz cumpriu com o seu respectivo dever.

Que a norma constitucional não tem apenas a já ilustrada eficácia de "norma sobre normas",[199] mas opera também como "norma para o juiz", incidindo necessariamente sobre "aquilo que a motivação deve ser", resulta de resto bastante evidente se se tem presente alguns aspectos peculiares da situação normativa existente. De um lado, as fórmulas empregadas pelo artigo 132, n. 4, *Codice di Procedura Civile*, e pela primeira parte do artigo 118 das *Disposizioni per l'Attuazione del Codice di Procedura Civile* (bem como da segunda parte do artigo 118 das *Disposizioni* em relação ao juízo de equidade e do artigo 823, *Codice di Procedura Civile*, a propósito do laudo arbitral)[200] são de extremamente genéricas, o que impede de individualizar

---

198 A interpretativa redutiva da norma constitucional, segundo a qual essa não fez outra coisa senão generalizar o dever de motivação da sentença, sem, contudo, alterar o conteúdo específico desse dever, parece mais ou menos difundida, especialmente nos primeiros anos que se seguiram à entrada em vigor da Constituição: conforme, por exemplo, *Cassazione*, 20 de novembro de 1950, n. 2.624, in *Foro It.*, 1951, I, 308; Torrente, op. cit., loc. cit. Porém, salvo esporádicas e ocasionais afirmações (conforme, por exemplo Andrioli, op. e loc. ult. cit.; Ramat, op. cit., loc. cit.), o tema do dever de motivação continua a ser enfrentado sem se atribuir especial relevo à constitucionalização do princípio da obrigatoriedade dos motivos (conforme, por exemplo, Lancelotti, *Sentenza civile*, cit., p. 1.118 ss.; Cormio, in *Commentario del cod. proc. civ.*, coordenado por E. Allorio, I, tomo 2, Torino, 1973, p. 1.416 ss.).

199 Vide *supra*, § 4, *sub a)*.

200 De seu turno, nem mesmo o artigo 360, n. 5, *Codice di Procedura Civile*, contém uma definição adequada da motivação, porque se limita a indicar de modo mais ou menos vago os vícios da motivação que podem anulá-la na *Cassazione*. De lado o fato de que o significado

nessas uma definição "contenuística" suficiente da motivação. Isso implica que o significado do termo "motivação" deve ser estabelecido mediante uma operação de heterointegração das normas citadas, cujo centro deve ser tanto a definição estrutural do conceito de motivação (sobre o qual vide Capítulo V, § 3), como o significado que o próprio termo assume no âmbito do princípio constitucional em exame. De outra parte, o reenvio à norma constitucional como critério geral de integração das normas ordinárias não é irrelevante ou meramente verbal, ainda que, por si só considerada, nem mesmo a formulação literal dessa norma desempenhe uma eficácia definitória em particular. O *quid novi* que essa introduz no quadro normativo que se refere ao dever de motivação é, de fato, facilmente individualizável, seja com referência à *ratio* instrumental da norma em relação aos outros princípios constitucionais inerentes ao exercício do poder jurisdicional, seja a partir das exigências jurídico-políticas que essa visa a satisfazer diretamente e que são em larga medida estranhas ao quadro sistemático em que se insere a normativa ordinária, por si só considerada, a respeito do tema da motivação.

Finalmente, na medida em que não se considere a norma constitucional como uma mera duplicação das normas ordinárias, resulta de qualquer modo diversificado também o problema atinente à individualização dos vícios da motivação de que decorre a nulidade da sentença,[201] no sentido de que essa deve levar em consideração não apenas os requisitos que interessam para que a motivação seja capaz de desempenhar a função a essa assinalada pelas normas ordinárias, mas também as condições que devem ser satisfeitas para que a motivação responda também às exigências em que inspirada a norma constitucional. Vale dizer: interessa levar isso primariamente em consideração na definição do "conteúdo mínimo" que deve estar presente para que a motivação possa ser considerada como adequada.[202]

Em suma, a individualização daquilo que a motivação deve conter para que o respectivo dever seja satisfeito é diretamente determinada pela sua *ratio* e, portanto, coloca-se de seu turno em uma dupla perspectiva: se de um lado deve-se levar em consideração a chamada função endoprocessual da motivação, em que se inspiram normalmente a jurisprudência e a doutrina dominante, as soluções formuladas nessa linha devem ser filtradas e inte-

---

da norma não é definitório, mas funcional em relação à natureza do exame que a *Cassazione* exerce sobre a sentença, deve-se observar ainda que a individualização específica dos vícios em questão depende da prévia definição dos requisitos de forma e de conteúdo da motivação a partir das normas que a prescrevem.

201 Sobre a natureza específica do vício, vide *infra*, § 6.

202 Conforme Colesanti, *Entscheidungsbegründung*, cit., p. 379 ss.

gradas à luz da função extraprocessual da própria motivação, em que se surpreende o peculiar significado do princípio constitucional.

A fim de evitar generalizações e abstrações de duvidosa utilidade, vale a pena levar em consideração, a partir do dúplice critério de valoração já indicado, os principais problemas que a jurisprudência enfrentou a respeito do conteúdo necessário da motivação a partir da interpretação do artigo 132, n. 4, *Codice di Procedura Civile*, tendo presente que, como normalmente as conclusões alcançadas parecem satisfazer do ponto de vista da concepção endoprocessual da motivação, o aspecto mais relevante da pesquisa consiste em valorar a idoneidade dessas soluções com base na função extraprocessual da própria motivação.

A) Crítica do critério geral proposto pela jurisprudência

Para valorar o conteúdo da motivação sob o perfil da completude, a jurisprudência constante emprega um critério de máxima, a partir do qual o dever de motivação é satisfeito quando a motivação permite individualizar o *iter* lógico-jurídico mediante o qual o juiz chegou à decisão.[203] Trata-se de um critério notavelmente ambíguo e em grande parte obscuro, cuja frequência nas decisões da *Cassazione* explica-se não tanto para viabilizar uma efetiva aplicabilidade da regra da motivação, mas sim para, na maior parte dos casos, levar à exclusão da subsistência em concreto de qualquer vício de motivação na sentença recorrida.

Na sua formulação mais comum, o critério em exame pode parecer errôneo ou quase fictício, conforme seja entendido em um sentido literal ou leve-se a cabo a tentativa de adequação do seu significado à realidade dos fenômenos a que se refere.

No seu significado literal, o critério é errôneo, na medida em que parece fundar-se no pressuposto, já discutido anteriormente e negado no plano da teoria geral,[204] da coincidência entre motivos expressos e razões reais da decisão ou mesmo sobre a equivalente assunção, igualmente errônea, de que a motivação exprima o *iter* lógico ou psicológico mediante o qual o juiz chegou à decisão. De outro lado, é também dificilmente pensável que a motivação possa ser entendida, mais do que como um discurso dotado de estrutura e de significado próprios, como uma espécie de ponto de partida

---

203 Conforme, por exemplo, entre as muitas decisões que repetem a mesma afirmação, *Cassazione*, 10 de dezembro de 1971, n. 3.596, in *Rep. Foro It.*, 1971, vide *Sentenza civile*, n. 104; *Cassazione*, 20 de março de 1965, ibid., 1965, vide cit., n. 51; *Cassazione*, 21 de maio de 1964, n. 1.254, ibid., 1964, vide cit., n. 50; *Cassazione*, 17 de maio de 1956, n. 1.684, in *Giur. It.*, 1957, I, 734.

204 Vide *supra*, Capítulo III, § 2, e em geral o Capítulo V.

para individualização indutiva e indiciária das razões reais da decisão: viu-se anteriormente que semelhante procedimento é possível e legítimo, mas também se esclareceu que se trata de um ponto de vista que não atine à adequação da motivação sob o perfil da sua função justificativa.[205] Em suma, a razão de fundo do erro do critério em questão, entendido na sua formulação literal mais corrente, consiste em assumir como parâmetro de congruência da motivação as razões reais da decisão ou a capacidade do discurso do juiz de permitir a sua respectiva individualização mais do que a idoneidade da motivação para fornecer uma adequada justificação racional da decisão. Pelo contrário, tendo em conta que os motivos relevantes da decisão sob o ponto de vista jurídico são todos aqueles e somente aqueles que a motivação exprime diretamente enquanto discurso justificativo,[206] somente no plano dos "motivos expressos" (independentemente da respectiva coincidência com as "razões reais" da decisão) é que deve ser posto o problema da congruência da motivação.

Com certa adaptação interpretativa, talvez não seja impossível reconduzir o critério em exame a uma impostação geral desse gênero, superando o significado mais imediato dos termos em que normalmente a jurisprudência o exprime, buscando compreendê-lo como referido exclusivamente ao plano dos motivos expressos. Nesse caso, porém, importa constatar que se trata de um pseudocritério, dificilmente empregável para discernir concretamente motivações adequadas e inadequadas: de fato, faltando ulteriores aprofundamentos, esse se reduz a uma tautologia, segundo a qual o dever de motivação se entende satisfeito quando a decisão é acompanhada de uma motivação suficiente (sem, porém, que resultem definidas as condições na presença das quais a motivação é assim entendida).[207]

Na realidade, o dado que merece ser constatado é que a jurisprudência não parece ter jamais superado, sobre o assunto, o plano das afirmações genéricas e das pseudodefinições: enquanto, de um lado, a constante repetição acrítica da fórmula ora considerada acabou por reduzi-la a nada mais

---

[205] Sobre o assunto, vide *supra*, Capítulo II.

[206] Analogamente sobre o ponto, vide por último Mazzarella, *"Fatto e diritto" in Cassazione*, in *Riv. trim. dir. proc. civ.*, 1974, p. 114.

[207] Entre os muitos exemplos possíveis, é significativo o julgado da *Cassazione*, 11 de outubro de 1973, n. 2.559, in *Mass. Foro It.*, 1973, 727, o qual afirma existir insuficiência de motivação toda vez que a exposição dos motivos evidencie, "do ponto de vista substancial", uma "objetiva" insuficiência dos critérios e das razões a partir das quais o juiz formou o próprio convencimento. É fácil perceber que se trata de uma verdadeira e própria tautologia, segundo a qual a motivação é suficiente quando conta com motivos suficientes, nada ajudando invocações enfáticas meramente verbais, como as alusões a uma hipotética "substância" ou "objetividade". Para afirmações textualmente quase idênticas, vide ainda *Cassazione*, 7 de janeiro de 1972, n. 34, e *Cassazione*, 15 de dezembro de 1972, n. 3.602, ambas em *Rep. Foro It.*, 1972, vide *Sentenza civile*, ns. 79 e 81.

do que uma cláusula estilística hoje totalmente privada de qualquer eficácia prática, de outro, faltou qualquer tentativa de aprofundar criticamente a análise da motivação com o fim de definir a sua "adequação" em termos jurídico e logicamente aceitáveis. Essa observação será posteriormente confirmada com a análise da jurisprudência relativa ao artigo 360, n. 5, *Codice di Procedura Civile*.[208] Observe-se aqui apenas que a jurisprudência, nada obstante o grande número de decisões sobre o assunto, continua movendo-se dentro de um quadro de conceitos absolutamente nebulosos, quando não claramente equivocados.

Se, de um lado, é verdade que o critério geral em exame parece prevalentemente utilizado em decisões que entendem inexistente qualquer vício de motivação (circunstância que explica em parte o uso de fórmulas tão pouco significativas), isso implica, porém, que o controle sobre a adequação da motivação é realizado de maneira totalmente superficial, tendo em conta a óbvia possibilidade de que sejam entendidas como válidas motivações que não o seriam à luz de critérios mais precisos e rigorosos. De outro, daí decorre também que, nos casos relativamente pouco frequentes em que é observada a inadequação da motivação, isso decorre de uma apreciação não determinada por parâmetros constantes, sendo, pois, tendencialmente casuais e aleatórios.[209] Na melhor das hipóteses, resultam flagradas somente situações *ictu oculi* particularmente graves e evidentes de violação do artigo 132, n. 4, *Codice di Procedura Civile*,[210] mas não consta que seja realizado

---

[208] Vide *infra*.

[209] O exame das decisões em que se entendeu existente um vício de motivação por violação do critério geral já recordado acima no texto permite observar que, de lado alguns grupos de casos particulares examinados *infra*, *sub b, c* e *d)* submetidos a uma *ratio* autônoma, não são empregados critérios de controle individualizáveis com suficiente precisão. Pelo contrário, encontra-se uma série de casos heterogêneos nos quais o vício de motivação é individualizado em estreitíssima conexão com cada caso concreto decidido, sem que se possa deduzir daí uma regra de caráter geral (conforme, por exemplo, *Cassazione*, 19 de julho de 1968, n. 2.611, in *Foro It.*, 1969, I, 701). Na mesma linha, ainda, por vezes se decide genericamente pela "ausência de adequada justificação" das afirmações formuladas pelo juiz (conforme, por exemplo, *Cassazione*, 29 de outubro de 1973, n. 2.822, *Mass. Foro It.*, 1973, 792; *Cassazione*, 19 de julho de 1965, n. 1.637, in *Rep. Foro It.*, 1965, vide *Sentenza civile*, n. 78; *Cassazione*, 18 de janeiro de 1961, n. 71, ibid., 1961, v. cit., n. 40; *Cassazione*, 24 de março de 1964, n. 669, ibid., 1964, v. cit., n. 36; *Cassazione*, 5 de outubro de 1963, n. 2.652, ibid., 1963, v. cit., n. 70; *Cassazione*, 22 de janeiro de 1958, n. 134, *Giust. civ.*, 1958, I, 662).

[210] Em particular, o único conceito que a jurisprudência usa com certa frequência nesse sentido é o de afirmação apodítica (vide, por exemplo, *Cassazione*, 29 de outubro de 1973, n. 2.822, cit.; *Cassazione*, 9 de março de 1973, n. 635, *Mass. Foro It.*, 1973, 173; *Cassazione*, 18 de outubro de 1971, n. 2.953, in *Rep. Foro It.*, 1971, vide *Sentenza civile*, n. 107; *Cassazione*, 26 de junho de 1963, n. 1.712, ibid., 1963, v. cit., n. 66; *Cassazione*, 24 de março de 1964, n. 669, cit.), que, porém, na ausência de uma definição rigorosa, é um filtro que permite observar somente casos particularmente evidentes de ausência de motivação. De seu turno, também o conceito de motivação "perplexa" (sobre o qual vide, por exemplo, *Cassazione*,

um penetrante controle crítico a respeito da eficácia justificativa da motivação diante da decisão.[211]

Sobre a orientação da jurisprudência influi, ademais, todo o complexo de incertezas teóricas e metodológicas que caracteriza – como já recordado[212] – o estado atual do problema da motivação, diante do qual, como normalmente acontece, acaba por prevalecer a tendência a não enfrentar diretamente as dificuldades e refugiar-se no uso de conceitos estereotipados. Na verdade, na medida em que o modelo silogístico foi transparecendo cada vez mais pouco confiável, e na falta de um acordo mais difuso a respeito de um modelo estrutural diferente para a decisão e para a motivação, não se pode nem mesmo esperar que a jurisprudência atue conforme parâmetros unívocos e metodologicamente corretos: em suma, esses parâmetros faltam na medida em que falta a referência à estrutura racional da motivação da qual deveriam ser derivados.

Pelo contrário, o modelo estrutural da motivação como justificação racional das escolhas do juiz representa, sob o perfil que aqui interessa, um conjunto orgânico de critérios a partir dos quais seria possível valorar a adequação da motivação. Isso vale em relação aos critérios de completude, segundo os quais a motivação deveria exprimir as escolhas que condicionam a decisão (e, portanto, justificam-na, na medida em que essa última seja sua consequência lógica), fundando-as sobre critérios – jurídicos, factuais, valorativos – segundo os quais essas escolhas são racionalizáveis. Analogamente, também os parâmetros que determinam a estrutura lógica da motivação podem ser vistos como critérios à luz dos quais é possível valorar a adequação de cada uma das motivações particulares: basta lembrar a propósito os exemplos constituídos pela ordem lógica da prejudicialidade, da regra da coerência contextual e das regras que definem a validade dos diferentes tipos de raciocínio lógico ou argumentativo.

---

31 de março de 1971, n. 936, ibid., 1971, v. cit., n. 133) permanece muito genérico e permite observar somente hipóteses particularmente graves de obscuridade do raciocínio do juiz (no caso citado há pouco se tratava da impossibilidade de estabelecer qual entre as duas diferentes qualificações jurídicas da relação jurídica o juiz adotou).

[211] São exceções somente algumas decisões isoladas, nas quais a Suprema Corte efetua uma verificação pontual da congruência lógica da decisão, sem se limitar a afirmar genericamente a ausência ou a insuficiência: conforme, por exemplo, *Cassazione*, 11 de março de 1966, n. 694, in *Foro It.*, 1966, I, 2080; *Cassazione*, 19 de julho de 1968, n. 2611, cit.; *Cassazione*, 9 de março de 1973, n. 635, cit.; *Cassazione*, 29 de outubro 1970, n. 2.245, in *Rep. Foro It.*, 1972, v. cit., n. 68.

[212] Conforme Capítulo I, § 1, e Capítulo III, § 1.

Em um nível muito geral, é suficiente a propósito o reenvio à análise teórica desses problemas.[213] Mais particularmente, vale a pena, porém, considerar de perto uma série de questões em torno das quais a jurisprudência teve a oportunidade de assumir posições de maior relevo jurídico e de menor ambiguidade, precisando alguns pontos específicos ligados aos requisitos da motivação.[214] Entre esses assumem importância aqueles que dizem respeito aos limites em que admissível a chamada motivação *per Relationem*, à chamada motivação implícita e à motivação do juízo de fato.

B) O problema da motivação *per relationem*

Em linhas gerais, há motivação *per relationem* quando sobre uma questão decidida o juiz não elabora uma justificação autônoma *ad hoc*, mas reenvia à justificação contida em outra decisão. A propósito, podem ser distinguidas duas hipóteses principais:[215] a primeira, que a jurisprudência da *Cassazione* já se ocupou com certa frequência, verifica-se quando o juiz de segundo grau recepciona a justificação contida na sentença de primeiro grau diante dele impugnada; a segunda, que a jurisprudência parece não ter dedicado muito atenção, verifica-se toda vez que o juiz reenvia à justificação formulada em um juízo diverso ou genericamente à jurisprudência existente sobre a matéria.

Sobre a admissibilidade da primeira hipótese de motivação *per relationem*, a orientação positiva difundida na primeira metade do século passado, sob a influência da doutrina e jurisprudência francesas dominantes,[216] foi progressivamente colocada em dúvida até que o artigo 361, n. 2, *Codice di Procedura Civile* de 1865 qualificou como omissão

---

213 Vide principalmente *ante*, Capítulo V, § 3. Do ponto de vista da individualização dos critérios a partir dos quais deveria ser valorada a adequação da motivação, os resultados obtidos com a análise estrutural do discurso justificativo do juiz manifestam claramente a respectiva eficácia prescritiva. Na verdade, a estrutura ideal da motivação – como síntese das ligações funcionais que constituem o modelo do discurso – é também o parâmetro geral "daquilo que a motivação deveria ser" e, portanto, o termo de comparação segundo o qual deve ser valorada a adequação da motivação em concreto.

214 Para clareza de exposição, a análise dos requisitos definíveis a partir do artigo 360, n. 5, *Codice di Procedura Civile*, será desenvolvida adiante. A seguir serão examinadas, portanto, apenas os aspectos diretamente reconduzíveis aos artigos 132, n. 4, *Codice di Procedura Civile*, e 118, *Disposizioni per l'Attuazione del Codice di Procedura Civile*.

215 Conforme Tribes, op. cit., p. 344 ss.

216 Conforme, por exemplo, Mancini-Pisanelli-Scialoja, op. cit., II, p. 428. Sobre a orientação dominante a propósito na França até época mais ou menos recente, conforme Carrè, op. cit., tomo II, parte II, p. 258; Bioche-Goujet, op. cit., p. 547; Glasson, *Précis théorique et pratique de procédure civile*, II ed., Paris, 1908, I, p. 597; Morel, *Traité élémentaire de procédure civile et commerciale*, XII ed., Paris, 1960, p. 393, e, por último, Tribes, op. cit., loc. ult. cit.

de motivação o mero reenvio à outra sentença.[217] Também a jurisprudência mais recente, nada obstante falte uma norma análoga no código vigente, está constantemente orientada nesse sentido.[218] Contudo, isso não quer dizer que, nos termos em que a própria jurisprudência normalmente se exprime, exista uma verdadeira e própria negação da admissibilidade da motivação por reenvio à sentença recorrida. Na verdade, a única hipótese que resulta claramente excluída é aquela da motivação por *mero* reenvio, isto é, em que o juiz se limita a afirmar que entende suficientes os argumentos formulados na sentença recorrida, sem nem mesmo referi-los.[219] Muito mais esfumaçada, ao invés, é a orientação da jurisprudência diante das outras hipóteses possíveis, mais problemáticas exatamente porque é menos evidente a renúncia do juiz à justificação autônoma das próprias assertivas. Em alguns casos, de fato, entendeu-se admissível a motivação *per relationem* com a condição de que o juiz demonstre de ter "tido presente" e de ter "adotado" as razões aduzidas pelo juiz inferior.[220] Trata-se de um critério à primeira vista aceitável, malgrado a sua extrema generalidade, na medida em que implica que a *relatio* seja possível somente se o segundo juiz realizou um juízo de idoneidade, para a própria decisão, da motivação elaborada pelo primeiro juiz. Todavia, bem vistas as coisas, esse é pouco producente no plano da estrutura da motivação da decisão da apelação, porquanto acaba consentindo uma pura e simples repetição ou recepção textual do quanto foi dito na sentença recorrida (porque é claro que desse modo o juízo recursal "adota" os argumentos do juiz de primeiro grau), deixando-se de lado a necessidade de uma justificação autônoma e original.[221]

Dessa insuficiência se deu conta, no entanto, uma parte da jurisprudência, que hoje pode ser considerada dominante, a qual, mesmo sem negar radicalmente a legitimidade da motivação *per relationem*, a condiciona, porém, à verificação de requisitos específicos, entre os quais essencial-

---

[217] A propósito, conforme Mortara, *Manuale della procedura civile*, IX ed., Torino, 1929, I, p. 490; Id., *Commentario del Codice e delle Leggi di Procedura Civile*, III ed., Milano, s.d., IV, p. 95; Ricci, *Commento al codice di procedura civile italiano*, VIII ed., Firenze, 1905, II, p. 371; Mattirolo, *Trattato di diritto giudiziario civile italiano*, V ed., Torino, 1904, IV, p. 68; Chiovenda, *Principi*, cit., p. 804.

[218] Conforme, por exemplo, entre as decisões mais recentes, *Cassazione*, 15 de junho de 1973, n. 1.753, *Mass. Foro It.*, 1973, 508; *Cassazione*, 18 de abril de 1973, n. 1.117, ibidem, 322; *Cassazione*, 26 de março de 1969, n. 966, in *Giust. civ.*, 1969, I, 2.118; *Cassazione*, 22 de janeiro de 1971, n. 137, in *Rep. Foro It.*, 1971, v. cit., n. 92.

[219] Conforme *Cassazione*, 24 de janeiro de 1966, n. 286, *Mass. Giust. civ.*, 1966, 90.

[220] Conforme, além das decisões citadas na nota 218, *Cassazione*, 16 de dezembro de 1971, n. 3666, in *Rep. Foro It.*, 1971, v. cit., n. 94; *Cassazione*, 17 de janeiro de 1971, n. 743, in *Giust. civ.*, 1971, I, 1080; *Cassazione*, 17 de maio de 1969, n. 1686, ibid., 1969, I, 1653.

[221] Nesse sentido, vide, de fato, *Cassazione*, 22 de janeiro de 1965, n. 116, in *Rep. Foro It.*, 1965, v. cit., n. 57; *Cassazione*, 24 de maio de 1962, n. 1.212, ibid., 1962, v. cit., n. 104; *Cassazione*, 11 de junho de 1958, n. 1950, ibid., 1958, v. cit., n. 44.

mente o fato de que o segundo juiz demonstre ter valorado criticamente a procedência e a suficiência da argumentação que recepciona, confirmando-a mediante a refutação dos fundamentos recursais propostos contra a sentença de primeiro grau.[222]

Desse modo, parece reforçada a garantia de que o juízo recursal tome uma posição crítica consciente a respeito das razões que erige como fundamento da decisão. Todavia, permanecem a propósito algumas perplexidades de certo relevo.

A primeira, de ordem muito geral, concerne ao fato de que os critérios como aqueles ora referidos contam com margens muito elevadas de ambiguidade e de variabilidade: se é inquestionável que os parâmetros do juízo devem ser elásticos, importa, porém, que a elasticidade do critério não seja tamanha a ponto de apagar a sua eficácia discriminatória. Ainda, o cânone adotado pela jurisprudência tem o inconveniente de individualizar o ponto de referência da motivação autônoma do segundo juiz não tanto na decisão que esse prolatou, mas sim nos fundamentos recursais afirmados pelas partes contra a sentença de primeiro grau: esse inconveniente torna-se evidente aonde, aplicando-se com indevido rigor o cânone em exame, a jurisprudência afirma que o juízo recursal não é obrigado a motivar especificamente a recepção dos argumentos usados na sentença impugnada, se os fundamentos recursais não são suficientemente específicos ou se já foram rebatidos pelo juiz de primeiro grau.[223]

Na realidade, a exigência de reduzir o quanto possível a ambiguidade dos critérios de valoração a respeito da suficiência da motivação e de adequar essa última às funções que essa deve desempenhar (particularmente sob o perfil extraprocessual), demandaria por parte da jurisprudência uma

---

[222] Conforme, além das decisões citadas nas notas 218 e 220, *Cassazione*, 20 de dezembro de 1972, n. 3644, in *Rep. Foro It.*, 1972, v. cit., n. 73; *Cassazione*, 16 de dezembro de 1971, n. 3666, cit.; *Cassazione*, 26 de junho de 1971, n. 2046, ibid., 1971, v. cit., n. 90; *Cassazione*, 22 de junho de 1968, n. 2075, ibid., 1968, v. cit., n. 68; *Cassazione*, 22 de janeiro de 1965, n. 116, cit.; *Cassazione*, 17 de abril de 1964, n. 919, in *Giust. civ.*, 1964, n. 919, in *Giust. civ.*, 1964, I, 1363; *Cassazione*, 8 de outubro de 1963, n. 2.684, in *Foro It.*, 1963, I, 2088; *Cassazione*, 15 de maio de 1962, n. 1028, in *Giust. civ.*, 1962, I, 818; *Cassazione*, 22 de janeiro de 1958, n. 134, ibid., 1958, I, 662; *Cassazione*, 2 de agosto de 1956, n. 3016, in *Dir. e Giur.*, 1957, p. 262.

[223] Assim, por exemplo, *Cassazione*, 5 de março de 1969, n. 700, in *Rep. Foro It.*, 1969, v. cit., n. 74; *Cassazione*, 4 de dezembro de 1969, n. 3878, ibid., 1970, v. cit., n. 38; *Cassazione*, 14 de março de 1968, n. 826, ibid., 1968, v. cit., n. 69; *Cassazione*, 3 de maio de 1969, n. 1471, in *Giust. civ.*, 1970, I, 1301; *Cassazione*, 8 de maio de 1968, n. 24, ibid., 1968, I, 403; *Cassazione*, 2 de agosto de 1962, n. 2314, ibid., 1963, I, 580.

nítida mudança de perspectiva no sentido da radical exclusão da motivação *per relationem.*[224]

Isso não implicaria, evidentemente, dever para o juízo recursal de diferenciar totalmente a própria motivação daquele formulada pelo juízo de primeiro grau – e, de resto, isso não seria necessário e nem mesmo possível. Ao juízo da apelação deveria ser imposto, pelo contrário, o dever de fornecer uma justificativa própria, autônoma e, sobretudo, modelada especificamente sobre o *decisum* da apelação ao invés de sobre as razões pelas quais são rejeitadas as possíveis objeções à adequação da sentença de primeiro grau: ainda que por vezes isso levasse a sobreposições em relação a essa última, tratar-se-ia de um inconveniente irrelevante diante da exigência de que a decisão do recurso contenha por inteiro a própria justificação lógica e jurídica.[225]

Mais esfumaçados e problemáticos ainda são os contornos da segunda hipótese de motivação *per relationem*, que ocorre toda vez que o juiz reenvia a argumentos contidos em decisões pronunciadas em outras controvérsias, aí compreendido igualmente o reenvio à "jurisprudência" sobre matérias tratadas na motivação.

Com toda probabilidade, a ínfima atenção que a doutrina e a jurisprudência[226] até agora dedicaram a esse tipo de motivação, sob o perfil da sua admissibilidade *ex* artigo 132, n. 4, *Codice di Procedura Civile*, é devida à tendência a assimilar o fenômeno em exame a fenômenos de outra natureza, como o uso de fato do precedente jurisprudencial, o emprego retórico do

---

224 Do ponto de vista da função endoprocessual da motivação, singularmente considerada, a motivação *per relationem* poderia ser considerada admissível mesmo segundo critérios menos restritivos que aqueles enunciados pela jurisprudência, dado que as partes e o juízo recursal teriam do mesmo modo à disposição outros elementos (sentença de primeiro grau, razões recursais) para integrar e controlar a adequação da motivação *per relationem.* Esse discurso não vale, porém, do ponto de vista da função extraprocessual da motivação – em especial, se se pensa na controlabilidade externa e difusa – porque aí a adequação da motivação acabaria por não ser controlável externamente por ausência daqueles mesmos elementos que interessariam para integrar o discurso justificativo do juízo recursal. Sob esse perfil, os princípios da completude e da "máxima discutibilidade" da motivação, várias vezes lembrados, implicam que essa contenha *sempre* todos os elementos sobre os quais se funda a decisão e a toda a argumentação justificativa. Isso leva a excluir a legitimidade da motivação *per relationem* também nos limites mais restritos em que a jurisprudência dominante configura o fenômeno.

225 Algumas alusões nesse sentido ressaem de algumas decisões isoladas: conforme *Cassazione*, 19 de setembro de 1970, n. 1617, in *Foro It.*, 1971, I, 241; *Cassazione*, 22 de janeiro de 1971, n. 137, in *Rep. Foro It.*, 1971, v. cit., n. 92.

226 Ao que consta, a *Corte di Cassazione* ocupou-se diretamente do problema em apenas um caso (vide *Cassazione*, 11 de dezembro de 1957, n. 4662, in *Rep. Foro It.*, 1957, vide cit., n. 49), no qual afirmou a validade da motivação consistente na alusão a máximas da própria Corte, devendo-se nesse caso entender implicitamente afirmados os princípios de direito enunciados nas máximas.

argumentum ex auctoritate ou um particular uso do *obiter dictum*. Porém, deve-se evitar o deslocamento do problema sobre esses diferentes planos, sublinhando-se que normalmente o reenvio a outras decisões constitui um verdadeiro e próprio caso de motivação *per relationem*, cuja legitimidade é lícito duvidar.

Nulla quaestio, inicialmente, se o reenvio aos precedentes ou às "autoridades" jurisprudenciais tem, no contexto do raciocínio justificativo, o papel de um *obiter dictum*, em especial se o ponto decidido a que esse se refere é sustentado por uma adequada motivação fundada *aliunde*: nesse caso, trata-se de um expediente retórico que visa a reforçar a eficácia persuasiva do discurso, cuja presença não incide, por si só, sobre a adequação ou inadequação da argumentação justificativa.[227] O reenvio em exame tem, dentro desses limites, somente a função de inserir a decisão em uma orientação jurisprudencial mais geral, reforçando a sua confiabilidade.[228]

O reenvio aos precedentes parece ainda possível em outra hipótese (na qual não é utilizado puramente como *obiter*), isto é, quando representa a expressão sintética de princípios gerais que o juiz não leva examina diretamente, porque pressupõe a existência de um consenso difuso sobre os mesmos (e exatamente para fazer prova desse consenso serve a citação dos precedentes).[229] Nesse caso tem-se um uso típico da alusão a outras decisões: viu-se, ademais, que uma das funções peculiares do raciocínio tópico na motivação é exatamente a de consentir o emprego de princípios ou

---

[227] A respeito dos argumentos inseridos *ad abundantiam* na motivação, a jurisprudência segue de modo constante o princípio, em geral correto, segundo o qual, desde que a decisão seja adequadamente motivada com outros argumentos, a argumentação sobressalente não é examinável sob o perfil da sua legitimidade, com o que eventuais erros nessa inseridos não constituem vícios de motivação (entre as muitas decisões nesse sentido, conforme *Cassazione*, 13 de julho de 1973, n. 2036, *Mass. Foro It.*, 1973, 590; *Cassazione*, 28 de março de 1973, n. 862, ibid., 1973, 249; *Cassazione*, 7 de abril de 1973, n. 988, ibid., 1973, 284; *Cassazione*, 18 de julho de 1972, n. 2471, in *Rep. Foro It.*, 1972, v. cit., n. 61; *Cassazione*, 29 de maio de 1972, n. 1676, ibid., 1972, v. cit., n. 62). Esse princípio opera no sentido de tornar irrelevante a hipótese considerada no texto, em que o reenvio aos precedentes é um *quid pluris* em relação à verdadeira e própria motivação.

[228] Sobre os diversos pontos acenados no texto, atinente à função do *obiter dictum* no contexto da motivação, vide mais amplamente *supra*, Capítulo V, § 3, *sub g)*.

[229] Exatamente nessa função a alusão ao precedente opera como *argumentum ex auctoritate*, particularmente se o precedente invocado é da *Corte di Cassazione* e se se insere na jurisprudência "consolidada" da Corte, pouco importando que essa tenha eventualmente utilizado determinadas afirmações de princípio como *obiter dicta*. Nesse caso, do ponto de vista retórico a adequação do precedente está *in re ipsa*, descendendo da autoridade reconhecida à própria Corte. Parcialmente diferente é a função tópica da alusão à jurisprudência do próprio órgão, de órgãos pares ou de órgãos inferiores, para os quais é menos evidente a conotação de autoridade, que serve mais como testemunho de um consenso difuso em torno de certa afirmação. Nesse caso, o fundamento retórico do precedente é a opinião dominante.

noções cuja adequação é pressuposta na *communis opinio* geral ou, como na hipótese em exame, típica de certo setor de operadores do direito.[230]

Em uma perspectiva tópica, o reenvio aos precedentes ou às autoridades pode inserir-se na argumentação justificativa, na medida em que pode servir para fundar as premissas de que parte ou os critérios em que se funda (e por isso mesmo não se reduz a um *obiter dictum*): é então legítimo, na medida em que constitui um modo particular de enunciação de um ou mais elementos sobre os quais o juiz constrói a justificação da decisão.[231] De outra parte, exatamente esse papel desempenhado pela citação do precedente exclui que essa substitua a necessidade de motivação, porque essa representa em qualquer caso apenas um dos elementos de que essa última é constituída.

Considerações opostas valem, ao invés, para a hipótese diferente, em que um ponto da decisão não é motivado com uma argumentação *ad hoc*, mas *no seu lugar* exista *apenas* o reenvio a outras decisões ou a citação de máximas da *Cassazione*, que, portanto, representa tudo aquilo que o juiz afirma para sustentar a decisão. Nesse caso, é claro que se trata não de um *obiter dictum* ou de um uso tópico do precedente, mas de uma verdadeira e própria motivação *per relationem*, que deve ser qualificada como inadmissível não somente pelas razões já enunciadas acima a propósito da motivação *per relationem* "interna" ao próprio juízo, mas também porque se traduz e uma verdadeira e própria não motivação, sobre a qual é evidentemente impossível qualquer tipo de controle.

---

[230] Conforme *ante*, Capítulo IV, § 2, *sub c)*.

[231] Um problema ulterior e em parte diferente daquele examinado no texto concerne à eventual necessidade de que essa enunciação seja, de seu turno, justificada. De um lado, a tradicional e difundida regra para a qual não importam os "motivos dos motivos" acarreta perplexidades diante da várias vezes invocada exigência de completude da motivação (e exatamente Tribes, op. cit., p. 341, refere-se a essa como uma fórmula "humorística"). De outro, afirmar, por exemplo, que o dever de motivação encontra o seu "limite natural" na evidência (conforme *Cassazione*, 29 de maio de 1972, n. 1705, in *Rep. Foro It.*, 1972, v. cit., n. 51) não significa estabelecer um critério realmente operativo. Ainda, na estrutura lógica da motivação resulta a princípio necessária aquela que é chamada de justificação de segundo nível (vide *supra*, Capítulo V, § 3, *sub b*), inerente às premissas e aos critérios sobre os quais e funda a justificação de primeiro nível. No que atine especificamente ao uso tópico dos precedentes, pode-se entender que esse constitui, por si só, uma justificação suficiente não em todos os casos, mas apenas quando sobre a afirmação a partir da qual se reenvia aos precedentes suscita uma *communis opinio* muito difundida e claramente identificável. Pelo contrário, interessa uma ulterior justificação (sendo insuficiente a simples alusão tópica) quando o problema cuja afirmação em questão se refere é controvertido, quando os precedentes são contrastantes, quando existe um conflito entre doutrina e jurisprudência e assim por diante. Nesses casos, de fato, é claro que por si só a existência de outras decisões no mesmo sentido não basta para justificar a escolha do juiz, que deve, ao invés, ser motivada criticamente com argumentos autônomos.

O fenômeno que mais imediatamente é colocado em evidência a esse propósito é o da motivação de direito "por máximas", em que são mais claras as adesões acríticas à autoridade do precedente e a renúncia do juiz a raciocinar autonomamente a respeito do fundamento racional da decisão. A doutrina mais atenta já há tempo denunciou a *escamotage* consistente na substituição daquela que deveria ser a motivação, como justificação lógico-jurídica, com a citação mais ou menos casual de máximas (cuja "autoridade" é normalmente lícito duvidar),[232] o que exime um exame mais analítico da questão. Aqui é premente sublinhar, porém, que a real natureza do problema não pode ser colhida colocando-se exclusivamente do ponto de vista do estilo da motivação e das deformações profissionais que essa revela: para além das questões estilísticas existe o problema de julgar a respeito da legitimidade da motivação "por máximas" na perspectiva das normas e dos princípios que definem a função da motivação.

Na hipótese *supra* identificada, em que no contexto do raciocínio justificativo a motivação se reduz à alusão às máximas, uma valoração de ilegitimidade não parece duvidosa. Não apenas, de fato, não é possível equiparar uma ou mais máximas a uma argumentação racional, mas – e isso é o que mais importa – falta a demonstração da aplicabilidade das regras que essas enunciam ao caso concreto decidido, além da demonstração da sua própria adequabilidade jurídica.[233] Em suma, falta exatamente a conexão lógica entre a decisão e os critérios a partir dos quais essa foi formulada, o que consubstancia justamente o núcleo indispensável da motivação.

C) O problema da motivação implícita

Também sobre o tema da chamada motivação implícita a jurisprudência recorre constantemente ao emprego repetitivo de regras facilmente individualizáveis: em um grande número de decisões afirma-se, de fato, que o dever de motivação não implica dever do juiz de examinar analiticamente todas as deduções e as argumentações das partes, nem de tomar em consideração cada uma das fontes de prova, devendo-se entender motivada

---

232 Conforme, por todos, Calamandrei, *La funzione della giurisprudenza nel tempo presente*, cit., p. 258 ss., e recentemente Micheli, *L'unità dell'ordinamento*, cit., p. 441 ss.

233 Basta recordar, a propósito, o conhecido fenômeno do "precedente inexistente", o que deriva do fato de que normalmente na máxima não é reproduzida a *ratio decidendi* efetiva da decisão, mas enunciações de princípio inseridas *ad abundantiam*, que por vezes são privadas de qualquer conexão com o caso concreto decidido. Em casos desse tipo não se tem nem mesmo uma motivação indireta por reenvio (que por si só já é ilegítima), mas simplesmente o reenvio ao "nada".

implicitamente a rejeição dos resultados probatórios incompatíveis com a decisão e com as razões expressas a partir das quais essa se funda.[234]

À primeira vista, trata-se de um critério sensato e substancialmente aceitável, na medida em que visa a caracterizar o objeto do dever de motivação expressa somente aquilo que interessa para uma justificação adequada da decisão.[235] Bem vistas as coisas, porém, esse é caracterizado por uma forte ambiguidade, que torna em grande medida dúbia a sua coerência em relação à função que a motivação é destinada a desempenhar.

De fato, o princípio em questão é interpretável em um sentido fraco e em um sentido forte: no sentido fraco, esse exclui a necessidade de que a motivação diga respeito especificamente aos argumentos das partes em todos os seus detalhes, em particular quando esses não infirmem diretamente a decisão ou mostrem-se supérfluos. Analogamente, esse exclui a necessidade de motivação específica sobre as provas tidas por irrelevantes. É então suficiente a motivação que leve em consideração o "sistema defensivo" das partes[236] e o "conjunto das provas" formado em juízo.[237] Dentro desses limites o princípio é aceitável, nada obstante igualmente banal, na medida em que visa apenas a excluir argumentos inúteis.

Entendido em seu significado forte, o princípio da motivação implícita opera, no entanto, no sentido de que o juiz possa omitir a motivação expressa sobre qualquer aspecto da controvérsia, em particular quando existem afirmações expressas incompatíveis com uma solução diferente das questões resolvidas implicitamente. Assim entendido, o princípio em exame suscita algumas perplexidades não relegáveis a segundo plano, que devem ser brevemente consideradas.

---

[234] Conforme, por último, *Cassazione*, 26 de outubro de 1973, n. 2781, in *Mass. Foro It.*, 1973, 781; *Cassazione*, 11 de julho de 1973, n. 1753, ibid., 1973, 585; *Cassazione*, 16 de julho de 1973, n. 2062, ibid., 1973, 591; *Cassazione*, 8 de outubro de 1973, n. 2534, ibid., 1973, 727; *Cassazione*, 12 de março de 1973, n. 701, ibid., 1973, 199; *Cassazione*, 22 de dezembro de 1972, n. 3663, in *Rep. Foro It.*, 1972, v. cit., n. 49 (e outras máximas ibidem, nos ns. 40 ss.); *Cassazione*, 30 de março de 1971, n. 931, ibid., 1971, v. cit., n. 59 (e outras máximas ibidem, nos ns. 60 ss.).

[235] Nesse sentido, conforme, por exemplo, *Cassazione*, 13 de abril de 1973, n. 1047, in *Mass. Foro It.*, 1973, 303, em que se especifica que a regra da motivação implícita vale na medida em que fornece a certeza de que o juiz levou em consideração, ainda que implicitamente, todas as defesas e as deduções.

[236] Conforme *Cassazione*, 9 de novembro de 1970, n. 2302, in *Rep. Foro It.*, 1971, v. cit., n. 67; *Cassazione*, 23 de janeiro de 1967, n. 201, in *Giust. civ.*, 1967, I, 493; *Cassazione*, 10 de outubro de 1968, n. 3207, ibid., 1969, I, 1573.

[237] Sobre o problema específico da motivação sobre a valoração das provas incidem, por um lado, as questões relativas à motivação implícita e por outro as questões mais gerais relativas à motivação do juízo de fato (vide *infra*, *sub d*), para onde se reenvia a respeito do ponto acenado no texto.

Inicialmente, ao afirmar que não existe conexão necessária entre atividade defensiva das partes e conteúdo do dever de motivação, a jurisprudência fala genericamente de "argumentos" das partes a fim de excluir que o juiz deva levá-los analiticamente em consideração.

Pois bem, se certamente não existe um direito da parte de obter uma resposta explícita a *todo* argumento defensivo, não se pode entender que a parte não tenha *jamais* um direito dessa ordem – no mínimo, o problema deve ser visto à luz da relação entre garantia da motivação e garantia da defesa.[238] A propósito, parece necessário distinguir as "defesas" de acordo com o relevo que essas assumem no quadro da controvérsia, isto é, conforme se trate, de um lado, de exceções em sentido próprio, ou de defesas que visam a provocar uma decisão sobre fatos extintivos ou impeditivos que operam *ipso iure* e, portanto, são conhecíveis de ofício ou, de outro, de meros "argumentos defensivos". Em outros termos, importa separar as hipóteses em que a defesa visa a sustentar uma questão prejudicial (de rito ou de mérito) daquelas em que essa consiste apenas na contestação das alegações adversárias.[239]

No segundo caso, pode entender-se suficiente uma motivação referida ao "sistema defensivo" da parte, globalmente entendido, também porque, na medida em que a contestação das alegações adversárias tenha sido bastante precisa e pontual,[240] pode ser em geral fácil deduzir, do acolhimento motivado de uma das duas teses contrapostas, as razões pelas quais o juiz entendeu de desatender a outra. No primeiro caso o problema se coloca, todavia, em termos diferentes, tratando-se de atividade defensiva que visa a provocar a decisão de questões e que, portanto, ampliam, conforme o caso, o objeto da cognição do juiz ou igualmente o âmbito da decisão destinado a ser coberto pelo julgado.

De lado o fato de que ao menos nessa última hipótese o dever de motivação específica não seria outra coisa que a manifestação do dever geral de motivação da "decisão", outras razões existem para entender que o princípio da motivação implícita não valha para a solução das questões prejudiciais

---

238 Ao que consta, a doutrina italiana não analisou o problema do direito da parte à motivação sob o perfil daquilo que deve estar contido na motivação em si. Para a doutrina alemã sobre o ponto, vide Brüggemann, op. cit., p. 152 ss., favoravelmente à existência de semelhante direito e em sentido contrário Grunsky, op. cit., p. 79.

239 Para as definições gerais dos conceitos empregados no texto, conforme, por todos, Denti, *L'eccezione nel processo civile*, in *Riv. trim. dir. proc. civ.*, 1961, p. 33 ss.; Colesanti, *Eccezione (dir. proc. civ.)*, in *Enc. dir.*, XIV, Milano, 1965, p. 173 ss.

240 *A fortiori*, o problema não se coloca quando a contestação formulada por uma parte não constitua uma refutação argumentada de todos os pontos do adversário, mas equivalha a uma simples negação desses pontos. Nesse caso, faltam os argumentos a que a motivação deveria responder e, pois, essa não pode senão se limitar a justificar a solução acolhida pelo juiz.

lato sensu. Dessas, a principal nasce do fato de que admitir a motivação implícita não pode significar admitir a omissão da motivação sobre uma parte do *thema decidendum*, mas apenas entender válida a motivação logicamente deduzível de quanto o juiz explicitamente afirmou.

Pois bem, semelhante condição de dedutibilidade lógica das razões pelas quais uma questão prejudicial foi resolvida de um determinado modo, não se verifica, de regra, no contexto das relações entre questão prejudicial e questão principal (que se supõe expressamente motivada).[241] Na verdade, o que é implícito na decisão da questão principal – e, pois, é dessa deduzível – não é *a justificação* da solução inerente à questão prejudicial, mas apenas *a decisão* da própria questão prejudicial.

Pense-se, por exemplo, no caso em que, rejeitada uma exceção de prescrição, o juiz decida sobre o *an* e sobre o *quantum* do crédito, motivando expressamente (a partir da prova, da validade do contrato etc.) somente a decisão da questão principal, sem dizer nada a respeito da questão da prescrição. Aquilo que está implícito na *decisão* da questão é somente a *decisão* de rejeição da exceção de prescrição (porque a decisão sobre a questão seria diferente se a exceção fosse acolhida), não sendo da decisão sobre a questão ou da sua motivação deduzíveis implicitamente *razões específicas* pelas quais a questão da prescrição foi resolvida em sentido negativo.

O mesmo discurso vale para as questões processuais: do fato de que o juiz tenha decidido a causa no mérito por determinados motivos é possível deduzir apenas, por exemplo, que o juiz entendeu-se investido de jurisdição e munido de competência, mas não as razões pelas quais entendeu infundadas as respectivas exceções.[242]

Daí se segue, em linhas gerais, que em torno da solução das questões prejudiciais ou existe motivação específica e expressa ou não existe motivação, na medida em que as relações de implicação entre questão principal

---

[241] Em geral, sobre a definição de questão prejudicial e sobre as relações entre questões prejudiciais e questões principais, vide *supra*, Capítulo V, § 3, n. 121 e *ivi* no texto. No passo citado discute-se o problema, de certo modo inverso àquele ora considerado, se e com quais condições a decisão de uma questão prejudicial possa constituir a justificação da decisão inerente à questão principal e observa-se como no plano da estrutura lógica da decisão não existem sempre relações de implicação entre solução da questão prejudicial e decisão da questão principal.

[242] Semelhante distinção não é percebida pela jurisprudência: por exemplo, *Cassazione*, 27 de outubro de 1972, n. 3321, in *Rep. Foro It.*, 1972, v. cit., n. 72, reafirma o conhecido princípio da *motivação* implícita, observando, porém, que apenas quando a questão (no caso, a competência) é prejudicial em relação à questão principal, a decisão dessa última é elemento determinante para individualizar a *decisão* da questão prejudicial. A análise das relações entre decisões de questões é exata. Aquilo que não se percebe é que não existe uma relação equivalente de derivação entre as respectivas motivações.

e questão prejudicial (das quais depende a dedutibilidade de elementos relativos à segunda da primeira) existem apenas a respeito das respectivas *decisões*, mas não entre as respectivas justificações. Em suma, falar de motivação implícita da solução de questões prejudiciais significa usar uma fórmula fictícia e enganadora, porque tal motivação não é implicitamente individualizável nem da motivação, nem da decisão da questão principal.

Esclarecido esse ponto, resulta evidente o contraste entre a orientação em exame e os princípios que governam a função da motivação diante das partes: seja o escopo de constituir um meio para a valoração da decisão para fins de recurso, seja a garantia geral da efetividade da defesa resultam efetivamente frustradas se se admite que a respeito da decisão de questões prejudiciais a motivação possa ser legitimamente omitida. Logo, parece configurável, como *pendant* do dever judicial, o direito das partes de obter uma motivação específica e expressa sobre a solução das questões prejudiciais que essas colocaram como objeto de exceções específicas, de defesas ou que tenham sido conhecidas de ofício pelo juiz.[243]

Em um plano mais geral, emerge outro perfil sob o qual o critério adotado pela jurisprudência parece ambíguo e substancialmente elusivo das exigências a que responde o dever de motivação. Ao afirmar que dos argumentos expressos são sempre deduzíveis implicitamente as razões de rejeição das deduções contrárias das partes, a jurisprudência funda-se em uma pressuposta incompatibilidade entre umas e outras: com isso, pressupõe ainda que, quanto à solução de uma questão, as alternativas possíveis sejam sempre apenas duas, uma das quais exclui necessariamente a outra, de modo que a escolha da primeira justificaria sempre implicitamente a rejeição da segunda.

Trata-se, porém, de uma simplificação excessiva e, portanto, inaceitável do problema. De um lado, a contraposição lógica entre duas assertivas não é sempre de necessária alternatividade,[244] de modo que é possível que uma não contenha em si as razões de exclusão da outra. De outro, nem sempre

---

[243] Bem vistas as coisas, a *ratio* de fundo desse direito é apenas indiretamente conexa à posição das partes diante das questões controvertidas e remonta mais estreitamente à exigência geral de que a motivação se possa se adequar, mais do que às alegações das partes, às "questões da lide" (sobre o que conforme Carnelutti, *Sistema del diritto processuale civile*, II, Roma, 1938, p. 320). Porém, isso não exclui a existência de um direito à motivação coligado não às alegações em sentido amplo, mas sim às atividades defensivas que se traduzem na exigência de decisão sobre questões prejudiciais, formulada em sede de especificação das conclusões.

[244] O chamado quadrado das oposições (sobre o qual conforme Kneale-Kneale, op. cit., p. 70 ss.), já conhecido na lógica clássica, demonstra que existe, em realidade, uma série de relações lógicas diferentes entre proposições que o senso comum define genericamente como "contrastantes" ou "contrapostos", dos quais apenas algumas equivalem à incompatibilidade em sentido estrito.

as soluções possíveis de uma questão são somente duas e, aliás, em linha de princípio, as escolhas do juiz recaem sobre um raio mais amplo de *diferentes* possibilidades não necessariamente contrapostas no plano lógico:[245] então, também nesse caso a escolha de uma possibilidade não constitui a justificação implícita (no sentido de logicamente derivada) da exclusão das outras.

Chega-se assim a uma alternativa desse gênero: ou se admite que a rejeição de uma dedução da parte pode não ser em realidade justificada, mas as hipóteses em que isso é possível dependem, como se viu, do conteúdo ou da função jurídica da dedução e não das suas relações lógicas com aquilo que o juiz disse expressamente. Ou mesmo, nos casos em que se entende que a motivação seja necessária, o conceito genérico de motivação implícita por incompatibilidade é fictício (salvo em poucas hipóteses limitadas). Para que se possa falar de motivação implícita em sentido próprio não é de fato suficiente que o juiz declare de ter escolhido uma alternativa diferente daquela que a parte prospectou:[246] importa pelo contrário, como requisito mínimo, que o juiz enuncie expressamente o critério de escolha ou de valoração a partir do qual, entre as diferentes possibilidades, escolheu uma em detrimento das outras.[247] Somente satisfeita essa condição, de fato, pode-se entender que o contexto da motivação contenha os elementos mínimos necessários para que o intérprete possa reconstruir as razões que justificam a exclusão das possibilidades alternativas não acolhidas pelo juiz.

D) Questões em tema de motivação do juízo de fato

Os diferentes problemas que surgem a propósito da adequação da motivação a respeito do juízo de fato são de notável gravidade, seja porque a praxe demonstra uma relevante propensão à justificação analítica e superabundante das decisões "de direito", mas o mesmo não acontece em relação às questões de "mero fato",[248] seja porque comparecem nesse terreno – com ainda maior intensidade – as incertezas examinadas acima em relação à completude da motivação em geral.

---

[245] Em geral, sobre a estrutura da decisão como escolha em um campo de diferentes possibilidades, vide *supra*, Capítulo V, § 1, *sub c)* e § 2, *passim*.

[246] De outro lado, não é necessário que o juiz proceda a uma expressa e analítica refutação das alternativas não acolhidas, nem mesmo quando se trate de hipóteses prospectadas por uma das partes, salvo se essa incide sobre a motivação da decisão de uma questão prejudicial.

[247] Trata-se, ademais, de uma manifestação do princípio da completude da justificação, que impõe no nível geral a enunciação explícita dos critérios a partir dos quais as escolhas realizadas pelo juiz resultam racionalmente fundadas: a propósito, vide *supra* nesse §, *sub a)*, e Capítulo V, § 3, *sub c)*.

[248] Para alusões às razões do fenômeno, vide *supra*, Capítulo IV, nota 32, e Capítulo V, § 3, *sub f)*.

Por clareza de exposição, convém levar em consideração esses problemas distinguindo entre os principais aspectos da justificação do juízo de fato: a motivação do juízo de admissibilidade das provas, a valoração com que o juiz exclui determinados meios de prova e, por fim, a valoração relativa aos resultados probatórios, da qual decorre a verificação dos fatos.

1) A propósito da admissão dos meios de prova deduzidos pelas partes, o problema mais importante concerne à motivação do juízo com que o juiz rejeita a admissão de uma prova declarando-a inadmissível ou irrelevante.[249]

Sobre o problema, a resposta oferecida pela jurisprudência dominante é um corolário do já discutido princípio geral pelo qual não seria necessária uma motivação expressa sobre cada uma das defesas alegadas pelas partes: analogamente, de fato, afirma-se que o juiz não tem o dever de justificar analiticamente a rejeição de cada uma das deduções probatórias, uma vez sendo as respectivas razões implicitamente deduzíveis de uma orientação diferente assumida pelo próprio juiz a respeito da verificação dos fatos.[250] Porém, também aqui se assiste à afirmação de um critério para muito além dos limites dentro dos quais seria esse aceitável. Se, por um lado, seria de fato absurdo exigir a motivação a respeito de pedidos instrutórios inúteis ou dilatórios, isso não implica que não seja necessária uma justificação específica a respeito da exclusão preliminar das provas que parecem, pelo modo como vêm requeridas pela parte, admissíveis e relevantes: isto quer dizer que o juiz deveria motivar a decisão de inadmissibilidade ou irrelevância sobre a qual se funda a rejeição do pedido instrutório.

As razões que sustentam essa conclusão são diferentes, mas complementares.

De um lado, já se viu como o conceito de "motivação implícita" é fictício e contraditório na maior parte dos casos em que é aplicado – e isso vale igualmente para a hipótese em exame, relativa à dedutibilidade das razões pelas quais é rejeitada a admissão de uma prova por uma negativa pura e simples: na verdade, do fato de que o juiz tenha fundado seu conven-

---

[249] A rigor, o problema coloca-se antes de qualquer coisa a respeito da motivação da ordenança com que o juiz instrutor resolve sobre a admissão dos meios de prova deduzidos pelas partes e da ordenança com que o colegiado decide sobre a impugnação ("*reclamo*") oferecida *ex* artigo 178, segunda parte, *Codice di Procedura Civile*, ou no caso de fechamento da instrução *ex* artigo 187, quarta parte, *Codice di Procedura Civile*. Esse aparece na sentença, no entanto, toda vez que uma parte insista sobre as suas posições nas suas alegações finais e essa deva consequentemente investir *ex novo* o ponto inerente à admissão da prova. No texto considera-se por simplicidade tão-somente essa hipótese, mas as conclusões obtidas a respeito são facilmente estendíveis, *a fortiori*, à motivação das ordenanças instrutórias.

[250] Conforme, entre as decisões mais recentes, *Cassazione*, 11 de julho de 1973, n. 2011, cit.; *Cassazione*, 12 de março de 1973, n. 701, cit.; *Cassazione*, 13 de abril de 1973, n. 1047, cit.; *Cassazione*, 13 de novembro de 1970, n. 2381, in *Rep. Foro It.*, 1971, v. cit., n. 103.

cimento sobre outras provas não há como ver como podem ser derivadas razões pelas quais ele, *antes de chegar a esse convencimento*, tenha valorado uma prova como irrelevante.[251] De outro, não é possível compartilhar da substancial equiparação, realizada pela orientação jurisprudencial em exame, entre "argumentos defensivos" e pedidos de provas com o fim de realizar um idêntico apequenamento de ambas as atividades do ponto de vista da motivação. Já se viu anteriormente como um dos conteúdos fundamentais da garantia da defesa constitui o "direito à prova".[252] No que agora interessa, pode-se falar de um direito à admissão da prova relevante e munida dos requisitos previstos em lei, pouco importando em contrário o fato de que concretamente a admissão da prova seja subordinada à valoração discricionária do juiz. Aliás, isso implica que, quando o exercício desse direito é excluído ou delimitado pelo juiz a partir de semelhante valoração (que além do mais é examinável no mérito pela *Cassazione*, ao menos no que tange à relevância),[253] surge o direito da parte a conhecer, mediante a motivação da sentença, as razões específicas da exclusão ou limitação. É evidente que, de fato, fora daí, a garantia inerente à possibilidade de valer-se de todos os meios de prova úteis e admissíveis restaria puramente formal, porque o juiz poderia relegá-la concretamente ao nada mediante a rejeição imotivada dos pedidos instrutórios das partes.

Em suma, a garantia da defesa mediante a prova concretiza-se ou com a admissão da prova ou mediante a garantia instrumental da motivação da decisão preliminar com que o juiz impede o ingresso da prova em juízo, porque somente com a satisfação dessa condição é controlável a adequação de um dos elementos essenciais da verificação dos fatos.[254] Porém, constata-

---

[251] O quanto se disse no texto concerne à hipótese em que o juízo negativo sobre admissibilidade da prova tenha sido formulado *in limine litis* ou de qualquer modo de maneira preliminar em relação ao desenvolvimento da instrução e à formação do convencimento do juiz sobre os fatos. Nesse caso, a correta motivação do juízo de irrelevância não pode se referir aos resultados probatórios adquiridos *logo em seguida*, mas tão-somente ao estado da controvérsia existente ao momento em que esse é formulado (sobre as variações, possíveis no curso do juízo, dos critérios em que pode ser dimensionada a relevância, conforme Taruffo, *Studi*, cit., p. 44 ss.). Diferente é a hipótese em que a prova é excluída porque irrelevante em relação ao convencimento que o juiz já formou (*ex actis*, quiçá com base em provas pré-constituídas já produzidas): nesse caso, o juízo de irrelevância pode ser justificado a partir desse convencimento, mas existem requisitos particulares para tanto. A situação é de fato idêntica àquela em que se trata de ausência de produção de prova previamente admitida, sobre a qual vide *infra*, ponto 2).

[252] Vide *ante*, § 4, *sub b) in fine*.

[253] Sobre o ponto, vide amplamente, inclusive para referências, Taruffo, op. ult. cit., p. 68.

[254] Ainda que o aspecto de maior importância da garantia em exame manifeste-se diante das partes (como *pendant* do direito à prova), em especial no que atine à controlabilidade da decisão à vista do recurso, não se pode deixar de lado que essa tem importância também do ponto de vista da função extraprocessual da motivação. De fato, o princípio da contro-

-se que a jurisprudência dominante – ao que consta, permanecendo isoladas algumas decisões que prescrevem a motivação expressa para a rejeição de pedidos probatórios[255] – acaba por deixar insatisfeita essa exigência, exatamente na medida em que pretende formalmente atendê-la mediante o ambíguo pseudoconceito de motivação implícita.

2) Considerações em boa parte análogas valem a respeito do problema de saber se é ou não necessária justificação expressa para a decisão do juiz que, encerrando a instrução *ex* artigo 209, *Codice di Procedura Civile*, exclui a admissão de provas já declaradas admissíveis e relevantes. A jurisprudência declara constantemente que se trata de uma valoração insuscetível de exame, porque adequadamente motivada,[256] afirmando aí um princípio por si só inaceitável. Em concreto, ao admitir de um lado pacificamente o uso deformado e substancialmente ilegítimo do poder discricionário do juiz a propósito da admissão das provas,[257] acaba por outro reduzindo a zero a garantia final – e de certo modo residual – da motivação, ao entender que a rejeição do juiz de admitir uma prova pode ser adequadamente justificada pelo fato de que o próprio juiz tenha conseguido *aliunde* um convencimento confiável a respeito da existência dos fatos controversos.[258]

---

labilidade externa e difusa da decisão (sobre o qual vide *ante*, § 4, *sub c*) implica que seja verificável a correção racional de todos os elementos determinantes da decisão e, portanto, também aqueles que poderiam tê-la determinada em outro sentido ou em sentido contrário. Em suma, a adequação do juízo de fato é controlável enquanto é possível conhecer todas as razões pelas quais esse foi formulado de determinado modo e não de outro. Pelo contrário, se o juiz deixa em silêncio a questão ligada à negativa na admissão de uma prova, escapa ao controle um elemento que poderia ter sido decisivo – e, portanto, o fundamento do juízo de fato não é globalmente verificável. Em especial, não é verificável se a verificação descende de uma valoração dialética de elementos cognitivos contrapostos ou se, ao invés, é o fruto de um preconceito unilateral do juiz.

255 Conforme *Cassazione*, 15 de dezembro de 1972, n. 3621, in *Rep. Foro It.*, 1972, v. cit., n. 53; *Cassazione*, 30 de dezembro de 1964, n. 2981, ibid., 1964, v. cit., n. 64; *Cassazione*, 9 dezembro de 1958, n. 3854, ibid., 1958, v. cit., n. 89 (em que o princípio é limitado normalmente, com referência ao artigo 360, n. 5, *Codice di Procedura Civile*, à exclusão de meios de prova que incidem sobre "pontos decisivos" da controvérsia).

256 Entre as muitas decisões sobre o ponto, conforme, além daquelas citadas na nota 250, *Cassazione*, 12 de outubro de 1970, n. 1949, in *Rep. Foro It.*, 1971, v. *Prova Civile*, n. 44; *Cassazione*, 20 de setembro de 1971, v. cit., n. 35; *Cassazione*, 24 de outubro de 1970, n. 2141, in *Giur. it.*, 1971, I, 71; *Cassazione*, 16 de outubro de 1970, n. 2056, in *Giust. civ.*, 1970, I, 1758; *Cassazione*, 26 de setembro de 1969, n. 3135, ibid., 1970, I, 48; *Cassazione*, 12 de novembro de 1968, n. 3727, in *Foro It.*, 1969, I, 1250; *Cassazione*, 30 de janeiro de 1967, n. 251, ibid., 1967, I, 744; *Cassazione*, 15 de março de 1966, n. 735, in *Giur. it.*, 1967, I, 1, 822.

257 Sobre o assunto, mais amplamente Taruffo, op. ult. cit., p. 73 ss.; Id., *Prove atipiche*, cit., p. 428 ss.; Laserra, *Critica delle cosidette "prove innominate"*, in *Giur. It.*, 1960, I, 1, 840.

258 Afirma-se, de fato, que não existe dever de motivação sobre a exclusão da prova se o convencimento do juiz em sentido contrário parece "seguro": conforme *Cassazione*, 13 de

Em sentido contrário, no entanto, devem ser feitas algumas considerações, em parte já acenadas no plano geral e em parte peculiares ao problema em exame.

Inicialmente, reaparecem com particular relevância os argumentos já apresentados no ponto b) contra a noção de motivação implícita: supondo que o juiz tenha chegado *aliunde* ao convencimento sobre os fatos, a sua afirmação contém implicitamente as razões da ausência de produção da prova apenas quando essa tenha se tornado inútil, isto é, quando as circunstâncias sobre as quais essa foi deduzida são conformes a esse convencimento. Muito mais problemática, ao invés, é a hipótese em que a prova seja destinada a demonstrar circunstâncias diferentes ou até mesmo incompatíveis com o convencimento do juiz:[259] nesse caso, a afirmação do resultado obtido a partir de *outras* provas (motivado a partir de seus resultados) poderia ser entendida como uma justificação da ausência da produção das provas contrárias, mas somente ao custo de "absolutizar" indevidamente o fundamento racional do "livre" convencimento do juiz sobre as provas já produzidas em juízo.[260] O problema não se coloca, porém, propriamente nesse plano, mas principalmente naquele da licitude da ausência de produção de uma prova relevante (direcionada justamente a contrariar o convencimento já formado do juiz). Se, de fato, sob o perfil da garantia da defesa, existe um direito da parte à admissão da prova relevante, esse seria quase inútil se não se admitisse também um direito à *produção* da prova relevante.

Isso se explica primariamente na hipótese em que a prova admitida é de fato produzida. Nesse caso, o único problema em relação à motivação surge a propósito da valoração dos resultados que essa produziu. Permanecem para consideração, no entanto, outras duas possibilidades: a primeira é aquela em que a prova *tenha se tornado* irrelevante, porque o juiz já chegou a um convencimento conforme no que tange ao *thema probandum*. Nesse caso, o direito à produção da prova não se justifica por ausência de interesse em produzi-la e, do mesmo modo, a ausência de produção da prova justifica-se *tout court* a partir desse convencimento.

---

outubro de 1970, n. 1996, in *Rep. Foro It.*, 1971, v. *Prova civile*, n. 45; *Cassazione*, 30 de março de 1971, n. 910, ibid., n. 48; *Cassazione*, 16 de outubro de 1970, n. 2056, cit.

259 A jurisprudência entende pacificamente, pelo contrário, que em *qualquer caso* a afirmação de um convencimento diferente do juiz representa uma adequada motivação implícita da ausência de produção da prova: conforme, por exemplo, *Cassazione*, 21 de julho de 1971, n. 2392, in *Rep. Foro It.*, 1971, v. *Prova civile*, n. 54; *Cassazione*, 8 de maio de 1971, n. 1307, ibid., n. 51; *Cassazione*, 15 de janeiro de 1970, n. 87, ibid., 1970, v. cit., n. 14 *bis*; *Cassazione*, 26 de setembro de 1969, n. 3135, cit.; *Cassazione*, 06 de dezembro de 1969, n. 3917, in *Giust. civ.*, 1970, I, 1669.

260 Em senso crítico em relação a esse modo de conceber o convencimento, mais ligado ao antigo conceito de certeza moral do que à relatividade do conhecimento indireto dos fatos, Taruffo, *Studi*, cit., p. 75.

Sempre que, porém, esse seja diferente ou contrastante com aquilo que a parte pretende provar, não apenas o direito à produção da prova não desaparece, mas existe antes um interesse maior em produzi-la, exatamente porque aí essa se torna como um instrumento de defesa particularmente importante para a parte na dialética que leva à verificação dos fatos. Nesse caso, a ausência de produção da prova deve ser considerada ilegítima, a menos que o juiz demonstre a existência de válidas razões que justifiquem a decisão (sempre possível, em virtude da discricionariedade reservada ao próprio juiz) nesse sentido.[261] Somente na presença de semelhante demonstração, que evidentemente não pode ser dada implicitamente, pode-se entender que a ausência de produção de uma prova relevante não implique juízo de fato pré-constituído de modo unilateral e, portanto, não represente uma violação do contraditório na formação do juízo de fato.

3) Na configuração do juízo de fato à luz do princípio do livre convencimento do juiz, a motivação assume um papel fundamental de racionalização da valoração das provas, na medida em que a sua discricionariedade não exclui – e, aliás, implica – que essa seja adequadamente justificada.[262]

---

[261] A situação de contraste entre as circunstâncias que a parte pretende provar e o convencimento do juiz (seja para demonstrar a falsidade dos fatos que o juiz considera verdadeiros ou vice-versa, seja para fornecer a prova contrária indireta), deve ser valorada em uma perspectiva oposto àquela que a jurisprudência em exame implicitamente adota. Essa, de fato, parte do pressuposto de que em semelhante situação o valor da prova que se trataria de produzir diminuiria, ou mesmo desapareceria, diante do convencimento em sentido contrário do juiz (o qual, por consequência, resulta daí sobrevalorizado), donde igualmente a pouca ou nenhuma atenção prestada ao requisito da motivação. Pelo contrário, a visão dialética da verificação dos fatos em contraditório (mais coerente com o princípio *audiatur et altera pars*), impõe considerar-se a prova tanto mais importante quando direcionada a contrastar uma opinião anterior e essa tanto menos segura – e, portanto, carecedora de verificação ulterior, eventualmente *a contrario* – quando exista a possibilidade de uma demonstração da sua falsidade. No plano da administração da prova, isso implica dever judicial de produção da prova contrária ao seu anterior convencimento e de valorar os seus resultados sem preconceitos, especialmente se esses podem colocar em crise o seu convencimento. No plano da motivação, daí decorre para o juiz um ônus particularmente intenso de justificação da decisão com que é excluída a produção de uma prova relevante.

[262] No plano teórico, a conexão entre a exigência de justificação e a configuração do juízo como conjunto orgânico de escolhas em diferentes medidas discricionárias resulta do modelo complexo de raciocínio judicial (sobre o qual vide *supra*, Capítulo V). No plano jurídico-político, em que aparece de modo mais evidente a função garantística da motivação (vide *supra*, § 4), a conexão especifica-se ulteriormente, na medida em que a exigência de uma justificação adequada da decisão existe com maior razão enquanto a gênese da própria decisão esteja no âmbito de valorações discricionárias do juiz: a motivação como instrumento de controle representa de fato a garantia fundamental contra a degeneração da discricionariedade em arbítrio. Essas considerações valem *a fortiori* para o juízo de fato, exatamente porque dominado pelo princípio da livre apreciação da prova, porque é assaz mais ampla a área do juízo não disciplinada ou pré-determinada por normas, seja em relação à *quaestio iuris*, seja em relação a sistemas probatórios inspirados no princípio da prova legal. Então, se de um

Daí que o princípio, que atualmente se tornou um lugar comum na doutrina e na jurisprudência, segundo o qual o convencimento discricionário do juiz sobre os fatos da causa não é examinável (pela *Cassazione*) apenas se está sustentado por uma motivação adequada.

Se, no entanto, do céu dos princípios gerais se desce para análise do modo com que esses se resolvem em regras de comportamento concreto (seja para os juízes de mérito que verificam os fatos, seja para a *Cassazione* que controla a racionalidade da verificação mediante a motivação), a situação parece bem mais problemática e insatisfatória do que a simples afirmação desses princípios poderia fazer supor.

Um primeiro e fundamental problema é que, enquanto de um lado se afirma ser a motivação o instrumento essencial para o controle a respeito da racionalidade do convencimento do juiz, de outro não resultam identificáveis os critérios de racionalidade com que tanto o juízo de fato como a sua respectiva motivação deveriam ter se inspirado. Isso constitui inquestionavelmente uma consequência direta da ausência de aprofundamento dos problemas inerentes à valoração discricionária das provas e aos cânones de racionalidade que devem guiá-la: a área do juízo reconduzível ao livre convencimento do juiz foi de fato entendida mais como um lugar típico da valoração subjetiva e completamente incontrolável do que como o campo de valorações não vinculadas, mas aceitáveis enquanto sustentadas por uma justificação intersubjetivamente controlável.[263]

Enquanto no plano da estrutura do juízo isso implica dissolução de qualquer critério de racionalidade e a desvinculação do juiz dos cânones-guias identificáveis, para o plano da motivação daí decorre uma total incerteza e obscuridade a respeito daquilo que deveria constituir uma justificação racional suficiente do convencimento do juiz sobre os fatos. Diga-se de pronto que a jurisprudência dominante, cuja orientação "agnóstica" e omissiva foi e é determinante a respeito da existência e da perpetuação da situação de vazio conceitual ora delineada, é em regra assaz solícita em retirar-lhe todas as consequências.

No que atine à formação do juízo de fato, já se acenou no ponto 2) aos abusos que normalmente se costuma admitir na aplicação do artigo 209, *Codice di Procedura Civile*. A esse exemplo pode ser acrescentado aqueles,

---

lado adquire particular importância (jurídico-política, além de teórica) a racionalização da formação do juízo de fato, torna-se igualmente decisivo o problema da justificação racional do convencimento do juiz sobre os fatos, especialmente no sentido da sua controlabilidade interna e externa ao processo.

[263] A demonstração pontual do que foi dito no texto reclamaria uma extensa análise da jurisprudência, impossível nessa sede. Para mais amplas ilustrações do problema, permita-se o reenvio a TARUFFO, *Prove atipiche*, cit.; ID., *Certezza e probabilità nelle presunzioni*, cit.

particularmente significativos, do emprego descontrolado e normalmente ilegítimo, por parte do juiz de mérito, das chamadas provas atípicas ou inominadas e das presunções simples.[264]

No que concerne mais especificamente à motivação do juízo de fato, o substancial esvaziamento da função de garantia que esse deveria desempenhar quanto à racionalidade do próprio juízo, decorre imediatamente da orientação largamente dominante da jurisprudência. Antes de qualquer coisa, essa afirma constantemente que o juiz não tem o dever de realizar na motivação uma valoração específica a respeito de cada uma das fontes de prova,[265] sendo suficiente justificar a verificação dos fatos a partir de uma consideração global e sintética dos elementos cognitivos sobre os quais funda o próprio convencimento.[266] Trata-se, no entanto, uma vez mais, de um princípio que, nada obstante sua aparente razoabilidade (sendo absurdo requerer uma motivação particularizada sobre provas que se revelaram irrelevantes, supérfluas ou ineficazes), contém margens de ambiguidade notavelmente graves. Basta observar que desse modo se permite ao juiz excluir da motivação a apreciação de provas relevantes, particularmente se o respectivo resultado não coincide ou mesmo contraste com os resultados sobre os quais o juiz funda a própria reconstrução dos fatos.[267] Ainda, quando se reclama apenas uma valoração "global" das provas, admite-se igualmente que a apreciação da respectiva eficácia seja justificada de modo

---

[264] Vide referências na nota anterior.

[265] Essa afirmação decorre também de outra tomada de posição muito difundida a respeito do poder discricionário do juiz de escolher as provas decisivas dentro do material probatório produzido em juízo, cujo exercício não é examinável pela *Cassazione* acaso congruentemente motivado (conforme *Cassazione*, 15 de dezembro de 1972, n. 3621, cit.; *Cassazione*, 18 de abril de 1972, n. 1244, in *Rep. Foro It.*, 1972, v. *Sentenza civile*, n. 54; *Cassazione*, 7 de janeiro de 1972, n. 32, ibid., n. 55, e outras decisões no mesmo sentido nos sucessivos números). Na verdade, também essa se torna discutível não em si, mas enquanto a garantia da motivação tende a ser pouco mais do que fictícia: conforme, por exemplo, *Cassazione*, 23 de outubro de 1971, n. 2985, in *Rep. Foro It.*, 1971, v. cit., n. 55, em que se afirma que o juiz deve dar conta com uma motivação congruente dessa escolha, mas admite-se que a motivação sobre esse ponto pode ser implícita.

[266] Conforme, por exemplo, *Cassazione*, 12 de maio de 1973, n. 1298, in *Mass. Foro It.*, 1973, 370; *Cassazione*, 11 de julho de 1973, n. 2011, cit.; *Cassazione*, 12 de março de 1973, n. 701, cit.; *Cassazione*, 19 de janeiro de 1973, n. 209, in *Mass. Foro It.*, 1973, 53; *Cassazione*, 21 de junho de 1972, n. 1997, in *Rep. Foro It.*, 1972, v. *Sentenza civile*, n. 38; *Cassazione*, 17 de março de 1972, n. 804, ibid., n. 48; *Cassazione*, 21 de julho de 1972, n. 2382, in *Giust. civ.*, 1972, I, 150; *Cassazione*, 1 de novembro de 1970, n. 2343, in *Rep. Foro It.*, 1971, v. cit., n. 57, e ibid., nos números sucessivos outras decisões análogas.

[267] Apenas em algumas decisões isoladas o princípio em exame é invocado com o fim de censurar decisões com que o juiz não demonstrou ter valorado globalmente todas as fontes de prova concretamente disponíveis: conforme *Cassazione*, 29 de outubro de 1973, n. 2822, cit.; *Cassazione*, 11 de março de 1966, n. 694, cit.

totalmente genérico e formal, também quando se trate de provas decisivas em relação a essa reconstrução.[268]

Que o substrato dessa orientação está em admitir que a justificação do juízo de fato possa faltar em parte e em parte limitar-se a uma motivação pouco mais do que fictícia, resulta claramente de dois outros corolários daí imediatamente decorrentes.

De um lado, retorna a frequente afirmação em torno da admissibilidade da motivação implícita, no sentido de que a justificação da ausência de relevo dado a algumas provas deveria decorrer da referência a *outras* provas, que o juiz coloca à base do seu convencimento.[269] Sobre o assunto, valem as observações feitas mais acima *sub c)* a respeito da noção geral de motivação implícita. Aqui basta sublinhar que, na melhor das hipóteses, no fato de que o juiz tenha tomado como convincentes determinadas provas pode estar implícita a valoração negativa das provas contrárias, mas não as razões dessa valoração, nem a valoração de outras provas eventualmente vocacionadas para demonstrar uma reconstrução *diferente* – não contraposta – dos fatos. Na ideia de uma motivação implícita em torno às provas não expressamente consideradas pelo juiz, está, portanto, claramente presente a tendência de legitimar a omissão da motivação sobre aspectos também extremamente relevantes do juízo de fato e, em particular, sobre aqueles que foram potencialmente capazes a tornar menos "seguro" o próprio juízo.

O segundo corolário do princípio referido mais acima atine particularmente à suficiência da motivação "global" ou "sintética" e consiste em entender capaz de justificar a verificação dos fatos a indicação das provas ou dos elementos de conhecimento dos quais essa decorre.[270] Comparece também aqui, evidentemente, uma sugestão a entender da mesma forma implicitamente presente na motivação tudo aquilo que nessa não é explícito, mas não é esse o principal problema. A razão essencial pela qual uma regra desse gênero é em geral inaceitável é que essa não impõe ao juiz o tornar controlável o próprio raciocínio em torno dos fatos, na medida em que consente que sejam tácitos os critérios cognitivos a partir dos quais, dadas certas fontes de prova, daí se deduza a existência ou inexistência de um fato controverso. É claro que, de outro lado, a ausência de indicação desses

---

[268] Também sobre esse ponto apenas algumas decisões isoladas utilizam um critério mais restritivo, reclamando que a motivação permita recorrer e controlar o *iter* lógico do juízo de fato: conforme *Cassazione*, 9 de março de 1973, n. 635, cit.; *Cassazione*, 13 de dezembro de 1971, n. 3622, in *Rep. Foro It.*, 1971, v. *Sentenza civile*, n. 54.

[269] Conforme, por exemplo, *Cassazione*, 11 de julho de 1973, n. 2011, cit.; *Cassazione*, 12 de março de 1973, n. 701, cit.; *Cassazione*, 07 de janeiro de 1972, n. 32, cit.

[270] Conforme *Cassazione*, 12 de março de 1973, n. 701, cit.; *Cassazione*, 17 de março de 1972, n. 804, cit.

critérios pode ser deixada de lado só em casos banais e de fácil solução a partir do senso comum, porque a sua omissão pode equivaler a uma verdadeira e própria falta de justificação em casos complexos, em que se trate de escolher entre várias versões contrastantes e todas em diferentes medidas aceitáveis a respeito dos fatos da lide. Ademais, a fundamental natureza inferencial do juízo de fato[271] implica que os resultados que esse fornece para o convencimento do juiz sejam verificáveis (e possam ser validamente justificados) não apenas quando o juiz se limite a indicar os "pontos de partida" da verificação, mas quando indique (e eventualmente justifique) os critérios de racionalidade das inferências das quais decorre a verificação final.[272]

Parece confirmada, portanto, a impressão geral de que a jurisprudência, preocupada excessivamente em evitar um extremo, consubstanciado em exigir a motivações supérfluas ou inutilmente analíticas, acaba caindo no extremo oposto, caracterizado pelo fato de não exigir com clareza os requisitos mínimos indispensáveis para que a verificação dos fatos possa entender-se racionalmente justificada na motivação. Que isso depende também da dificuldade de individualizar semelhantes requisitos, tendo em conta a extrema variabilidade das situações concretas, parece inquestionável. Todavia, importa também constatar que a jurisprudência não parece estar preocupada seriamente com o problema, em perfeita consonância com a já assinalada ausência de sensibilidade diante da multiforme função garantística da motivação. Em suma, manobrando dentro das larguíssimas margens de ambiguidade dos princípios, que afirma constantemente de modo acrítico e repetitivo, essa consegue um resultado bem preciso: a quase

---

[271] Vide *supra*, Capítulo V, § 2, *sub c)*.

[272] Na hipótese em que é mais evidente a natureza inferencial da verificação, isto é, quando essa resulta de presunções simples, a jurisprudência entende suficiente a indicação dos indícios sobre os quais a presunção se funda, sem exigir a exposição do raciocínio como um todo (conforme, por exemplo, *Cassazione*, 23 de outubro de 1970, n. 2122; *Cassazione,* 12 de junho de 1971, n. 1787; *Cassazione*, 08 de outubro de 1970, n. 1882; *Cassazione*, 20 de setembro de 1971, n. 2612; *Cassazione*, 9 de novembro de 1970, n. 2303, todas em *Rep. Foro It.*, 1971, v. cit., n. 51). Na matéria vale, pelo contrário, a observação de que a presunção simples é confiável na medida em que a regra de inferência sobre a qual se funda assim a torne, de modo que o problema de fundo concerne exatamente à natureza dos critérios de que o juiz se vale na interpretação e valoração dos indícios (conforme Taruffo, *Certezza e probabilità*, cit., n. 22 e *ivi* no texto). Quanto à motivação da verificação presuntiva, o problema é análogo, no sentido de que a indicação dos indícios assumidos como fontes de presunção não permite, a princípio, o controle a respeito da atendibilidade das consequências que o juiz daí retira toda vez que não venham indicados os critérios que fundam a conexão entre premissas e conclusões.

absoluta incontrolabilidade do juízo de fato em todas as suas diferentes manifestações.[273]

E) O princípio da completude da motivação

Das considerações precedentes resulta que, à vista das funções que a motivação deveria desempenhar, assume importância fundamental o requisito da completude do discurso justificativo sobre o qual se funda a decisão. Algumas manifestações específicas desse requisito foram já consideradas. Aqui interessa, no entanto, explicitar o seu significado geral e evidenciar alguns de seus corolários decorrentes, especialmente em correlação àquela que é ainda hoje a praxe dominante da motivação no nosso país.

Inicialmente, a completude da motivação não deve ser dimensionada a partir de coisas estranhas à justificação da decisão, como, por exemplo, às "razões reais" de decidir ou ao *iter* lógico-psicológico de que a decisão é a etapa final, tendo em conta que a função específica da motivação não é a de reproduzir essas "razões" ou de descrever a elaboração do processo decisório. O parâmetro a partir do qual deve ser valorada a completude da motivação é constituído, pelo contrário, pelas exigências de justificação que surgem a propósito da decisão e é, portanto, um parâmetro cujo significado varia sensivelmente em cada caso concreto, tornando consequentemente pouco pertinentes eventuais critérios formulados de modo geral e abstrato.

A referência às exigências de justificação de cada decisão implica do mesmo modo duas consequências: a primeira é que essas exigências estão *in re ipsa* em cada ponto relevante da decisão. Isso não diz respeito apenas à hipótese de decisão sobre as várias questões, mas também, em geral, sobre os componentes estruturais de cada decisão: em outros termos, existe a necessidade de motivação a respeito da interpretação das normas aplicadas, da verificação dos fatos, da qualificação jurídica do caso e da declaração das consequências jurídicas derivadas da decisão.[274] Sob esse perfil, é

---

273 Esse resultado, que equivale a tornar ilimitada a discricionariedade do juiz na verificação dos fatos, é solidária com a ausência de racionalização do princípio do livre convencimento, sobre o qual se acenou mais acima no texto. Na verdade, trata-se de duas faces do mesmo problema, porque se de um lado semelhante racionalização por parte da jurisprudência deveria vir essencialmente em sede de controle sobre a motivação, de outro é evidente que as tomadas de posição a respeito da motivação dependem estreitamente do modo com que é configurada a estrutura racional do raciocínio do juiz. Pode-se então observar que na orientação global da jurisprudência diante desses problemas não existe incoerência, porque a tendência de desvincular o juiz das chamadas regras do saber extranormativos e, portanto, impedir uma efetiva verificação da respectiva aplicação, manifesta-se com a mesma intensidade sob os dois pontos de vista em exame.

274 Sobre a definição de semelhantes componentes no contexto da decisão, vide mais amplamente *supra*, Capítulo V, § 2, *sub e)*, e § 3, *sub a)*.

"completa" a motivação que fornece uma justificação adequada a respeito de cada um desses momentos em que se articula a decisão,[275] entendida em seu sentido amplo de solução das questões controvertidas: então, a decisão é o parâmetro da motivação, justamente porque é o contexto das afirmações que devem ser justificadas, verificando-se a hipótese de motivação omissa quando uma dessas afirmações resulta privada de um fundamento racional expresso no contexto da própria motivação.[276]

A segunda consequência da conexão entre completude da motivação e exigência de justificação atine àquilo que importa para que uma assertiva possa ser entendida como motivada: essencialmente, a atenção deve ser direcionada uma vez mais para a afirmação dos critérios a partir dos quais a escolha realizada pelo juiz parece racionalmente correta, quer se tratem de critérios jurídicos ou hermenêuticos, cognitivos ou, especialmente, valorativos. Sob esse perfil, há completude da motivação a respeito do ponto decidido quando o juiz enuncia, além das premissas e dos dados relevantes para a decisão, as regras de escolha a partir das quais a própria decisão pode ser considerada uma consequência válida dessas premissas.[277] Em caso contrário, faltando a indicação das premissas ou dos critérios de decisão, incompletude equivale à "insuficiência" da motivação.[278]

A referência a semelhantes cânones gerais de completude interessa também do ponto de vista da estrutura do discurso justificativo. De um lado, esses não implicam que esse deve ter forma dedutiva: pelo contrário, a análise desenvolvida anteriormente a propósito do modelo dedutivo da motivação colocou em evidência as razões pelas quais esse deve ser considerado inadequado como esquema exclusivo da justificação.[279] De outro, os próprios cânones não implicam nem mesmo que a justificação da decisão deva ser essencialmente retórica, porque também se constatou como o modelo exclusivamente persuasivo da motivação pode traduzir-se em muitos casos como uma pseudojustificação e, como tal, inidônea para satisfazer as exigências a que a motivação deve responder.[280]

---

[275] Sobre a estrutura da justificação definida como de segundo nível, consistente no conjunto de justificações inerentes a cada um dos "momentos" da decisão, vide *supra*, Capítulo V, § 3, *sub b)*.

[276] Para uma análise mais ampla do conceito de "motivação omissa", vide *infra*, Capítulo VII.

[277] Sobre a necessidade de enunciação das regras de escolha (em função das *rules of justification*), conforme, em geral, *supra*, Capítulo V, § 3, *sub c)*.

[278] Mais amplamente em torno do conceito de "motivação insuficiente", vide *infra*, Capítulo VII.

[279] Conforme Capítulo IV, § 1.

[280] Conforme Capítulo IV, § 3, *sub c)*.

Vale a pena também explicitar que o princípio da completude da motivação, no sentido especificado acima, não contrasta com as óbvias exigências de brevidade e clareza do discurso do juiz, nem tampouco implica modificações da praxe no sentido de uma maior complicação ou extensão das motivações. Pelo contrário, daí decorre a necessidade de abandonar o uso das motivações pletóricas, carregadas de *obiter dicta* e de divagações doutrinárias, até agora muitíssimo difundidas, para adotar um modelo de motivação mais simples e linear.

O problema não é, porém, de redução quantitativa das motivações (ao menos esse é apenas um de seus aspectos secundários), contrariamente do que por vezes se afirma,[281] mas sim de uma transformação qualitativa da estrutura da motivação, que pode ser concomitantemente clara e sintética, além de completa. A realidade é que a praxe tende a "rechear" a motivação de elementos supérfluos, enquanto estranhos e superabundantes a um modelo de justificação racional, ao mesmo tempo em que incorre frequentissimamente em vícios de omissão ou insuficiência do discurso justificativo, contando para tanto – como se viu – com o aval quase constante da *Corte di Cassazione*.

Diante de uma praxe caracterizada por motivações excessivas no plano retórico e incompletas no plano racional, a adequação ao modelo ideal de motivação, que resulta também da função jurídico-política que essa é destinada a desempenhar, implica inversão de tendência sob ambos os aspectos, mais do que um puro e simples *self-restraint* do juiz no plano estilístico. Por um lado, de fato, importa que sejam satisfeitas as exigências de completude da justificação segundo os esquemas e os cânones que foram paulatinamente indicados, com particular referência à controlabilidade da argumentação justificativa apresentada. Por outro, as exigências de clareza e de síntese podem ser de seu turno satisfeitas reduzindo-se ao mínimo os elementos supérfluos e os argumentos não necessários às finalidades justificativas da motivação. Não se pode esquecer, de fato, que o "valor" dos *obiter dicta* é tanto menor quanto mais completa é a exposição da *ratio decidendi* e que uma ordenada e completa justificação racional é o principal fator de clareza e de síntese da própria motivação. Tudo isso pressupõe na jurisprudência, porém, uma mais refinada sensibilidade diante dos aspectos racionais e garantísticos da motivação, cuja pouca difusão explica a insistência no estilo judiciário *quo utimur* e constitui um sério obstáculo para uma efetiva evolução no modo de conceber e redigir as motivações.

---

281 Conforme, por exemplo, Acampora-Torrente, *Ancora sulla crisi della Cassazione*, in *Riv. dir. proc.*, 1953, p. 144, em que se critica de modo superficial a excessiva extensão das sentenças e propõe-se como remédio simplesmente o retorno ao estilo dos "arestos" franceses.

6. EFEITOS DA VIOLAÇÃO DO DEVER DE MOTIVAÇÃO

Individualiza a função do dever de motivação e delineadas as consequências que essa produz sobre "aquilo que a motivação deveria ser" para atendê-lo completamente, sobra por enfrentar o problema dos efeitos que decorrem da sua violação. Esse apresenta dois aspectos essenciais, que é oportuno manter apartados para fins de clareza da exposição: de um lado, existe o problema dos vícios que dão lugar ao recurso para *Cassazione* e da natureza do controle que a Corte exerce sobre a motivação, que será examinado no Capítulo VII. De outro, a violação ao dever de motivação é configurada essencialmente no quadro da disciplina inerente à nulidade da sentença e, pois, em relação à aplicabilidade do artigo 161, *Codice di Procedura Civile*.

A conexão entre defeito de motivação e nulidade da sentença, conquanto imediata,[282] não parece, no entanto, capaz de fornecer uma solução geral para todos os problemas que podem surgir em relação aos efeitos derivados das várias possíveis violações do dever de motivação. Ainda, se de um lado essa não cria dificuldades relevantes no contexto da legislação ordinária constituído pelos artigos 132, n. 4, 161 e 360, n. 5, *Codice di Procedura Civile*,[283] de outro importa também verificar se e de que modo a introdução

---

[282] Ainda que não seja expressamente prevista a nulidade por defeito de motivação, essa decorre diretamente seja do artigo 360, n. 5, seja da conexão entre o "deve" do *caput* do artigo 132 e a referência às nulidades da sentença a que alude o artigo 161, seja, enfim, do artigo 111, primeira parte, Constituição. O problema era expressamente resolvido, pelo contrário, pelo artigo 361, n. 2, *Codice di Procedura Civile* de 1865, em que se declarava nula a sentença em que faltassem os motivos, analogamente ao artigo 141, Código de Processo Civil francês (integrado pelo artigo 7 da Lei de 20 de abril de 1810). A opinião dominante, independentemente da leitura literal das normas sobre o assunto, sempre foi firme em entender nula a sentença sem motivação. Sobre o *Codice di Procedura Civile* sardo, em que faltava uma previsão expressa, conforme MANCINI-PISANELLI-SCIALOJA, op. cit., II, pp. 424, 436. Sobre o *Codice di Procedura Civile* de 1865, conforme RICCI, *Commento*, cit., II, p. 306 ss.; MATTIROLO, *Trattato*, cit., IV, p. 64 ss.; MORTARA, *Commentario*, cit. IV, p. 100; CHIOVENDA, *Principi*, cit., p. 804; CARNELUTTI, *Sistema*, cit., II, p. 319. Sobre o *Codice* vigente, conforme, por todos, LANCELOTTI, *Sentenza civile*, cit., p. 1119; TORRENTE, op. cit., p. 396; CARNELUTTI, *Sistema*, II, p. 175; ROCCO, *Trattato di diritto processuale civile*, Torino, 1957, III, p. 369; REDENTI, *Diritto Processuale Civile*, II ed., reimp., Milano, 1957, II, p. 445. Observa, porém, SATTA, *Diritto Processuale Civile*, VII ed., Padova, 1967, p. 182, que os requisitos do artigo 132 não são prescritos sob pena de nulidade (mas v. ID., *Commentario*, cit., I, p. 500, a respeito da nulidade da sentença totalmente carente de motivação). (Vide ainda a nota seguinte.)

[283] O problema de maior relevo coloca-se a propósito da tese pela qual, na ausência de prescrição expressa, o efeito do vício de motivação deve ser estabelecido à luz do caso concreto *ex* artigo 156, segunda parte, *Codice di Procedura Civile*, isto é, em consideração de eventual inidoneidade do ato para a obtenção de seu escopo (conforme, por exemplo, DENTI, *L'Interpretazione della sentenza civile*, cit., p. 36, com outras indicações). A propósito, observe-se que, se se trata de um critério abstratamente correto, em concreto esse não desloca

do princípio constitucional da obrigatoriedade da motivação, entendido principalmente como consagração da sua função extraprocessual, incide sobre a configuração da natureza jurídica da motivação e dos vícios que essa pode apresentar. Então, vale a pena pontuar a definição da motivação como "ato" processual e especificar ulteriormente o significado do princípio pelo qual do defeito de motivação decorre a nulidade da sentença.

A) A motivação como requisito estruturante do provimento jurisdicional

a respeito da natureza jurídica da motivação, a tese largamente dominante na doutrina é no sentido de que essa constitui o resultado de uma atividade de documentação, de modo que aquela parte da sentença em que são expostos "os motivos de fato e de direito da decisão" constituiria um documento em cujo "intrínseco" poderia ser vislumbrada a exposição do *iter* decisório.[284] Trata-se de uma definição inquestionavelmente coerente com as normas do código de rito que disciplinam o fenômeno, bem como com a função endoprocessual da motivação que essas pressupõem: nessa perspectiva, de fato, o dever de motivação prescrito pelo artigo 132, n. 4, como dever de documentar os motivos da decisão encontra explicação do ponto de vista do funcionamento do processo, seja no que atine ao exercício do poder de recorrer das partes, seja no que concerne ao exame que o juízo recursal realiza sobre a adequação da decisão. Com isso, todavia, não se tem ainda demonstrada a exatidão dessa definição – e, aliás, essa suscita algumas

---

sensivelmente os termos do problema delineado no texto. Se, de fato, se refere ao chamado defeito formal da motivação, isto é, na terminologia carneluttiana, à "ausência das palavras que exprimem os motivos" (conforme Carnelutti, *Appunti sulla motivazione*, in *Riv. dir. proc.*, 1951, II, p. 88), a incapacidade do ato de obter o seu escopo está sempre *in re ipsa* e, portanto, o critério em exame não tem real eficácia discriminatória. Se, ao invés, refere-se ao chamado defeito substancial, isto é, à ausência de uma efetiva justificação da decisão (de seu turno relevante, dado que o artigo 132, n. 4, prescreve um requisito de forma-conteúdo), a conclusão não muda, porque também com o defeito substancial de uma efetiva motivação o escopo do ato não pode jamais entender-se atingido (sobre a evolução do primeiro ao segundo conceito de vício da motivação, realizado já sob o *Codice* de 1865, conforme em geral Calamandrei, *Cassazione civile*, cit., II, p. 371 s.). Evidentemente, tudo depende daquilo que se entende por escopo do ato: se o escopo da sentença é definido como o da afirmação da decisão, a existência da motivação não importa (mas então não importa nem mesmo o seu defeito formal); se, pelo contrário, o escopo é o de enunciar uma decisão racionalmente justificada, sobre a sua obtenção incide o defeito de motivação (mas então importa também o defeito substancial). A validade da segunda definição decorre, porém, seja das funções da motivação (sobre o que vide *supra*, §§ 3 e 4), seja do fato de constituir um contexto estrutural do provimento jurisdicional (vide *infra* no texto *sub a*).

[284] Conforme Lancellotti, op. cit., p. 1118; Torrente, op. cit., p. 394; Denti, op. ult. cit., p. 36; Carnelutti, *Falsa motivazione*, cit., p. 355 ss.

relevantes perplexidades, que induzem a reconsiderar a questão por aspectos em parte diferentes daqueles adotados de costume.

A primeira perplexidade nasce do fato de que a motivação é definível como documentação do *iter* decisório apenas à custa da pressuposição de que existe uma coincidência necessária – ou ao menos tendencial – entre "motivos expressos" e "razões reais" da decisão, considerando-se os primeiros nada mais do que a exteriorização das segundas. Viu-se anteriormente que essa concepção foi e pode considerar-se ainda largamente dominante na doutrina e na jurisprudência, o que explica como dessa se retirou facilmente a definição da motivação aqui considerada. Porém, na medida em que vale em nível geral a distinção entre razões reais da decisão e argumentos justificativos expressos,[285] daí decorre a impossibilidade de considerar a motivação, que é a sede dos segundos, como documento inerente às primeiras. A partir dessa distinção, a motivação deveria então ser definida como documentação das razões lógico-jurídicas que justificam a decisão, mas nem mesmo uma definição desse tipo pode ser considerada satisfatória. Na verdade, é difícil estabelecer a linha de separação entre o ato que se teria de documentar, isto é, a formulação das razões justificativas, e a atividade com que essas são "documentadas".[286] Essa separação é inutilmente conceitual, se postula a existência ideal das razões que devem ser documentadas antes que isso ocorra, ou é banal, se é um modo artificioso de afirmar a distinção entre o pensamento e a sua tradução em forma escrita. Se posteriormente se tem em conta o fato de que inevitavelmente os motivos da decisão são aqueles e somente aqueles que a motivação afirma, não tendo qualquer relevo jurídico ou lógico os argumentos que porventura tenham permanecido *in mente iudicis*,[287] parece necessário concluir no sentido da coincidência entre o "ato" de motivar e a atividade consistente na enunciação desses argumentos no documento escrito que materialmente constitui a motivação.

A segunda perplexidade suscitada da definição da motivação como documentação concerne ao fato de que, nada obstante essa explique o dever de motivação no plano endoprocessual (isto é, à vista dos escopos processuais pelos quais a documentação é requerida), parece ao invés inadequada como *ratio* da norma constitucional (entendida seja como "norma sobre normas",

---

285 Para a demonstração de semelhante distinção, vide em particular *supra*, Capítulo III, § 2.

286 Sobre a distinção entre documentação e ato documentado a propósito da motivação, conforme Carnelutti, *Falsa motivazione*, cit., p. 357; para equivalente distinção entre extrínseco (motivação) e intrínseco (razões da decisão), conforme também Satta, *Commentario*, cit., I, p. 500.

287 Isso decorre, em linha geral, da característica de "fechamento" da motivação e da consequente proeminência do cânone da contextualidade na sua interpretação: sobre o assunto, vide mais amplamente *supra*, Capítulo I, § 3, e Capítulo III, § 1.

seja como "norma para o juiz"), desde o ponto de vista das finalidades extraprocessuais que essa persegue. A propósito, parece mais satisfatória a definição que vê na motivação um elemento de estrutura da sentença, ainda se essa tenha sido cunhada em um contexto conceitual diferente,[288] porque joga luzes que existe sentença, como manifestação da função jurisdicional, se e quando existe sentença motivada.

Na verdade, a concepção que reconduz a essência da motivação ao seu ser um documento não pode demonstrar a sua obrigatoriedade: essa subsiste, nessa perspectiva, apenas se e nos limites em que exista uma norma expressa que a sancione, mas não é em si um dado necessário. Com essa concepção seriam hipoteticamente coerentes de fato normas limitativas do dever de motivação (ou, no limite, que o excluísse), dependendo o regime do instituto apenas da valoração do legislador ordinário a respeito da utilidade endoprocessual do "documento" motivação. No entanto, a definição da motivação como elemento estrutural do provimento jurisdicional (que ressai diretamente do artigo 111, primeira parte, Constituição), segundo a qual a decisão existe como tal se é racionalizada e controlável, coloca-se em plena consonância com os princípios filosóficos e políticos dos quais deriva o princípio da obrigatoriedade geral e incondicionada da motivação.[289] Isso quer dizer, em suma, que a norma constitucional não impõe ao juiz um dever acessório em relação àquilo que constitui a manifestação típica da jurisdição, mas faz da motivação uma condição de "jurisdicionalidade" dos provimentos do juiz, no sentido de que esses constituem expressões da jurisdição enquanto são motivados.[290] Ademais, trata-se de um dado que se conecta coerentemente com a natureza da função jurisdicional no sistema do Estado democrático, na medida em que esse pressupõe em qualquer caso a controlabilidade externa e difusa sobre as modalidades concretas de exercício do poder conferido ao juiz.

Evidentemente, tudo isso leva a uma reformulação da chamada "essência" da jurisdição, de que a motivação parece uma característica necessária, em um sentido radicalmente diferente das definições que se centram sobre a decisão como manifestação da vontade do juiz e veem nessa, e não na justificação do *dictum* judicial, o *principium individuationis*

---

[288] Essa concepção remonta principalmente a BETTI (conforme *Interpretazione della legge*, cit., p. 359), o qual, porém, entende, segundo a opinião mais difundida, que a motivação representa o *iter* lógico da decisão, não coordenando o problema com o significado que deve ser atribuído ao princípio constitucional.

[289] A respeito desses princípios, vide *supra*, § 4.

[290] Nesse sentido, conforme qualquer alusão em SATTA, op. e loc. ult. cit., e em COLESANTI, *Entscheidungsbegründung*, cit., pp. 372, 378.

da jurisdição.[291] Poder-se-ia objetar que essa definição não é absolutamente "verdadeira", porque são numerosos, no plano histórico e comparado, os exemplos de ordenamentos em que a motivação não é de fato uma característica essencial da jurisdição.[292] Observe-se a propósito, porém, que as conexões entre o modo de conceber a jurisdição e a estrutura política do estado são inevitavelmente muito estreitas, do que resulta legítimo ocupar-se da "validade" dos diversos conceitos de jurisdição em relação aos princípios sobre os quais tal estrutura se funda mais do que pesquisar hipotéticas definições universalmente "verdadeiras" para além de qualquer ideologia ou situação histórica.[293] Desse ponto de vista, o conceito de jurisdição que engloba também a necessidade da motivação é válido desde a perspectiva da concepção democrática do estado, enquanto a concepção centrada exclusivamente na manifestação da *voluntas legis* mediante a expressão da *voluntas iudicis* conecta-se com maior coerência à concepção autoritária do próprio Estado – ou quanto menos a uma concepção que não leva suficientemente em consideração as imposições expressas das normas constitucionais sobre a jurisdição.[294] No fundo, também a orientação doutrinária que vê o provi-

---

[291] Sobre a definição da sentença exclusivamente como manifestação de vontade, conforme LANCELLOTTI, op. cit., p. 1128 ss.; FAZZALARI, *La giurisdizione volontaria*, Padova, 1953, p. 136 ss.; TORRENTE, op. cit., p. 393.

[292] A análise histórico-comparada do problema (sobre a qual vide *passim* nos §§ 1 e 2 do presente capítulo) confirma, pelo contrário, que a tendência dominante nos diferentes ordenamentos é aquela de não associar o dever de motivação ao conceito geral de jurisdição. Isso vale *a fortiori* para os ordenamentos em que a motivação não é obrigatória ou o dever de motivação é de algum modo limitado, mas vale também para todos os casos nos quais, mesmo existindo um dever geral de motivação no nível da legislação ordinária, esse não é formulado em nível de princípio constitucional ou de *natural justice*.

[293] A heterogeneidade das soluções encontráveis no plano histórico-comparado (vide nota precedente) não demonstra a exclusiva validade das concepções que, pretendendo-se "universais", são necessariamente redutivas em relação à variedade das situações normativas concretas. Essa demonstra, pelo contrário, a necessidade de adaptar o conceito de jurisdição, relativizando-o, em função dos dados normativos e do quadro ideológico referível a cada um dos ordenamentos nas suas respectivas e diferentes fases histórico-políticas. Ademais, uma forte desconfiança diante de definições "absolutas" é devida, se se percebe que, na verdade, essas sempre refletem o contexto político-cultural e as opções ideológicas, além de jurídicas, daqueles que paulatinamente as formulam e utilizam-nas (vide, a propósito, a iluminante análise a respeito dos modos de uso do termo *iurisdictio* na estrutura política do ordenamento medieval realizada por Pietro COSTA, *Iurisdictio. Semantica del potere politico nella publicistica medievale*, Milano, 1969, p. 95 ss.).

[294] No que atine à história recente do nosso ordenamento, coloca-se uma alternativa bem precisa: ou se mantém a concepção voluntarista da jurisdição, tratando-se o artigo 111, primeira parte, Constituição *tamquam non esset*, ou se entende que a norma exprime um princípio fundamental do ordenamento, incidente sobre o conceito de jurisdição nesse individualizável, e então importa reconhecer que a entrada em vigor da norma modificou radicalmente os termos em que o problema da jurisdição deve ser posto. A segunda alternativa parece impor-se não tanto por um obséquio formalista a uma norma vigente, mas sim pelo relevo que o valor político nessa contido assume na concepção moderna do estado

mento jurisdicional à luz do dualismo vontade/razão (ou vontade/conhecimento) e privilegia o elemento voluntarístico em detrimento do elemento racionalizante é solidária com uma orientação cultural (que em realidade é uma orientação ideológica) dominada por uma concepção autoritária do estado.[295] O tema mereceria um aprofundamento que nessa sede não pode nem mesmo ser esboçado: basta observar que o acenado dualismo é em larga medida fictício sob o perfil teórico, na medida em que decorre de uma contratura, no plano conceitual, da irreduzível heterogeneidade fenomenológica do juízo. Na verdade, a identificação de vontade e decisão não é correta, tendo em conta que a decisão não é definível senão como o resultado final de um procedimento racional,[296] em que têm um papel fundamental fatores e procedimentos cognitivos: a "vontade", admitido que o termo designa qualquer coisa que se situe dentro do seu significado lexical, é então apenas um dos elementos da decisão. Analogamente, é fictícia também a equivalência de motivação e razão (ou conhecimento): como se viu amplamente, de fato, como na estrutura da motivação não entram apenas componentes cognitivos ou lógicos, mas também fatores valorativos e de escolha (nos quais se mani-

democrático de direito: a primeira, típica de uma orientação anti-histórica (e ideologicamente "qualificada"), implica entender irrelevantes os princípios constitucionais concernentes aos dogmas formulados no assento político e normativo anterior à Constituição.

[295] Vale a pena recordar que essa orientação se consolida na doutrina italiana nos primeiros anos do século como reflexo das teses sustentadas na Alemanha na segunda metade de Oitocentos na polêmica com Savigny a respeito do problema específico dos limites objetivos da coisa julgada. Nesse contexto, a distinção razão/vontade serve de um lado à crítica dos excessos logicistas verificados na doutrina do direito comum e de outro para excluir a coisa julgada sobre as *quaestiones* (conforme, a propósito, Chiovenda, *Sulla cosa giudicata*, in *Saggi di diritto processuale civile*, Romo, 1931, II, p. 402 ss.; Id., *L'azione nel sistema dei diritti*, ibid., I, p. 91, e um aceno nos *Principi*, cit., p. 802; Menestrina, *La pregiudiziale*, cit., p. 27 ss.). A transposição de semelhante distinção, formulada com fins diversos e mais limitados, para o plano do conceito geral de jurisdição, decorre de uma operação cultural que suscita não poucas perplexidades e que deveria ser analisada a fundo. Em qualquer caso, essa acabou por constituir um *topos* dogmático utilizável para os fins mais diversos, entre os quais a identificação do núcleo da jurisdição na autoridade do "comando" judicial ao invés de no fundamento racional da decisão.

[296] Na verdade, quem sustenta a tese discutida no texto não nega que a decisão descenda de um juízo também racional e cognitivo: mais simplesmente, entende irrelevante esse aspecto do problema (conforme, por exemplo, Fazzalari, op. ult. cit., p. 137). De lado o fato de que o problema é dominantemente de definição (de modo que as soluções variam com a variação daquilo que se indica com o termo "decisão"), quanto se disse no texto implica que a decisão não seja considerada como um *dictum* avulso do contexto do juízo, mas como um ato que tem sentido considerar somente à luz dos seus nexos funcionais na estrutura complexa do juízo globalmente considerado e que importa enquanto êxito de uma atividade racionalizada. Em suma, aquilo que importa do presente ponto de vista não é o fato de que o juiz tenha de qualquer modo emanado um "comando", mas sim o fundamento jurídico e racional daquilo que o comando "contém".

festa claramente aquilo que poderia ser definido como "vontade" do juiz).[297] Para além de suas insuficiências teóricas, o dualismo em questão conserva em qualquer caso, porém, uma profunda conotação política, em particular se usado como premissa para definir a característica distintiva da jurisdição: na medida em que é o pressuposto para entender não essenciais – e, portanto, desnecessárias – a racionalização e a controlabilidade da decisão, esse parece de fato instrumental a uma concepção autoritária da justiça.

Em uma ótica ideológica diferente, esse dualismo é resolvido não tanto no sentido de privilegiar a "razão" em detrimento da "vontade" (o que seria um modo diferente de mantê-lo em vigor, com todas as suas ambiguidades ideológicas e carências teóricas), mas sim no sentido de entender que aquela porção de vontade encontrável na decisão integra a essência da jurisdição não em si, mas enquanto a decisão seja racionalizada expressamente na motivação e seja consequentemente controlável no seu fundamento de fatual, jurídico e valorativo. Isso permite reconduzir à unidade a aparente bipolaridade estrutural do provimento jurisdicional, haja vista que o exercício da jurisdição é vislumbrável na emanação de "decisões justificadas".

B) Nulidade e inexistência da sentença sem motivação

Se a função extraprocessual da motivação incide sensivelmente também sobre a definição do conceito geral de "atividade jurisdicional", daí decorre que de tudo isso importa ter em consideração em sede de definição dos efeitos que derivam da violação do dever de motivação. Igualmente a esse propósito, todavia, aqui se está diante de uma tradição consolidada, assentada em um quadro dogmático por muitos aspectos insatisfatórios, nada obstante coerentes com os dados normativos do ordenamento anterior à entrada em vigor da Constituição.[298]

Nessa perspectiva, na qual conflui a concepção endoprocessual da motivação e a sua substancial desvalorização diante dos elementos voluntarístico e autoritativo do *dictum* jurisdicional, resulta correta a colocação do vício de motivação no grupo das causas de nulidade da sentença. A consequência é que o problema se resolve a partir do artigo 161, primeira parte, *Codice di Procedura Civile*, isto é, segundo os princípios da conversão da nulidade em motivos recursais e da eficácia sanatória do julgado. Inclusive, sempre

---

[297] Basta pensar na decisão das questões prejudiciais para ter o exemplo de uma *tranche* de motivação estruturalmente não diferente das decisões finais sobre o pedido, na qual emerge a própria combinação de elementos lógicos, jurídicos e "volitivos" que caracterizam essa última. A distinção entre solução de questões e decisão sobre o pedido não é, portanto, estrutural, ou inerente à natureza das coisas, mas opera, eventualmente, apenas no plano dos diferentes efeitos que as "decisões" produzem sob o perfil dos limites objetivos do julgado.

[298] Para referências bibliográficas a propósito, vide notas 282 e 283.

desse ponto de vista, não seria nem mesmo impossível enquadrar a nulidade por vício de motivação entre as nulidades conhecíveis somente a pedido da parte: para tanto, seria suficiente centrar-se, de um lado, em uma interpretação literal rigorosa do artigo 157, primeira parte (dado que nenhuma norma prevê expressamente que semelhante nulidade pode ser conhecida de ofício), e, de outro, no fato de que as partes constituem os destinatários principais da garantia da motivação. Porém, mesmo qualificando esse vício como conhecível de ofício, não se sai da concepção endoprocessual da motivação, porque isso significa simplesmente ter presente a função que a motivação desempenha no sentido de facilitar o exame do juízo recursal sobre o fundamento da sentença recorrida, conferindo consequentemente a esse juízo o poder de conhecer em qualquer caso o vício quando esse acaba por impedir a sua atividade de controle. Semelhante impostação teve a oportunidade de se consolidar a tal ponto sob o código de 1865 que chegou a ser entendida como pacificamente válida também depois da entrada em vigor do código de 1942 e da Constituição: afirmou-se, inclusive, que a constitucionalização do princípio da obrigatoriedade da motivação não incidiria de qualquer modo sobre a configuração jurídica do vício de motivação.[299]

Inquestionavelmente, trata-se de uma manifestação ulterior da difundida orientação redutiva do significado dos princípios constitucionais em geral – e do artigo 111, primeira parte, em particular: especificamente, essa resulta de uma "leitura" do artigo 111 exclusivamente à luz da concepção endoprocessual da motivação, incapaz de contemplar as implicações jurídico-políticas que definem, no entanto, a sua função extraprocessual. Que tudo isso implique uma visão inaceitável da norma constitucional já se demonstrou noutro lugar.[300] Aqui interessa observar que a sua correta interpretação, assim como implica revisão da noção de "essência" da jurisdição, exige também uma diferente orientação em relação à natureza jurídica dos vícios da motivação.

De um lado, a importância das funções essenciais que a motivação desempenha igualmente para além do processo torna a princípio inadequadas as definições desses vícios que decorram exclusivamente da sua função endoprocessual diante das partes e do juízo recursal. De outro, na medida em que se entenda que a motivação seja, no atual ordenamento em virtude do princípio constitucional fixado na primeira parte do artigo 111, uma característica estrutural necessária dos provimentos em que se exerce a jurisdição, impõe-se a consequência de que a sentença carente de motivação

---

[299] Conforme, por exemplo, *Cassazione*, 20 de novembro de 1950, cit.; TORRENTE, op. cit., p. 393 ss.

[300] Vide *supra*, § 4.

não perfaz o "conteúdo mínimo" indispensável para que nessa se reconheça o exercício legítimo do poder jurisdicional.

É notório para quem escreve que o conceito de inexistência da sentença é extremamente problemático e ambíguo nos seus contornos dogmáticos, sendo daí oriunda a dúvida, por vezes já manifestada, da sua configurabilidade no plano dos fenômenos juridicamente relevantes.[301] Sem entrar no âmago de semelhante problema geral, cujo alcance se projeta bem além do objeto da presente pesquisa, vale a pena, todavia, aludir a algumas razões que militam no sentido da referibilidade desse conceito, ao menos para algumas hipóteses particularmente graves de vícios da motivação.[302] Essas nascem essencialmente da inadequação do regime configurado na primeira parte do artigo 161, *Codice di Procedura Civile*, diante da relevância jurídica e política do requisito da motivação. Inicialmente, esse regime centra-se, como é sabido, sobre o princípio da eficácia sanatória do julgado diante das nulidades da sentença recorrida: em suma, nas hipóteses em que o recurso não tenha atacado – ou o juiz não tenha conhecido de ofício – o vício, acabar-se-ia por admitir a sanação de um vício tal que teria o condão mesmo de negar que a sentença seja propriamente um provimento jurisdicional. Isso alerta, para além da evidente incongruência dogmática, ao menos para dois inconvenientes: o primeiro é que desse modo passaria em julgado uma decisão na qual – presente a função da motivação em relação à determinação do *quantum iudicatum* – poderia ser, no limite, impossível determinar exatamente o objeto sobre o qual se forma a coisa julgada. O segundo é que, *ex* artigo 161, primeira parte, viria a adquirir vida jurídica definitiva e imutável de sentença (sendo evidentemente preclusa a sucessiva e autônoma *actio nullitatis*) um provimento privado dos requisitos mínimos da jurisdicionalidade.

Observe-se também, de outra parte, a existência de uma forte discordância entre a *ratio* funcional da motivação e as modalidades de evidenciar a sua ausência: de um lado, sempre *ex* artigo 161, *Codice di Procedura Civile*, o vício pode ser afirmado pelas partes somente em sede de recurso, isto é, se e quando essas tenham nisso interesse. De fato, a aquiescência, total ou parcial, impediria definitivamente a possibilidade de evidenciar a

---

[301] Em geral sobre o conceito de inexistência, conforme CHIOVENDA, *Principi*, cit., p. 898; CARNELUTTI, *Sistema*, cit., II, p. 513 ss.; LIEBMAN, *Manuale di diritto processuale civile*, II ed., Milano, 1957, I, p. 222. Em especial sobre o conceito de inexistência da sentença, sem, no entanto, referência à hipótese de sentença carente de motivação, conforme CARNELUTTI, *Sistema*, cit., I, p. 284 ss.; DENTI, *Inesistenza degli atti processual civili*, in *Noviss. Dig. it.*, VIII, Torino, 1962, p. 637 ss.

[302] Nesse sentido, vide sintéticas alusões em SATTA, *Commentario*, cit., I, p. 500, e ANDRIOLI, *Inesistenza della sentenza*, cit., p. 554. Expressamente em sentido contrário, TORRENTE, op. cit., p. 396.

ausência de motivação, independentemente do fato de que essa garantia não é prevista apenas no interesse das partes no recurso.[303] Também do ponto de vista do conhecimento de ofício (sem considerar que isso da mesma forma depende que uma parte tenha recorrido da sentença), ademais, o parâmetro é tendencialmente aquele da possibilidade de controle sobre a decisão recorrida e não o da aferição do cumprimento da exigência geral a que a motivação responde.

É verdade que, tendo em conta que o nosso sistema reserva a princípio às partes o monopólio das impugnações às decisões, em qualquer caso a tutela dessa exigência geral passa do mesmo modo pela gestão que as partes fazem dos próprios interesses diante da decisão – e isso valeria para qualquer caso mesmo que se admitisse, para a hipótese de sentença inexistente por ausência de motivação, a possibilidade de uma *actio nullitatis* autônoma. Porém, sem considerar que um controle alargado de natureza quase-pública poderia existir, por exemplo, nos casos de fungibilidade da legitimação para impugnar,[304] isso não exclui que a configuração da ausência de motivação sob o perfil da inexistência da sentença exija uma ampliação, no âmbito do sistema vigente, das possibilidades de fazer valer semelhante vício. O que implica, a princípio, que a esse seja aplicado não o regime da nulidade em sentido estrito previsto pela primeira parte do artigo 161, *Codice di Procedura Civile*, mas sim o regime da inexistência configurado, para o caso de omissão de assinatura do juiz, da segunda parte do próprio artigo 161.

C) O "conteúdo mínimo necessário" da motivação

Prospectada a exigência de configurar a ausência de motivação como hipótese de inexistência da sentença, importa agora de delimitar os seus confins, levando-se em consideração o fato de que a gama dos possíveis defeitos da motivação não pode ser globalmente reconduzida dentro de uma noção unitária de "ausência" da própria motivação. Em outros termos,

---

[303] Observa Satta, op. e loc. ult. cit., que entender como inexistente – e, portanto, atacável por uma *actio nullitatis* autônoma – a sentença carente de motivação pode obstaculizar a aceitação das partes, implícita na ausência de recurso sobre a questão. A observação é correta do ponto de vista da função endoprocessual da motivação, mas não daquele da função extraprocessual, não reduzível ao âmbito do interesse da parte à oportunidade do ataque pelos meios recursais ordinários: essa função não pode, de fato, entender-se eclipsada pelo simples fato de que as partes tenham concordado com a sentença carente de motivação.

[304] Sobre a fungibilidade da legitimação para impugnar as sentenças em matéria eleitoral, Borghesi, *Diritto soggettivo e azione popolare nella legge 23 dicembre 1966 n. 1147*, in *Riv. trim. dir. proc. civ.*, 1972, p. 46 ss. do extrato. Quando eventualmente um regime análogo fosse estendido às diversas hipóteses de ações públicas, o controle da sentença por parte do grupo social interessado poderia ser concebido não apenas como controle indireto por parte do ambiente social, mas como controle direto mediante uma ação judiciária (recurso ou *actio nullitatis* autônoma) destinada a fazer valer o vício radical de motivação.

trata-se de determinar quais são os requisitos mínimos a partir dos quais a motivação "existe" – existindo, portanto, a sentença como manifestação da jurisdição (ainda que semelhante existência não exclua possíveis nulidades, eventualmente inerentes à própria motivação).[305]

A propósito, os termos gerais do problema situam-se no espaço conceitual individualizado por duas máximas: 1) nem todo vício da motivação provoca a sua total ausência (e, portanto, provoca a inexistência da sentença); 2) pelo contrário, não apenas a ausência "formal" e total da motivação equivale à inexistência da sentença.[306] Esses critérios, por si bastante óbvios, permitem a alocação imediata de alguns casos que seriam considerados didáticos se não tivessem se disseminado na prática, como as famosas motivações à estampilha ou as não menos famosas sentenças "suicidas".[307] Essas, porém, não parecem capazes de fornecer uma definição articulada do "conteúdo mínimo essencial" da motivação. Para tal fim, e para evitar afirmações abstratas e genéricas, importa valer-se do modelo estrutural da motivação, individualizando-se nesse os elementos na ausência dos quais não se pode dizer que motivação "exista". Nos termos em que a questão foi delineada anteriormente,[308] o "conteúdo mínimo essencial" da motivação equivale àquela que se definiu como justificação de primeiro grau. Em síntese, essa compreende: 1) a afirmação das escolhas realizadas pelo juiz a respeito da: individualização das normas aplicáveis, verificação dos fatos, qualificação jurídica do caso concreto, consequências jurídicas daí derivadas; 2) o contexto dos nexos de implicação e de coerência entre os enunciados, segundo o esquema (F → ← N) → Q → C; 3) a justificação de cada um dos enunciados a partir dos critérios de juízo segundo os quais as escolhas do juiz parecem racionalmente corretas.

A necessidade dessas três categorias de requisitos para existência da motivação poderia ser justificada analiticamente, mas a respeito parece suficiente reenviar ao que já se teve a ocasião de dizer em sede de análise do modelo geral de motivação.[309] Aqui importa somente observar que tais

---

305 É aplicável, a propósito, a definição geral de inexistência do provimento decisório como ausência do mínimo necessário para que se tenha exercido o poder jurisdicional (sobre a qual vide Denti, *Inesistenza*, cit., p. 637), condicionado ao entendimento de que também a presença de um "mínimo" de motivação é necessário para que a sentença seja qualificável como provimento jurisdicional.

306 Sobre a definição do defeito "formal" de motivação, conforme Carnelutti, *Appunti sulla motivazione*, cit., p. 88, o qual observa, porém, que também quando não exista carência formal, a motivação pode ser entendida como inexistente na presença de vícios lógicos particularmente graves (ibid., p. 89).

307 Sobre as quais conforme a notória obra de Escobedo, *Le sentenze suicide*, Milano, 1942, e Calamandrei, *Sentenze sintomatiche*, in *Riv. dir. proc. civ.*, 1941, I, p. 358 ss.

308 Conforme Capítulo V, § 3, *sub a) – c)*.

309 Vide *passim* no § 3 do Capítulo V.

requisitos são todos e individualmente necessários, porquanto a ausência de apenas um desses é suficiente para tornar impossível o controle externo, por parte dos diversos destinatários da motivação, dos fundamentos racionais da decisão.

Isso vale antes de qualquer coisa para a hipótese de a motivação não conter uma ou mais das afirmações indicadas no ponto 1): dado que essas representam as premissas sobre as quais se funda a conclusão em que se consubstancia a decisão do pedido, é claro que a sua correção lógico-jurídica não é verificável se a motivação não exprime os pressupostos de fato e de direito dos quais o juiz retirou a conclusão.[310] Ainda, a ausência dos enunciados em questão significa inevitavelmente incompletude do esquema lógico fundamental da decisão a que se refere o ponto 2), bem como a ausência de justificação a partir dos critérios que legitimam as escolhas do juiz a que alude o ponto 3).

Em segundo lugar, pode ocorrer de a motivação, nada obstante contenha essas afirmações, não demonstre que as suas conexões lógicas são tais a ponto de a decisão ser justificada pelas premissas:[311] isso se verifica seja no caso de contraste radical entre premissas e conclusão,[312] seja no caso de contraste entre as premissas, seja, enfim, no caso em que – conquanto ausentes verdadeiras e próprias contradições lógicas – a decisão não pode ser entendida como uma consequência dos pressupostos de fato e de direito enunciados pelo juiz.[313] Em todas essas hipóteses, a decisão não pode ser entendida como efetivamente justificada pelas assertivas do juiz, na medida em que essas são contrastantes ou irrelevantes em relação à própria decisão – e, portanto, essa última não é controlável sob o perfil das razões que deveriam justificá-la.

Por fim, o requisito constante do ponto 3) é igualmente indispensável à vista da exigência de controlabilidade, tendo em conta que as afirmações elencadas no ponto 1) são o resultado de escolhas ou inferências e, portanto, são válidas e confiáveis se e na medida em que é verificável a validade dessas escolhas ou inferências, essencialmente a partir dos cânones de juízo que as determinam. Se a motivação é tal que não permite semelhante verificação, desaparece o fundamento racional das premissas em que se apoia

---

[310] Nessa categoria entram as hipóteses formuladas, por exemplo, por ANDRIOLI, op. e loc. ult. cit., de ausência de individualização, por parte do juiz, da norma da qual decorre a decisão ou do caso concreto afirmado em juízo.

[311] Em geral sobre esse tipo de vício, conforme CARNELUTTI, op. ult. cit., p. 89.

[312] Essa hipótese foi particularmente individualizada por CALAMANDREI, op. ult. cit., p. 341, nessa vislumbrando um caso de desvio de poder capaz de produzir a inexistência da motivação.

[313] Trata-se, em suma, das hipóteses de motivação fictícia, sobre as quais vide mais amplamente *infra*, Capítulo VII, § 3, *sub b)*.

a decisão e, uma vez mais, resta impossível o controle sobre a sua correção lógico-jurídica.

Se a inexistência dos requisitos até agora elencados significa inexistência da motivação, com as consequências descritas acima *sub b)*, isso não implica que sua respectiva existência importe sem mais ausência de qualquer vício na motivação. Ao lado das hipóteses de inexistência subsistem, ao invés, outras hipóteses, menos graves, de vícios, para os quais resulta aplicável o regime ordinário das nulidades previsto pela primeira parte do artigo 161, *Codice di Procedura Civile*. A princípio, de fato, entram nessa categoria os vícios de omissão (excepcionadas as hipóteses de verdadeira e própria ausência indicadas acima), de insuficiência e contraditoriedade (salvo o caso de contraste radical entre as premissas ou entre essas e a decisão, que igualmente dá lugar a uma hipótese de ausência) da motivação, para as quais a norma-base é o artigo 360, n. 5, *Codice di Procedura Civile* (e que serão examinadas diretamente no próximo capítulo).

A razão de fundo da distinção entre os casos em que a motivação não existe e os casos em que essa existe, mas é viciada, bem como da diferenciação quanto ao regime processual dos vícios da sentença nas duas hipóteses, consiste ainda uma vez mais na diferença de relevância que os vícios da motivação assumem, conforme essa seja considerada na perspectiva da sua função endoprocessual ou extraprocessual. Na primeira, o vício de motivação, qualquer que seja a natureza ou incidência na estrutura justificativa da própria motivação, é logicamente reconduzível dentro da categoria unitária da nulidade da sentença, com o que é igualmente explicável que esse seja considerado em qualquer caso irrelevante (e, portanto, sanado) uma vez que a sentença tenha transitado em julgado. Pode-se dizer, inclusive, que exatamente a conclusão do processo representa a verificação *a posteriori* do fato de que o vício em questão não provocou inconvenientes de relevo no seu desenvolvimento.

O discurso muda radicalmente, porém, se se considera o problema do ponto de vista da função extraprocessual da motivação. A sobreposição de exigências estranhas ao funcionamento interno do processo que essa comporta implica que o vício da motivação seja qualificado diferentemente – em sintonia com sua incidência em relação à possibilidade de satisfação dessas exigências – e implica ainda que, quando essas sejam concretamente frustradas, a conclusão do processo não constitua uma razão suficiente para considerar o vício como irrelevante e, portanto, sanável com a superveniência da coisa julgada.

Daí a diferenciação entre hipóteses de inexistência e hipóteses de nulidade, caracterizadas as primeiras pelo fato de impedirem que se atue a função extraprocessual da motivação e as segundas pelo fato de terem apenas importância endoprocessual.[314]

[314] Os vícios reconduzíveis à categoria da nulidade não incidem sobre a controlabilidade do fundamento da decisão: inclusive, a motivação é definível como omissa, insuficiente ou contraditória exatamente em sede controle (o que pressupõe que a motivação seja tal que pode ser controlada). Pelo contrário, a ausência de motivação opera no sentido de tornar impossível a própria possibilidade de controle, na medida em que equivale à ausência das afirmações sobre os elementos de base do contexto justificativo sobre o qual o controle deveria ocorrer. A distinção é mais clara do ponto de vista do observador externo, em relação ao qual a função extraprocessual da motivação se desenvolve de modo autônomo: a insuficiência ou inadequação da motivação podem representar o êxito do controle, isto é, o conteúdo do juízo sobre o fundamento racional da decisão; a ausência da motivação, pelo contrário, é uma condição logicamente anterior ao próprio controle, que o torna impossível.

BIBLIOGRAFIA

A. G. Conte, *Saggio sulla completezza degli ordinamenti giuridici*, Torino, 1962.

Acampora-Torrente, *Ancora sulla crisi della Cassazione*, in *Rivista di Diritto Processuale*, 1953.

Adler, *Legal Certaintyin*, 31 *Columbia Law Review*, 1931.

Aegidius De Fuscarariis, *Ordo judiciarius*, in Wahrmund, *Quellen zur Geschichte des römisch-kanonischer Prozesses im Mittelalter*, reedição Aalen, 1962.

_____. *Summa*, in Wahrmund, *Quellen zur Geschichte des römisch-kanonischer Prozesses im Mittelalter*, reedição Aalen, 1962.

Ajello, *Preilluminismo giuridico e tentativi di codificazione nel Regno di Napoli*, Napoli, 1968.

Akehurst, *Statements of Reasons for Judicial and Administrative Decisions*, in 33 *Modern Law Review*, 1970.

Allen, *Precedent and Logic*, in 41 *Law Quarterly Review*.

Allorio, *La cosa giudicata rispetto ai terzi*, Milano, 1935.

_____. *La vita del diritto in Italia*, in Jus, 1950.

Alsberg, *Das Weltbild des Strafrichters*, Mannheim-Berlin-Leipzig, 1930.

Alston, *Filosofia del linguaggio*, tr. it., Bologna, 1971.

Amato, *Logica simbolica e diritto*, Milano, 1969.

Amodio, *L'obbligo Costituzionale di motivazione e l'istituto della giuria*, in *Rivista di Diritto Processuale*, 1970.

_____. *La motivazione della sentenza penale e il suo controllo in Cassazione*, ed. provv., Milano, 1967.

_____. *Libertà e legalità della prova nella disciplina della testimonianza*, in *Rivista Italiana di Diritto e Procedura Penale*, 1973.

ANDRÉ-VINCENT, *L'abstrait et le concret dans l'interprétation*, in XVII *Archives de Philosophie du Droit*, 1972.

ANDRIOLI, *Inesistenza della sentenza e difetto della motivazione*, in *Foro Italiano*, 1949.

_____ . *Motivazione e dispositivo delle sentenze della Corte Costituzionale*, in *Rivista Trimestrale di Diritto e Procedura Civile*, 1962.

AOMI, *The Regulative Function of Legal Decisions*, in 59 *Archiv für Rechts- und Sozialphilosophie*, 1973.

ARNAUD, *Le médium et le savant. Signification politique de l'interprétation juridique*, in XVII Archives de Philosophie du Droit, 1972.

ARNDT, *Das rechtliche Gehör*, in *Neue Juristische Wochenschrift*, 1959.

ARNULPHUS, *Summa Minorum*, in WAHRMUND, *Quellen zur Geschichte des römisch--kanonischer Prozesses im Mittelalter*, Aalen, 1962.

ASCARELLI, *Le fait et le droit devant la Cour de Cassation italienne*, 1961.

ASCHERI, *Tribunali e giuristi consulenti italiani d'Ancien régime*, in COING, H., *Handbuch der Quellen und Literatur der neuren europäischen Privatrechtsgeschichte*, Band II, München (em curso de publicação).

BACON, *De justitia universal*, in *Oeuvres de Bacon*, trad. fr., Paris, 1852,

BALL, *The Moment of Truth: Probability Theory and Standard of Proof*, in 14 *Vanderbilt Law Review*, 1961.

BALLWEG, *Zu einer Lehre von der Natur der Sache*, Basel, 1960.

BARATTA, *Natura del fatto e diritto naturale*, in *Rivista Internazionale di Filosofia del Diritto*, 1959.

BARTHES, *Elementi di semiologia. Linguistica e scienza delle significazioni*, tr. it., III ed., Torino, 1967.

BARTOLI, *Commentaria in primam informatiati partem*, Lugduni, 1547.

BAUMANN, *Wahrheit der Urteilsgründe*, in *Neue Juristische Wochenschrift*, 1957.

BAYART, *Le centre national belge de recherche de logique*, in XI *Archives de Philosophie du Droit*, 1966.

BECKER, *Comparative Judicial Politics. The Political Functionings of Courts*, Chicago, 1970.

BELLUSSI, *La justification en droit, in Le raisonnement juridique. Actes du Congrès Mondial de Philosophie Sociale*, Bruxelles, 1971.

BENDIX, *Zur Psychologie der Urteilstätigkeit des Berufsrichters und andere Schriften*, organizado por M. Weiss, Neuwied-Berlin, 1968.

BENTHAM, *Rationale of Judicial Evidence, specially apllied to English Practice*, in *The Works of Jeremy Bentham*, Bowring ed., New York, 1962.

BERRI, *L'unità della giurisprudenza e la Corte di Cassazione*, in *Iustitia*, 1965.

BETTI, *Diritto Processuale Civile Italiano*, Roma, 1936.

_____. *Interpretazione dela legge e degli atti giuridici (Teoria generale e dogmatica)*, II ed., Milano, 1971.

BIANCHI D'ESPINOSA-CELORIA-GRECO-ODORISIO-PETRELLA-PULITANÒ, *Valori socio--culturali della giurisprudenza*, Bari, 1970.

BICKEL-WELLINGTON, *Legislative Purpose and the Judicial Process. The Lincoln Mills Case*, in 71 *Harvard Law Review*, 1957.

BIEDENKOPF, *Die Betriebsrisikolehre als Beispiel richterlicher Rechtsfortbildung*, Karlsruhe, 1970.

BIOCHE-GOUJET, *Dizionario generale ragionato della procedura civile e commerciale*, trad. it., Palermo, 1854.

BISCARETTI DI RUFFIA, *Diritto costituzionale*, VIII Ed., Napoli, 1969.

BLACK, *Linguaggio e filosofia*, tr. it., Milano, 1953.

BLOOMFIELD, *Language*, rist. London, 1957.

BLUME, *American Civil Procedure*, Englewood Cliffs, N. J., 1955.

BOBBIO, *Diritto e logica*, in *Atti del V Congresso nazionale di filosofia del diritto*, Milano, 1962.

_____. *Giusnaturalismo e positivismo giuridico*, Milano, 1965.

_____. *Sul ragionamento dei giuristi*, in *Rivista di Diritto Civile*, 1955.

_____. Über den Begriff der "Natur der Sache", in 44 *Archiv für* Rechts- *und Sozialphilosophie*, 1958.

BODENHEIMER, *A Neglected Theory of Legal Reasoning*, in 21 *Journal of Legal Education*, 1969

_____. *Jurisprudence. The Philosophy and Method of the Law*, Cambridge, Mass., 1962.

BOGNETTI, *Il gastaldato longobardo e i giudicati di Adaloaldo, Arioaldo e Pertarido nella lite tra Parma e Piacenza*, in *L'età longobarda*, Milano, 1966.

BOHNE, *Zur Psychologie der richterlicher Übrtzeugungsbildung*, Köln, 1948.

BONNIER, *Eléments d'organisation judiciaire et de procédure civile*, Paris, 1847.

BOONIN, *The Theoretical and Practical Approaches to Legal Reasoning*, in 49 *Archiv für Rechts- und Sozialphilosophie*, 1963.

BORDEAUX, *Philosophie de la procédure civile. Mémoire sur la réformation de la justice*, Evreux, 1857.

BORGHESI, *Diritto soggettivo e azione popolare nella legge 23 dicembre 1966 n. 1147*, in *Rivista Trimestrale di Diritto e Procedura Civile*, 1972.

BRACK, *Richter als Mitglieder politischer Partei*, 1966.

BRAITHWAITE, *La spiegazione scientifica*, tr. it., Milano, 1966.

BRECHER, *Scheinbegründungen und Methodenehrlichkeit im Zivilrecht*, in *Festschrift* für A. Nikisch, Tübingen, 1958.

BRÉHIER, *La filosofia del Medioevo*, tr. it., II ed., Torino, 1966.

BRIDGMAN, *La logica della fisica moderna*, tr. it., II ed., Torino, 1965.

BRIMO, *Logique juridique et méthode juridique*, in Logique juridique, 1967.

BRÜGGEMANN, *Die richterliche Begründungspflicht. Verfassungrechtliche Mindersanforderungen an die Begründung gerichtlicher Entscheidungen*, Berlin, 1971.

_____. *Judex statutor und judex investigator*, Bielfeld, 1968.

BRUNNER, *Die Entstehung der Schwurgerichte* (Berlin, 1872), Aalen, 1967.

CAHN, *Jerome Frank's Fact Skepticism and Our Future*, in 66 *Yale Law Journal*, 1957.

CAIANI, *Formalismo e empirismo nella scienza del diritto*, in *Rivista Trimestrale di Diritto e Procedura Civile*, 1953.

_____. *I giudizi di valore nell'interpretazione*, Padova, 1954.

_____. *La filosofia dei giuristi italiani*, Padova, 1955.

CALAMANDREI, *La funzione della giurisprudenza nel tempo presente*, in *Opere Giuridiche*, I, Napoli, 1965.

_____. *La funzione della giurisprudenza nel tempo presente*, in *Rivista Trimestrale di Diritto e Procedura Civile*, 1955.

_____. *La genesi logica della sentenza civile* (1914), in *Studi sul processo civile*, vol. I, Padova, 1930.

_____. *La genesi logica della sentenza civile*, in *Opere giuridiche*, I, Napoli, 1965.

_____. *La teoria dell' "error in iudicando" nel diritto italiano intermedio*, in *Studi sul processo civile*, I, Padova, 1930.

_____. *Processo e democrazia*, Padova, 1954.

_____. *Sentenze sintomatiche*, in *Rivista di Diritto Processuale Civile*, 1941.

CALOGERO, *La logica del giudice e il suo controllo in Cassazione* (1937), rist., Padova, 1964.

CANARIS, *Systemdenken und Systembegriff in der Jurisprudenz*, Berlin, 1969.

CANTINI, *Legislazione toscana*, Firenze, t. I, 1805.

CAPOGRASSI, *Analisi dell'esperienza comune*, in *Opere*, vol. II, Milano, 1959.

_____. *Appunti sull'esperienza giuridica*, in *Opere*, vol. III, Milano, 1959.

_____. *Il diritto dopo la catastrofe*, in *Opere*, vol. V, Milano, 1959.

_____. *Il problema della scienza del diritto*, in *Opere*, vol. I, Milano, 1959.

_____. *Il quid ius e Il quid iuris in una recente sentenza*, in *Opere*, vol. V, Milano, 1959.

_____. *Incompiutezza dell'esperienza giuridica*, in *Opere*, vol. III, Milano, 1959.

_____. *Intorno al processo*, in *Rivista Internazionale di Filosofia del Diritto*, 1938.

_____. *L'esperienza giuridica nella storia*, in *Opere*, vol. III, Milano, 1959.

_____. *Prefazione a Lopes de Oñate, La certezza del diritto*, rist., Roma, 1950.

_____. *Studi sull'esperienza giuridica*, in *Opere*, vol. II, Milano, 1959.

CAPPELLETTI, *Fundamental Guarantees of the Parties in Civil Proceedings (General Report), in Fundamental Guarantees*, in *Stanford Law Review*, 1973.

_____. *Incontro sul progetto di reforma del processo del lavoro*, Milano, 1971.

_____. *La testimonianza della parte nel sistema dell'oralità*, Milano, 1962.

CARCATERRA, *Il problema della fallacia naturalistica*, Milano, 1969.

CARNAP, *Empirismo, semantica e ontologia*.

_____. *Logical Foundations of Probability*, II ed., Chicago, 1951.

_____. *Meaning and Necessity*, Chicago, 1947.

CARNELUTTI, *Appunti sulla motivazione*, in *Rivista di Diritto Processuale*, 1951.

_____. *Arte del Diritto*, 1949.

_____. *Bilancio del positivismo giuridico*, in *Discorsi intorno al diritto*, II, Padova, 1953.

_____. *Di là dal diritto*, in *Discorsi*, Padova, 1961.

_____. Diritto e processo, Napoli, 1958.

_____. *Discorsi intorno al diritto*, Padova, 1953.

_____. *Eccesso del potere giudiziario per difetto di motivazione*, in *Rivista di Diritto Processuale*, 1947.

_____. *I giuristi e la filosofia*, in *Rivista Internazionale di Filosofia del Diritto*, 1923.

_____. *Istituzioni del processo civile italiano*, IV ed., Roma, 1956.

_____. *Limiti del rilievo dell'error in iudicando in Corte di Cassazione*, in *Studi di diritto processuale*, vol. I, Padova, 1925.

_____. *Matematica e diritto*, in *Discorsi*, Padova, 1961.

_____. *Nuove riflessioni intorno alla certeza del diritto*, in *Discorsi*, Padova, 1961.

_____. *Nuove riflessioni sul giudizio giuridico*, in *Discorsi*, III, Padova, 1961.

_____. *Profilo del pensiero giuridico italiano*, in *Discorsi*, Padova, 1961.

_____. *Sistema del diritto processuale civile*, II, Roma, 1938.

_____. *Teoria generale del diritto*, III Ed., Roma, 1951.

_____. *Torniamo al "giudizio"*, in *Rivista di Diritto Processuale*, 1949.

CARPENTER, *The Problem of Value Judgments as Norms of Law*, in 7 *Journal of Legal Education*, 1954.

CARPI, *L'Efficacia ultra partes della sentenza civile*, Milano, 1974.

CARRÉ, *Le leggi della procedura civile*, trad. it., Napoli, IV ed., 1850.

CARULLO, *La Costituzione della repubblica italiana*, Bologna, 1950.

CASSESE, *Problemi delle Ideologie dei Giudici*, in *Rivista Trimestrale di Diritto e Procedura Civile*, 1969.

CATTANEO, *Illuminismo e legislazione*, Milano, 1966.

CAVALLONE, *I poteri di iniziativa istruttoria del giudice civile*, ed. provv., Milano, 1968.

CERINO CANOVA, *Le impugnazioni civili. Struttura e funzione*, Padova, 1973.

CERRONI, *Il pensiero giuridico sovietico*, Roma, 1969.

CHEVRIER, *Sur l'art de l'argumentation chez quelques Romanistes médiévaux au XIII siecle*, in XI Archives de Philosophie du Droit, 1966.

CHIOVENDA, *Sulla cosa giudicata*, in *Saggi di diritto processuale civile*, Roma, 1931.

CLARK, *A Plea for the Unprincipled Decision*, in 49 *Virginia Law Review*, 1963.

CLARK-TRUBEK, *The Creative Role of Judge: Restraint and Freedom in the Common Law Tradition*, in 71 *Yale Law Journal*, 1961.

COHEN F. S., *The Problems of a Functional Jurisprudence*, in *Modern Law Review*, 1937.

_____ . *Field Theory and Judicial Logic*, in 59 *Yale Law Journal*, 1950.

COING, *Der juristiche Systembegriff bei Rudolf von Jhering*, Frankfurt am Main, 1969.

_____ . *Geschichte und Bedeutung des Systemgedankens in der Rechtswissenschaft*, in Zur Geschichte des Privatrechtsystems, Frankfurt am Main, 1970.

_____ . *Grundzüge der Rechtsphilosophie*, 2. Aufl., Berlin, 1969.

_____ . *Neue Strömungen in der Nordamerikanischen Rechtsphilosophie*, in 38 *Archiv für Rechts- und Sozialphilosophie*, 1949.

COKE, *Institutes of the Laws of England or a Commentary upon Littleton*, London, 1738

COLESANTI, *Die Entscheidungsbegründung*, in SPRUNG, R., *Entscheidungsbegründung,* Wien-New York, 1974.

_____ . *Eccezione (dir. proc. civ.)*, in Enciclopedia del Diritto, XIV, Milano, 1965.

_____ . *Giurisprudenza*, in *Novissimo Digesto Italiano*, VII, Torino, 1961.

COLOTTI, *La Germania nazista*, II Ed., Torino, 1962.

COMOGLIO, *La garanzia Costituzionale dell'azione ed il processo civile*, Padova, 1970.

CONDORCET, *Réflections d'un citoyen non gradué sur un process bien connu*, Francfort, 1786.

CONIGLIO, *Le presunzioni nel processo civile*, Palermo, 1917.

CONRAD, *Deutsche Rechtsgeschichte*, II. Neuzeit bis 1806, Karlsruhe, 1966.

COOK, *"Facts" and "Statements of fact"*, in 4 *University Chicago Law Review*, 1937.

COOK, *Legal Logic*, 31 *Columbia Law Review*, 1931.

CORMIO, *Commentario del codice di procedura civivle*, E. Allorio, I, tomo 2, Torino, 1973.

COSSIO, *Phenomenology of the Decision, in Latin-American Legal Philosophy*, Cambridge, Mass., 1948.

COSTA, *Iurisdictio. Semantica del potere politico nella publicistica medievale*, Milano, 1969.

CROSS, *Precedent in English Law*, II Ed., Oxford, 1968.

D'AMIA, *Diritto e sentenze di Pisa. Ai primordi del renascimento giuridico*, II ed., Milano, 1962.

D'AMIA, *Studi sull'ordinamento giudiziario e sulla procedura delle curie pisane nel secolo XII*, Firenze, 1922.

DAHRENDORF, *Deutsche Richter. Ein Beitrag zur Soziologie der Oberschicht,* in *Gesellschaft und Freiheit*, München, 1961.

DAHRENDORF, *Zur Soziologie des Richters*, in *Deut. Richterzeit.*, 1965.

DAMASUS, *Summa de Ordine Iudiciario*, in WAHRMUND, *Quellen zur Geschichte des römisch-kanonischer Prozesses im Mittelalter*, Aalen, 1962.

DANELSKI, *Values as Variables in Judicial Decision-Making: Notes towards a Theory*, in 19 *Vanderbilt Law Review*, 1966.

DAVID, *La Cybernétique et le Droit*, in *La logique juridique*, 1965.

DAWSON, *Probabilities and Prejudice in Establishing Statistical Inferences*, in 13 Jurim. J., 1973.

DE FINA, *La motivazione dei provvedimenti amministrativi*, in *Rivista Italiana di Scienza Giuridica*, 1971.

DE MARINI, *Il giudizio di equità nel processo civile*, Padova, 1958.

DEL GIUDICE, *Storia della procedura*, in PERTILE, A., *Storia del diritto italiano*, vol. VII, II ed., Torino, 1902.

DENNING, *The Road to Justice*, London, 1955.

DENTI, *Inesistenza degli atti processual civili*, in *Novissimo Digesto Italiano*, VIII, Torino, 1962.

_____ . *L'eccezione nel processo civile*, in *Rivista Trimestrale di Diritto e Procedura Civile*, 1961.

_____ . *L'evoluzione del diritto delle prove nei processi civili contemporanei*, in *Rivista di Diritto Processuale*, 1965.

______ . *L'interpretazione della sentenza civile*, Pavia, 1946.

_____ . *La Corte Costituzionale e La collegialità della motivazione*, in *Rivista di Diritto Processuale*, 1961.

_____ . *Questioni pregiudiziali (diritto processuale civile)*, in *Novissimo Digesto Italiano*, XIV, Torino, 1967.

_____ . *Questioni rilevabili d'ufficio e contraddittorio*, in *Rivista di Diritto Processuale*, 1968.

_____ . *Scientificità della prova e libera valutazione del giudice*, in *Rivista di Diritto Processuale*, 1972.

DENTI-SIMONESCHI, *Il nuovo processo del lavoro*, Milano, 1974.

DESCHENAUX, *La distinction du fait et du droit dans la Procédure de recours au tribunal federal*, Fribourg, 1948.

DEWEY, *Logica, teoria dell'indagine*, tr. it., II ed., Torino, 1965.

_____ . *Logical Method and the Law*, in 10 *Cornell Law Quarterly*, 1924.

DI FEDERICO, *Il reclutamento dei magistrati*, Bari, 1968.

DIAS, *The Value of a Value Study of Law*, in 28 *Modern Law Review*, 1965.

DICKERSON, *Referential Meaning: the Static Aspect*, in 10 Jurim. J., 1969.

DICKINSON, *Legal Rules: Their Function in the Process of Decision*, in 79 *University Pennsylvania Law Review*, 1931.

DIEDERICHSEN, *Topisches und systematisches Denken in der Jurisprudenz*, in 19 *Neue Juristiche Wochenschrift*, 1966.

DÖHRING, *Geschichte der deutschen Rechtspflege seit 1500*, Berlin, 1953.

DORNA, *Summa libellorum*, in WAHRMUND, *Quellen zur Geschichte des römisch--kanonischer Prozesses im Mittelalter*, Aalen, 1962.

DOWRICH, *Justice according to the English Common Lawyers*, London, 1961.

DOYLE, *Principles and Policies in the Justification of Legal Decision*, in *Le raisonnement juridique*, 1971.

DRAY, *Laws and Explanation in History*, Oxford, 1957.

_____ . *Philosophy of History*, Englewood Cliffs, N. J., 1964.

ECO, *Il segno*, Milano, 1973.

_____ . *La struttura assente. Introduzione alla ricerca semiologica*, Milano, 1968.

EDELMANN, *Die Entwicklung der Interessenjurisprudenz. Eine historich-kritische Studie über die Deutsche Rechtmethodologievom 18. Jahrhundert bis zur Gegenwart*, Bad Homburg v. d. Höhe-Berlin-Zurich, 1967.

EDWARDS, *The Logic of Moral Discourse*, II ed., New York, 1965.

EHRLICH, *Freie Rechtfindung und Freie Rechtslehre*, Leipzig, 1903.

EKELÖF, *La libera valutazione delle prove*, in *Studi in onore di A. Segni*, Milano, 1967.

ENDEMANN, *Das deutsche Zivilprozessrecht* (Heidelberg, 1868), Aalen, 1969.

ENGISCH, *Le fait et le droit en droit allemand*, 1961.

_____. *Logische Studien zur Gesetzesanwendung*, II Aulf., Heidelberg, 1960.

_____. *Zur "Natur der Sache" im Strafrecht. Ein Diskussionsbeitrag, in Festschrift* für E. Schmidt, Gottingen, 1961

ESCOBEDO, *Le sentenze suicide*, Milano, 1942.

ESSER, *Grundsatz und Norm*, 1956.

_____. *Vorverständnis und Methodenwahl in der Rechtsfindung*, Frankfurt am Main, 1970

FALZONE-PALERMO-COSENTINO, *La Costituzione della repubblica italiana, Roma*, 1969.

FASCHING, *Die Entscheidungsbegründung im österreichischen streitigen zivilgerichtlichen Erkenntnis-, Executions- und Insolvenzverfahren*, in SPRUNG, R. *Entscheidungensbegründung*, 1974.

FASSÒ, *Il giudice e l'adeguamento del diritto*, in *Rivista Trimestrale di Diritto e Procedura Civile*, 1972.

_____. *Il giudice e l'adeguamento del diritto alla realtà storico-sociale*, in *Rivista Trimestrale di Diritto e Procedura Civile*, 1972.

_____. *Storia della filosofia del diritto*, vol. III, Bologna, 1970.

FAZZALARI, *Il giudizio civile di cassazione*, Milano, 1960.

_____. *La giurisdizione volontaria*, Padova, 1953.

FECHNER, *Ideologie und Rechtspositivismus, in Ideologie und Recht*, in MAIHOFER, W., Frankfurt am Main, 1969.

FEEST, *Die Bundesrichter. Herkunft, Karriere und Auswahl der juristischen Elite*, in ZAPF, W., *Beiträge zur Analyse der deutschen Oberschicht*, 2 Aufl., München, 1965.

FEIGL, *De Principiis non Est Disputandum, in Philosophical Analysis*, in BLACK, M., Ithaca, New York, 1950.

_____. *Validation and Vindications. An Analysis of the Nature and the Limits of Ethical Arguments,* in HOSPERS, J; SELLARS, W., *Readings in Ethical Theory*, New York, 1952.

FERRAJOLI, *Teoria assiomatizzata del diritto*, Milano, 1970.

FERRI, *Antiformalismo, democrazia, codice civile*, in *Rivista di Diritto Commerciale*, 1968.

FICKER, *Forschungen zur Reichs- und Rechtsgeschichte Italiens*, Aalen, 1961.

FILANGIERI, *Riflessioni politiche sull'ultima Legge del Sovrano che riguarda la Riforma nell'amministrazione delle Giustizia, Silvestri da Scienza della Legislazione*, Milano, 1817-18.

FINKELSTEIN-FAIRLEY, *A Bayesian Approach to Identification Evidence*, in 83 *Harvard Law Review*, 1970.

FINKELSTEIN-FAIRLEY, *A Comment on "Trial by Mathematics"*, in 84 *Harvard Law Review*, 1971.

FIX-ZAMUDIO, *Les Garanties Constitutionnelles des Parties dans le Procès Civil en Amérique Latine*, in *Fundamental Guarantees*, in *Stanford Law Review*, 1973.

FLORE, *La Corte di Cassazione e la Costituzione*, in *Giustizia Civile*, 1965.

FLOWER, *Introduction to the Curia Regis Rolls, 1199-1230*, in *Selden Society Publications*, vol. 62, London, 1944.

FLUME, *Richter und Recht, im Verhandlungen des Sechsundvierzigsten Deutschen Juristentages* (Essen, 1966), München-Berlin, 1967

FOGELIN, *Evidence and Meaning. Studies in Analytic Philosophy*, London, 1967.

FORIERS, *La distinction du fait et du droit devant la Cour de Cassation de Belgique*, 1961.

FOUCAULT, *L'ordine nel discorso*, tr. it., Torino, 1972.

FRANK, *Courts on Trial. Myth and Reality in American Justice*, Princeton, 1950.

_____ . *Law and the Modern Mind*, New York, 1949.

_____ . *What Courts Do in Fact*, in 26 *Illionis Law Review*, 1932.

_____ . *Words and Music*, in 47 *Columbia Law Review*, 1947.

FREGE, *Senso e denotazione*, tr. it., in BONOMI, A., *La struttura logica del linguaggio*, Milano, 1973.

FRIEDMAN-MACAULAY, *Law and the Behavioral Sciences*, Indianapolis-Kansas City--New York, 1977.

FRIEDRICH, *The Problem of Authority in Legal Reasoning*, in 59 *Archiv für Rechts- und Sozialphilosophie*, 1973.

FURNO, *Problemi attuali della Corte di Cassazione*, in *Rivista di Diritto Processuale*, 1958.

FURTNER, *Das Urteil im Zivilprozess*, II Aufl., München-Berlin, 1967.

GARCIA MAYNEZ, *Logica del juicio juridico*, México-Buenos Aires, 1955.

_____ . *Logica del raciocínio jurídico*, México-Buenos Aires, 1964.

GARDINER, *The Nature of Historical Explanation*, Oxford, 1952.

GAUTHIER, *Practical Reasoning. The Structure and Foundations of Prudential and Moral Arguments and their Exemplification in Discourse*, Oxford, 1966.

GAVAZZI, *Logica giuridica*, in *Novissimo Digesto Italiano*, IX, Torino, 1963.

GENNARI, *Corso di procedura giudiziaria civile*, Pavia, 1844.

GEYMONAT, *Saggi di filosofia neorazionalistica*, Torino, 1953.

GIANFORMAGGIO BASTIDA, *Gli argomenti di Perelman: dalla neutralità dello scienziato all'imparzialità del giudice*, Milano, 1973.

GIANNINI, *L'interpretazione dell'atto amministrativo e La teoria giuridica generale dell'interpretazione*, Milano, 1939.

GINSBURG, *Objective Truth and the Judicial Process in Post-Stalinist Soviet Jurisprudence*, in 10 *American Journal of Comparative Law*, 1961.

GIORDANI, *Illustrazione al Regolamento del processo civile vigente nel Regno Lombardo-Veneto*, Venezia, 1845.

GIULIANI, *Il concetto di prova*, Milano, 1961.

_____ . *La controversia. Contributo alla logica giuridica*, Pavia, 1966.

GIULIANO, *Considerazioni sul metodo del giudizio*, *Foro Padovano*, 1959.

GLANVILL, *De Legibus et Consuetudinibus Regni Angliae*, Woodbine ed., New Haven, 1932.

GLASSON, *Précis théorique et pratique de procédure civile*, II ed., Paris, 1908.

GOLDING, *Principled Decision-Making and the Supreme Court, in Essays in Legal Philosophy*, in SUMMERS, R. S. (coord.), Oxford, 1968.

GORLA, *'Ratio Decidendi', principio di diritto (e 'obiter dictum')*, in *Foro Italiano*, 1964.

_____ . *Giurisprudenza*, in Enciclopedia del Diritto, vol. XIX, Milano, 1970.

_____ . *I "Grandi Tribunali" italiani fra i secoli XVI e XIX: un capitolo incompiuto nella storia politico-giuridica d'Italia*, in *Quaderni del Foro Italiano*, 1969.

_____ . *L'interpretazione del diritto*, Milano, 1941.

_____ . *La struttura della decisione giudiziale in diritto italiano e nella common law: riflessi di tale struttura sull'interpretazione della sentenza, sui "Reports" e sul "Dissenting"*, in *Giurisprudenza Italiana*, 1965.

_____ . *Lo stile delle sentenze – Ricerca storico-comparativa*, in *Foro Italiano*, 1964.

_____ . *Lo stile delle sentenze – Testi, commentati*, 1968.

_____ . *Lo studio interno e comparativo della giurisprudenza e i suoi pressupposti: le raccolte e le tecniche per la interpretazione delle sentenze*, in *Foro Italiano*, 1964.

_____ . *Note sull'interpretazione integrativa (in diritto e in fatto) della ratio decidendi e sul precedente giudiziale implicito*, in *Giurisprudenza Italiana*, 1966.

_____ . *Offerta 'ad incertam personam' (Saggi per un nuovo tipo di nota a sentenza)*, 1965.

_____ . *Precedenti giudiziali sulla trasmissibilità e sul termine dell'obbligazione pattizia di prelazione e su alcune questioni connesse*, in *Quaderni del Foro Italiano*, 1967.

_____ . *Raccolta di saggi sull'interpretazione e sul valore del precedente giudiziale in Italia*, 1966.

GÖTTNER, *Logik und Interpretation*, München, 1973.

GOVERNATORI, *Stato e cittadino in tribunale. Valutazioni politiche nelle sentenze*, Bari, 1970.

GRASSO, *La collaborazione nel processo civile*, in *Rivista di Diritto Processuale*, 1966.

GREEN, *Judge and Jury*, Kansas City, 1930.

GREGOROWICZ, *L'argument a majori ad minus et le problem de la logique juridique*, in 5 Logique et Analyse, 1962.

GREIMAS, *Modelli semiologici*, Urbino, 1967.

_____ . *Semantica strutturale*, tr. it., Milano, 1968.

GREMENTIERI, *Il processo comunitario. Principi e garanzie fondamentali*, Milano, 1973.

GROSSMANN-TANENHAUS, *Frontiers of Judicial Research*, New York, 1969.

GRUNSKY, *Die Entscheidungsbegründung im deutschen zivilgerichtlichen Verfahren*, in SPRUNG, R. (coord.), *Entscheidungsbegründung*, 1974.

GUASP, *Comentarios a la Ley de Enjuiciamiento Civil*, II ed., Madrid, 1942.

GUDIAN, *Die Begründung in Schöffensprüchen des 14. Und 15 Jahrundert*, Darmstadt, 1960.

GUEST, *Logic in the Law*, in *Oxford Essays in Jurisprudence*, Guest ed., Oxford, 1961.

GUIRAUD, *La semantica*, tr. it., Milano, 1966.

HALL, *What is Value? An Essay in Philosophical Analysis*, II ed., New York, 1961.

HALLEMANS, *Le juge devant la distinction du fait et du droit*, 1961.

HALPER, *Logic in Judicial Reasoning*, in 44 *Indiana Law Review*, 1968.

HAMANN, *Rechtliches Gehör*, in *Answaltsblatt*, 1958.

HANBURY, *English Courts of Law*, Oxford, 1948.

HARE, *Libertà e ragione*, tr. it., Milano, 1971.

HART, *Il concetto di diritto*, tr. it., Torino, 1965.

_____ . *Positivism and the Separation of Law and Morals*, in 71 *Harvard Law Review*, 1958.

HARTMAN, *Value Theory as a Formal System*, in 50 *Kant Studien*, 1958-59.

_____ . The Logic of Value, in 41 *Ver. Methaph.*, 1961.

HARTMANN, *Diesseits von Idealismus und Realismus*, in *Kant-Studien*, XXIX, 1924.

HASSEMER, *Tatbestand und Typus*, Köln-Berlin-Bonn-München, 1967.

HATTENHAUER, *Zwischen Demokratie und Hierarchie*, Karlsruhe, 1971.

HÉBRAUD, *Logique judiciaire*, in *5º Colloque des Istituts d'Etudes Judiciaires*, Paris, 1969.

HECK, *Gesetzesauslegung und Interessenjurisprudenz*, (1914), *Das Problem der Rechtgewinnung* (1912), *Begriffsbildung und Interessenjurisprudenz* (1932), in DUBISCHAR, R. (org.), Bad Homburg v.d. Höhe-Berlin-Zürich, 1968.

_____. *Begriffsbildung und Interessenjurisprudenz*, 1932.

HELLER, *Logik und Axiologie der analogen Rechtsanwendung*, Berlin, 1961.

HELLWIG, *Zur Psychologie der richterlichen Urteilstätigkeit*, Stuttgart, 1914.

HEMPEL, *Reasons and Covering Laws in Historical Explanation*, in *Philosophy and History*, S. Hook ed., New York, 1936.

HENKE, *Die Tatfrage. Der unbestimmte Begriff im Zivilrecht und seine Revisibilität*, Berlin, 1966.

HJELMSLEV, *Il linguaggio*, tr. it., Torino, 1970.

HOLMES, *Common Law*, rist., Cambridge, 1963.

_____. *The Path of the Law*, in 10 *Harvard Law Review*, 1897.

HOLTGRAVE, *Zum Reform des Zivilprozessrecht*, in 86 *Zeitschrift für Zivilprozess*, 1973.

HOPKINS, *Fictions and the Law: A Preliminary Theory of Decision*, in 38 *Brooklyn Law Review*, 1966.

_____. *The Formation of Rules: A Preliminary Theory of Decision*, in 35 *Brooklyn Law Review*, 1969.

HORN, *Zur Bedeutung der Topiklehre Theodor Viehwegs für eine einheitlichen Theorie des juristischen Denkens*, in 20 *Neue Juristiche Wochenschrift*, 1967.

HOROVITZ, *Esposé et critique d'une illustration du caractere pretendu non formel de la logique juridique*, in *XI Archives de Philosophie du Droit*, 1966.

_____. *Law and Logic*, Wien-New York, 1972.

HOSPERS, *An Introduction to Philosophical Analysis*, London, 1965.

HUSSON, *Les apories de la logique juridique*, in *La logique juridique*, 1967.

HUTCHESON, *The Judgment Intuitive: The Function of the "Hunch" in Judicial Decision*, in 14 *Cornell Law Quarterly*, 1929.

ISAY, *Rechtsnorm und Entscheidung*, Berlin, 1929.

JACKSON, *The Machinery of Justice in England*, VI ed., Cambridge, 1972.

JAKOBSON, *Essais de linguistique générale*, Paris, 1963.

JENKINS, *The Framework of Legal Decision-Making*, in *Le raisonnement juridique*, 1971.

JENSEN, *The Nature of Legal Argument*, Oxford, 1957.

JOHNSON, *The Dynamics of Compliance. Supreme Court Decision-Making from a New Perspective*, Evanston, Illionis, 1967.

JOLOWICZ, *Fundamental Guarantees in Civil Litigation: England,* in *Fundamental Guarantees*, in *Stanford Law Review*, 1973.

JØRGENSEN, *Argumentation and Decision*, in *Festkr. til Alf Ross*, København, 1969.

JUSO, *Motivi e motivazione nel provvedimento amministrativo*, Milano, 1963.

KALINOWSKI, *De la specificitè de la logique juridique*, in XI *Archives de Philophie du Droit*, 1966.

_____ . *Introduzione alla logica giuridica*, tr. it., Milano, 1971.

_____ . *Logique formelle et droit*, 1966.

KANTOROWICZ, *Der Kampf um die Rechtwissenschaft, in Rechtwissenschaft und Soziologie*, Karlsruhe, 1962.

KAUPEN, *Die Hüter von Recht und Ordnung. Die soziale Herkunft, Erziehung und Ausbildung der deutschen Juristen. Eine soziologische Analyse*, Newied, 1969.

KELSEN, *La dottrina pura del diritto*, tr. it. de M. Losano, Torino, 1966.

KIETZ-MÜHLMANN, *Konfliktursachen und Aufgaben der Zivil- und Familienrechtspflege*, Berlin, 1969.

KIRCHHEIMER, *Political Justice. The Use of Legal Procedure for Political Ends*, Priceton, N. J., 1961.

KLUG, *Juristische Logik*, Berlin, 1951.

KNEALE-KNEALE, *Storia della logica*, tr. it., Torino, 1972.

KOCH, *Zur Rationalität richterlichen Entscheidens*, in 4 *Rechtstheorie*, 1973.

KORT, *Analysis of Judicial Opinions and Rules of Law*, in SCHUBERT (org.), *Judicial Decision Making*, 1963.

_____ . *Quantitative Analysis of Fact-Pattern in Cases and their Implications on Judicial Decisions*, in 79 *Harvard Law Review*, 1966.

KRIELE, *Theorie der Rechtgewinnung entwickelt am Problem der Verfassungsinterpretation*, Berlin, 1967.

KRÜGER, *Allgemeine Staatslehre*, Stuttgart, 1964.

KUCHINKE, *Grenzen der Nachprüfbarkeit tatrichterlicher Würdigung und Feststellungen in der Revisionsinstanz. Ein Beitrag zum Problem von Rechts- und Tatfrage*, Bielefeld, 1964.

KÜHNE, *Die Richter und die Politisiezung der Rechtsprechung,* in *Deut. Richterzeit.*, 1971.

KYBURG, *Probability und the Logic of Rational Belief*, Middletown, Conn., 1961.

LAMPE, *Juristische Semantik*, Bad Homburg v. d. H.-Berlin-Zürich, 1970.

LANCELOTTI, *Sentenza civile*, in *Novissimo Digesto Italiano*, XVI, Torino, 1969.

LARENZ, *Methodenlehre der Rechtwissenschaft*, II Aulf., Berlin-Heidelberg-New York, 1969.

LARSSON, *Die Entscheidungsbegründung im scweidischen Gerichtsverfahren*, in SPRUNG, R. (coord.), *Entscheidungsbegründung*, 1974.

LASERRA, *Critica delle cosidette "prove innominate"*, in *Giurisprudenza Italiana*, 1960.

LAUFER, *Verfassungsgerichtsbarkeit und politischer Prozess. Studien zum Bundesverfassungsgericht der Bundesrepublik Deutschland*, Tübingen, 1968.

LAVINE-HORNING, *Manual of Federal Practice*, New York-S. Francisco--Toronto-London-Sydney, 1961.

LAWLOR, *Analysis and Prediction of Judicial Decision. Informal Progress Report*, in M.U.L.L., 1965.

_____. *Axioms of Fact Polarization and Fact-Ranking. Their Role in Stare Decisis*, in 14 *Villanova Law Review*, 1969.

_____. *Fact Content Analysis of Judicial Opinions*, in *Jurimetrics J.*, 1968.

LAWTON, *Zur Entscheidungsbegründung im englischen Recht*, in SPRUNG, R. (coord.), *Entscheidungsbegründung*, 1974.

LAZZARO, *Argomenti dei giudici. Estratto dai lavori della ricerca sulla "argomentazione giuridica" patrocinata dal C.N.R.*, Torino, 1970.

_____. *La funzioni dei giudici*, in *Rivista di Diritto Processuale*, 1971.

_____. *Storia e teoria della costruzione giuridica*, Torino, 1965.

_____. *Sussunzione*, in *Novissimo Digesto Italiano*, XVIII, Torino, 1971.

LEFEBVRE, *Le langage et la société*, Paris, 1966.

LEFLAR, *Some Observations Concerning Judicial Opinions*, in 61 *Columbia Law Review*, 1961.

LEGAZ Y LACAMBRA, *Justification de la décision en droit*, in *Le raisonnement juridique*, 1971.

LEPSCHY, *La linguistica strutturale*, Torino, 1966.

LESSONA S., *La funzione giurisdizionale*, in CALAMANDREI, Piero; LEVI, A. (coords.), *Commentario sistematico alla Costituzione Italiana*, Firenze, 1950.

LEVI, *An Introduction to Legal Reasoning*, in 15 *University Chicago Law Review*, 1948.

_____. *An Introduction to Legal Reasoning*, VII ed., Chicago, 1961.

LEVIN, *Mr. Justice William Johnson, Creative Dissenter*, in 43 *Michigan Law Review*, 1944.

LIEBMAN, *"Parte" o "capo" di sentenza*, in *Rivista di Diritto Processuale*, 1964.

______. *Manuale di diritto processuale civile*, II ed., Milano, 1957.

LITTEN, *Politisierung der Justiz*, Hamburg, 1971.

LLEWELLYN, *A Realistic Jurisprudence – The Next Step*, in 30 *Columbia Law Review*, 1930.

_____. *Jurisprudence: Realism in Theory and Practice*, Chicago, 1962.

_____. *The Common Law Tradition: Deciding Appeals*, Boston, 1960.

_____. *Some Realism about Realism*, in 44 *Harvard Law Review*, 1931.

LLOYD, *Reason and Logic in the Common Law*, in 64 Law Quarterly Review, 1948.

LOEBER, *Die Verwertung von Erfahrungssätzen durch den Richter im Zivilprozess*, Kiel, 1972.

LOEVINGER, *An Introduction to Legal Logic*, in 27 *Indiana Law Journal*, 1952.

LÖFFENHOLZ, *Die Rechtsphilosophie des Pragmatismus*, Meisenheim-Glan, 1961.

LOMBARDI, *Motivazione (Diritto Costituzionale)*, in *Novissimo Digesto Italiano*, X, Torino, 1964.

_____. *Saggio sul diritto giurisprudenziale*, Milano, 1967.

LOSANO, *Giuscibernetica. Macchine e modelli cibernetici nel diritto*, Torino, 1969.

LUCIFREDI, *La nuova Costituzione italiana*, Milano, 1952.

LUHMANN, *Legitimation durch Verfahren*, Neuwied am Rhein-Berlin, 1969.

LUKACKS, *La distruzione della ragione*, tr. it., II Ed., Torino, 1964.

LUPOI, *Cenni storici introduttivi allo studio delle fonti del diritto francese*, in *Rivista Trimestrale di Diritto e Procedura Civile*, 1968.

_____. *Pluralità di "rationes decidendi" e precedente giudiziale*, in *Quaderni del Foro Italiano*, 1967.

_____. *Valore dichiarativo della sentenza ed irretroattività del mutamento giurisprudenziale nel diritto statunitense*, in *Quaderni Foro Italiano*, 1969.

MAHRENKE, *Il criterio di significanza*, in LINSKY, L., tr. it., Milano, 1969.

MAKKONEN, *Zur Problematik der juridischen Entscheidung. Eine Strukturanalystische Studie*, tradução alemã, Turku, 1965.

MANARESI, *I placiti del Regnum Italiae*, Roma, 1955.

MANCINI-PISANELLI-SCIALOJA, *Commentario al codice di procedura civile per gli Stati Sardi*, Torino, 1855.

MANDRIOLI, *L'assorbimento dell'azione civile di nullità e l'art. 111 della Costituzione*, Milano, 1967.

MANIGK, *Neubau dês Privatrechts*, Leipzig, 1938.

MARTIN, *Leges sine logica vanae*, in *Law and Philosophy*, S. Hook ed., New York, 1964.

MARTY, *La distinction du fait et du droit. Essai sur le pouvoir de controle de la Cour de cassation sur les juges du fait*, Paris, 1929.

MASI, *Il Sindacato delle Magistrature Comunali nel sec. XIV*, Roma, 1930.

MASSA, *Contributo all'analisi del giudizio penale di primo grado*, Milano, 1965.

MATHOFER, *Die Natur der Sache*, in 44 Archiv für Rechts- und Sozialphilosophie, 1958.

MATSCHER, *Die Begründung der Entscheidungen internationaler Gerichte*, in SPRUNG, R. (coord.), *Entscheidungsbegründung*, 1974.

MATTIROLO, *Trattato di diritto giudiziario civile italiano*, V ed., Torino, 1904.

MATZ, *Rechtsgefühl und objektive Werte. Ein Beitrag zur Kritik des wertethischen Naturrecht*, München, 1966.

MAUNZ-DÜRIG-HERZOG, *Grundgesetz. Kommentar*, München, 1971.

MAYERS, *L'ordinamento processuale negli Stati Uniti d'America*, trad. it., Milano, 1967.

MAYO-JONES, *Legal Policy Decision Process: Alternative Thinking and the Predictive Function*, in 33 *George Washington Law Review*, 1964.

MAZZARELLA, *"Fatto e diritto" in Cassazione*, in *Rivista Trimestrale di Diritto e Procedura Civile*, 1974.

_____ . *Passato e presente della Cassazione*, in *Rivista Trimestrale di Diritto e Procedura Civile*, 1972.

MENESTRINA, *La pregiudiziale nel processo civile*, Vienna, 1904.

MERLIN, *Répertoir universel et raisonné de jurisprudence*, III ed., Paris, 1808.

MEYER, *Esprit, origine et progrès des institutions judiciaires des principaux Pays de l'Europe*, Paris, 1823.

MICHAELIS, *Ueber das Verhältnis von logischer und praktischer Richtigkeit bei der sogennanten Subsumtion (Eine Kritik der Kritiken am Subsumtionsbegriff)*, in Göttingen Festschrift OLG Celle, Göttingen, 1961.

MICHELI, *L'unità dell'ordinamento e il processo civile*, in *Rivista di Diritto Processuale*, 1968.

MILLER, *On the Choice of Major Premises in Supreme Court Opinions*, in 14 *Journal of Public Law*, 1965.

MILLER-HOWELL, *The Myth of Neutrality in Constitutional Adjudication: Relative or Absolute Neutrality*, in 11 *Journal of Public Law*, 1962.

MIMIN, *Le style des jugements*, IV, Ed., Paris, 1970.

MONTESANO, *Il processo di cognizione a trent'anni dal codice*, in *Atti del IX Convegno nazionale dell'Associazione fra gli studiosi del processo civile*, Milano, 1974.

MONTESANO-MAZZIOTTI, *Le controversie del lavoro e della sicurezza sociale*, Napoli, 1974.

MOREL, *Traité élémentaire de procédure civile et commerciale*, XII ed., Paris, 1960.

MORETTI, *La motivazione dell'accertamento tributario*, Padova, 1969.

MORGAN, *Basics Problems of Evidence*, 1962.

MORIONDO, *L'ideologia della magistratura italiana*, Bari, 1967.

MORRA, *Natura delle cose*, in *Novissimo Digesto Italiano*, XI.

MORRIS, *Signification and Significance. A Study of the Relations of Signs and Values*, Cambridge, Mass., 1964.

_____. *Lineamenti di uma teoria dei segni*, tr. it., Torino, 1963.

_____. *Lineamenti di una teoria dei segni*, 1971.

_____. *Segni, linguaggio e comportamento*, tr. it., II ed., Milano, 1964.

MORTARA, *Commentario del Codice e delle Leggi di Procedura Civile*, III ed., Milano, 1923.

_____. *Manuale della procedura civile*, IX ed., Torino, 1929

MUELLER, *The Problem of Value Judgments as Norms of Law: The Answer of a Positivist*, 1955.

MUELLER-SCHWARTZ, *The Principle of Neutral Principles*, in 7 *U.C.L.A. Law Review*, 1960

MÜLLER, *Juristische Methodik*, Berlin, 1971.

_____. *Normstruktur und Normativität. Zum Verhältnis von Recht und Wirklichkeit in der juristischen Hermeneutik, entwickelt an Fragen der Verfassungsinterpretation*, Berlin, 1966.

MURATORI, *Dei difetti della giurisprudenza*, A. Solmi, Roma, 1933.

NAGEL, *The Legal Proces from a Behavioral Perspective*, Homewood, III, 1969.

NASI, *Disposizione del diritto e azione dispositiva*, Milano, 1965.

_____. *Giudizio di fatto (dir. proc. civ.)*, in *Enciclopedia del Diritto*, XVI, Milano, 1967.

NEPPI MODONA, *Sciopero, potere politico e magistratura: 1870-1922*, Bari, 1969.

NEVAI-SAWCZUK, *Les decisions judiciaires selon la procedure civile hongroise et polonaise*, in *Annales Univ. Mariae Curie-Sklodowska*, XVII, 1970.

NICOLINI, *Questioni di diritto trattate nelle conclusion, nè discorsi e in altri scritti legali*, vol. V, Napoli, 1840.

OGDEN-RICHARDS, *Il significato del significato*, tr. it., VIII ed., Milano, 1966.

OHLMER, *Richterfreiheit und Begründungspflicht*, diss. Mainz, 1953.

OLIPHANT, *A Return to Stare Decisis*, in 14 *A. B. A. J.*, 1928.

OPOCHER, *Concetto di "sperienza giuridica" e idealismo*, in *Rivista Internazionale di Filosofia del Diritto*, 1950.

OPPETIT, *Les Garanties Fondamentales des Parties dans le Procès Civil en Droit Français*, in *Fundamental Guarantees*, in *Stanford Law Review*, 1973.

PAGANI, *La professione del giudice*, Milano-Varese, 1969.

PARKER, *A Right to Know the Reasons for a Decision of a Magistrate's Court?*, in BRIDGE, LASOK, PERROT e PLENDER (coords.), *Fundamental Rights*, , London, 1973.

PASQUINELLI, *Introduzione alla logica simbolica*, Torino, 1957.

PATTERSON, *Logic in the Law*, in 90 *University of Pennsilvania Law Review*, 1942.

PAUL, *The Legal Realism of Jerome N. Frank*, The Hague, 1959.

PERELMAN, *Droit, philosophie et argumentation*, in *Handelingen van de vereniging voor wijsbegeerte des rechts*, LV, 1971.

_____. *Introduction au colloque sur la théorie de la preuve*, in VIII *Revue Internationale de Philophie*, 1954.

_____. *Justice et raison*, Bruxelles, 1963.

_____. *L'interprétation juridique*, in XVII *Archives de Philosophie du Droit*, 1972.

_____. *La distinction du fait et du droit. Le point de vue du logicien*, 1961.

_____. *Le fait et le droit. Etudes de logique juridique*, Bruxelles, 1961.

_____. *Le raisonnement juridique*, in *Droit, morale et philosophie*¸ Paris, 1968.

_____. *Le rôle de la décision dans la théorie de la connaissance*, 1955.

_____. *Logique formelle, logique juridique*, in 3 *Logique et Analyse*, 1960.

_____. *Raisonnement juridique et logique juridique*, in *XI Archives de Philosophie du Droit*, 1966.

PERELMAN e OLBRECHTS-TYTECA, *Trattato dell'argomentazione. La nuova retorica*, tr. it., Torino, 1966.

PESCATORE, *La logica del diritto*, II ed., Torino, 1883.

PLEBE, *Breve storia della retorica antica*, Bari, 1968.

PLUCKNETT, *A Concise History of Common Law*, V ed., London, 1956.

POPPER, *Logica della scoperta scientifica*, tr. it., Torino, 1970.

POULANTZAS, *La dialectique hégélienne-marxiste et la logique juridique moderne*, in XI *Archives de Philophie du Droit*, 1966.

_____. *Marxisme et logique juridique*, in *La logique juridique*, 1967.

_____. *Nature dês choses et droit. Essai sur La dialectique du fait et de la valeur*, Paris, 1965.

POUND, *The Call for Realistic Jurisprudence*, in 44 *Harvard Law Review*, 1931.

_____ . *Fifty Years of Jurisprudence*, 1938.

PRETI, *Sulla dottrina logica del "semeion" nella logica stoica*, in Riv. Crit. st. fil., 1956.

PRITCHETT, *Division of Opinions among Supreme Court Justices of the U.S. Supreme Court, 1939-1941*, in SCHUBERT, *Judicial Behavior*, 1964.

PROTO PISANI, *Opposizione di terzo ordinaria*, Napoli, 1965.

PROVINCIALI, *Norme di diritto processuale nella Costituzione*, Milano, 1959.

RADIN, *Legal Realism*, in 31 *Columbia Law Review*, 1931.

RAMAT, *Significato costituzionale della motivazione*, in *Magistrati o funzionari?*, Milano, 1962.

RAMMOS, *Die Entscheidungsbegründung im griechischen Verfahrensrecht*, 1974.

RASEHORN, *Justiz und Rechtwirklichkeit*, in DRiZ, 1964.

_____ . *Rechtsfindung und Gerichtspraxis*, in *Neue Juristiche Wochenschrift*, 1972.

_____ . *Von der Klassenjustiz zum Ende der Justiz?*, in *Kritische Justiz*, 1969.

_____ . *Wege zu einer Soziologie des Richters*, in *Köln Zeitschrift für* Soziologie und Sozialpsychologie, 1968.

REDENTI, *Diritto Processuale Civile*, II ed., reimp., Milano, 1957.

REICH, *Sociological Jurisprudence und Legal Realism im Rechtsdenken Amerikas*, Heidelberg, 1967.

REICHEL, *Gesetz und Richterspruch*, Zürich, 1915.

RICARDUS ANGLICUS, *Summa de Ordine Judiciario*, in WAHRMUND, *Quellen zur Geschichte des römisch-kanonischer Prozesses im Mittelalter*, Aalen, 1962.

RICCI, *Commento al codice di procedura civile italiano*, VIII ed., Firenze, 1905.

RICHTER, *Zur soziologischen Struktur der deutscen Richterschaft*, Stuttgart, 1968.

RIEZLER, *Das Rechtsgefühl. Rechtspsychologische Betrachtungen*, II Aufl., München, 1946.

RIGAUX, *La nature du controle de la Cour de cassation*, Bruxelles, 1966.

ROBILANT, *Modelli nella filosofia del diritto*, Bologna, 1968.

_____ . *Sui principi di Giustizia*, Milano, 1961.

ROBINSON, *Law and the Lawyers*, New York, 1935.

ROCCO, *La sentenza civile. Studi* (1906), rist., Milano, 1962.

ROCCO, *Trattato di diritto processuale civile*, Torino, 1957.

RÖDIG, *Die Denkform der Alternative in der Jurisprudenz*, Berlin-Heidelberg-New York, 1969.

_____ . *Die Theorie der gerichtlichen Erkenntnisverfahrens. Die Grundlinien des zivil- straf- und verwaltungsgerichtlichen Prozess*, Berlin-Heidelberg-New York, 1973.

ROGGEMANN, *Procédure civile soviétique*, II, in *Annales de la Faculté de Droit de Liège*, 1972.

ROMAGNOLI, *Il ruolo del sindacato nel processo del lavoro*, in *Rivista Trimestrale di Diritto e Procedura Civile*, 1974.

ROSENBERG-SCHWAB, *Zivilprozessrecht*, 10 Aufl., München, 1969.

ROSIELLO, *Struttura, uso e funzioni della lingua*, Firenze, 1965.

ROSS, *Diritto e giustizia*, tr. it. de G. Gavazzi, Torino, 1965.

RUBINACCI, *Un esperimento di ricerca di giurisprudenza: la posizione patrimoniale della donna nella convivenza 'more uxorio'*, in *Quaderni del Foro Italiano*, 1967.

RUMBLE, *American Legal Realism*, New York, 1968.

RUMPF, *Gesetz und Richter*, Berlin, 1906.

RUPP, *Zur Frage der Dissenting Opinion*, in *Festschrift* für G. Leibholz, Tübingen, 1966.

RUSSELL, *Logica e conoscenza*, tr. it., Milano, 1961.

SALIS, *Provvedimenti collegiali non motivati*, in *Giustiza Civile*, 1965.

SAPIR, *Il linguaggio. Introduzione alla linguistica*, tr. it., Torino, 1969.

SARTORIOUS, *The Doctrine of Precedent and the Problem of Relevance*, in 53 *Archiv für Rechts- und Sozialphilosophie*, 1967.

SATTA, *Commentario al codice di procedura civile*, I, Milano, 1959.

_____. *Diritto Processuale Civile*, VII ed., Padova, 1967.

SAUSSURE, *Cours de linguistique générale*, IV ed., Paris, 1949.

SAUVEL, *Histoire du jugement motivé*, in *Revue de droit public*, 1955.

SCACCIAE, *Tractatus de sententia et re judicata*, Romae MDCXXVIII, Glos., IX, n. 32.

SCAPARONE, *La disciplina Costituzionale dell'intervento di "laici non tecnici" nell'amministrazione della giustizia*, in *Giuridizione costituzionale*, 1968.

SCARMAN, *The English Judge*, in 30 *Modern Law Review*, 1967.

SCARPELLI, *Filosofia analitica, norme e valori*, Milano, 1962.

_____. *Semantica giuridica*, in *Novissimo Digesto Italiano*, XVI, Torino, 1969.

SCHAFF, *Filosofia del linguaggio*, tr. it., Roma, 1969.

_____. *Introduzione alla semantica*, tr. It., II ed., Roma, 1969.

SCHEUERLE, *Beiträge zum Problem der Trennung com Tat- und Rechtsfrage*, in *Archives Civil Praxis*, 1958-59.

_____. *Rechtsanwendung*, Nurnberg-Düsseldorf, 1952.

SCHIAPARELLI, *Codice Diplomatico Longobardo*, Roma, 1933.

SCHLICK, *Gesammelte Aufsätze*, Wien, 1938.

SCHLÜTER, *Das Obiter Dictum*, München, 1973.

_____ . *Das Obiter Dictum. Die Grenzen höchstrichterlicher Entscheidungsbegründung, dargestellt an Beispielen aus der Rechtsprechung des Bundesarbeitsgerichts*, München, 1973.

SCHMIDT, *Die sowjetischen Gesellschaftsgerichte*, Köln, 1969.

_____ . *The Ratio Decidendi. A Comparative Study of a French, a German and a American Supreme Court Decision, in Acta Instituti Upsaliensis Iurisprudentiae Comparativae,* VI, Uppsala, 1965.

SCHMINK, *Zur Zerstörung der Rechtsortodoxie in Italien*, in *Kritische Justiz*, 1973.

SCHMITT, *Gesetz und Urteil*, 2 Aufl., München, 1969.

SCHNEIDER, *Logik für Juristen*, Berlin-Frankfurt am Main, 1965.

SCHREIBER, *Die Geltung von Rechtsnormen*, Berlin-Heidelberg-New York, 1966.

SCHROEDER, *The Psycologic Study of Judicial Opinions*, in 6 *California Law Review*, 1918.

SCHUBERT, *Judicial Behavior. A Reader in Theory and Research*, Chicago, 1964.

_____ . *Judicial Decision Making*, New York, 1963.

_____ . *Judicial Policy Making*, Glenview, 1965.

_____ . *Quantitative Analysis of Judicial Behavior*, Glencoe, III., 1959.

_____ . *The Judicial Mind, Attitudes and Ideologies of Supreme Court Justices 1946-1963*, Evanston, III, 1965.

SCHULTZE, *Privatrecht und Prozess*, Freiburg, 1883.

SCHWINGE, *Der Methodenstreit in der heutigen Rechtwissenschaft*, Bonn, 1930.

_____ . *Irrationalismus und Ganzheitsbetrachtung in der deutschen Rechtwissenschaft*, Bonn, 1938.

SCLOPIS, *Della autorità giudiziaria*, Torino, 1842.

SEGRE, *I segni e la critica. Fra strutturalismo e semiologia*, Torino, 1969.

SELLERT, *Progressgrundsätze und Stylus Curiae am Reichtshofrat*, Aalen, 1973.

SERENI, *Aspetti del processo civile negli Stati Uniti*, in *Studi di diritto comparato*, I, Milano, 1965.

_____ . *Le opinioni separate dei giudici di tribunali internazionali*, in *Le opinioni dissenzienti*, 1964.

SHAPIRO, *The Supreme Court and Constitutional Adjudication: of Politics and Neutral Principles*, in 31 *George Washington Law Review*, 1963.

SHUMAN, *Justification of Judicial Decision*, in 59 *California Law Review*, 1971.

SIMITIS, *The Problem of Legal Logic*, in 3 *Ratio*, 1960.

SIMON, *The Sociology of Law*, S. Francisco, 1968.

SINCLAIR, *Legal Reasoning: in Search of an Adequate Theory of Argument*, in 59 *California Law Review*, 1971.

SKYRMS, *Choice & Chance. An Introduction to Inductive Logic*, Belmont, California, 1966.

SNORTLAND-STANGA, *Neutral Principles and Decision-Making Theory: An Alternative to Incrementalism*, in 41 *George Washington Law Review*, 1973.

STALEV, *Fundamental Guarantees of Litigants in Civil Proceedings: A Survey of the Laws of the European People's Democracies*, in *Fundamental Guarantees*, in *Stanford Law Review*, 1973.

STAMMLER, *Rechtsphilosophie*, 3 Aufl., Berlin, 1928.

STEIN, *Das Private Wissen des Richters*, Leipzig, 1893.

STENTON, *Rolls of the Justices in Eyre for Gloucestershire, Warwickshire and Staffordshire, 1221-1222*, in *Selden Society Publications*, vol. 59, London, 1940.

STOEBUCK, *Relevancy and the Theory of Probability*, in *Iowa Law Review*, 1956.

STOECKLI, *Topic and Argumentation. The Contribution of Viehweg and Perelman in the Field of Methodology Applied to Law*, in 54 *Archiv für Rechts- und Sozialphilosophie*, 1968.

STOLJAR, *The Logical Status of a Legal Principle*, in 20 *University of Chicago Law Review*, 1953.

STONE, *Human Law and Human Justice*, Stanford, 1965.

_____. *Legal System and Lawyer's Reasoning*, Stanford, 1964.

_____. *Reasons and Reasoning in Judicial and Juristic Argument*, in 18 *Rutgers Law Review*, 1964.

_____. *The Province and Function of Law*, rist., Sidney, 1950.

_____. *The Ratio of the Ratio decidendi*, in 22 *Modern Law Review*, 1959.

STOYANOVITCH, *De quel usage peut être en logique juridique la "dialectique" au sens moderne hégélien et marxiste du mot?*, in XI *Archives de Philosophie du Droit*, 1966.

STRATENWERT, *Das Rechtstheoretische Problem der "Natur der Sache"*, Tübingen, 1957.

STRAWSON, *Introduzione alla teoria logica*, tr. it., Torino, 1961.

STRUCK, *Topische Jurisprudenz. Argument und Gemeinplatz in der juristischen Arbeit*, Frankfurt am Main, 1971.

TAMMELO, *La natura dei fatti come "tòpos" giuridico*, tr. it. in *Rivista Internazionale di Filosofia del Diritto*, 1963.

_____. *Logic as an Instrument of Legal Reasoning*, in 10 *Jurim. J.*, 1970.

_____. *Outlines of Modern Legal Logic*, Wiesbaden, 1969.

_____. *Rechtslogik und materiale Gerechtigkeit*, Frankfurt am Main, 1971.

_____. *Sketch for a Symbolic Jurist Logic*, in 8 *Journal of Legal Education*, 1955.

TAMMELO-PROTT, *Legal and Extra-legal Justification*, in 17 *Journal of Legal Education*, 1965.

TARELLO, *Diritto, enunciati, usi. Studi di teoria e metateoria del diritto*, Bologna, 1974.

_____. *Il realismo giuridico americano*, Milano, 1962.

_____. *Le ideologie della codificazione nel secolo XVIII*, III ed., Genova, 1973.

_____. *Orientamenti analítico-linguistici e teorie dell'interpretazione giuridica*, in *Rivista Trimestrale di Diritto e Procedura Civile*, 1971.

_____. *Teorie e Ideologie nel Diritto Sindacale*, Milano, 1967.

TARSKI, *La concezione semantica della verità e i fondamenti della semantica*, in *Semantica e filosofia del linguaggio*, 1944.

TARUFFO, *"Collateral estoppel" e giudicato sulle questioni*, in *Rivista di Diritto Processuale*, 1972.

_____. *Certezza e probabilità nelle presunzioni*, in *Foro Italiano*, 1974.

_____. *I limiti soggettivi del giudicato e le "class actions"*, in *Rivista di Diritto Processuale*, 1969.

_____. *L'obbligo di motivazione della sentenza civile tra diritto comune e illuminismo*, in *Rivista di Diritto Processuale*, 1974.

_____. *Note in tema di giudizio di fatto*, in *Rivista di Diritto Civile*, 1971.

_____. *Studi sulla rilevanza della prova*, Padova, 1970.

TARZIA, *Profili della sentenza civile impugnabile*, Milano, 1967.

TEBALDESCHI, *Justification and Justice as Topics of the "New Rhetoric"*, in 54 *Archiv für Rechts- und Sozialphilosophie*, 1968.

TEUBNER, *Standards und Direktiven in Generalklauseln: Möglichkeiten und Grenzen der empirischen Sozialforschung beider Präzisierung der Gutte-Sitten-Klauseln im Privatrecht*, Frankfurt am Main, 1971.

THOMINE-DESMAZURES, *Commentario sul codice di procedura civile*, trad. it., Napoli, 1855.

TORRENTE, *Spunti per uno studio sull'inesistenza e sulla nullità della sentenza*, in *Studi in onore di E. Redenti*, Milano, 1951.

TOUFFAIT-MALLET, *La morte des attendus*, in *Foro Italiano*, 1968.

TOUFFAT-TUNC, *Pour une motivation plus explicite des décisions de justice et notamment de celles de la Cour de Cassation*, in *Revue Trimestrielle de Droit Civil*, 1974.

TOULMIN, *The Uses of Argument*, Cambridge, 1958.

TREU, *Riforma del processo del lavoro e ruolo del sindacato*, in *Rivista Giuridica del Lavoro*, 1973.

TREVES, *Giustizia e giudici nella società italiana*, Bari, 1972.

_____. *L'amministrazione della giustizia in Italia*, 1972.

_____. *L'amministrazione della giustizia in Italia. Bilancio di una indagine*, in *Rivista di Diritto Processuale*, 1972.

TRIBE, *A Further Critique on Mathematical Proof*, in 84 *Harvard Law Review*, 1971.

_____. *Trial by Mathematics: Precision and Ritual in the Legal Pro*, in 84 *Harvard Law Review*, 1971.

TRIBES, *Die Entscheidungsbegründung im französichen Verfahrensrecht*, in SPRUNG, R. (coord.), *Entscheidungsbegründung*, 1974.

TROCKER, *Processo Civile e Costituzione. Problemi di diritto tedesco e italiano*, Milano, 1974.

TROYA, *Storia d'Italia nel Medioevo, Codice Diplomatico Longobardo*, vol. IV, Napoli, 1853.

ULE, *Verfassungrecht und Verwaltungsprozessrecht, in Deut*, Verwaltungsvlatt, 1959.

ULLMANN, *Semantica. Introduzione alla scienza del significato*, tr. it., Bologna, 1966.

URBAN, *Language and Reality*, London, 1951.

VACCARO, *"Dissents" e "Concurrences" nella prassi della Suprema Corte degli Stati Uniti*, in *Foro Padovano*, 1951.

VANDELLI, *Osservazioni sull'obbligo di motivazione degli atti amministrativi*, in *Rivista Trimestrale di Diritto e Procedura Civile*, 1973.

VARANO, *Organizzazione e garanzie della giustizia civile nell'Inghilterra moderna*, Milano, 1973.

VIGORITI, *La pubblicità delle procedure giudiziarie (Prolegomeni storico-comparativi)*, in *Rivista Trimestrale di Diritto e Procedura Civile*, 1973.

VILLEY, *Histoire de la logique juridique*, in *La logique juridique, Travaux du IIe Colloque de philosophie du droit comparée*, Toulouse, septembre 1966, Paris, 1967.

_____. *La nature des choses*, in *Seize essais de philosophie du droit*, Paris, 1969.

VIRGA, *Diritto costituzionale*, VII Ed., Milano, 1971.

VOLKOMER, *The Passionate Liberal: The Political and Legal Ideas of Jerome Frank*, The Hague, 1970.

VON MEHREN, *Il procedimento dell'attività decisoria negli Stati Uniti e in Francia*, in *Jus*, 1953.

_____ . *The Judicial Process in the United States and Germany. A Comparative Analysis*, in *Festschrift* für E. Rabel, Tübingen, 1954.

_____ . *The Judicial Process: a Comparative Analysis*, in 5 *American Journal of Comparative Law*, 1956.

Von Wright, *Norm and Action*, London, 1963.

Wach, *Die That- und Rechtsfrage bei der Revision im Civilprozess*, in 10 *Juristiche Worchasenschrift*, 1881.

Waismann, *I principi della filosofia linguistica*, tr. it., Roma, 1969.

WALDER, *Die Entscheidungsbegründung im schweizerischen zivilgerichtlichen Verfahren*, 1974.

Wassermann, *Der politische Richter*, München, 1972.

_____ . *Magistratura e classi sociali nell'età giolittiana: prime ipotesi di lavoro*, in *Politica del Diritto*, 1972.

_____ . *Richter Reform Gesellschaft. Beitrüge zur Erneuerung der Rechtspflege*, Karlsruge, 1970.

Wasserstrom, *The Judicial Decision. Toward a Theory of Legal Justification*, Stanford, 1961.

Watson, *Fundamental Guarantees of Litigants in Civil Proceedings in Canada*, in *Fundamental Guarantees*, in *Stanford Law Review*, 1973.

Wechsler, *Principles, Politics and Fundamental Law*, Cambridge, Mass., 1961.

_____ . *The Nature of Judicial Reasoning*, in *Law and Philosophy. A Symposium*, S. Hook ed., New York, 1964.

_____ . *Toward Neutral Principles of Constitutional Law*, in 73 *Harvard Law Review*, 1959.

Wehli, *Beiträge zur Analyse der Urteilsfindung, in Festschrift* für A. Wach, Leipzig, 1913.

Weiller, *Legal Values and Judicial Decision-Making*, in 48 *Canadian Bar Review*, 1970.

Weimar, *Psychologische Strukturen richterlicher Entscheidung*, Basel-Stuttgart, 1969.

Weinberg, *Introduzione al positivismo logico*, tr. it., rist., Torino, 1967.

Weinberger, *Fundamental Problems of the Theory of Legal Reasoning*, in 58 *Archiv für Rechts- und Sozialphilosophie*, 1972.

_____ . *Rechtslogik. Versuch einer Anwendung moderner Logik auf das juristische Denken*, Wien-New York, 1970.

_____ . *Topik und Plausibilitätsargumentation*, in 50 *Archiv für Rechts- und Sozialphilosophie*, 1973.

Weinstein-Korn-Miller, *New York Civil Practice*, New York, 1964.

WEISS, *Die Theorie der richterlichen Entscheidungstätigkeit in den Vereinigten Staaten von Amerika*, Frankfurt a. M., 1971.

WETTER, *The Styles of Appellate Judicial Opinions*, Leyden, 1960.

WIGMORE, *A Treatise on the Anglo-American System of Evidence in Trials at Common Law*, III ed., Boston, 1940.

WILHELM, *Savignys überpositive Systematik, in* BLÜHDORN, J.; RITTER, J. (coords.), *Philosophie und Rechtswissenschaft, Zum Problem ihrer Beziehung im 19. Jahrhundert*, Frankfurt am Main, 1969.

WISDOM, *"Gods"*, in *Philosophy and Psychoanalysis*, 1953.

WITTGENSTEIN, *Tractatus logico-philosophicus*, tr. it. de G. A. Conte, Torino, 1964.

WRIGHT, *The Supreme Court Cannot Be Neutral*, in 40 *Texas Law Review*, 1962.

WRÓBLEWSKI, *Facts in Law*, in 59 *Archiv für Rechts- und Sozialphilosophie*, 1973.

_____. *Il modello teorico dell'applicazione della legge*, in *Rivista Internazionale di Filosofia del Diritto*, 1967.

_____. *L'interprétation en droit: théorie et idéologie*, in XVII *Archives de Philosophie du Droit*, 1972.

_____. *Legal Decision and Its Justification*, in *Le raisonnement juridique*, 1971.

_____. *Legal Reasoning in legal interpretation*, in *Logique et Analyse*, 1969.

YEAR BOOKS OF EDWARD II, Part of Easter and Trinity, 1319, vol. XXV, in *Selden Society Publications*, vol. 81, London, 1964.

ZANUTTIGHI, *"Italia Nostra" di fronte al Consiglio di Stato*, in *Foro Italiano*, 1974.

ZIPPELIUS, *Das Wesen des Rechts. Eine Einführung in die Rechtsphilosophie*, 2. Aufl., München, 1969.

_____. *Problemjurisprudenz und Topik*, in 20 *Neue Juristiche Worschenschrift*, 1967.

ZO BELL, *L'espressione di giudizi separati nella Supreme Corte: storia della scissione della decisione giudiziaria*, in *Le opinioni dissenzienti*, 1964.

ZWINGMAN, *Zur Soziologie dês Richters in der Bundesrepublik Deutschland*, Berlin, 1966.

APÊNDICE

A REFORMA DAS NORMAS SOBRE A MOTIVAÇÃO DA SENTENÇA

1. Introdução; 2. A reforma do artigo 132, n. 4; 3. O novo artigo 118, *Disposizioni per l'Attuazione del Codice di Procedura Civile*. A motivação sobre os fatos; 4. Segue. A motivação sobre o Direito.

1. INTRODUÇÃO

O legislador de 2009 preocupou-se de modo particular com a redução da duração do processo civil e, com essa finalidade, introduziu retoques consideráveis na disciplina da motivação da sentença, ou seja, nos artigos 132, n. 4, *Codice di Procedura Civile*, e 118, *Disposizioni per l'Attuazione del Codice di Procedura Civile*. O legislador evidentemente partiu da premissa segundo a qual os juízes perdem demasiado tempo em redigir motivações intermináveis e redundantes e insiste, portanto, na *concisão* de motivações, que devem ser o mais sucintas quanto possível.

À primeira vista, poder-se-ia cair na tentação de ver com bons olhos a postura do legislador: é verdade – e é óbvio também – que os juízes empregam tempo escrevendo as motivações das sentenças. É também verdade que não raro as motivações são longas e inutilmente verborrágicas, sendo ainda difundida a tendência a fazer da motivação da sentença um ensaio de caráter doutrinário, em que o juiz quer mostrar, mais do que o fundamento lógico e jurídico da decisão, sua cultura. De outra banda, não parece ter tido sucesso a tentativa feita em 2004 com a introdução do artigo 281-*sexies*,[1] que abriu a possibilidade da leitura em audiência de uma *concisa* exposição das razões de fato e de direito da decisão. Por vezes, de fato, os juízes servem-se dessa possibilidade, mas não parece possível afirmar que essa tenha se tornado a prática prevalente. Além disso, considere-se que para decidir e motivar os fatos e o direito na própria audiência em que se desenvolve a discussão final da causa, o juiz deveria chegar à audiência tendo já imaginado a decisão e a motivação, correndo-se o risco de que se torne supérflua justamente a audiência de debates.

A constatação de que a redação da motivação escrita requer tempo e de que não raro os juízes exageram na feitura de motivações "doutrinárias", em larga medida inúteis, é bastante banal, mas isso não justifica por si só a intervenção do legislador, que, aliás, se presta a algumas considerações críticas.

Por um lado, pode-se observar que o estilo da motivação é um fenômeno em que se refletem diretamente a cultura e a formação profissional do juiz: o bom juiz – e felizmente não faltam – pode motivar de modo claro, sóbrio e não redundante, cumprindo adequadamente o dever de motivação sem perder o próprio tempo; o juiz ruim – que tampouco falta – escreve de modo confuso, verborrágico e inevitavelmente longo, utilizando, portanto, mal o próprio tempo. Como se costuma dizer, a confusão da escrita reflete a confusão das ideias: se essas são claras, não é difícil motivar uma decisão de modo adequado e sintético. Em todo caso, o estilo da motivação – que obviamente determina seu conteúdo – não se disciplina com normas: constrói-se com a formação profissional do juiz. Ademais, normas como aquelas supramencionadas constituem recomendações cheias de boa vontade, das quais o bom juiz não necessita, e para as quais o juiz ruim não conseguirá colocar em prática. Por outro, a postura do legislador parece alinhar-se com aquilo que se manifestou por vezes na doutrina,[2] no sentido de que a motivação da sentença seria uma espécie de redondilha retórica de que o juiz deveria oportunamente se desincumbir – ou mesmo um luxo a que não se pode permitir em uma situação de escassez de tempo dos juízes. São exemplos disso as recorrentes propostas que pretendem fazer com que o juiz motive a sentença somente a requerimento da parte que pretende impugná-la[3] e

---

1 Sobre o tema, conforme, inclusive para numerosas referências, CARPI-TARUFFO, *Commentario breve al codice di procedura civile,* VI ed., Padova, 2009, p. 960 ss.

2 Conforme, por exemplo, CHIARLONI, *Giusto processo (diritto processuale civile)*, in *Enc. Dir., Annali*, II, tomo 1, Milano 2008, p. 414.

3 Conforme CHIARLONI, *ibidem.* Talvez seja o caso de recordar que a motivação a pedido da parte estava prevista no § 318 do CPC austríaco de 1815, por muito tempo aplicado no Lombardo-Veneto (conforme *Regolamento generale del processo civile per Regno Lombardo-Veneto,* reimpressão, Milano, 2003, p. 122). O Código austríaco pretendia

a mais difundida tendência de desvalorização a motivação, entendendo-a como um formalismo de que se poderia muito bem prescindir.[4]

Essas orientações parecem, todavia, perigosas e infundadas. Vale a pena, de fato, recordar que em nosso, assim como em outros ordenamentos, a motivação da sentença é objeto de específica e expressa garantia constitucional (vide artigo 111 da Constituição italiana). A propósito, observa-se que evidentemente o legislador constituinte não se limitou a reproduzir as normas codificadas preexistentes, que – como o artigo 132, n. 4, do *Codice di Procedura Civile*, ou o como o velho artigo 474, n. 4, do *Codice di Procedura Penale* – já previam a motivação entre os requisitos do conteúdo da sentença. Essa repetição, de fato, teria sido totalmente inútil se a intenção do legislador constituinte tivesse sido simplesmente reforçar aquela que pode ser definida como "função endoprocessual" da motivação, ou seja, sua utilidade para a parte que pretende recorrer da sentença e para o juízo recursal. Para assegurar semelhante função, de fato, seriam mais do que suficientes as normas dos códigos processuais supramencionados. Parece evidente, todavia, que normas como a atual sexta parte do artigo 111 enunciam uma garantia fundamental da administração da justiça em um estado democrático, prevendo justamente que, em um dos momentos fundamentais em que se exercita concretamente o poder do Estado, isso ocorra de modo *justificado* e de modo a permitir um controle externo difuso sobre as razões pelas quais o poder é exercitado em cada caso concreto. Com esse propósito, fala-se de uma "função extraprocessual" da motivação, que consistiria justamente em ter-se como possível um controle externo sobre o fundamento lógico e jurídico da decisão mediante o exame crítico das razões que o juiz elabora e expõe como justificativa dessa.[5] Isso explica o porquê da motivação da sentença ser obrigatória sempre, ou seja, mesmo quando se está diante de sentenças insuscetíveis de recurso, como aquelas da *Corte di Cassazione* (salvo nas hipóteses marginais previstas nos artigos 391-*bis* e 391-*ter*) e aquelas da *Corte Costituzionale*. Em realidade, a motivação das sentenças passíveis de impugnação desempenha *também* a função endoprocessual consistente em facilitar a formulação dos motivos de impugnação e o controle por parte do juízo recursal, ao passo que a

---

certamente economizar o tempo dos juízes, mas não era um modelo de código garantista – e é bastante duvidoso se correspondia aos princípios atuais do "processo justo".

4 CHIZZINI, in BALENA-CAPONI-CHIZZINI-MENCHINI, *La riforma della giustizia civile. Commento alle disposizioni della legge sul processo civile n. 69/2009,* Torino, 2009, p. 44, fala justamente de "prática desvalorização do elemento formal da motivação".

5 Sobre essa interpretação da norma constitucional, vide mais amplamente TARUFFO, *La motivazione della sentenza civile,* Padova, 1975, p. 398 ss.; ID., *Páginas sobre justicia civil,* Madri-Barcelona-Buenos Aires, 2009, p. 515 ss.; ANDOLINA-VIGNERA, *I fondamenti costituzionali della giustizia civile,* II ed., Torino, 1997, p. 181 ss.

motivação de cada sentença desempenha *sempre* a função extraprocessual, consistente em assegurar a possibilidade de um controle externo sobre as razões que justificam a decisão. A propósito, é inconsistente a recorrente objeção que afirma que, na verdade, os cidadãos não passam seu tempo lendo milhares de sentenças com o escopo de verificar se os juízes exercitam corretamente o próprio poder, de modo que não se poderia configurar uma função extraprocessual da motivação da sentença. Pode-se, de fato, observar que a função das garantias não é fazer com que concretamente e sempre essas se apliquem a cada caso concreto: seu objeto e finalidade são assegurar a *possibilidade* de que isso ocorra. A garantia constitucional da motivação serve para fazer com que o controle sobre o fundamento das decisões *possa* ser feito e sua função não depende da circunstância de que isso seja de fato realizado por todos os cidadãos sobre todas as sentenças. Não se pode esquecer, de resto, que um controle crítico externo sobre a justificação das decisões judiciais é feito pela doutrina, quando essa leva em consideração os aspectos mais relevantes da jurisprudência. O exame crítico da jurisprudência seria evidentemente impossível se as sentenças não fossem motivadas, ou se fossem motivadas somente as sentenças recorríveis que uma parte tem intenção de impugnar.

Nessa perspectiva, parecem evidentemente infundadas as propostas que visam a eliminar o dever geral de motivação, assim como parece em contraste com o correto modo de entender a garantia constitucional qualquer abordagem redutiva ou desvalorizadora da motivação da sentença.

De resto, não é de hoje, sabe-se bem, que as garantias têm um custo inevitável em termos de tempo e de atividades processuais: basta pensar, por exemplo, em quanto "custa" a atuação efetiva da garantia do contraditório. Não parece, todavia, que as "economias" processuais possam realizar-se reduzindo ou eliminando as garantias fundamentais da administração da justiça: e isso vale – naturalmente – para todas as garantias e, de modo particular, para aquelas que – como a obrigatoriedade de motivação – visam a assegurar o correto exercício do poder no contexto do ordenamento democrático do Estado. Se o tempo dos juízes é um problema real – e não há dúvida de que assim seja – o problema deve ser enfrentado com sérias reformas do ordenamento e da organização, não eliminado ou reduzindo a garantia da motivação.

2. A REFORMA DO ARTIGO 132, N. 4

Um primeiro aspecto da intervenção simplificadora efetuada sobre o artigo 132, n. 4 é constituído pela eliminação da exposição do desenvolvimento do processo, que já devia ser *concisa* com base no texto precedente da norma. O efeito dessa eliminação deve, todavia, ser identificado com cautela. Na realidade, nos limites em que essa exposição poderia reduzir-se a um simples formalismo, dessa se poderia tranquilamente prescindir, mas a mesma coisa não pode ser dita caso (não raro) o embate processual tenha uma influência significativa sobre a decisão final, como ocorre todas as vezes em que essa diz respeito, no todo ou em parte, a questões processuais. A exposição do desenvolvimento do processo justificava-se, de fato, (e justificar-se-ia ainda) pela finalidade de tornar visíveis na sentença os vícios derivados da violação das normas processuais.[6] É possível acrescentar a isso as hipóteses em que o conteúdo da decisão final não se explicaria sem o conhecimento daquilo que ocorrera no decorrer do juízo. Se, por exemplo, sobre uma questão o juiz não decide devido à sua alegação tardia, será oportuno que isso seja dito, ressaindo com clareza as razões com base nas quais o juiz considerou aquela questão tardia. O mesmo pode ser dito, por exemplo, se o juiz decide sobre fatos aplicando a regra sobre o ônus da prova, porque as faculdades probatórias das partes estavam preclusas, e em todas as outras situações em que um episódio do processo determina algum aspecto da decisão final. Portanto, é necessário sustentar que também após a reforma a motivação da sentença deve incluir pelo menos algumas referências ao embate processual, toda vez que esse apresentar aspectos significativos para a valoração de eventuais erros sobre os fatos processuais[7] e todas as vezes que o conteúdo da sentença não restar compreensível senão em função daquilo que ocorreu ao longo do processo. Se assim não fosse, de fato, verificar-se-ia um vício de motivação relativo a aspectos relevantes da decisão.

Não tem, por outro lado, qualquer relevância o fato de que atualmente a norma fale de "razões" de fato e de direito da decisão, ao passo que o texto anterior falava de "motivos", se se considerar que aduzir os motivos de uma decisão significa precisamente expor as razões que a justificam e que expor tais razões significa – justamente – motivar a decisão.

3. O NOVO ARTIGO 118, *DISPOSIZIONI PER L'ATTUAZIONE DEL CODICE DI PROCEDURA CIVILE*. A MOTIVAÇÃO SOBRE OS FATOS

O artigo 132, n. 4 encontra direta articulação no artigo 118, *Disposizioni per l'Attuazione del Codice di Procedura Civile*, que especifica no que "consiste" a motivação da sentença. A norma foi modificada pela Lei n. 69 de modo significativo e passível de suscitar alguns problemas que não podem ser ignorados.

---

[6] Conforme Chizzini, *op. cit.*, p. 43.

[7] Conforme Chizzini, *op. cit.*, p. 45.

Inicialmente, introduziu o adjetivo "sucinta" no que diz respeito à motivação, que se assemelha à "concisa" que aparece no artigo 132, n. 4 a propósito da "exposição das razões de fato" da decisão. Não é o caso de se alongar em uma comparação linguística entre os dois adjetivos, mesmo que se pudesse esperar do legislador diligente maior clareza e uniformidade de linguagem. É clara, em todo caso, a intenção que inspirou a reforma do artigo 118: no passado faltava o adjetivo "sucinta" e, portanto, é claro que atualmente se quer dizer que o juiz deveria reduzir a motivação a um texto breve e sintético, expondo nessa o mínimo indispensável para realizar a prescrição relativa ao conteúdo da sentença referente à motivação sobre os fatos.

Antes da reforma, a norma de atuação previa que a motivação consistisse (também) na "exposição dos fatos relevantes da causa": já se tratava de uma formulação redutiva, que não correspondia àquilo que estava previsto no artigo 132, n. 4 (norma em que se demandava a exposição dos "motivos de fato" e agora se demanda a mais concisa exposição das "razões de fato"). Era também à época claro que prever simplesmente "exposição" dos fatos, mas não a justificação – ou seja, a motivação – da decisão sobre esses podia levar a uma substancial violação do dever de motivar. Na verdade, *expor* um fato significa dizer "o fato F verificou-se assim e assim", mas não significa nada mais. Em particular, expor o fato não significa aduzir as razões pelas quais a respectiva afirmação por parte do juiz deveria parecer justificada. Todavia, ninguém jamais duvidara sensatamente de que a sentença devesse ser motivada também sobre os fatos, com a exposição das razões pelas quais o juiz apurara o fato daquela determinada forma, essencialmente no que diz respeito às provas sobre as quais a apuração dos fatos fundara-se. Chegava--se a esse resultado interpretativo facilmente com base no já mencionado artigo 132, n. 4, e à mesma conclusão pode-se chegar facilmente também com base na redação atual da norma.[8]

Atualmente, entretanto, o artigo 118 diz que a motivação sobre os fatos consiste na "sucinta exposição dos fatos relevantes da causa", com uma formulação que – à parte a insistência sobre a brevidade – presta-se a pelo menos duas interpretações diferentes. A primeira delas, alinhada àquilo que se defendia no período anterior à reforma, caminha no sentido de que a motivação sobre os fatos deva conter a – mesmo que sucinta – exposição dos

---

[8] A propósito, pode-se observar que, ao modificar a redação literal da norma, o legislador de 2009 não seguiu o modelo constituído pelo artigo 16, n. 5 do revogado d. lg. n. 5 de 2003, que disciplinava o rito societário. Essa norma continha, de fato, uma previsão de constitucionalidade bastante duvidosa, segundo a qual a sentença poderia ser motivada também "de forma abreviada" com a mera "remessa aos elementos de fato reportados em uma ou mais peças da causa" (sobre o tema ver, inclusive para referências, Carpi-Taruffo, *op.cit.*, p.2754).

fatos relevantes da causa, acompanhada da – sucinta – indicação das razões que justificam essa exposição. Substancialmente, o juiz deveria de qualquer modo indicar quais fatos da causa considera relevantes e quais fatos apurou como verdadeiros, porque justificados pelas provas disponíveis: a referência mesmo que sucinta às provas deve, de fato, constituir o núcleo da motivação sobre os fatos, permanecendo firme, entretanto, que essa motivação pode e deve ser ampla e analítica (e, portanto, pouco sucinta) se isso é necessário em razão da complexidade dos fatos e do material probatório sobre o qual se funda a respectiva apuração e em razão da oportunidade de que o juiz preste contas sobre os critérios de valoração que utilizou para decidir. Desse modo, a redutiva formulação do artigo 118 continuaria a ser interpretada à luz da mais completa e côngrua formulação do artigo 132, n. 4.

Uma segunda interpretação, talvez mais coerente com as intenções "econômicas" do legislador recente, poderia, por outro lado, levar à inversão da ordem dos argumentos, ou seja, à leitura do artigo 132, n. 4 à luz (faz-se a título de argumentação) do novo artigo 118, sustentando, consequentemente, que as "razões de fato" de que fala o artigo 132 reduzem-se à "sucinta exposição dos fatos relevantes" de que fala o artigo 118. Seria, então, necessária a pura e simples indicação dos fatos que o juiz entende apurados, mas não seria necessária qualquer justificação daquilo que o juiz afirma. Todavia, à parte a dificuldade de compreender a expressão "razões de fato" utilizada no artigo 132, n. 4, como referida somente à mera enunciação dos fatos, o problema principal é que por essa via se chegaria a dizer que a motivação dos fatos poderia ser, em realidade, uma *não motivação*, visto que não indicaria as razões que justificam a apuração dos fatos desempenhada pelo juiz.

Uma interpretação como essa talvez satisfizesse as mais equivocadas (incompreendidas?) exigências "econômicas" que parecem ter inspirado o legislador, mas colocar-se-ia em estrepitoso contraste com a garantia constitucional da motivação supramencionada. Essa terminaria, de fato, por induzir a ter-se por motivada uma sentença substancialmente carente de justificação da decisão sobre os fatos com referência às provas sobre as quais se fundou a respectiva apuração. Uma sentença desse gênero seria evidentemente carente da condição mínima necessária para que se possa entender realizada a possibilidade de um efetivo controle externo sobre a justificação fática da decisão.

4. SEGUE. A MOTIVAÇÃO SOBRE O DIREITO

O artigo 132 prevê, na versão reformada, que a sentença contenha a "concisa exposição das razões de direito da decisão". Nada de novo, portanto, salvo a substituição da expressão "razões de direito" pela expressão "motivos de direito". Por outro lado, requer algumas considerações a nova formulação do artigo 118, *Disposizioni per l'Attuazione del Codice di Procedura Civile*. No passado, a norma dizia que a motivação sobre o direito da sentença consistia "na exposição (...) das razões jurídicas da decisão", com uma formulação (grosso modo) correspondente àquela do artigo 132, n. 4. Atualmente, o artigo 118 reformado prevê que a motivação inclua a "sucinta exposição (...) das razões jurídicas da decisão, inclusive com referência a precedentes conforme".[9]

A propósito pode-se observar que atualmente a exposição das razões jurídicas da decisão deve ser "sucinta", ao passo que, antes da reforma, essa não deveria sê-lo, mas a novidade parece alinhada com a modificação do artigo 132, n. 4, segundo o qual também a motivação sobre o direito deve ser "concisa", não apresentando particulares aspectos problemáticos se se levar em conta algumas finalidades "econômicas" que o legislador de 2009 tenta perseguir. Por outro lado, uma novidade relevante inserida no artigo 118, *Disposizioni per l'Attuazione del Codice di Procedura Civile*, é a previsão de que a motivação sobre o direito seja redigida "inclusive com referência a precedentes conformes". Essa parece ter sido, aliás, a verdadeira razão pela qual a norma foi reformada.

Antes de tentar uma interpretação do novo texto do artigo 118, vale a pena, todavia, acenar – em extrema síntese – sobre uma questão preliminar. Nessa norma, como em outras, o legislador faz referência aos "precedentes" de maneira vaga e genérica, sem dar mostras de ter qualquer conhecimento sobre do complexo problema que diz respeito à própria noção de "precedente". Em particular, o legislador parece raciocinar como se verdadeiramente existissem em nosso ordenamento os precedentes em sentido próprio, sem considerar que muito frequentemente aquilo que chamamos indevidamente de "precedente" não é outra coisa senão uma máxima, sintética e geral, frequentemente genérica e repetitiva, extraída de uma decisão da *Corte di Cassazione*. Da mesma forma, a referência a máximas, chamando-as de precedentes, significa não levar em conta o fato de que o "verdadeiro" precedente baseia-se na analogia entre os *fatos* do caso anteriormente decidido e os *fatos* do caso que deve ser decidido, já que somente quando se verificar essa analogia o juiz do segundo caso aplicará a *ratio decidendi* com base em que fora decido o caso anterior. Sem aprofundar aqui esses temas, que requereriam uma análise bem mais ampla,[10] basta observar que evidentemente o legislador não tem uma noção confiável do significado dos termos que usa. Em todo caso, com o fim de prosseguir o discurso, poder-

---

9 Nesse caso, o legislador retoma a formulação do artigo 16, n.5 do revogado d. lg. n. 5 de 2003.

10 A propósito vide, inclusive para referências, Taruffo, *Precedente e giurisprudenza,* in *Riv. Trim. Dir. Proc. Civ.*, 2007, p. 709 ss.

-se-á adotar uma convenção estipulativa em função da qual "precedente" inclui em seu significado *italiano* qualquer referência a qualquer decisão que, mesmo em forma de mera máxima, refira-se à sentença pronunciada em outro caso.

Voltando à referência aos "precedentes conformes", pode-se observar – em uma primeira leitura – o que parece tratar-se de uma banalidade: devendo justificar uma decisão sobre o direito, parece óbvio – e não valeria a pena nem mesmo escrevê-lo em uma norma – que o juiz, se cita alguns precedentes, cita precedentes conformes. Seria, em verdade, bem estranha uma motivação que se fundasse em precedentes desconformes e contrastantes com a solução adotada na sentença. De resto, em uma situação como aquela que caracteriza a jurisprudência na Itália (e, em particular, a jurisprudência da *Corte di Cassazione*, em que abundam as contradições e a pluralidade de orientações), a possibilidade de motivar sobre o direito referindo a precedentes conformes suscita dúvidas relevantes.

Pode-se perguntar qual seja o verdadeiro significado da norma, se se tiver em mente a circunstância de que em numerosas situações existem, ao lado dos precedentes conformes à decisão tomada pelo juiz, precedentes contrastantes ou desconformes. Isso pode significar, de fato: a) que o juiz pode limitar-se a citar precedentes conformes, sem informar eventuais precedentes desconformes ou contrastantes; b) que a motivação pode reduzir-se à mera citação dos precedentes conformes, sem qualquer ulterior argumentação; c) ambas as coisas.

O significado de que justamente a) não é aceitável, porque equivale a uma espécie de legitimação normativa do assim chamado *confirmation bias*, ou seja, da *tendência à corroboração* segundo a qual quem deve justificar uma decisão escolhe somente as informações e os argumentos a essa favoráveis e não leva em conta aquelas contrárias.[11] Trata-se, entretanto, de uma *falácia*, ou seja, de um método de raciocínio errôneo, não confiável e logicamente inválido. Basta imaginar que quanto à decisão tomada pelo juiz exista um só precedente conforme e dez precedentes desconformes ou contrários: pode-se admitir que o juiz cite somente aquele precedente porque é "conforme" e não faça qualquer menção aos dez precedentes desconformes ou contrários porque – justamente – não são "conformes". Ou a norma refere-se somente à hipótese de que existam exclusivamente precedentes favoráveis à decisão, ou de que haja jurisprudência claramente prevalente naquele sentido, não se aplicando diante de jurisprudência confusa ou contraditória. Essa interpretação seria razoável, mas tão óbvia a ponto de não merecer ser objeto de uma norma.

---

[11] Conforme, por exemplo, RUMIATI, *Decidere*, Bologna, 2000, p. 29.

A interpretação indicada no ponto b) parece ainda menos confiável, já que, se entendida em sentido rigoroso, acabaria por legitimar a substancial falta de motivação sobre o direito. A mera citação de alguns precedentes conformes (mesmo no caso mais simples em que inexistam precedentes desconformes ou contrários) não equivale, de fato, a uma argumentação justificativa idônea a aduzir as "razões jurídicas" da decisão. O mero *fato* de que a mesma questão de direito tenha sido decidida outras vezes no mesmo sentido não indica nem que as decisões fossem justificadas, nem que o seja a decisão específica que se busca motivar. Indicar, como diz o próprio artigo 118, as "razões jurídicas" da decisão implica pelo menos que o juiz explique porque utiliza aquela regra de decisão ao invés de adotar uma regra diferente. A simples existência de um precedente não demonstra que sua aplicação no caso sucessivo leve a uma decisão justa. Conforme dito *supra*, isso poderia talvez ocorrer no caso de um *verdadeiro* precedente, ou seja, quando existe uma efetiva analogia entre os fatos dos dois casos e essa analogia é observada pelo segundo juiz, visto que nessa situação o princípio da igualdade legitima a aplicação no segundo caso da mesma *ratio decidendi* adotada no primeiro. O mesmo argumento não vale, por outro lado, se se busca aplicar o precedente à italiana, ou seja, utilizando-se mais ou menos numerosas máximas apressadamente extraídas de algum banco de dados. Dizer que a questão de direito é decidida "assim e assim" porque no mesmo sentido existem uma ou mais máximas que são indicadas simplesmente com a data e o número da sentença de que são extraídas, ou reproduzindo-se seu texto mecanicamente de modo repetitivo (visto que deve tratar-se de precedentes conformes), não significa, de fato, motivar a decisão sobre o direito, visto que isso não equivale de modo algum a expor – mesmo que sucintamente – as razões jurídicas dessa.

Com respeito à interpretação indicada no ponto c) somam-se as considerações críticas ora expostas: admitir que a motivação sobre o direito possa consistir na pura e simples citação de algumas máximas conformes, sem ulteriores explicações ou justificações, significa, em realidade, admitir que a sentença careça de motivação sobre o direito. Ainda uma vez: é provável que o legislador tenha pensado justamente nessa interpretação, visto que essa seria mais "econômica", mas é claro que acabaria por reduzir a zero a garantia constitucional da motivação.

Não parece, de resto, que o novo artigo 118 contenha uma confirmação da jurisprudência que já precedentemente admitia a motivação *per relationem*.[12] Por um lado, na verdade, a jurisprudência admite a *relatio* à motivação da sentença impugnada, mas não à motivação de provimentos

---

12 A propósito, conforme Rordorf, *Nuove norme in tema di motivazione e di ricorso per cassazione*, in *Riv. Dir. Proc.*, 2010, p. 136.

pronunciados em juízos diversos.[13] Portanto, a referência ao precedente não equivale, de fato, a uma motivação *per relationem*. No mais, a mesma jurisprudência que admite a *relatio* à motivação da sentença impugnada exige que o juiz demonstre ter levado em consideração e ter feito adequadamente a motivação dessa sentença.

Em todo caso, e contrariamente àquilo que admite a jurisprudência, é lícito sustentar que a chamada motivação *per relationem* não seja, de fato, uma verdadeira motivação, se se partir da premissa de que a motivação deva exprimir as razões pelas quais o juiz entende que a *sua* decisão encontra-se justificada. Remeter às razões com que outro juiz entendeu justificar outra decisão não equivale a aduzir as próprias razões para sustentar a própria decisão.

Portanto, a única e verdadeira novidade introduzida no artigo 118, *Disposizioni per l'Attuazione del Codice di Procedura Civile*, parece dar lugar a uma alternativa interpretativa não particularmente feliz: ou a referência aos precedentes conformes é interpretada de modo legítimo, ou seja, como mera sugestão ao juiz de servir-se *também* dos precedentes conformes ao motivar a decisão sobre o direito, mas então se trataria de uma banalidade que não mereceria ser explicitada em uma norma, até mesmo porque os juízes o fazem desde sempre; ou, como parece, a norma autoriza ao juiz que faça referência *somente* a precedentes conformes, mesmo quando esses sejam constituídos por máximas genéricas e mesmo quando existirem precedentes desconformes – e então se justificam as dúvidas sobre a constitucionalidade da norma por violação do artigo 111, sexta parte, da Constituição, visto que essa acabaria por legitimar a falta substancial da motivação sobre o direito.

MICHELE TARUFFO

Professore Ordinario dell'Università degli Studi di Pavia

---

13 Conforme referências em CARPI-TARUFFO, *op.cit.*, p. 481.